PATRULHA E PROXIMIDADE
UMA ETNOGRAFIA DA POLÍCIA EM LISBOA

SUSANA DURÃO
Antropóloga

PATRULHA E PROXIMIDADE
UMA ETNOGRAFIA DA POLÍCIA EM LISBOA

ALMEDINA

PATRULHA E PROXIMIDADE
UMA ETNOGRAFIA DA POLÍCIA EM LISBOA

AUTOR
SUSANA DURÃO

EDITOR
EDIÇÕES ALMEDINA. SA
Av. Fernão Magalhães, n.º 584, 5.º Andar
3000-174 Coimbra
Tel.: 239 851 904
Fax: 239 851 901
www.almedina.net
editora@almedina.net

PRÉ-IMPRESSÃO I IMPRESSÃO I ACABAMENTO
G.C. GRÁFICA DE COIMBRA, LDA.
Palheira – Assafarge
3001-453 Coimbra
producao@graficadecoimbra.pt

Setembro, 2008

DEPÓSITO LEGAL
282129/08

Os dados e as opiniões inseridos na presente publicação
são da exclusiva responsabilidade do(s) seu(s) autor(es).

Toda a reprodução desta obra, por fotocópia ou outro qualquer
processo, sem prévia autorização escrita do Editor, é ilícita
e passível de procedimento judicial contra o infractor.

Biblioteca Nacional de Portugal – Catalogação na Publicação

DURÃO, Susana Soares Branco, 1969-

Patrulha e proximidade: uma etnografia da polícia
em Lisboa

ISBN 978-972-40-3497-3

CDU   351

APRESENTAÇÃO E AGRADECIMENTOS

O que levou uma antropóloga à Polícia portuguesa? A pergunta foi-me feita várias vezes durante e depois de terminada a tese e eu sempre gosto de lhe responder. Em primeiro lugar foi a perplexidade por não lhe ser concedida em Portugal, como o é para tantas instituições e contextos sociais, conhecimento objectivado. Em segundo lugar foi ver-me, como antropóloga, estimulada pela própria teoria sobre organizações, e em particular sobre a Polícia, e antever a partir daí cruzamentos disciplinares inopinados, um canal de conhecimentos plurais, mas conjugáveis, aparentemente promissor. E, por fim, foi também um certo fascínio pelas diferentes modalidades da narrativa etnográfica que me suscitou a releitura de *Tales of the Field* (1988). Este pequeno livro de capa azul, onde Van Maanen recorre à sua etnografia entre polícias norte-americanos para ilustrar os estilos da escrita etnográfica, levou-me a imaginar o envolvimento com uma narrativa fenomelógica, porventura *événementiel*, comprometida com algum realismo clássico (é possível não o fazer?) e certamente com um estilo teórico. Para a Polícia, como de modo geral para campos como o político, confluem múltiplas complicações que interessa interpretar e descrever a partir da etnografia.

E que recorte para a etnografia? Aqui a Polícia surge-nos por intermédio dos seus funcionários, à medida que vai sendo feita por agentes. Através da Polícia, da vida organizacional e das manipulações profissionais pretendo conduzir o leitor numa descida aos quotidianos do Estado. Olhar os funcionalismos de rua é uma das formas possíveis para descrever as organizações enquanto vão sendo produzidas, isto é, caminhando das políticas projectadas pelos gabinetes para as políticas da rua. Mais do que uma teoria do Estado, esta etnografia é como que uma entrada nele pela "porta das traseiras", isto é, por intermédio dos seus mais baixos membros que estão em simultâneo, e não contraditoriamente, entre os mais visíveis e discretos. Mais do que estudar hierarquias e ordens, importou olhar organizações organizando-se, classificações em movimento, pessoas com vidas nada simples enquanto fazem uso de alguns poderes não muito estáveis e mais dependentes de cruzamentos de expectativas e de olhares externos do que as teorias da ciência política deixam antever. Ainda assim, a forma como vão sendo interpretadas, praticadas e incorporadas as leis pelos seus funcionários já constitui em grande medida a própria lei (Das & Poole, 2004). Embora tenha tido contacto com esta obra já depois de terminada a tese creio que o que irão ler partilha esta mesma perspectiva. Tal afirmação obriga a um olhar novo, ou pelo menos a um olhar alternativo às teorias jurídicas e criminológicas sobre as justiças em curso nos mundos policiais. As opções teóricas e metodológicas acabaram por me situar preferencialmente no contexto das teorias antropológicas e organizacionais e, como tal, no olhar relativamente autonomizado desta agência do Estado, mas espero não iludir o leitor quanto à "alta política" que a polícia pratica (como referiu L'Heuillet, 2004).

E, finalmente, como seria escrever tendo em mente as várias agências e agentes envolvidos na polícia, cientistas sociais e intelectuais, e ainda os vários públicos da polícia que poderiam vir a ser meus leitores? Certamente esta ambição levou-me num dado sentido e não noutros. Por vezes fui obrigada a descer da escadaria da epistemologia antropológica para tornar mais acessíveis interpretações fornecidas. Permito-me ainda dizer que este texto não tem a pretensão de transformar políticas mas tem pelo menos o objectivo de afectar alguns políticos. Uma perspectiva não crítica (que não significa acrítica), amoral (que não significa anti-ética), é importante em qualquer caso, mas particularmente importante quando se trata de polícia que, em geral, tende a ser reflectida (apenas) a partir do que lhe falta ou do que falhou. Aqui o convite é de descida aos quotidianos.

*

É chegado assim o momento de lembrar a colaboração de todos esses maravilhosos outros, meios, pessoas, relações conjugadas que fizeram parte e ajudaram neste trabalho; e espero não esquecer ninguém. Sem os apoios institucionais e financeiros da Fundação para a

Ciência e a Tecnologia, desde 2002 em diferentes projectos, mas sobretudo enquanto bolseira de doutoramento desde Outubro de 2002 (FCT/SFRH/BD/8980/2002), teria sido muito difícil levar a cabo uma investigação desta natureza, que implicou dedicação exclusiva. Como é sabido, a etnografia é particularmente consumidora. Outros apoios merecem referência, em especial o Centro de Estudos de Antropologia Social (ISCTE) e o Centro de Investigação e Estudos de Sociologia (ISCTE), que têm acolhido os projectos nos quais me envolvi nos últimos anos. Neste contexto foi essencial o apoio que várias pessoas concederam à pesquisa: Isabel Cardana, Manuela Raminhos, Violeta Alarcão, Jorge Martins e também Neide Jorge e Carla Salema.

Agradeço a recepção e acolhimento a este projecto que me foram transmitidos desde o primeiro momento na Direcção Nacional da Polícia de Segurança Pública, em especial pelos calorosos Flávio Alves, Hipólito Cunha, Graça Damas e um grande número de oficiais com quem dialoguei. O contributo deles não se resumiu ao acolhimento formal, envolveu-os em pesquisas e identificação de fontes documentais, normativas e legislação centrais para o bom curso do trabalho. No mesmo sentido, recebi forte encorajamento por parte dos juízes Armando Leandro, Isabel Jordão, Luís Pires (este, na Inspecção-Geral da Administração Interna), António Araújo (então no Tribunal Constitucional). Tive também o apoio de jovens e promissores oficiais de polícia como José Ferreira de Oliveira, Manuel Guedes Valente, Nuno Poiares; e ainda do agente Manuel Morais da Associação Sócio-Profissional da Polícia.

A abertura de uma divisão de Lisboa, e em especial da esquadra a que chamo Amarela, para receber uma intrusa durante um ano ininterrupto evidencia que as polícias portuguesas estão efectivamente no curso da mudança, pelo menos nas relações que desejam encetar com os centros universitários. Apraz-me poder participar um pouco, e numa escala ainda reduzida, na mesma, contribuindo para novas pontes de entendimento entre as universidades e estas instituições públicas. A todos os oficiais, comandantes, adjuntos, chefes, subchefes, agentes-principais e, sobretudo, agentes que me acolheram e ajudaram neste trabalho, o meu mais especial agradecimento. Ter participado nas rotinas da patrulha e conhecido as ruas pela perspectiva dos polícias foi uma experiência decisiva e gratificante do trabalho de campo.

O livro deve muito ao amparo de algumas pessoas. A minha orientadora Graça Índias Cordeiro foi uma conselheira e guia estimulante nas lides da antropologia urbana e uma maravilhosa leitora e crítica. Agradeço ao meu irmão Vasco Durão a leitura e revisão atenta da primeira versão do livro; ao António Costa Quinta a disponibilização de interessantes mapas de Lisboa. Agradeço a Cândido Gonçalo Gonçalves a determinação no trabalho moroso e minucioso de pesquisa de fontes policiais e a Alexandra Leandro o debate de ideias. A descoberta deste campo a várias mãos enriqueceu muito as nossas investigações. Agradeço a Frédéric Vidal as traduções para francês de alguns textos e a disponibilidade para o debate conceptual. Ao longo dos últimos anos, várias instituições nacionais e internacionais e pessoas me acolheram enquanto a pesquisa estava em curso e assim me possibilitaram participar num ambiente de elevado relevo intelectual. No Museu Nacional da Universidade Federal do Rio de Janeiro agradeço muito especialmente a Gilberto Velho, que se tornou um importante interlocutor, além de uma referência teórica nos meus trabalhos. Muito inspirador foi conhecer Luiz Machado e a sua equipa de estudos no Instituto Universitário de Pesquisas do Rio de Janeiro, da Universidade Cândido Mendes. Jamais esquecerei as nossas conversas e inacabadas deambulações teóricas. No Centro de Pesquisa e Documentação de História Contemporânea do Brasil, da Fundação Getúlio Vargas, agradeço a Celso Castro, Bianca Freire-Medeiros e a toda a equipa que me recebeu. No Centro de Estudos de Segurança e Cidadania (também da UCAM), beneficiei muito do interesse e ajuda de Julita Lemgruber, mas também de outros elementos de uma impressionante equipa de pesquisa em assuntos policiais: Sílvia Ramos, Bárbara Musumeci Soares, Leonarda Musumeci e Nívio Caixeta. Travar conhecimento com o trabalho de Kant de Lima (Instituto de Ciências Humanas e Filosofia/Universidade Federal Fluminense), Paula Poncioni (Escola de Serviço Social/Universidade Federal do Rio de Janeiro), Jacqueline Muniz (Universidade Cândido Mendes/Rio de Janeiro) e Ana Paula Miranda (Instituto de Segurança Pública/Governo do Estado do Rio de Janeiro) foi também muito importante e motivante. Foi central conhecer o pessoal do CLAVES/ /Fiocruz, e também João Trajano e Maria Cláudia Coelho no Laboratório de Análise da Violência/Universidade do Estado do Rio de Janeiro, e muito especialmente o instigante casal Antonádia Borges

(Departamento de Antropologia da Universidade de Brasília) e Marcelo Rosa (Departamento de Sociologia da Universidade Federal Fluminense). Agradeço muito o apoio de Karina Kuschnir (Instituto de Filosofia e Ciências Sociais/Universidade Federal do Rio de Janeiro) e também de Vera Malaguti Batista (Instituto Carioca de Criminologia).

Agradeço o acolhimento e discussão proporcionada por Fabienne Wateau e Irène dos Santos no âmbito do Groupe d'Anthropologie au Portugal da Maison des Sciences de l'Homme em Paris e, também, por Bruno Lefebvre na Université de Nantes/l'UFR de Sociologie. No contexto das discussões da rede de Análise Social das Profissões em Trabalho Técnico-Intelectual, agradeço em especial a Telmo Caria, mas também a Fernando Pereira, José P. Filipe, Armando Loureiro e Ana Paula Marques.

Em ocasiões de encontros, debates públicos, seminários, acontecimentos científicos, preparação de publicações ou conversas mais informais fiquei a dever muito às sugestões e comentários de Timothy Sieber, Joaquim Pais de Brito, António Firmino da Costa, Michel Agier, João Freire, João Vieira da Cunha, María Eugenia Suárez de Garay, Manuela Ivone Cunha, Luís Fernandes, Nuno Madureira, Diego Palacios Cerezales, Luís e João Vasconcelos e Miguel Chaves. Agradeço ainda os apontamentos oportunos de Cristiana Bastos, João de Pina Cabral, Maria Cardeira da Silva, Pedro Magalhães, Emília Margarida Marques, Luisa Veloso, José Ignacio Homobono, Luís Baptista, Joan J. Pujadas, João Batista, Juan Mozzicafreddo, Elsa Pegado, Jorge Freitas Branco, João Vasconcelos, Miguel Vale de Almeida, Helena Carreiras, Antónia Pedroso de Lima, Clara Carvalho, Paulo Raposo, Filipe Reis, João Leal, Rosa Maria Perez, João Nogueira, Gonçalo Praça, Pedro Félix, Marina Antunes, Paulo Mendes e Catarina Fróis. Aos queridos amigos Rui Telmo Gomes, Maria Bárcia, Juliana Jabor (e por seu intermédio a Santuza Cambraia Neves e Tatiana Bacal) agradeço as estimulantes discussões que por vezes entraram pela noite dentro. Rendo graças à recepção calorosa de Teresa Saraiva em Paris e de Mónica Ferreira em Amesterdão, a caminho de Haia, de cada vez que a investigação me obrigou à deslocação, e dos queridos e generosos Anita Almeida, José Ribas Soares, família e amigos no Rio de Janeiro. Valeu!

E, por fim, uma palavra de apreço aos membros da minha família que não se poupou em sinais de solidariedade, em particular na maior etapa de reclusão. Agradeço em especial à querida filha Matilde Reis, à Lisete Soares, ao João e Teresa Durão, ao Carlos e Lurdes Vieira Reis, à Joana Frimer e à Carla Corte Real. Foi bom ter-vos por perto. Carlos Vieira Reis foi o meu *designer* privado, quem me ajudou a transformar abstracções em mapas, mas tem sido, mais que tudo, o meu principal interlocutor na vida, o que me faz feliz.

PREFÁCIO

Tendo por base uma esquadra de polícia da PSP, mas não se confinando aos seus limites, esta é uma etnografia que restitui em toda a sua textura o universo humano de uma profissão e o pulsar de uma organização no seu funcionamento quotidiano. Isso não seria possível, ou não o seria de maneira tão cativante, sem o estilo de escrita de Susana Durão, uma escrita com qualidades evocativas que transporta o leitor para esse universo e o envolve na sua atmosfera.

Não se tratando, porém, de um romance, faz mais do que evocar uma realidade. Faz dela a descrição sistemática. Por isso são reconhecíveis neste texto ingredientes fundamentais de uma boa etnografia: descreve com subtileza e com atenção ao pormenor significativo, contextualiza e relaciona elementos de diferentes registos, além de definir as condições da sua comparação com outros contextos. Percebe-se aqui que tudo isto implicou previamente um trabalho de terreno em profundidade, um trabalho que permitiu um grau de conhecimento das rotinas por vezes superior àquele que os próprios sujeitos possuem, ao ponto de os polícias mais inexperientes consultarem a etnógrafa que os acompanhava sobre os factos dessas mesmas rotinas, sejam elas formais ou informais. Mas poderia referir-me ainda a um outro patamar de conhecimento que torna este trabalho revelante, aquele que procura na realidade observada as lógicas sociais e culturais que a atravessam. Essas, só uma perspectiva analítica e de conjunto permite captar e é por isso natural que tendam a escapar aos actores nela imersos.

É a conjugação destes três ingredientes, aliada a uma articulação densa dos dados do terreno, que faz com que a caracterização de tipos ensaiada por Susana Durão ao longo do texto seja exemplar e não caia nunca na reificação que afecta tantas tipologias. Apesar das advertências em que tendem a aparecer envolvidas, na verdade, acabam insensivelmente por induzir o leitor a tomar tipos ideais pela própria realidade, elidindo tudo o que nela é complexo, dinâmico, enredado. No caso deste trabalho, o ensaio tipológico não descarna, não espartilha, não empobrece a realidade, limita-se a emprestar-lhe alguma estrutura. Creio que em parte assim é porque a esse ensaio não é dada mais importância do que a devida, quer dizer, o desenho de tipos permanece um meio, um auxiliar da análise, não se torna um fim em si.

Através da etnografia acedemos aqui a algo que seria mais difícil captar por outras vias: o modo como se manifestam e como são negociados no quotidiano muitos dos dilemas, das ambivalências e das ambiguidades que atravessam o mandato policial tal como ele se dá a ver nas práticas e nas atitudes dos agentes de uma esquadra da PSP. São eles e elas quem na linha da frente medeia entre a lei e rua, de resto com uma considerável latitude ou discricionaridade. E este livro permite-nos também entender até que ponto são desde logo estruturadoras do exercício desse mandato as clivagens várias que decorrem da experiência da deslocação, como porventura não acontecerá com nenhuma outra profissão em Portugal, pelo menos no mesmo grau. Além do mais, esta etnografia é por isso socialmente relevante ao fazer-nos ver as implicações dessas clivagens, e das contradições que as acompanham, tanto para polícias como para citadinos.

Mas não é menos importante percebermos ainda que o balanço entre a unidade e a pluralidade que se desprende do mandato policial não é uma mera questão do nível a que nos coloquemos para aferir esse mandato. Isso seria sem dúvida pertinente mas relativamente trivial pois, esse mandato surgir-nos-á sempre tanto mais unificado quanto mais genérico for o nível considerado; parecerá tanto mais plural quanto mais fino for o patamar em que o analisarmos. Em vez disso, como Susana Durão aqui demonstra, trata-se na verdade de uma tensão inerente à organização policial e que se manifesta, entre outros aspectos, na gestão variável de uma série de dualidades, tais como autonomia/dependência, prevenção/repressão, apoio/controlo, serviço/segurança e ordem, policiamento de proximidade/controlo do crime, para dar apenas alguns exemplos.

Envolvem estes binómios contradições várias: a eficiência num domínio de actuação (por exemplo, na regulação do trânsito) pode deitar a perder a eficácia noutro (por exemplo, o controlo do crime); ou sucede que a faceta mais valorizada na representação da profissão e na definição da própria identidade profissional, isto é, a operacionalidade na área do crime, não corresponda senão a uma dimensão relativamente reduzida das práticas que constituem o grosso do trabalho policial, práticas estas que são assim objecto como que de uma invisibilização pública e institucional.

De resto, e no que à área do crime diz respeito, é também possível entrever, no controlo mais individualizado e à civil, como os chamados bairros problemáticos se têm vindo a constituir como um lugar privilegiado de construção e *performance* dessa mesma identidade profissional, sobretudo na PSP e na GNR. Em todo o caso, a presente etnografia não deixa de contribuir para esclarecer o contexto de produção de certas práticas policiais que têm por objecto esses territórios. Este é, sem dúvida, um trabalho que fazia falta para entender melhor ao nível micro o funcionamento do triângulo "prisão – policiamento – territórios problemáticos".

Uma característica central sublinhada pela autora é a ambiguidade que hoje rodeia o mandato policial, em parte resultante da complexificação das funções das forças de segurança e acentuada em Portugal pela coexistência de modelos contraditórios num mesmo sistema: o recrutamento centralista francês e a descentralização anglo-saxónica, esta última conjugando-se melhor com formas localistas de policiamento. Ora, esta ambiguidade é algo que há muito não é estranho a outros corpos, como, por exemplo, os guardas prisionais. Também estes se vêem com frequência divididos, ou tentando conciliar na sua identidade profissional tarefas, responsabilidades e papéis que são não só de diferente natureza, como muitas vezes se revelam inconciliáveis: a função de segurança e de vigilância, por um lado, e a de tratamento assistencial e de reabilitação, por outro. A esta luz polícias e guardas prisionais têm muito em comum, e esta etnografia traz dados importantes para uma comparação entre ambos que poderá ajudar a estabelecer melhor, no quadro das ciências sociais, os contornos distintivos da actividade de cada um destes dois corpos, bem como as pontes entre eles. Mas esta problematização é extensível ainda a outras forças de segurança, como é o caso da GNR, onde o leque de funções tende a ser dicotomizado, nas representações dos guardas, em trabalho policial e não policial, sendo incluido neste último o policiamento de proximidade. Em todo o caso, esta investigação vem enriquecer as possibilidades de diálogo com outras, em Portugal e no estrangeiro, que indiciam o modo como esta ambiguidade encontra expressão e tende a desmultiplicar-se em torno do campo da Polícia. E é por fim também por esta razão, pelas pistas estimulantes que abre, pelo modo coerente e fértil como é passível de cruzar-se com material empírico e bibliográfico que vamos conhecendo em áreas vizinhas, pelo que acrescenta ao nosso conhecimento sobre o universo da segurança em Portugal, que esta é uma etnografia que vale a pena percorrer.

MANUELA IVONE P. DA CUNHA
Antropóloga, Universidade do Minho

INTRODUÇÃO
Polícias na Cidade

> Through their exclusive mandate to intervene directly in the lives of citizenry, the police are crucial actors in both our everyday and ceremonial affairs, and, as such, deserve intensive and continual study for their role and function in society is far too important to be taken for granted or, worse, ignored (Van Maanen, 1988: 83).

Este livro, originalmente uma tese de doutoramento em antropologia, é sobre a forma como o mandato profissional é desempenhado por polícias, como este se dá a ver por entre o trabalho de agentes nas ruas e no contexto da cultura organizacional da Polícia de Segurança Pública portuguesa (PSP). Particular atenção é dada à dimensão simbólica e às classificações sócio-profissionais que circulam entre polícias. Tendo o corpo social dos agentes características próprias, procuro entender articulações entre a dimensão das práticas profissionais e a forma como as carreiras tradicionalmente se desenham nesta organização.

A polícia tem sido muito estudada de acordo com uma perspectiva weberiana, como a agência social do Estado encarregue de usar legitimamente a força coerciva, uma faceta-chave do poder estatal moderno na sua definição de fronteiras e exercício do controlo e poder administrativo da sociedade (Weber, 1964). Giddens viria a designar como "pacificação interna" a capacidade do Estado de exercer um controlo regularizado sobre a população (Giddens, 1987), no seu poder de influência da mais íntima das dimensões na actividade diária, através de vigilância e regulamentação legal. Num outro sentido, Foucault surge a influenciar indirectamente o campo de estudos policiais, na medida em que documenta a subtil teia disciplinadora nos mais diversos domínios. O autor desloca a atenção do centro para a periferia, demonstrando como o poder funciona de formas desarticuladas e multifacetadas (Foucault, 1975, 1980). Mas o seu contributo surge sobretudo para enfatizar os vastos domínios do poder, para desenhar as suas "cartografias" (ver, por exemplo, Lowman, 1986) e a forma como estas socializam o trabalho da disciplina na sociedade (Garland, 1990; Driver, 1994).

Embora de reflexão obrigatória quando se pensa na polícia, tanto Weber, na sua perspectiva formalista e geopolítica, como Foucault, com as microfísicas do poder (1996), não têm em linha de conta outros aspectos menos formalizados com implicações na forma como é desempenhado o mandato policial, tais como: toda a variedade sócio-profissional que influencia as práticas, os diferentes contextos dessas práticas[1] (Herbert, 1996, 1997), a interpretação que os sujeitos vão desenvolvendo sobre as suas acções, a maior ou menor autonomia com que actuam e que obtêm nas situações e a forma como as vidas pessoal e profissional se cruzam na prática de trabalho dos polícias. Tais perspectivas abstractas e de princípio dos referidos autores necessitam de um olhar mais "territorializado", que seja encarada seriamente a autonomia das diversas organizações do Estado – que a todo o momento contribuem para o desafio de grandes elos organizadores e esquemas explicativos – e que se apontem os limites da visão racionalista da vida social.

É assim necessário alargar a abordagem problemática a outras dimensões da vida sócio-profissional e, para tal, evidenciar a acção moral e social dos polícias. Os agentes passam a maior parte do tempo a classificar o que observam e quem observam. A sua acção é por vezes judicial, mas frequentemente moral. Insisto muito sobre

---

[1] A visão weberiana das organizações parece manter-se parcial porque tende a não destacar o mandato formal e o ideal de polícia das suas práticas contextualizadas. E quando o faz tem uma espécie de *hidden agenda*: vai à procura das falhas, de modo a denunciar os "pecados" e os excessos do controlo, muitas vezes tomando o todo pela parte. A monografia inaugural do campo de estudos policiais é, a este propósito, um exemplo paradigmático (Westley, 1970). Por sua vez, à visão foucauldiana escapam frequentemente as dinâmicas internas das organizações e da relação destas com o meio que visam controlar e o papel dos agentes nas negociações das ordens sociais.

este ponto. Muito do trabalho policial é "invisível" na sociedade e, desde logo, na própria organização, pois não chega a ser registado. Assim, parece-me determinante compreender o modo como os agentes classificam as várias esferas da actividade. Os primeiros quatro capítulos analisam a forma como os polícias vivem e representam o trabalho, como vêem aqueles com quem quotidianamente interagem. É dada tanta relevância às classificações formais como às informais. Deste prisma, pretendo estudar as dimensões simbólicas e construções identitárias presentes numa organização que foi denominada por Lipsky como "burocracia de rua" (1980). Mas a organização não é a-histórica. Esta foi-se organizando e a burocracia formal é cada vez mais valorizada (relativamente ao mais tradicional uso da força para o exercício do controlo). Desde os anos 80 que é possível observar políticas de apagamento do passado salazarista e marcelista e de reafirmação de uma polícia com uma nova imagem na ordem democrática. Neste sentido, os agentes, mais "vigiados" do que nunca, salientam: *"A caneta é cada vez mais a nossa arma"*. Todavia, os polícias não deixam de ser selectivos na sua própria acção. Nos seus desempenhos estes produzem cartografias sócio-profissionais particulares. As diferentes actividades e serviços do policiamento têm repercussões sócio-geográficas. Os agentes diferenciam os "territórios de classe média" dos "territórios da droga"; criam silêncios e invisibilidades policiais quando se retiram de determinados bairros; preferem actuar nuns domínios criminais e "fechar os olhos" a outros; corrigem mais uns citadinos do que outros...

Do ponto de vista da sociologia e ciência políticas, a organização e a prática policiais têm sido caracterizadas como opacas e pouco transparentes (ver, por exemplo, Palacios Cerezales, 2005). Dados empíricos que resultam da observação participante sublinham que estas são, antes do mais, forças estruturalmente ambivalentes. Produzem-se numa tensão constante entre o controlo, o apoio e o socorro em situações de emergência. E nem todas as acções dos polícias são igualmente consideradas como "profissionais". Os polícias têm uma situação desconfortável, encontram-se num eixo de intercepção entre dinâmicas políticas, organizacionais, comunitárias e sociais. Eles podem ser um ponto de observação para entender a cidade a partir do que não se dá a ver imediatamente nas cidades; permitem olhar para o problemático, para o que não flui, para o que causa complicações.

Descrevo como toda a actividade é produzida num jogo de forças, pressões internas e externas à organização, muitas vezes contraditórias entre si, com diferentes níveis e exigências. O poder e o Estado são menos unificados do que geralmente se crê.[2] Ao mesmo tempo que o Estado e a Polícia se apresentam como estruturas burocráticas e administrativas de controlo, são constantemente desafiados tanto por citadinos como pelos próprios funcionários. Mas é nos funcionários que a organização e o Estado se apoiam para produzir o conhecimento e informações policiais e, mais concretamente, as "estatísticas criminais". Embora tida como a fonte mais segura da actividade, todos os polícias sabem que a estatística pode ser política e manipulada na prática, sobreproduzida ou subproduzida.

Por fim, procuro demonstrar como Lisboa tem sido a "escola da profissão" na Polícia portuguesa, por onde a maioria dos agentes inicia a sua trajectória e fixa muitos dos seus saberes operacionais. Os agentes representam mais de 80% do efectivo da PSP. Estes constituem um subgrupo internamente diferenciado nos serviços e nas trajectórias. Por isso me pareceu importante detalhar a análise das carreiras, quer no sentido da progressão, quer no sentido da mobilidade geográfica. Os últimos capítulos voltam-se assim para o interior da organização, demonstrando diferenças etárias, de género e de "estilo" entre os vários agentes. Sublinho a herança pesada que representa no presente o "calcanhar de Aquiles" da organização: a maioria dos polícias em Lisboa encontra-se numa situação de deslocação. Só este comando concentra 35% do efectivo policial, dos mais de 21.200 polícias, com tendência para aumentar e para centralizar o maior volume de recursos humanos nas maiores metrópoles do país (cf. *Diário da República, II* série, n.º 226, de 24 de Novembro de 2005). Nesta comunidade profissional o exercício da actividade impõe um certo estilo de vida urbano, aspecto que lhe é particular. Isto porque os polícias intervêm nas cidades, nas suas ordens. Estes usam a sua autoridade para corrigir, "urbanizar" e "civilizar" citadinos. A sua

---

[2] Esta tese não é um grande ensaio sobre o poder policial. Todavia a Polícia parece ser uma das instituições onde melhor se podem observar configurações dinâmicas de vários tipos de poder, tal como foram delimitados por Eric Wolf (2001): estrutural, táctico ou organizacional (no qual me detenho muito), inter-relacional e pessoal, neste caso enquadrados pelos temas da etnografia.

actividade depende mesmo de saberes locais e contextualizados. Mas muitos agentes resistem ou vivem contrariados essa experiência urbana e de exercício do poder. São "citadinos forçados" ou, como é explicitado na etnografia, "têm o coração em casa, na 'terra', e o corpo na cidade". Como tal, as esquadras de Lisboa são consideradas "esquadras de passagem" e as dos mais pequenos comandos de cidades do interior são tidas por "esquadras terminais". Este tema tem estado ausente da literatura anglo-saxónica de estudos policiais, mas revela-se um dos eixos fundamentais para entender a polícia em Portugal.

Trinta anos de estudos de polícia

A tese nasceu de três motivações principais. Primeiro, ver aumentar os estudos policiais no mundo nas últimas décadas (em particular sobre polícias de segurança pública fardadas) e assistir à fraca presença do tema nas ciências sociais portuguesas. Impunha-se inverter a tendência. Segundo, constatar como o método etnográfico desempenhou um papel importante nos estudos policiais. Pela mão de sociólogos que usaram os saberes de observação e participação, os métodos mais desenvolvidos pela antropologia, foram criados os melhores clássicos do tema desde os anos 1970 e testadas inovações narrativas na etnografia (ver, por exemplo, Van Maanen, 1988). Terceiro, aprofundar o meu interesse por um campo de estudos relativamente imaturo no contexto da antropologia e quase invisível em Portugal: a antropologia e a cultura das organizações (reservo o desenvolvimento desta terceira motivação e dos seus contornos teóricos para o capítulo seguinte).

Ao estudar a bibliografia disponível sobre organizações policiais e policiamento apercebemo-nos que desde os anos 60 têm vindo a crescer os estudos de cariz sociológico e etnográfico que permitiram conhecer as polícias de vários países, mas muito particularmente os de língua inglesa. Estes estudos debateram os modelos de organizações e o policiamento, mas também as políticas "internas" e os modos de socialização de uma "comunidade profissional" que se apresentava pouco conhecida da restante sociedade (Cordeiro, Durão & Leandro, 2003).

A Polícia resiste a tornar-se objecto de estudo, assim como resiste a qualquer exame externo defendendo-se com o carácter sigiloso da sua actividade. No mundo anglo-saxónico esta barreira foi quebrada por várias razões: a multiplicação de terrenos possíveis é uma consequência prática da descentralização dos corpos de polícia; a tradição intelectual jogou um papel determinante na ligação entre a academia e os reformadores da Polícia; a disposição legal e as comissões de inquérito possibilitaram a criação de grandes projectos colectivos de pesquisa de onde resultariam importantes especialistas; foram criados organismos financiadores da investigação policial nestes países (Brodeur & Monjardet, 2003), que também têm vindo a apoiar pesquisas em países em desenvolvimento ou em transição democrática como o Chile, Brasil, Nigéria, Índia e Rússia (ver, por exemplo, http://altus.org).

Embora publicado vinte anos depois de ter sido realizado, o livro de Westley (1970) é dos primeiros a levantar o véu sobre a polícia quando ainda não havia quase informação disponível nos Estados Unidos da América.[3] Westley (1970) inaugura uma trajectória de estudos onde começam a ser sugeridos problemas substantivos: a visibilidade da polícia na sociedade; a problematização do que é o trabalho de polícia e o policiamento; a polícia (os seus problemas e organização) como meio para entender a ordem e a mudança social. O autor inspira-se em Simmel (1950) que identifica três níveis de controlo que regulam as condutas humanas: *societal* (incorporado na lei), *grupal* (incorporado no costume) e *individual* (incorporado na consciência ou moralidade). Segue de perto as premissas de Everett Hughes (1958) que considera a ocupação um dos meios privilegiados da identidade pessoal. Hughes é o autor a quem será reconhecido o papel de impulsionador dos estudos sobre o trabalho e as profissões pela generalidade daqueles que daqui em diante vão estudar os polícias norte-americanos.[4] A perspectiva weberiana da polícia e do

---

[3] Depois dele surgiu toda uma série de estudos críticos e teóricos sobre o policiamento (Bittner, 1967a, 1967b, 1970, 1974; Goldstein, 1960, 1964; La Fave, 1962, 1965; Davis, 1976; Cumming *et al.* 1973; Reiss, 1971; Black, 1970, 1971; Black & Reiss, 1967; Manning, 1974, 1977; Van Maanen, 1973, 1974, 1975; Manning & Van Maanen, 1978; Punch, 1979a, 1979b, 1979c, 1982, 1983a, 1983b, 1983c; Punch & Naylor, 1973).

[4] Durante as duas décadas muitas das etnografias sobre polícias são escritas por pessoas com ligações àquela que ficará conhecida como a Escola de Chicago e às suas

Estado é aquela que se mantém durante mais tempo transversal aos estudos policiais, mesmo se por vezes a influência do autor não é explicitamente referida (cf. Manning & Van Maanen, 1978; Herbert, 1997: 13-17). Nos primeiros anos de estudos, a polícia é vista como "braço direito da lei", como "monopólio da violência física legítima" (Weber, 1959) e em grande medida esta é a principal perplexidade que surge nos investigadores quando debatem os excessos e a discricionariedade da sua acção.

O poder discricionário é aquele que o direito concede aos órgãos judiciais e criminais para a prática profissional e interpretação das leis a aplicar em cada momento. Até se começar a estudar seriamente o policiamento estes poderes estavam associados aos mandatos profissionais desempenhados por juízes, advogados, magistrados e menos à acção dos próprios polícias.[5] Os estudos vieram demonstrar que este poder é tanto maior quanto menor é a categoria profissional dos polícias e que tem lugar nas ruas, nos cenários sociais da execução do mandato policial, e afecta mais umas pessoas do que outras, sobretudo as que não são tidas legalmente como cidadãos. Todo o poder de polícia é enquadrado pela lei, é certo, mas organizacionalmente este é pouco controlado e, em certa medida, pouco controlável (retomo a questão no capítulo 5).

Nos anos 70 é possível identificar alguma especialização temática, o que evidencia a dificuldade de um autor isolado abordar a complexidade que os meios policiais colocam à investigação: sobre patrulhamento (por exemplo, Westley, 1970); cultura ocupacional (por exemplo, Punch, 1979a); tráfego e circulação (Gardiner, 1969); policiamento nas áreas dos narcóticos (Skolnick, 1966); formação (Harris, 1978); administração geral da polícia (Wilson, 1968); práticas

---

orientações teóricas e metodológicas. Por exemplo, Rubinstein (1973) agradece ao professor Erving Goffman ter-lhe dado a conhecer as técnicas da etnografia.

[5] Vários autores têm defendido que, mesmo se sujeitos a um enquadramento jurídico e administrativo complexo, os polícias trabalham com uma ampla abertura para a decisão pessoal das respostas policiais a dar em cada momento ou encontro. A "discricionariedade de facto" ou em "sentido sociológico" é o espaço de liberdade que goza a acção concreta da polícia e que ultrapassa largamente as margens dentro das quais a lei permite a intervenção de considerações de oportunidade da polícia. Trata-se do poder de definição da polícia, a possibilidade socialmente pré-estruturada – legal ou ilegal – de definir uma situação e impô-la vinculadamente a outros. Ver Dias & Andrade (1997: 443-469).

de controlo nas organizações policiais (Manning, 1977, 1979a, 1979b); sindicalismo (Reiner, 1979); relação entre polícias e os *media* (Chibnall, 1979; Hurd, 1979). Mas o desenvolvimento teórico de alguns destes temas terá de esperar pela década seguinte. Bayley dedica-se ao estudo de polícias em países como a Índia (1969) e o Japão (1976) e a temas comparativos e históricos nas sociedades ocidentais (1975, 1977, 1979). Tardif (1974) estuda os polícias no Québec.

Os temas dominantes até à entrada dos anos 80 vão basear-se, assim, na discussão sobre violência, poder, uso da força e excessos da polícia.[6] No essencial, a questão é equacionada nos seguintes termos: a violência na actuação da polícia gera afastamento desta em relação à comunidade o que, consequentemente, a torna mais violenta. Num certo sentido, os autores deste período estão preocupados em evidenciar a desadequação da polícia na resposta ao aspecto que melhor a caracteriza: a prestação de um serviço público, denunciando a desorganização moral e funcional das organizações policiais nos Estados Unidos da América.

Nota-se em muitos autores um certo fascínio pelo acesso directo a uma realidade durante muito tempo mantida afastada dos olhos dos cidadãos.[7] Os estudos são produzidos numa época em que começa a falar-se seriamente de direitos e garantias civis, coincidindo com um momento de crescimento do crime. Não admira então que a maioria dos autores olhe para as polícias a partir de uma perspectiva dominada pela crítica e por vezes assumindo posições políticas. Por sua vez, quando começam a "entrar" nestas organizações, os investigadores vão surpreender departamentos politizados e corruptos. A interpretação social atreve-se a "pôr os dedos nas feridas" (Chevigny, 1969: Rubinstein, 1973). O adágio que orienta a colectânea de textos que

---

[6] De salientar, no mesmo período, a publicação nos EUA de uma colectânea de textos sobre as múltiplas práticas e representações da violência em contextos sociais e culturais muito diversificados (Short & Wolfang, 1972). Destaque para a parte 4, particularmente os capítulos 24 e 25 da obra que abordam dimensões da violência colectiva nos EUA e a actuação violenta e papel da polícia na sociedade.

[7] Alguns anos mais tarde, Otis Whyte 1998 (publicado em Kutche, 1998 [1973]), enquanto aluno de antropologia, produz uma interessante etnografia sobre uma polícia local nos EUA. O importante é reter que nos anos 90 os polícias são já um "objecto etnografável" das sociedades complexas, pelo menos no contexto da antropologia cultural norte-americana, onde a tradição de estudos policiais é vasta.

reúne uma série de investigações sobre a polícia, *The Ambivalent Force*, coordenada por Niederhoffer & Blumberg, ajuda a compreender a abordagem ao tema nestes anos: "If law is not made more than a policeman's nightstick, American society will be destroyed" (1973, v).

Até certo ponto, pode dizer-se que nos anos 70 um dos principais interesses dos estudiosos passa por denunciar a polícia do seu tempo. Muitas das obras têm um tom não só avaliativo como chegam a assumir posições radicais, traduzindo assim uma certa perspectiva analítica de denúncia. A título de exemplo, na apresentação da obra *The Police: Six Sociological Essays*, Bordua (1967) defende que o desenvolvimento da polícia moderna implica inovações na organização e no controlo legal da polícia. O autor avança que é preciso profissionalizar e modernizar a polícia. E contextualiza essa mudança na sua época. Os acontecimentos do Verão [de 1966] demonstram que o trabalho de polícia de natureza quotidiana pode ser severamente danificado quando esta se torna o foco de grandes conflitos sociais.

Banton (1964) marca a tendência de estudos académicos da polícia no Reino Unido, influenciando os investigadores dos dois lados do oceano. Começam com ele as abordagens comparativas entre as polícias de língua inglesa. O tema-chave que desenvolve é a interdependência entre o controlo formal e informal na cultura policial.[8] Trata-se de um período conturbado onde a produção teórica caminha a par com acontecimentos sociais importantes dos dois lados do Atlântico. Do lado dos EUA surgiam os movimentos de revolta afro-americanos que ajudaram a mudar o panorama dos direitos civis e humanos. Do outro, até aos anos 50, a polícia britânica vivera numa *golden age* em que era tida por modelo de polícia para o mundo. A figura estereotipada do *bobby* britânico ajudou a produzir essa imagem (Gorer, 1955). Contudo, uma série de escândalos aumentaram a preocupação pública, a quebra de confiança na polícia e inauguraram novas formas de controlo dos controladores (cf. Reiner, 1998). Embora os estudos de Banton tenham surgido nesses anos, a sua tese manteve-se central nas décadas seguintes: o trabalho dos

---

[8] O texto clássico de Banton irá influenciar de modo decisivo os autores que transformaram a abordagem etnográfica numa tradição dos estudos policiais (Skolnick, 1966; Storch, 1976; Cohen, 1979; Cain, 1973, Hall *et al.*, 1978; Holdaway, 1979; Reiner, 1979, 1985, 1991, 1992, 1996, 1998; Scraton, 1985; Skolnick & Fyfe, 1993, entre outros).

polícias depende tanto da tendência para aplicar moderadamente a lei e exercer o seu poder discricionário como da procura social dos seus serviços. Os polícias situam-se entre diferentes forças e pressões políticas, legais, organizacionais e sociais com as quais têm de lidar de forma astuciosa.

À saída da década, com a publicação de uma antologia de textos intitulada *Policing* (Manning & Van Maanen, 1978), o campo de estudos da polícia e policiamento apresenta-se autónomo face aos estudos de criminologia e legais, sublinhando a orientação sociológica dos pioneiros. A afirmação da importância da observação e do saber etnográfico é agora inequívoca e sublinhada (*idem*, ver prefácio). Já é possível reunir uma série de autores especializados em diferentes assuntos, organizações e trabalho de polícia.[9] De certa forma, a visão mais legalista é em si mesmo desafiada e modelos de análise alternativos começam a ser propostos por sociólogos, mais próximos dos estudiosos e especialistas em organizações. Até certo ponto, a perspectiva weberiana deixa de dominar os textos dos autores, transferindo-se o interesse para o trabalho dos polícias em contexto e para as rotinas do policiamento. O texto de Manning (1978a) sobre o mandato, as estratégias e as aparências no trabalho dos polícias é fundamental para entender tal deslocação de problemáticas (ver capítulo 1).

A aplicação "legítima" da coerção é também reequacionada mais recentemente do ponto de vista da análise política e dos conflitos colectivos e sublinhada a sua opacidade científica (Palacios Cerezales, 2005). O critério para atribuir essa legitimidade não existe fora da competição pela atribuição de significados aos acontecimentos (Linz, 1987; Dobry, 2002, 2003). A violência e a coerção são parte integrante das redes interactivas que mantêm a coesão das sociedades de grande escala, ao mesmo tempo que supõem uma ameaça a

---

[9] Os editores publicam em apêndice uma selecção de textos e obras sobre a polícia até 1977, o que permite constatar que numa década aumenta consideravelmente o número de investigações sobre o tema. No momento da publicação os autores resenham 47 estudos publicados, 31 dissertações e teses, estando ainda outros 21 estudos em progresso. De entre todos os trabalhos os que usam métodos qualitativos, na conjugação de técnicas de observação e entrevista, são então maioritários (dos 47 trabalhos publicados, por exemplo, 27 são deste tipo).

essa mesma coesão (Davis & Pereira, 2003).[10] A análise é assim recolocada no eixo da progressiva "governamentalização" dos corpos de polícia desde o liberalismo económico (Hespanha, 1985), com a criação de uma "baixa política" à qual é retirado o prestígio que adorna a representação da soberania. Deste prisma, a Polícia não é apenas um meio da política, mas um elemento constitutivo da sua estrutura, que participa na definição dos seus fins e não é desprovida de sentido (L'Heuillet, 2004: 11).

As perspectivas analíticas dos etnógrafos situam-se do lado de uma sociologia fenomenológica e aproximam-se cautelosamente da visão neo-marxista. Mas igualmente determinante é o não abandono do reconhecimento e inspiração na tradição sociológica da Escola de Chicago dos anos 20 e 30, assumindo a orientação dos trabalhos de Hughes (1958, 1960, 1996), Becker (1967, 1991), Becker, Geer, Hughes e Strauss (1961), Goffman (1969) e outros. As trajectórias dos organizadores de *Policing* (1978), Manning e Van Maanen, dois dos autores que mais estudaram a Polícia deste prisma, merecem uma nota.

Manning é quem leva mais longe a metáfora teatral e as possibilidades do interaccionismo simbólico para entender o mandato policial na sua amplitude e jogo de aparências.[11] O que torna Manning digno de nota é o facto de reflectir de forma sólida problemas teóricos gerais sobre a Polícia (1977, 1978a, 1979a), sobre a análise semiológica das realidades sociais em mundos organizacionais (1983a, 1983b, 1985, 1987, 2004) e, ainda, por produzir algumas reflexões metodológicas que, embora centradas sobre a Polícia, contribuem de forma indelével para a construção das teorias organizacionais mais gerais (1982, 1983a, 1983b, 1984).

Van Maanen, por seu lado, estará sempre mais atento às formas da socialização dos polícias em culturas organizacionais particulares,

---

[10] O princípio vale para qualquer sociedade, mas é uma realidade de rotina presente em alguns contextos e metrópoles. As investigações sobre policiamento e gestão do espaço público nas cidades do Brasil apontam estes problemas detalhadamente. Ver referências abaixo e em concreto Caldeira (2000).

[11] Pode dizer-se que o tema central das pesquisas do autor se prende com as práticas de controlo no seio das organizações policiais, as regras de trabalho policial dos departamentos e as variações situacionais que tais regras podem assumir (1977, 1978b, 1978d, 1978c).

colocando-se no plano dos agentes e das patrulhas (1974, 1975, 1976, 1978a, 1978b, 1978c, 1978d, 1978e; Van Maanen & Schein, 1979). Quando fala da polícia norte-americana que estudou Van Maanen refere-se a identidades, carreiras e culturas organizacionais e não apenas profissionais, uma distinção epistemológica que situa o seu estudo entre as pessoas e as organizações (1977a, 1977b, 1977c, 1977d, 1977e, 1984). O autor afirma que devem ser afastadas ideias de homogeneidade sobre as culturas organizacionais. Aliás, este será dos primeiros a defender que a cultura policial não é monolítica mas um conjunto complexo de relações sociais, interactivas, situadas e em contexto.[12] Metodologicamente, este é o autor que melhor justifica e reflecte sobre o "mergulho etnográfico" nas relações organizacionais entre polícias que lhe permitem produzir a sua extensa obra etnográfica (1978a, 1978b, 1978f, 1981, 1983b, 1983c, 1983d, 1988, 1995a, 1995b, 1995c, 1998a, 1998b, 2001; Van Maanen, J. & D. Kolb, 1985, Van Maanen *et al.* 1982).

É assim dado o passo de viragem nos estudos policiais no sentido de uma abordagem mais sócio-antropológica e menos ideológica das realidades que envolvem os polícias.[13] Os trabalhos dos pioneiros de 60 e 70 e dos etnógrafos da década de 80 são simultaneamente documentos históricos e socio-antropológicos e evidenciam ainda problemas éticos e morais presentes na investigação de organizações complexas, organizações públicas que podem "espreitar" para dentro das vidas dos cidadãos. Fundamental para as teorias em ciências sociais é o facto de nos anos 1980 nascer a preocupação de saber como é que os estudos de polícia podem contribuir para uma reflexão mais geral acerca da natureza destas e de outras organizações. Como sugeria Bitnner (1983), alguns tópicos de estudo e de avaliação sobre

---

[12] Van Maanen vem acrescentar aspectos importantes à dinâmica das organizações até então pouco sublinhados pelos estudiosos. Por exemplo, o recém-chegado à polícia, em toda a sua trajectória, é muito orientado pela relação com os colegas, os chefes directos com quem lida e pelas suas próprias "políticas" pessoais para o policiamento (1973, 1974, 1975, 1976, 1978c, 1978e, 1983a, 1984).

[13] Como resumirá Demonque: "[La Police est] trop complexe pour s'en débarrasser par l'anathème ou le mepris d'une part, la flatterie ou l'apologie de l'autre. Dénoncer ou encenser la police soulage ou rassure, mais ne fait guère avancer la réflexion sur l'institution policière" (1983).

as polícias que estavam nessa altura a ser enunciados, duas décadas antes não teriam sequer sido formulados.

Durante os anos 80 e 90 surgem novas reflexões sobre o mundo organizacional dos polícias. De um ponto de vista etnográfico, as investigações mais significativas continuam a ser realizadas em língua inglesa.[14] Mas há uma expansão de interesses pelas organizações policiais em diferentes contextos sociais e históricos. Waddington (1999) oferece uma revisão de problemas que atravessam a polícia no mundo moderno e democrático e revê a extensa bibliografia sobre o assunto.

O interesse pelo policiamento é agora também desenvolvido em língua francesa (Demonque, 1983; Monjardet, 1985, 1988a, 1988b, 1990, 1992, 1993, 1996a, 1996b; Monet, 1991; Gorgeon & Monjardet, 1993b; Brodeur, 1984a, 1984b, 2002; Jeanjean, 1990, 1991; Chalom & Léonard, 2001; Loubet del Bayle, 1988, 1992; AAVV 2002; Bauer & Ventre, 2001; Soullez & Rudolph, 2000). Cada vez mais o problema se debate em Espanha (Ballbé & Giró, 1978; Ballbé, 1984; Los Angeles Durán, 1987; Sabaté, 1987; Martín Fernández, 1990, 1994; AAVV, 2005). As polícias são conhecidas através de estudos e monografias desenvolvidas no continente americano, em particular no Brasil (Lima, 1995; Poncioni, 1995, 2003; AAVV, 1998; Bretas & Poncioni, 1999; Muniz, 1999; Caldeira, 2000; Soares, 2000; Damasceno de Sá, 2002; Zaverucha, 2003; Lemgruber et al., 2003; Costa, 2004; Ramos & Musumeci, 2005; Soares & Musumeci, 2005) e México (Suárez de Garay, 2002a, 2002b, 2005). As referências são meros exemplos das opções seguidas, entre a sociologia, a antropologia e a ciência política. Muitos outros poderiam ser destacados.

Portugal tem estado relativamente alheado da discussão teórica e, talvez mais ainda, de um debate conceptual apoiado em dados empíricos sobre a polícia e o policiamento do presente. O interesse começa a manifestar-se nas análises dos modelos policiais (Gomes et al., 2001) e sobre as mudanças ou resistências à mudança de paradigma do policiamento (Oliveira, 2000, 2003, 2005). As pesquisas

---

[14] Mesmo a obra de Punch sobre a polícia em Amesterdão reflecte a formação e influência anglo-saxónica do autor (1979a, 1979b, 1979c, 1982, 1983a, 1983b, 1983c; Punch & Naylor 1973).

no plano histórico-político da criminologia e violência (Subtil, 1989, Vaz 1998, 2000, 2004; Fatela, 1989, 2000; Vaquinhas, 1996; Santos, 1998; Lousada, 1998, 2003; Madureira, 2003, 2005; Marques, 2005; Gonçalves, 2005) e da ordem pública (Palacios Cerezales, 2003) levantam questões importantes às organizações de polícia mas que só parcialmente e de viés recebem tratamento.[15]

A Polícia é frequentemente envolvida na problematização dos problemas da violência, crime e insegurança e tem sido pouco reflectida pelas ciências sociais em si mesma (por exemplo, Lourenço & Lisboa, 1998; Machado, 2004). É de notar que no panorama nacional a Inspecção-Geral da Administração Interna tenha publicado *on-line* dados empíricos e alguns resultados de pesquisas desde 1996 (http://www.igai.pt, consulta de Agosto de 2006). Mas é o discurso legalista e político, de preparação e aplicação prática, ou a ele colado, que tende a imperar sobre a polícia portuguesa em algumas pesquisas muito diferentes nos seus objectivos (Clemente, 1998, 2000; Colaço & Gomes, 2001; Miranda, 2003a, 2003b; Costa, 1996, 2002; Valente, 2005).[16]

Pode equacionar-se a fundamentação histórica para a ausência das ciências sociais na discussão da Polícia. Por um lado, em 30 anos de democracia impôs-se rever todo o quadro legal e sustentar a legitimidade de um Estado democrático (a exemplo disso leia-se Marques da Silva, 2001). Por outro lado, as organizações policiais fardadas, em particular a Polícia de Segurança Pública e a Guarda Nacional Republicana, foram ao encontro das "políticas de proximidade" dos Estados quase duas décadas mais tarde da sua implementação nos

---

[15] Começaram a surgir algumas pesquisas académicas em sociologia (Teles, 1995; Duarte, 2005) e antropologia (Cordeiro, Durão & Leandro, 2003; Cordeiro, Durão & Gonçalves, 2005; Leandro, 2006). Nos últimos anos têm sido produzidas uma série de monografias pelos aspirantes finalistas do Curso de Oficial de Polícia do Instituto Superior de Ciências Policiais e Segurança Interna da PSP. Todavia, no último caso, a visão permanece do lado de dentro da organização policial e tem poucos ecos no seu exterior.

[16] Neste âmbito existem já vários especialistas e toda uma série de publicações que seria impossível sumariar. Mas nomes como Antero Lopes, António Araújo, Germano Marques da Silva, António de Araújo, Manuel Monteiro Guedes Valente, Ernâni Rodrigues Lopes, Cunha Rodrigues, entre tantos outros, têm reflectido sobre os limites e abrangência dos poderes legais e constitucionais dos polícias.

países anglo-americanos que as desenharam e mais as aplicaram.[17] Historicamente, o crime registado em Portugal tem-se mantido relativamente estável e sem grandes oscilações (ver Relatório Anual de Segurança Interna, 2006: 46)[18] e, além disso, a organização policial manteve-se relativamente fechada nas relações com as universidades, relações que acabaram por ser algo substituídas pelos *media*. Não existe hoje um órgão de comunicação social que não tenha um jornalista especializado e em contacto permanente com os gabinetes de relações públicas que em alguns anos se ampliaram muito nas direcções das polícias. Se os intelectuais parecem ter desconfiado até aqui dos polícias e do seu papel na sociedade – o que não é exclusivo em Portugal mas apontado por Punch (1979b) para Inglaterra e Holanda, por exemplo – os juristas enaltecem, ditam e planeiam o exemplar "espírito de missão" destes funcionários do Estado.

Entretanto, os polícias do quotidiano não se escapam a ser alvo de memórias sociais que os representam como uma ordem a contestar. A organização esforça-se por apagar a memória que possa associar os polícias a um Estado não-democrático e que evoque o passado normativo e autoritário de 48 anos de ditadura sustentado por uma polícia política muito impregnada nos quotidianos, a PIDE/DGS, com uma expansão territorial e apoio social consideráveis (ver, por exemplo, Pimentel, 2007).

Os polícias não são particularmente amados na sociedade portuguesa de hoje, embora tolerados e cada vez mais desejada a sua presença fardada nas ruas, o que em ampla medida justifica os recuos nas reformas de "racionalização" e concentração de efectivos na organização (Gomes *et al.*, 2001). Os patrulheiros não nutrem um

---

[17] Resumindo, o policiamento comunitário surgiu como modelo alternativo à patrulha automobilizada e aleatória que em vários contextos era dominante. Assim, acreditava-se que os polícias ficavam mais próximos da comunidade, não agiam tanto com resposta a emergências, como na patrulha, mas com base no conhecimento social e local adquirido e na prevenção de problemas. O modelo originou múltiplas variantes práticas (ver, por exemplo, Skolnick & Bayley, 2002; Goldstein, 1990).

[18] Neste documento oficial publicado pelo Ministério da Administração Interna defende-se que entre 1996 e 2006 os rácios de criminalidade global participada por 1000 habitantes evoluíram apenas 2,3%, considerados baixos quando comparados com outros países europeus onde os mesmos podem chegar a 4% e 6%, e mesmo assim ainda ser considerados patamares baixos (idem: 51).

amplo reconhecimento social, mas as esquadras estão implementadas nos bairros e assim o desejam os citadinos. Agentes na patrulha e na proximidade povoam as esquadras, mas continuamos a saber pouco, por exemplo, sobre o modo como convivem essas abordagens policiais. Do ponto de vista teórico, não é fácil pegar no tema depois de décadas de produção bibliográfica da qual o país esteve ausente. O acesso à literatura "obrigatória" de estudos sobre polícia continua a fazer-se com alguma dificuldade em contexto nacional.[19]

Recuperar a etnografia dos mundos policiais

Ainda nos anos 80 começaram a surgir propostas de reflexão teórica que equacionavam o trabalho dos polícias. Novos modelos de policiamento procuraram a conjugação de interesses dificilmente conjugáveis: poder de "eficácia" da polícia, mas também um maior nível de controlo das suas práticas; respeito pelos direitos humanos e constitucionais, mas igualmente maior controlo do crime; mais poderes e discricionariedade para os agentes da autoridade nas ruas, ao mesmo tempo com uma redução dos seus níveis de arbitrariedade; mais formação para os oficiais e líderes de polícia, mas em organizações políticas, muito dependentes de governos centrais, regionais e municipais. O modelo anglo-americano de policiamento comunitário (com variantes regionais como o policiamento de proximidade, entre

---

[19] Este é um ponto que em geral esquecemos de focar quando produzimos reflexão sócio-antropológica a partir de uma "periferia" ou de uma "semiperiferia" (Santos, 1990: cap. 4), como se queira designar, em termos da produção de conhecimento científico. As nossas bibliotecas nunca poderão reflectir toda, ou sequer parte, da produção internacional. Não tem feito parte das estratégias editoriais nacionais tornar acessíveis as análises clássicas sobre polícia e policiamento, como acontece há uns anos no Brasil, por exemplo, pela Universidade de São Paulo (EDUPS) ou divulgar a investigação social nacional e internacional sobre os temas, como acontece em França com o Institut des Hautes Études de la Sécurité Intérieure. Embora com décadas de atraso, foi recuperado algum tempo perdido. Quanto mais periférico é o próprio objecto num contexto disciplinar mais se adensa a dissociação entre o investigador e as obras de outros investigadores que pelo mundo produzem etnografias. Os financiamentos públicos à investigação, neste caso facultados pela FCT, ajudam a criar subcampos de investigação em Portugal, enriquecendo o espólio bibliográfico das universidades e centros de investigação. Todo o processo de aquisição bibliográfico é em si mesmo moroso e implica enorme envolvimento pessoal.

outros) surgiu, em Portugal como noutros contextos, como o mais inovador neste panorama.

Simultaneamente, do lado das ciências sociais, embora retomado como tema cada vez mais associado a questões de imagem e comunicação públicas (Perlmutter, 2000; Goode & Ben-Yehuda, 1994), as organizações policiais em si deixaram de ser olhadas de perto pelos etnógrafos, nessa escala interactiva que permite entender a produção de sociedades, de cidades e de organizações no presente.[20] Houve uma explosão de estudos e tornou-se impossível a um investigador isolado controlar toda a literatura, mas a observação directa e a produção de etnografias deixaram de figurar ao centro. No que diz respeito aos polícias e policiamento, terão os sociólogos, e sobretudo os etnógrafos, cedido progressivamente o lugar aos criminologistas?

A organização policial em si, os modos do funcionamento, a construção e o alicerçar de identidades profissionais, a intensa *iner*-socialização, foram pontos de partida para melhor entender os contextos policiais. Foi necessário entrar e penetrar nos universos sociais e culturais destas organizações até então amplamente desconhecidas pela sociedade e pelos meios de comunicação social.

No momento em que começaram a criar-se novos modelos de policiamento redireccionou-se a investigação para a busca de respostas. Reiner (1996) oferece uma ampla revisão bibliográfica e traça o caminho que vai das investigações às reformas policiais, da etnografia académica à viragem para estudos com fins políticos e aplicados. Em termos gerais, o momento é de produção de obras de síntese sociológica.[21]

A sociedade modificou-se e os criminologistas começaram cada vez mais a dar atenção à actividade dos polícias no controlo do crime. Houve quem afirmasse a necessidade de mudança de paradigma nos estudos policiais. Com a tendência profissionalizante, a profusão

---

[20] As organizações financeiras, científicas, políticas e as organizações não governamentais parecem ter passado para a linha da frente da teoria antropológica, pelo menos no âmbito da literatura anglo-saxónica (cf. Gellner & Hirsch, 2001).

[21] Por exemplo Tonry (1992), Cox (1996) e Hahn (1998) baseiam-se em larga medida em literatura sobre o assunto e avançam com ideias para políticas sociais. Muitas vezes recuam no conhecimento. Tal é particularmente visível nos termos em que são tratadas as culturas profissionais (ver, por exemplo, Cox, 1996, capítulo 9).

tecnológica e a mudança nas hierarquias e nos sistemas de informação o trabalho policial estaria a "desterritorializar-se" e a cultura policial a ser "destradicionalizada". A Polícia estaria agora no centro da "sociedade do risco" (Ericson & Haggerty, 1997; ver crítica de Punch, 1999).[22] Todavia, o controlo do crime permanece uma entre muitas outras dimensões da maior parte do trabalho de policiamento urbano, em especial quando falamos do policiamento de rotina e "de rua". Este último continua, para o bem e para o mal, a centralizar a maior parte dos recursos humanos e materiais destas organizações e de outros policiamentos privados ou semi-privados por todo o mundo. Como afirmou Reiner podem existir sociedades sem organizações policiais, mas não existem ordens sociais sem policiamento (1996: 1005). A patrulha permanece uma actividade intrinsecamente territorializada e está desde sempre associada ao nascimento e desenvolvimento das cidades (Schiera, 1968; Monkkonen, 1992; Emsley, 1996; Emsley & Weinberger, 1991; Weinberger, 1991; Weiss, 1999; Monet, 1991; L'Heuillet, 2004). Além disso, nas próprias organizações, como noutros contextos de trabalho, os polícias resistem às mudanças que lhes vão sendo impostas e podem, até certo ponto, adiá-las... (Crozier, 1972). Como tal, diferentes contextos ditam diferentes polícias e culturas de trabalho (Wilson, 1968; Manning, 2003).

Os principais eixos reflexivos sobre polícias e policiamento público foram fornecidos por investigadores que observaram as práticas policiais e os ambientes de trabalho em contexto (ver capítulo seguinte). Por muito que os polícias urbanos ambicionem, ou que os comandantes e os governos idealmente projectem realizar mais e mais "verdadeiro e profissional trabalho de polícia" (entendido na organização como trabalho criminal), é possível sublinhar três factores condicionantes. O primeiro passa pela vida urbana e o fervilhar de situações. As emergências das chamadas mergulham os agentes em todo o tipo de situações. O segundo centra-se nas políticas institucionais de apoio social e na divisão social do trabalho. Os profissionais que partilham parcialmente o campo de acção dos polícias não são suficientemente abrangentes. Não existem muitas vezes outros

---

[22] Curiosamente, no caso que estudei, e em grande medida na Polícia de Segurança Pública portuguesa, a desterritorialização é mais evidente nas vidas dos sujeitos do que na profissão (desenvolvo esta questão no capítulo 7).

especialistas na rua para fazer o trabalho que os polícias na sua organização territorial cobrem. Em terceiro lugar, as estratégias e tácticas policiais nem sempre são coincidentes. Um dos principais problemas da organização, desde sempre, tem sido a constatação que as estratégias para políticas de acção nem sempre vão ao encontro das tácticas que os agentes adoptam nas ruas. Uma série de planos de controlo interno e externo da actividade têm vindo a ser implementados, mas estes apenas resolvem parcialmente a questão e dedicam-se mais a um controlo ético-legal e deontológico do que técnico.

Por exemplo, nas esquadras de Lisboa, a maior cidade de Portugal, supõe-se que menos de um terço dos registos policiais sejam de ordem criminal (número avançado em entrevistas por oficiais). Mais de dois terços são participações relativamente simples, informativas, de acção e resolução de tensões e pequenos conflitos urbanos, de intervenção em infracções, fiscalizações e contra-ordenações. Quando olhamos para a actividade policial a partir das ruas verifica-se que o tempo de ocupação dos polícias com actividades não criminais (sendo que muitos nem chegam a registo) é elevado, marcando claramente as suas rotinas. Crê-se que mesmo nas áreas urbanas com mais tendência para o desenrolar de situações criminais – designadas nos léxicos da segurança e popularizadas nos *media* como *problemáticas* – os registos não deverão ascender a mais de metade. E nas pequenas e médias cidades do país essa actividade de controlo diminui de tal modo que todos defendem que, apesar de tudo, é nas esquadras da área metropolitana de Lisboa que os polícias se projectam na *escola da profissão* (isto é, aprendem o trabalho, adquirem experiência).

O patrulhamento surge assim como prática de rotina e já não apenas como um modelo idealizado, sendo intersectado por amplas lógicas de Estado, de sociedade e de cultura. O que se espera dos polícias e da sua actuação reflecte em larga medida o que se espera de uma sociedade num dado momento histórico. Mas será que a "razão securitária" dita realmente o tom do presente nas práticas dos polícias fardados?

Esta etnografia pretende dar a conhecer como os agentes nas suas rotinas de trabalho vão produzindo ordens intersticiais e negoceiam essas ordens na cidade que patrulham: como as negoceiam nos planos organizacional, legal e, sobretudo, social e cultural; como produzem práticas e discursos mais ou menos distantes dos citadinos que policiam e vão desenhando o seu papel profissional na organização, nos territórios que ocupam, nas vidas de outros e nas suas próprias vidas; como apresentam, representam, praticam e justificam um mandato profissional onde ao centro está, como disse Punch (1979a: 18), a regulação dos comportamentos quotidianos.

Nas políticas mais recentes das organizações de controlo fala-se constantemente em "abrir as polícias à comunidade". Mas na verdade a organização sempre esteve inserida na sociedade, em cidades com dinâmicas sociais e culturais que lhe são próprias. Os teóricos é que talvez tenham estado menos atentos aos fenómenos que resultam dessa intrínseca relação da organização policial com a sociedade, pelo menos em Portugal.

Ao nível das relações interactivas e de resolução situacional, a intersecção faz-se através de quem dá rosto à organização, através de quem está na rua, ou seja, dos *agentes de autoridade*. Tão complexo como analisar continuidades parece ser produzir a descontinuidade que faz diferir o polícia de um outro citadino ordinário. Criar ordem e licença para exercer um mandato policial é um trabalho muito mais complexo do que seguir regulamentações e quadros legais. Por isso os polícias, quando olham para os citadinos, quando invocam a dificuldade de encontrar os eixos fundamentais do seu trabalho ou mesmo quando revelam as impotências de quem ambiciona mudar comportamentos sociais e culturais, dizem: "somos filhos das mesmas mães" e "somos todos filhos de Portugal", reclamando semelhanças.

Este problema revela a inter-relação constante (com uma não necessária relação de subordinação) entre "centros" e "margens" nas realidades sociais do presente. Pina Cabral defende que "parece menos correcto afirmar que a hegemonia produz marginalidade do que dizer que ela gera centralidade. Em suma, (...) a marginalidade é o próprio fundamento da vida social e cultural sobre o qual a hegemonia impõe processos de estruturação" (2000: 883). Seguindo o autor, "surge então um novo consenso em torno da noção de que a vida social, por um lado, está constantemente presente e, por outro, é permanentemente recriada (Ortner, 1984); nas palavras de R. Rosaldo, "human life is both given and constructed" (1980: 41; cit. *in* Pina Cabral 2000: 872).

A negociação, nas suas diferentes dimensões e expressões, mais do que táctica periférica numa actividade regulamentada e legal, pode ser olhada como presença fundamental na actividade de controlo policial no contexto português. A capacidade de negociação dos polícias é talvez a grande organizadora dos encontros urbanos, uma negociação que não é estável nem neutra, que é permeada por classificações formais e informais da profissão, das funções, situações e pessoas. Ora, esta é aprendida e é uma das primeiras características da socialização profissional. Assim, ordem e negociação são constitutivas da actividade de policiar, mas também da organização à medida que esta se vai organizando por intermédio das acções dos sujeitos. E por negociação entende-se, também, a possibilidade sempre aberta aos polícias de uso da força simbólica e física.

Questões de antropologia à Polícia

O legado reflexivo da antropologia combinado com a tradição de estudos sobre policiamento permite desenvolver em três planos as questões teóricas levantadas pela etnografia que realizei, situando-se esta pesquisa entre as formas políticas, de trabalho e de significação que ganham vida nas organizações. Especificando, em primeiro lugar interessa conhecer como se apresenta a "vida de esquadra" e como se vai organizando a organização, que cosmologias organizacionais vão sendo quotidianamente criadas e faladas, tendo como pano de fundo e referência particular uma *esquadra de bairro* em Lisboa. Um segundo problema deriva do primeiro: é central investigar como se gere o trabalho e o mandato policiais nos contextos, territórios e ruas policiados. E, por fim, desenvolvendo um plano relativamente inédito nos estudos que tomam como ponto de partida a organização policial, mas que aqui se apresenta como corolário evidente do caminho anunciado, importa detalhar os modos de vida, a produção de subjectividades e de entendimentos biográficos de um colectivo que resultam da inserção dessas pessoas que no presente etnográfico enformam uma "comunidade profissional"[23] de polícias.

---

[23] O termo "comunidade" é usado aqui no sentido de uma identidade e características comuns e, também, na qualidade de manter algo em comum. Neste caso remete para um

A definição de competências e distribuição do trabalho e das políticas organizacionais, mesmo entre agentes, só aparentemente é uniforme. Redes de relações no trabalho ganham sentido, tendo em conta a distribuição diferencial dos *serviços*, de estatutos e das trajectórias em presença. Nas representações laborais e em determinadas situações de trabalho são os colectivos e os grupos que sobressaem e se valorizam, noutras é o indivíduo, solitário, na sua gestão meticulosa da vida, do trabalho, da caminhada por entre a profissão.

Que ruas são as dos polícias, que "cidade relacional" (Agier, 1999), na sua gama de relações mais ou menos tensas, pacíficas ou conflituais, é essa que ajudam a produzir nas suas rotinas e como resultado da aplicação do seu mandato? Que sistema de classificações e entendimentos estereotipados os polícias criam, sobre os outros citadinos e sobre si mesmos? É necessário analisar as situações que se criam quando os polícias se encontram na rua com diferentes citadinos, contextos e espaços. Este é o caminho que vai das estratégias às tácticas policiais, das patrulhas aos policiamentos de proximidade, da produção de mapas cognitivos de agentes à lógica do sistema de entendimentos policiais para as áreas do policiamento. Nas polícias urbanas, as aprendizagens do trabalho surgem através da cidade e as aprendizagens da cidade surgem através do trabalho. O ponto de vista tomado é sempre o dos agentes, uma perspectiva parcial, mas a possível, dados os contornos e opções da pesquisa (que apresento mais abaixo). A assimetria de posições sociais e ordem estatutária entre os vários habitantes e frequentadores das cidades tornam esses encontros sociais entre citadinos e polícias diferentes de todos os outros, é certo. Os polícias podem ser vistos como o resultado mais evidente da violência simbólica do Estado (Bourdieu, 1989). Não é por acaso que as pequenas narrativas de encontros com polícias fazem parte do repertório de experiências de qualquer citadino que tenha experimentado deslocar-se a uma esquadra, que seja interpelado por um agente numa situação de infracção no trânsito, que tenha assistido à intervenção policial em caso de desordem, etc. Mas as situações também agem sobre as estruturas sociais, em diferentes

---

colectivo de pessoas com uma mesma profissão que, por esse motivo, partilha rotinas, quotidianos, entendimentos, interesses e modos de vida específicos e particulares (cf. Williams, 1988: 75-76).

contextos, tempos e dimensões. Os agentes que enfrentam com autoridade certos citadinos podem ser desafiados no seu poder por outros. Muito do que se passa nas ruas passa por um trabalho de negociação entre pessoas colocadas em pontos diferentes da hierarquia social, não apenas do Estado.

Como se define a comunidade profissional dos polícias? Que modos, estilos e quadros de vida particulares se geram numa esquadra de Lisboa? É necessário descrever como se desenham as trajectórias dos agentes, mas também a socialização profissional e aprendizagem pela experiência, pela ordem organizacional e pela lei em contexto; como se configuram as socialidades[24] entre colectivos, grupos, pessoas. Os polícias estão inseridos em vários contextos (domésticos, familiares, por exemplo) que influenciam directa e indirectamente a comunidade profissional. Os indivíduos, nos seus percursos e biografias, vão agindo e modificando os meios onde trabalham.

Vale a pena recuperar a inspiração em Michel de Certeau (2000). No mesmo sentido em que a cidade pode ser perspectivada através das "práticas microscópicas, singulares e plurais dos citadinos", a organização policial pode ser analisada a partir dos agentes, das suas "trajectórias" e "tácticas". O desafio heurístico complexifica-se se pensarmos a produção de uma organização a partir do que nela tem sido mais esquecido: as situações, os momentos, os encontros, as pessoas que restituem à polícia a razão de existir enquanto organização.

Pesquisando *organizações* policiais

A profissão e a função dos polícias encontra-se enquadrada institucionalmente no aparelho de Estado (mesmo se a legitimidade da sua acção pode ser teoricamente problematizada), embora o funcionamento organizacional seja amplamente autónomo. Em Portugal o

---

[24] Marilyn Strathern (1999) defende que socialidade não se reduz a sociabilidade, mas evoca de forma mais nuclear os aspectos formais das relações sociais. Em inglês *sociability* significa uma experiência de comunidade, de empatia, o que oferece uma certa sentimentalização à noção de relacionalidade. Com socialidade pretende-se retirar o valor moral que ressurge no conceito de sociabilidade.

policiamento privado tem estado relativamente subordinado ao público e a discricionariedade de poderes é aí muito controlada. Todavia é inegável que este se insere numa lógica global de crescimento e expansão que beneficia da crise genérica que atravessam os policiamentos estatais, como tem sido evidenciado por diversos autores (Bauman, 1988, 2000; South, 1988; Johnston, 1999; Hirst, 2000; Lianos & Douglas, 2000; Shearing, 2003). Mas é no quadro da PSP que os *agentes de autoridade* exercem a sua actividade profissional. Os polícias de que falo são assim, por definição, trabalhadores contratados pelo Estado que tem um dispositivo legal montado para assegurar a eficácia do sistema policial, mas que tem de lidar com a autonomia organizacional que garante o seu funcionamento.[25]

A cultura profissional dos polícias define-se, em larga medida, como uma cultura organizacional (ver capítulo 1). É necessário sublinhar que a polícia urbana, tal como a conhecemos, só enquadrada institucionalmente tem realidade, isto é, de acordo com um plano estatal mais lato. Todavia a organização burocrática não é *uma* entre outras características do trabalho de polícia; a organização é em si mesma central neste tipo de trabalho.[26] Torna-se então necessário inquirir os conceitos em uso.

---

[25] A abordagem seguida nesta investigação situa-se no campo da antropologia das organizações e urbana e não tanto na perspectiva de uma antropologia política que vai ao encontro das relações entre elas e o Estado (ver, por exemplo, Abélés, 1997; Harris, 1996; Hinshaw, 1997; Wright, 1997). A centralidade da opção prende-se com o facto de ser este um trabalho não sobre a política do Estado para as polícias, embora tal reflexão caiba inevitavelmente em alguns momentos na análise, mas sobre os modos como os polícias se organizam no trabalho, de acordo com as exigências de uma burocracia de rua, e de como actuam junto dos indivíduos que policiam em meio urbano.

[26] Comparando com uma experiência de investigação anterior, onde investiguei grupos sociais de tipógrafos (Durão, 2003), diria que tal situação contrasta com a de operários qualificados e de artesãos que podem exercer as suas ocupações em empresas mas que podem igualmente trabalhar de modo independente e individual, por conta própria, se tiverem acesso aos meios produtivos. É certo que tais operários inscrevem, de alguma forma, a sua actividade em organizações, de tipo mais ou menos "familiar", trabalham geralmente em pequenas e médias oficinas. Em boa medida, não é a organização que lhes define a actividade, mas sim a profissão em torno da qual se definem os arranjos organizacionais. A polícia, pelo contrário, definir-se-ia no sentido do enquadramento para actuar.

"Organização" é aqui usado no sentido de um grupo formal de pessoas que partilha alguns objectivos.[27] Em sociologia, o termo é frequentemente usado no sentido da conjugação de acções planeadas, coordenadas e com o fim de produzir ou compilar um produto ou um serviço, tangível ou intangível. Todavia cada vez mais são reconhecidas as dimensões informais, e não planeadas, constitutivas das organizações. Mas por os objectivos centrais serem geralmente estruturados e regulamentados pode defender-se que as polícias são organizações burocráticas do Estado. "Burocracia" aproxima-se de organização quando é encarada como "um corpo de funcionários públicos". No pensamento social o conceito é mais frequentemente usado no sentido weberiano que o remete para formas de racionalização e ordem legal do Estado. Isto é, que detém procedimentos padronizados, escritos, regras impessoais, delimitação de competências e funciona de acordo com uma hierarquia de funções clara de um Estado ou Governo (Weber, 1971).[28] Por sua vez, "instituição" é um conceito de maior amplitude que os anteriores, pelo menos quando em uso nas ciências sociais. Remete para estruturas ou mecanismos sociais, para partes da sociedade (embora não a seja no seu todo). Instituição pode ser usada para intitular certos tipos de organizações, no sentido de "instituto". Mas o uso mais comum e recente do termo é o de organização social, específica ou abstracta, que tem a qualidade do que é "institucional" ou "institucionalizado". Ainda assim, instituição tornou-se sinónimo recente de qualquer elemento organizado de uma sociedade (cf. Williams, 1988: 49-50, 168-169).

Assim, nesta afinação conceptual, "organização policial" não coincide exactamente com "instituição policial", que pode ser enten-

---

[27] O termo desenvolveu-se na contemporaneidade a partir de "órgão", como instrumento ou agência, mas tem vindo a tornar-se antónimo de "orgânico". No pensamento social e político valorizam-se as "sociedades e Estados organizados" (cf. Williams, 1988: 227-229).

[28] "Burocracia" deriva de *bureau*, primeiro "secretária", mais tarde "escritório". O termo surge quando no século XVIII cresce a escala da organização comercial, o controlo e intervenção legal, a profissionalização e governamentalização dos serviços públicos. Burocracia pode também designar a rigidez ou uso excessivo de poder da administração pública. Em termos mais locais é usado para retratar as complicadas formalidades dos procedimentos oficiais. Para o estudo das consequências "disfuncionais" da burocracia de sentido weberiano ver Merton (1965) e Crozier (1964).

dida como o estabelecimento do controlo social num plano lato. Desta perspectiva nem a classificação de "instituição total" (Goffman, 1992), por um lado, nem a metáfora da micro-sociedade (Roethlisberger & Dickson, 1939), por outro, parecem ser pertinentes para reflectir os problemas inerentes às organizações policiais.

A organização PSP no seu todo é inacessível ao olhar etnográfico.[29] De um mesmo ponto de vista, também as etnografias urbanas não coincidem com a cidade, posto que esta é empiricamente inacessível na sua totalidade, apesar da aparência de realidade impositiva (Agier, 1996: 25-58). Os estudos são frequentemente *frames*, itinerários percorridos, traços dessa cidade. O paralelismo pode ser feito em relação aos estudos organizacionais. Dizer que esta pesquisa tem uma perspectiva organizacional de base não significa que se situará em todos os níveis da organização de polícia da mesma forma.

Será então necessário propor uma alternativa conceptual-metodológica. Pode assim defender-se que a organização policial se apoia em *unidades organizacionais*. Essas unidades surgem a mediar políticas mais amplas, as filosofias de actuação e as práticas concretas de intervenção ao nível local e urbano. São denominadas desse modo, ou como *subunidades*, na PSP por terem alguma autonomia: por possuírem meios próprios de decisão, de operacionalização e um colectivo relativamente fixo; e por conservarem, evidentemente, um forte apoio e permanente troca de informação com outras unidades organizacionais semelhantes, hierarquicamente superiores e burocraticamente desenhadas. Nesse plano, a *esquadra* surge como uma das unidades centrais na prática territorial da polícia urbana portuguesa e merece que lhe seja dedicada atenção. A esquadra (tal como a divisão) é uma organização "semi-autónoma" (para usar a expressão de Goldsmith, 1990). No quadro da PSP, um conjunto de esquadras é supervisionado

---

[29] A PSP é ampla e compreende vários níveis: o formacional (com escolas profissionais), o operacional (de actuação) e o administrativo. Dir-se-ia que, de cima para baixo, encontramos no presente uma instituição delimitada por vários patamares organizacionais: a Direcção Nacional (onde se concentram os orgãos directivos de decisão), os comandos (de Lisboa e Porto), as divisões territoriais (concentradas em áreas definidas da cidade), das quais dependem as esquadras (concentradas em zonas da cidade). A área do trânsito em Lisboa, pela sua complexidade, merece uma divisão específica. Organizados de modo paramilitar, e com autonomia espacial, estão os grupos de acção especial (GOE, CI, etc.).

por uma divisão, uma unidade administrativa com alguns serviços operacionais e especializados. Neste sentido a unidade da esquadra está amplamente "institucionalizada" na polícia portuguesa, mas tem algum nível de funcionamento autónomo e tem peso na socialização dos sujeitos (veja-se, por exemplo, essa amplitude no *Regulamento para o Serviço das Esquadras, Postos e Subpostos*, aprovado por despacho do Ministro do Interior, de 7/12/1961 e ainda hoje em vigor).

Particularizando ainda mais, aqui a organização é perspectivada através do trabalho dos agentes e destes nos diferentes papéis e funções que desempenham. São eles o garante da continuidade organizacional nas ruas, através da presença fardada e, cada vez mais, com atribuições alargadas também nas esquadras. E são eles os detentores do monopólio simbólico que representa a *operacionalidade* na organização: prontos para agir e reagir às emergências sociais que têm vindo a alimentar, desde os anos 60, o *grosso* da produção do trabalho policial e as simbólicas que representam e valorizam a patrulha.

Interessa compreender como se produzem rotinas de trabalho, quotidianos de vida, desempenhos e classificações nativas da vida policial que conjugam os entendimentos das práticas. A ideia deixa de ser a compreensão dos desvios, ou de "submundos" e "subculturas" policiais (que acabam por ter como principal horizonte normativo a lei e as definições políticas). A ideia é saber o que fazem os agentes com o mandato que detêm, nas suas rotinas, que léxicos e ideologias engendram e os fazem mover nos seus quotidianos.

Como resultado esta investigação procurará captar, por um lado, o papel dos polícias no controlo social produzido em meio urbano, por outro, os sentidos sociais e culturais que enformam a acção policial – uma discussão que tem escapado às visões criminalistas e legalistas. Os desempenhos são contextualizados em realidades locais e incorporados por pessoas cujo papel organizacional e social é aqui reconhecidamente activo. O mandato profissional está permanentemente sujeito a interpretações pessoais e a acção dos agentes nas realidades e situações que policiam é frequentemente isolada ou dá-se em colectivos reduzidos. A percepção do trabalho traduz modos e estilos de vida de pessoas que de cada vez que entram em situações, encontros ou são chamados a usar a força, transportam para cena as suas biografias e experiências sociais. Parto de dois planos: o organizacional (na relação entre polícias) e o citadino (na relação entre polícias e citadinos).

As questões sugerem uma observação itinerante pela PSP, de descida à rua dos polícias e em circulação pela cidade, acompanhando os polícias no seu trabalho quotidiano. Fiz o percurso inverso ao que propunha Nader em *Reinventing Anthropology* (1969): comecei de "cima" (da direcção e comando) para chegar a "baixo" (às esquadras e agentes). O interesse de um tal terreno de estudo reside no facto de permitir captar as lógicas e sentidos de um trabalho que se produz em permanente interacção e mediação.

Tempos e compassos da etnografia

Esta etnografia pretende ainda romper com a ideia de que existem núcleos ou grupos sociais de acesso vedado à investigação social, antropológica, e à observação, na tradição do que foi feito no passado noutros lugares do mundo.

O meu interesse pela polícia urbana portuguesa remonta a 2000 quando, talvez tardiamente, descobri nos textos de Van Maanen a ligação entre um objecto de estudo sugestivo, a polícia e o policiamento, e as inovações promissoras das narrativas do campo, as *Tales of the Field* (1988). A escrita das culturas era entretanto amplamente discutida na antropologia como uma das formas de a resgatar à crise de identidade e legitimidade científica que a atingira nos anos 80, pelo menos em contexto norte-americano (Clifford & Marcus, 1986; Clifford 1988; Fox, 1991; Ahmed & Shore, 1995; Moore 1999; Kuper, 1999; Hymes, 2002).[30]

Numa primeira fase, tendo consciência da complexidade e centralização da organização nacional, obtive autorização formal para desenvolver uma espécie de "trabalho de campo agendado". No decurso de um projecto no qual era bolseira (Cordeiro, Durão & Leandro, 2003), durante meses caminhei com outra bolseira, Alexandra

---

[30] Tal como Sanday (1983), eu acreditava que o estudo das organizações formais complexas surge como um dos caminhos a seguir na antropologia do presente, de modo a ensaiar as preposições e conjugações de estilos etnográficos "holístico, semiótico e behaviourista" deste legado teórico. Quis partir para a experiência.

Leandro, para a Direcção Nacional da PSP. Fazia entrevistas programadas a altos oficiais, as chefias administrativas da PSP, nos intervalos do seu trabalho, e iniciava a investigação bibliográfica e arquivística. Era necessário começar a penetrar as lógicas organizacionais da grande burocracia, traduzidas em leis, regulamentos externos e internos e algumas publicações de carácter normativo e de áreas do conhecimento muito distantes da perspectiva antropológica. A trajectória permitiu-me ir socializando com a organização policial, ir conhecendo as suas principais políticas e formas de apresentação perante o exterior (um caminho que foi teorizado por Manning, 1974), enquanto fazia alguns amigos e ficava para almoçar na messe com oficiais.

A partir daí fui "descendo" até às divisões territoriais de Lisboa, onde entrevistei as chefias operacionais e, por fim, aspirantes e cadetes em formação para oficiais do Instituto Superior de Ciências Policiais e Segurança Interna (ISCPSI). Tive autorização para acompanhar de perto as provas eliminatórias do recrutamento para a Polícia e realizar entrevistas. Durante alguns anos também fui convidada a assistir às comemorações do Dia Nacional da Polícia (cf. Cordeiro, Durão & Leandro, 2003). Mas este foi em larga medida um trabalho preparatório para o que se seguiu. O meu objectivo era, desde o início, poder permanecer pelo menos um ano ininterrupto nas esquadras e participar nos policiamentos. Em 2004 acabei por obter autorização para tal objectivo, três anos depois de ter iniciado o trabalho de campo.[31]

As razões para fundamentar esta etnografia nas técnicas da observação participante – conjugadas com entrevistas, consulta documental, de registos, lançamento de um questionário a uma divisão, recolha de imagens, realização de mapas (ver, por exemplo, Davies, 1999; Beaud & Weber, 2003; Agier, 2004) – prende-se essencialmente com três razões: a primeira de todas foi não existirem investigações de fundo e empiricamente válidas sobre a polícia urbana portuguesa em que me pudesse apoiar. Em certa medida foram os autores

---

[31] É preciso lembrar que os pedidos de autorização para observações desta monta são lentos e reflectidos na organização. Embora em 2004 eu já contasse com vários anos de investigação passados na PSP, no decurso de projectos anteriores, e com conhecimento e apoio de alguns superiores bem colocados na hierarquia, a mudança de director nacional levou-me a ter de aguardar um ano pela resposta ao meu pedido de estada prolongada em esquadras. Tudo foi muito mais fácil na fase anterior e "agendada" da investigação.

anglo-americanos que me serviram de modelo. Segundo, e de acordo com toda uma tradição de pesquisa antropológica, explicitada por autores das "escolas" de Chicago e de Manchester, acreditava que existem inúmeras dimensões da realidade social que apenas se configuram ao investigador se este estiver presente nos acontecimentos e, frequentemente, isto requer participação. Os encontros nas ruas, a livre circulação nos espaços da esquadra, o convite para os jantares de despedida ou, simplesmente, beber uma cerveja relaxadamente depois de um dia de trabalho extenuante, só foi possível com uma participação prolongada nos quotidianos de trabalho. Terceiro, a experiência de realização de entrevistas com guião entre oficiais, cadetes e aspirantes e outros "altos" polícias evidenciaram-me limites e resistências, não necessariamente pessoais mas resultantes de um mandato e uma organização difíceis de traduzir. As entrevistas, quando não enquadradas pela observação prolongada, algum interconhecimento pessoal e do que significa passar pelo trabalho de rua, resultavam frequentemente numa apresentação da polícia, de si, da função, aspectos importantes, mas muito limitados no contexto das relações em público (Goffman, 1972) e nas interpretações que daí resultam.

A observação principal decorreu em 2004, ano em que se realizou em Portugal o campeonato europeu de futebol e, também por isso, difícil de esquecer. Foi-me concedida autorização para permanecer em quatro esquadras de uma parte ocidental de Lisboa durante o período de Janeiro a Dezembro de 2004. Em boa medida procurava agora conhecer aquilo a que alguns autores chamaram a "agenda dos polícias" (Reiner, 1985; Maaning & Van Maanen, 1978; Choongh, 1997), o que incluia examinar a hierarquização de sentidos atribuídos ao mandato e à própria vida "por detrás da farda", mas também as relações interpessoais em contexto.

Inicialmente tinha amplas ambições etnográficas, mas a dispersão por várias esquadras não era boa conselheira. Acabaria por ficar a conhecer mais tarde muitas unidades da divisão e muitos profissionais nas itinerâncias da patrulha. Foi difícil não ceder à tentação de pedir entrevistas a muitos dos polícias que ia conhecendo e que pareciam ter muito a dizer. Neste trabalho de campo a contenção mereceu tanto cuidado como a expansão de movimentos. Era central conseguir encontrar uma rede de relações com um grupo de pessoas mais ou menos estável e em continuidade. Para tal, acabei por me cingir a uma esquadra de bairro que parecia ter as características ideais.[32]

A unidade era relativamente semelhante a tantas outras da cidade, policiava uma área com população relativamente heterogénea e um ambiente social algo diversificado. Os encontros estavam certamente marcados por essa variação que era geograficamente perceptível. O bairro de classe média onde estava situada a sede policial estava ladeado por bairros pobres, com alguns focos de subsistência ilícitos e tráficos de rua. Um desses lugares era mesmo socialmente estigmatizado. Em alguns anos sofreria uma reconversão territorial que o arrasou e deslocou os residentes para blocos de apartamentos erguidos numa zona já fora da supervisão da esquadra, mas mesmo ali ao lado. A textura sócio-geográfica não me parecia muito distante de outras das grandes cidades do país onde mais do que a questão racial era a questão da diferenciação social que se impunha e que nestes espaços convivia.[33]

Esta foi uma das esquadras onde mais cedo foram integrados os policiamentos de proximidade, no final dos anos 90. Na Direcção Nacional falava-se do sucesso da experiência. Seria uma boa oportunidade para observar as diferenças entre as patrulhas mais tradicionais e a proximidade, já não no plano das "estratégias de apresentação para o exterior" (Manning & Redlinger, 1978), mas no plano das rotinas. Esta era uma filosofia de policiamento alternativa proposta desde os anos 80 e mais desenvolvida em países de língua inglesa e de língua francesa. Como seria em Portugal?

Do ponto de vista do trabalho policial, o objectivo não era reduzir o âmbito da observação a um problema, dimensão ou domínio do trabalho policial mas, pelo contrário, abrir a todos os aspectos da rotina policial. A minha motivação principal era poder retratar o

---

[32] Embora me tenha fixado em particular nas rotinas de uma esquadra da zona ocidental de Lisboa – até porque na antropologia costuma crer-se que para atingir conhecimento é necessária uma boa dose de familiarização e de envolvimento nas dinâmicas locais – conheci múltiplas unidades e contactei com polícias de toda a teia institucional do país.

[33] O mesmo não pode ser afirmado para bairros e aglomerados habitacionais com elevados níveis de segregação sócio-étnica como os que se encontram na cintura periurbana da região metropolitana de Lisboa. Ver a este respeito Malheiros (2000).

trabalho nas patrulhas e proximidade à medida que este ia acontecendo e observar os diferentes papéis dos agentes. Como tal, não me interessou imediatamente enveredar por uma observação num bairro *problemático*.[34] Estava certa que não iria produzir um texto a desmascarar os polícias ou, no seu pólo oposto, envolvido com o chamamento romântico da acção policial que esses lugares evocam.

Um critério de natureza mais subjectiva ajudou-me a escolher a esquadra. Por um lado, conhecia muito bem o ambiente social, os bairros, a toponímia, os centros de lazer onde se juntavam jovens e idosos, a actividade comercial, o movimento das ruas, etc. Por outro lado, a esquadra não era demasiado longe da minha residência, o que favorecia os encontros informais e um outro aspecto determinante, permitia-me frequentar todos os dias e a qualquer hora do dia a esquadra. Quando os agentes me queriam contactar, sabiam que era fácil encontrar-me. Desse modo podia também depender o menos possível das facilidades ou benefícios organizacionais – boleias nas noites escuras quando finalizavam os transportes públicos, um gabinete ou mesa de trabalho na esquadra, etc. Muitos investigadores não os recusariam mas, no meu caso, tal opção acabaria por me aprisionar os movimentos e arriscar a autonomia. Cedo me apercebi que as burocracias têm rostos e contrariedades fáceis de impulsionar, que dependem tanto da formalidade como dos poderes locais dos indivíduos e chefias intermédias.

Beneficiar da proximidade dos polícias sem comprometer o papel de investigadora foi sempre um objectivo. Não passei pelas ambiguidades de estatuto de outros etnógrafos que trabalharam uniformizados (Kirkham, 1974, 1976; Buckner, 1967; Kurzing cit. *in* Punch, 1979a: 22). Existem variações no nível de envolvimento que em língua inglesa se resume em *go native*. Algumas orientações prendem-se com estratégias de conhecimento. Van Maanen, por exemplo, teve formação como agente e passou pelos seis meses da recruta numa polícia dos EUA, criando uma rede de amizades, socializando com os polícias que viria a acompanhar nas esquadras (cf. 1988: 89-90; 1981, 1982). Tal

---

[34] Na época, e sendo a primeira vez que surgia um pedido desta natureza, a opção teria significado ou a dificultação do processo ou mesmo a deferência do pedido de autorização, provavelmente alegando risco de vida.

formação permitiu-lhe participar na actividade de polícia como companheiro e, embora de modo ilícito, os colegas de curso chegaram a oferecer-lhe uma arma. Para alguns agentes ele era o simpático incompetente (*acceptable incompetent*), para a maioria o ajudante prestável (*friendly helper*), para muito poucos o colega de trabalho (*working partner*). Hunt (1984: 286-290), também nos EUA, revela ter tido necessidade de optar por um estatuto fluido e variável, passando pela liminaridade, quase androginia, oscilando entre o "homem típico" e a receptiva e intuitiva mulher num meio muito masculinizado. Rubinstein (1973) foi mais longe e chegou ao ponto de quase se tornar polícia. Foi um "observador armado" nos carros patrulha de Filadélfia, embora não diga se a chegou a usar...

As questões éticas que se colocam a uma investigação desta natureza não são simples: pela informação que se obtém e não se revela; por poder presenciar excessos e ataques aos direitos civis e humanos; pela possibilidade de participar como testemunha em sessões de tribunal e agir em todo o processo do "lado dos polícias"; e talvez mais do que tudo pela exposição em que se colocam aqueles que colaboram com a investigação, em particular perante os superiores, mesmo que usando a capa protectora do anonimato.[35] A discussão iniciada por Skolnick (1966) continua hoje viva. Existem limites que podem desafiar o estatuto do investigador no terreno. Por exemplo, Punch (1979a: 11-12) relata que a certa altura se envolveu tanto que perseguia, procurava e ajudava pessoas, chegando a defender com

---

[35] Todos os nomes usados neste livro são pseudónimos que criei. Quando me refiro a pessoas em concreto nomeio-as para tornar a leitura mais agradável. A decisão não foi fácil. Marcio Goldman (2006) discute esta questão na antropologia e levanta questões importantes: o emprego de nomes fictícios pode não servir para preservar a identidade das pessoas citadas, pode antes servir para o antropólogo "se proteger", pode levar a alguma ou, no limite, à absoluta perda do contexto estudado (2006: 45-47). No meu caso tal opção não se limitou às pessoas mas levou a uma certa discrição face aos lugares, o que me inviabilizou a possibilidade de oferecer mesmo mais contexto à etnografia e acabou por conduzi-la num certo sentido que a dispensasse do apoio descritivo de contextos a todo o momento. Tal é particularmente complicado quando trato de bairros, de ruas, de história, de pessoas com densidade biográfica, etc. Todavia, uma vez tomada a decisão, em grande medida implicada na negociação prévia para ter acesso à instituição, e com muitos polícias que apenas assentiram participar e falar debaixo do manto do anonimato formal, ou seja, uma decisão imposta pelo próprio contexto de estudo, as dificuldades foram-se tornando desafios à etnografia, à forma narrativa que esta iria tomar.

veemência os seus novos "colegas" polícias. Estes aspectos estão interligados com os riscos que se correm e o envolvimento que a experiência policial cria, já não apenas nos agentes mas também em quem participa nas rotinas de trabalho. Concordo com Punch quando diz que mesmo em alguns momentos de tensão com pessoas descontroladas e agressivas, que também vivi, por alguma razão o perigo nunca parece muito real perante uma espécie de escudo protector que se cria (Punch, 1979a: 12).

O meu caso representou uma realidade completamente nova e naturalmente desafiante e desafiada na esquadra e na divisão que a supervisionava. A diligência etnográfica não se confundia com a dos pioneiros nos EUA, que saíam de um período de obscurantismo político quando começaram a reflectir sobre a Polícia, mas era marcada por um certo desconhecimento dos seus fins em Portugal. A maior dificuldade que enfrentei, enquanto defendia o meu estatuto de investigadora, foi conseguir resistir às imagens a ele associadas na Polícia. Não é suposto que uma "doutora" chegue a uma esquadra com o intuito de se aproximar dos agentes e com eles "mergulhar" no dia-a--dia dos turnos, em diferentes estações do ano, passar frio e calor, noites em branco...

Durante os primeiros dois meses participei nas rotinas de uma esquadra, no *horário de expediente* (das 9h às 18h) e nas actividades exteriores levadas a cabo pelos comandantes, como as operações nocturnas, reuniões ou diligências. A passagem da esquadra para a patrulha mereceu resistências, hesitações e dúvidas por parte de alguns superiores que duvidavam da legitimidade da minha autorização. Durante esses meses não soube se alguma vez o iria conseguir, mesmo se o "ofício" escrito formalmente o contemplava. O acesso à rua dos agentes, o campo mais público da actuação, revelava-se o caminho mais difícil. Assim aproveitei para contactar informalmente os agentes na esquadra e fazer algumas entrevistas. Podia ler todo o expediente e documentação diversa[36] e assistir ao trabalho de esquadra,

---

[36] Quase todos os estudos etnográficos em organizações padecem de uma lacuna: um acesso restrito e limitado às normativas e regulamentações internas. Tal pode chegar a afectar algumas conclusões teóricas ou, pelo menos, restringir a amplitude de análise. Esta tese sofre desse mesmo dilema: mesmo quando pude aceder a vários documentos organizacionais importantes, o seu carácter de reserva ou confidencialidade impediram-me

mas faltava-me o principal: percorrer as ruas com os polícias. A pouco e pouco fui ficando até mais tarde, nos horários em que os comandantes se ausentam, e passei a barreira do *sentinela*.[37] Tinha conseguido entrar na organização, mas agora queria "escapar-lhe". Foi preciso esperar pacientemente pelo sinal verde dos agentes e das chefias intermédias.[38]

Assim que me envolvi nas patrulhas fui associada aos agentes e foi como se tivesse passado para o "lado deles", o que de certa forma me limitou os contactos ulteriores com as chefias. Mas como já há muito tempo advertiu Becker (1967), há sempre um momento em que temos de escolher um lado, se as coisas se puserem dessa forma. Passado algum tempo passei do estatuto oficial de "estagiária" a "amiga dos agentes" e "quase colega", na medida em que acabei por participar em mais ocorrências e ter uma visão mais alargada da patrulha do que muitos novatos recém-chegados da Escola Prática de Polícia. O facto de ter família (marido e filha) favoreceu a experiência pois era considerada uma pessoa "com vida" e não meramente uma jovem "curiosa por fardas". Os turnos alteram a vida a todos os polícias e durante esse período a minha não foi excepção. De início levava tudo tão a sério que ficava longas horas de serviço e evitava atender as chamadas do telemóvel. Esta separação das esferas parecia agradar aos agentes. Mas rapidamente fui levada a abrandar e a viver a coisa com um certo relaxamento, a respeitar as horas da folga. Aliás, os próprios polícias me advertiram para os perigos de ceder à voracidade do trabalho policial.

---

de os usar, citar ou referir. Este é o caso das normas de execução permanente, entre outras, que são produzidas apenas para conhecimento e funcionamento policial interno.

[37] Este é o agente que se encontra destacado para guardar a esquadra, ficando geralmente armado, à porta do estabelecimento. Nem todas as esquadras têm o serviço de sentinela, ou por não haver agentes suficientes em cada turno, ou por este ser dispensável nas políticas do policiamento locais.

[38] Na verdade, à medida que ia conhecendo os vários serviços da esquadra passava cada vez mais tempo nos bancos de entrada, onde esperam os queixosos, para onde são lançados os suspeitos e aqueles que são detidos em operações policiais. Dois agentes de um grupo começaram a manifestar interesse na minha presença, porque me misturava "nos lugares dos agentes", espaços da esquadra por eles frequentados. Foram eles que me levaram para a rua, inicialmente nos serviços à civil, onde diziam que eu iria "atrapalhar menos". A rua surgiu-me assim como consequência "natural" da pesquisa autorizada e, desse modo, tornou-se mais difícil para os superiores controlar esse fluxo.

Entrei na patrulha e nos turnos pela mão de dois agentes mais seniores do primeiro *grupo de patrulheiros* que mais tempo acompanhei.[39] Poder acompanhar os ocasionais trabalhos *à civil* iniciou-me logo nos aspectos mais secretos e nem sempre lícitos da actividade, mas também me permitiu entender dados essenciais das carreiras e trajectórias. Daí fui intercalando a passagem entre as patrulhas apeadas, o *carro visível* e, gradualmente, tendo lugar cada vez mais reservado no *carro patrulha*, onde a participação em *ocorrências* está mais garantida.[40] Aceitei os acasos, os turnos parados, os turnos activos. Tal como não escolhera fixar-me apenas numa dimensão do trabalho policial também não me permitia seleccionar os turnos. Entrava ao serviço com o grupo e folgava como todos os seus membros. Estava determinada a acompanhar de perto pelo menos dois grupos diferentes e os respectivos colectivos durante alguns meses. O momento de mudar para o segundo grupo coincidiu com a altura em que sairam várias pessoas e este se recompôs. Nesse existia uma agente que me facilitou muito a inserção e de quem vim a tornar-me amiga. Depois do Verão fiz uma paragem de cerca de um mês. Quando regressei à esquadra passei dois meses com os agentes da proximidade, com mais incidência nas equipas da *escola segura*. Completava de algum modo o ciclo do policiamento. Acabei por conhecer melhor e acompanhar mais vezes uns do que outros nos diferentes grupos e equipas. Ainda assim, mantive uma variação interessante de contactos que permitia não me vincular a uma visão particular de um ou outro agente.

---

[39] Sumariamente, o grupo é o conjunto de agentes e um subchefe que entram ao serviço em cada turno de trabalho. O tamanho é variável, mas tem quase sempre entre oito a dez pessoas. Ver explicação maior no capítulo 2.

[40] Numa visita de um comandante superior à esquadra foi notada a minha presença. O comandante não concordava exactamente com os termos de aceitação da minha presença no lado de dentro da organização policial tal como surgia proferida na autorização formal, mesmo que de uma instância burocrática superior (e talvez, sobretudo, por isso). Procurou vedar o meu acesso ao carro patrulha e por momentos temi por essa circunscrição do meu trabalho. Todavia a recusa nunca surgiria escrita e, como tal, ela quase não existia. As várias chefias estavam presentes aquando da ameaça. Tinham memória. Todavia, um dia, puxada por acontecimentos e pelos agentes, fui levada para dentro do carro patrulha. O comandante local estremeceu mas apenas teve tempo de vir à janela dizer: "Protejam a doutora". Os impedimentos aos serviços e limites de circulação por entre a rua dos agentes cessaram nesse dia.

Os efeitos da minha presença nas atitudes e autocontrolo dos polícias não são fáceis de medir. Tanto podiam querer "mostrar trabalho" como moderar a reactividade e o uso da força face a algumas figuras da droga, por exemplo, que podiam ser alvo fácil para polícias. Talvez por isso, nas polícias de hoje, com um enquadramento legal mais apertado e a discricionariedade formal mais controlada, os temas da violência, excessos e desvios policiais sejam mais estudados a partir de processos judiciais, entrevistas dirigidas, a partir da análise mediática, e menos directamente observáveis (Hunt, 1985; Jobard, 2002). Assim como reconheço as vantagens da observação-participante, nunca tive ilusões quanto às suas limitações. Os temas da violência e da corrupção nos actos e conversas com polícias eram tangenciais e facilmente se tornava perceptível a tendência, calculada, para manter algum nível generalizado de silenciamento, sobretudo nos primeiros meses do trabalho de campo. Afinal eu estaria à prova bastante tempo. Mas existe uma questão de contexto. Noutros meios como, por exemplo, nas maiores cidades brasileiras, este é um tema que salta à vista do investigador: toda a troca informal que vai da "propina" (valor indevido recebido na colaboração e envolvimento dos polícias com actividades ilícitas) à organização da polícia e dos governos com redes criminosas; o movimento que vai da ostensibilidade à violência expressa na letalidade policial (por exemplo, em Caldeira, 2000); ou mesmo da situação que vai da afirmação pública dos elementos fardados ao facto destes terem de esconder a identidade profissional em vários domínios da vida quotidiana quando são moradores de favela (Zaluar, 1985). Estes não são factores tão manifestos na realidade portuguesa. Evidentemente que podem não ser omissos, mas no plano da patrulha tais problemas surgem como histórias associadas a indivíduos concretos, uma tendência de um ou outro *estilo* de polícia (como se verá no capítulo 6), passando por rumores de contratos com entidades privadas que surgem a beneficiar um ou outro comandante, ou por algumas suspeições que se adivinham na ligação a entidades municipais... Todavia os veios mais profundos e ligações estruturais não se dão a ver numa etnografia deste tipo, onde a pesquisa dependeu da minha presença física. Mais do que evocar o estatuto de *outsider* no universo estudado, o facto de ter conduzido o trabalho de campo sem agendas escondidas e tendo partilhado com os diversos interlocutores a natureza do trabalho, como já foi lembrado para contextos muito diferentes (Almeida, 1999: 132), levou a um certo desvio de temas "sensíveis" ou dos "podres" da instituição, como diziam os próprios polícias.[41]

Notei em várias ocasiões que a minha presença, como mulher e civil, tendia a amenizar algumas situações e a moderar a linguagem e uso do calão entre os mais jovens, mas assim que a minha estada se tornou habitual senti que os cuidados que mantinham na apresentação de si quando eu estava presente pareciam esboroar-se. Todavia nunca houve ambiguidades em relação ao género. Podia participar à vontade nas rotinas dos homens, mas nunca como "elemento masculino", o que aliás se estendia às agentes em geral. O efeito mais notório, frequentemente enunciado pelos agentes, foi ter-lhes trazido dúvidas sobre o trabalho, levá-los a questionar e a falar sobre "matérias policiais", mas também sobre a vida em geral. Muitas vezes os mais jovens perguntavam-me se tinha dotes de psicóloga e se os podia ajudar... As variações e permanências na patrulha eram, em larga medida, assunto de reflexão. Estas prendem-se com a natureza de um trabalho muito solitário, directamente pouco supervisionado, com uma ampla margem para a decisão, de resposta relativamente

---

[41] Esta parece ser uma situação partilhada por outros pesquisadores. Punch (1979), no seu estudo sobre a polícia de Amesterdão, refere que praticamente não teve ocasião de observar comportamentos desviantes por parte dos polícias que acompanhou durante seis meses. Punch coloca a hipótese deste tipo de situações ser bastante esporádica na polícia holandesa, o que o fez sentir de forma pouco intensa o conflito ético que outros autores em contextos britânicos e norte-americanos revelaram face a frequentes situações de corrupção, abuso físico de detidos, preconceito racial, entre outros. Contudo, um episódio posterior à sua experiência de campo fê-lo repensar este aspecto. Durante uma celebração em que participou, em casa de um polícia, o investigador teve oportunidade de ouvir várias histórias sobre comportamentos ilícitos e ilegais cometidos por polícias. Comportamentos estes que não constam do seu registo etnográfico. Poderia dizer exactamente o mesmo que Punch quando em situações de festa, jantares, saídas nocturnas, ouvia as histórias mais "secretas" dos polícias. O autor levanta uma questão clássica na antropologia, a de saber até que ponto os sujeitos observados modificam o seu comportamento em face do investigador, mas acaba por concordar com Becker, quando este refere que não é possível fingir durante muito tempo, nem mesmo na presença de um *outsider* (1970: 46). Por um lado, no caso dos polícias, existem muitas ocasiões em que estes têm de reagir rapidamente, não tendo tempo para se lembrarem da presença do investigador. Por outro lado, à medida que o investigador se vai tornando uma presença quotidiana, o nível de espontaneidade vai aumentando, mesmo num meio tão pleno de normas e travões comportamentais (Punch, 1979: 16). Isto não invalida, obviamente, que muitos dados da realidade nos escapem.

rápida e personalizada em encontros e interacções onde o importante é "não arranjar muitos problemas".

Mesmo na fase mais intensa dos turnos, os agentes não me colocaram em situações em que tivesse de arriscar uma imparcialidade que podia também afectá-los. Quando me advertiam para certos riscos – no início diziam-me "olha que aqui riscam os carros aos polícias, também te vão riscar o teu" ou "qualquer dia levas uma carga de porrada porque andas com os polícias" – tinha a percepção que desejavam testar a minha temeridade, sobretudo quando acompanhava os serviços à civil ou o carro patrulha. Nas ruas, apeada, ou nos carros, era a acompanhante desfardada dos polícias.

Fui muitas vezes uma mera espectadora, por vezes atónita, e à espera que as situações terminassem para então dialogar. Em algumas ocasiões fui mais participante do que observadora quando, por exemplo, alguns *dealers* vinham ter comigo para transmitir informações aos agentes; quando ocasionalmente ficava a guardar jovens no carro enquanto os agentes se ausentavam por momentos; ou na situação trágica de retirada de uma criança à mãe em que os agentes me atribuíram intuitivamente o papel da assistente social que faltava, simplesmente por ser mulher (ver descrição da situação no capítulo 4). Mas onde tive um papel mais activo foi no transporte das refeições rápidas, na limpeza da cozinha, quando fazia café, pagava a rodada ou as bicas e ajudava a lavar o carro patrulha.

Em poucas semanas deixei de sentir o peso do olhar sobre mim nas ruas. Do lado de lá não surgiram grandes equívocos, mas mais a dúvida sobre que tipo de polícia ou funcionária do Estado seria. Soube que pensavam ser uma nova subchefe da esquadra em estágio, que por vezes me confundiam com alguém das brigadas da divisão. Houve quem dissesse reconhecer-me de uma escola secundária que não frequentei e quem pensasse que era funcionária da Câmara Municipal de Lisboa. A maior parte das vezes era simplesmente a "colega dos polícias".

Não há dúvida que a generalidade dos etnógrafos fica com uma visão mais positiva dos agentes à saída do que à chegada ao terreno (pelo menos em meios onde se respeita a maioria dos direitos civis). Esta percepção tende a crescer com a prática: à medida que nos apercebemos como os polícias lidam com as emergências dos seus públicos, num sistema legal muitas vezes imperfeito; como são pressionados e tentados a dirimir a acção para "não ficarem mal vistos" ou para obterem pequenos favores; mas também como lidam com as exigências de superiores nem sempre determinados ou certos do policiamento que querem desenvolver; e com a necessidade de se irem conformando, e em alguns momentos resistindo, a códigos informais de conduta estabelecidos por colegas e na organização (sem que se consiga identificar de onde surgem). Confirmei aquilo que muitas vezes foi reiterado nas entrevistas: "Não é fácil resistir à vida da patrulha".

Durante 2005, e daí em diante, mantive contactos frequentes com pessoas da esquadra e continuei a cruzar-me com algumas "do meu tempo", como me diziam. Na verdade o colectivo recompunha-se com extrema velocidade e deixei de conhecer muitas das caras novas. Os meus conhecidos foram sendo a pouco e pouco quase todos transferidos para longe de Lisboa ou para outras unidades de polícia. Em 2005 obtive permissão para fazer uma consulta relativamente sistemática aos registos da esquadra e efectuei ainda um breve questionário ao pessoal da divisão.

A observação permitiu-me produzir um *corpus empírico* variado. Adoptei um procedimento metodológico comum na antropologia situada, o registo em diários de campo, sendo os mais determinantes aqueles que designo por "diários da patrulha". São uma ferramenta de trabalho basilar para a fixação da observação no terreno e de interpretações que vão sendo produzidas (a título de exemplo, veja-se Fernandes, 1998, capítulo 4; Valverde, 2000; II.2). Assim, ao longo do trabalho de campo, fui registando diariamente os turnos e rotinas em que participei, com recurso a notas e à memória próxima dos acontecimentos.[42] Pela sua extensão, estes materiais levaram algum tempo a tratar e apenas uma parte deles é usada na tese.[43] Do conjunto

---

[42] Todos os dias, no final dos turnos, tinha uma dupla rotina. Chegava a casa e ficava em média duas horas a registar factos e a procurar entender de modo um pouco mais lato o que ia observando, as conversas que tinha tido, as dúvidas que me iam surgindo, as conexões que através dos dados ia forjando, etc. A sensação de estar muito longe de uma síntese pode manter-se durante meses.

[43] Durante as diferentes fases do terreno realizei um total de 78 entrevistas, também apenas parcialmente usadas na etnografia. Na primeira fase foram entrevistadas 28 pessoas e durante a fase de observação na esquadra 50. As primeiras são mais informativas e revelam importantes aspectos de funcionamento da organização e as segundas são mais desenvolvidas e contextualizadas pela observação etnográfica.

de 78 polícias que entrevistei (contando os reformados e o dirigente sindical), envolvendo algumas das entrevistas mais do que uma pessoa: 33 são agentes e agentes principais, 7 são subchefes e chefes, 27 são oficiais e 8 são candidatos a oficiais.[44]

Como já referi, durante este período participei em dois projectos científicos sobre a Polícia portuguesa (Cordeiro, Durão & Leandro, 2003; Cordeiro, Durão & Gonçalves, 2005) que originaram publicações centradas na entrada e recepção das mulheres na polícia (Durão 2003b, 2004b; Durão & Leandro, 2003), nas classificações sociais do trabalho e socialização policial (Durão, 2003a, 2004a) e várias comunicações de carácter teórico-metodológico e sobre controlo policial (Durão, 2005; Durão & Cordeiro, 2004). É todo este processo que está na origem do texto que irão ler.

Situações, sequências, itinerários na Polícia

É uma obrigação da antropologia manter um diálogo próximo com outras ciências sociais. E neste caso mais do que noutros, porque os estudos sobre polícias têm estado fora do seu campo e discurso. Mas importa sublinhar como alguns saberes da metodologia etnográfica, tal como esta tem sido desenvolvida nas urbes, pode fundamentar a produção de saber sobre meios organizacionais. O saber etnográfico sobre grandes organizações policiais, complexas, que se expandem pelo território nacional e até internacional, com múltiplos níveis e especialidades, pode ser sustentado na análise e montagem de *sequências da vida organizacional*. Podem reter-se dois critérios para este predicado científico. O primeiro é a abordagem de escala. Os saberes produzidos pelos etnógrafos situam-se no nível microsocial. São saberes microsustentados, sem que tal signifique que são microsituados.

---

[44] Seis entrevistas foram ainda feitas a outros profissionais, não policiais da PSP (presidente de Junta de Freguesia, uma juíza, um inspector do IGAI e um inspector da Polícia Judiciária ex-agente da PSP, um advogado de um sindicato de polícia). Das 78 entrevistas realizadas a polícias, cinco foram a: um antigo comandante de polícia reformado, um subchefe e um guarda principal reformados, um dirigente e um secretário sindicais. As sessões de entrevista variaram entre 30 minutos e 3 horas. Em casos excepcionais (com outras cinco pessoas) foram realizadas duas sessões com cerca de 3 horas cada.

O segundo critério, que deriva do primeiro, é de âmbito propriamente empírico. A maior parte das informações são recolhidas em primeira mão e na interacção face-a-face. Mas há todo um trabalho para transformar a *observação na organização* em *saber organizacional*. Os conceitos de "nível intermédio" ajudam a ultrapassar a tensão epistemológica entre a tentativa de compreensão total e a diligência etnográfica (cf. Agier, 1996).

Neste sentido, a perspectiva situacional (como ferramenta metodológica e analítica), tal como foi inicialmente desenhada por Mitchell (1987), figura ao centro deste livro. Resumindo, esta é construída em torno de duas noções-chave. A "situação" e o quadro social (*setting*). A situação resulta de uma decisão de método que consiste em isolar um evento ou um conjunto de eventos na sua coerência interna, isto é, definida a partir dos "sentidos partilhados" (*shared meanings*) pelos indivíduos. Esta perspectiva permite captar as percepções sociais e não meramente individuais em situações. O quadro social é formado a partir dos constrangimentos globais presentes nas situações. O sentido partilhado pelos sujeitos da acção pode ser mais ou menos imposto ou negociado de acordo com o nível de estruturação, fechamento ou regulamentação dos espaços sociais em que se inscreve. Althabe (1985) acrescenta à perspectiva os contextos urbanos e profissionais dos diferentes actores em presença, os outros espaços sociais para os quais convergem trajectos e redes de cada um dos indivíduos observados. Isto é, avança com um terceiro elemento para a análise de situações: a coerência dos modos de comunicação e as modalidades através das quais as regulações da sociedade global opera no nível microsocial (ver Agier, 1996, 1999, Introdução; para uma explicação mais detalhada ler, por exemplo, Mitchell, 1987, 1996; Rogers & Vertovec, 1995; Bastos, 1999).

Mais do que um programa descritivo, esta abordagem permite identificar numa etnografia sobre os meios policiais os planos que serão cruzados na análise. Permite, primeiro, isolar um conjunto de eventos, de situações, *ocorrências policiais*, mas também *situações de vida* dos agentes. Em segundo lugar, permite identificar os diferentes quadros da acção: a organização em sentido lato, a esquadra, os territórios urbanos da acção, mas também a configuração de um mandato profissional mais ou menos delimitado, legalmente enquadrado e dividido pelos diferentes serviços de esquadra. Em terceiro lugar, permite identificar o poder dos léxicos e classificações nativos da realidade que se desenham como princípios de acção e controlo nos encontros entre polícias e citadinos, mas também entre os diferentes colegas na esquadra. As relações de poder traduzem-se nos comportamentos e acções como nas palavras. Neste sentido, é possível conjugar esta perspectiva da antropologia social com a visão mais culturalista desenvolvida sobre o meio policial, mas sem abandonar a escala microsocial da pesquisa (ver capítulo 1).

Esta etnografia pode muito bem ser uma espécie de *organização bis*[45], a que nasce das práticas policiais em quatro planos inter-relacionados de uma escala microobservável e, deste ponto de vista, etnografável: na esquadra, nas patrulhas e proximidade, entre os agentes e com os seus públicos. A etnografia circula forçosamente entre os indivíduos, o seu trabalho, a profissão, a organização das rotinas, os saberes territoriais e os modos de vida. Pela mão dos agentes pretendo ir definindo unidades de esquadra, o mandato policial nas suas várias dimensões, aplicações e desempenhos, as classificações culturais e comunicacionais, as trajectórias e quadros de vida profissionais e urbanos – dimensões que têm escapado aos investigadores que procuram olhar a polícia e o policiamento na sua hipotética apreensão totalizante.

A perspectiva obriga ainda a colocar a seguinte questão: os agentes trabalham no contexto de esquadra (organizacional) e no contexto territorial (urbano). As suas práticas e sentidos partilhados situam-se algures no plano intermédio. Os indivíduos, nas suas práticas, socialização e classificações dos mundos sociais e organizacionais vão interiorizando pressupostos institucionais, bem como sociais mais latos, e também os influenciam e determinam. Os polícias são simultaneamente produtores e receptores de sentidos e ordens sociais

---

[45] Inspiro-me em Agier e na sua ideia de "cidade bis" tal como esta pode ser perspectivada pelos etnógrafos (1999: 9). É pela mão dos citadinos, das suas invenções, nos lugares que ocupam, nas práticas e interacções quotidianas, nos bairros que habitam e ajudam a construir, que Agier procura definir a "ville bis", essa que geralmente escapa ao olhar dos investigadores, mas que cada vez mais corresponde a uma percentagem significativa da população mundial. Isto é, Agier procura a cidade nas suas dimensões sociais, nas manifestações de sociabilidade e sociabilizantes que vão criando as escalas intermédias de entendimento das realidades.

amplos que são convocados para os contextos da acção. Assim a abordagem antropológica da Polícia coloca-nos entre a organização, os polícias e a cidade. Um saber sobre os polícias que não contemple a abordagem social intermédia, das "estruturas intersticiais" em que se movem (Wolf, 1990), tende a torná-los alvo de caracterizações tão abusivas e apressadas como aquelas que eles muitas vezes ajudam a caracterizar sobre os mundos sociais.

Analisada desta forma, a perspectiva etnográfica pode vir a ser enriquecida com recurso ao conceito de "itinerário", usado por Hastrup para caracterizar a experiência social do antropólogo. Hastrup parte da diferença entre as ideias de "mapa" e de "itinerário" na produção das etnografias. Ao utilizar a primeira metáfora, a autora defende que as "paisagens teóricas" do conhecimento têm sido essencialmente concebidas em termos de projecção aérea, ao estilo do cartógrafo. Em contrapartida propõe que o antropólogo se perspective como o "viajante" e que a sua obra reflicta a exploração da experiência de campo enquanto itinerário (Hastrup, 1994: 7, 224).[46] O itinerário traduz o papel do observador na interpretação da realidade observada. Também nesse plano aponta os caminhos da pesquisa e da escrita, tentando ultrapassar a ilusão de conhecimento acabado e finalizado. Pode ampliar-se o essencial do conceito à análise do meio policial, tentando então compreender não só os mapeamentos, as "cartografias imaginárias", mas também os itinerários profissionais, num plano mais biográfico e interactivo.

A diligência metodológica-teórica permite fazer opções narrativas de apresentação e discussão dos dados da pesquisa. E as opções prendem-se com os capítulos que irão ler. O **capítulo 1** propõe uma leitura e revisão do conceito de "cultura" das organizações e abre um debate sobre a reflexão a partir do modo como esta levou a encontros e desencontros epistemológicos entre a antropologia e os estudiosos das organizações e dos estudos policiais. Este é um campo de estudos onde a etnografia se autonomizou da antropologia e, de certa forma,

---

[46] "In anthropology, the main condition of knowledge is still related to the individual fieldwork, which cannot be conceived independently of the subject; there is no experience apart from the experiencer, no knowledge without the knower" (Hastrup, 1994: 227). Neste sentido, o mapa só pode ser construído depois de percorrido o itinerário, processo verdadeiramente estruturador da actividade antropológica (cf. Durão & Leandro, 1997).

a obrigou a um reposicionamento teórico. O **capítulo 2** permite entender o contexto da esquadra e avança na produção dos saberes territoriais estruturantes da actividade, nos ritmos e rotinas que imprimem diferentes entendimentos práticos dos serviços de uma esquadra. São delineadas e explicadas, com recurso a mapas de espaço-tempo, as diferentes sequências de trabalho dos serviços de uma esquadra. A pluralidade e ambivalência do trabalho começam desde logo a marcar o tom... Os **capítulos 3** e **4** revêem a forma como os trabalhos de patrulha e de proximidade se mantêm dependentes dos indivíduos que os accionam, das suas respostas situadas e da sua ampla margem de decisão para negociar as soluções. No **capítulo 3** é analisada a tendência informal para o enfraquecimento da comunicação que está por trás da gestão e burocratização da informação policial escrita. Através de uma primeira análise a um *corpus* de registos de seis meses é possível caracterizar o que domina a quantidade e a qualidade do trabalho policial na esquadra, o que é expresso e o que é silenciado. No **capítulo 4** é sublinhada a amplitude do mandato policial e as classificações alternativas desenvolvidas pelos polícias, para classificar o seu trabalho operacional. Até aqui os capítulos evidenciam também como na esquadra é a chamada e a resposta a ocorrências de urgência, centrada em alguns patrulheiros e no carro patrulha, o factor que mais faz os agentes entrarem em contacto com os citadinos e registar as situações. O desenvolvimento dos policiamentos de proximidade (mais centrados na iniciativa dos agentes) tendem a ser desvalorizados e secundarizados por esse sistema de trabalho que lhes é, em grande medida, paralelo. O **capítulo 5** leva-nos às ruas dos agentes, mas de outra forma. Através das principais classificações sócio-profissionais é oferecida uma leitura interpretativa das interacções e encontros mantidos entre polícias e citadinos. As classificações e estereótipos têm um poder imenso na regulação das atitudes policiais face aos seus "públicos". Mesmo se não há uma consensualidade clara sobre como agir, a nomenclatura informal que inclui termos como *mitra*, *carocho* e outros, percorrem toda a polícia e convocam determinadas atitudes. Trata-se dos léxicos informais da profissão, conhecidos e repetidos por todos os polícias nos seus quotidianos.

Com os **capítulos 6** e **7** são descritas as carreiras, modos e estilos de vida dos agentes. Estes polícias têm ideias sobre a forma como são socializados, em particular nos primeiros anos e no contexto do trabalho de esquadra. O **capítulo 6** desenrola-se sobre os ciclos das trajectórias profissionais e a forma como estes são entendidos pelos agentes. Mas também permite entender como alguns agentes um pouco mais experientes criam classificações internas partilhadas que diferenciam os estilos de polícia entre si, criam reputações e tornam uns mais populares e unânimes do que outros. O **capítulo 7** avança para o modo e quadro de vida de agentes com trajectórias, projectos, opções e tácticas de vida plurais – já não tendo por referência a profissão mas a organização entre esta e outras esferas da vida pessoal. São as vidas geradas em *esquadras de passagem*, onde a maior parte dos agentes se compromete com uma experiência de deslocação mais ou menos forçada e mais ou menos temporária numa cidade onde não deseja viver. Este quadro de vida enforma grande parte do colectivo de agentes e fornece sentido à comunidade profissional. Mas também age sobre a gestão do trabalho e relativiza ou revê as normativas (de pendor analítico mais weberiano) da organização. Tais situações de vida dos agentes obrigam a tratar a questão de como aspectos sociais, biográficos e pessoais, exteriores ao mandato profissional, o afectam de forma indelével.

CAPÍTULO 1
Etnografia, Cultura, Polícia

Foi através do conceito "cultura" que se deu o encontro entre os estudos etnográficos e os estudos organizacionais, sobretudo na tradição anglo-americana. Várias autoras sintetizaram o essencial dessa história (Smircich, 1983; Schwartzman, 1993; Wright, 1994a, 1994b). A cultura, nas organizações, tem sido enunciada em vários sentidos e não significa o mesmo para os diferentes autores. É preciso fazer a revisão.

Com base nas descobertas e experiências em Hawthorne[1] quase todos os estudos sobre organizações (realizados quer por antropólogos quer por outros teóricos) mereceram subespecializações: nos sistemas formais, nos sistemas informais, no ambiente e contextos sociais mais amplos (Britain & Cohen, 1980; Sachs, 1989; Schwartzan, 1993; Smircich, 1983; Wright, 1994a). Esta separação teve o efeito de "neutralizar" a organização racional, associada ao modelo burocrático weberiano, determinando-se que a cultura estaria sobretudo no contexto externo às organizações ou na organização informal.

---

[1] A entrada dos antropólogos nas organizações tem uma história. Desde a década de 1930 até 1950 os antropólogos deram o seu contributo naquele que é ainda hoje considerado um dos mais influentes estudos de uma organização em meio urbano, o estudo em Hawthorne, em Chicago Oeste, e em Cicero (Illinois, EUA). Foote White considerou-o "unsurpassed for detailed, systematic observational records of the behavior of work groups" (1978: 418). Nas duas décadas ulteriores, 1960 e 1970, enquanto florescia a sociologia das organizações, frequentemente recorrendo a técnicas de trabalho de campo, houve uma retirada dos antropólogos desse primeiro terreno estudado, as empresas industriais. (Para uma leitura detalhada da formação do campo disciplinar e dos usos da etnografia e métodos qualitativos em meios organizacionais veja-se Schwartzman, 1993 e Wright, 1994b.)

A cultura, encarada como variável externa nas organizações, foi associada ao paradigma funcionalista e, curiosamente, mais usada em estudos de gestão do que na antropologia. Entende-se que a cultura é importada para as organizações por intermédio dos seus membros e tende a ser associada a grupos geográficos, linguísticos, étnicos e, mesmo, religiosos. Esta abordagem tem sido preferencialmente usada em estudos sobre supervisão, liderança, satisfação no trabalho em diferentes "culturas" com fins comparativos (Inzerelli & Laurent, 1979, cit. *in* Smircich, 1983: 343; Whyte, 1969; Ouchi, 1981). Smircich (1983) defende que nestes contextos o conceito polissémico não é problematizado e é dado como adquirido à partida. As críticas mais determinantes sublinham uma visão etnocentrada à qual escapariam inúmeras complexidades na construção de sentidos socialmente contextualizados e em permanente recontextualização nos ambientes organizacionais. As questões colocadas a realidades muito diferentes têm o crivo e a perspectiva *made in USA* (ver, por exemplo, Weinshall, 1970; Roberts, 1970: 87).

Os estudos da cultura "informal" opõem-se aos anteriores. Reclamam a cultura como algo que se desenvolve *nas* organizações, uma variável interna. Procuram identificar os "valores e crenças partilhados" numa organização (Schwartzman, 1993: 35; Pacanowsky & O'Donnel-Trujillo, 1982) e, como tal, baseiam-se sobretudo em mitos, histórias, lendas (Boje, Fedor & Roland 1982, Martin, Feldman, Hatch & Sitkin 1983; Schwartzman 1984; Tommerup, 1988), ditos, rituais, cerimónias (Deal & Kennedy 1982), símbolos e léxicos (Andrews & Hirsh, 1983). São os sentidos e normas informais partilhados que permitem antever como a cultura organizacional unifica comportamentos (Jelinck, Smircich & Hirsh, 1983; Smircich, 1983). A abordagem tem sido criticada por reiterar a metáfora da organização como microsociedade e apresentar uma certa cegueira face a influências externas (Baba, 1989).

Morgan (1986) veio demonstrar que os sistemas formais não são imunes à cultura. Três modelos de organização foram associados a diferentes "metáforas enraizadas" e determinaram, constrangendo, o estudo destes aspectos: a organização como máquina, a organização como organismo e a organização como cultura. Na primeira, ordem, padronização e sistema fechado surgem como parte de um conjunto de elementos enraizados nas organizações. Acredita-se que um conjunto de atributos determina ou deve determinar os comportamentos nas organizações. Na segunda metáfora da organização como organismo, a tendência é ver no sistema formal os seus subsistemas (estratégico, tecnológico, gerencial, recursos humanos, etc.) e procurar os equilíbrios "saudáveis" (cf. Wright, 1994b: 18). Estas metáforas respondem a imperativos adaptativos e utilitários (o mesmo argumento é desenvolvido por Smircich, 1983).

Embora já mais aberta à variação e à pluralidade sócio-semântica, e concebida de modo diferente por vários autores, a cultura nas organizações é usada como a terceira metáfora. Quando se procura delinear a "cultura de uma organização" facilmente os autores partem para a busca de uma "lista de atributos", "valores partilhados" e apoiam ideias de uniformidade e consenso. Numa variação desta abordagem surge o uso problemático da noção de "subcultura" para separar a cultura organizacional da cultura da força de trabalho (ver, por exemplo, Turner, 1971). Propôr segmentações ou hierarquizações deste tipo pode sublinhar a ideia das culturas e da interacção entre elas como sistemas monolíticos com atributos rígidos e fixos (ver crítica por Nicholson, 1994).

É quando se passa a perspectivar a organização "como" cultura, quando se problematiza a objectividade, a materialidade das fronteiras, e a própria noção de organização, que os estudos se centram nos processos em mudança contínuos das organizações. Nesta perspectiva começam a ser privilegiados os processos de produção e negociação de sentidos desenvolvidos por pessoas, nos seus quotidianos e rotinas de trabalho. O interesse está em perceber que aspectos simbólicos mobilizam a actividade nas organizações – incluindo a construção de fronteiras dentro e com o seu exterior (Young, 1989).

A cultura não pode mais ser tratada como "coisa", mas sim como perspectiva. A cultura deixa de ser algo que a organização "tem" e passa a ser algo que a organização "é". Esta resulta num dispositivo epistemológico, como outros, que estrutura o estudo das organizações como fenómeno social (Smircich, 1983: 353). A autora percorre as diferentes abordagens da metáfora cultural nas organizações, fornecendo uma revisão de três diferentes "programas de estudo". A perspectiva cognitiva, baseada nas estruturas de saber, teoria das regras, etnociência, sentidos subjectivos, gramáticas organizacionais, é a primeira. A segunda é a perspectiva simbólica (que descreve sistemas com sentidos partilhados, interpreta temas de cultura que orientam e estimulam a actividade social, padrões e simbólicas discursivas). E por fim temos a perspectiva estrutural e psicodinâmica que estuda processos psicológicos inconscientes, estruturas do pensamento que permitem analisar ordens relacionais, o significado profundo dos irracionalismos. Smircich propõe uma genealogia dessas abordagens nas diferentes escolas do pensamento antropológico de Malinowski, Radcliffe-Brown, Goodenough, Geertz e Lévi-Strauss. Isto é, lembra assim que nem mesmo na antropologia quando se fala de cultura todos os autores falam do mesmo. É na perspectiva simbólica (de inspiração geertziana) que vai encontrar a orientação determinante dos seus estudos. Os autores norte-americanos que levam mais longe a etnografia nas organizações não escapam a esta mesma tendência e influência.

Quando as culturas nas organizações começam a ser assumidas como fenómenos sociais sujeitos a negociações, algumas fronteiras temáticas assumidas em estudos anteriores são requestionadas. É o que acontece entre os aspectos formais e informais nas organizações. Vários autores desafiaram a estreita correspondência entre factos observáveis, ou tecnicamente isolados, e a determinação epistemológica do conceito cultura (Sachs 1989; Sibley, 1986). Dito de outro modo, alguns antropólogos não se contentaram em assumir que a cultura reside nas actividades informais e expressivas de uma organização. É preciso olhar para "todos" os aspectos da experiência organizacional (veja-se, por exemplo, Gregory, 1983: 359). Esta autora defende o estudo das perspectivas e "paradigmas" culturais dos nativos em detalhe, como os sujeitos interpretam as diferenças, os processos de trabalho que desenvolvem, a cultura organizacional "como ela é" (Gregory, 1983).

Nesta perspectiva dá-se uma viragem do estudo centrado nas organizações para os "processos organizacionais" (Weick, 1979), à qual corresponde a relativização da dicotomia dos níveis micro-macro. McDermott e Roth (1978: 323) demonstram como as pesquisas no plano interactivo e intersubjectivo (presumivelmente de nível micro) podem demonstrar com consistência como os comportamentos, ocasiões e rotinas podem revelar muito da "maquinaria" que sustenta a estrutura social.

A organização é observada nos quotidianos. Assim como os termos cultura, negociação, ordem, processo, mudança, passam a fazer parte do vocabulário de quem quer estudar as organizações como culturas. Estes reclamam para o centro da análise o papel dos indivíduos. O reposicionamento da teoria social nas "rotinas do quotidiano" e da observação das forças macro no plano interactivo apoia-se em propostas de autores que têm traçado a teoria social contemporânea (ver, por exemplo, Ortner, 1984; Bourdieu 1977; Giddens, 1984). Como defende Giddens: "All social systems, no matter how grand or far-flung, both express and are expressed in the routines of daily life" (1984: 36). Hoje são inúmeros os exemplos, mesmo na sociologia, de como a pesquisa no nível micro não corresponde a microteoria. Trata-se daquilo a que Van Maanen (2001) se refere como "ethnographic broadening", num texto sobre etnografia em organizações, dando o exemplo dos trabalhos de Nash (1993), Burawoy e Verdery (1999).

Nos estudos organizacionais a perspectiva qualitativa e a *grounded theory*, sustentada pela diligência etnográfica, não têm a mesma tradição da sociologia mais orientada por métodos quantitativos. A abordagem etnográfica é em geral mais questionada e obrigada à reafirmação constante do seu posicionamento teórico do que a abordagem quantitativa (Van Maanen, 1998a, 1998b, 1988c). Van Maanen (1995) defende o estilo como teoria, o *maverick style of theorizing* que, desde Karl Weick, numa perspectiva pós-Kuhniana, introduziu nas ciências sociais e, por extensão nos estudos organizacionais, a viragem linguística ou textual (*linguistic turn*). O efeito é desafiar a distinção weberiana entre a racionalidade formal e a racionalidade prática (ou situacional).[2] Não é de excluir que a visão mais "radical" de certos investigadores como Van Maanen surge num contexto que este deseja contrariar. O interesse mais recorrente

---

[2] É em oposição a um modelo de tradição "modernista" no estudo dominante das organizações, como sendo instituições racionais e repletas de factos objectivos, que surge a aproximação etnográfica, interpretativa do estudo das culturas, com o objectivo de restituir às organizações o estatuto de lugares de construção de sentidos. Deste prisma, não é concebível a acepção geralmente adoptada pelos especialistas do sector que reclama para quem administra, presidencia ou gere a propriedade da "racionalidade" e por vezes a ambição de deter a "verdadeira" cultura (Wright, 1994: 3-4).

do conceito cultura, a sua apropriação e até popularização – irreconhecível para a maioria dos antropólogos dignos desse nome (como diria Wright, 1994b: 2) – surge com o objectivo de entender a vida organizacional (na psicologia e gestão) mas também para "agir sobre ela". Como sublinharam Deal & Kennedy (1982), o interesse está em entender "how organizational *internal* environments might be conceptualized, assessed, and most important, controlled" (ver também Schwartzmann, 1993: 33).

Wright (1994b) acredita que há todavia uma outra diferença fundamental nas abordagens desenvolvidas pelos antropólogos contemporâneos e pelos teóricos das organizações no estudo dos processos de negociação de sentidos. Aos antropólogos interessam as questões de poder expressas nas relações sociais:

> Culture as a process places emphasis on language and power, showing how the terms of discourses are constructed and contested and why, with what outcomes. Discourses are rarely made authorative within one organization but are uttered and contested in several settings simultaneously. Treating culture as political process provides a theoretical approach (...) [that] avoid conceptualizing organizations as bounded units, and deals with the problem of context by placing organizational settings in national and international systems of relations which are ideological, as well as material (Wright, 1994b: 26).

Propondo uma leitura dos principais eixos teóricos da antropologia sobre cultura, Wright distingue as abordagens de Douglas e Geertz. Para Douglas as instituições sociais (mais amplas do que as organizações) determinam, classificam e enquadram processos cognitivos, "estilos de pensamento" que padronizam as interacções entre as pessoas (cf. 1987). Wright retoma a crítica de Asad (1979) sobre as noções de sociedade assentes numa cultura pretensamente "autêntica", baseadas no determinismo sociológico (de legado durkheimiano) e, sobretudo, na falta de importância que dão ao agenciamento social e ao papel dos indivíduos na mudança. Porém, vários aspectos da teoria douglasiana têm sido retomados no estudo das relações de poder nas organizações, em particular a noção que a "estabilidade institucional" se apoia na "naturalização" das classificações sociais que cria laços e lógicas de dominação (Fairclough, 1985).

Geertz (1973), em contraste, evidencia a multiplicidade de sistemas conceptuais numa mesma organização. Um sistema não é uma unidade formal, mas é analisável a partir de "categorias culturais" produzidas pelos sujeitos em cada situação, no fluxo de comportamentos e acções sociais. O papel do antropólogo é interpretar as construções que imagina estarem a ser produzidas na lógica informal da vida quotidiana. A cultura em Geertz é um conceito essencialmente semiótico, uma teia de sentidos (de possível "descodificação", parcial), porque mediado pelo discurso entre as pessoas e os antropólogos.

Wright procura em parte a conciliação de postulados (entre Geertz e uma certa parte de Douglas) num projecto antropológico de estudo das organizações e sistemas sociais. Ainda que mantendo a ambiguidade no título da obra, *Anthropology of Organisations* (1994a), o conjunto de antropólogos britânicos questiona a cultura como "metáfora enraízada" nas organizações. Os autores procuram com determinação "desenraizá-la" e perspectivar a mudança em negociação, a ideologia que permeia as negociações, a cultura como reivindicação ideológica fundada nas condições históricas, a cultura como poder – proposta que Wright retoma e sustenta melhor mais tarde em *The Politicization of "Culture"* (1998) e, com Shore, em *Anthropology of Policy* (1997). O modelo interpretativo sugerido é menos o da "cultura das organizações" e mais o da "organização como cultura" (Wright, 1994b: 19).

O debate entre os postulados de Douglas e Geertz reflecte-se nos estudos policiais. Young (1991, 1993a, 1993b), no estudo das polícias britânicas, retoma a ideia de que a Polícia apresenta uma notável estabilidade institucional na naturalização das suas classificações da realidade. Young encontra nos conceitos de analogia e naturalização as "estruturas profundas" da Polícia como instituição de poder e controlo na Grã-Bretanha, sendo que estas se expressam em metáforas, classificações e sistemas simbólicos em uso.[3] Van Maanen

---

[3] Talvez seja de fornecer uma nota sobre Young. Este revela a originalidade de um percurso híbrido que está a meio caminho entre a polícia e a antropologia, numa espécie de "autobiognosis" (Firth cit. *in* Young, 1991: 391). É um polícia que com 30 anos de carreira se converte a uma forma de pensar que a antropologia social inglesa promove. Diz ele: "Life with one foot in both worlds is not easy and the experience of continually living within the field with one's own 'natives' is an uncommon (if not unknown) situation for

e outros autores norte-americanos seguem um caminho mais próximo dos postulados de Geertz, que retomo mais abaixo, mas que no essencial nega a ideia de que os sujeitos são passivos "consumidores" das culturas organizacionais.

A organização como cultura

Já antes de Wright, Herzfeld (1992) procurou analisar a base metafórica da racionalidade burocrática a partir de vários estudos de caso (em Itália, Portugal, Sri Lanka). Na recusa da tradição weberiana buscou outras "raízes simbólicas" de burocracias ocidentais, dando particular atenção às reacções populares à burocracia, ao modo como as pessoas nas suas rotinas conceptualizam as relações organizacionais, se envolvem em estereótipos criativos e encontram formas de resistência e maneiras de lidar com as forças que tentam controlá-los. Mas há muito tempo que Bittner advertiu para o facto de conceitos como "estrutura organizacional" serem assumidos como dados adquiridos para alguns actores e em alguns lugares não querer representar o mesmo nas investigações. Aconselhou os investigadores a terem cuidado no uso destes conceitos como "recursos" para as análises e explicações quando, de facto, estes devem ser tomados como "tópicos" de investigação (cf. Bittner, 1965).

A abordagem proposta por Wright, e a dos dois actores referidos, enfrentam apenas um problema. A cultura pode já não servir como metáfora para entender as organizações. Mas uma certa noção de organização formal, com limites e sentidos produzidos a partir das práticas de trabalho e interpretações dos mandatos profissionais não merece ser apressadamente excluída das análises antropológicas. Isto é particularmente importante em organizações onde o desempenho profissional está afecto a leis e políticas que se substanciam num certo e inegável monopólio de exercício do poder; organizações

---

anthropology, criminology, and sociology" (Young, 1991: vi). Os textos são realizados não só a partir de observações de um *insider*-total, ele mesmo polícia, como descreve e explica a cultura da polícia através da sua história de vida e carreira tentando com ela produzir teoria (veja-se, em particular, Young, 1991, capítulos 1 e 2).

onde as políticas e ideologias passam pela sua aplicação prática, como já antes lembrou a antologia editada por Wallman (1979).

A "cultura" organizacional não está "simplesmente" nas ideologias, mais ou menos difusas, mais ou menos consensuais, "sobre" as organizações. Há todo um caminho entre as organizações e os seus agentes que fica por percorrer numa abordagem mais determinada pela ordem discursiva e representacional. No meu caso, a crer nos discursos dos polícias, podia ter sido tentada a simplificar aspectos da realidade organizacional ou a anular outros que muitas vezes me foram manifestados como "intraduzíveis"; podia ainda evitar discussões que eu própria sei que não têm enunciados organizados em princípios de acção.

Os processos culturais que estão na base de comunidades e grupos profissionais com "sentidos partilhados" (para usar a expressão de Geertz, 1989) são socialmente expressos, têm variações internas importantes e manifestam-se nos quotidianos. Devemos ter cuidado com abordagens demasiado desinstitucionalizadas e centradas expressamente nos processos interactivos, de produção ou reprodução de ideologias de poder na interacção entre pessoas de diferentes organizações, os seus públicos, clientes, citadinos, etc. O caminho pode conduzir a formulações epistemológicas vãs, sobretudo antes de saber o que se passa do lado do que dá sentido e certa unidade às "formalizações organizacionais" e ao que lhes escapa, mas que não se situa necessariamente no plano de resistências mais ou menos activas.

A obra dirigida por Wright beneficiou muito a antropologia "das organizações". Embora o campo de estudo exista desde a década de 1920, com projectos realizados no contexto das universidades de Harvard, Chicago (EUA) e Manchester (Inglaterra), manteve-se amplamente invisível e teve escasso reconhecimento nos meios académicos. A autora colocou questões epistemológicas importantes. A lição de pluralidade e alteridade cultural não exclui nenhuma organização, mesmo no seio de grupos com culturas e identidades aparentemente coesas como são as profissões "uniformizadas". Já não se corre propriamente o risco de definir as organizações como entidades fechadas ou ilhas culturais, onde os sujeitos são passivos reprodutores de ordens instituídas.

Mas podem correr-se outros riscos. Por um lado, pode perder-se algum nível de coerência e uniformidade entre grupos de pessoas que embora veiculem diferentes visões "ideológicas" fazem-no com referência a mandatos e tarefas profissionais que os levam a estar nos mesmos sítios a fazer coisas semelhantes em conjunto. Por outro lado, poderia perder-se o sentido da pluralidade "controlada" presente no seio dos vários grupos que compõem e dão sentido à cultura organizacional. Não devemos esquecer que as organizações se erguem, nas suas fronteiras institucionais e organizacionais, à medida que vão sendo engendradas lógicas locais e identidades pessoais. Estudar os "processos culturais" que permeiam as organizações entre o trabalho e os seus agentes permite encontrar as teias invisíveis, por vezes inaudíveis, dos mundos sociais.

Como noutras organizações, mas na Polícia com importantes ressonâncias políticas e sociais, a ordem e uniformização fazem parte de um projecto institucionalizante, histórico, contextual. Os arranjos sociais e simbólicos não são dados adquiridos nas organizações policiais, são negociados e desafiados, não necessariamente contestados, mas também, pelos diferentes polícias do lado de dentro das organizações. A escala observacional e a etnografia, localizada em ambientes de trabalho (em lugares e contextos determinados), continua a sugerir novas questões teóricas aos estudos das culturas organizacionais. É de lembrar que os discursos e ideologias assentam em práticas sociais, neste caso sócio-profissionais. Assim, é central voltar ao trabalho como produto da acção humana, não apenas económico mas social, como prática material e simbólica, como diria Wallman (1979: 2), além de ideológica, e resituá-lo no plano de estudo das culturas organizacionais.

As organizações merecem ser repensadas "por dentro" e "para fora". Há pelo menos quatro áreas de estudo sobre organizações que merecem ser desenvolvidas na antropologia: os processos organizacionais e as relações informais; as identidades organizacionais e mudança; os efeitos das organizações em ambientes sociais mais latos; o estudo dos conflitos e "moralidades" nas organizações e a tensão entre o lícito e o ilícito (cf. Van Maanen, 2001). Neste sentido, obras como *Inside Organizations. Anthropologists at Work* (Gellner & Hirsh, 2001) não significam um recuo epistemológico mas recuperam o estudo de temas do trabalho enquanto práticas e também discursos e ideologias – incluindo as práticas da observação etnográfica e os problemas que se colocam à construção do objecto científico na antropologia contemporânea.

As organizações vão-se organizando. Há um regresso à problematização das rotinas e estudo dos quotidianos, voltando os antropólogos a sua atenção não só para as organizações, mas muito especificamente para os processos, quadros, situações, momentos de organização (*from organizations to organizing*).[4] A "sacralização da cultura" e a ideia dos textos como relatos culturais autênticos foi amplamente discutida. Já ninguém duvida que a etnografia é uma interpretação possível e sempre parcial de dados. Como disse Van Maanen, ajuda ter em mente que nunca observamos ou estudamos a cultura directamente já que o termo "cultura" não denota uma realidade concreta. É uma abstracção e, muitas vezes usada de modo vago, mas continua a ser uma abstracção útil. "A cultura está para os etnógrafos como a vida para os biólogos, a força está para os físicos e Deus para os teólogos" (2001: 238-9). Kuper (1999) sugere o mesmo numa revisão histórica do campo da antropologia cultural nos EUA. As dificuldades do uso de conceitos como cultura e outros existem quando estes se deslocam de algo que é preciso representar, interpretar ou até explicar e se tornam uma (pretensa) fonte de explicação em si mesmos.[5]

Na concepção da "antropologia simétrica" e na teoria actor-rede de Latour (1993) uma organização policial poderia talvez ser etnografada como qualquer outra, um laboratório científico (Latour & Woolgar, 1986), a organização do Conselho de Estado (Latour, 2002) ou uma pequena ilha cultural. Cada organização é uma configuração particular de actores, onde os actores podem ser humanos mas também artefactos, linhas de papel ou outros objectos criados

---

[4] A obra de Gellner & Hirsch (2001) é o exemplo recente da referida *démarche*, mas existem outros (Hamada & Sibley, 1994; McDermott & Roth, 1978; Schwartzman, 1989a, 1988b; Weick, 1979).

[5] Neste sentido os antropólogos têm desenvolvido todo um campo reflexivo que tem colocado em debate e reequacionado amplamente os tradicionais pilares da arquitectura teórica do saber antropológico. No que à "cultura" diz respeito, talvez a desconfiança não seja tanto epistemológica quanto heurística. Marylin Strathern, por exemplo, defende que o problema "(...) não é que ela precise de uma desconstrução interna, mas é que ela foi excessivamente usada: ela sofre de gigantismo, de excesso" (1999: 169). É excessivamente ubíqua e presente nos mais diversos contextos da vida social.

(Hirsh & Gellner, 2001: 11). Mas existem razões sócio-históricas para crer, com Strathern (1996) – na discussão das propostas de Latour a partir do exemplo dos rituais mortuários na Melanésia – que as organizações podem ser qualitativamente ímpares, ter as suas cosmologias internas. Tal é o caso das organizações policiais, pela imposição de ordem e poder que exercem na sociedade, mas não só. Um dos aspectos centrais da diferenciação entre organizações, e da Polícia em particular, passa pela forma como têm uma visão de si interna e uma outra para consumo externo. Até certo ponto, como disseram Hirsh & Gellner, "as organizações não são apenas a soma das interacções entre os seus participantes: adquirem vida e uma energia independente das pessoas que as accionam. Muito do esforço das organizações passa por controlar e disciplinar os que estão do lado de dentro" (2001: 12). Mas há mais. Uma organização como a policial, que se produz nessa ampla e impossível matéria que é a ordem social, que se nega a si um mandato limitado, embora monopolize parte importante do poder coercivo, e que se projecta entre o controlo e a assistência, difere por natureza das suas congéneres, as instituições judiciárias, penais e até mesmo das militares (sem que seja contraditório com o facto de as penetrar e ser por elas penetrada). E, como tal, as organizações policiais são avessas às tentativas de explicação foucaultianas (ver Foucault, 1975, por exemplo). Há portanto uma certa "assimetria prática" e de entendimento entre a organização policial e qualquer outra, o que parece torná-la uma "excepção" no modelo das organizações. Se a cultura é uma abstracção, a organização tem realidade física, institucional e política.

Cultura policial *vs.* culturas policiais

De certa forma, os estudos policiais que mais usaram a etnografia apresentam a necessidade de compreender a ligação entre os aspectos formais e informais da cultura organizacional, como irei detalhar ao longo desta secção. Desde cedo vários autores procuraram definir o que é particular na "cultura ocupacional" policial, o que a diferencia de todas as outras profissões e organizações. A literatura anglo-americana marcou o tom com Skolnick (1966), Black (1980) e outros. Mesmo se a "cultura" se impôs à generalidade dos estudos sobre polícias em vários contextos, para alguns ela figurava ao centro da actividade policial (Manning, 1977; Monjardet *et al.*, 1984; Lévy, 1987). O argumento de Skolnick tornou-se o mais persistente e o seu paradigma foi mais vezes repetido, revisto e refinado por diversos autores (Reiner, 1985; Goldsmith, 1990; Loubet del Bayle, 1992; Gleizal *et al.*, 1993; Pariente, 1994). Este ditou que a "personalidade de trabalho do polícia" surge da combinação de três ingredientes fundamentais: o perigo enfrentado (como os militares), a autoridade junto do público (como os professores) e a busca de eficácia da acção (como os operários). A particularidade reside exactamente na combinação. Daí resultam as percepções "cognitivas" de um trabalho e a predisposição para agir de determinada forma. Os traços relevam do essencial da análise de vários factores que resumo: da presença de uma suspeita baseada em mal-entendidos entre a polícia e o público; do isolamento social compensado pela forte solidariedade interna; da valorização do pragmatismo e do conservadorismo intelectual, político e social; mas também de um *ethos* masculino e machista[6], de atitudes nacionalistas dominantes que alimentam preconceitos frequentes face às minorias étnicas, comunidades imigrantes e sectores socialmente mais excluídos da população.

Reiner (1985) sublinhou ainda alguns aspectos mais sofisticados manifestados na *cop culture* por qualquer polícia: o cinismo e o humor. A vida mundana dos quotidianos dos polícias é frequentemente entediante, confusa, aborrecida, mesquinha, trivial (Reiner, 1985: 89). O "espírito de missão", um outro traço atribuído aos polícias, confunde-se com a enormidade de tarefas complexas, muitas vezes desconexas e sem relação entre si. Quando chegam às organizações, rapidamente, os jovens polícias incorporam uma visão cínica e pessimista da sociedade e dos sentidos do seu trabalho

---

[6] Neste sentido, McLaughlin & Muncie (1996) sugerem que na polícia britânica existe uma "cultura de cantina" (*canteen culture*) e é um dos enclaves mais masculinizados da sociedade civil. O conceito é usado para descrever os traços (crenças, perspectivas, práticas, rituais e discursos) que passam entre os novatos e os seniores no decurso de um processo de socialização subterrânea. Todavia, estas abordagens mais deterministas e apoiadas num único eixo interpretativo deixam frequentemente de fora outros aspectos essenciais das culturas de trabalho.

(Niederhoffer, 1967; Vick, 1981). A organização policial, sobretudo se estamos entre agentes, é também o local onde nos podemos rir da vida, rir de nós mesmos.

"Há que saber lidar com o caricato desta profissão"; "Rimos para não chorar"; "Nós, aqui, se não brincamos damos em doidos" – são frases constantemente repetidas por polícias nas esquadras portuguesas. Estas surgem a "exorcizar" menos a perigosidade real de um trabalho, mas mais uma certa inconstância, imprevisibilidade e por vezes alguma dramaticidade presente nos universos sociais que é não só testemunhada pelos patrulheiros como por eles regulada. O humor também é apoiado no tal *ethos* machista.[7] A prática de "mandar bocas" e de alguns truques de linguagem juvenis, atravessados por influências exteriores diversificadas, é mais comum do que a partilha ritualizada de anedotas, ludismos, despiques, comensalidades e reciprocidades diferidas no tempo que pudessem evocar igualdades – formas da intensa socialidade masculina de outros universos que nos foram dados a conhecer (Durão, 2003c; Almeida, 1991, 1995; Brito, 1991; Cordeiro, 1991, 1997).

Em polícias e sociedades tão diferentes como a portuguesa e a brasileira (ver, em concreto, Bretas & Poncioni, 1999), as atitudes e representações definidas desde Skolnick parecem repetir-se nesses "mínimos culturais" que fazem com que polícias diferentes do mundo possam ter uma linguagem comum. É claro que muitas vezes as motivações que estão na base diferem e podem pesar mais para um lado do que para outro: para o lado institucional, organizacional ou social. Existem evidentes variações, próprias da maior ou menor estigmatização, competência, desvios e excessos socialmente reconhecidos dos dois lados do oceano. Mas é possível enumerar as aproximações empíricas destas "organizações relativamente fechadas".

---

[7] Um dos gozos mais comuns entre os polícias, provocações tidas entre homens às quais todos devem resistir, são as que envolvem as mulheres e os filhos. Sobretudo nas pausas do carro patrulha entram num jogo de provocações: "Como está a nossa namorada?"; "Como está a nossa mulher?"; "Como sabes que o teu filho não é meu?"; "Como sabes que não é filho do preto?"; "Todos os dias és encornado e andas aqui sem o saber…". Às vezes basta uma frase inopinada e todos desatam a rir com as reacções dos atingidos. É possível assistir a um despique e ver quem consegue ir mais longe nos argumentos dessa desconfiança provocada (quem sabe se real…).

Refiro apenas alguns dados sumários da minha pesquisa, que são em si mesmo comparáveis com os de outros contextos. Muitos polícias sublinham o isolamento: "Não somos compreendidos pela sociedade", "nem os mais próximos entendem este trabalho" (entrevistas, Junho de 2004). Não é pouco frequente a atitude de suspeição e de desconfiança generalizada: "Nós, os polícias, temos um tique profissional. Somos desconfiados por natureza. O meu pai diz que às vezes já nem me reconhece, porque eu desconfio de tudo". Tinha dois meses de trabalho de campo quando esta mulher polícia me advertiu para que tivesse cuidado no futuro, pois "os sentimentos e as palavras que usamos na polícia intrometem-se em nós; ganhamos automatismos. Você daqui a um tempo fica como nós, vai ver" (Março de 2004). Mas é perceptível um certo sentido de jogo e uma distância pessoal no envolvimento emocional que apoia a visão cínica da sociedade. Alguns preconceitos alimentam, de modo mais ou menos afirmado, ou mais ou menos discreto, práticas de exclusão de uns e inclusão de outros. Como uma vez me disse um comandante de esquadra: "Isto é um trabalho em que gostamos de defender as pessoas *de bem* e de castigar aqueles que lhes *fazem mal*" (entrevista, Novembro de 2004).

As *nuances* às generalizações formuladas pelos autores de língua inglesa, e posteriormente tomadas para entender outros contextos, seriam apontadas por Reuss-Ianni e Ianni (1983) ao distinguir a "cultura dos polícias de rua" (*street cops*) da "cultura dos polícias gestores" (*management cops*). Por seu turno, a análise das diferenças individuais, a partir de 28 polícias numa organização policial dos EUA, foram bem sustentadas por Muir em *Street Corner Politician* (1977). O autor definiu essencialmente quatro tipos de polícias na sua acção de mediadores microscópicos das relações de poder na sociedade: *avoider, reciprocater, enforcer, professional* (aspectos que retomo no capítulo 7 a propósito das carreiras e estilos de polícia). Mas mais do que a cultura policial, preocupou-se com a definição dos limites morais da actividade policial e do uso correcto do poder coercivo.[8]

---

[8] Vários foram os estudos que procuraram analisar a variação da cultura policial através de tipologias das orientações e estilos policiais dos seus agentes (Broderick, 1973; Walsh, 1977; Reiner, 1978).

Por sua vez, em *Varieties of Police Behaviour*, Wilson (1968) classificou diferentes estilos presentes de departamentos nos EUA que teriam influência nas "culturas de trabalho" dos polícias: o estilo vigilante (*watchman style*), o estilo legalista (*legalistic style*) e o estilo de ênfase no serviço (*service style emphasis*). Todavia, como bem adverte Reiner, não é fácil determinar se a cultura policial está mais ou menos aberta às reformas e estratégias dos mentores das organizações policiais se ao ambiente cultural e social onde estas estão mergulhadas e às tradições que carregam. "Do societies get the policing they deserve, or can they do significantly better or worse?" (Reiner, 1985: 109.)

Goldsmith avançou um pouco neste debate. Criticou a visão da cultura policial limitada à condição de "subcultura" (Goldstein, 1977), subterrânea, informal, desafiante das legalidades impostas, intrinsecamente discricionária e diferenciadora das leis impostas para fora e das leis impostas para dentro e entre colegas. Mas voltou a afirmar a sua proeminência e omnipresença como verdadeira "cultura policial" (tendo por base os traços definidos em Skolnick e outros). Apoiando-se nas descobertas do estudo das "burocracias de rua" de Lipsky (1980) e na antropologia legal de Falk Moore (1973) sublinhou que, na realidade, alguns arranjos sociais são mais fortes e efectivos do que muitas reformas legais, por muito bem intencionadas que sejam. Argumentou que até certo ponto a cultura e o campo policial (por ser semiautónomo) invertem os princípios e demonstram na prática a falência do sistema legal na regulação do trabalho dos agentes. Tal como já dissera Stone (1975), a lei "não trabalha sozinha" e não é eficaz se não conseguir convencer ou pelo menos fazer sentido junto das comunidades e dos polícias que as usam. Assim, para Goldsmith, a cultura policial deve ser levada a sério e os agentes mais envolvidos na cultura formalista da organização.[9]

Monjardet (1996a) veio criticar com alguma substância a pretensão universalista dos "traços" culturais estudados a partir de realidades anglo-saxónicas, o etnocentrismo presente nas abordagens, a tendência para enfatizar o que é permanente e imutável e uma certa tendência

---

[9] De certa maneira o autor antecipou alguns aspectos que se generalizaram a organizações e grupos empresariais no presente: as experiências de mudança organizacional pela cultura (veja-se um dos melhores estudos a este propósito por Kunda, 1992).

de cristalização e fixação de atributos. Propôs uma revisão teórica a partir de exemplos empíricos da "excepção francesa". O autor prefere falar da "cultura profissional" como princípio explicativo das condutas, aquilo que parece escapar à lógica organizacional quer em termos hierárquicos quer em termos racionais. A sua abordagem permite resgatar a cultura da sua situação eminentemente informal.

Por um lado, os estudos na linha de Skolnick merecem-lhe uma crítica empírica: a diversidade, pluralidade e heterogeneidade está presente nos meios policiais, na distinção entre os diferentes polícias, nas diferentes "missões" (Gorgeon & Monjardet, 1992) e mesmo dentro de subgrupos profissionais aparentemente homogéneos (como o agenciato). Entre um patrulheiro e um agente das brigadas à civil existem diferenças notórias. A diferença e as divergências são perceptíveis, num outro plano, o sindical, que traduz as diferenças internas. Como em França, também em Portugal este traduz a divisão interna da organização policial, que não se expressa da mesma forma no mundo anglo-saxónico. Por outro lado, o autor defende que não é tanto a omnipresença do perigo que marca o trabalho policial. Ainda que este esteja mais presente entre alguns corpos de polícias do que noutros, a sua realidade estatística é menor quando comparada com outras "profissões de risco" (como a construção civil, por exemplo). A questão está no facto da percepção do perigo resultar da definição da situação e das expectativas criadas em relação a ela, pelos agentes, e em diferentes momentos das suas trajectórias. O autor defende que a imposição da autoridade e os critérios de eficácia têm os mesmos constrangimentos de situação, grupo e pessoas.

Deste ponto de vista, Monjardet ajuda a evitar comparações lineares entre polícias e policiamentos a partir da perspectiva cultural. É inegável que a maior parte dos textos à escala observacional que hoje nos servem de apoio para pensar estes problemas foram realizados em contextos organizacionais (ingleses e norte-americanos) estruturalmente diferentes do francês como do português. As diferenças afectam múltiplos aspectos da organização, mas sublinho as três principais.

Em primeiro lugar, nos contextos anglo-americanos os oficiais passam tradicionalmente pela carreira de agentes. As análises e tipologias que os autores avançam contemplam geralmente todas as categorias (*ranks*) muitas vezes sem justificar as diferenças. Em Portugal, se pensar apenas na PSP, desde finais da década de 1980 que a carreira de oficiais foi relativamente isolada para civis (com um curso superior ministrado na Escola Superior de Polícia então criada para o efeito). Manteve-se, ainda que com novas categorias, a linha distintiva anterior que separava os polícias (agentes e subchefes) dos militares em cargos superiores na Polícia. Só muito dificilmente os agentes e subchefes (do mesmo ramo) conseguiam saltar a linha das chefias intermédias operacionais. Hoje a configuração organizacional dificulta-o. A progressão por via da *carreira de base* (agenciato) tem vindo a ser cada vez mais uma excepção, mesmo se durante um período de transição o processo foi facilitado a alguns polícias que se foram destacando na carreira superior.

Em segundo lugar, os departamentos policiais anglo-saxónicos reúnem tradicionalmente num mesmo estabelecimento toda uma série de serviços e funções de polícia, o que significa que os estudos incluem não só a patrulha mas uma série de outras funções policiais. Em Portugal as diferentes funções encontram-se separadas em várias "unidades de polícia" (tendo havido um intervalo de uns anos de experimentação de "divisões concentradas", de inspiração norte--americana, mas que não vingou). Tais aspectos, entre outros, dificultam e não aconselham a uma estreita comparação empírica.

Em terceiro lugar, nos países anglo-saxónicos a carreira policial não tem um empregador único, que a rege com critérios nacionais. Os polícias entram num mercado de trabalho que é concorrencial e muitas vezes a progressão para categorias superiores implica mudar de empregador, de corpo policial, podendo por isso colocar no mercado as suas competências profissionais objectiváveis (Monjardet, 1996a: 194).[10]

Mas a crítica avançada por Monjardet não anula e até reafirma a importância da cultura profissional: os "valores" dos polícias não são um ornamento. No seu espaço de autonomia revelam-se "princípios de acção" (1996a, 1996b). Mas há que ter em conta a variação. Os resultados de um estudo a jovens polícias, *gardiens de la paix,* em diferentes fases de inserção profissional apontam a cultura como espaço de debate onde não há consenso em relação a dois aspectos

---

[10] Para uma crítica do desenvolvimento do campo dos "estudos policiais" que resultaram dessa realidade ver Manning (1985b) e Mastrofski (1994).

centrais: na "relação com a lei" e na "relação com o outro" (Gorgeon & Monjardet, 1993a, 1993b). Cada um dos aspectos tem diferenciações internas importantes que o autor detalha e que desautorizam a ideia de uma "personalidade policial".[11]

A referência ao "crime" é investida de uma neutralidade consensual e transforma-se no suporte privilegiado da reivindicação da autonomia profissional e da autodeterminação policial das suas orientações. Mas o trabalho policial e as suas tarefas são de uma variação incomensurável e não merecem consenso unânime. Há dificuldade em avançar com uma definição exaustiva do trabalho policial: a ordem social, porque é social, é por definição arbitrária, sujeita às avaliações sociais, ora implicando ora excluindo práticas de conservação, reforço e sanção tão variadas como as que originam os "desarranjos", as "desordens". Monjardet sublinha e polariza as duas acepções dominantes entre: o "serviço à população", polivalente, que transforma o polícia numa espécie de bombeiro urbano; e a "prótese social", uma concepção judiciária da actividade policial, acepção maioritária e nos últimos anos em crescimento. Todavia nem esta polarização traduz toda a variação, antes evidencia a carência de um consenso mínimo. O autor denota que, deste ponto de vista, a profissão policial é uma profissão "vazia". Mais do que *uma* profissão estamos perante diversos *métiers*, ofícios ou ocupações de polícia. Mas há algo que os unifica, a sua "condição".

Por alguma razão os patrulheiros referem mais vezes que trabalham numa "profissão de desgaste rápido" do que numa profissão de risco, de vida e de morte. Mas a possibilidade está sempre lá. Monjardet justifica assim a "condição policial" como destino social imposto (no sentido da condição operária de outros tempos). A cultura profissional impõe-se a partir de uma diferença e de uma solidariedade. Ter o monopólio da força coerciva diferencia e "condiciona" os polícias de duas formas: o risco é uma probabilidade presente e

---

[11] No plano de quem exerce poder sobre os polícias (e os contrata), ou poder por eles (sindicalismo), e dos próprios polícias, existe um debate sobre o que fazem e é fraca a unanimidade a este respeito. Os defensores da qualificação defendem uma definição mais restritiva das tarefas policiais, privilegiam a actividade repressiva e mais codificada; os defensores da competência têm tendência a sustentar uma maior indeterminação da prática policial e definem-se mais como reguladores de conflitos do que como agentes da lei (1996a: 181).

diferente daquela que vivem os operários, é feito de uma agressão que visa o agente e as suas qualidades. A situação de uso letal da força pode ser criada, não existe uma forma de a colocar à distância ou de a evitar se o momento chegar, e os agentes podem ter de contar só consigo. Esta é uma carga simbolicamente poderosa que leva os agentes a dizerem: "É uma grande responsabilidade andar com uma arma" (entrevista, Abril de 2004). O uniforme coloca-os na iminência de atingir ou de serem atingidos (apenas neste sentido como os militares). A dramaturgia em torno das mortes dos polícias, raras, mas também dos suicídios, a dupla face da mesma moeda, deve ser lida nesta linha.

A segunda dimensão da condição de detenção do monopólio da força resulta no seguinte: uma vez instituída a força pública esta dever ser vigiada. Mojardet sublinha uma certa falha na explicação desta aos polícias mas, mais ainda, a sua incompreensão estrutural face a magistrados, corpos de inspecção e polícias que tentem mantê--los, como por vezes dizem, num "colete-de-forças" (entrevista, Maio de 2004). Não há simplesmente segredos policiais mas toda uma cultura policial do segredo que impregna a profissão e o funcionamento policial nas suas actividades mais anódinas e triviais, tornando este um objecto de estudo tradicionalmente opaco (tanto mais opaco quanto mais centralizada é a organização). Mas a Polícia é também opaca internamente e existem variadas "caixas chinesas", aos mais diversos níveis, entre polícias. Todavia convém ressaltar, de modo a relativizar o argumento de Monjardet, que talvez não haja organização que lide tanto com outras opacidades organizacionais (mesmo dentro do Estado) e privadas como a Polícia, sendo muitas delas apenas aparentemente transparentes.

Monjardet conclui que esses dois traços dominantes tornam a condição policial reactiva e solidária. É prioritário, em qualquer situação, prestar ajuda a colegas em perigo. Este é considerado por muitos o traço mais positivo de uma solidariedade fundada "na farda"; não num espaço profissional comum em termos de saberes, de tarefas e de canais de transmissão. Esta identidade sobrevaloriza a diferença, muitas vezes radical, entre quem é polícia e quem não o é, uma diferença "de natureza" e não de grau. O "outro" está sempre ou contra ou a favor da Polícia.

Na verdade houve alturas em que os polícias afirmavam ser uma "*race apart*" (Banton, 1964) ou "*a man apart*" (Alex, 1976). Hoje, como Monjardet reconheceria, os polícias estão sujeitos a mudança e são treinados para se pouparem no uso de tais definições. É verdade que alguns polícias afirmam recorrentemente "não somos compreendidos pela sociedade", "nem os mais próximos entendem este trabalho"[12], mas na patrulha nem todos falam desta forma. Esta determinação coerente das diferenças merece alguma reflexão e relativização. Não será a negociação do trabalho na relação dos indivíduos com os públicos internos e externos e, assim, da condição de polícia, cada vez mais conjugada com outros domínios da vida dos indivíduos, o "traço" esquecido da cultura profissional tal como é expressa pelo autor?

Aqui negociação é entendida nos termos de Strauss, na forma como a recuperou para as teorias da ordem social: "à quoi sert la négociation? (...) 'pour obtenir que les choses se fassent'. Elle est utilisée pour que se fasse ce qu'un acteur (personne, groupe, organisation, nation, etc.) souhaite voir accompli. Ce qui signifie 'faire marcher les choses' et 'continuer à marcher'" (1992: 252). O autor diferencia negociação e acordo, mas considera que um acordo deixa lugar à negociação quando começa a quebrar-se. Os polícias não têm apenas assegurado um "acordo" que os determina agentes da autoridade; são obrigados a viver em constante negociação nas mais diversas facetas da vida organizacional, nos domínios públicos bem como no contexto interno.

Voltando a Monjardet, o autor acaba por concluir que o corpo policial vive numa tensão permanente entre os seus interesses que são diversificados e os dividem, que opõem os segmentos entre si (agentes, subchefes e oficiais, mas também divisões, unidades autonomizadas e a variação de organizações, etc.) e a condição policial

---

[12] A distância pode atingir qualquer um dos universos dos polícias, amigos e familiares. A percepção de viver "ao contrário" dos outros, devido ao regime de turnos sempre em rotatividade, ajuda a desenvolver este sentimento. Não é por acaso que vários estudos apontam nestas organizações enormes taxas de divórcio, além de suicídios e problemas de consumo de álcool e estupefacientes (ver, por exemplo, Beehr *et al.*, 1995). Em Portugal surge ciclicamente a notícia de que existem relatórios internos sobre estes problemas, mas a sua divulgação não é pública.

que os unifica. Em todos os polícias há esta dupla filiação conflitual entre o seu grupo de trabalho imediato, o seu serviço, o seu corpo estatutário, por um lado, e o conjunto policial, por outro. Esta tensão entre divisão e unidade é, em si mesma, um elemento de reforço da diferença em relação a outros sujeitos.

Ainda assim, mesmo que sofisticada e bem argumentada, a síntese de Monjardet só é possível devido a esse debate proposto pelos "clássicos", fundamentada na observação qualitativa mais desenvolvida nos países de língua inglesa do que noutro lugar do mundo. A pluralidade está expressa em todas as polícias e em todas as unidades, mesmo que sob a aparente unidade e égide da lei e controlo. A pluralidade policial merece assim um olhar atento e etnográfico, logo no primeiro plano do trabalho policial, a patrulha.

Nem toda a literatura anglo-saxónica reduziu a cultura policial a "traços", a estudou como mera "variável" e reduziu questões que atravessam toda a organização apenas aos entendimentos dos polícias. É possível traçar uma linha teórica entre a organização e os seus "agentes" que não se reduz apenas a "valores, normas e atitudes" mais ou menos uniformes que circulam. *Policing* (1978) é o exemplo mais acabado da reunião de textos sobre temas variados onde a cultura profissional é encarada na sua dimensão organizacional. Esta "cultura" é encarada como processo, ideologia e prática. Os valores "informais" impressos no policiamento são muito mais do que meros "ornamentos", são constitutivos de cultura.

O limite a apontar à obra está no facto dos estudos situarem a maior parte da observação no trabalho fardado de "primeira linha" e nos contextos norte-americanos e ingleses. Mas isso não deve desviar-nos da abordagem e caminho heurístico que sugere para o entendimento de outras organizações policiais no mundo. A obra traduz um movimento fundamental de resgate dos quotidianos do trabalho policial para a definição de "culturas organizacionais" em pontos determinantes: as simbólicas estruturantes da organização policial, os contextos, estratégias e práticas do policiamento e, por fim, as socializações em meio policial.

Pode dizer-se que *Policing* é atravessado por três argumentos que importa sumariar e discutir. O primeiro prende-se com os limites e amplitudes do policiamento e da definição das organizações policiais.

Peter Manning argumenta que o "mandato profissional"[13] da polícia – esse vasto domínio social impossível de gerir e de definir legalmente – leva-a a recorrer a estratégias de manipulação das aparências de controlo (1978: 7-31). Há qualquer coisa de "burocracia simbólica", organizada numa imagem de aderência total às regras burocráticas enquanto internamente pouco ou nada se ajusta a essas normas (Jacobs, 1969; Bittner, 1978). A definição de um mandato e, sobretudo, de estratégias operacionais que usam a retórica "quixotesca da guerra ao crime" (Black, 1978) surgem em força nos EUA, mas um pouco por todo o lado, a desfavorecer a Polícia. Isto porque a tornam incapaz de oferecer as respostas que dela se esperam e que ela própria fez crer ao público que seriam da sua competência.[14] Assim foram descuradas as restantes dimensões do mandato, as práticas do policiamento que envolvem os polícias a maior parte do seu tempo (ver, por exemplo, Webster, 1978). Isto é, as estratégias, a racionalização do discurso da eficácia e a avaliação policial fizeram-se com base na reactividade e na actuação *post*-facto – onde as detenções surgem como indicador e valor privilegiado. Tal predisposição descurou o desenvolvimento do saber policial sobre inúmeras dimensões do seu trabalho e o próprio crime. Black sugere mesmo que a Polícia trabalha com o que não conhece, o crime e as suas motivações (1978: 143).

---

[13] Nesta obra o policiamento é assumido como uma profissão. Em síntese, tal como foi definido por Everett Hughes (1958), a "licença" autoriza a uns e interdita a outros o exercício de uma actividade. Trata-se de uma divisão moral do trabalho presente em todas as sociedades. O "mandato" assegura uma função específica, um corpo de teorias e práticas, sendo que é a partir da sua fixação que nasce a profissão, dinâmica resultante de um processo social. Quanto mais poder e autoridade tem uma profissão, mais fácil é para ela ganhar e garantir os sentidos simbólicos aos quais ela está associada na opinião pública. Uma profissão "compete" não só com as definições dos públicos como com as definições de outros grupos com que compete e que também podem estar organizados em profissões. Para uma leitura suplementar integrada no campo de estudos sugiro a obra de Maria de Lurdes Rodrigues (1997).

[14] Manning sublinha o seguinte: "Entre as muitas profissões (...), a polícia é quem melhor simboliza as habilidades e tensões (*shifts and strains*) numa ordem sócio-política em mudança. Às polícias foi atribuída a tarefa de prevenção do crime, detecção criminal e apreensão de criminosos. Baseando-se no seu monopólio legal da violência, elas suportam um mandato que exige eficiência, apoliticismo e coacção profissional da lei. É a contenda desta experiência que tem levado a polícia a escorar um vasto domínio social impossível de gerir. E o que acontece como resultado da sua incapacidade em atingir o seu auto-proclamado mandato é que a polícia recorre à manipulação das aparências" (Manning, 1978: 7).

A Polícia é avaliada e avalia-se a si própria por funções que raramente desempenha. A organização policial, sobretudo nos EUA, é atravessada por um dilema. Ironicamente, se a Polícia define o seu papel como estando limitado ao controlo do crime e se falha neste papel perde mais suporte do que se tivesse reclamado que os seus interesses, funções e obrigações fossem consideravelmente mais amplos (cf. Bittner, 1978). Em grande medida, nas últimas décadas, a Polícia tem vindo a ser forçada a aceitar essa realidade, mas ainda sem encontrar os meios para o reconhecer e efectivar na prática. A resistência à mudança permanece numa organização que interiorizou a retórica do "trabalho na mudança", na "adaptação às novas faces do crime", no "controlo dos pânicos sociais", etc. Ainda assim, Manning distingue a origem histórica do mandato policial e as diferenças entre as realidades norte-americana e europeia.[15]

Um segundo argumento de fundo é que, aliadas às pressões organizacionais e decorrentes do mandato, as polícias lidam com "públicos" diferenciados, ou "audiências", como lhes chama Manning (1978), e desenvolvem expectativas e respostas diferentes para cada público. Por exemplo, não há uma interdependência directa entre o nível de deferência exigido pelos polícias nos encontros e a detenção de pessoas. Mas vários autores defendem – ver, por exemplo, Sykes e Clark (1975) – que os encontros entre os polícias e os jovens do sexo masculino, assim como entre polícias e negros, estão mais sujeitos ao "desequilíbrio de forças" por parte da polícia. Além disso, há mais tendência para deter os citadinos no trânsito e na área

---

[15] Manning defende que Sir Robert Peel, o fundador da Polícia moderna inglesa no Parliamentary Police Act de 1928, afirmava ter a Polícia por objectivo reduzir o crime utilizando meios não violentos, evitando o uso de sanções legais repressivas e uma presença pró-militar na sociedade. A gestão da ordem pública deveria ser subtil, não-dramática, proceder de modo discreto (Reith, 1956; Radelet, 1973). A Polícia norte-americana representa a imagem inversa: é raro apostar na prevenção do crime, utiliza meios violentos, simboliza uma polícia dramática e tem uma presença pró-militar na comunidade devido ao seu equipamento, discurso e acção. Mesmo com variações locais, as polícias nos EUA optaram por lidar com os problemas organizacionais da sobrevivência dos seus corpos organizacionais de modo particular. Procuraram conquistar o prestígio e o respeito da comunidade, a confiança e o apoio públicos, promovendo "temas americanos". Definiram e assumiram publicamente o seu papel como sendo violento, tecnologicamente sofisticado, relacionado com o crime, profissionalizado, e é assim que pretendem ser vistos pela comunidade.

dos narcóticos do que noutras, aspectos que têm vindo a ser sistematicamente teorizados desde então, como recentemente foi avaliado por Cunha (2008).

Mais do que eminentemente perigoso, "o mundo no qual a polícia actua está cheio de problemas processuais, "incivilidade", desrespeito, hostilidade, insulto, ameaça, agressão" (Manning & Van Maanen, 1978: 52). É inevitável considerar que há uma eminência do conflito nos quotidianos do policiamento. Pode defender-se que o nível conflitual, e até o nível de perigosidade, variam de acordo com os contextos. Onde há maior acesso ao armamento e este se generaliza à população, como, por exemplo, nos EUA e em vários países da América do Sul, os contextos traduzem realidades de policiamento diferentes das europeias.[16]

Todavia a linha de reflexão dos autores permite afirmar um dado inegável: as pressões sociais e interactivas têm uma presença estruturante no trabalho dos polícias e nas políticas práticas adoptadas, já não apenas lateral, como noutras profissões (onde um corpo de saberes jogue o seu papel fundamental, por exemplo). A leitura política e organizacional, traduzida no poder coercivo, leva os polícias a procurarem ganhar controlo interpessoal nos encontros e classificações dos seus públicos. Mas a este não é ausente a leitura social que faz com que o poder e a assimetria estruturantes estejam em permanente negociação e reorganização, não sendo por isso dados adquiridos *a priori*. É de sublinhar que os contextos e as práticas fazem variar os policiamentos.

O terceiro argumento baseia-se no poder da socialização cultural dos polícias. Wilson (1978), entre muitos outros, defende que os

---

[16] No caso português, embora nos últimos anos o investimento nos meios policiais para combate à criminalidade pareça ter crescido, este não se limitou apenas, ou até fundamentalmente, a uma maior capacidade letal. Aliás, não é pouco frequente que surja a discussão sobre a implementação de meios alternativos (como as armas não-letais). Na patrulha muitos agentes observavam que as armas de fogo de calibre 9 mm pareciam ineficazes tendo em conta o equipamento que se conhecia de algumas apreensões. Ainda assim, durante todo o trabalho de campo participei de muito poucas ocorrências que merecessem a designação de violentas e foram poucas as ocasiões em que vi um agente empunhar a arma. Talvez neste como noutros contextos o armamento na polícia tenha associado a ele um capital simbólico algo simétrico ao que os meios tecnológicos têm para quem governa, isto é, que sejam muito valorizados mesmo quando de uso restrito ou limitado (como lembro a partir da leitura de Manning no capítulo 3).

agentes desenvolvem soluções individuais para problemas semelhantes. As dificuldades inerentes ao mandato levam a que o "*locus* da prudência" se situe nos patrulheiros. O trabalho destes é um trabalho eminentemente isolado. Sujeitos a pressões da organização para produzir resultados, os agentes têm ainda assim uma enorme autonomia no "trabalho de rua" em relação aos supervisores, e uma autonomia para decidir como conduzir os encontros com os citadinos; e mesmo se os polícias estão amplamente "enquadrados" (por leis externas e internas).

Ainda que numa sociedade em mutação, a generalidade dos autores surpreende-se com a imutabilidade e resistência de certos "hábitos" e "tradições" que desencorajam a inovação enquanto encorajam um certo *status quo*. A linguagem, a ideologia, as transmissões de informação e o "saber-estar" ajudam a descodificar a experiência quotidiana dos agentes. Ajudam a definir algum nível de padronização e os aspectos críticos do trabalho, os preconceitos e classificações do agir na rua, certos costumes e ritos sugestivos para se relacionarem com os membros da organização e com as pessoas de fora. Mas mais do que nos fins, o interesse heurístico concentra-se agora nos meios. Van Maanen é quem leva mais longe a centralidade da socialização na formação da cultura organizacional que depende estreitamente dos seus actores (1978c; Manning & Van Maanen, 1978: 267). Este procura a marca das identidades profissionais nas academias e, mais ainda, nos primeiros anos de trabalho dos agentes. Só na fase de socialização nos locais de trabalho os agentes começam a ser reconhecidos como polícias. As primeiras experiências dos agentes nos universos das esquadras (norte-americanas) são marcantes para a transformação de um saber abstracto e relativamente difuso, com base no sistema legal, num saber territorial, em espaços urbanos e com pessoas. As diferenças entre os novatos e os polícias com experiência atravessam a organização um pouco por todo o lado. Nesta perspectiva é recusada a visão psicologizante que levaria a crer que o processo de socialização cria uma única "personalidade de polícia". Existem muitas respostas pessoais para lidar com a cultura policial e a cultura organizacional não é monolítica.

Se assim é, porque não perspectivar de perto as expressões sociais da cultura organizacional no contexto de esquadras portuguesas? Porque não regressar às patrulhas, à voz, aos olhares e gestos dos agentes? Deste ponto de vista são tão centrais para o conhecimento social as práticas como os discursos dos sujeitos. A ideologia reencontra-se nas rotinas para gerar princípios de acção. Na tradição de Manning e de Van Maanen, continuam a ser importantes as lógicas da acção quotidiana antes de se ceder à tentação generalista da "cultura académica" e de determinar "o que faz a Polícia", para usar o título de Monjardet (1996), por esse mundo fora. O que se irá ler neste livro é a proposta de uma cartografia minuciosa e plural destas expressões que partem à procura dos sentidos partilhados entre agentes, que fazem da profissão mais do que um estilo e modo de vida, um quadro da vida, isto é, a "condição de ser polícia", na linha do que nos dizia Monjardet.

Mas antes são úteis alguns dados mínimos do contexto de reorganização recente da Polícia em Portugal, distribuição territorial e de efectivos. Dois pontos merecem reflexão: a estrutura de carreiras e o policiamento de esquadra.

A Polícia de Segurança Pública

Durante o ano do meu trabalho de campo na esquadra, em 2004, tinham passado cinco sobre uma das mudanças que mais afectou a organização: a remodelação orgânica, expressa na Lei n.º 5/99 de 27 de Janeiro. Com esta a PSP viu sublinhar o seu cariz civilista, sendo formalizadas mudanças que estavam em curso desde a década de 1980.[17] A tendência passou por "moldar" a organização, afastando-a do modelo militar e aproximando-a do de outras estruturas da função pública. A criação da Direcção Nacional da PSP figura ao centro desse processo[18], vindo substituir o antigo Comando Geral da PSP,

---

[17] Em 1984 é criada a Escola Superior de Polícia que forma os oficiais "civis" que irão substituir, progressivamente, os militares nos quadros superiores e cargos de comando. (Para uma abordagem às expectativas profissionais e constrangimentos de género entre cadetes e aspirantes a oficiais ver Cordeiro, Durão, Leandro, 2004.) Mas na verdade os agentes e subchefes desde sempre foram recrutados entre a população "civil", ainda que com o serviço militar obrigatório cumprido.

[18] A Direcção Nacional, sediada em Lisboa, é responsável pela emanação de políticas e normas para todas as suas unidades, suborganizações e tipos de policiamento. Integra conselhos (conselho superior de polícia, conselho superior de deontologia e disciplina, comissão de explosivos) que constituem órgãos de consulta. Possui gabinetes que estão

uma estrutura considerada pró-militar. Esta lei incluiu a reorganização de toda a administração, planeamento e execução de ordens policiais. O director nacional é nomeado pelo ministro da Administração Interna dentre a carreira de magistrados ou dentre os superintendentes-chefes da polícia e deixa de ser um oficial de carreira militar. Muitos lugares de liderança são ocupados por oficiais da carreira policial superior e alguns por técnicos da função pública. Tal faz com que se considere que a PSP é uma *polícia civil* (volto a este problema a propósito da discussão das carreiras, ver abaixo).

"A Polícia de Segurança Pública, designada pela sigla PSP, é uma força de segurança com a natureza de serviço público dotado de autonomia administrativa, que tem por funções defender a legalidade democrática, garantir a segurança interna e os direitos dos cidadãos, nos termos do disposto na Constituição e na lei." Assim é descrita a natureza desta organização no art.º 1.º da Lei n.º 5/99. Trata-se de um corpo de polícia nacional com características particulares, quer pelos limites de actuação a que está sujeita – "a PSP não pode dirimir conflitos de natureza privada, devendo limitar a sua acção, ainda que requisitada, à manutenção da ordem pública" (cf. art.º 5.º da Lei n.º 5/99) – quer pela área do policiamento – embora a PSP estenda a sua intervenção ao território nacional (inclusivamente às regiões autónomas dos Açores e da Madeira), esta foi criada, e conserva tal característica, para policiar as áreas mais urbanizadas do país. Assim, na divisão policial do trabalho, a GNR, o segundo maior corpo de polícia nacional, tem a seu cargo o policiamento das áreas consideradas rurais (onde a PSP pode ainda assim, em algumas das maiores cidades, possuir unidades próprias). Esta polícia manteve no essencial as características de liderança militar que a orientaram desde 1935.

---

directamente dependentes do director nacional (inspecção-geral, estudos e planeamento, consultoria jurídica, deontologia e disciplina, informática, comunicação e relações públicas, relações exteriores e cooperação, assistência religiosa). Tem diversos departamentos organizados para superintender áreas específicas como as operações e segurança (operações, informações policiais, armas e explosivos, comunicações), os recursos humanos (formação, saúde e assistência na doença, apoio geral) e a logística e finanças (equipamento e fardamento, obras e infra-estruturas, material e transportes, gestão financeira e patrimonial).

Ambas as forças policiais, PSP e GNR, são tuteladas pelo Ministério da Administração Interna e são consideradas *polícias de âmbito territorial*.[19]

O processo de distribuição de competências policiais é político e obedece a negociações constantes que redefinem a situação policial no tecido urbano nacional. Embora as grandes linhas estejam delineadas existem regiões onde surgem problemas de delimitação de competências entre os corpos de polícia.[20] Mas também as competências de investigação criminal da PSP e GNR têm sido alargadas (cf. Lei de Organização da Investigação Criminal, n.º 21/2000 de 10 de Agosto). Deste modo, as chamadas *polícias preventivas* começam cada vez mais a entrar em domínios de acção, investigação criminal e forense que até aqui eram da exclusiva competência da Polícia Judiciária (tutelada por um outro ministério, o da Justiça).[21]

É possível sintetizar de forma breve a base da organização dos diferentes modelos de polícia existentes nas sociedades ocidentais: a polícia de Estado hipercentralizada como a francesa; as polícias municipais autónomas de tradição norte-americana; ou as polícias regionais do modelo britânico (a explicação dinâmica está em Monjardet, 1996a). Neste sentido, o modelo policial português encontra as suas raízes no francês, numa polícia nacional e de administração central.

---

[19] Embora a presença nas cidades dependa do patrulhamento de esquadra, é possível verificar que em determinadas situações, ocasiões, ou de acordo com um calendário, é accionado o reforço do policiamento no seio da PSP (sobretudo pelas brigadas à civil, Polícia de Trânsito, Corpo de Intervenção). O reforço por outras polícias também pode ter ocasionalmente lugar.

[20] Na verdade, estes dois principais corpos de polícia fardada nacionais funcionam de modo relativamente independente. Podem partilhar algumas bases de dados, mas no plano territorial comunicam relativamente pouco. O gabinete coordenador de segurança, tutelado pelo Ministério da Administração Interna, e que comunica com as direcções de ambos os corpos policiais, assessora e coordena de modo técnico e operacional as forças e serviços de segurança, só é visível para o exterior em situações limite.

[21] Em Portugal existe um elevado número de polícias nacionais com objectivos diferentes mas que, por vezes, se sobrepõem: as polícias da ordem fardadas são a Polícia de Segurança Pública, a Guarda Nacional Republicana, a Guarda Prisional, a Polícia Marítima e a Polícia Florestal. As polícias de investigação são a Polícia Judiciária, o Serviço de Estrangeiros e Fronteiras e o Serviço de Informações de Segurança. As polícias municipais têm poderes mais reduzidos e uma acção essencialmente fiscalizadora dos ilícitos fixados em regulamentações camarárias, orientados pela contra-ordenação.

Corpos de polícias municipais, uniformizados, armados e regulados pelas autarquias locais têm sido implementados nos últimos anos em várias cidades do país (desde os Decretos-Lei n.º 39/2000 e n.º 40/2000 de 17 de Março).[22] Mas são a GNR e a PSP que continuam a ser consideradas as *polícias da ordem e da segurança públicas* portuguesas (com competências gerais definidas no art.º 2.º da Lei n.º 5/99). A oscilação retórica de preferência por uma ou por outra tendência – a ordem ou a segurança – depende de conjunturas, problemas políticos e sociais que possam emergir (no capítulo conclusivo ensaio sobre este assunto).

As mudanças não alteram a estrutura de poderes da organização que tem por base a herança do modelo piramidal de comando militar: um líder no topo, chefias superiores administrativas, chefias intermédias operacionais (em comandos e noutras unidades de polícia) e um corpo alargado de operacionais (agentes e subchefes).[23] A PSP é assim considerada uma *força de natureza hierarquizada*.

As actividades que a PSP gere podem ser separadas em quatro grandes domínios: i) a administração geral (na Direcção Nacional); ii) o policiamento territorial de rotina (levado a cabo nos comandos, divisões e esquadras, mas também pelo Corpo de Segurança Pessoal (CSP) e unidades territoriais que regem o trânsito; iii) o policiamento de ordem pública, especial ou extraordinário (levado a cabo por forças especiais como o Corpo de Intervenção, o Grupo de Operações Especiais e o Centro de Inactivação de Engenhos Explosivos e Segurança em Subsolo; iv) e a formação (no Instituto Superior de Ciências Policiais e Segurança Interna, para oficiais, e na Escola Prática de Polícia, para agentes e cursos de subchefe, cujo ramo original tem raiz no agenciato). Os domínios estão relacionados mas, quer em termos espaciais quer na prática, funcionam com relativa autonomia.[24]

---

[22] Em Lisboa estes eram, em 2004, cerca de 500 polícias com a particularidade de serem recrutados no corpo da PSP (onde podem retornar).

[23] Logo a abrir, a Lei n.º 5/99 diz que a "PSP está organizada hierarquicamente em todos os níveis da sua estrutura com respeito pela diferenciação entre funções policiais e funções gerais de gestão e administração públicas obedecendo, quanto às primeiras, à hierarquia de comando e, quanto às segundas, às regras gerais de hierarquia da função pública" (cf. art.º 1.º de 27 de Janeiro).

[24] Maior autonomia é conquistada por uma dimensão relativamente independente, a dos sindicatos e associações de polícias. A Lei n.º 6/90, de 20 de Fevereiro, e o Decreto-Lei

O dispositivo policial reparte-se por diferentes "unidades territoriais": comandos metropolitanos (Lisboa e Porto), comandos regionais (Açores e Madeira) e comandos de polícia (por exemplo, Aveiro, Beja, Portalegre, Viseu, etc.), com escala decrescente em tamanho, efectivos e responsabilidade policial (Capítulo III da Lei n.º 5/99). De uma forma geral, cabe a estas unidades *aplicar as directivas superiores*, mas também *criar planos e práticas de actuação, coordenar e controlar o seu pessoal*.

As *Divisões* são unidades operacionais dos Comandos Metropolitanos (em particular de Lisboa) e tratam do policiamento de zonas de concentração populacional sem paralelo no país, mas que não justificam a criação de um comando próprio. As *secções* funcionam com relativa autonomia nas áreas urbanas onde existem, mas estão dependentes dos comandos de polícia. Existem diversas esquadras pelo país, dadas a cada comando de polícia (ver mapa da **figura 1**).[25] Note-se que as esquadras de Lisboa e Porto, pelo seu elevado número, não surgem no mapa.

Em 2004 os oficiais da Direcção Nacional afirmavam existir 340 esquadras em Portugal. Na altura, existiam 440 polícias por cada 100.000 habitantes, um dos maiores *racios* dos 15 países (à altura) da União Europcia, colocando Portugal em terceiro lugar, depois da Itália e Espanha (cf. Ocqueteau, 2004: 109; os dados são relativos a 1999). Mas tal não significa que todos os polícias estejam em funções operacionais. Em 2004 foi muito discutida a questão de racionalização dos recursos humanos, a contratação de "técnicos" para serviços não policiais, mesmo para divisões e esquadras, e a "devolução dos agentes à rua", onde eram reclamados pelas populações, retirando-os dos serviços burocráticos que tradicionalmente muitos ocupavam.[26]

---

n.º 161/90 regulam a criação e funcionamento de associações profissionais de polícias. Mas é a Lei sindical n.º 14/2002 que enquadra o exercício da liberdade sindical, os direitos de negociação colectiva e da livre participação do pessoal da Polícia de Segurança Pública (PSP) com funções policiais. Salientam-se duas associações sindicais maiores, a Associação Sindical dos Profissionais de Polícia (ASPP) e a Associação Profissional de Polícias (APP). Existem pelo menos mais seis associações, orientadas por categoria profissional ou por interesses de unidades policiais. O panorama não parece diferir muito daquele que é descrito por Monjardet (1996a) em França.

[25] A partir daqui as figuras referidas podem ser vistas em anexo, no final do livro.

[26] Notícias como "Ministro quer tirar polícias das secretarias da PSP" eram frequentes (cf. *Diário de Notícias*, 09/11/2004). Passados vários anos as opções políticas não mudaram

Veremos ao longo da tese como a patrulha é simbolicamente representada na organização policial como "o lugar de onde se pretende fugir", ajudando a entender porque se repetem sucessivamente retóricas políticas tutelares com escasso efeito prático.

Deve notar-se que o dispositivo policial do Comando Metropolitano de Lisboa da PSP (também denominado COMETLIS) não tem correspondência com as fronteiras administrativas do plano político e municipal da Área Metropolitana de Lisboa (que inclui concelhos da margem sul). Setúbal tem um comando de Polícia autónomo. Ainda assim, estes dois comandos concentram um quarto da população portuguesa que, de acordo com o recenseamento de 2001, contava com 10,3 milhões de habitantes (XIV Recenseamento Geral da População, INE).[27]

O mapa da **figura 2** apresenta a área supervisionada pelo COMETLIS que abarca várias regiões urbanas e suburbanas. Vale a pena referir que o mapa resulta de negociações de divisão do trabalho e supervisão policial com a GNR, por intermédio da tutela, do Ministério da Administração Interna, e que tende a sofrer alterações. Nos últimos anos, cada vez mais a PSP tem alargado as suas competências nas grandes áreas metropolitanas, com particular enfoque em Lisboa.

O mapa da **figura 3** diz respeito à distribuição espacial da polícia pela cidade de Lisboa, onde constam as chamadas "divisões dos números". O mapa apresenta o plano de policiamento territorial em 2002, de acordo com os dados fornecidos. Estava na altura a planear-se uma alteração das delimitações territoriais e a criação de novas divisões. Em 2004 existiam cinco divisões na cidade e quatro em

---

substancialmente. Veja-se, por exemplo, como se continua a insistir que "é necessário libertar polícias de funções burocráticas e orientá-los para funções policiais" (ver descrição do item "policiamento de proximidade" em http://www.mai.gov.pt/ 2008).

[27] Podemos encontrar na Área Metropolitana de Lisboa a maior concentração populacional do país. De acordo com os dados preliminares do último recenseamento geral da população residiam na AML, em 2001, cerca de 2.662.949 habitantes (cerca de ¼ da população portuguesa), dos quais 20,9% na cidade de Lisboa. Nos 3.128 km2 da AML (3,3% do território continental de Portugal) reside 27,1% da população de Portugal continental, e com uma população activa de cerca de 1,3 milhões de pessoas, estão sedeadas na AML cerca de 30% das empresas nacionais. Localizando-se no seu território 32,7% do emprego nacional, a contribuição da AML para o PIB ultrapassa os 36%. (http://www.aml.pt/ municipios/municipios.php, consulta em Agosto de 2006).

concelhos periurbanos em volta de Lisboa. Também dependiam do comando quatro divisões especializadas (aeroporto, trânsito, segurança, metro). Contavam-se 37 esquadras na cidade de Lisboa, todas supervisionadas pelo comando (cujo organigrama surge na **figura 4**).

A PSP é o segundo maior corpo de polícias, com um total de 21.961 efectivos em 2004[28] (ver o **quadro 1**). Esta Polícia é composta por dois quadros de pessoal. O grupo profissional mais representativo, 20.846 pessoas, tem funções policiais (95% do total); o grupo menor, com 1.014 pessoas (cerca de 4,5%) é, pessoal com funções não policiais.[29] Importa ainda referir que o grupo de pessoal nomeado em cargos de dirigente corresponde a 101 pessoas (0,5%). É de destacar que a carreira de agente ocupa 17.750, isto é quase 81% do total de efectivos (a sustentar a já referida estrutura piramidal). Por seu turno, a distribuição sexual é amplamente desigual, apenas 9,9% no total de efectivos são mulheres. Mas é no pessoal com funções policiais (oficiais superiores, oficiais, chefes e agentes) que se notam as maiores diferenças. Existem apenas 6 mulheres por cada 100 homens. Há menos mulheres entre os agentes do que nas categorias seguintes (chefe e oficial), embora seja de notar que há apenas uma mulher como oficial superior entre 46 colegas do sexo masculino. A tendência de crescimento da presença feminina é muito ténue, ainda assim superior à que se verifica na GNR, uma polícia militar. Outros aspectos a salientar: o nível médio etário é de 38 anos de idade e o de antiguidade ao serviço é 14 anos. Na distribuição de habilitações por sexo, os homens têm em média 9 anos de escolaridade e as mulheres 12 (cf. Balanço Social da PSP, 2004).

---

[28] A GNR contava com 25.438 no Balanço Social de 2005.

[29] Nos Balanços Sociais da Direcção Nacional não é detalhado exactamente quantos polícias (pessoal com funções policiais) desempenham actividades operacionais e quantos desempenham actividades burocráticas, dada a autonomia da gestão do pessoal nas unidades semiautónomas.

QUADRO 1
Distribuição dos recursos humanos da PSP em Portugal

	H	M	Totais	H/M%
Dirigentes	91	10	101	0,5
Pessoal em funções policiais				
Oficiais superiores	46	1	47	0,2
Oficiais	551	64	615	2,8
Chefes	2.204	230	2.434	11,1
Agentes	16.647	1.103	17.750	80,8
Pessoal em funções não policiais				
Chefia e Técnico Superior	88	46	115	0,5
Docente	28	5	33	0,2
Saúde	23	5	28	0,1
Informática	26	18	44	0,2
Administrativo	50	324	374	1,7
Auxiliar	9	390	399	1,8
Outros	2	—	3	0,1
Totais	*19.772*	*2.189*	*21.961*	***100,0***

Fonte: Balanço Social 2004 (Direcção Nacional da PSP).

Estrutura e dinâmica de carreiras

As organizações de polícia são um híbrido do modelo militar e do burocrático (Goldstein, 1977; Bittner, 2003). Todavia, as opções políticas em diferentes momentos históricos podem levar a sublinhar o maior ou menor peso de ambas as influências. Em Portugal, já referi que a PSP é vista como serviço "civil". A tendência foi reavivada na reorganização formal recente. A estrutura de carreiras policiais aponta-o. Em 1999 foi mantido o essencial da linha que dividia as três carreiras policiais. A **figura 5** apresenta as categorias profissionais antes e depois da mudança organizacional.

Como é observável, o maior investimento foi feito ao nível da carreira de oficial. Nas palavras dos dirigentes, tal significou *profissionalizar* as elites policiais. Na realidade esse processo começou nos anos 80 com a criação de uma escola de formação superior. Apoiando-se na criação de um novo estilo de oficiais, formados nas matérias policiais e do Direito, começaram a ser progressivamente *desmilitarizadas* as elites policiais. Esta proporcionou mais oportunidades de carreira aos jovens oficiais (com entrada directa para a organização pela via de ensino oficial da Polícia) e uma redução progressiva do acesso de agentes e subchefes aos níveis superiores das carreiras.[30] A tendência da *profissionalização* surgiu a travar a linha de progressão directa entre carreiras.

Na Polícia todos os chefes foram necessariamente agentes. Tal não foi alterado no novo quadro. Daí dizer-se que essa é a *carreira de base* da Polícia, a de agente. Para se tornar chefe o agente tem de concorrer, prestar provas e fazer um curso específico que o leva à formação intensiva (até um ano) na escola prática de polícia. Contudo a progressão de agentes e chefes ao oficialato manteve-se muito limitada. A diferenciação de estatutos "imita", no essencial, a estrutura militar. Entretanto, no plano da estruturação de carreiras, a tendência levou à redução de categorias na base (dos agentes) e, sobretudo, no plano intermédio da pirâmide (dos chefes). Isto é, os níveis hierárquicos intermédios, que ofereciam uma alternativa de progressão dentro das carreiras, foram reduzidos.

A estrutura de carreiras teve efeitos na distribuição interna de competências e responsabilidade, em particular nas esquadras. A **figura 6** permite ilustrar a diferente presença dos grupos profissionais nas esquadras, os serviços que desempenham nesse contexto (os serviços são explicados no capítulo 2).

Vale a pena detalhar o essencial da dinâmica social nas três carreiras. Os oficiais entraram em definitivo no domínio das esquadras. Estão agora no primeiro comando operacional como *subcomissários*. Assim substituíram a antiga figura dos *chefes de esquadra* nesse

---

[30] Agentes e chefes podem vir a tornar-se oficiais, mas apenas se passarem exactamente pelo mesmo percurso de formação, uma porta que é deixada aberta a alguns agentes e chefes que concorram ao ensino superior da polícia em igualdade de circunstâncias de outros civis.

comando. As esquadras podem ser lideradas por comandantes da *carreira de base* (designação para os oficiais que foram agentes e chefes) e comandantes da *carreira de oficiais* (designação para aqueles que têm o curso de oficial). Os oficiais da carreira de base ou foram promovidos antes da Lei n.º 5/99 ou já depois, num período de transição. Os oficiais com formação superior tendem a aumentar, a tornar-se maioritários e a constituir o *perfil* de comandante nos próximos anos (Begonha 1992).

Existem representações informais na organização que diferenciam os comandantes de esquadra de acordo com a sua trajectória. Mas a diferença fundamental está no facto de para os primeiros a esquadra não ser um ambiente desconhecido e para os segundos representar a iniciação na experiência de trabalho policial. A alteração das carreiras afectou as competências. A entrada dos subcomissários no domínio operacional fez descer os oficiais até às esquadras. A esquadra passou então a estar marcada por códigos e valores destes superiores hierárquicos (e já não apenas dos *chefes* de esquadra). As funções dos oficiais ampliaram-se e as das chefias intermédias reduziram-se.

Antes de 1999 um subchefe podia progredir até chefe de esquadra e ser comandante. Hoje tal possibilidade esgotou-se. Uma minoria de chefes conserva-se como *adjuntos* no comando de esquadra, mas a mais não almeja. Como me disse um desses *adjuntos* certo dia, "não somos carne nem peixe". A tendência é assim para a confinação dos subchefes a tarefas no interior da esquadra como *graduados à banca* (tarefas essas que incluem a recepção de denúncias por iniciativa das pessoas que se dirigem à esquadra, a orientação e coordenação directa de um pequeno grupo de agentes e a verificação do expediente produzido durante o seu turno).

O subchefe foi durante décadas uma presença constante nas ruas das cidades em Portugal. Mas a figura do *subchefe de ronda*[31]

---

[31] Esta figura foi parcialmente substituída pelo supervisor, um subchefe que circula num carro satélite desde 2003. Mas a diferença é que por cada turno existe um supervisor na área da divisão e que supervisiona todas as esquadras, enquanto antes existia um subchefe de ronda por cada grupo da esquadra. Mas este é hoje considerado um apoio aos operacionais de rua, aos agentes, e já não um controlador directo da actividade. É muito claro nas esquadras que um supervisor não responde directamente a chamadas para ocorrências e não "produz" indicadores criminais, ele "ronda" os agentes.

que controlava o trabalho dos agentes apeados na rua começou a ficar obsoleta à medida que a actividade foi sendo cada vez mais orientada por chamadas de emergência, coordenação da central de rádio e intensificação da actividade das viaturas policiais nos anos 80. Ainda hoje, na terminologia dos citadinos, fala-se em *rondas* (tradicionalmente executadas por subchefes) quando na realidade se pretende referir os *giros* (desempenhados por agentes).

Na prática os chefes intermédios correspondem hoje à categoria mais indefinida no plano organizacional, embora insubstituível do ponto de vista operacional. Os oficiais avançaram para competências que eram suas. Os subchefes passaram a estar debaixo do mesmo tecto de quem os controla administrativamente, sem a ampla margem de acção exterior dos agentes. Num plano mais lato, os chefes tiveram grande importância e presença nas organizações e corporações do Estado Novo, mas os desempenhos e autoridade têm vindo a ser reduzidos na sociedade portuguesa (como demonstrou o estudo de Freire *et al.*, 1995).

Por fim, os agentes passaram assim a desempenhar a maioria das funções operacionais e viram alargado o seu mandato. Desempenham todas as funções da patrulha e proximidade. A função de *arvorado* no carro patrulha – quem se responsabiliza, resolve, regista e relata as ocorrências – é a mais valorizada de uma esquadra. É de notar que esta começou por ser desempenhada por subchefes, mas há vários anos que passou para a competência dos agentes. E é também de assinalar que os agentes podem ainda substituir os seus subchefes directos nos serviços de graduado à banca.[32] Os agentes têm funções cada vez mais polivalentes nas ruas e nas esquadras. Central é sublinhar como são formalmente responsáveis pelo ciclo completo do trabalho de patrulha, desde o patrulhamento nas ruas ao registo escrito de um acontecimento (da interacção ao registo escrito, abertura e encerramento de processos policiais, redacção de relatórios

---

[32] A substituição temporária (por vezes, prolongada em anos) de profissionais de mais baixo estatuto relativamente ao estatuto imediatamente superior não é uma novidade e esteve sempre inscrita na prática dos polícias, geralmente por falta de pessoal nos quadros. Mas a rotina surge a relativizar diferenciações estatutárias no meio e defende-se que muitos agentes desempenham tão bem as funções dos subchefes como eles, o que contribui para a indefinição da categoria de chefia intermédia.

de actividade, etc.), mas também que desempenham tarefas simples de apoio e manutenção internas. Em teoria, os agentes devem dominar saberes operacionais, legais e burocráticos que lhes proporcionem relativa autonomia técnica, mas sem nunca esquecer que trabalham numa linha de comando e que a qualquer momento podem ter de acatar ordens superiores. Embora com menor formação e no primeiro nível do plano hierárquico, são os agentes que enfrentam as situações mais variadas e complexas do policiamento.

Além disso, pela forma como se concebe a (re)organização e (re)distribuição do trabalho, os agentes mantêm, e em certa medida vêem aumentar, a já ampla margem de manobra característica da sua acção. Embora tal margem não se reduza aos agentes policiais, mas abranja todos os agentes da justiça, é já hoje um dado aceite pelos teóricos que nesta profissão tal margem aumenta na exacta medida em que se diminui de *posto*[33] ou *categoria*. É de notar ainda que a maioria dos agentes, em caso de dúvida, socorre-se da ajuda de outros agentes e, menos sistematicamente, da ajuda dos subchefes. Mais raro ainda é socorrem-se dos comandantes para questões práticas ou técnicas.

Na lógica e política de *civilismo* da polícia, o controlo superior do trabalho dos agentes deixa de ser tão directo e passa a ser sobretudo indirecto. Isto é, este controlo é essencialmente burocrático, exercido através das escritas e registos policiais.[34] Os registos e a informação policial têm cada vez mais importância neste novo formato organizacional.

O plano estrutural tem vários efeitos práticos. Van Maanen (1983) sublinhou o papel de intermediação activa dos chefes e supervisores em departamentos dos EUA, sendo os *seargents* os grandes intérpretes e

---

[33] Na Polícia, posto é usado para designar a categoria principal de cada profissional (no sentido em que no inglês se usa *rank*). O mesmo termo serve também para designar uma unidade policial mais pequena e menos importante do que a esquadra e ainda a função ou serviço desempenhado na patrulha (esta última é, das três definições, a menos utilizada pelos polícias).

[34] É dentro das esquadras que os agentes encontram maior controlo. Quando olham para a rua nesta perspectiva, ela surge representada como lugar de expansão, libertação, o palco de um trabalho em que se consideram os especialistas-operacionais. Os agentes defendem que o verdadeiro trabalho se passa na rua, na patrulha.

tradutores das políticas organizacionais da organização junto dos agentes. No traçado organizacional português os subchefes têm uma intermediação mais passiva. São sobretudo executantes das exigências dos comandantes. Os "tradutores" da organização nas esquadras são agora os oficiais. A mudança introduzida pela presença dos oficiais é central na dinâmica das esquadras. Como dizem os agentes: "É o comandante que faz a esquadra".

Não admira assim que grande parte dos chefes, sem o tradicional espaço de manobra e com um mandato profissional na prática mais reduzido, manifestem uma certa amargura e desilusão por comparação com um passado em que representavam autoridades de esquadra e de rua. No plano relacional, entre categorias, o subchefe nem sempre funciona como veterano, controlador, mobilizador e catalizador de interesses da organização junto dos agentes, como foi descrito por Van Maanen (1983). Os próprios agentes não o reconhecem nesse estatuto por o considerarem, cada vez mais, uma espécie de "agente mais velho", com mais experiência e conhecimento legal, mas com problemas idênticos aos seus. Da perspectiva dos agentes, se os comandantes estão estatutariamente demasiado longe, os subchefes estão agora demasiado perto deles. Esta proximidade aligeirou e flexibilizou as formas de tratamento consideradas *militaristas* nos relacionamentos informais. Mas não anulou uma distância entre oficiais e não oficiais, entre "quem está do lado dos agentes e chefes" e "quem está do lado dos oficiais e adjuntos".[35]

As normativas para funcionamento das esquadras encontram-se ainda algo indeterminadas no novo plano estrutural. As esquadras continuam a funcionar tendo por base um *Regulamento para o Serviço das Esquadras, Postos e Subpostos*, aprovado por despacho do ministro

---

[35] Durante o trabalho de campo verifiquei que os subchefes não têm um grande papel de intermediação e anulação de tensões e na criação de melhores ambientes sociais nas esquadras, contrariando uma certa adversidade à harmonia destes universos, como descrevia Van Maanen. Na realidade eles são parte integrante dessas tensões e muitas vezes estão exactamente no centro das mesmas. É comum dizer-se que os subchefes, e mesmo os comandantes, que se mantêm mais próximos dos agentes "não vão a lado nenhum", são julgados pelos superiores e enfrentam dificuldades de progressão nas carreiras. Se para um oficial o comando de esquadra é o início de uma carreira que pode ser promissora, noutros planos da organização policial e da administração pública, para os subchefes, com menos oportunidades de sair do plano operacional, a esquadra é mais vezes um fim.

do Interior, de 7/12/1961, que em larga medida se desactualizou nos últimos anos com a progressiva *desmilitarização* da Polícia.[36] Qualquer polícia se rege, ou deve reger, pelo menos por três documentos: o Código Penal, o Código de Processo Penal e a Constituição da República Portuguesa.

"Esquadras de bairro"

Em Portugal o policiamento urbano tem-se baseado tradicionalmente nas chamadas *esquadras de bairro* desde 1867.[37] Estas unidades foram desde sempre integradas no tecido urbano existente, nos pisos térreos de prédios de habitação, raramente atingindo as condições materiais desejáveis do ponto de vista operacional.[38] Os melhoramentos foram sendo feitos, mas muito raramente surgiram edifícios criados de raiz para albergar os polícias. Existem exemplos de descrições que apontam as fracas condições logísticas e de higiene dos espaços. Numa rara e rica monografia sobre as esquadras de Lisboa

---

[36] Em 2004 o regulamento de continências e honras policiais em uso era ainda o militar. Embora tendo sido revisto na íntegra o estatuto do pessoal da PSP (Decreto-Lei n.º 511/99, de 24 de Novembro), o regulamento disciplinar em uso é anterior à reorganização policial (Lei n.º 7/90, de 20 de Fevereiro). A organização reorganiza-se sempre com algumas hesitações e ambivalências a lembrar a sua raiz militar e os vários tempos da burocracia, formal e informal, dependente de sectores, gabinetes e pessoas...

[37] A Polícia de Segurança Pública foi criada em 1867, então com o nome de Corpo de Polícia Civil de Lisboa e Porto, através da Carta de Lei de 2 de Julho de 1867. O primeiro regulamento foi promulgado em 14 de Dezembro de 1867. Várias reformas se seguiram. Na década de 1870 esta foi caracterizada como Polícia Civil. Mas durante o Estado Novo as elites policiais eram militares e a organização tinha um comando geral. A tendência foi transformada com a mudança de regime político, depois do 25 de Abril de 1974, no decurso dos anos 80, e muito particularmente durante os anos 90.

[38] De acordo com algumas pesquisas sobre a história da institucionalização da Polícia em Portugal, a ideia de esquadra foi-se modificando à medida que o seu mandato foi adquirindo cada vez mais componentes de controlo criminal. Entre 1867 e 1930, o período mais reformador da instituição, a noção de esquadra remetia para o território e conjunto de ruas a policiar e menos para o lugar físico, como veio a acontecer. As posturas municipais, ordenamento do trânsito, supervisão da prostituição, mendicidade e comércios ambulantes eram as questões que ocupavam a generalidade dos patrulheiros e definiam a maior parte da agenda de segurança pública nas maiores cidades (Cordeiro, Durão & Gonçalves, 2005; Gonçalves, 2007).

pode ler-se, num trecho referente a 1932: "As instalações da Esquadra da Rua dos Capelistas eram no seu todo apenas um pequeno e único compartimento, mesquinhamente dividido por um sórdido tabique de madeira, e onde uma afamada e destemida legião de vorazes ratazanas, pompeava impune, fazendo verdadeiras sortidas a todas as pequenas dependências, indiferentes em absoluto à presença do pessoal e procurando afoitamente qualquer resto de comida" (Ribeiro, 1935: 34).

Os critérios para a criação de unidades de polícia e de esquadra nunca foram uniformes e obedeceram sempre à conjugação de aspectos variados tais como: decisões políticas, património imobiliário da corporação ou a ela cedido por organizações públicas, privadas ou mecenas. A decisão de criar uma esquadra ou uma divisão nas regiões urbanas merece hoje um estudo por parte da PSP, mas este pesará tanto na decisão do ministro da Administração Interna como as pressões locais, a recepção e motivação política para responder a tais pressões, calendários eleitorais, etc. Em bairros no centro da cidade a população começa a escassear e a envelhecer, tornando-se mais improvável a criação de esquadras de raiz.

A organização do policiamento em esquadras tem assim marcado o modelo tradicional de policiamento português, uma polícia fardada, baseada no patrulhamento apeado e com forte inserção e visibilidade nas cidades. Todavia, desde meados dos anos 80 e em particular na década seguinte, quando se relançou a Polícia já em contexto pós--ditatorial e se repensaram todas as linhas institucionais, deram-se várias mudanças em ciclos políticos curtos. Durante alguns anos (de 1992 a 1995), o modelo de policiamento de rotina foi alterado. Criaram-se *divisões concentradas*, inspiradas pelo modelo anglo-americano. Estes procuravam uma *racionalização* de pessoal e gastos. Entre outras coisas procuravam, numa *démarche* política que viria a repetir-se, retirar os agentes de serviços burocráticos e recolocá-los na patrulha, mas também, diziam, implementar uma gestão operacional flexível, oferecer respostas mais rápidas às chamadas de emergência policial, enquadrar superiormente o trabalho de rua. Tal modelo acabou por reduzir ao mínimo o funcionamento e autonomia das esquadras, eliminando algumas por todo o país.[39] O modelo teve pouca

---

[39] Para uma descrição mais detalhada da avaliação de experiências em divisões de Lisboa e Porto, leia-se Gomes *et al.*, 2001: 4-6; 9-15.

duração, foi sofrendo modificações e não se conhecem muito bem os resultados, por comparação com o modelo de "esquadra de bairro". Desde 1995, as esquadras foram recuperadas e tem-se vindo a insistir na implementação da filosofia de *visibilidade/proximidade*, convocando a presença de agentes e participação mais activa da comunidade no policiamento, ainda que no modelo português sempre orientada da polícia para a população e não o inverso (o que estaria no centro da principal distinção prática entre policiamento de proximidade e polícia comunitária, de inspiração anglo-saxónica).

Foram mantidos aspectos do modelo anterior, destacando-se a organização por grupos na patrulha, uma escala temporal fixa de horários e a existência permanente de um oficial de serviço à divisão, com escala própria. Todavia, pese o tempo, também não é conhecida investigação sobre funcionamento das esquadras em Portugal e sobre a implementação da mais recente filosofia do policiamento.

Quando me iniciei neste percurso de investigação sobre a realidade policial no final de 2000 tinham passado dez anos de experiência de importantes reformas na Polícia. Talvez não tenha conhecido um polícia – oficial, chefe ou agente – que não tivesse opiniões e argumentos a favor ou contra políticas e modelos do trabalho policial. Ainda assim é possível encontrar uma ambivalência estruturante, já antes apontada por Monjardet (1996a) neste capítulo, a polarização entre as duas acepções dominantes, o policiamento-serviço e o policiamento-resposta. Os benefícios assinalados por uns são apontados como desvantagens pelos outros. De um modo mais generalizado a toda a organização da PSP, a questão que surge frequentemente é saber se esta será uma Força ou um Serviço. Tal indica a encruzilhada de opções que acentuam num e noutro momento da história das organizações policiais uma de duas tendências: políticas de acção mais preventiva (*pré*-crime) ou reactiva (*pós*-crime). Embora genericamente o trabalho da polícia fardada se considere, por princípio, *preventivo*, a tensão e ambivalência do policiamento é-lhe estruturante (existem sempre os dois pratos da balança).

As posições dualizam-se do seguinte modo. Por um lado, os que defendem o modelo mais preventivo – isto é, o que acentua a disposição legal prioritária deste corpo policial – são mais sensíveis à enorme variação do mandato profissional e à participação dos polícias nas mais diversas tarefas sociais. Uma das razões para recuperar o enraízamento em bairros das esquadras foi a consideração de que esta é a melhor forma de manter as autoridades policiais mais próximas dos cidadãos e enraizadas nos lugares a policiar, e de avivar o papel da iniciativa dos agentes no seu trabalho. Por outro lado, os que experimentaram e defendem um modelo que favorece a reactividade, logo no plano da patrulha, defendem que o trabalho da polícia deve ser sobretudo um trabalho na área criminal e de resposta rápida a emergências. O modelo das divisões concentradas deu-se a conhecer ao mundo por alguns departamentos de polícias de grandes urbes norte-americanas, consideradas mais "profissionalizadas", pela natureza de "combate ao crime", com avultados recursos humanos, financeiros e materiais. Em suma, cada um dos modelos acentua diferentes disposições de competências presentes nas polícias de segurança pública. Mas aplicam à organização diferentes "prioridades" na concepção das políticas de segurança e ordem, não os seus "meios" e "fins".

A questão da prevenção da criminalidade tem merecido ajustamentos conceptuais e legais que distinguem a "prevenção social" da "situacional" e a "prevenção defensiva" da "emancipadora" ou "ofensiva" (Rodrigues, 1998). Todavia, já antes foram definidas importantes diferenças conceptuais entre prevenção, reacção e proacção no sentido mais estratégico e operacional da actividade policial. Black (1978) defende que as estratégias preventivas são meios para desencorajar o crime, implicam mais polícias uniformizados nas ruas e acções de promoção da prevenção junto dos cidadãos. Estas são tradicionalmente mais populares na Europa Ocidental do que nos EUA e mais centradas na mudança de atitudes dos cidadãos. O seu sucesso pode significar menos visibilidade da acção das polícias na detenção de crimes.

As estratégias reactivas são das mais usadas pelas polícias, e promovem a visão pública popular e convencional da Polícia. É estabelecido um conjunto de "factos" que determinam os limites de acção dos cidadãos. Trata-se de conhecer os crimes trazidos ao conhecimento das polícias e de trabalhar retrospectivamente sobre os factos dos crimes. Como há mais tendência para desenvolver esta via, ela acaba por se confundir com a natureza do trabalho de polícia e é usada para medir o funcionamento interno da organização.

As estratégias proactivas (as mais ocultas nas retóricas policiais) são meios para descobrir o crime à medida que este está a ser efectuado.[40] Trata-se de uma estratégia controversa e limitada legalmente em Portugal, mas em uso. Esta implica um conhecimento dos locais "problemáticos" do crime. Em alguns casos passa por "provocar o crime". Os polícias estão assim menos dependentes dos cidadãos e dos seus desejos manifestos. Os resultados destas estratégias são imperfeitos e pouco conhecidos, as tácticas tendem a ser mais veladas e os efeitos sociais por vezes nefastos (Cunha, 2008).

É de sublinhar que, do ponto de vista táctico, os polícias usam e conjugam, logo no plano de uma esquadra, as diferentes estratégias que tradicionalmente têm ao seu dispor e que concentram múltiplos saberes e poderes "de rua".

Os modelos policiais em uso nos últimos anos levantam ainda diferentes questões à gestão e distribuição territorial dos agentes. Por um lado, no modelo concentrado, a rotatividade do pessoal tende a aumentar e a distribuí-lo por uma área muito mais extensa a policiar, considerando-se mais "racionalizado" o efectivo. Muitos oficiais reconheceram ser essa uma das razões pela qual o modelo não satisfazia a maioria dos agentes. Por outro lado, neste modelo, os agentes têm uma dependência acrescida de ordens superiores, coordenação e enquadramento e necessitam de meios automobilizados que ofereçam uma importante mobilidade e resposta a problemas em diferentes pontos de uma extensa área. Os agentes dependem assim de um comando operacional directo, com intenso envolvimento dos comandantes no terreno, o que se não acontece coloca em risco o êxito do próprio modelo.

No modelo de organização de esquadra insiste-se, por oposição, numa certa fixação do pessoal mesmo que sacrificando a flexibilidade, gestão e distribuição do mesmo por um território mais lato. Mas o problema não é pouco importante numa Polícia que recruta o

---

[40] O termo "proactivo" é usado de modo ambivalente nos contextos do presente. Em Portugal este é recorrente nos discursos políticos e de segurança como uma atitude de aproximação e promoção entre as instâncias de poder e os eleitores ou cidadãos. Entre os polícias este conserva a ideia de antecipação de perigos, mas não as tácticas de investigação. Os sentidos sociais do termo modificaram-se nos últimos anos, mas tal não impede a leitura original no contexto da teoria da polícia.

efectivo em todo o país e que se vê obrigada a uma gestão complexa de recursos humanos com baixas imprevisíveis e frequentes. O modelo apoia-se na polivalência dos agentes, sendo estes responsáveis pela resolução de grande parte dos seus problemas operacionais numa área passível de ser conhecida na íntegra por profissionais ao fim de alguns meses de socialização no trabalho, e conhecida em detalhe por agentes com vários anos. Ainda que podendo ter algum apoio e enquadramento na fase de registo escrito, é real uma menor presença de comandantes e subchefes no terreno, sendo as ruas consideradas o "território dos agentes". A filosofia da *visibilidade/proximidade* surge a sublinhar os benefícios de ter as esquadras implementadas nos bairros, insistindo no maior conhecimento policial das realidades locais e na acção preventiva, planeamento e possíveis parcerias nas comunidades.

Uma desvantagem apontada à vinculação de agentes às esquadras durante muitos anos é a maior probabilidade de serem corrompidos ou corruptores. Tal fidelização pode também apontar maior resistência por parte dos agentes em intervir em realidades nas quais vivem, junto de pessoas que conhecem e com quem ganham familiaridade nas suas rotinas. Trata-se do atenuar da fronteira identitária profissional que, nos discursos dos superiores, ameaça a mais fria operacionalidade. O facto de existirem mais unidades de comando pode fazer ressaltar outro dos aspectos menos positivos do trabalho, os poderes locais e as rivalidades entre chefias de esquadras e divisões, o que afecta muito os ambientes e funcionamento das unidades operacionais.

Estarão as esquadras para ficar? Por um lado, as várias experiências no policiamento da sociedade democrática portuguesa do presente estão ainda a ser testadas. Ocasionalmente são formadas equipas de estudo sobre o sistema policial português.[41] É difícil prever o futuro. Mas a reticência na criação de um documento que traduza o funcionamento actual das esquadras e que reafirme administrativamente

---

[41] Na verdade a mudança é pedra de toque nas mais diversas polícias ocidentais. Embora existam matrizes diferenciadas – a napoleónica, a nacional e a descentralizada – cada vez mais os modelos organizacionais das polícias tendem a produzir novos híbridos, a contemplar as experiências e filosofias de outros países. Veja-se, por exemplo, Gomes *et al.* (2001).

a sua relativa autonomia prática – regulamento alternativo ao de 1961 – sublinha que, politicamente, o modelo está ainda hoje em discussão. Por outro lado, a maior dificuldade enfrentada pelos dirigentes da Polícia, por políticos e planeadores passa pelas resistências locais dos polícias a modelos apresentados como directivas nacionais, sejam eles num ou noutro sentido. É difícil anular histórias e culturas locais, não só das comunidades policiadas como, muito particularmente, das unidades administrativas de divisões, levadas a cabo por pessoas com as suas próprias ideias, estratégias e tácticas sobre o trabalho, modelos de comando e acção no território. As divisões e esquadras têm, de facto, as suas histórias e culturas que tendem a competir com a história da organização nacional e ainda com aquela que é (re)criada pela sua tutela, o Ministério da Administração Interna.

Há toda uma tensão entre ordem, formalidade, hierarquia e limites organizacionais, de um lado, e uma prática policial muito aberta, imprevista, ambivalente e dependente de pessoas concretas, que atravessa a organização, do outro. Esta ambivalência está sempre presente em todos os domínios da vida policial. Como resumiu Goldstein (1977), retomado mais tarde por Bittner:

> "(...) Em todas as questões relacionadas com a administração interna das tarefas – comando, estrutura, avanço na carreira, trabalho burocrático, etc. – os policiais são determinados por regulamentação detalhada e disciplina rigorosa. Entretanto, a ordem formal que regulamenta a relação entre o policial e a instituição não é a ordem que regulamenta o trabalho de policiamento que os policiais fazem fora da delegacia [ou esquadra] de polícia. Internamente, os departamentos de polícia procuram manter um nível elevado de disciplina, mas externamente eles não mantêm nenhum controlo ou supervisão sobre o trabalho do policiamento, e não há normas práticas e modelos de procedimento" (2003: 35).

É deste modo que as unidades organizacionais, incluindo as esquadras, "se vão organizando", conjugando dependências formais e autonomias burocraticamente controladas no seu funcionamento, como se verá já de seguida.

CAPÍTULO 2
A Organização *Organizando-se*

Começo por descrever a divisão para depois falar com mais detalhe da esquadra onde permaneci 12 meses, que denominarei esquadra Amarela, e em relação à qual se referem a maior parte dos dados empíricos do texto. Este capítulo pretende-se muito descritivo por uma razão central, porque me parece essencial fornecer ao leitor dados das formas de policiamento assumidos nas configurações organizacionais de uma esquadra (e que apenas através da etnografia local podemos captar numa razoável amplitude).

Na época esta divisão territorial da zona ocidental de Lisboa tinha um contingente de 464 elementos distribuídos por várias sub-unidades (num quadro previsto de 520 elementos). Contava com cinco esquadras (com uma numeração há muito fixada) e uma pequena que se considerava ser um *posto*[1]. Do total de agentes e agentes principais, 302 elementos estavam envolvidos nos policiamentos, repartidos pelos serviços das esquadras e posto. Outros 58 polícias exerciam funções operacionais na esquadra de intervenção fiscal, com os serviços de intervenção rápida (também conhecidos por *piquete*)

---

[1] Desde o final do século XIX os postos tornaram-se relativamente independentes das esquadras, com designação e numeração própria. São unidades semelhantes às esquadras mas menores, com menos área a policiar e menos pessoal. Muitas vezes não têm comandante autónomo, sendo a tarefa assegurada por um segundo comandante de esquadra. O posto em causa tinha em 2004 apenas um total de sete agentes e um graduado. A mais recente esquadra da divisão, criada num bairro de realojamento social, foi-me muitas vezes referida como posto pelas mesmas razões. (Sempre que me referir a termos usados no contexto policial sublinho-os em itálico. As aspas remetem para conceitos mais amplos ou definições avançadas por mim.)

e as brigadas de fiscalização sedeados na divisão.[2] A exercer funções de comando estavam 2 comissários, 5 subcomissários e 6 chefes, sendo que os restantes 32 chefes e subchefes exerciam as funções de chefia intermédia.[3]

No ano de 2005, quando tive acesso à partição do efectivo por género, já o total tinha decrescido em mais de uma centena. Isto evidencia a mobilidade e a flexível política de gestão do pessoal, particular em Lisboa. Estavam 292 pessoas ao serviço da mesma divisão. Esta tinha muito poucos elementos femininos, 26 elementos, sendo a maioria agentes e agentes principais (21), algumas subchefes e chefes (4) e apenas uma subcomissária. As políticas de género só muito timidamente chegaram a esta organização, em particular no que diz respeito aos serviços da patrulha onde continuavam a vigorar desconfianças face à presença do "segundo" sexo. Eram conhecidas divisões que tradicionalmente integravam mais patrulheiras. Esta não era uma delas.[4]

A *área*[5] supervisionada pela divisão estende-se por nove freguesias de Lisboa, numa superfície de perto de 17 km². Do ponto de vista policial, todos os polícias me definiram este como um território

---

[2] Os serviços de investigação criminal à civil estavam em fase de transição para uma unidade especializada, a Divisão de Investigação Criminal, com comando próprio, o que viria a reduzir o efectivo total. A esquadra de investigação criminal (descendente das brigadas anticrime e das brigadas de investigação criminal), na altura ainda sedeada na sede da divisão, tinha ao serviço 30 pessoas. Mesmo depois da criação da DIC, nunca ficou muito claro se as antigas brigadas continuariam a funcionar no mesmo lugar ou não.

[3] Havia ainda 56 agentes e 3 chefes a exercer funções de acessoria informática e financeira, nos serviços administrativos e secretariado, secção material e auto, messe e bar e na secção de operações. Ou seja, longe das ruas e da patrulha, contrariando, como antes vimos, os anseios dos políticos...

[4] A este respeito, a retórica de valorização das mulheres na PSP, no discurso da organização para o exterior, não correspondeu a um aumento significativo do número de efectivos e aponta mesmo alguns travões organizacionais mais subtis (cf. Durão & Leandro, 2003). A não existência de uma política de cotas transparente para a entrada de mulheres, já para não falar de citadinos de origem étnica diferenciada, esconde as inflexões organizacionais menos explícitas a este respeito que oferecem carta branca para que localmente os comandantes possam querer ou não querer mulheres polícias nas suas unidades.

[5] Este é o termo policial que se refere ao território que cada unidade supervisiona, dentro dos perímetros administrativos traçados num plano operacional nacional. A área de uma divisão inclui as áreas das diversas esquadras.

de características heterogéneas.⁶ É um dos centros de diversão nocturna lisboeta, com 31 discotecas e 105 bares e restaurantes. Ali se concentram alguns órgãos de soberania e 66 serviços relacionados com os ministérios governamentais, 98 instalações diplomáticas e 13 instalações militares. É uma zona de implantação comercial, turística e residencial: tem 9 museus, 6 hospitais e 4 centros de saúde, 115 escolas com uma comunidade de 38.472 alunos e um grande estabelecimento desportivo. Os problemas criminais identificados pelos comandantes são as zonas de pequeno tráfico e consumo de estupefacientes, particularmente nos denominados *bairros problemáticos* (bairros de lata ou de barracas e de realojamento social), e uma pequena criminalidade urbana considerada típica (furtos, principalmente em estabelecimentos; alguns roubos, geralmente *por esticão*). Num relatório de 2004 escreviam: "Devido à actividade nocturna existente na área, regista-se um número acentuado e crescente de furtos no interior de veículos, ofensas corporais simples, ocasionalmente homicídios, e elevado número de acidentes com viaturas com alguma gravidade". Calcula-se que toda a área tem cerca de 120.000 habitantes, maioritariamente em escalões etários médios/elevados, mas onde sobressai uma população bastante envelhecida a viver em habitações de baixa renda. As entidades policiais locais calculam que a população flutuante de laborantes da área está entre as 150.000 pessoas por dia e a circulação de turistas entre os 70.000 por mês.

    As divisões ganham reputações entre os agentes. As características dos estilos de comando e das áreas são sublinhadas. Os agentes mais jovens consideram-na uma divisão *pouco unida*, com uma distância considerável entre superiores hierárquicos e agentes, e onde o trabalho dos patrulheiros tem escasso reconhecimento. Agentes com pouco mais de dois anos de experiência disseram-me que na sua escola poucos queriam vir para esta divisão por uma razão principal:

---

⁶ Vim a aperceber-me disso mesmo nas patrulhas que cruzavam essa ampla área, mas também em dados de fontes fornecidas pelos comandantes locais em diferentes ocasiões, muito especialmente num CD com uma apresentação em PowerPoint que o comandante da divisão fazia junto de cada comandante que entrava ao serviço das suas esquadras, praticamente todos os anos.

um rumor que os comandantes resistiam a uma gestão algo flexível dos horários (ou seja, pouca abertura para aceitar *trocas* e *permutas*[7]).

Outros agentes, com alguns anos de experiência, relatam histórias de mudança, considerando que ainda há pouco tempo a disciplina pró-militarista era bem mais marcante na PSP. Ninguém contesta que a unidade tem facetas de uma *divisão à antiga*.[8] Não admira que alguns comandantes fossem considerados da *velha escola* e rígidos. Tendo a maioria deles sido agentes, muitos fazem notar o que isso lhes custou a conquistar e não escondem que estão numa competição de carreira com oficiais recém-formados pelo ISCPSI que têm pela frente trajectórias mais bem sucedidas na Polícia e na administração pública.[9]

Esta divisão tem uma dinâmica própria devido às características da área e também a uma certa tradição de comando. Mantém ingredientes de *acção policial* (termo usado como sinónimo de *operacionalidade*) apreciados por agentes que aqui *fizeram escola* e mesmo por alguns comandantes de esquadra.[10] Os agentes e superiores consi-

---

[7] Trata-se de um subsistema da organização para lidar com a maioria dos polícias deslocados da sua região de origem. Este é um dos principais problemas enfrentados pela organização e por jovens agentes que aguardam transferência para perto de suas casas. Este aspecto é desenvolvido no capítulo 7.

[8] Mais particularmente na esquadra Amarela conta-se por exemplo a história de um subchefe que nem deixava o sentinela chegar perto da banca (exigência que é associada a um regime mais militarista e que condensa toda uma representação de um outro sistema de trabalho), mas que hoje já está mais acessível e que começa finalmente a dar-lhes alguma confiança. São várias as histórias destes desajustamentos/reajustamentos. Uma agente relatou que há cerca de cinco anos, nos primeiros dias de patrulha, estava de sentinela e resolveu sair do seu posto "para ajudar uma velhota a atravessar a rua". Levou uma repreensão oral e em público do adjunto do comandante que condenou aquela demonstração de autonomia num serviço fixo.

[9] Entrevistei dois comandantes da divisão, em dois períodos diferentes, um em 2001 e outro em 2004, e apercebi-me da mudança de dinâmica, mas numa mesma lógica de continuidade. O antigo comandante era mais velho e notoriamente conservador. Muitos diziam que era amador e que defendia sobretudo os seus interesses. Ambos tinham em comum o facto de terem começado a carreira como agentes, vinham da chamada carreira de base. O comandante em funções em 2004 defendia ter sido o responsável pela introdução de métodos de análise estatística criminal na divisão e não escondia que no seu entender a Polícia devia centrar todos os seus esforços no combate ao crime.

[10] No capítulo 6 voltarei às classificações dos polícias sobre os desempenhos e explicarei como o tipo ideal é o polícia operacional.

deram-na a *divisão das experiências* em termos operacionais. Entende-se que é uma divisão formadora em termos do trabalho considerado *verdadeiramente* policial, em particular nos domínios da *luta* contra o tráfico de rua. Poucos recordam, todavia, que foi nesta divisão que começaram a ser testados os programas dos policiamentos de proximidade, os quais no final dos anos 90 eram uma inovação que viria a ser introduzida na generalidade das esquadras das áreas urbanas de Lisboa (e pela GNR em pequenas cidades por todo o país).[11]

Vários agentes, formados em anos diferentes, partilham uma interpretação coincidente da distribuição do pessoal à saída da Escola Prática de Polícia. Embora não exista uma regularidade fixa nos cursos (cada um destes formando entre 500 a 1.000 alunos), geralmente estes são concluídos antes de grandes eventos nacionais. Depois de formados, com 6 a 9 meses de curso – período flexível e dependente da urgência do recrutamento bem como de custos e investimentos do orçamento do Estado –, o colectivo divide-se sensivelmente entre os que conseguem *escolher* o lugar da sua primeira experiência profissional e os que são distribuídos pelos lugares menos escolhidos. Os mais bem classificados conseguem lugares nos comandos mais próximos de casa, maioritariamente no Norte do país, de onde são oriundos tradicionalmente os agentes. Entrar nas unidades do Corpo de Segurança Pessoal significa para muitos melhores horários, formas de articular com a folga de regresso a casa. Aqueles que não conseguem escapar a ficar no Comando Metropolitano de Lisboa, escolhem preferencialmente as divisões limítrofes (divisões de Loures, Cascais, Oeiras, etc.), por estarem mais próximas das vias e auto-estradas que os levam até casa, poupando tempo nas viagens regulares. A última metade do pessoal, com as piores classificações, começa a ser distribuída pelas áreas menos procuradas: as das ilhas (Açores e Madeira), a da Amadora (a divisão com mais problemas criminais, não só mais arriscada como mais envolvente) e, finalmente, as

---

[11] Muitos agentes continuam a justificar a sua manutenção na esquadra e divisão por considerarem a área estimulante para o serviço policial. Nas restantes divisões da cidade de Lisboa, nas quais entrevistei em 2001 vários comandantes e agentes, sobressaíram outros aspectos como: o policiamento em zonas de grande concentração comercial e desportiva, a patrulha apeada em áreas de difícil circulação automóvel, por exemplo.

chamadas *divisões dos números*, da cidade de Lisboa.¹² Não admira que as divisões históricas da capital sejam as que têm um efectivo menos fixo, permanentemente jovem e com agentes recém-formados.

Por um lado, como me disse um agente, "para esta divisão vem o refugo das escolas de polícia, quem tem piores notas e não consegue ficar em mais lado nenhum; aqui tem muita gente a circular e ninguém fica muito tempo". Como um dos agentes mais antigos mencionou, "os comandantes podem fazer o seu melhor, mas nem sempre querem saber, querem é ir para as suas terras ou fazer carreira; ficam nas esquadras um ano ou dois e depois partem". Por outro lado, há quem defenda que esta divisão concentra tradicionalmente os agentes e os oficiais mais operacionais (entrevistas, Maio de 2004). Todos concordam que esta é uma divisão com esquadras e "áreas com muito trabalho para quem quiser trabalhar" (entenda-se, trabalhar no crime)¹³.

Esquadra Amarela

Por ser relativamente recente, inaugurada nos anos 90, e ter mais espaço do que é habitual, a esquadra onde desenvolvi a investigação é uma das mais bem equipadas do país.¹⁴ Na verdade, esta unidade é uma excepção à regra nas esquadras dos vários comandos.¹⁵ Ora, olhemos para ela. A esquadra Amarela insere-se num prédio que alberga a sede da Junta de Freguesia e um centro de dia

---

¹² Para a Divisão de Trânsito e do Aeroporto em Lisboa não se vai por transferência interna. Os agentes têm que fazer um curso de especialização, que pode ir de 1 a 3 meses, de acordo com as vagas abertas e a urgência de recrutamento de pessoal. Só então ficam admitidos.

¹³ Este aspecto das hierarquias do trabalho policial é tratado no capítulo 4.

¹⁴ Tudo na Polícia portuguesa é relativizado à medida que se conhecem outras polícias europeias. Como me viria a lembrar um agente: "Quando acompanhei a visita de congéneres alemães disseram-nos que naquele país existem ainda algumas esquadras como esta, mas estão entre as piores…".

¹⁵ Um dos constrangimentos mais objectivos ao policiamento passa pela pobreza dos seus estabelecimentos, escassez de material, de equipamentos móveis e informáticos, razão pela qual se repete constantemente o dito "ninguém dá nada à Polícia". Talvez por se manifestar tão avultada e dispendiosa a modernização da polícia a nível nacional, esta tem vindo a ser feita paulatinamente nas últimas décadas.

para idosos patrocinado pelo poder autárquico.[16] A esquadra tem dois pisos. No piso zero, um átrio de entrada e uma sala envidraçada são espaços de acesso ao público (mas não sem antes passarem pelo crivo do *sentinela* à porta, pelo menos durante o tempo em que frequentei a esquadra). No átrio existe uma fileira de bancos metálicos e, na pequena sala isolada por paredes de vidro, encontra-se uma secretária e poucos móveis. Este é o espaço do *graduado à banca*, onde são recebidas e registadas as denúncias dos cidadãos. Já atrás da porta e de acesso restrito ao público estão dois gabinetes, albergando um o comandante e o outro o adjunto. Existe também um espaço de arquivo onde vivem os *dossiers* de registos de ocorrências e participações que deram entrada na esquadra. O espaço designado por *sala de aulas*[17] é usado por alguns grupos de agentes quando precisam de trocar informações, para reuniões, formaturas mais ou menos informais e preparar operações colectivas. Na maior parte das vezes a sala serve apenas para redigir expediente num computador que ali foi colocado para o efeito. Serve também para receber pessoas, inquirir detidos, descansar um pouco ou ler o jornal nos turnos da noite.

Existe uma outra sala usada para serviços administrativos com um computador que já raramente é usado e um apenas com o fim de aceder a uma base de dados de registos policiais, partilhada com a GNR. Na verdade, mesmo neste espaço renovado, não há propriamente salas de escrita, como vi narradas noutras realidades europeias (cf. Glaeser, 2000: 29-30), o que traduz a subalternidade do estatuto e trabalho dos agentes na esquadra. Num corredor de passagem para o piso inferior, em frente às escadas, estão uma mesa e *placards* destinados a afixar informações úteis aos agentes – e esse acaba por ser considerado o *espaço dos agentes*. É aí que por vezes se juntam e

---

[16] A co-presença não se traduz num estreitamento de laços ou troca de informação entre ambas as instâncias. É sobretudo no plano da divisão que se regem as relações e possíveis parcerias mais "políticas". Devemos ter em mente que a "proximidade" se faz mais no sentido da polícia para as restantes pessoas, grupos, associações, o que faz com que os contactos dependam sempre da disponibilidade e da agenda dos polícias individualmente e não tanto de acordos formalizados ou planos.

[17] A designação remete para a prática de formação à distância, política que o governo socialista levava a cabo quando inaugurou o edifício. Em poucos anos, com a mudança de políticas, tal prática de formação foi desactivada pelo Ministério da Administração Interna dos governos sucessivos.

improvisam com cadeiras e encostos um local de conversa entre as *rendições*, mudança de turno e grupo de trabalho.

À excepção das salas dos comandantes e do arquivo, a maior parte do tempo as portas mantêm-se abertas e não existem fronteiras visíveis de acesso aos lugares. Mas as esquadras são espaços sem lugar formal destinado aos agentes durante o período de trabalho. Os constrangimentos de ordem simbólica e material fazem com que se negue aos agentes um lugar no edifício e se lhes reserve o lugar na rua (*"o lugar dos agentes é na patrulha"*, repetem os comandantes, procurando reproduzir os anseios dos políticos "de cima"). Os agentes podem servir-se dos serviços e espaços da esquadra, mas não existe uma "sala do agente", ou algo parecido, para pausas ou repouso durante ou entre os turnos (cf. *idem*). Supõe-se mesmo que os turnos, por serem curtos, de seis horas, implicam que os *"agentes estão comidos e dormidos"*, como me disse o comandante, e não devem pausar. Dir-se-ia que a forma como o espaço das esquadras se organiza tende efectivamente a "empurrar" os agentes para a rua. É perceptível o receio organizacional de que os agentes se sintam convidados a permanecer no conforto interior.

Embora a esquadra tenha um lugar central na definição das rotinas dos agentes – rendem nela e partem dela para a rua, são supervisionados pelo subchefe de grupo à *banca*, voltam à esquadra para registar ocorrências ou conduzir pessoas, etc. – os superiores não querem ver os agentes muito tempo na esquadra, atribuindo-lhes a obrigação de estar sempre e a maior parte do tempo em circulação nas ruas da área. A tolerância é maior quando são vistos a redigir expediente ou a receber algum citadino. Mesmo assim, num ambiente que lhes é hostil, os profissionais acabam por permanecer algum tempo na esquadra. Os momentos da rendição de grupos são particularmente agitados na esquadra pela intensa movimentação de homens fardados e outros acabados de desfardar. Durante os turnos diários a permanência dos agentes no lugar reduz-se relativamente aos turnos da noite. Os comandantes não escondem que já que pouco controlam na rua pelo menos controlam no interior da esquadra, gerando circulação no sentido da rua... quando lá estão.

No piso inferior, uma cave, apesar dos problemas de circulação do ar e algumas infiltrações de água, a esquadra tem uma zona com cacifos pessoais onde agentes e subchefes conservam as fardas e pertences. Quatro quartos disponibilizam 22 camas para aqueles que ali residem de passagem. Um dos quartos é destinado às agentes femininas, mas durante o meu trabalho de campo estava desocupado.[18] Numa cozinha – coisa rara nas esquadras portuguesas – revela-se finalmente um espaço comum, frequentado e equipado pelos agentes que ali vivem. Uma concorrida mesa de refeições e uma televisão (com cabo) juntam muitos agentes em folga quando há jogos de futebol. Alguns cozinham para os residentes com regularidade. Dizia-se que em vésperas de Natal chegaram a oferecer parte das refeições quentes aos sem-abrigo da área. Embora aparentemente de todos, o espaço de uma esquadra conserva fronteiras simbólicas. Os comandantes raramente descem ao piso inferior. Os agentes e subchefes não entram nos gabinetes sem pedir autorização ao superior e alguns, não todos, "batem a pala", como aprenderam no exército. Muitos, conquistada alguma confiança, fazem questão em não saudar os superiores dessa forma tida por militar e *ultrapassada* na polícia.

As esquadras portuguesas que conheci têm geralmente uma divisão espacial entre uma "zona frontal" e uma "zona traseira" (que também foi assim definida em estabelecimentos da polícia britânica por Holdaway, 1983). Há algo da metáfora dramatúrgica na socialização dos espaços, tal como Goffman (1969) os conceptualizou para a vida social, uma divisão entre uma zona mais pública (frontal) e outra mais privatizada (traseira) que pode originar comportamentos mais resguardados dos olhares públicos. Na zona frontal, as normativas para a acção estão mais presentes nos desempenhos tidos como "correctos" pelos agentes. Por exemplo, é sabido que por lei um detido não deve permanecer mais de 6 horas seguidas no estabelecimento, regra que em geral quando eu estava presente se cumpria. Mas em situações de maior incerteza, quando se tratam apenas de suspeitos onde a legitimidade dos agentes para os conservar na esquadra é mais ameaçada, é frequente ouvir os subchefes lembrarem aos agentes para que sejam céleres nas suas abordagens: "Levem-me

---

[18] Alguns polícias permanecem numa passagem mais duradoura do que se previa, com mais de meia década de camarata, o que traduz problemas de gestão de espaço/regalias na organização, mas também dos estilos de vida. Este aspecto é enquadrado no capítulo 7.

estes *mitras*[19] daqui. Não os quero na esquadra, falem com eles lá fora". A zona traseira da esquadra permanece relativamente interditada aos elementos estranhos ao serviço, até porque estão aí os gabinetes dos comandantes e um espaço administrativo. São os polícias que decidem quem ali vai, pela sua mão. Nestas zonas, em particular na "sala de aulas", os polícias podem decidir distinguir as suas interpretações dos processos sociais em curso e aqueles exigidos pelas normas oficiais, como já antes foi defendido noutros estudos de caso sobre a polícia britânica (Fyfe, 1992: 477).

Na verdade, na maior parte do tempo, o *backstage* mantém-se *onstage*, porque os polícias agem perante colegas e, em determinados momentos – como quando ali conduzem pessoas envolvidas nos processos que escrevem –, as portas abrem-se a variados citadinos que não se encontram necessariamente em situação de infracção. Se os patrulheiros tendem a conduzir suspeitos ou informadores para interrogatórios sumários (por vezes pouco ortodoxos) e a retirada de identificações (nem sempre lícita), não é menos comum os agentes dos programas de proximidade para ali conduzirem idosos carenciados, alunos furtados ou pais preocupados. A proximidade abriu os espaços traseiros a novos frequentadores. Nos últimos anos, por pressões das instâncias de controlo e na cauda da "proximidade", há um entendimento tácito da esquadra como local relativamente aberto e receptivo aos de fora, o que não invalida a manutenção de uma diferenciação interna dos espaços. E não anula por completo as possibilidades de excessos que os bastidores sempre ocultam. A medida mais decisiva para uma certa prevenção dos excessos policiais dos últimos anos foi a anulação de celas de detenção nas esquadras, os chamados *calabouços*. Só o COMETLIS passou a ter esses espaços de detenção provisória.[20]

Mas os mesmos espaços podem originar diferentes usos de dia e de noite. De noite podem ocorrer na zona frontal alguns excessos

---

[19] Esta classificação é usada por alguns polícias em relação aos pequenos delinquentes de rua, sobretudo quando se referem a pequenos traficantes de drogas. Este termo é referido várias vezes ao longo do texto, mas a explicação mais detalhada surge no capítulo 5.

[20] A medida visou colocar em prática as advertências da Convenção Europeia para a Prevenção da Tortura e das Penas ou Tratamentos Desumanos e os relatórios da Amnistia Internacional, enquadrada numa política internacional de controlo dos excessos das polícias.

que de dia são mantidos na zona traseira. Por exemplo, de madrugada alguns sujeitos descontrolados são mantidos nessa zona. De dia, comportamentos expressivos que atraiam a atenção dos transeuntes podem ser controlados em alguma parte do lado interno da esquadra ou na zona que se tornou um lugar de revistas, um pequeno e contido wc onde apenas cabe o suspeito e o polícia... Estes exemplos demonstram como algumas propriedades espaciais e físicas da esquadra são mobilizadas para criar contextos específicos da acção policial.

Os usos sócio-policiais, mas também a história e a reputação das esquadras na comunidade, fazem delas verdadeiros *locales*[21] de referência numa cidade. Esta é considerada uma esquadra de um bairro de classe média e os públicos que a ela recorrem são sobretudo esses, moradores, transeuntes ou comerciantes no bairro. Todavia, com uma *área* heterogénea a policiar, os públicos dos agentes na patrulha não se reduzem às classes médias, como se verá.

Quando comecei o trabalho de campo na esquadra Amarela e estive em contacto com outras esquadras vizinhas da mesma divisão esperei ir encontrar os resultados de uma reputação que circulava na administração, a de que estas seriam esquadras onde se lançaram com sucesso os programas da proximidade. Embora os programas estivessem implementados, isto é, com um ou dois agentes destacados para cada um dos três diferentes serviços (Programa Escola Segura, Programa Apoio 65 – Idosos em Segurança e Programa Comércio Seguro), verifiquei que estes se encontravam não só numa situação muito secundarizada face à patrulha, como o seu estatuto era algo instável. Em certa medida pareciam aprisionados à fase de serem considerados "uma experiência", o que frequentemente me foi assim repetido por vários responsáveis em vários níveis da organização.

---

[21] As esquadras sugerem o conceito de *locale* desenvolvido por Giddens (1984: 118-119) a partir das descobertas do geógrafo Hagerstrand. Este foi traduzido para português como "localidade" ou "sítio" em sentido lato. Constitui um espaço no qual se entrecruzam as actividades rotineiras de diferentes indivíduos; são *settings of interaction* através dos quais as relações sociais passam, de uma forma ou de outra; são verdadeiros palcos de interacção social (O'Neill, 1991: 149). Alguns geógrafos têm discutido a pertinência do conceito no caso das esquadras e territórios policiados e explorado as sequências de tempo-espaço do policiamento, em particular no caso britânico (Fyfe, 1992; Foster, 1989). Retomarei essas sequências, como método para entender a implementação das rotinas e tendências das acções dos polícias no espaço, mais à frente neste capítulo.

Os comandantes locais manifestavam desinteresse e uma certa inépcia organizacional. Nas esquadras, como na divisão, o comando dos projectos era considerado pouco envolvente e deixado em larga medida nas mãos dos agentes. Havia pouco pessoal destacado para estes serviços (à excepção do Programa Escola Segura). Os programas da proximidade foram implementados nos bairros de classe média, deixando de fora contactos nos bairros mais pobres. Mais do que um "estilo" de policiamento de esquadra parecia haver vários estilos para os vários bairros da *área*, o que oferecia a esta esquadra reputações diferenciadas de acordo com os seus públicos.[22]

Efectivo da esquadra

Em Abril de 2004, data da recolha de dados, a esquadra tinha um efectivo total de 61 pessoas, mas apenas 56 se encontravam ao serviço.[23] Os restantes estavam temporariamente noutras unidades da PSP. O colectivo era composto por um comandante e um adjunto, 6 subchefes e 48 agentes.[24]

Grande parte dos que aqui trabalham encaram a passagem pela esquadra como parte de uma trajectória profissional em aberto, quer em termos de carreira vertical quer, muito particularmente, em termos de mobilidade para outras unidades do país. A maioria não escolheu trabalhar em Lisboa, mas não tem alternativa a trabalhar na

---

[22] Desenvolvi a explicitação das selectividades das rotinas policiais face aos complexos residenciais urbanos, em especial quando identificados com complexos delituosos, no texto Durão, 2008a.

[23] As unidades não têm um número de polícias fixo. Este depende da gestão do pessoal feita ao nível da divisão e dado ao COMETLIS. As esquadras já chegaram a ter 80 pessoas mas, nos últimos anos, o colectivo não ultrapassa geralmente as 60, com tendência para baixar. Tal surge de acordo com uma política nacional de racionalização dos empregados do Estado. No seu conjunto, a PSP viu diminuir o seu pessoal em 2004 (cf. Balanço Social da PSP).

[24] Embora tenha pedido autorização para ter acesso aos dados biográficos dos agentes registados na sede da divisão, o pedido foi deferido pelas instâncias superiores, mas não teve autorização do comandante local. Nesta fase da análise, conto apenas com os dados mínimos voluntariamente cedidos e registados nas esquadras pelos agentes, os quais procurei confirmar. Fiquei sem poder analisar, entre outros aspectos, a média de tempo de serviço dos agentes numa esquadra.

região metropolitana que concentra um quarto da população nacional e muitos recursos humanos policiais. Mas mesmo após vários anos de experiência a maioria dos polícias, que é oriunda das mais diversas regiões do país, alimenta a expectativa de poder policiar num comando mais perto da localidade de origem. Tal sustenta uma ideia amplamente conhecida no meio que diz que as unidades de Lisboa são *esquadras de passagem* e as de outros comandos regionais e de polícia do país, sobretudo as de regiões menos urbanizadas, são *esquadras terminais*. As primeiras são consideradas muito juvenis, vêem o seu efectivo partir e modificar-se todos os anos; para as segundas convergem os agentes que querem regressar a casa, em fim de carreira. Os problemas de gestão de pessoal, comando e desempenho diferem no território nacional e projectam a experiência dos agentes nos dois maiores comandos de Lisboa e Porto como "a verdadeira aprendizagem na escola da profissão".[25] Neste momento importa analisar mais de perto o retrato social dos agentes e chefes na esquadra.

Os agentes constituem um colectivo relativamente juvenil, com uma média de 28 anos de idade (29 anos se incluirmos os subchefes), tendo a maioria nascido após a Revolução de 1974 e conservando escassa memória histórica. A maioria dos polícias é oriunda de regiões não urbanizadas de Portugal e justifica assim a manutenção de duas residências (31 pessoas, isto é, 65% do efectivo). Apenas 17 pessoas do conjunto têm uma residência que os fixa a uma região que tende a ser a menos de 50 km do trabalho, embora existam excepções.[26] Para se ter uma noção mais detalhada, verifiquei que 15 agentes residem temporariamente nas camaratas da divisão e 11 partilham uma segunda residência com dois ou três colegas na cidade.[27] Dos restantes, 15 agentes habitam afastados do centro laboral, nas periferias da

---

[25] Voltarei a este e outros problemas derivados no capítulo 7.

[26] Entre os 6 subchefes há mais tendência para a fixação residencial em Lisboa, embora se assinale, por exemplo, um subchefe que vive dividido entre a camarata e a região Norte, onde mantém a sua residência oficial. Muitos, com a idade, resolvem abdicar do regresso.

[27] As condições de subsistência dos polícias sempre foram um problema nas esquadras de Lisboa, de resolução difícil pela natureza precária da criação e manutenção dos estabelecimentos. Numa monografia histórica sobre as esquadras da capital que atrás referi, Ribeiro refere: "A falta de quartos decentes e renda acessível, já em 1933 se fazia cruelmente sentir. Os guardas cada vez com maior dificuldade encontravam onde pudessem instalar-se

área metropolitana de Lisboa, e 8 pessoas residem na cidade de Lisboa em habitações de baixa renda. A situação de precariedade neste aspecto tende a prolongar-se por vários anos e não se reduz apenas à fase dos primeiros anos na profissão.

Embora juvenil trata-se de um colectivo que tem ou já teve relacionamentos estáveis e que, embora com o horizonte de vir a constituir família, enfrenta problemas de articulação da vida profissional com a vida privada. Entre os agentes e subchefes 19 conservam-se solteiros. Mas dos restantes, 19 são casados, 10 vivem em situação de união de facto e 6 já passaram por, pelo menos, uma experiência de separação e divórcio. No total das 54 pessoas, 15 subchefes e agentes têm filhos (dos quais 11 são agentes). É de notar que a maioria tem apenas um filho e poucos assumem a expectativa de ter mais.

Um dos aspectos mais destacados na Polícia actual é o aumento das habilitações escolares dos seus agentes no momento de ingresso no curso da Escola Prática de Polícia (cf. Balanço Social da PSP, 2004). Tal é verificável nesta esquadra. Os polícias têm cada vez mais o ciclo da escolaridade secundária com o 12.º ano completo (27 agentes e 2 subchefes) e alguns elementos frequentam ou concluíram um curso superior (2 agentes e 2 subchefes). Alguns agentes e subchefes mais antigos têm o 11.º ano (5 agentes), o 10.º ano (4 agentes e 3 subchefes) e o 9.º ano (9 agentes).

---

modicamente e perto das suas esquadras" (Ribeiro, 1935: 60). Conheci vários polícias reformados que, com a sua família, mulher e filhos, partilharam quase toda a sua existência o fogo com uma ou mais famílias, muitos vivendo vários anos em quartos alugados. A maioria dos agentes que trabalham hoje em Lisboa continua a não ser originária desta ou de regiões próximas de Lisboa. Embora com mais camaratas nas divisões, os modos de vida dos agentes não mudaram substancialmente, ainda que tenham melhorado os estilos de vida (proporcionados por mais ganhos financeiros, melhores horários e relações inter-hierárquicas menos rígidas). De vez em quando os sindicatos expõem nos *media* a condição de vida dos agentes, sobretudo nos primeiros anos de profissão, e a própria Direcção Nacional reconhece a precariedade do alojamento na organização (cf. *Público*, 15 de Março de 2004).

Distribuição do trabalho

Todas as esquadras têm obrigatoriamente uma área de supervisão com limites que, na maior parte do tempo, é patrulhada por agentes. Esta não tem as mesmas fronteiras da área de uma freguesia nem de um bairro. Aliás, em Lisboa, o limite das freguesias não coincide com o dos bairros, o que os coloca numa situação algo intersticial. Importa sublinhar que os bairros são entidades socialmente reconhecidas e "lugares" no sentido antropológico do termo (estas questões foram estudadas por Cordeiro, 1997, 2001; Cordeiro & Costa, 1999). O bairro, não necessariamente uno ou formalizado nos discursos oficiais, é em parte reconhecido pelos polícias na patrulha e acaba por ser mais claro nas suas definições do que os limites administrativos das freguesias (voltarei ao assunto adiante).

Por isso a área formal a policiar, neste caso, abrange três diferentes bairros e inclui artérias de quatro diferentes freguesias. Grosso modo, os agentes são responsáveis pelo policiamento dos três bairros e de zonas fronteiriças de outros. Mas uma das freguesias ocupa efectivamente o coração da área da esquadra. Toda a zona de supervisão policial tem quase 1,4 km^2 de extensão e é densamente povoada. Trata-se de uma área de grande implantação comercial e residencial, constituída essencialmente por edifícios antigos entre os dois e os dez andares.

Os problemas mais identificados pelos comandantes passam pela pequena criminalidade urbana (furtos em estabelecimentos, furtos entre camadas juvenis, roubos, geralmente por *esticão*, e *burla* entre os idosos). São conhecidos alguns focos de pequeno tráfico e consumo de estupefacientes, que tendem a ser considerados um dos piores problemas da área e levam vários residentes a reclamar com correspondência e chamadas para a esquadra. No total a área ronda os 20.000 habitantes, maioritariamente de escalões etários médios/elevados. Há uma população flutuante a trabalhar no comércio local (não calculada), mas pouco movimento turístico. Tem várias escolas, embora também uma população muito envelhecida, como na generalidade da cidade de Lisboa e não fugindo à tendência nacional (cf. XIV Recenseamento Geral da População, INE, Censos 2001). No ritmo de trabalho da esquadra destaca-se a actividade diurna, uma vez que os bairros têm pouca actividade nocturna quando comparados com outros da responsabilidade das restantes esquadras da divisão.[28]

Como se distribui o trabalho na esquadra? À escala de uma esquadra, um efectivo de cerca de 54 pessoas até parece muito. Mas da perspectiva da rua, nunca se percepciona o conjunto de pessoas que compõem uma esquadra. Comandantes e chefes queixam-se sistematicamente que lhes falta gente na patrulha, nas ruas. A razão fundamental para tal prende-se com a distribuição do pessoal por turnos desempenhados por vários grupos num regime de rotatividade permanente. Embora cada grupo tenha geralmente entre 6 a 10 agentes, a verdade é que com a variação de situação em que se encontram os profissionais – de férias, deslocados em formação ou temporariamente noutra unidade de polícia, de baixa médica, a exercer funções ou serviços não policiais, etc. – os turnos podem funcionar com menos agentes do que nos planos oficiais se estima.[29]

A funcionalidade do sistema tem uma regra básica de escalonamento do pessoal. Nos serviços tradicionais de patrulha existem quatro turnos de seis horas (para as 24 horas de movimento da esquadra, que, nas palavras dos seus funcionários, "nunca pára") e cinco grupos de polícias que vão circulando pelos turnos, estando sempre um grupo a folgar. Como se pode ver no organigrama da **figura 7**, os grupos são constituídos por um conjunto de agentes e um graduado à banca, que no plano administrativo se prevê que seja da categoria de subchefe (mas que, como já se disse antes, pode ser um agente). Este é o receptor de denúncias dos cidadãos e o gestor do seu grupo. Existe desde 2003, com algumas alterações de funcionamento, o serviço de *supervisor* apenas num dos grupos (em cada esquadra), acompanhado por um condutor, agente, no *carro satélite*.[30]

---

[28] Para esta descrição recorri a fontes e a dados fornecidos pelos comandantes em 2004.

[29] Este aspecto faz com que muitas vezes a percepção social e mesmo organizacional da existência de poucos polícias nas ruas não seja consonante com a realidade estatística. Já no capítulo anterior se disse que em 1999 a Polícia portuguesa era das que tinha um dos corpos mais numerosos da União Europeia.

[30] Este carro representa um "subchefe na rua" (que deste modo se destaca do graduado à banca, o subchefe interno, na esquadra). A sua actuação não se cinge à área da esquadra. O supervisor tem a obrigação de percorrer as várias esquadras e áreas da divisão e de responder às demandas dos agentes do seu turno, do seu grupo. Geralmente não responde a ocorrências mas antes auxilia os agentes, em particular no carro patrulha, em

Nos serviços dos programas de proximidade estão os restantes agentes, não existindo chefias locais neste caso porque são da responsabilidade das divisões. O *ciclomotorista* é, ainda hoje, uma figura obrigatória na esquadra, alguém que faz circular entre a divisão e esta unidade informação diversificada como *ordens de serviço, relatórios, expediente diverso*. Todos os dias este entrega os registos da esquadra e recebe as escalas do dia que orientam as 24 horas de funcionamento dos grupos. O serviço de *escriturário* existiu na esquadra durante um período curto e foi exercido por uma agente que, estando grávida, deixou de poder patrulhar. Há uns anos que a tarefa não é habitualmente mantida, mas pode ser requerida quando os comandantes necessitam de apoio no trabalho.

É preciso explicitar um pouco melhor o ritmo laboral dos polícias de esquadra. O que o marca é a intensa rotatividade do sistema. Os turnos são de seis horas. Cada grupo de polícias entra quatro dias seguidos no mesmo turno, isto é, com o mesmo horário, mudando para outro ao quinto dia. Fazem oito dias seguidos de trabalho, o que perfaz a semana de 48 horas (7-13; 13-19; 19-1; 1-7). Têm uma folga ao fim de oito dias (tendo passado por dois horários) e voltam a entrar para mais oito dias seguidos de trabalho. Existem dois tipos de folgas, às quais os agentes chamam as *grandes* e as *pequenas*, sendo uma de sensivelmente 48 horas e a outra de 36 horas.[31]

É de salientar que apenas os agentes dos grupos e os respectivos subchefes trabalham com estes turnos. Os agentes da proximidade fazem horários diurnos em dois turnos de seis horas, 7-14 horas e 14-21 horas. À excepção do Programa Escola Segura, os agentes dos programas Idosos em Segurança e Comércio Seguro trabalham aos sábados de manhã. Os horários destes são mais próximos dos seus superiores. Os comandantes têm o horário comum dos serviços administrativos do Estado, 9-18 horas, mas entram também nas escalas de

---

caso de necessidade e, muitas vezes, apenas em casos extremos. O que mais faz é rondar os agentes e verificar se o plano burocrático traçado para cada turno coincide minimamente com o patrulhamento *in situ*.

[31] Em 2005 o horário sofreu alterações, aumentando a rotatividade e a mudança de horários, de dois horários de turno. No essencial, do ponto de vista dos agentes, tal permitiu aumentar a folga pequena para folga grande e encurtar a distância de horas diária entre cada turno, mas sublinhou o desgaste pessoal traduzido na mudança mais permanente de horários.

oficiais de dia, isto é, um arranjo que assegura um oficial ao serviço em cada 24 horas. Existe uma escala de oficiais semanal e outra para fins-de-semana e feriados. Assim, pode concluir-se que existem três horários na rotina das esquadras: o das patrulhas, o da proximidade e o dos comandantes e serviços adjacentes (ciclomotorista e escriturário)[32].

Grupos e equipas

O trabalho de patrulha organiza-se em *grupos* que se rendem uns aos outros (como se ilustra na **figura 7**). Estes são em si universos sociais e vão fixando algumas especificidades. Ainda assim, a mobilidade dos operacionais é grande e faz com que se dêem reconfigurações no seu seio todos os anos, em particular em Julho, o mês que concentra a mais importante época das transferências de pessoal na organização. Além disso alguns agentes fazem trocas com colegas e por isso trabalham temporariamente noutros grupos. Os comandantes podem também decidir mudar pessoas de grupo, em particular quando uns ficam visivelmente esvaziados de pessoal. Ainda assim, mesmo se sujeitos a recomposições, alguns elementos mantêm-se nos mesmos grupos e oferecem-lhe características distintivas, o tom... Estes têm dinâmicas próprias. Mesmo se formalmente o serviço é rotativo e trabalham em estreita interdependência, a competição por "melhores resultados" ou o simples anseio de subchefes que querem manter os seus grupos "a funcionar" faz-se sentir na patrulha, num trabalho sujeito a pressões externas e internas variadas.

Nesta esquadra, como nas outras, existe um reconhecimento geral das diferenças e "tradições" de funcionamento entre os grupos que eu própria fui testemunhando: o grupo *Alfa*[33] era o dos agentes

---

[32] Estas funções são almejadas pois são das poucas em que os agentes têm os horários normatizados da função pública (também designados como "horário de expediente") e aproximam-se de uma série de regalias que só os comandantes têm nas esquadras; mas sobretudo escapam-se às "des-horas" da patrulha.

[33] Nas várias polícias do mundo generalizou-se na linguagem, sobretudo para facilitar as comunicações, o alfabeto fonético. O alfabeto fonético é uma forma universal de representar cada letra através um conjunto de fonemas *standard* e reconhecível por qualquer

mais *seniores*, os *operacionais*, onde os agentes tinham uma média de 33 anos de idade. O grupo era relativamente fechado e elitista. O facto de ser o único com supervisor na esquadra reforçava o seu estatuto. O grupo *Bravo*, por contraste, apresentava-se muito juvenil, agentes em média com 25 anos, mas dizia-se que *trabalhava bem*, em particular devido ao papel exercido pela carismática subchefe. O grupo *Charlie* era heterogéneo e possuia menos agentes que os restantes, o que parecia enfraquecê-lo. Todavia mantinha dois agentes mais antigos e *rodados*, com mais de 28 anos, e uma maioria muito juvenil e recém-chegada à Polícia. Antes de ser reduzido o pessoal de supervisão, este grupo também teve um subchefe na rua, o que lhe ofereceu uma época muito *operacional* que foi decaindo por várias razões, mas em particular quando aquele cargo desapareceu e poucos meses depois se deu uma recomposição quase total do grupo. O grupo *Delta* era um dos mais populares na esquadra, com agentes relativamente consensuais e de onde saíram muitos para outras unidades e outras Polícias que continuavam a manter encontros e convívios regulares com base de encontro na esquadra. Este era o único que tinha uma mulher agente na patrulha. A média de idades era de 28 anos. Por fim, o grupo *Eco* chegou a ser considerado o *tarrafal*[34] da esquadra, isto é, onde estavam concentradas as "ovelhas negras", agentes castigados, considerados impulsivos, com histórias de conflitos com os comandantes. Durante alguns anos o grupo esteve sem subchefe. A média de idades dos agentes rondava os 30 anos.

Em alguns grupos os subchefes à banca têm um papel determinante na dinâmica e no seu ambiente social, noutros o mesmo não acontece. De qualquer forma, os subchefes são intermediários entre comandantes e agentes na transmissão de informação e normas. Mas considera-se que o canal de comunicação nem sempre está oleado e

---

pessoa. Este alfabeto permite facilitar o entendimento das chamadas do rádio, que se tornou o principal emissor de ordens para o trabalho de patrulha. Mas estende-se a toda a organização e usa-se em diversas ocasiões, como na definição dos grupos, por exemplo. A Rede de Emissores Portugueses define o referido alfabeto (http://www.rep.pt/alfabeto_fonetico.htm, consulta em Agosto de 2006).

[34] Trata-se de uma ironia à antiga Colónia Penal, criada nos primeiros anos do Estado Novo na ilha de Santiago em Cabo Verde, destinada a receber presos políticos e sociais considerados mais perniciosos, afastando-os da então metrópole do Estado colonial.

tem múltiplas interferências e ruído. Pode dizer-se que nos grupos Bravo e Charlie os subchefes sobressaíam por razões opostas. No Bravo, a subchefe, já com muitos anos de experiência, era considerada "um dos melhores elementos da esquadra". Conhecedora dos códigos legais, era tida por mulher de *bom senso*. No grupo Charlie, o chefe, dos mais antigos graduados da divisão, não vivia em paz com o facto de ter sido promovido na categoria mas não na função, tendo até sido despromovido. Tinha uma atitude desafiadora relativamente aos comandantes e embora isso o aproximasse dos agentes em algumas ocasiões, acabava por redundar em problemas para o grupo. Era tido como bom no expediente, mas diziam os seus agentes que ele não gostava de ter serviço. Nos grupos Alfa e Delta, a subchefe e o subchefe eram muito jovens, particularmente reservados e pouco interventivos, desenvolvendo uma influência limitada nas dinâmicas do grupo. No grupo Eco falhava o subchefe, o que contribuía para o seu fraco estatuto na esquadra. Quando esse serviço passou a ser efectuado por um jovem e inexperiente agente novato na esquadra, o facto foi muito contestado pelos colegas, sobretudo pelos mais antigos que também desejariam o lugar.

Os agentes da proximidade não trabalham em grupos, mas sim isoladamente ou em equipas de dois. As equipas dependem em grande medida das características pessoais de um ou outro agente que sobressai num trabalho que se caracteriza pelo seu elevado nível de autonomia. No meu tempo da esquadra denotei que entre os agentes da proximidade e os da patrulha não existiam geralmente contactos profundos nas rotinas de trabalho (o que se traduziu no meu próprio itinerário do trabalho de campo, que expliquei no capítulo introdutório). A fraca densidade histórica da proximidade faz com que as equipas dos programas sejam menos reconhecidas por qualidades intrínsecas e mais pelas de indivíduos concretos (mas voltarei a este assunto na secção que se segue).

Serviços de rotina

No plano de uma esquadra existem os denominados *serviços operacionais* e os *serviços administrativos*[35]. Mas são os primeiros que constituem a dimensão nuclear do trabalho de esquadra. Embora o trabalho dos agentes seja genericamente enunciado como *trabalho de patrulha*, estes convivem hoje com serviços e orientações programáticas específicas, os da proximidade. Nesta secção do texto destaco as tarefas de serviços desempenhadas em qualquer esquadra, mas na forma como são activadas no contexto particular. *Serviço* aqui é encarado como o tradicional *posto* (herdado do léxico militar), mas que caiu em desuso.[36] No entendimento organizacional, as diferentes tarefas desempenhadas pelos profissionais na patrulha correspondem a diferentes serviços. Os de rotina são o *serviço apeado* e o do *carro patrulha (CP)*, o do *carro visível*. Em horários diurnos, os programas da proximidade estão organizados em serviços para públicos específicos: escolas, comércio e idosos.

"Pisar paralelo"

O que fazem a maior parte do tempo os agentes apeados? Circulam por entre itinerários mais ou menos enquadrados pela organização. Tudo indica que a expressão *pisar paralelo*, por analogia à patrulha apeada, foi criada por agentes que sendo da região Norte do país vinham para Lisboa trabalhar. Assim crêem os polícias que entrevistei. Os *paralelos* aludem às pedras da calçada lisboeta e, para os nortenhos, uma característica destacável da patrulha a pé nesta cidade. A imensa concentração de colectivos de polícias de todo o país na cidade de Lisboa oferece-lhe, entre outras coisas, este tipo de cruzamentos de interpretações do trabalho.

---

[35] Estes são também chamados impedidos, uma herança de léxicos militares que perdura.

[36] Embora na Lei orgânica n.º 5/99 tal classificação se mantenha como sinónimo de categoria profissional – ela sempre foi usada no duplo sentido –, não é muito usual ouvir os polícias falarem em postos mesmo como categoria (agente, subchefe, etc.). O termo parece estar cada vez menos presente nos léxicos da prática policial. E tal fica a dever-se à cada vez maior mobilidade dos agentes no território e menos à sua fixação em lugares, esquinas, ruas e itinerários circundantes específicos.

Como se orientam os patrulheiros na área de uma esquadra? Existe um *mapa de giros* na esquadra, pensado para o patrulhamento apeado. Os giros são pequenos mosaicos, neste caso numerados de 1 a 10, para os quais são enviados agentes (ver **figura 8**). Este plano oficial da patrulha lembra que a acção policial tem perímetros administrativos e operacionais. O limite das áreas de esquadras, e os seus próprios edifícios, estão em constante comparação e até competição (quer por recursos materiais quer por indicadores criminais obtidos ou não obtidos cada mês). Os meios materiais e equipamento, tão queridos e ansiados por todos os polícias, são sinais de estatuto para fora, mas também no interior da organização policial porque nem todas as unidades e polícias têm exactamente os mesmos meios.

Em termos de rotinas do trabalho, nem todos os chefes e agentes têm o mesmo entendimento sobre o que deve ser feito em relação a problemas que surgem fora do perímetro das suas áreas (definidas no mapa de giros). Cada agente tem alguma amplitude de decisão na sua área, mas muito menor amplitude na área de uma esquadra vizinha. À medida que se tem vindo a valorizar a circulação proporcionada pelo patrulhamento automobilizado, o mapa de giros passou a um plano de referência formal, mas também um conceito associado a práticas do passado. Mesmo nas esquadras, hoje privilegia-se a mobilidade em territórios maiores do que os dos giros, mobilidade essa que é proporcionada pelas viaturas policiais.

Os giros nasceram com as esquadras no final do século XIX e foram revistos na década de 1950 (cf. Decreto Lei 39.497 de 31 de Dezembro de 1953). Durante o Estado Novo, com a implementação de maior controlo dos agentes, estes eram distribuídos por giros com percursos definidos. Eram *rondados* pelo *chefe de ronda* que percorria as mesmas artérias em sentido contrário e os cruzava, escrevendo numa *caderneta de giro* o número de matrícula do subalterno. Tal rotina funcionou até pelo menos aos anos 1990 quando se reintroduziram princípios de aleatoriedade na patrulha (cf. Leitão, 2001). Desde então os chefes deixaram de fazer a ronda apeada e passaram para dentro das esquadras, para o atendimento à banca. Com o tempo os giros foram perdendo progressivamente o valor normativo e mantendo o valor indicativo nos planos diários de policiamento das esquadras. São várias as razões para tal. Não existem suficientes patrulheiros apeados por turno para serem distribuídos por todos os giros da área.

Na prática os agentes acabam por fundir alguns giros e traçar de modo mais ou menos livre os seus itinerários e circuitos, até com o pretexto de não serem previsíveis para quem os vigia, os infractores. Assim, a afectação aleatória em cada turno dos agentes disponíveis pelos giros existentes é feita de acordo com critérios de experiência, de incidência de criminalidade e, sobretudo, para manter a visibilidade (identificada como táctica preventiva).

Pode dizer-se que hoje os itinerários dos patrulheiros são variados, cada um encontrando um percurso preferido ou girando mais ou menos aleatoriamente por um espaço pré-determinado. Na esquadra, quando se patrulha até ao giro limítrofe da parte de cima da área, por exemplo, os patrulheiros chegam a fazer 4 km numa parte do turno e outros 4 km na segunda parte. O mais comum é trocar a meio do turno com o sentinela, alternando 3 horas na rua com 3 horas à porta da esquadra. Quando o turno é todo passado na rua, os patrulheiros fazem uma pausa a meio e regressam à esquadra.

Nas esquadras que conheci, o serviço de *sentinela* (também identificado como "*fazer portas*") é obrigatório, como já antes disse. Um agente guarda a unidade da esquadra à entrada, guarda as instalações, e é o primeiro contacto das pessoas que se dirigem ao edifício, fornecendo alguma informação a passantes ou encaminhando queixosos para o serviço da banca no interior da esquadra. No fundo, o agente personaliza aqui a fronteira simbólica de um plano social para um plano organizacional do controlo. Trata-se de um serviço exigido por comandantes, pouco apreciado por agentes, relativamente indiferente para a maioria dos subchefes.

Em Portugal a patrulha a pé tem sido considerada o nível mínimo do trabalho. Mas na história recente é uma fase do trabalho muito desvalorizada em si mesma. Tal contrasta com a sua extensão. É ainda a tarefa que ocupa o maior número de agentes.[37] Na actividade das esquadras o patrulhamento a pé ocupa vários agentes, embora talvez na prática tenha tendência para diminuir. Por exemplo, num

---

[37] No plano de policiamento da divisão onde decorreu o trabalho de campo, na distribuição dos agentes por esquadras, o policiamento apeado contava em 2004 com um total de 180 elementos (os restantes 40 nas patrulhas auto, 9 na visibilidade e 23 nos programas da proximidade). Note-se que muitas vezes estes números estão sujeitos a alterações na gestão das esquadras, mas deixam antever a diferença de pesos no patrulhamento.

grupo com oito pessoas, a partição faz-se entre 4 agentes para os carros em circulação (o patrulha e o visível), 3 a pé e um de sentinela. Mas se apenas estiver a rodar o carro patrulha, todos os agentes, à excepção de dois, ficarão apeados. Nos turnos em que entram ao serviço menos agentes, estes tendem a ser retirados à patrulha apeada, mas sempre indispensáveis no carro. Diz-se que nenhuma esquadra funciona sem carro, e as memórias ocasionais de alguma quebra de motor que invalidasse iniciar um turno sem o mesmo são quase narradas como se de lendas se tratassem.

A participação dos apeados em ocorrências é muito menor do que a dos agentes nos carros. É considerado que os apeados têm menos mobilidade no espaço para responder a situações passadas do outro lado da área. Mas a verdade é que a *central de rádio*[38] parece tê-los esquecido e as chamadas raramente são orientadas para os seus serviços. Tradicionalmente as chamadas vão para o carro patrulha.

A passagem de alguns agentes pelo carro tende a fazê-los resistir a voltar à patrulha a pé. Em grande medida contribui para tal o facto de nesta estarem concentradas as tarefas mais simples, sem grande exigência como: dar indicações geográficas, dar informações variadas sobre a área a condutores e, ocasionalmente, sobre a cidade a transeuntes e turistas. Embora polivalentes, espera-se que os agentes apeados estejam vigilantes em todos os sentidos, o seu trabalho parece sempre instável, sendo muito invisível na organização até porque tende a passar menos para o plano das escritas formais (como se verá no capítulo 3). As rotinas dos patrulheiros são consideradas pouco apelativas. Ocasionalmente contactam com citadinos, mas a patrulha é sinónimo de certo isolamento. Muitos dizem que *desaprendem a profissão*. Não ter a relação com a chamada para participar

---

[38] Existem dois tipos de comando nas esquadras, um directo e outro à distância, a partir de uma rede emissora da PSP. Esse comando à distância, a central, gere e reencaminha para o terreno as chamadas telefónicas de urgências do 112. Os agentes têm rádios portáteis receptores e emissores autónomos que transportam consigo na patrulha, podendo escutar e comunicar na rede. Cada carro tem outro aparelho destes fixo. Existem regras que são aprendidas na formação, mas dependem sobretudo da prática. Este comando está mais orientado para os serviços automobilizados, com mais poder de circulação (como irei ilustrar mais adiante nos mapas de espaço-tempo). Na altura do trabalho de campo não existia supervisão electrónica na PSP (o chamado sistema GPS). Esta veio a ser testada e introduzida a partir de uma esquadra-piloto da área metropolitana em 2006.

e resolver ocorrências significa, para a maioria, não ter uma verdadeira ligação à profissão, ao sentido da mesma. Fazer as 6 horas do turno é uma referência que têm, de recurso, quando as outras falham. Algumas frases estereotipam o trabalho, no sentido temporal – "estamos cá para fazer as nossas 6 horinhas" – e no sentido espacial – "somos meros guias turísticos na área".

Os agentes apeados tendem a ser os agentes mais subalternizados na patrulha. O seu trabalho não parece ser seriamente encarado nas políticas da organização, embora seja desejável, porque "visível", pelos citadinos. Embora se espere genericamente que tenham iniciativa no trabalho, a verdade é que muitos aguardam ordens dos superiores directos para agir. A maior parte do tempo estão entregues a si mesmos durante as 6 horas do turno. A única directiva que têm é estar sempre a "girar" em determinados giros da área. Muitos acreditam que é aqui que se aprendem os *vícios* e escapes da vida de polícia, pois têm muito tempo disponível e acabam por geri-lo de modo pessoal. Muitos agentes, porém, criam rotinas de patrulha a pé, com itinerários de circulação mais ou menos aleatórios por eles definidos, mas onde o turno típico é o "serviço sem novidade".[39]

Mesmo se o patrulhamento automobilizado é mais valorizado, a patrulha apeada continua a ser genericamente defendida. É menos dispendiosa em meios operacionais, automobilísticos, armamento e outros.[40] Existe uma razão de imagem do polícia a pé a defender. A simples presença iludi a insegurança nos cidadãos e é das mais populares em Portugal. Estes representam *as fardas na rua, o Estado na rua*, como me foi dito por oficiais. Todos os subchefes querem agentes na patrulha apeada e queixam-se quando não os têm, defendendo que estes fazem, genericamente, "prevenção" nas ruas. Como dizem os polícias: "Os cidadãos querem é ver agentes na rua e esquadras à porta de casa". É a versão da prevenção no seu estado

---

[39] Esta é uma expressão também usada para desdenhar os agentes e o serviço da patrulha. Quando chega a rendição e estes se apresentam ao subchefe à banca, alguns mantêm o rito profissional, batem a pala e dizem "Serviço sem novidade", assinam o relatório e assim findam a patrulha.

[40] Na esquadra, quando faltam os rádios portáteis, os agentes da patrulha são os primeiros a circular sem eles. Na altura em que foi distribuído gás pimenta nas esquadras, ou quando chegam novidades, vão prioritariamente para os carros, em especial para o carro patrulha.

mais "puro", defendem alguns oficiais superiores. Os mais críticos destes serviços, os que procuram mais operacionalidade, não acreditam na patrulha a pé. Defendem que as divisões mais operacionais do comando são as que trabalham com viaturas.

Certo é que a maioria dos comandantes não lida com a patrulha como um serviço policial efectivo e tende a subalternizar o trabalho dos agentes. É frequente os agentes regressarem aqui, vindos de outros serviços, como "castigo", não formal ou oficialmente reconhecido, assim como alguns podem passar mais tempo a *fazer portas* "se se portam mal". No presente a patrulha apeada tende a ser representada por agentes e por comandantes mais como recurso secundário e menos como serviço representativo do trabalho policial. Como me disse ironicamente um agente que foi retirado da proximidade para a patrulha: "Isto não acaba, isto nunca acaba, há sempre a patrulha. Essa é garantia de trabalho na polícia". Um agente experiente retratou de forma idêntica o estatuto incerto do serviço e dos agentes que o integram: "Aqui o castigo que os comandantes dão aos agentes é mandá-los para a patrulha. Que imagem dão eles da patrulha, que devia ser o trabalho mais importante da polícia?! Isto aqui na PSP é demais, promove-se quem não devia ser promovido e andam outros aqui que trabalham e que são tratados como meros subalternos."

A patrulha apeada é resultado de um misto de exigências de públicos, citadinos e da tradição na organização. Quem "sobreviver" à patrulha tem, à partida, uma trajectória garantida na PSP. A patrulha apeada mais do que função é aqui vista como uma fase da vida dos agentes, uma passagem obrigatória e, como tal, adquire o estatuto de prova. Na Polícia a patrulha a pé tende a estar associada ao valor da resistência física e a um certo tédio próprio dos primeiros anos na profissão. Mas, por isso, esta tende a ser encarada como uma das tarefas menos recompensantes da patrulha e da qual a maioria dos agentes prefere escapar se puder.

A pressão administrativa e disciplinar a que estão sujeitos os patrulheiros, em particular os mais inexperientes, não se traduz em orientação, coordenação e políticas para a patrulha. A falta de conhecimento da vida e trabalho policial tende a estar reflectida nos registos, que muitas vezes não têm autonomia, experiência e conhecimento adquirido para dominar. Isso reforça a pressão a que estão sujeitos nos primeiros anos e tem influência numa visão partida e dividida da organização entre os experientes e os inexperientes. Tal pode originar todo um rumo de desilusão com a profissão que nem sempre se inverte.[41] Um dos passos para almejar uma certa autonomia profissional é trabalhar no carro patrulha.

Os serviços de *sentinela*, os *postos* mais *fixos* e a *patrulha apeada*, embora genericamente considerados rotativos, na prática são mais orientados para os agentes recém-chegados às esquadras. Isto é, tanto para os que chegam da Escola Prática como, muitas vezes, de outras unidades da patrulha e que devem passar pelos serviços mais subalternizados até se "integrarem" nos grupos. *Antiguidade é um posto*, toda a gente o diz, porque oferece prioridade de escolhas entre serviços, além de outras regalias de gestão da vida profissional e pessoal dos agentes. Mas a antiguidade aqui é entendida preferencialmente como uma certa fidelidade a grupos e redes de pessoas na esquadra e divisão, não apenas no sentido mais linear da carreira. Manter-se numa unidade vários anos, numa profissão marcada pela mobilidade, é um sinal de resistência e de fidelidade valorizado por superiores e colegas que fazem o mesmo[42] (reservo o aprofundamento da questão para o capítulo 7).

Conheci dois modos do patrulhamento apeado, a patrulha com um agente e a *patrulha dobrada*. Quando existem poucos efectivos numa esquadra, os comandantes preferem distribuir o pessoal isoladamente, por mais área. Mas em geral estipula-se que os turnos diurnos podem funcionar com um agente e os nocturnos com dois, para se protegerem. Mas os agentes preferem inevitavelmente as patrulhas dobradas: "Temos uma companhia e muito tempo para conversar". Assim toda a estrutura organizacional ajustada ao policiamento se traduz numa piada que me contaram agentes mais velhos:

---

[41] Como me colocou uma agente com boa reputação na esquadra: "Quem tem um feitio [carácter] um pouco mais difícil pode ser logo posto de lado pelos colegas e pelas chefias. O agente, se quer ser respeitado, tem de ser muito independente. Há pessoas com cinco anos de polícia que ainda são dependentes, e isso prejudica-os".

[42] Agentes que regressam a divisões ou esquadras de onde uma vez saíram têm de ser muito populares para serem recebidos de braços abertos. Geralmente esses agentes transportam histórias de conflitos com superiores ou de inadaptação a esquadras e ambientes, motivo que os faz circularem dentro do comando. A história é outra para os agentes que circulam para outros comandos do país com o objectivo de se aproximarem de casa.

"O que faz um polícia sozinho numa esquina? Vê as gajas. O que fazem dois polícias juntos numa esquina? Vêem as gajas. O que fazem três polícias juntos numa esquina? Falam mal da Polícia."

Serviço operacional

O que fazem os polícias no carro patrulha (também designado pela sigla CP) a maior parte do seu tempo? Observam, circulam, movem-se dentro e ocasionalmente para fora dos perímetros da área, param, testemunham e resolvem alguns eventos no local e na esquadra. Podem advertir, interagir, coagir, levar pessoas à esquadra e deter. Mas sobretudo circulam. Como uma vez me disse um chefe responsável pela secção auto da divisão: "Os polícias são mesmo malucos, andam sempre de um lado para o outro, já viu?". O carro faz em média 30 km num turno, sempre a circular na área, mas pode chegar aos 60 km se tem de sair da área.[43]

Nem todo o trabalho dos agentes depende das chamadas da central de rádio, mas não há nenhum serviço mais orientado por elas do que o CP. Este veículo encontra-se assim no centro da actividade policial, circulando pelo menos e obrigatoriamente um por cada turno. No presente, concentra grande parte do trabalho policial e por isso é considerado *o mais operacional*, resolve situações no local e faz entrar muita informação do que se passa na *área* no ciclo de registos da organização. É o carro que produz mais *expediente*, isto é, registos policiais. O CP dá também apoio e reforça a actividade de outros CP de áreas de esquadras da mesma divisão, sendo mais frequente intervir em áreas imediatamente vizinhas, onde chega com maior rapidez. No CP os agentes estão constantemente à escuta e podem chegar a oferecer-se à central para ir a ocorrências apoiar outros carros.

O carro transporta um condutor e a figura profissional determinante na patrulha – o *arvorado*, considerado o *chefe* entre os agentes;

---

[43] Certo dia, o condutor do CP em que eu ia notou, perto do final do turno, que só fizéramos 19 km. No relatório deve constar um valor entre 20 e 30 km por turno. Assim decidiu andar mais um pouco: "É preciso girar mais, circular. Aí vamos nós fazer quilómetros" (diários da patrulha, Junho de 2004).

aquele que "toma conta das ocorrências"; o "responsável máximo" e quem efectua o expediente e os relatórios do CP. É consensual crer-se que "um arvorado é quase um subchefe na patrulha, é diferente de todos os outros patrulheiros" (entrevista, Fevereiro de 2004). Não é qualquer um que chega a arvorado. Estes são agentes que lideram de facto os grupos na rua (assim como o subchefe na esquadra) e está-lhes reservada certa autonomia. O arvorado tem geralmente mais experiência e pode manter o posto cativo por alguns anos. Por um lado, é neste serviço que o agente desenvolve mais rapidamente os saberes operacionais e administrativos; aqui fica a conhecer por dentro o funcionamento organizacional da PSP e o funcionamento das redes inter-institucionais. "No carro é que se aprende o trabalho de polícia", é uma frase muitas vezes repetida na PSP.

Porém nem tudo são vantagens. O arvorado é também quem está sujeito a trabalhar mais horas, não só porque as ocorrências podem implicar muito tempo no terreno e a escrita de processos complexos, mas porque o agente se transforma, em caso de detenção, em testemunha. Como tal, de cada vez que detém alguém, o agente vai frequentemente aos inquéritos da polícia certificar dados e às audiências de tribunal testemunhar. Assim, diz-se que quem trabalha mais tem mais "chatices". Todos estes dados afectam a organização da vida pessoal e o tempo livre. Tudo isto sem recompensas imediatas. Mas travar a operacionalidade tem custos a prazo na carreira horizontal e vertical dos agentes.

Quando a rotatividade de pessoal se oferece – até porque na PSP existe o lema de que "ninguém é insubstituível" num serviço de assistência de 24 horas – agentes novatos vão tendo oportunidades de penetrar neste serviço. Tal acontece quando os colectivos são muito juvenis e há mais mobilidade de pessoal, mas também em épocas de férias ou faltas dos arvorados. De noite os agentes mais novos podem circular no CP como tripulantes onde têm oportunidade de ver os colegas trabalhar. Assim vão captando estilos e tendências e têm mais probabilidades de passar para a linha da frente, sem saber como nem quando, e provavelmente menos preparados, treinados, do que desejariam.

Os *condutores*, por seu lado, mantêm-se muito tempo fixos no carro, como alguns arvorados, mas o seu estatuto e reconhecimento é muito inferior no meio. Alguns chefes defendem que os condutores "não são polícias, são motoristas", porque o seu papel é guiar o arvorado. Estes têm em geral uma atitude mais despreocupada e diz-se que não "produzem" porque não escrevem registos, o que de facto começa a acontecer com o decorrer dos anos na mesma função. Todavia, ocasionalmente, podem tomar conta das situações e ajudar algum arvorado inexperiente em ocorrências mais complexas.

Quando perguntei a um comandante de esquadra qual lhe parecia ser o serviço mais apreciado na patrulha, este defendeu que a maioria dos agentes, se tiver oportunidade, prefere ser condutor do CP e, mais recentemente porque o serviço é ele próprio recente, condutor do carro satélite. Muitos agentes confirmaram esta motivação. No CP os agentes têm mais oportunidades de *entrar em acção*, passam melhor o tempo dos turnos; embora expostos a algum perigo, ser o condutor do arvorado é um trabalho mais aliciante. Pelo menos não passam tantas horas de pé como os apeados. Mas também não se envolvem tanto com o serviço nem passam tantas horas em tribunal e extra-turno a redigir relatórios e expediente como os arvorados.[44]

Os turnos do CP são em geral muito agitados, exactamente o oposto dos apeados e, por isso mesmo, considerados muito *operacionais*. A *operacionalidade* é um dos valores mais celebrados na patrulha. É a característica que diferencia os *verdadeiros* polícias dos demais; confunde-se frequentemente com a qualidade de ter ou não ter iniciativa, de estar ou não disponível para o serviço e querer resolver situações mesmo antes de pensar na vida pessoal. Este é o valor que está impresso num "dever profissional" que, na prática, é considerado uma espécie de ideal: a disponibilidade total e durante 24 horas dos agentes para o serviço, em qualquer ponto do território, se tal lhe for exigido (cf. Lei n.º 5/99 de 27 de Janeiro, Cap. VI, ss 1, art.º 46.º). Nas representações dominantes dos polícias *operacionais*, este ideal ultrapassa todos os demais deveres que figuram no Regulamento Disciplinar – isenção, zelo, obediência, lealdade, sigilo,

---

[44] Os agentes que com os anos conquistam um lugar mais garantido nos carros, condutor ou arvorado, são os que mais manifestam resistências em mudar de esquadra. Como uma vez me disse um condutor que faz 80 km por dia no trajecto casa-trabalho-casa: "Se vou para uma esquadra mais perto chego lá e volto para a patrulha [apeada]". Estes serviços conquistam-se por mérito, mas também por antiguidade, nas redes de relações formadas e confiança de superiores e nos "tons" dos grupos que só o tempo cria.

correcção, assiduidade, pontualidade, aprumo (cf. Lei n.º 7/90 de 20 de Fevereiro) – e podem mesmo colocar alguns em risco. Geralmente a operacionalidade evoca sentimentos de liberdade próprios do trabalho de rua – exercitados na circulação automóvel, *on the road* – e surge frequentemente em oposição ao trabalho das *secretarias*, fechado entre *quatro paredes*, como desdenhavam muitos agentes.

Fazer visibilidade

O carro visível (ou simplesmente *visível*) foi criado para produzir visibilidade. Assim, o que o distingue claramente do CP é estar mais limitado na capacidade móvel, confinado a um território delimitado e dependente de lugares e pontos a policiar determinados por ordem superior. Pelo contrário, o CP está, como vimos, mais vocacionado para responder a situações "deslocalizadas", por toda a área. O *visível* deve situar-se em locais determinados, expressos no plano diário do patrulhamento. O subchefe ou agente que está à banca tem um papel na gestão do trabalho do *visível* e pode mandá-lo ir a determinadas ocorrências, sobretudo quando já tem alguma confiança nos agentes. Tal significa que este carro, no final do turno, deve ter menos quilómetros feitos do que o CP, estando estipulado um limite aproximado de 10 km por turno, o que reduz a margem de circulação. A velocidade de circulação deve ser baixa, 10 a 20 km/hora, embora as políticas mudem de acordo com a orientação dos comandantes. Diz-se que há uns anos "a visibilidade era posto fixo". Os superiores controlavam mais as quilometragens que não deviam exceder os 3 ou 4 km em cada turno. Na época em que estive na esquadra apenas o *visível* tinha tacómetro. O CP estava mais liberto do controlo superior. Ultrapassar os 50 km/hora podia dar direito a processo disciplinar, se não fosse bem justificado no relatório do carro.

A viatura tem um serviço relativamente flexível. Quando em diversas esquadras de Lisboa um CP por esquadra não é suficiente para dar conta do número de ocorrências por chamadas, o *visível* pode ser chamado a intervir. O carro visível tem em si uma ambiguidade intrínseca: tem mais raio de acção que o patrulheiro apeado mas não chega a ser um carro patrulha. A diferença fundamental é que não transporta um *arvorado*. Como uma vez me disse um jovem agente "No visível todos mandam, não há arvorados, não há 'chefes', somos todos patrulheiros, *papa delta*[45]". E nem é o primeiro a responder às chamadas, o que o coloca sempre numa situação subsidiária.

Nos primeiros passos dos agentes numa esquadra, por onde a maioria começa a trajectória de polícia, depois de um tempo na patrulha a pé, está-lhes geralmente reservada passagem pelo *visível*. A possibilidade de um recém-chegado circular no *visível* é maior do que no CP. A maioria dos agentes prefere trabalhar no carro visível do que estar na patrulha apeada. Mas o que pode ser uma promoção para uns (promoção relativa, por virtude das limitações deste carro), é uma desqualificação para outros. Um agente que trabalhe em permanência no CP experimenta uma certa sensação de desqualificação ao regressar ao *visível*. O *visível* oscila então entre as chamadas da central de rádio e as ordens superiores locais. Também ao nível das situações que se oferecem aos agentes, os dois carros da patrulha diferem. Uma ocorrência é algo relativamente comum no CP, mas pode representar uma excepção agradável para o *visível*, em especial de noite, quando na área as ocorrências rareiam mas são ansiadas para quebrar o tédio. Mesmo quando vai às ocorrências, o *visível* está sempre em segundo plano na sua correspondência com o serviço do CP. Pode ser enviado, pela central de rádio, para uma ocorrência enquanto o CP está ocupado e voltar a ser por ele substituído ulteriormente.

Pressupõe-se que o arvorado reúne as melhores condições para lidar com as ocorrências, sobretudo se estas aparentam vir a tornar-se complexas e envolvem registo escrito. Como tal, se o CP de uma esquadra participa numa ocorrência relativamente simples que ganha uma complexidade inesperada, há tendência para pedir reforço ao CP de uma esquadra vizinha ou ao satélite da divisão. O *visível* tende a ser chamado a substituir o CP em ocorrências que se revelam simples e não justificam manter "ocupado" o carro central da patrulha, devendo este voltar ao giro normal e estar disponível para outra

---

[45] Nome tradicional do alfabeto fonético usado nas comunicações internas que indica uma dupla de agentes apeados, neste caso um condutor e um tripulante.

chamada. Existem turnos agitados para o *visível*, mas a maior parte deles são relativamente calmos. Assim o *visível* desempenha tarefas relativamente simples como os apeados, mas numa maior extensão de área onde os apeados não chegam.

Programas de proximidade[46]

A proximidade é diferente da patrulha. Tal ninguém contesta. Tem diferentes objectivos e ritmos. Tradição e inovação convivem nas esquadras. A proximidade é uma orientação genérica do policiamento de rotina no sentido de "promover a segurança", idealmente com participação da comunidade e melhoria da "qualidade de vida" dos cidadãos (www.psp.pt, consulta em Agosto de 2006). Esta nasceu de filosofias e práticas de policiamento difundidas em países anglo-saxónicos (ver, por exemplo, Skolnick & Bayley, 2002; Goldstein, 1990)[47], mas com a diferença que se passa num país onde a comunidade tem estado arredada da participação na segurança. E esta participação não se conquista facilmente ou sequer apenas por iniciativa

---

[46] O conceito proximidade tem múltiplos desdobramentos e surge nos discursos policiais e nas entrevistas que realizei, de alto a baixo na hierarquia, em pelo menos quatro sentidos distintos: 1) um projecto global de polícia, uma espécie de filosofia de polícia que tenderia para um maior respeito pelos direitos humanos; 2) um modelo de policiamento que se pretende inovador, através de programas que lhe dão uma certa definição organizacional: "escola em segurança", "idosos seguros" e "comércio seguro" e, de forma muito ténue, "apoio à vítima"; 3) a recuperação de um modelo de "policiamento tradicional", como o que a polícia sempre foi, com um trabalho "territorial, de rua, a essência mesmo da patrulha", como me disseram alguns oficiais mais antigos na organização, configurado nas unidades policiais próxima dos cidadãos, as esquadras; 4) uma táctica do policiamento, uma forma de chegar mais próximo de potenciais informadores e ter, consequentemente, mais informação para agir sobre a realidade. É no segundo sentido, com os programas, que o policiamento mais se tem identificado e nos quais mais se inovou.

[47] Estes apoiam-se em filosofias que acreditam que os patrulheiros podem ser agentes da paz, que a Polícia deve consultar a sociedade permanentemente, que os polícias devem ter mais iniciativa para a resolução de problemas nas comunidades e que devem circular apeados, que deve existir mais cooperação com outros organismos do controlo social (cf. Bolle, 1998).

das polícias.⁴⁸ O problema tem sido estudado em vários contextos (Brodeur, 2002) e também começou a ser reflectido em Portugal (Oliveira, 2003), mas estão por explorar as várias dimensões do mesmo, em particular aquela que parece ser a resistência à participação social activa no policiamento. Sumariamente, na Polícia portuguesa a proximidade é mais um *serviço que a polícia oferece a populações* envolventes da esquadra do que uma *relação com a comunidade*.

A proximidade inclui serviços sazonais como a Operação Férias, uma vigilância de patrulha regular entre Julho e Setembro a residências de pessoas que se inscrevam e constem de uma lista disponível nas esquadras. Esta operação surge inspirada nos *neighbourhood watch patrol* dos países anglo-saxónicos, particularmente implementado nos Estados Unidos da América, mas acaba por ser apenas uma entre outras actividades dos polícias (cf. Relatório de Actividades/ DN/PSP, 2004: 40). Também tem sido implementado o policiamento com equipas velocipédicas em algumas divisões com maior circulação de pessoas, em zonas balneares, sobretudo no Verão. Mas traduz-se mais em programas orientados para determinados grupos locais: crianças e jovens da rede escolar, idosos e comerciantes. Na altura em que surgiram os programas estava planeada uma linha de actuação de apoio à vítima, geralmente entendida como mulher (pelo "Programa Inovar"), mas esta não chegou a ser realmente implementada nem nas esquadras nem nas divisões.⁴⁹

O programa *Escola Segura*, o primeiro a ser criado, é o que ocupa mais agentes em permanência, dois a três elementos por esquadra. O programa *Apoio 65 – Idosos em Segurança* e o programa *Comércio Seguro* podem ter entre um a dois agentes cada. Em períodos

---

[48] O que fez nascer a filosofia original do policiamento comunitário foi a defesa da participação das polícias na formulação de políticas sociais, a partir desse conhecimento específico e em primeira mão das realidades urbanas locais. Nunca se tratou de um caminho isolado da Polícia como tantas vezes se parece revelar (cf. Brodeur, 2002).

[49] Embora em teoria existam salas de apoio e aconselhamento às vítimas em algumas divisões, os polícias têm um papel diminuto e por vezes confuso quando as vítimas, em particular mulheres, jovens ou crianças, entram nos seus quotidianos. Alguns polícias têm a preocupação de encaminhar para a APAV (Associação Portuguesa de Apoio à Vítima) pessoas em casos considerados graves. À excepção de algumas mulheres que trabalham há vários anos nos programas, a maioria dos agentes não acredita ter um papel muito claro a este nível.

de escassez de pessoal, estes dois últimos programas podem ficar sem agentes destacados. Estes são serviços menos rotativos do que a patrulha e geralmente atribuídos a agentes seleccionados pelos comandantes de esquadra. Mas quando o pessoal é muito jovem e pouco fixo nas esquadras não é raro os comandantes confessarem que têm poucos agentes capazes ou interessados em desempenhar estes serviços. Embora com algumas hesitações ao nível do comando, os programas, na prática, tendem a evoluir das divisões para as esquadras, pelo menos quando se aposta na sua implementação em redes locais de parceria.[50]

Os programas de policiamento de proximidade, também chamados *policiamentos especiais* surgiram em paralelo à lógica considerada mais aleatória da patrulha tradicional portuguesa (Leitão, 2001). A filosofia que chegou a Portugal em finais dos anos 90 tem sido apresentada como novo paradigma de intervenção policial (cf. Poiares, 2004: 48; Gomes, 2001: 1). Na prática, os programas podem ser encarados como uma extensão criativa da patrulha porque vieram equacionar o patrulhamento apeado e evidenciar as falhas do modelo mais tradicional que, sem revalorização organizacional no presente, se foi fechando em vez de se abrir às comunidades locais. Mas a filosofia está longe de constituir consenso e de se generalizar (como já discuti no capítulo anterior).

A situação particular destes serviços requer uma explicação adicional. A vocação "assistencial" da Polícia não é uma novidade. Esta dimensão está alicerçada na história das polícias europeias (ver, por exemplo, Reiner, 1985; Emsley & Weinberger, 1991; Emsley, 1996) e nunca deixou inteiramente de fazer parte do mandato profissional dos patrulheiros. Numa versão autoritária e com vista ao controlo das "classes perigosas", esta esteve viva em Portugal durante o Estado Novo com contornos complexos e numa conjuntura e sociedade ditatorial fechada e com modelos ostensivos para o policiamento dos mendigos. A criação da Mitra é um exemplo da ambiguidade da acção dos polícias (cf. Bastos, 1997). Muitos oficiais defendem hoje

---

[50] Em sentido inverso, outros serviços como, por exemplo a investigação criminal, foram-se especializando, retirando-se primeiro das esquadras para a divisão territorial e, numa fase muito recente, para uma unidade de divisão orgânica autónoma. Estas reconfigurações são permanentes na organização.

que a patrulha é "por natureza proximidade". Mas a proximidade, recriada na última década um pouco por todo o lado, funciona de forma diferente da versão tradicional da Polícia porque se inclui mais no regime das intenções do que das práticas, em políticas sociais mais amplas do Estado. Pode dizer-se que a proximidade envolve equipas de agentes no encontro de soluções provisórias para problemas sociais prementes. A manutenção da ordem social e urbana mantém-se como cerne da actividade policial.[51]

Existe um outro traço distintivo essencial entre os programas da proximidade e a patrulha. A proximidade gera informação interpessoal e esta informação só é possível porque existe aproximação no policiamento (explicação que irei fornecer de seguida, a partir dos mapas). Basta acompanhar agentes da proximidade à porta de uma escola no início do dia para o perceber. Já a visibilidade, tal como a patrulha, baseada naquilo a que no meio se chama genericamente prevenção, gera informação baseada sobretudo na observação à distância, não tão fina no conhecimento das redes, laços de parentesco e vizinhança das comunidades locais. O conhecimento mais íntimo das comunidades locais é potencialmente maior entre os agentes dos programas, se estes tiverem iniciativa.

Uma dúvida está presente nos agentes, oficiais e dirigentes: estará a Polícia a violar uma esfera exclusiva de outros profissionais, como os assistentes sociais? Esta dúvida foi proferida por um dos directores nacionais da Polícia na tomada de posse:

---

[51] Na verdade, na arquitectura policial portuguesa, inspirada na francesa, o policiamento de proximidade distingue-se do policiamento de orientação comunitária de tradição anglo-saxónica. O eixo fundamental da diferença resulta do facto da proximidade ser oferecida da instituição para as populações, de dentro para fora, e não o inverso, como no caso britânico e em alguns estados dos EUA, na participação mais activa da comunidade no policiamento (Skolnick & Bayley, 2002), o que levaria a "fazer de um número importante de cidadãos os olhos e ouvidos da polícia" (L'Heuillet, 2004: 224). Tal tem relação directa com a história das instituições policiais e dos Estados nos diferentes países (Oliveira, 2001), embora sejam cada vez mais anunciadas parcerias entre vários serviços públicos e privados para a "co-produção da segurança" (Oliveira, 2001: 15-25). Esta característica faz com que tais programas coexistam com características de administração e determinação políticas centralistas, mas que lhe seja oferecido um estatuto secundário, um formato pouco estável (ver Durão, 2008a, 2008b).

Impõe-se devolver a Polícia à cidade, ao bairro, à rua, sendo certo que qualquer política de proximidade estará condenada ao fracasso sem o indispensável envolvimento das comunidades locais e, em geral, da comunidade civil. Não obstante, este modelo de proximidade não pode traduzir quaisquer equívocos ao nível da linha de demarcação existente entre as funções do profissional da polícia e as do assistente social" (cit. *in* Poiares, 2004: 48).

Nas esquadras a coordenação entre os serviços de polícia e os restantes não é um problema simples. O alargamento do mandato profissional dos polícias no sentido assistencial tende a tornar mais visível a existência de problemas sociais preocupantes e conhecidos das cidades portuguesas. Os polícias entram mais do que nunca nos domínios dos problemas privados, contactam e testemunham a exclusão social em todas as suas formas. Assim, um trabalho mais activo dos agentes nas comunidades lembra frequentemente a falta de outros profissionais no "terreno" para encontrar soluções menos provisórias. Desse modo os programas podem estar a contribuir para a ilusão do bom funcionamento dos serviços do Estado e da assistência, quando é sabido que os agentes não podem ir além da oferta de situações temporárias e precárias, isto é, de agir como *bombeiros sociais*, transformando a actividade numa espécie de "prótese social", como designou Monjardet (1996a).

Não é por acaso que as políticas da proximidade estão mais desenvolvidas em comunidades e Estados-Nação onde as parcerias interprofissionais, interinstitucionais e locais existem e funcionam (e até mesmo em Portugal), algo que ainda parece em gestação nos bairros e cidade de Lisboa.[52]

O alargamento das competências formais do trabalho dos patrulheiros chega com a proximidade às esquadras. E a diferenciação entre desempenhos de agentes assume-se e é sublinhada. Os comandantes locais, ao verem distribuído o *seu* pessoal por outras funções – não por sua iniciativa, mas por decreto da Direcção Nacional e do Ministério da Administração Interna – vêem reduzido o efectivo para a patrulha regular de rotina. A proximidade traduz a entrada directa

---

[52] Muitos agentes reconhecem que é mais simples em pequenos comandos, quer da área da PSP quer da GNR, efectivar a proximidade pois as condições institucionais e sobretudo burocráticas já são de proximidade.

de um plano governamental para o policiamento de patrulha, não decidido ao nível operacional da divisão ou do comando. A dificuldade em encontrar "quem pegue" no comando da proximidade, quer na divisão quer nas esquadras, é o exemplo mais claro do estatuto relativamente periférico para o qual esta especialidade foi atirada ao nível operacional. Todavia, não podendo simplesmente "acabar com os programas", motivação que vários comandantes de esquadra me manifestaram, estes dependem, mais ainda do que a patrulha, do desempenho e iniciativa dos agentes para eles recrutados. Os programas funcionam quase exclusivamente apoiados no esforço de iniciativa pessoal dos agentes.

As mulheres são "naturalmente" vistas como boas agentes na proximidade, em particular na escola segura e apoio ao idoso.[53] E embora se reconheça que algumas mulheres se destacam neste serviço, sendo louvadas por comandantes, consideradas entre os "melhores elementos da esquadra", tal parece contribuir para as manter um pouco à margem das mais "duras" patrulhas, ao lado dos patrulheiros, maioritariamente homens.[54] Certo é que a maioria das mulheres polícias encontra lugar reservado na proximidade, poucas o asseguram por muito tempo na patrulha...[55]

---

[53] Desde Marilyn Strathern que foi desenvolvida toda uma reflexão em torno do papel das mulheres na vida social. A autora é uma das primeiras a questionar as preposições que na ciência e no senso comum associam a natureza às mulheres e a cultura aos homens (Strathern & MacCormack, 1981), além de que documenta e analisa a complexa reprodução social das diferenças atribuídas ao género (Strathern, 1992).

[54] Um agente, muito jovem, um dia corrigiu uma colega, agente do Programa Idosos em Segurança, dizendo "Tu não és uma agente, tu és uma mulher-polícia", sublinhando as diferenças do policiamento da proximidade e da patrulha; mas simultaneamente sublinhando a evolução que a agente naquele caso tinha feito em poucos anos de profissão.

[55] Há uma conjugação de interesses a este respeito. Muitas agentes acabam por aderir a este trajecto nos programas da proximidade, que parece traçado a régua e esquadro para elas, em especial quando se tornam mães, o que lhes oferece uma alternativa a trajectórias nos serviços administrativos da PSP, mais confortáveis mas menos estimulantes em termos de trabalho policial. Muitas acabam por se resignar e integram secretarias e gabinetes, razão pela qual as mulheres agentes têm em geral má reputação entre os agentes masculinos (cf. Cordeiro, Durão, Leandro, 2004).

Por todos estes motivos, o reconhecimento destes programas não é muito elevado. Na proximidade os agentes raramente sobressaem e os seus *bons serviços* passam ao lado dos patrulheiros, organizados noutra escala temporal e por grupos.[56] Várias vezes me foi referido como os bons operacionais, considerados os melhores da esquadra, perdem as qualidades e "até parece que deixam de ser polícias" quando são recrutados para os programas[57]. Todavia quem não está neles considera-os um *tacho*[58], por ter o melhor horário da patrulha, sem os turnos da noite e a desgastante rotatividade.

Se os *serviços à civil* (que descrevo na secção seguinte) são bem vistos na organização, a inspirar nos agentes o mito do agente secreto, do detective, inspector judiciário, ou simplesmente por se considerar o trabalho mais orientado para o crime, a proximidade tende a ser vista como uma espécie menor de assistência social, situada e ocasional, que surge a desviar os polícias da sua tarefa de *combate ao crime*. Esta visão tem raízes históricas (como surge nos discursos pró-militaristas) e, na versão mais moderna, uma inspiração crescente dos modelos equipados, armados e reactivos anglo-saxónicos. Mas existem repercussões locais de uma tal representação nas trajectórias dos agentes. A selecção de agentes para os programas de proximidade dá-se mais como "recompensa de trajectória", após alguns anos passados numa mesma unidade, pela antiguidade na esquadra, e por *convite* dos comandantes, do que como "incentivo a uma trajectória" nos carris da vida operacional, por contraste com os agentes que se tornam arvorados ou, sobretudo, se são promovidos para serviços das brigadas à civil. Nas várias entrevistas que fiz não há relatos de agentes que sobressaíssem na proximidade e saltassem para outros lugares, em busca de outras oportunidades como agentes, num nível considerado mais operacional, na organização.[59] Com os agentes que

---

[56] A hierarquia de serviços será detalhada no capítulo 4.

[57] Algumas formas do tratamento interpessoal denotam uma tendência para minorar a importância dos programas. Pode chamar-se aos agentes do Programa Escola Segura os "escolinhas", aos agentes masculinos do Programa Idosos em Segurança os "bengalas", etc.

[58] "[D]esigna uma ocupação [neste caso um serviço] bem remunerada e conseguida através de influências pessoais "cunhas", como diz Machado Pais (2001: 7).

[59] Conheci alguns agentes que da proximidade seguiram para o curso de subchefes, onde vão conquistar novas oportunidades, na via vertical e não horizontal, isto é, transitando da carreira de agente para a de chefe. Nos programas os agentes desenvolvem competências

fazem serviço de arvorado tal acontece mais frequentemente, mesmo que muitos não transitem necessariamente para serviços operacionais de rua. Se para uns (patrulheiros que se destacam), um serviço pode significar o prenúncio do seu fim na esquadra, para outros (na proximidade) pode ser o indicador que lhes é reservado um papel na patrulha, ao nível da esquadra, ainda que numa outra dimensão diferente e menos desgastante. Estes serviços permitem assim antever manipulações e expressões na administração de trajectórias profissionais locais que raramente estão previstas quando são projectados ou planeados por instâncias superiores da PSP ou do MAI.

Os programas também se diferenciam entre si. O Escola Segura tem um estatuto moderadamente superior aos restantes no plano organizacional nacional para as esquadras[60], mas é um serviço muito pouco reconhecido pelas chefias intermédias, porque ainda mais autónomo que os restantes e com rotinas tão difíceis de controlar como as dos patrulheiros. Os policias do Escola Segura trabalham com a área de duas esquadras, com mais de 70 escolas, mas circulam preferencialmente em 4 ou 5 estabelecimentos de ensino público considerados escolas *problemáticas*. Na altura do trabalho de campo, os agentes destinados aos idosos e ao comércio passavam a maior parte do seu tempo nas esquadras a apoiar de perto os comandantes e alguns serviços da patrulha. O facto dos agentes do Escola Segura lidarem com uma *comunidade de menores* ou *comunidade escolar* como lhes chamam, parece ter ajudado a seduzir "parceiros" institucionais como as Juntas de Freguesia e o Governo Civil de Lisboa, que avançaram com meios automobilizados para o programa. O investimento organizacional e político em meios pode ser aqui tão reduzido como na patrulha.[61] O facto de terem uma viatura ajuda os agentes

---

pessoais de trabalho com a comunidade e desenvolvem saberes ao nível do registo de expediente, informações, relatórios, etc., o que facilita e ajuda à progressão na carreira, mas não pela valorização estatutária do serviço em si mesmo.

[60] Esta sobrevalorização relativa do programa surge desde o início. Basta ler o destaque do programa no livro do ministro em cuja legislatura foi introduzida a proximidade nas esquadras (Costa, 2002).

[61] Também o programa de apoio ao idoso tem ligações funcionais a outras instituições, como a Misericórdia ou a Junta de Freguesia com o maior número de habitantes da área de supervisão da esquadra. Tal verifica-se sobretudo porque são os colectivos dos centros de dia mais visitados pelos polícias. Mas o apoio descentralizado dos centros e

do Escola Segura a orientarem as suas rotinas. Os restantes estão limitados na sua área de circulação quotidiana. Em parte, tal faz com que esses agentes da proximidade passem mais tempo, em média, nas esquadras.

Os programas estão entre os serviços mais amados da patrulha no circuito externo à organização. São apreciados por quem neles participa e por um ou outro chefe ou comandante mais sensível à forma como as comunidades os apadrinharam. É perceptível o reconhecimento que têm na comunidade local. Bastou-me acompanhar durante um período estes agentes para me aperceber da intensa interacção que mantêm com os citadinos.[62] Mas também os *media*, ocasionalmente, celebram o trabalho, dedicação e iniciativa dos agentes da proximidade, em particular das agentes (cf. Durão e Leandro, 2003).

A proximidade oferece a possibilidade aos agentes de terem mais iniciativa no trabalho e de recriarem rotinas e técnicas de trabalho sem regulamentação específica predeterminada. Os agentes fazem-no muitas vezes sem o recurso à simpatia confortável dos superiores e sem a tradição de existência que oferece, por exemplo, à patrulha apeada uma aceitação generalizada por defeito, porque "sempre foi assim". A patrulha é o trabalho de rotina instalado e institucionalizado na Polícia, por onde todos os agentes passam.[63]

Em termos de situações de trabalho que se oferecem aos agentes da proximidade, a variação é tão ampla como na patrulha: o trânsito,

---

conhecimento de caso a caso nas ruas surge sobretudo do lado da Polícia. De acordo com os depoimentos de alguns polícias, o apoio social aos idosos mais carenciados da área tem evidentes debilidades e limitações. A verdade é que a parceria de ambas as partes é mais informal do que formalizada.

[62] Depois de terminar uma conversa calorosa com uma "mãe" da área, um dos agentes do Escola Segura disse-me: "Nem sei o que fariam os cidadãos se os programas acabassem, choviam cartas a reclamar na esquadra (...). Isto continua porque a pressão dos cidadãos existe, senão já tinha acabado".

[63] Quando enquadradas e estimuladas localmente pelos superiores, são desencadeadas inúmeras possibilidades de articulação entre o trabalho dos agentes dos programas e os da patrulha. Apenas um exemplo. Já aconteceu comerciantes, com quem os agentes da proximidade foram desenvolvendo um contacto directo, em momento de assalto contactarem directamente agentes da esquadra que, em poucos segundos, detiveram o assaltante. Mas a proximidade permite de facto a colaboração face a face entre polícias e citadinos. Tais tácticas tendem a esmorecer quando os comandantes investem num modelo de patrulha tradicional, procurando resultados rápidos e a todo o custo.

o circuito por locais onde existem escolas, locais onde se concentra o comércio, locais onde estão os idosos da rede de contactos que um ou outro agente pessoalmente vai traçando no espaço, a circulação e *visibilidade* pela área, a resposta a situações de emergência, produzir informação, redigir *exposições* sobre casos de crianças ou idosos mal tratados ou, mais ocasionalmente, conseguir fazer um *bom serviço* como um processo policial sobre um jovem que furta na área, por exemplo. Como dizem os agentes, "aqui também somos cem por cento polícias". Mas há uma diferença substancial. O trabalho destes é menos activado pelo sistema de chamadas. Só recentemente a central de rádio começa a encaminhar para os agentes do Escola Segura o que se passa com jovens na área. Os próprios subchefes dos grupos tendem a esquecer-se dos nomes desses *outros* polícias com quem lidam pouco nas suas rotinas. No caso do comércio e idosos as situações resultam de encontros face a face e de pedidos que surgem na própria esquadra.[64] O que acontece é que quando se trabalha mais por iniciativa, em acções nas escolas, os dois sistemas colidem frequentemente, o da chamada e o do plano de actividades diárias dos agentes dos programas. Tal não acontece no caso do CP, pois está sempre disponível para qualquer ocorrência, as 24 horas do dia. Mas a iniciativa na acção é aqui reduzida ao mínimo, como se verá de seguida.

Circulação, transporte, contactos

A patrulha é genericamente orientada em cada turno por um plano diário estabelecido a partir do mapa de giros. Mas as rotinas, o alcance e a projecção territorial dos serviços diferem. Neste ponto volto às principais características de serviços do policiamento para analisar a sua expressão em sequências e itinerários, no tempo e no espaço. Seleccionei o CP, os patrulheiros apeados e o carro do Programa Escola Segura (proximidade) pois evidenciam diferenças notórias. Comparo-os entre si em três questões fundamentais que orientam o trabalho policial.

---

[64] Durante o tempo que passei nas esquadras era frequente ser apresentada a idosos e idosas que iam ao estabelecimento para falar com a "menina polícia" só para desabafar, para pedir ajuda na moderação de conflitos, nas relações de vizinhança, etc.

Primeiro, o que significa ter capacidade de circulação e resposta rápida na patrulha? A capacidade de circulação e transporte é um dos recursos mais importantes e determina em grande medida o estilo de patrulhamento. Neste sentido o CP tem beneficiado de alguns dos aspectos mais valorizados no policiamento moderno. Este carro permanece o *ex-libris* da patrulha e a meta para qualquer jovem patrulheiro. Os automóveis têm vantagens para o trabalho, permitem aos agentes percorrer mais área e responder mais rapidamente a chamadas e manter mais autonomia e distância face à esquadra. Este é considerado um bem em si mesmo na Polícia. Muitos agentes consideram que podiam prescindir dos serviços apeados da patrulha, que tradicionalmente têm sido sustentados nas esquadras de bairro mas que são reequacionados em algumas divisões com extensas áreas a patrulhar ou com políticas mais ostensivas. Esta condição do trabalho alimenta a valorização da *luta contra o crime* (*crime fighting*) ou da *aplicação da lei* (*law enforcing*) no trabalho, o sentido da tão valorizada *operacionalidade*.[65]

Pelo contrário, nos serviços apeados, em particular nos programas da proximidade, o objectivo central é estabelecer contactos casuais, encontros e visitas mais sistemáticas a pessoas e lugares, face a face. Em muitos casos as viaturas podem favorecer o isolamento dos agentes, embora permitam estender o perímetro de acção. Todavia, aqui, o policiamento significa menos a directa *aplicação da lei* ou reacção e mais a obtenção de um conhecimento local rico e detalhado. Nos programas da proximidade em que é usado o carro significa mais um meio de transporte, não representando tanto um meio de identificação dos agentes com o seu mandato, como no caso anterior.

---

[65] É preciso ver que do ponto de vista mais subjectivo dos agentes o carro oferece outras vantagens. A extensão da acção proporcionada pela circulação é maior e a velocidade menos controlada (porque respondem a emergências). A mobilidade para fora da estreita área de supervisão da esquadra é representada como enorme liberdade pelos agentes. O carro patrulha, além dos apelos de um serviço reactivo, significa a possibilidade de substituir colegas de esquadras vizinhas, mais oportunidades para os agentes se manterem na acção. Este factor coloca estes agentes em contacto com muitos outros polícias durante um turno. No plano das socialidades, os agentes podem com o carro escapar aos constrangimentos dos superiores quando encontram pequenos locais de descanso fora da área e ter a desculpa de poderem não ser vistos porque se encontravam a circular.

Segundo, qual a "pertinência legal" e organizacional dos serviços?[66] O CP é um serviço cuja pertinência e determinação legal não é sempre equacionada. As chamadas dirigidas para o carro correspondem a um imperativo dos citadinos, significam o verdadeiro motor da patrulha. Na central de rádio é feita uma selecção dessas chamadas e no CP os agentes fazem a sua, aumentando ou reduzindo a velocidade de resposta. Assim a resposta tende a ser situacional, relativamente circunscrita.

A falta de recursos auto coloca os agentes apeados, e a maioria dos agentes da proximidade, de fora do sistema de chamada, que no presente mais acciona a patrulha. Assim estes serviços vêem reduzidas as oportunidades para participar nas ocorrências mais valorizadas e que mais ocupam os agentes (no capítulo 4 são descritas várias ocorrências). Esta característica organizacional tende a reduzir a pertinência (julgada muitas vezes como "falta de eficácia") destes serviços e a colocá-los num plano de requestionamento organizacional interno. Esse questionamento jamais atinge o CP. Assim os agentes da proximidade tendem a desenvolver práticas, e mesmo retóricas, que os colocam num plano onde os limites entre o que legalmente se considera domínio público e privado podem ser mais facilmente transpostos (ver crítica mais aprofundada na Polícia britânica em Cohen, 1985).

Terceiro, como se movem os agentes no plano dos contactos e relações mantidas com as comunidades? Nas teorias sobre Polícia, o automóvel tem sido associado à distância face às pessoas, traduzindo-se no fechamento de uma organização sobre si mesma, valores que a teoria sobre os policiamentos comunitários e de proximidade desejou inverter, voltando a incentivar as patrulhas apeadas "mais próximas dos cidadãos".[67] O acesso ao transporte revelou-se um meio facilitador da patrulha, mas representou a partir de certa altura um constrangimento. Porém, ainda mais determinante é a forma como tem vindo a ser organizada a resposta local em cada serviço. Como Monjardet determinou, o policiamento é posto em movimento

---

[66] Este aspecto surge mais desenvolvido pelos geógrafos britânicos Smith & Gray (1983), Grimshaw & Jefferson (1987) e Fyfe (1992). Aqui pretendo apenas colocar questões de ordem mais geral que ajudam a definir as diferenças fundamentais entre serviços.

[67] Este foi, por exemplo, o *slogan* da campanha televisiva de recrutamento de pessoas para as escolas de polícia em 2006.

quotidianamente a partir de três fontes "chamada", a "ordem" superior e a "iniciativa" dos agentes (1996a: 9). E é a forma como nas esquadras os serviços assumem uma certa especialização em cada uma das fontes que determina a diferença entre eles.

O CP tende a ser accionado por chamada, os patrulheiros apeados e o *visível* respondem sobretudo a ordens e planos superiores e os agentes da proximidade são quem tem mais espaço para a iniciativa. Tal significa que há uma gradação no estabelecimento de contactos dos polícias com os citadinos que vai do quase não envolvimento (por iniciativa própria) do CP e do carro visível ao maior envolvimento dos agentes da proximidade. Para melhor ilustrar a territorialização das rotinas nestes serviços proponho uma leitura de mapas de sequências e itinerários (a partir das **figuras 9, 10, 11**).

Seleccionei um dia comum de policiamento para cada caso a ilustrar a partir da diligência etnográfica, como resultado do meu acompanhamento directo e em vários meses das patrulhas. Inspiro-me aqui nas metodologias da geografia temporal de Hagerstrand (1970), Gregory (1985) e Pred (1977), retomadas para a análise policial por Fyfe (1992).[68] Embora exista sempre alguma variação e imprevisibilidade nestes patrulhamentos relativamente aleatórios, as rotinas expressas nos dias seleccionados são representativas em si mesmas e representam alguma padronização das diferenças nos serviços. Ora veja-se o primeiro exemplo.

É no plano dos contactos com as populações de uma *área* que o CP enfrenta mais limites. Este responde sobretudo a chamadas. Nas suas rotinas os agentes apenas saem das viaturas para resolver problemas.[69] O mapa da **figura 9** demonstra que a actividade do CP se

---

[68] É preciso fornecer uma chave para a leitura visual dos mapas em anexo. Nos três mapas desenham-se os percursos no espaço com a sua tradução em tempo. Para a representação do espaço, surge um traço que na vertical acompanha as chamadas, os locais e as paragens efectuadas, e que os faz coincidir (numa linha imaginária) com os pontos da sua situação concreta no pedaço de território sobre o qual recai a nossa atenção, na horizontal. Do lado esquerdo eleva-se uma linha que aponta os intervalos de tempo dos percursos assinalados. É a coincidência entre essas duas grelhas visuais sugeridas pela acção que determina uma leitura do movimento, das sequências.

[69] Esta atitude de distância face às comunidades nestes agentes automobilizados tem sido estudada como valor "hedonista" e como estando na base da perpetuação de metáforas de "caça, luta e captura" (Reiner, 1978; Holdaway, 1983; Young, 1991). Fyfe chega a contrapor o "machismo syndrome" dos patrulheiros ao "social work syndrome" dos agentes da proximidade (1992: 472).

dispersa por vários pontos, o que evidencia longas sequências de tempo-espaço de circulação pela área e um grande número de paragens e pausas (neste caso 10, por motivos de serviço ou para repousar – p1 a p10). Estas sequências são pontuadas por respostas a chamadas da central ou da esquadra. Por exemplo, a primeira chamada para o carro surge duas horas depois do turno ter início, para conduzir um colega (c1, l1); a segunda surge quase quatro horas depois do turno começar para interceptar rapidamente um roubo em curso (c2, l2). Os agentes do carro patrulha acreditam que o seu trabalho consiste essencialmente em "responder a chamadas, resolver problemas, tratar das ocorrências" (entrevistas, Junho de 2004). Como determinou Grimshaw & Jefferson: "The principal goal is on-spot resolution, and other goals, like building up trust, cementing long-term relationships and establishing reciprocity, are not held to be important" (1987, cit. *in* Fyfe, 1992: 474). Fica claro que quem toma responsabilidade no contacto com os polícias são os citadinos. Uma das consequências é a relutância dos agentes do carro em gerar actividades por sua iniciativa. As paragens para estabelecer contactos são diminutas (neste caso duas vezes, pc1, pc2). A orientação do serviço leva os agentes a evitar envolver-se em investigações e resoluções de incidentes que lhes consumam muito tempo. Os contactos são estabelecidos sobretudo entre pares, cruzando outros agentes nas rotinas de rua.

    A fonte de activação dos serviços apeados são a ordem e os planos superiores que devem cumprir – *produzir visibilidade* e parar num ou noutro ponto da área durante um certo período de tempo são as prioridades. Estabelecer contactos com os citadinos não é também aqui uma prioridade do serviço. O mapa da **figura 10** ilustra a trajectória dos agentes apeados. As paragens marcam as rotinas e sequências no espaço e tempo (p1 a p9). Mas geralmente não correspondem a iniciativas de contacto com os citadinos (pc1, pc2).

    Os agentes da proximidade traçam as suas rotinas de visita e vigilância diárias a partir dos contactos que vão estabelecendo com pessoas e grupos. O rádio de ligação à central e à esquadra, embora ferramenta obrigatória de todos os agentes, não joga um papel central nas rotinas dos polícias da proximidade e serve sobretudo para pedidos de apoio. Podem passar-se dias sem uma chamada orientada para o carro ou, genericamente, para a proximidade. Isolando o exemplo do carro do Programa Escola em Segurança, um dos poucos requisitos organizacionais é que permaneça a maior parte do tempo nas imediações ou próximo de grandes estabelecimentos escolares públicos. Uma vez estacionado o carro, os agentes mantêm e solidificam os contactos com funcionários, estudantes, famílias, professores e outras pessoas. Entram nas escolas e, ocasionalmente, nas salas de aula. O mapa da **figura 11** apresenta uma disposição sequencial muito diferente da actividade expressa nos serviços anteriores. Esta reflecte a iniciativa dos agentes nos contactos com os citadinos nas áreas de supervisão correspondentes a duas esquadras vizinhas.[70] Por exemplo, neste turno, depois de sairem da esquadra os agentes dirigem-se a uma escola e ficam a conversar com várias pessoas à entrada da mesma (PC1), estabelecem contactos e regulam o trânsito numa outra (PC2). Noutras paragens, junto a várias escolas, voltam a contactar pessoas, no exterior e em alguns casos no interior (PC4). Também interpelam crianças num jardim (PC5) e jovens numa rua (PC7), neste caso numa atitude de suspeita. O gráfico demonstra que a resposta a uma chamada para o carro foi declinada por sobreposição de serviço (C1). As rotinas da proximidade estão fixadas e programadas pelos agentes e não se baseiam na espera das ocorrências. Existem menos contactos entre colegas da patrulha e muito mais contactos com os citadinos. Os citadinos tendem a falar com muito menos reservas com um agente da proximidade.

Nos últimos anos estes serviços ganharam protagonismo nos *media* e no plano local (mesmo se a tal não correspondeu uma valorização organizacional num plano mais global). Nas esquadras, quando um agente da proximidade mais activo e considerado simpático (em particular se for mulher) é transferido do serviço ou da esquadra, vários grupos de citadinos com quem estabelecia contactos regulares manifestam-se sobre a sua ausência. Na patrulha regular isto só acontece com patrulheiros que permanecem muitos anos numa mesma esquadra.

---

[70] No mapa não aparecem delimitadas as áreas das duas esquadras, pois tal reduziria o mapa e dificultaria a leitura gráfica. Como tal, preferi apenas indicar os locais visitados no turno.

Serviços ocasionais

Ocasionalmente podem ser accionados *serviços à civil*, como a eles se referem os agentes, isto é, patrulhas desfardadas. Mas ganha cada vez mais expressão no policiamento das esquadras um outro tipo de evento policial extraordinário que não se orienta pelas rotinas da patrulha. Trata-se das *operações colectivas*, que exigem a criação de um aparato policial e levam comandantes e agentes à rua.

"Andar à civil"

Durante um mês acompanhei uma dupla de agentes nas rotinas que faziam trabalho à civil e que ensaiavam, ao nível da patrulha, tácticas de investigação criminal. Ironicamente eram chamados os *furões de esquadra*, por alusão aos *verdadeiros furões* (nome de códigos dos agentes das Brigadas Anticrime). Tradicionalmente os agentes de esquadras, que faziam pequenas investigações de rua, eram denominados *saltos*. O nome caiu em desuso devido à diminuição desta prática nas esquadras. A crescente profissionalização e especialização do trabalho de investigação criminal originaram nos últimos anos uma centralização de serviços noutras secções que antes estavam disseminados pelas esquadras.

Mesmo contracorrente e sem estar necessariamente escalado, alguns comandantes tomam a iniciativa de accionar o serviço. À civil os agentes trabalham mais directamente com estes superiores, o que pode relativizar ainda mais o peso, já de si relativo, dos subchefes num grupo, e desafiar a linha das autoridades. Neste serviço os horários são menos fixos, porque o serviço de rua é menos previsível. A entrada e saída do trabalho não se orienta necessariamente pela lógica do turno tradicional. Como tal, enquanto estão neste serviço os agentes, não mais do que uma dupla em cada período, estão livres das rotinas da rendição, da rotatividade no serviço (eles são, mesmo que temporariamente, especialistas) e da comunicação com os pares e o subchefe directo. Estão também em princípio livres das demandas dos citadinos, porque a maioria não os reconhece sem farda e, finalmente, da resposta a ocorrências, isto é, das chamadas do rádio.

A autonomia e o aumento exponencial do espaço de manobra nas ruas são a grande conquista neste serviço. Tal oferece-lhes uma certa ruptura com as lógicas da patrulha fardada. Temporariamente, e enquanto a autorização para andar no serviço permanece, estes agentes adquirem um estatuto de "polícias à parte", são considerados na esquadra os que "realmente conseguem trabalhar" (no crime). Muitos agentes defendem, um pouco seduzidos pelo aumento das competências de acção criminal da PSP, ser mesmo essa "a única forma de trabalhar". Nas múltiplas entrevistas a agentes que fiz sublinhei uma tendência: um dos sonhos mais frequentes da carreira policial entre agentes passa por trabalhar nas brigadas à civil. Mesmo quando expresso por agentes que na patrulha têm desempenhos considerados pouco satisfatórios ou mesmo negativos pelos seus superiores. Este é o apogeu do valor de um *operacional*.

É mais fácil nestes serviços entrar em situações que implicam o desafio dos limites legais (desvios da discricionariedade) e do mandato profissional e organizacional (desafiam a divisão de competências do plano organizacional). Assim não é de estranhar que os serviços *à civil* nas esquadras sejam interrompidos sem grande explicação, na maior parte das vezes devido a pressões internas da divisão do trabalho operacional.

Os agentes trabalham muitas vezes com a promessa de uma recompensa traduzível em tempo livre; têm acesso a *excessos* quando trabalham mais horas seguidas. Sendo o tempo livre um dos valores imediatos mais prezados na patrulha, isto cria algum mal-estar no meio. Um certo isolamento do colectivo, se o processo não for individualmente bem conduzido, pode ser o preço a pagar por estes agentes *à civil*. Alguns deles ganham a reputação de *convencidos* e *arrogantes*, muito difícil de superar. Os efeitos práticos são ficar sem o apoio directo de agentes fardados, convocados por estes patrulheiros à civil em momentos-chave das operações de rua. Este apoio é importante, uma vez que os meios automobilizados não existem para este serviço algo oculto dos registos da esquadra.

Os polícias *à civil* devem ser capazes de ter iniciativa no trabalho de rua, uma iniciativa de estilo diferente da dos agentes da proximidade. À civil, os agentes procuram pistas, através de poucos indicadores, indícios, aquilo a que chamam *dicas policiais*, situações em que possam intervir de modo relativamente célere e arriscado. Embora inicialmente promovidos pelos comandantes, na rua estes agentes estão entregues a si e ao seu desempenho pessoal, e sem apoio operacional dos superiores, tal como qualquer patrulheiro.

Na esquadra que melhor conheci, os comandantes accionavam este serviço com um objectivo nem sempre explícito, mas amplamente conhecido – produzir detenções nas zonas *referenciadas* por práticas ilícitas, onde é mais fácil deter com substância e justificação legal. Assim as zonas associadas ao tráfico de droga são o alvo principal e, mais ocasionalmente, outras situações como surpreender ladrões de automóveis em parques e ruas. Nos horários diurnos da traficância de rua os agentes procuram surpreender situações ilícitas, *caçar* traficantes. Nos horários nocturnos do furto, cabe surpreender assaltantes em flagrante. Em suma, o objectivo é provocar *bons serviços*.[71] O sucesso destes depende em larga medida da mediação dos agentes com a *área*, um conhecimento profundo da mesma (dos seus recantos, esconderijos, partes obscuras) e de algumas pessoas envolvidas em redes que possam servir de informadores. Não há inocentes neste serviço e os agentes têm uma visão algo cínica e distante da realidade.

Outras razões podem estar na origem do accionamento destes serviços por quem gere um "colectivo de homens": a manifesta insatisfação de agentes já muito batidos na patrulha, mas que não encontram facilmente outros lugares e oportunidades na esquadra ou na organização que correspondam às suas *competências* de rua. Os agentes que chegam a este serviço, em geral, já passaram pelos restantes serviços da patrulha, foram certamente arvorados do CP e, em alguns casos, na ausência de superiores directos, somam a experiência de graduado à banca, ocupando lugares formalmente reservados para subchefes. Existe talvez uma outra razão. Os agentes no serviço à civil podem surpreender os comandantes e levá-los a imaginar que estão à frente de "unidades operacionais", que contam e se destacam (mesmo que de modo efémero) no conjunto da organização pelo seu trabalho criminal. Já vimos que pela divisão e organização desigual dos serviços da patrulha, poucas formas existem hoje para uma esquadra sobressair na Polícia através dos seus serviços tradicionais

---

[71] Explico o que são bons serviços policiais no capítulo 4.

(mais reactivos), o que sublinha o interesse tendencial na faceta mais criminal do trabalho.[72] Mas a maioria dos patrulheiros continuará sempre de fora desse trabalho de visibilidade interna e também externa dos indicadores criminais ao nível da patrulha.

Os comandantes, eles próprios, arriscam quando assumem esta estratégia. Em geral são os comandantes que estão de passagem numa esquadra que levam avante esta política, não estando em cima da mesa a sua imagem na comunidade. A estratégia pode custar-lhes alguns riscos e dificultar promoções, sobretudo se inequivocamente pisarem a fronteira legal dos códigos, e o erro não for "corrigido" nas escritas da organização. Mas a verdade é que os riscos lhes trazem mais vezes benefícios, expõem internamente esquadras "com números de combate ao crime", ganhando assim estatuto junto do comandante superior, que por sua vez o ganha junto do comandante metropolitano, etc. Este pode ser o "passaporte" de uma carreira para oficiais que, tal como muitos agentes, não vislumbram o seu futuro profissional numa esquadra. Por isso os agentes dizem que os "furões de esquadra estão a ajudar os comandantes a fazer *curriculum*". Mas na verdade estão também a fazer o seu próprio. Há um certo reconhecimento superior de agentes que ousam "arriscar". Fazer trabalho à civil pode ser o sinal de chegada ao topo da hierarquia entre agentes na esquadra. A verdade é que traduz pelo menos o sinal para dentro da organização de que se está disponível para um convite para outras áreas do trabalho mais especializado. É tida como uma prova de esforço dada à própria organização. Ao lado de agentes muito jovens já muito desiludidos com a organização, incapazes de traduzir as suas políticas menos transparentes, incapazes de fazer opções que os favoreçam pessoalmente através do trabalho, surgem estes escassos agentes, os *verdadeiros operacionais*, alguns deles mantendo-se na memória dos que vão ficando nas esquadras.

---

[72] Uma breve leitura dos louvores publicados nas "ordens de serviço" demonstra que a acção mais prestigiada no policiamento é a que se relaciona com a acção na área criminal.

Operações colectivas

As operações de esquadra, também denominadas operações de *fiscalização*, não são propriamente um serviço, mas os agentes participam nelas e têm aí um papel central. As operações começaram por ser uma face mais excepcional do trabalho de patrulha, até porque acontecem fora da escala de serviço fixa e implicam que os agentes se voluntariem. Mas nos últimos anos começaram a ser activadas com regularidade em muitas divisões. São um meio de criar um "dispositivo de policiamento" num determinado local, a determinada hora, com um circuito geralmente pré-definido. Este tem um colectivo de agentes variável, supervisionado no terreno por um dos comandantes, o auxílio do supervisor de turno e, na esquadra, o graduado do turno.[73] Ora, tal como nos serviços accionados à civil, é em zonas ou áreas do trabalho susceptíveis de ilicitude, o trânsito e zonas conhecidas de tráfico de droga, que estas operações encontram o seu alvo preferencial.

Existem dois tipos de operações: as que se integram em planos da divisão e do comando e as que estão mais confinadas a decisões do comandante de esquadra, embora frequentemente activadas por pressão superior. Funcionam com alguma regularidade agendada. Ao nível da esquadra são organizadas pelo menos duas operações mensais. O objectivo é "identificar suspeitos", fundamentalmente nas zonas de tráfico de droga, como me disseram os comandantes.

As operações ao nível da divisão dão-se pelo menos uma vez por mês, de preferência no final de cada mês quando os cidadãos receberam os salários, os gastam na diversão nocturna e conduzem alcoolizados. Para a Polícia as operações significam mais dados estatísticos, quer ao nível da divisão quer somadas ao nível do comando. No plano das divisões, as operações no trânsito são accionadas dentro das cidades, visando em particular os circuitos de quem frequenta os bares e discotecas. Assim, agentes e comandantes da mesma esquadra colocam-se num local *estratégico* da área, onde se sabe que

---

[73] Estas inspiram-se nas políticas de "tolerância zero" inauguradas nos Estados Unidos da América, nos anos 80, em particular na polícia nova iorquina, mas que rapidamente ganharam popularidade a nível internacional e global, em particular com as medidas pós-11/09 (ver, por exemplo, AAVV, 2004).

vários condutores vão passar, neste caso em direcção à via rápida que os levará para as periferias da cidade.

As várias unidades do policiamento urbano da divisão marcam encontro, cada qual nos seus *postos*, pela madrugada dentro. É dado o anúncio de início e fim da operação pelo comandante superior e assiste-se à circulação e presença deste na área. Para muitos agentes esta é uma das poucas oportunidades de ver na rua os comandantes, em particular olhar de perto o comandante da divisão que se pode conhecer em circunstâncias menos felizes.[74] As relações inter-hierárquicas estão menos organizadas por rotinas de trabalho do que por questões administrativas e disciplinares (como se verá no capítulo 3). As operações são a excepção.

Os meios e pessoas envolvidos são variáveis (porque dependem dos elementos voluntários cooptados pelo comandante), mas podem chegar a incluir vinte elementos de uma esquadra. Fazer uma operação significa ter material da própria divisão e também da Divisão de Trânsito de Lisboa, que nem sempre está disponível: coletes reflectores, marcos policiais diversos, alcoolímetro, etc. Nestas situações, como na patrulha, é sabido que os meios materiais na polícia são difíceis de obter e jamais suficientes.

Cada colectivo de esquadra, em seu ponto estratégico, tem agentes (com coletes reflectores) que se ocupam de mandar parar os automóveis. Alguns são encaminhados e acompanhados até junto de um subchefe ou agente que lhes faz o teste do álcool, enquanto outro verifica a documentação. O CP encarrega-se de conduzir até à sede de divisão os condutores alcoolizados.

Quando a taxa atinge o valor de 1,20 g/l no sangue, a situação é considerada "crime". O condutor pode ser punido com pena de prisão, pena de multa até 120 dias e proibição de condução de veículos de 3 a 36 meses. Fica impedido de conduzir durante 12 horas, correndo o risco de incorrer no crime de desobediência qualificada (art.º 348 do Código Penal). Abaixo desse nível de álcool detectado são accionadas autuações de valor variado. De 0,50 g/l a 0,79 g/l a ocorrência é considerada "grave", com coima de 250 euros a 1.250 euros e inibição

---

[74] Em situações como punições, queixas, problemas técnicos, etc. Quanto "maior" for o comandante, maior tenderá a ser a gravidade que irá marcar o encontro de um agente com ele.

de condução de 1 a 12 meses. De 0,80 g/l a 1,19 g/l a situação é considerada "muito grave" e a coima varia entre 500 e 2.500 euros, além de inibição de condução de 2 a 24 meses (cf. art.ºs 81 e 153 do Código da Estrada e art.º 383 do Código de Processo Penal). Nos dois últimos casos, a polícia tende a aplicar as coimas nos valores mínimos.

Na divisão está montado um dispositivo que certifica o primeiro teste provisório e faz um segundo.[75] São mantidas umas divisórias por esquadra, estando em cada uma delas um ou mais agentes com a *papelada* pronta para accionar os processos de detenção. À medida que a operação vai avançando nas horas vão rareando os agentes nos locais das operações. Os agentes ficam na sede da divisão a acompanhar as pessoas aos testes, em particular os mais alcoolizados. Muitos condutores, longe dos carros estacionados numa outra ponta da cidade, vagueiam pela sede até de manhã onde serão acompanhados por agentes ao tribunal. Outros seguem para casa e irão (ou não) pelos seus meios às varas matinais do Tribunal de Polícia.

Tudo se passa com algum desportivismo e muitos agentes não reconhecem neste trabalho valor motivante, antes tido por mais uma noite não dormida. Os comandantes defendem que os agentes são *voluntários*, mas na verdade vêem-se obrigados a recrutar e a convencer a maioria dos agentes para um trabalho extra que nem sempre promete uma folga extra.[76] A participação dos agentes nas operações pode surtir efeitos benéficos na imagem destes junto dos superiores, mas a recusa de participação resulta quase sempre em custos para os

---

[75] Existe a possibilidade legal dos condutores fazerem, em alternativa, um teste ao sangue, uma "contraprova", nos serviços de urgência do hospital da área. Mas isso envolve mais recursos policiais e despesas ao infractor, pelo que tende a não ser lembrado e, como tal, menos frequente.

[76] Esta situação levanta alguns problemas e pode atingir níveis de tensão muito elevados entre comandantes e alguns agentes, em especial com os da proximidade, que já não se consideram exactamente patrulheiros, a trabalhar para os mesmos fins ou com os mesmos objectivos e filosofia. Mas os superiores esperam deles alguma adesão, uma vez que consideram que eles são privilegiados por não fazerem turnos nocturnos como os demais. Os agentes da proximidade mais próximos dos comandantes, que passam mais tempo nas esquadras, são mais participativos, muitas vezes como forma de reciprocidade diferida ou por razões tão simples como o domínio de técnicas simples de informática que facilitam o trabalho em série e que mais ninguém domina.

agentes. O nível de popularidade do comandante directo aumenta ou diminui a participação dos agentes. Mas na sua trajectória é raro o agente que se escapa a participar numa operação colectiva da esquadra ou da divisão.

As operações "servem para combater o crime", dizem os comandantes. Mas os fins políticos não explicitados são mais profundos. Trata-se de oferecer à opinião pública dados publicáveis e quantificáveis do trabalho policial, ciclicamente referidos nos *media* bem como nos relatórios da actividade. Trata-se do "produto"[77] do trabalho policial, pronto-a-consumir e que todos entendem o que quer dizer, sem a expressão das ambivalências e ambiguidades das rotinas do policiamento. E é sempre eficaz porque não tem indicadores a desafiar os seus resultados, apenas a exposição de resultados em "bruto", esses comparáveis entre si, por operação, os resultados de diferentes anos, etc.[78] Através de aparatosas operações os superiores esperam conseguir dar forma material a condutas sociais reconhecidamente delituosas. Em certa medida trata-se de trabalhar para a visibilidade social de um trabalho, o de polícia, que tem vindo a ganhar reconhecimento na sociedade portuguesa desde os anos 80, depois de passado o período de uma década que afectou a imagem da "força da ordem", então muito desacreditada, pelas relações umbilicais que tinha com o regime anterior. Como me disse uma vez um comandante operacional, "nós respondemos à sociedade com números, com as estatísticas".[79]

---

[77] Reiner, num texto muito interessante sobre a avaliação do trabalho policial, distingue a avaliação pelo "produto" e a avaliação pelo "processo" (2002).

[78] As frequentes publicações nos *media* fazem pressupor que estas políticas de produção de resultados policiais não se circunscrevem a uma divisão, a um comando metropolitano ou sequer à Polícia urbana. Operações deste tipo ganham forma pela Brigada de Trânsito da GNR, pelo país fora. Existem um pouco por todo o mundo, são as Blitz no Brasil, etc.

[79] Os comandantes da divisão e das esquadras orgulham-se de ter aumentado em quase 100% as operações e os resultados que proporcionam em 2004, por comparação a 2003, com apenas mais 50% de pessoal envolvido. Em 2003 as operações colectivas começaram a ser sistematicamente implementadas. Em 2004, com 185 operações no ano, as autoridades estimam que fiscalizaram 4.780 indivíduos, 11.500 viaturas, e detectadas 2.249 infracções. Foram fiscalizados 335 estabelecimentos e detectadas 359 infracções. E também ocorreram 435 detenções, na sua grande maioria de condutores com taxas de alcoolémica de nível criminal (fonte: estatísticas anuais da divisão).

As operações colectivas no trânsito são o equivalente às mediáticas apreensões de grandes quantidades de droga nas redes do tráfico de *drogas duras*. A relação entre as polícias e o crime é indeterminada e vaga, mas os resultados aparatosos causam algum impacto social e sobretudo mostram que os polícias *produzem*. O dado material não é só fundamental na lei penal, é-o também nas políticas práticas da Polícia.

O empenho e valorização destas acções ao nível dos agentes que lhes dão corpo é baixo. Em primeiro lugar, o interesse manifesto depende do serviço que os agentes executam e da sua situação na esquadra, mas também da visão mais ou menos crítica e cínica que têm relativamente a este aspecto do trabalho policial. Muitos tratam o trânsito como uma área de *fachada*, à excepção de alguns que vêm aí uma oportunidade de corrigir as ilicitudes de "cidadãos mal comportados e emproados". Além disso, as "políticas das estatísticas", para muitos, são um recurso fácil para não mudar nada na organização. Para a maioria dos agentes as operações de fiscalização no trânsito representam uma "caça ao número" e são uma espécie de extra indesejado no seu trabalho de patrulha, ou proximidade, esse sim considerado nuclear. Quanto às operações mais vocacionadas para a droga, concordam no essencial com o que me disse um agente: "Se nós fardados não vamos lá, menos ainda se somos muitos. Antes de chegarmos ao local já eles sabem que vamos a caminho. Há sempre fugas..." (entrevista, Maio de 2004).

Nas metáforas criminais da patrulha é frequente a metáfora da *caça*, da *luta*, etc. É a mais conhecida dos estudos policiais. Mas há outras. Nas detenções de rotina na área da droga os agentes usam a metáfora da *pesca à cana*, não sabem que "peixe" apanham, ou sequer se ele "morde o isco", num mar de ilicitudes conhecidas. Nas operações colectivas usam a metáfora do *cerco*, onde é certo que caem sempre algumas "presas", condutores embriagados que voltam dos bares e discotecas da parte baixa da divisão...

Este tipo de policiamento lembra que existem pelo menos dois tempos e duas escalas na Polícia: o tempo-escala da rotina e o tempo--escala dos policiamentos colectivos. É no tempo-escala da rotina que manterei a análise.

Áreas e itinerários

"A *área*, tal como surge no *mapa de giros*, para mim é como um jogo de xadrez. A *escala de serviço* tem os jogadores. A *escala das alterações* tem o mapa, o tabuleiro onde eles jogam" (adjunto do comandante, Fevereiro de 2004).

O adjunto usa a metáfora do jogo de xadrez para sublinhar a regulamentação e a distribuição dos polícias pelo espaço de supervisão. Esta traduz a "visão em mapa" das chefias, numa espécie de "aspiração panóptica", como diria Fillieule (1997: 281). Mas esta perspectiva não é idêntica à dos agentes, que se organiza numa "visão em itinerário". A natureza do trabalho de patrulha, nas suas itinerâncias, não corresponde exactamente à metáfora organizada dos planos oficiais controlados pelas chefias.

Uma das minhas primeiras saídas da esquadra foi para acompanhar o comandante numa visita pela área, no carro visível, conduzido por um agente. Este escolheu apresentar-me os gabinetes e especialidades administrativas da divisão e o seu superior hierárquico, o comandante da divisão, para de seguida me apresentar aos comandantes das várias esquadras desta unidade administrativa. Numa outra saída para conhecer a área, acompanhei o seu adjunto, no carro satélite, com um dos supervisores mais experientes da área e um agente a guiar. Fizemos um circuito pelas principais ruas da área da esquadra, contornando-a pelas ruas-limite, desenhando-lhe as fronteiras. Todavia, como viria a notar mais tarde, ficou de fora deste circuito, que procurou ser o mais "realista" possível, um bairro pobre relativamente isolado, não tendo sido envolvido dentro dos perímetros da área de supervisão (este também esquecido nas rotinas das patrulhas e, portanto, uma área de excepção).

Não teria mais oportunidades para sair com os comandantes pela área, apenas reservada a operações *stop* nocturnas, a reuniões de comando na divisão e a algumas reuniões situadas num grande estabelecimento comercial (para planeamento da segurança da área durante o Europeu de Futebol de 2004, que acabou por não merecer grande preocupação). Alguns comandantes, num estilo operacional, mas em geral de passagem na esquadra, permitem-se avançar nos bairros da droga para conseguir resultados criminais. Mas cedo entendi que o papel é desempenhado sobretudo no interior das esquadras.

Foi com os agentes que *aprendi a área*, "de dentro e de perto" (Magnanni, 2003), quando circulava nos carros ou quando fazia quilómetros diários com os patrulheiros apeados. O valor sócio-profissional do saber que resulta das rotinas de itinerância por uma mesma *área* é constantemente lembrado pelos agentes. A *área* surge como a representação mais viva da experiência profissional entre os agentes ao fim de alguns anos de experiência.

No modelo de policiamento contemporâneo cada vez mais a rua é um lugar para os agentes, é o *lugar dos agentes*. Por um lado, já demonstrei que estes desempenham a actividade com um mandato plural e cada vez mais polivalente. Este mandato tanto inclui a gestão das situações *in loco*, como um relativo espaço de manobra para decidir sobre as suas rotinas, circuitos e itinerários num turno de seis horas, e a sua administração e participação escrita. Por outro lado, os agentes aprendem a área através da experiência, de "itinerários socializados", percursos e fixações territoriais de espaços que já foram anteriormente visitados e codificados por outros agentes. É um dado consensual na Polícia que para fazer um bom patrulhamento é preciso *conhecer a área* e com o tempo ganhar afectividade e familiaridade com os aspectos que a caracterizam. Os agentes mais experientes e há mais tempo numa esquadra consideram que é a partir do momento em que percepcionam as principais características de uma área geográfica e social que começam a dominar desempenhos profissionais. Os polícias fazem depender muito dos desempenhos de um saber que se adquire por experiência própria.

O saber territorial de um agente é em primeiro lugar intransponível, porque é o nível zero da patrulha e alguma coisa ele vai aprender no patrulhamento (pode ser muito, pode ser pouco). É um saber em larga medida intransmissível, porque se mantém uma experiência subjectiva que frequentemente é tornada "propriedade" pessoal. Mas é também irrecuperável, porque, como está localmente fixado, quando os agentes mudam de esquadra e de território terão de voltar a aprender novamente tudo o que diz respeito a essa dimensão de base do trabalho. O saber dos agentes não fica assim "propriedade" da esquadra senão nos registos conservados durante um período obrigatório de cinco anos, mas ao fim do qual são destruídos. As memórias laborais circulam com as pessoas.

Tomemos, como exemplo, um agente que manifesta mais interesse pela patrulha nos bairros da droga e um outro agente que adopta um estilo menos confrontacional e que prefere patrulhar nas áreas das classes médias; podem ambos usar o seu espaço de manobra para mudar rotas e planos da patrulha (que lhes chegam por ordem superior). Ao longo do tempo, nas suas trajectórias, ambos desenvolvem um entendimento diferente da *área* da esquadra e tendências de subespecialidade oficialmente não reconhecidas. Diferentes experiências conduzem a diferentes percepções da área. Agentes que tiveram experiências negativas ou traumáticas em determinadas partes da área tendem a evitar patrulhá-las, por exemplo.[80] As intersubjectividades dos agentes estão sempre presentes no trabalho, afectam itinerâncias, e em última instância os próprios mapas do policiamento colectivo.

Diz-se neste meio que alguns agentes *dominam* a área, "conhecem-na como a palma das mãos", o que por vezes se traduz também num conhecimento sócio-organizacional – conhecem os mecanismos administrativos e as disciplinas morais praticadas na esquadra, conhecem as tendências de chefias, estão familiarizados com um certo estilo de socialidade, etc. Sabe-se, pelo contrário, que nas esquadras mais juvenis os agentes inexperientes durante muito tempo só lhe conhecem as ruas principais e mais frequentadas e que, portanto, são ainda *cegos*. De cada vez que os comandantes vêem partir agentes com quatro ou cinco anos de esquadra, vêem partir uma série de saberes práticos que levarão outros tantos anos a conquistar, quer no universo da esquadra, quer no plano da trajectória dos agentes.

Contudo, os agentes mais experientes desafiam, com a sua independência e saber das ruas, a hierarquia e o saber das chefias, que nunca chega ao mesmo detalhe. Os lugares mais recônditos estão reservados aos patrulheiros. Já disse que na *área* da esquadra existe um bairro que só muito ocasionalmente é policiado. No mapa da **figura 12** pode visualizar-se esse espaço de excepção. Foram os agentes que acompanhei nos *serviços à civil* que me conduziram e revelaram os segredos de territórios desconhecidos dos superiores e ainda não socializados pelos mais jovens agentes. O bairro – de

---

[80] Conheci um agente que assistiu ao suicídio de um colega no bairro da droga numa época em que o movimento de tráfico estava no auge. Reconheceu que é uma das zonas que menos gosta de patrulhar e que não gosta sequer de "trabalhar na droga".

inúmeros pátios, ruelas, vielas, becos sem saída, com uma rua principal e casas aparentemente clandestinas que se dispunham encosta abaixo – evoca nos agentes menos os cenários da acção policial *contra a droga* (embora lhe conheçam alguns focos) e mais os cenários de *saberes de rua* e *artimanhas* dos patrulheiros. Alguns agentes desafiam o fraco conhecimento que os oficiais têm dos interstícios da área, escolhendo por vezes locais retirados, pouco frequentados, fazendo com que os oficiais percam mais tempo a encontrá-los. No relato que se segue, o agente Duarte, com cinco anos de polícia todos passados na esquadra, fala do tempo em que trabalhou como arvorado do carro patrulha e de como enganava os oficiais de serviço usando os seus saberes territoriais:

"Quando eles me pediam [através da central de rádio] para me localizar, eu indicava uma rua deste bairro. Eles perguntavam: 'Mas essa cruza com que rua?' [Para facilitar a localização, os polícias referem o nome da rua perpendicular]. E eles viam-se às aranhas para me encontrar. Eles não conhecem nada disto" (entrevista, Maio de 2004).

Corpo fardado

Isto de andar fardado na rua é ser o alvo de todas as atenções. Porque no fundo o polícia é isso mesmo. Está fardado na rua, está exposto, é um alvo que está ali. Quanto mais não seja um alvo de curiosidade por parte das pessoas (entrevista a agente, Maio de 2004).

O corpo fardado pode ser visto como o primeiro dos mapas policiais, também ele em permanente reorganização. Tal como muitas outras dimensões do policiamento, o "plano de uniformes da PSP"[81] tem sofrido variações ao longo das últimas décadas. Se do lado de fora da organização o polícia fardado representa simplesmente a instituição policial, do lado de dentro, de cada vez que a veste, o corpo reflecte o mapa organizacional mas também os itinerários individuais. O corpo físico é eminentemente social, é um mapa de sentidos sociais: "Any construction of the self is embodied; and,

---

[81] Aprovado pela portaria n.º 484/86 de 3 de Setembro.

as such, influences not only how the body is treated but also how life is lived" (Synnott, 1993: 37).

A imagem idealizada do corpo apresenta os polícias em boa condição física, agentes viris, altos e musculados, em oposição ao corpo feminino considerado frágil. Aquilo que foi evidenciado por Suárez de Garay (2002a) tem algum paralelismo na Polícia portuguesa, em particular quando são destacados os valores da *operacionalidade*. Todavia as rotinas e os turnos amolecem, sedentarizam e lembram a perenidade e envelhecimento dos corpos. O elemento fardado em parte incorpora a instituição e "ela pensa através dele" (como diria Douglas, 1987), mas nunca deixa de ser ambas: a instituição (a sua representação oficial) e a pessoa que a incorpora e que ora a apropria ora lhe resiste, ora vive por meio dela. Mais do que analisar as representações identitárias do uniforme, detalho um pouco os usos sociais em presença e os efeitos nas rotinas e entendimentos do trabalho que diferenciam os agentes dos seus superiores.

A respeito da apresentação dos polícias fardados em público existe um problema de entendimento entre agentes e comandantes, os "vigilantes da boa apresentação" dos agentes, aqueles que se preocupam em conservar uma imagem de *profissionalismo* e de *uniformidade* do corpo policial na área. E se este é o mote para problemas relacionais recorrentes nas esquadras é porque de facto surgem dificuldades de concomitância de um colectivo policial juvenil, algo difícil de homogeneizar e de envolver numa imagem formal. Por trás da aparente uniformidade, cada agente revela apetrechos e escolhas pessoais de apresentação de si, nos modos de trabalhar, nos modos de andar, de colocar o chapéu ou de o tirar... Quase que poderia dizer que, na patrulha, à diversidade de pessoas corresponde uma diversidade de opções de imagens uniformizadas.[82]

---

[82] Estas gestualidades e racionalidades corporais são reveladoras de um medo de não-identificação, manifestado pelos agentes mais para dentro da organização do que para fora (uma vez que o relativo anonimato proporcionado pela farda, tal como sugerido no testemunho inicial desta secção, pode ser também um valor pessoal). Tais demarcações de fronteiras pessoais podem assim significar uma forma de recuperar a individualidade negada pelo uniforme e uma consciência aguda do corpo que a uniformização de quotidianos e modos de vida introduz. Estes aspectos foram muito bem analisados para contextos prisionais por Manuela Ivone Cunha (ver Cunha & Durand, 1999).

Geralmente os agentes não partilham exactamente o mesmo conceito dos oficiais relativamente à farda e aos comportamentos de apresentação de si que esta subscreve. Manifestam um certo desprendimento das ideias de uniformidade, revelam uma atitude descomprometida, desportiva e até de uma certa impetuosidade. Existem algumas excepções, em particular entre agentes (homens e mulheres) nos serviços da proximidade, e em particular os agentes mais velhos (com mais de 10 anos de Polícia), que desenvolvem uma relação de conformidade ou de menor desafio relativamente ao plano formal, mas aí são os corpos que os traem...

Em quase todos os turnos diários observei os comandantes a enfurecerem-se quando surpreendiam os agentes com os chapéus do fardamento pendurados no bastão preso à cintura. Por um lado, pude apreciar o desespero dos comandantes que não conseguiam influenciar comportamentos, por outro, observava a resistência dos agentes perante normativas organizacionais de controlo dos seus comportamentos através da sua aparência. A forma como os agentes desprezam o ter de *andar cobertos* (de chapéu), retirando-os assim que saem do alcance de visão dos superiores, é um bom exemplo dos diferentes entendimentos na hierarquia da imagem e apresentação de si enquanto elementos fardados.

Para os agentes, é a imagem da *operacionalidade* entre colegas que interessa defender. Não admira que privilegiem a compra de um *bastão extensível* (em vez do bastão tradicional que em 2004 fazia parte do fardamento oficial) ou mesmo que envergam uns óculos escuros e que desprezem o uso da gravata (obrigatória no Inverno) que consideram demasiado *démodé* e formal. Neste sentido é frequente os agentes da patrulha, por sua iniciativa pessoal, adoptarem uniformes idênticos aos dos elementos do *piquete* (com calças subidas, por exemplo), desviando-se assim do plano formal de fardamento para as esquadras. As intervenções pessoais no plano aproxima-os simbolicamente de um serviço considerado mais operacional. Por um lado, recusam uma imagem *arrumada*, demasiado ordeira e *conformista* da patrulha que possa confundi-los com agentes de outras unidades da PSP que não consideram verdadeiramente policiais (a Divisão de Trânsito ou a Divisão do Corpo de Segurança Pessoal, por exemplo). Por outro lado, aproximam-se da atitude dos *furões*, os agentes à civil, cuja imagem de marca é a diversidade, pluralidade de estilos e opções. Esses são olhados como os serviços *mais policiais*, e neles a operacionalidade prescinde mesmo da farda.

Todos os agentes manipulam a sua imagem fardada, mas as mulheres são mais contidas. O controlo da imagem das mulheres polícias, quando estas começaram a ser recrutadas pela Polícia na década de 80, merece aqui uma nota. A novidade estranha-se e surgem documentos com normativas extremamente apertadas sobre a apresentação de si, comportamentos em público, particular deferência perante os superiores – textos que antecipavam a menor autonomia que estas viriam a ter, por comparação com os colegas, nas patrulhas.[83] Na patrulha, com o correr dos anos e a progressiva desmilitarização da organização, mulheres e homens aligeiraram as normativas, começaram a adoptar estilos personalizados e a usar a margem discreta de possibilidades de manuseamento do fardamento. Lentamente as práticas acabam por afectar os planos formais. Nas mulheres, a imagem característica da operacionalidade tem sido o cabelo apanhado em rabo-de-cavalo que as distingue de outras agentes e subchefes em serviços na esquadra ou nas secretarias da divisão. Quando cheguei à esquadra a maior parte dos agentes já tinha adoptado os bonés de pala (em vez dos chapéus tradicionais aos quais, ironicamente, se referiam como *frigideiras*) e as flexíveis botas que se adquirem numa loja militar e que em nada se assemelhavam às duras botas que são vendidas nos armazéns de fardamento da Polícia. O pretexto para tal opção era a imprevisibilidade do serviço, expressa na imagem de ter de correr atrás de um delinquente em fuga. Ridicularizavam frequentemente, numa imagem que se tornou um *slogan* sindical, o facto de um agente num acontecimento desportivo de massas, filmado pelos *media*, ter de deixar de intervir na ordem pública para salvar um chapéu com o qual não se identifica e que lhe custou muito dinheiro a adquirir.[84] Ao alocarem e remete-

---

[83] O tema foi desenvolvido no relatório "Por uma Etnografia da Polícia: Mulheres numa Organização em Mudança" (Cordeiro, Durão, Leandro 2004), e também em Durão (2003, 2004) e Durão e Leandro (2003). Mais recentemente, uma tese de mestrado retrata a experiência dos primeiros anos das mulheres na Polícia portuguesa, com a primeira incorporação de alistados em 1972 (Leandro, 2006).

[84] Deve notar-se que o facto da maior parte das imagens filmadas ou fotografadas que surgem nos *media* – na televisão, jornais e, cada vez mais, em *blogs* – remeterem para o apodo de práticas de polícias como o mau estacionamento das suas viaturas, certas

rem para um tempo passado as fardas do planeamento formal, os agentes evidenciam valores de operacionalidade, que podem não estar muito presentes nas rotinas mas que estão certamente entre os aspectos mais queridos da patrulha.

Mapas da patrulha

Das rotinas e itinerâncias dos agentes resulta uma configuração policial do território que pode ser cartografada de modo a apoiar a explicação contida nos próximos capítulos. O mapa da **figura 13** evidencia as distinções sociais estruturantes da área de policiamento da esquadra Amarela. Quando caracterizam genericamente a área, os agentes tendem a dividi-la em duas partes que extravasam as divisões oficiais – a *parte de cima* e a *parte de baixo*. A divisão traduz um certo acidentado geográfico do território. Mas inclui, sobretudo, as diferentes respostas policiais para bairros que consideram ter diferentes características sociais.[85] A tradução policial do mapa evidencia que os lugares e ruas da droga estão situados em bairros pobres. A esses os agentes tendem a denominar genericamente como *bairros da droga* (que situam na *parte de baixo* da área). Os lugares e artérias do trânsito localizam-se em aglomerados considerados pelos polícias *bairros de classe média* (que situam na *parte de cima* da área). Ao *contraste social* que os polícias testemunham e traduzem nos

---

inoperâncias ou inconformidades legais do regulamento interno ou do que se considera como "exemplo institucional", traduzem que não é tanto no plano da criminalidade que estes polícias são publicamente observados mas muito mais na apresentação de si e da instituição policial fardada como um todo, o que em parte revela uma certa lateralidade do problema criminal em si mesmo – dimensão que contrasta, por exemplo, com o que se observa e se edita sobre as práticas policiais no Brasil e em diversos países da América Latina.

[85] Mais do que traduzir uma estratificação social nítida, a divisão enunciada ajuda a entender o sistema de classificações criados pelos polícias, nos seus quotidianos de trabalho, para os lugares policiados, não deixando porém de se basear numa certa simetria ou homogeneidade. Estas configurações imaginárias do espaço (do que está *em cima* associado à riqueza e o que fica *em baixo* associado à pobreza) a partir destas analogias topográficas, que descrevem menos o relevo do que a hierarquia social nas regiões, são recorrentes. Veja-se, por exemplo, DaMatta (1991) e Borges (2003).

seus discursos[86], tende a corresponder um contraste de estratégias e tácticas policiais.

O mapa que identifica os giros mais policiados (**figura 12**) demonstra que do território total da *área* existem certas zonas mais policiadas do que outras, uma certa selectividade e focagem da patrulha. Estas traduzem os grandes temas e "políticas" do policiamento – a droga e o trânsito – que fazem coincidir com os dois bairros que os polícias reconhecem estar no centro da sua actividade policial: o *bairro da droga* e o *bairro da classe média*, onde está sedeado *o* edifício da esquadra. Assim se edifica o entendimento policial de um território. Nas rotinas policiais vão sendo criadas "regiões moralmente diferenciadas na cidade" (Agier, 1996: 39-40), a partir dos sentidos e classificações socioespaciais em uso, diferenciações que são transmitidas pelos agentes mais experientes aos mais jovens. Algumas parcelas espaciais são assim distinguidas no seio da área delimitada para o policiamento de esquadra. As lógicas da acção e a representação dos domínios de acção têm também representação nos espaços urbanos.

À *parte de cima* corresponde um policiamento considerado relativamente *pacífico*, numa zona comercial onde os maiores problemas são as artérias do trânsito e os furtos provocados geralmente por quem vem da *parte de baixo*. Aqui é desenvolvido o patrulhamento apeado, numa visibilidade que pode considerar-se "preventiva". Se os bairros da classe média *estiverem em ordem* e existirem poucos motivos para interagir com os habitantes, os agentes crêem que a erosão da imagem da Polícia provocada pela regulação do trânsito, que mesmo se evitada sempre existe, melhora um pouco.

A *parte de baixo* é caracterizada como a *zona criminal* e *problemática* da *área*, a *zona referenciada* dos autos policiais e judiciais, onde os agentes identificam *estabelecimentos mal frequentados*.[87]

---

[86] Por exemplo, muitos dos agentes apontam como principal característica da área o seu "contraste social: o parque automóvel de uma grande escola privada da parte de cima da área, contrasta com as casas precárias e os sem-abrigo que estão do lado de baixo..." (entrevista, agente Anita, Novembro de 2004).

[87] Os polícias defendem que quase todas as esquadras de Lisboa e Porto têm, na área de supervisão, o seu bairro problemático, o que faz supor que a territorialidade policial assume características algo semelhantes noutros espaços urbanos.

Aí ressurgiram nos últimos anos focos de tráfico de droga cuja expansão territorial se espera que os patrulheiros sejam minimamente capazes de controlar através de uma presença regular quotidiana.[88] Aqui os residentes e visitantes são frequentemente *suspeitos* e é desenvolvida uma visibilidade mais "ostensiva", com um patrulhamento automobilizado, focalizado na questão da droga.[89]

Como estudou Gill (1977), a partir de uma rua londrina, os mapas mentais dos agentes, como várias áreas das cidades, são influenciados pelas caracterizações e classificações divulgadas nos *media*. São as zonas "degradadas", "carenciadas" ou, mais frequentemente, consideradas "problemáticas"; são os bairros de droga, lugares "a abater" e a "demolir". Como muitos patrulheiros dizem: "Naquele bairro [de tráfico] as pessoas não valem nada, não merecem nada" (entrevista, Junho de 2004). Os agentes criam metáforas para os lugares, como a que se segue:

> "Isto aqui é o polvo; os cafés, os tentáculos; os pequenos traficantes, os peixinhos e os grandes traficantes, os tubarões". Pergunto o que são os polícias. Dão risadas e respondem: "Nós somos os caçadores furtivos... Não. Somos caçadores de rio, aqueles que ficam com a cana e volta e meia apanham uns peixinhos, uns *mitras*, esses somos nós" (diários da patrulha, Abril de 2004).

Quando não consegue um fim criminal, a "visibilidade ostensiva" serve para proteger os *cidadãos comuns* (sinónimo de "citadinos decentes") da imagem pública e degradante de certos excessos da desviância na imagem urbana (evitar que traficantes e consumidores ocupem os espaços com a instalação de casebres ou *barracas*; evitar que os consumidores se injectem em público, etc.). É o limite moral

---

[88] A área correspondente ao giro n.º 10 no mapa tem um reforço de policiamento constante, por diversas unidades da PSP (pelos piquetes de acção rápida e pelo Corpo de Intervenção) e pela Polícia Judiciária. Estes só em épocas festivas do ano se deslocam à parte de cima da área da esquadra, para intensificar a vigilância nas zonas comerciais.

[89] Na parte de baixo o objectivo das patrulhas apeadas, quando existem, é manter num certo perímetro as actividades ilícitas. Os agentes tendem a avaliar com ironia e a considerar uma farsa a sua presença nos lugares de tráfico. Dá-se um movimento que um agente sumariou do seguinte modo: "Quando estamos parados cá em cima, eles vão traficar lá para baixo; quando estamos lá em baixo, eles vêm cá para cima. Fardados não fazemos aqui mais nada..." (entrevista, Julho de 2004).

imposto a uma prática que apenas perifericamente os agentes controlam. Cabe aos agentes ver o que está escondido, o espectáculo ao qual poupam os restantes urbanitas. Como me disse um agente: "Só não admito que trafiquem à minha frente, de resto, não posso fazer mais nada" (entrevista, Junho de 2004).[90]

A droga e os seus territórios são um tema algo estigmatizado na patrulha.[91] Ilustro-o com um apontamento dos meus diários. Um dos episódios que melhor retrata a produção social de "lugares malditos" é a visita guiada de um polícia com o filho de amigos ao lugar da droga para lhe mostrar "o lado negro da vida".

O agente Feliciano prometeu aos pais do João, de 14 anos, levá-lo a ver "a desgraça da droga". "O puto está naquela idade parva em que diz que fumar é fixe", diz-me. Vai buscá-lo à margem sul. Pedi para os acompanhar. Chegam à esquadra pelas 16 horas. O João tem um estilo *dread*, uma *t-shirt* larga, boné de pala, brinco na orelha e dentes de coelho. Tem um ar desafiador, mas na situação está pouco falador. Apresentamo-nos e seguimos a pé até ao afamado bairro da droga, a uns 500 metros da esquadra. O Feliciano está de branco, com o seu *look* juvenil de quase-Verão. Eu sigo com o meu traje de rotina, calças de ganga e blusão preto. Uma vez chegados ao bairro descemos até à encosta onde se encontram sempre algumas pessoas a injectar, onde este mesmo agente me apresentou uma noite o Rato. À passagem, o Feliciano espicaça um toxicodependente e diz que isto não é lugar para consumir. O local é o pretexto do monólogo que trava com o João: "Isto é o submundo e a degradação da droga". Insiste várias vezes num aspecto: "As ganzas [haxixe] levam a estas drogas, as ganzas trazem as pessoas para estes mundos. Já viste a degradação dos corpos?". Aponta à distância para um e diz: "Aquele já quase não tem pés". Fala do Rato, a personagem tornada ilustração-viva deste contexto, dos extremos destes estilos de vida: "Ele chama-se assim porque vive com os ratos e até lhes dá de comer". Subimos à praça onde se trafica: "Há aqui pessoas que tinham boas profissões; uma era modelo e vendeu um filho por causa da droga". Com algumas informações e curiosidades vai falando

---

[90] Os limites à acção policial estão configurados nos códigos penal e processual penal, mas têm razões organizacionais objectivas na divisão do trabalho policial, competindo aos patrulheiros de esquadra "a proximidade" e aos agentes das brigadas especializadas a investigação criminal mais aprofundada (como já foi dito).

[91] As investigações de Neves (2003) e de Fernandes (1998) olharam para este problema da perspectiva das socialidades e produção das diferenciações sociais em territórios psicotrópicos.

das pessoas que frequentam o lugar. Noto, mesmo assim, como encontra algumas dificuldades em moralizar um espaço que se tornou familiar... Estamos ali não mais de meia hora. Regressamos à esquadra. Finalmente, já mais longe, o Feliciano abandona o monólogo e abre espaço ao diálogo: "Então João, o que é que achaste?". Este encolhe os ombros. Resolvo perguntar: "Já tinhas visto lugares como este?". Responde que não: "Nem na televisão; mas só vim porque tinha curiosidade, não me impressiona...". À chegada à esquadra, junto à banca, outros polícias concordam: "Faz-lhe bem ver". A subchefe e os agentes da proximidade radicalizam: "Aquilo são farrapos velhos; são como panos amachucados; é um lindo espectáculo, não haja dúvida...". Mas mais do que tudo, os polícias acreditam que o lugar fala por si. Mais tarde apercebo-me do carácter de rito deste tipo de situações. Outros agentes fizeram o mesmo. O rito passa por exorcizar tentações, passa por fugir e fazer fugir os outros da droga, recorrendo ao espanto do olhar. Colecto várias narrativas deste percurso. Um adjunto do comandante, por exemplo, relatou-me que quando o tráfico de rua era mais massivo e muito divulgado nos *media*, costumava passar lá de carro com a filha: "Para ela ver o que aquilo era, a sujidade e a podridão humanas..." (diário da patrulha, Maio de 2004).

A droga e os seus territórios significam igualmente um apelo profissional ímpar. Estes traduzem a maior riqueza de léxicos e estereótipos (como se verá no capítulo 5). Muitos agentes me revelaram aventuras e peripécias naquele que já foi um dos maiores centros de comércio do narcotráfico a retalho do país, onde faziam constantes *apreensões, detenções, buscas, rusgas* e *revistas*. Hoje apenas uma parte desse bairro sobreviveu à demolição. Os patrulheiros lamentam-na e têm um discurso muito diferente do oficial. Com a demolição foi-lhes retirada uma das maiores fontes de prazer profissional e também algum controlo territorial do mesmo.[92] As anotações do diário evidenciam diferenças no contexto do policiamento:

> Conheci um arvorado considerado pelos colegas um dos melhores operacionais da esquadra, com oito anos de experiência, que me disse que

---

[92] Os pontos do tráfico dispersaram-se por outros bairros de Lisboa que são hoje menos conhecidos e cartografados pelos polícias. Cada reconversão de espaços obriga a reconfigurações e aprendizagens policiais que demoram tempo, por vezes vários anos. Com a demolição perderam os mapeamentos e itinerários da droga e os saberes da patrulha a eles associados.

antes da demolição estava sempre a caminho do bairro da droga. Que o conhecia como a sua casa. Vários agentes lembraram com ele que quando o centro do tráfico foi demolido – as escadinhas, as ruelas, todo o bairro de lata – até choraram de pena. Ironicamente, dizem que sofreram tanto como os *carochos* (toxicodependentes). Quando este se lembra das patrulhas desse tempo diz que gostava de ouvir dizer: "Lá vem o Pereirinha", quando entrava pelas ruas do bairro onde odiavam os polícias. "Quando eu chegava só se ouviam as portas a fechar à minha passagem", diz, evocando claramente uma imagética dos *sherifs* dos filmes *western* norte-americanos (diários da patrulha, Abril de 2004).

Quando existem bairros destes na área de uma esquadra as patrulhas tendem a ser orientadas para os mesmos, se não no plano formal pelo menos nas práticas quotidianas da profissão. Leia-se, por exemplo, o testemunho de um patrulheiro com mais de cinco anos de experiência, que iniciou a actividade quando ainda existia o *grande bairro da droga*:

"Éramos escalados para os giros, distribuídos pela área. Davam-nos um cá de cima. Chegávamos a meio do turno e todos nos encontrávamos lá em baixo [no bairro da droga]. (…) Eu quando vim para a Polícia nunca tinha visto cocaína, heroína, pastilhas, nunca tinha visto nada disso e a preocupação dos meus colegas mais velhos, que me deram a reciclagem, era ensinar-me o que era a droga, como é que eles faziam. Para nós esse lugar era um desafio. O nosso objectivo era apanhar quem lá traficava. Tínhamos de ultrapassar vários obstáculos, primeiro eram os *'vigias'*, que estavam sempre a ver quando vinha a polícia. Tínhamos de os contornar para chegarmos ao *'bolo'*. Quando apanhávamos um *'bolo'*, apanhávamos logo outro a seguir… E era assim que os apertávamos" (entrevista, Maio de 2004).

O trânsito, outro dos grandes domínios das rotinas policiais, é representado como um campo de trabalho pobre, o menos apelativo, o das ofensas menores. Para muitos é mesmo um empecilho na actividade, não é considerado *verdadeiro* trabalho policial e atrapalha o mandato policial. Quanto mais *operacional* se representa uma unidade policial mais o patrulhamento normal e regular do trânsito (mau estacionamento e circulação automóvel) tende a ser desprezado. Uma excepção pode ser feita às *operações stop*, pelo aumento de escala e dos *resultados*, mas estas tendem a ser mais do agrado dos comandantes que dos patrulheiros.

A maioria dos agentes não vê recompensada a sua actuação mais temerária no trânsito. Mesmo as contra-ordenações menores podem envolvê-los numa série de tarefas burocráticas. Mas pior é que uma simples autuação pode oferecer todo um quadro de maus encontros e dificuldade de exercício da autoridade pessoal do agente. Mesmo no plano da esquadra, os agentes pressentem (e muitas vezes com base em experiências que o confirmam) que os comandantes "não vão ficar do nosso lado se tivermos problemas com um senhor doutor no trânsito". Os comandantes vêem-se como *gestores* de uma esquadra mas também como os *relações públicas* numa comunidade com a qual querem evitar sarilhos. A negociação e o abrandamento das penas contra-ordenacionais alteraram a prévia rotina dos agentes, uma vez que as "políticas de esquadra" são pouco determinantes a este respeito (e mais enfáticas no combate ao crime). Ao longo de vários meses vi poucas vezes os agentes que acompanhei autuarem. Esta é considerada uma solução de recurso, dependente da irregularidade em causa, de quem a pratica e, sobretudo, dos comportamentos manifestos de quem está "do lado de lá". Genericamente é uma área onde os agentes defendem que "não se consegue mexer".

Ocasionalmente a moderação pode dar lugar à exaltação dos excessos ("se lhes faltarem ao respeito detenham-nos!", dizem os superiores). Mas o abrandamento quotidiano das autuações e a dificuldade em controlar um *trânsito caótico* ou a *selva urbana*, como a ele se referem os agentes, tendem a desautorizar os agentes quando individualmente procuram ter uma atitude mais firme. "No trânsito ninguém nos respeita", concluem frequentemente os agentes. Os agentes consideram genericamente que o trânsito é responsável pela erosão da imagem dos patrulheiros na área. Na medida em que está centrado no *bairro de classe média* este revela-se um problema *sensível* (diferente de *problemático* nas retóricas da patrulha). Mesmo quando têm orientação superior para serem inflexíveis, muitos agentes preferem optar pela negociação, em particular quando têm relações estabelecidas com pessoas e grupos da área da esquadra.[93]

---

[93] Como me referiu um agente: "Um dia autuo um morador. No outro dia quero uma informação. Achas que ele ma dá?! Não posso autuar moradores que me dão informações. Temos de defender a nossa imagem na área" (entrevista, Novembro de 2004).

Os agentes mobilizam aspectos espaciais, temporais e situacionais que enquadram e guiam a interacção social com a comunidade. Como defendem Brodgen *et al.* (1988) e Holdaway (1983) estes estão equipados com *sets of expectations* do que deles se exige em diferentes lugares e momentos. São sensíveis aos resultados das diferentes manifestações de si, embora os níveis de tolerância pessoal face ao imprevisto sejam muito variáveis. A negociação é a norma nas situações de infracção no trânsito, o que desafia e alarga o conjunto de expectativas dos agentes e dos citadinos. Esta aponta os constrangimentos sociais (mesmo se contradizem os legais) que ampliam a margem de manobra no exercício do mandato dos agentes. Segue um exemplo muito comum das interacções hesitantes entre polícias e citadinos no trânsito:

> Estou em frente a uma escola pública, com os agentes da proximidade, à hora de saída dos alunos. Surge um condutor que está a falar ao telemóvel. O agente faz-lhe um sinal. O condutor estaciona o carro num lugar reservado a deficientes e continua ao telefone. O agente aproxima-se dele e pergunta-lhe porque não desligou o telemóvel quando lhe fez sinal. O condutor sai do carro e diz: "Você faz o seu trabalho, eu faço o meu". O agente responde: "Só tem é que baixar o telemóvel quando me vê. Eu não quero agir em conformidade, não estou aqui para isso hoje..." (o objectivo é fazer visibilidade à porta de uma escola com alunos considerados "complicados"). Chega um funcionário da escola ao local e diz que o condutor não pode estacionar ali o carro. O condutor diz que são dois minutos, que apenas vai à papelaria ali ao lado. O funcionário autoriza e diz ao agente: "Você hoje está mauzinho...". O agente muda de conversa e falam de futebol (diários da patrulha, Novembro de 2004).

A droga e o trânsito são áreas em constante, e visível, infracção na área. Em termos de alcance, os agentes sabem que pouco peso têm na modificação dos comportamentos sociais e locais em ambas. Além disso, estão mais vocacionados para intervir em situações às quais chegam por via de chamadas do que para entrar em cena por sua iniciativa. Os agentes preferem muitas vezes "fechar os olhos" às ilicitudes que todos os dias se manifestam na área, e actuar ocasionalmente, ir conseguindo alguns resultados.

Actividade diurna e nocturna

Só nós, as *prostitutas* e os *almeidas* [os recolectores do lixo urbano] trabalhamos de noite nas ruas (entrevista, Maio de 2004).

Os grandes temas da patrulha – o trânsito e a droga – têm lugar na actividade diurna da esquadra. O mapa da **figura 14** identifica actividades de rotinas e pontos do patrulhamento. O giro n.º 10 e parte do n.º 2, na *parte de baixo*, concentram os pontos de tráfico de droga (identificados pelos patrulheiros). Os giros da *parte de cima* têm zonas comerciais, os cruzamentos de ruas de tráfego, mau estacionamento, muito movimento e circulação de pessoas. Por isso os polícias se colocam ocasionalmente em cruzamentos que são pontos de observação, mas também locais de pausa durante o serviço. Diferentes épocas do ano, ou acontecimentos que requerem um policiamento da ordem pública, podem implicar alterações da patrulha nas suas rotinas. Por exemplo, como se vê no mapa, são os itinerários de rituais do calendário religioso e escolar (procissões, cortejos) e do calendário político, como as manifestações e outras.

A actividade policial está sujeita aos ritmos da cidade. O ritmo nocturno obriga a diferentes rotinas e tácticas, em grande medida porque as actividades ilícitas e a circulação na cidade mudam de forma (ver mapa da **figura 15**). Durante a noite cessa a actividade dos agentes da proximidade, pois cessa grande parte do movimento social nos espaços públicos (os estabelecimentos escolares, comerciais e outros param a actividade). Assim a ocupação policial do espaço difere. A circulação automóvel pelas ruas-chave da área é o movimento privilegiado, marcada por paragens de rotina em pontos de observação, geralmente a meio e no final dos turnos. O tráfico desaparece das ruas e as áreas do *lado de baixo* da área estão aparentemente inactivas. Embora esses locais possam fazer parte dos circuitos dos carros, significam menos paragens. Os agentes que de dia estão apeados passam a tripulantes dos carros. Um CP pode chegar a transportar quatro agentes de noite.

Mais do que a permanência vigilante em determinados locais, há que observar determinadas praças, parques de estacionamento, diminuir a velocidade para tentar reconhecer viaturas roubadas, olhar para o espaço entre os carros estacionados onde possam estar escondidos assaltantes... Na noite dos polícias, os eixos, ruas, esquinas, praças ganham outra dimensão, assim como as interacções sociais que mais casualmente acontecem. É de noite que se dão os encontros com figuras da cidade cujos horários e ritmos estão trocados, como os dos polícias. Encontram-se os bêbedos, os *alienados*, os *sem-abrigo* ou, como dizem alguns agentes seniores, o *lixo humano*, os *cromos* das cidades. A noite é mais silenciosa e solitária para os polícias.

Se, por um lado, o trabalho de resposta a chamadas diminui muito o seu fluxo, por outro, é de noite que se surpreendem os condutores alcoolizados ou, ocasionalmente, o transporte para o reabastecimento dos traficantes, o que pode significar produzir algumas detenções. Mas com as operações no trânsito, é de noite que se aumentam os indicadores criminais. As actividades policiais de estratégia colectiva (as operações *stop* colectivas) têm lugar em algumas madrugadas do mês.

A noite tende a agravar o olhar dos polícias. Uma mesma situação de dia e de noite tende a surtir diferentes interpretações e reacções nos agentes. Por exemplo, tome-se em consideração a presença de um grupo de jovens numa esquina. De dia esta tende a ser vista como situação normal, mesmo que possam estar no eixo de actividades ilícitas de jogo colectivo a decorrer logo ali ao lado. De noite, essa presença pode ser interpretada como sendo um bando de jovens a magicar desacatos.

A noite permite desvios e excessos na actividade policial. De noite o controlo dos superiores, em geral ausentes, tal como o controlo social da actividade, é amplamente menor.[94] A sobreactividade ou a retirada dos polícias (*underforce*) ganha menos visibilidade pública. Pausas e paragens tendem a tornar-se mais prolongadas. Existem mesmo esquemas de fuga ao controlo das chefias. É o "jogo do gato e do rato", mas entre os próprios polícias. Como já descrevi, os agentes que conhecem bem a sua área metem-se por becos e ruelas com os quais os oficiais de dia não conseguem dar. Mas é de noite.

*

---

[94] Existem sempre oficiais de serviço (um da divisão, outro do comando e outro da Direcção Nacional) que asseguram os relatórios diários. Mas não é tanto nas ruas que se passa a maior parte do seu trabalho, mas sim nas instalações oficiais onde aguardam os resultados escritos dos turnos. Apenas ocasionalmente circulam ou se dirigem a lugares onde ocorrências mais graves possam ter ocorrido.

Como se pode ver, por detrás da aparente igualdade, rotatividade, disponibilidade e resposta dos serviços da patrulha vislumbram-se hierarquias, competições e diferenciações agudas traduzidas nas práticas e sistema de classificações dos polícias. O trabalho de esquadra reflecte em si mesmo as ambivalências e hesitações maiores de filosofias e planos do policiamento contemporâneo. Esta primeira leitura da organização, do patrulhamento e dos territórios policiais é fundamental para compreender os capítulos que se seguem.

CAPÍTULO 3
Escritas da Rua

Os investigadores até aos anos 80 ficaram seduzidos pela entrada nos domínios ocultos da Polícia. Mas enquanto reviam mitos da patrulha evitaram encarar a "papelada" burocrática. "The patrolmen (...) cannot escape the paperwork surrounding modern policing, but all such onerous tasks I could avoid", assumiu Punch (1979a: 14). Tal teve o efeito de reduzir o conhecimento sobre essa dimensão do ciclo de trabalho policial. À excepção de Webster (1978), nos EUA, a maior parte dos etnógrafos observou os polícias directamente no seu trabalho operacional. Cumming *et al.* (1973) sistematizaram as chamadas recebidas durante várias semanas num departamento norte-americano. Quando foi retomado mais à frente, o interesse por este tipo de dados surgiu sobretudo pelo lado das estatísticas criminais, trabalhadas e produzidas para consumo externo ou político, já longe da informação primária das esquadras e longe de colocar as questões que preocuparam quem entrou na organização – que trabalho desempenham nas suas rotinas os polícias da patrulha?

Hoje, escapar aos registos policiais e produzir uma etnografia mais impressionista deixaria de lado questões importantes. Neste capítulo farei uma primeira abordagem exploratória das escritas de uma esquadra, às quais os agentes chamam genericamente o *expediente*. Isolei seis meses (de 1 de Janeiro a 30 de Junho de 2004) de todos os registos que deram entrada na esquadra (e que são organizados em *dossiers* arquivados por ordem de entrada).[1] O número total de

---

[1] O *corpus* de dados foi recolhido por Gonçalo Gonçalves de acordo com uma grelha que pré-defini, no âmbito do projecto em curso "A cidade e a rua: uma aproximação etnográfica à vida urbana", coordenado por Graça Índias Cordeiro, no âmbito do Centro de Investigação e Estudos de Sociologia [CIES]/ISCTE, com financiamento da FCT (POCTI /ANT /57506 /2004).

registos tratados, por entrada numérica, é de 1.346 (contendo cada um uma ou mais peças de expediente). Note-se que no conjunto do ano de 2004 se produziram na esquadra um total de 3.253 registos.[2]

A análise da fonte permite, primeiro, fazer uma tipificação e quantificação de alguns aspectos centrais do trabalho na esquadra para esse período. Por fim, numa abordagem mais qualitativa, permite dar conta de alguns aspectos tradicionalmente presentes nas escritas policiais que traduzem padrões de entendimento do trabalho policial relativamente arreigados nas esquadras. A fonte é em si muito rica em informação, variada e até muito difícil de padronizar (como é todo o trabalho policial). Neste capítulo proponho uma abordagem modesta dos dados quantitativos e muito rudimentar dos qualitativos (reservando para uma oportunidade futura um tratamento aprofundado). Mais do que encerrar problemas o recurso a esta rica fonte documental permite lançar primeiras questões sobre o trabalho de esquadra e dos agentes no presente, a partir do estudo de um caso.

Antes de entrar na discussão central, forneço alguns dados de contexto importantes do clima comunicacional numa esquadra para a troca ou resistência à troca e produção de informação. Antes de analisar os dados do registo, discuto um pouco o papel dos agentes nesta que tem sido considerada uma "burocracia de rua" (Lipsky, 1980).[3]

O conjunto de dados empíricos, tal como foi encontrado, implicou alguns limites à análise. Falhas de registos ou mudança de lugar nos arquivos impossibilitaram uma leitura de ciclos de ocorrências. Alguns campos, como o que diz respeito aos lugares registados, estão incompletos ou não permitem uma interpretação fidedigna. Todavia, tal como esta surge, permite isolar e analisar uma série de primeiros aspectos importantes do trabalho policial de esquadra.

[2] É de notar que a análise se baseia em dados registados em papel e não na base de dados informática que começou a ser implementada nas esquadras na segunda metade do semestre. Explico as diferenças mais à frente.

[3] Segundo o autor esta designação inclui as polícias, mas também escolas, departamentos de segurança social, tribunais de pequena instância, gabinetes de serviços legais e outras agências que levam os profissionais e empregados a interagir com públicos, assumindo um elevado nível de discricionariedade e margem de manobra pessoal na atribuição de benefícios e na alocação de sanções.

Comunicação e conhecimento

O clima de comunicação e de maior ou menor partilha da informação numa esquadra (e numa divisão) tem uma influência directa nas diversas escolhas que os agentes e subchefes fazem: relatar ou não relatar, o que relatar e como. O ambiente relacional produz efeitos particulares no trabalho de recolha e redacção de informação pelos agentes. A informação para ser eficaz ou, pelo menos, funcional, isto é, para servir além do estreito registo, mesmo no plano de uma esquadra, tem de ser comunicada. Nos ambientes de trabalho de esquadra é comum uma certa resistência a tornar a comunicação uma via de facilitação do trabalho. A caracterização genérica do clima comunicacional na esquadra aponta três pontos principais.

Primeiro, nos quotidianos de trabalho, verifica-se a manutenção de um estilo vertical e unilateral nas relações hierárquicas onde as situações de comunicação são usadas para transmissão de ordens superiores que geralmente surgem sem sentido negocial. Esta orientação está presente em toda a organização e os comandantes são também eles receptores de ordens superiores.

Na esquadra o sentido vertical pode originar inúmeras tensões, agravadas pelo facto de não serem corrigidas informalmente. Um agente verbalizou-o do seguinte modo: "Nas esquadras os comandantes não comandam, mandam" (entrevista, Julho de 2004).

Os estilos de comando de esquadra podem variar. Alguns comandantes são mais dialogantes do que outros. Todavia poucos escapam a modelos tradicionais nos quais são socializados, e que muitas vezes nada se parecem com as aprendizagens formais que os prepararam. Por exemplo, quase todos os comandantes que conheci e entrevistei preferem fazer uso de *declarações* escritas para comunicar com o colectivo dos agentes do que reservar para reuniões mais informais a comunicação de aspectos relacionados com a gestão e desempenhos no trabalho. Alguns chegam a promover reuniões mensais, mas só com posições de força conseguem mobilizar quem está de folga. As reuniões acabam por se transformar num encontro formalizado e servem para os comandantes transmitirem informações aos subalternos, evidenciando-os novamente como emissores de ordens.

Muitas vezes os agentes e subchefes não reconhecem autoridade mas sim autoritarismo nas ordens de superiores que apenas em anos recentes começaram de facto a moderar o tom na relação com os subalternos. A informalidade relacional (central na socialização profissional) tende a ser mais reservada para as relações entre agentes e para os círculos de socialidade mais estreitos que existem no trabalho e fora dele. A rigidez tradicional do estilo comunicacional (com momentos de aparente descompressão e de solidariedade situada), que em grande medida subsiste entre agentes e superiores, produz diversas consequências no trabalho que não cabe aqui aprofundar, mas faz ressaltar uma mais evidente. São os agentes que concentram grande parte da informação das esquadras e são eles os responsáveis pelo veicular parcial da mesma em toda a organização (mesmo que por intermédio de relatórios produzidos por oficiais, síntese do trabalho operacional dos agentes). Se a informação que produzem não é valorizada em si pelos superiores, os agentes criam e sustentam todo um discurso desmobilizante da acção prática que acaba por prejudicar a organização. Pode assim dizer-se que há pouco espaço para a discussão informal das opções de trabalho a tomar. A troca de informação e comunicação vertical no trabalho é marcada pela formalidade. Neste plano, o trabalho racionaliza a linguagem (Boutet, 1998) e a burocracia influencia e determina todo o restante trabalho, mesmo o operacional. Tal contrasta com o estilo comunicacional informal cultivado entre agentes.

Como tal, agentes mais "seguros de si" podem defender: "Adoptei um lema: os comandantes não têm sempre razão e eu tenho de ter a coragem de os enfrentar sempre que sentir que estou certa" (entrevista a uma agente com três anos de patrulha, Junho de 2004). Agentes menos seguros, em fase de aprendizagem ou hesitantes, tendem a perder autoridade no trabalho se não conseguirem ultrapassar estas barreiras de entendimento.

Uma excepção é aberta para o circuito de comunicação formal interna se inverter e ser accionado de baixo para cima: quando são iniciadas denúncias formais entre polícias a entidades superiores (questões que seguem para os departamentos deontológicos dos comandos e, se muito graves, para a Direcção Nacional da PSP). Ainda assim, o sentido vertical não se perde na forma e, por conseguinte, no tratamento diferencial dos profissionais. Os agentes podem apenas "informar" superiores, enquanto que os superiores têm uma maior margem de manobra ao "participar" de qualquer subordinado. Além disso, qualquer chefe ou comandante está mais apto a desencadear esquemas informais de comunicação com outros superiores em cargos de decisão, o que leva os agentes a preferirem não se envolver numa teia administrativa complexa que lhes é, à partida, desfavorável. De um modo geral, quando surgem problemas, há uma preferência generalizada pelo "evitamento de problemas" e pela resolução por outros meios (transferências, castigos locais, etc.). Todos os problemas que se encontram na relação dos polícias com os citadinos revêem-se nas organizações. Nestas, os agentes estão mais sujeitos a levar uma "castanhada" ou uma "canetada", como se diz na gíria. E, como qualquer outro trabalhador numa organização hierarquizada, encontram formas subtis, segredos e mentiras de modo a escapar à supervisão dos seus erros.

Em segundo lugar, à excepção da relação directa entre os agentes e o subchefe de grupo, são criadas na esquadra poucas condições e oportunidades de comunicação e partilha de informação primária. Descrevi no capítulo anterior como opera uma esquadra, entre grupos que se sucedem numa escala de turnos diária. Embora sejam partilháveis sentimentos de solidariedade interprofissional, em particular entre agentes e com particular importância nas situações de emergência, os grupos acabam por trabalhar relativamente isolados uns dos outros. Por vezes, mesmo dentro dos grupos, agentes isolados ou em duplas, podem desenvolver pequenas "investigações" por si, mesmo sem dar conhecimento directo ao subchefe. Num plano formal, o tempo da rendição deve servir para passar a informação entre grupos, mas tal só muito esporadicamente acontece. A articulação do trabalho policial não é em si um objectivo. Tal é ainda mais notório quando pensamos nos serviços. Por exemplo, entre os patrulheiros e os agentes da proximidade quase não existem trocas de informação. Os comandantes, por seu lado, pressionam os agentes para obter resultados da sua acção na patrulha, para relatar factos policiais, mas tirando algumas excepções (como quando se efectuam operações de fiscalização nocturna no trânsito), não são comunicadas estratégias mais ou menos precisas na esquadra. Assim a organização do trabalho reforça a ideia das ruas como "territórios dos agentes", nas quais eles são, à partida, os principais responsáveis pelo que possa acontecer-lhes. Por oposição, as esquadras são vistas como "pertença" dos comandantes. Demonstrei já como as esquadras estão plenas de marcas espaciais e simbólicas que sublinham a diferenciação entre categorias. Esta separação de esferas tem influência directa na gestão da informação na esquadra.

Verifica-se, em terceiro lugar, uma fraca troca generalizada de informação interpessoal. O trabalho policial é muito individualizado e esta é uma orientação sublinhada na organização. Cada processo é desenvolvido e assinado por um indivíduo responsável. Embora na prática as escritas da rua acabem por convocar múltiplas solidariedades "informais" entre colegas, e nem sempre ser assinadas por quem escreve, estas são entendidas como algo ilícito na administração. Por exemplo, pressupõe-se que cada agente deve dominar ferramentas legais disponíveis e em vigor, numa procura individual, a cargo de cada um, como instrumento "a estudar" e a "actualizar" pelos profissionais (em particular durante as folgas). Não se entende, assim tanto, a lei como instrumento colectivo e amplamente partilhável na unidade da esquadra.

A divisão do trabalho por serviços leva a que sejam os agentes, em funções determinadas, os responsáveis por grande parte da informação de uma esquadra. Tal gera o efeito de se confiar a poucos agentes (o *arvorado* do carro patrulha, em particular) o processamento do maior volume de informação nas esquadras. Isto acaba por desmobilizar todos os demais com menos oportunidades formais (de circulação e chamada) para ir ao encontro de situações policiais.[4] Toda a informação obtida através de observação directa nas patrulhas e proximidade apeadas ou automobilizadas tende a ser propriedade de cada indivíduo, a ser tratada como tal e a não ser objecto de reflexão ou partilha colectiva.

De toda esta situação resulta que é dentro do sistema de produção de informação formal que reside a maior importância atribuída às informações policiais na esquadra. Ou seja, é já a pensar no plano administrativo do trabalho, no relato para a organização, que na esquadra se vai organizando a informação produzida – não tanto para ser partilhada e usada localmente no trabalho, mas para se trans-

---

[4] Veremos no capítulo 4 como são os agentes do CP quem responde às ocorrências.

formar em indicador de trabalho a processar. Isto é, a informação é menos pensada como "processo" de trabalho, mas mais para garantir o "produto" do mesmo. Como bem adverte Manning, "a organização social do policiamento amplia a natureza assimétrica do fluxo de informações, fluxo este em que a informação, na sua maior parte primária [e subprocessada], concentra-se no 'fundo' da organização" (2003: 417).

No presente, o papel dos comandantes na esquadra é mais de controlo da informação do que de comando operacional directo. É muito raro encontrar um comandante capaz de desempenhar ambas as exigências no seu papel. Os comandantes respondem a exigências superiores diversificadas, onde se destacam a de outros oficiais e a de molduras legais expressas, que podem nem sempre ser exactamente coincidentes nos objectivos. Monjardet (1996) fez uma leitura da norma no trabalho policial que interessa aqui retomar para perceber a importância do controlo do comandante face à informação produzida. A actividade policial rege-se por normativas externas (códigos legais e princípios constitucionais) e por normativas internas nem sempre manifestas. A obrigação de resultados está sempre presente nas práticas do trabalho policial, de duas maneiras: na pressão para obtê-los; ou como fonte de mobilização da "consciência profissional". Mas as normativas externas, os meios legais, constrangem de várias formas essa obrigação, tida na Polícia como o critério preferencial de avaliação dos desempenhos (critério que começa a ser desafiado pelas inovações da proximidade no policiamento). Assim a contradição entre os fins e os meios mantém-se irredutível. Dou apenas um exemplo. A detenção é claramente um indicador privilegiado numa esquadra. É um valor como produto, em si mesmo. Mas é também um valor como processo, porque revela os saberes de agentes que conseguem articular os limites legais e a sua capacidade operacional táctica.

Nos registos escritos, meios e fins policiais têm encontro marcado. Normativas internas readaptam-se constantemente a normativas externas, à moldura legal. Os textos produzidos nas esquadras merecem atenção redobrada dos superiores directos pois neles não devem seguir as contradições do sistema legal-policial. Isto é, há uma certa "domesticação" das práticas nas escritas que nem sempre os agentes, muito envolvidos nas mesmas, ou com escassa experiência, conseguem discernir. A cultura profissional, na relação com a lei, verifica-se sobretudo no momento de redacção de eventos policiais e na medida em que no processo surgem relações entre quem produz a informação e os supervisores directos. Os últimos têm autoridade para determinar, rever ou corrigir as formas e conteúdos dos relatos. Porque a lei é referência obrigatória, a sua compreensão é crucial. Monjardet distingue um eixo legalista formal (de submissão da prática às regras do Direito) e um eixo de sentido atribuído à lei pelos polícias, nas mais variadas unidades, categorias e serviços. Este defende que quando se procura entrar nos domínios das concepções de lei dos polícias deixamos de estar no "plano unidimensional" (1996: 90-93). O autor evidencia as três acepções de lei mais marcantes na actividade, o que produz efeitos práticos: a lei como puro constrangimento; a lei como quadro funcional cujo respeito se impõe; a lei como contrato que exprime os valores de uma sociedade e, nessa medida, pode ser negociável. As combinações e flutuações podem ser subtis. Um comandante pode ter um entendimento mais ou menos legalista da prática. Mas o que é central é que na organização este tem de ser capaz de converter as escritas de outros agentes (que podem ter um entendimento diferente da prática) em textos administrativamente e legalmente perceptíveis.[5]

Assim, subjacentes às percepções legais, existem nas esquadras entendimentos que podem ser conflituais sobre o que é essencial no trabalho da unidade. Se perguntarmos a um agente ou subchefe o que faz um comandante e o seu adjunto a maior parte do tempo, este dirá que "eles corrigem o *expediente*" (maioritariamente produzido por agentes). Na óptica dos comandantes esta é a parte visível e essencial do trabalho policial, a partir do qual tudo se organiza, a qual valorizam acima de tudo.

---

[5] Reiner (1992) vê neste processo, num sentido mais amplo, um problema de atrofiamento da responsabilização local dos polícias (da denominada *accountability*), progressivamente substituída por um controlo mais central das polícias. A responsabilidade profissional dos polícias é transformada, não simplesmente reduzida, e os comandantes ocupam no processo um papel importante, porque o fazem apenas a partir dos registos e na mira da administração. Assim as responsabilidades locais são transformadas em responsabilidades "administráveis".

Nos primeiros meses do trabalho de campo, a principal preocupação dos comandantes era que eu lesse o expediente. Assim ficaria a par do que se passa na área e conheceria o trabalho de uma esquadra. Rapidamente me apercebi que encaravam as patrulhas de rotina como meras rotinas e lamentavam o facto de poucos agentes escreverem. Quando comecei a acompanhar os agentes nas patrulhas detectei um certo desapontamento entre os superiores locais; detectei que perspectivavam a minha opção como uma inflexão de estatuto mas também como desvio do olhar simbólico privilegiado sobre a actividade policial, sobre o que realmente peneiram do trabalho operacional.

A *visibilidade* é um conceito de trabalho na polícia. Mas é também uma forma de julgamento, avaliação e competição entre unidades e pessoas numa organização. Entende-se que uma esquadra com menos escritas é menos "visível" na organização. Do ponto de vista dos superiores, o expediente traz à luz o que estava escondido e significa trabalho e "produção". Como em quase todas as representações nos meios policiais (com tendência para olhar para as realidades através de metáforas e metonímias), o que é parcialmente real facilmente ocupa o lugar de "toda a verdade". De um ponto de vista administrativo, o registo pode ser usado como sinédoque da patrulha (isto é, quando se toma a parte pelo todo). Mas para os agentes as escritas são uma faceta representada frequentemente como "o trabalho a mais", do qual muitos prescindiriam se pudessem. São o culminar do ciclo que inclui um nível mínimo de observação, interacção, recolha de informação e registo.[6]

Na dinâmica de trabalho das esquadras as escritas traduzem assim um momento de contacto privilegiado entre os agentes e os superiores. Os superiores são a face da administração do trabalho dos agentes e subchefes. É através dos textos policiais que os comandantes de uma esquadra conseguem controlar indirectamente o trabalho "de rua", ou imaginar que o controlam. Mas o que segue escrito é o

---

[6] Como os procedimentos da redacção burocrática não são fixos e se aprendem com a experiência dos anos, esta fase de aprendizagem do trabalho dos agentes tende a ser pelo menos tão morosa e desigual como a do trabalho operacional. E é de notar que muitos agentes adiam estas aprendizagens mais formalizadas do ciclo de trabalho na sua socialização da patrulha pois, de certa maneira, consideram-nas secundárias no seu mandato.

que, de facto, foi possível controlar. Assim não admira que uma peça de expediente escrita por um jovem e inexperiente agente possa chegar à versão final com inúmeros cortes e correcções, já muito distante da versão inicial que este traçou. Uma mesma peça pode, por exemplo, ser revista ou reescrita com a ajuda de colegas, revista por um subchefe, revista pelo comandante ou adjunto, etc.

Os agentes resistem a ser controlados por superiores com quem antecipam problemas de comunicação. Não é pouco frequente verificar que no registo de comunicação informal hierárquico, mais importante do que a informação é a correcção pessoal dos agentes. O texto pode facilmente deixar de valer pela informação em si para passar a traduzir as relações interpessoais complexas, muitas vezes pesadas e permeáveis a tensões, de uma esquadra. Há alguma competição entre agentes, sobretudo quando os seus desempenhos estão sob avaliação superior.[7] Comunicar é uma obrigação formal para os agentes, mas também pode reverter em risco na relação com os superiores. No momento de relatar podem surgir conflitos de percepção de normativas externas e internas representados por quem escreve e por quem revê as escritas. Quando os encontros se tornam muito tensos e é preciso decidir como escrever e o que escrever sobre uma ocorrência, alguns textos reflectem a visão dos oficiais que não estiveram nas situações e que podem mesmo não reflectir a visão mais próxima e "realista" dos factos, em muitos casos subjectivos.[8] A determinação

---

[7] Como diz Conlon, a partir de dentro e como polícia, no premiado livro autobiográfico *Blue Blood* (2004), na Polícia existe uma "cultura da queixa". Muito do que se passa na organização é classificado como "queixa" formal e informal. Os polícias passam grande parte do tempo a queixar-se da organização, dos cidadãos, da sociedade; mas também da comida, das pernas doridas, dos péssimos chefes, comandantes e até de alguns colegas "ovelhas negras", das longas horas na rua, dos maus vencimentos. O autor defende que muitos polícias perdem o poder do discurso em todas as frentes, excepto para se queixarem. O que Conlon não refere é que chefes e oficiais fazem parte dessa cultura e por vezes são grandes mentores da mesma. Muitos passam grande parte do tempo a queixar-se dos agentes com quem trabalham, tomando como adquirida, e exterior ao funcionamento das unidades, a falta de "motivação", empenho e rigor no trabalho dos agentes.

[8] Um agente narrou-me um episódio algo provocador. Este revela a autonomia que vai sendo conquistada por agentes que vão adquirindo muita experiência operacional e que se consideram superiores aos comandantes nessa matéria. Este relatou uma situação em que na identificação de uma mulher detida esta disse que a profissão do marido era "traficante de droga". O agente escreveu-o no auto. O comandante emendou o texto, dizendo que não se

de princípio hierárquico generalizada origina frequentemente hiatos de comunicação, pois a informação nem sempre é ela mesma o mais importante. Para ambos os lados ela é matéria informe e difícil de "burocratizar", de acordo com os padrões disponíveis que cada um no seu trabalho vai interpretando. A informação é assim amplamente socializada e "cultural" como se verá (Manning, 2003).

Gestão da informação

O trabalho de patrulha está integrado numa vasta organização nacional e nos circuitos judiciais. Na PSP as esquadras são as unidades responsáveis pela produção da maior parte da informação policial que existe na organização, que circula para as vias judiciais e que, ocasionalmente, é usada como recurso por outras organizações policiais. As instâncias superiores da organização e os governos que tutelam a Polícia têm vindo a insistir para que os polícias relatem, escrevam, registem, partilhem e processem a informação policial que lhes chega por via da execução do seu mandato. Só deste modo a informação deixa de ser estreita "propriedade" do agente, de um pequeno grupo de colegas ou, quanto muito, da própria unidade. Num processo progressivo de mudança, a ocorrer desde os anos 80, a Polícia portuguesa emprega jovens polícias prontos para "agir" nas ruas mas também com capacidade para "relatar" nas esquadras. Por isso os agentes defendem que, cada vez mais, "a arma é a caneta" dos polícias (regresso a este tópico no final). Os agentes desempenham um papel cada vez mais determinante no registo. Além de serem os primeiros a detectar e a resolver ocorrências nos espaços públicos, têm agora autonomia formal para relatar e assinar todos os incidentes policiais nos quais se envolvem.

O sistema de produção e gestão da informação policial, incluído na reforma da administração pública e judicial, tem sido um tema recente muito discutido nas agendas governamentais (nos programas

---

tratava de uma "profissão" e que isso não podia seguir escrito, de maneira nenhuma. O agente argumentou com a tradicional falta de comunicação nas esquadras e a falta de conhecimento dos oficiais do "território dos agentes", a rua.

dos Governos Constitucionais e nas Grandes Opções do Plano). Em 2004 começaram a ser dados passos no sentido de uniformizar técnicas, normalizar a informação policial e fazer um uso mais racional das novas tecnologias de informação na organização. Nas rotinas das esquadras o projecto reflectiu-se em particular na passagem progressiva do tradicional canal de registo de ocorrências para um registo informatizado. Até 2004 os registos que davam entrada nas esquadras eram todos escritos em formulários onde as identificações e a narrativa dos factos surgiam num texto uniforme. Este seguia as directivas de acordo com diferentes formulários existentes: participações, autos de notícia, autos de detenção, etc.[9] (veja-se, mais abaixo, os exemplos de transcrições de peças deste tipo, que podem ser entendidas como narrativas policiais).

O processo, ao qual chamo "tradicional", para facilitar, assenta no registo em papel. Sumariando o processo histórico, primeiro as peças eram caligráficas, depois dactilográficas (reproduzidas em papel químico) e mais recentemente redigidas em computador; mas sempre para serem usadas na versão impressa, reproduzidas nas fotocopiadoras automáticas e transportadas pelos ciclomotoristas para a sede da divisão. Por aqui se vê a figura central do ciclomotorista numa esquadra. É ele quem transporta toda a materialidade de impressos, normativas, relatórios e expediente entre uma esquadra e a divisão. Até aqui os registos em papel são mantidos num arquivo em cada esquadra (com reprodução na divisão), numa série de *dossiers* onde cada peça de expediente aparece numerada por ordem de registo durante um período de cinco anos.

O novo caudal de produção de informação veio mudar a estrutura tecnológica do processo, com vista, entre outras coisas, a "normalizar" e a "racionalizar" a informação. Foi criada uma base de dados policial com ligação *intranet* que coloca em relação os dados produzidos em diferentes unidades policiais.[10] É preciso notar que o

---

[9] A selecção dos modos de relato em cada momento e caso baseia-se no Código de Processo Penal e em normativas internas da Polícia. As mudanças tecnológicas estão incluídas numa revisão do Código Penal português, actualmente em curso.

[10] Denomina-se Sistema Estratégico de Informação, Gestão e Controlo Operacional (SEI). Através de um repositório e depósito único de informações, qualquer elemento policial passa a aceder à totalidade dos dados relativos a ocorrências policiais ou características

processamento informático da informação já era realizado, ao nível da sede de cada divisão, pelo menos desde meados dos anos 90. Numa sala dessa unidade (a secção *informática*) encontra-se um agente em permanência, 24 horas por dia, a introduzir os registos das várias esquadras supervisionadas. Todavia a mais recente novidade fez com que a introdução de dados se dê logo no computador da esquadra, por cada polícia (que através de uma senha-passe tem acesso ao sistema informático). Além disso funciona como emissor e receptor de informação mais geral, o que antes estava segmentado em vários sistemas. O sistema tende a acelerar a tendência para a autonomia dos profissionais entre si no ciclo de trabalho, o que toca em particular os agentes.

Na esquadra a mudança começou a produzir efeitos sensivelmente a partir do segundo semestre de 2004. O novo processo implantou-se progressivamente, começando pelos serviços de graduado à banca e, mais devagar, no trabalho de registo dos agentes. Os subchefes foram os primeiros a ser formados neste novo canal informático. Depois começaram a ser escalados os agentes para a formação, respeitando as hierarquias tradicionais da patrulha: primeiro os agentes arvorados, depois os automobilizados e por fim os mais jovens patrulheiros apeados e os agentes da proximidade. A formação dos elementos policiais é sempre muito dispendiosa, demorada e produz efeitos a longo termo, porque obriga a incorporações e socializações renovadas. Assim, mesmo durante o segundo semestre, poucos eram os agentes que faziam uso do novo processo de registo. Mesmo os subchefes, à partida mais adiantados na aprendizagem, referiam que o *sistema* tinha ainda várias falhas de execução informática, voltando frequentemente ao registo tradicional mais comummente usado. Além disso as esquadras não estão geralmente equipadas com meios informáticos que permitam a todos os polícias generalizar o seu uso.

Observei, nessa fase de introdução do sistema, que mesmo os agentes que tinham tido formação para usar o novo sistema tendiam a resistir-lhe. Dois aspectos surgem a oferecer resistência local. Por

---

de criminosos. O objectivo é agilizar o processo, reduzir a burocracia e libertar para o serviço operacional efectivos afectos a funções administrativas. Promete-se uma "esquadra virtual", onde podem ser apresentadas queixas e formulários para os mais diversos fins.

um lado, este obriga os polícias a preencher campos de informação que escapam largamente à imprevisibilidade das situações e a tornar muito parcelar toda a introdução de informação em computador. Por outro lado, enfraquece um dos aspectos essenciais deste trabalho: a narrativa policial.[11] No momento em que chegam ao preenchimento do campo de descrição dos factos, já os polícias perderam o seu tempo e energia em múltiplos campos obrigatórios anteriores. Os mais astutos e desembaraçados acabavam por fazer uso de registos paralelos, redigindo primeiro a narrativa num documento *word* e fazendo *copy/paste* dessa informação para o sistema. Muitos acabam por perder horas a resolver problemas informáticos para os quais têm escassa preparação pessoal. E quando já não é possível resolver os problemas em tempo útil, ou por opção, o recurso ao sistema tradicional é uma possibilidade.

Assim, a convivência dos dois canais de produção de informação na esquadra promete resistir por vários anos. É provável que o novo caudal de produção e registo de informação informático venha progressivamente a substituir o tradicional, mas é pouco provável que o faça na sua inteira totalidade. Transformações deste tipo implicam mudanças sócio-culturais importantes que, em geral, são muito demoradas e relativamente imprevisíveis. A produção de informação policial é um processo eminentemente social e que obriga a interpretações pessoais e traduções organizacionais dos eventos a relatar.

Manning continua a ser quem melhor explicou como as técnicas de registo e relato de informação estão entranhadas na organização social, moldando as organizações policiais e sendo por elas moldadas nos vários momentos em que a informação é conquistada e produzida por polícias. "As técnicas mais subtis de tomada de decisão interpessoais na prestação de serviços públicos, como ocorre na polícia, são mutáveis e ambíguas, não só porque se mostram no contexto de conflitos com o público, mas também porque estão codificadas pelas regras informais e princípios que moldam as culturas ocupacionais (...) A cultura [ocupacional] molda a natureza das informações

---

[11] No ecrã, um mesmo processo reparte-se por vários campos de informação a preencher, relativamente autónomos e objectivos: identificações, moradas, sexo, idade, etc. Por comparação com o sistema tradicional, que se baseia numa narrativa, o novo sistema aparece à primeira vista, e do ponto de vista dos agentes, a segmentar a informação policial.

importantes e pouco importantes, e padroniza o seu fluxo dentro da organização. Estes temas são centrais para a resistência que a polícia tem mostrado em relação às novas tecnologias de informação e a qualquer outra forma diferencial de sucesso" (Manning, 2003: 380-400).

Ainda que ciclicamente seja acalentado o sonho de racionalização do trabalho policial (com grelhas para o patrulhamento e um estreito controlo superior que levem ao seu cumprimento, por exemplo), toda a informação técnica é socializada, toda a racionalidade na Polícia é situacional e depende, inevitavelmente, de tomadas de decisão de polícias isolados. O mesmo acontece na fase dos registos. "A polícia não tem [e não pode ter] uma teoria geral de policiamento que lhe permita predizer acontecimentos que justifiquem e racionalizem totalmente as sua práticas" (1996: 383).

Este padrão de entendimento da prática faz com que a maior parte da informação dependa quase exclusivamente da intervenção dos patrulheiros. Enquanto o poder e a autoridade de tomar decisões permanecer com o patrulheiro, a questão organizacional mais importante está no exame do uso e da resposta dos patrulheiros à tecnologia e ao processamento de informações (cf. Manning, 2003: 391). Grande parte da informação organizacional tem origem nas esquadras e no policiamento de rotina. Os agentes têm assim um papel determinante nos usos das técnicas policiais, em particular no que diz respeito à gestão das informações primárias.[12]

Desta forma, perspectivar a Polícia e as esquadras como "burocracias de rua" implica reconhecer o papel central dos indivíduos na organização do trabalho. Como defende Lipsky num texto que mantém toda a actualidade:

---

[12] A informação primária, que se trata neste texto, é a informação captada por cada polícia, à qual ele dá atenção e que é processada por uma única unidade. É, por exemplo, o que se escreve nos relatórios diários da patrulha (particularmente dos carros), a informação trocada entre polícias e a informação relatada nos registos escritos. A informação primária domina quase todas as funções da polícia de patrulha e chega-lhe através dos citadinos. À medida que a informação primária vai sendo verticalmente processada a sua significação vai sendo transformada. Os dados primários, não integrados nem trabalhados, são armazenados e organizados em unidades grosseiras e codificadas na memória individual dos polícias (Manning, 1996: 399).

> To understand how and why these organizations often perform contrary to their rules and goals, we need to know how the rules are experienced by workers in the organization and to what other pressures they are subject (...) [T]he decisions of street-level bureaucrats, the routines they establish, and the devices they invent to cope with uncertainties and work pressures, effectively *become* the public policies they carry out. I argue that public police is not best understood as made in legislatures or top-floor suites of high-ranking administrators, because in important ways it is actually made in the crowded offices and daily encounters of street-level workers. I point out that policy conflict is not only expressed as the contention of interest groups but is also located in the struggles between individual workers and citizens who challenge or submit to client-processing (Lipsky, 1980: xii).

É preciso notar que nas organizações policiais os agentes têm, em geral, uma atitude de desconfiança e resistência tradicional e apontada na generalidade dos estudos policiais face à normalização do seu trabalho através dos registos e relatos. A esquadra Amarela não é excepção. Muitos falam no excesso de *papelada* e argumentam que as obrigações burocráticas os afastam das ruas. Mesmo os agentes mais jovens, geralmente mais comprometidos com a acção de relatar as ocorrências e formados nesse princípio, encontram diversos exemplos de como "as coisas não funcionam e não vão para a frente", para justificar em algum momento o recuo nesta fase do trabalho. A generalidade dos agentes prefere acreditar na eficácia da sua acção local, territorializada, situação a situação, aquela que depende de si e não tanto das organizações e burocracias. Assim não é de estranhar que quando a organização fala em "reduzir a burocracia" os agentes percepcionem o processo de mudança como aumento da mesma. Como conclui Manning: "as inovações tecnológicas fornecem capital simbólico para a administração, mesmo que esta não o utilize e, com algumas excepções, a tecnologia é vista pelos participantes dos níveis inferiores da hierarquia como uma fonte de perda de autonomia" (2003: 418).

O "expediente"

Demonstrei que os agentes têm um papel activo na produção de registos, mas é preciso saber que tipo de registos produzem e o que traduzem estes do seu mandato. Nesta parte do texto proponho uma leitura semântica dos registos dos primeiros seis meses de 2004 da esquadra, uma *mathsemantics*, para usar a expressão de MacNeal (1994)[13], contextualizada e complementada pelo conhecimento da observação directa e participante do trabalho policial, tal como ele se realiza nas esquadras.[14]

Esta leitura surge em alternativa às estatísticas oficiais produzidas no seio da organização que, em grande medida, respondem a pressões e critérios de avaliação da actividade criminal (solicitações que são por natureza organizacionais, mas também sociais e políticas mais amplas).[15] Às "estatísticas criminais", que são realizadas num processo selectivo a partir das informações primárias registadas nas esquadras, escapa um entendimento da demanda local e da divisão do trabalho policial que pode ser recuperado nos registos primários. A selecção criminalística dos dados traduz uma parte da realidade policiada. No tratamento oficial uma enorme margem de informação (não classificada como criminal) não é explorada, quer para níveis de supervisão mais elevados, quer no trabalho situado na esquadra. A informação não é tratada, por exemplo, com a finalidade de se transformar em conhecimento local. As mudanças nas técnicas de recolha e registo de informação têm pouca relação com as práticas, estratégias e tácticas de trabalho na patrulha. Já de início sublinhei que a demanda administrativa e a demanda operacional tendem a ser relativamente independentes entre si.

---

[13] Para uma soma ter significado temos de saber o que somamos (MacNeal, 1994: 27).

[14] É de notar que no período consultado os registos eram realizados de acordo com o modelo das narrativas policiais tradicionais e guardados em arquivos materiais. Como tal, aqui baseio-me apenas na análise desses formulários, deixando de fora os que foram sendo posteriormente introduzidos pelo novo sistema.

[15] Todos os meses se produz um quadro estatístico da actuação de cada esquadra da divisão. Todos os meses um documento com as estatísticas do mês anterior é recebido nas esquadras. Alguns agentes tomam conhecimento individual e informal das mesmas, muitos não olham para elas. São os comandantes que mais consultam o documento. Assim os resultados estatísticos fixados em quadros e gráficos acabam por ter pouca influência no

Entre controlo e apoio

Uma leitura próxima dos dados registados no primeiro semestre de 2004 na esquadra permite confirmar a presença minoritária de indicadores considerados e classificados como criminais na polícia, isto é, que seguem para tratamento judicial. Uma primeira divisão por grandes categorias oferece desde logo uma distinção primária da informação na esquadra. Dos 1.346 registos totais analisados, apenas 33% (444 registos) são classificados com *o número único de identificação de processo-crime* (NUIPC).[16] Os restantes 67% (902 registos) correspondem a registos que não são considerados criminais, isto é, não são classificados com o número único. O que quer dizer que, embora evidenciando ilicitudes previstas nos códigos legais, estes não seguem os canais judiciais. A maioria desta informação não chega a sair do perímetro administrativo da Polícia e grande parte dela não terá sequer tratamento formal.

É de notar que toda a política da divisão e do comando tem vindo a traçar-se no sentido de fazer aumentar os registos criminais e, por extensão, os demais registos nas esquadras, não sendo de excluir uma certa pressão presente nas opções subjectivas de cada polícia em cada momento. Ainda assim o trabalho de esquadra desenrola-se maioritariamente em domínios que não merecem classificação criminal. Tal verifica-se menos por iniciativa dos agentes e mais por

---

desenrolar do policiamento local, que continua a ser desempenhado de acordo com demandas e chamadas dos citadinos. Ocasionalmente, baseando-se nos dados das estatísticas, ou com o fim de aumentar os indicadores, os comandantes activam duplas de patrulha à civil e, sobretudo, aumentam as operações *stop* no trânsito em cada mês.

[16] A criação de um número com seriação autónoma nas esquadras tem poucos anos. A inovação começou a ser discutida no início dos anos 90 no sistema judicial (Gabinete Director da Informatização Judiciária, 1991). Viria a ser integrada nas esquadras perto do final dos anos 90, por sugestão da Inspecção-geral da Administração Interna (instituição que controla a actividade e as finanças das polícias que dependem do Ministério da Administração Interna desde 1996). A justificação foi a necessidade de melhor administrar os processos-crime. Os registos com NUIPC são encaminhados para o Ministério Público e outros órgãos judiciais; na organização, permitem uma identificação dos indicadores criminais e o seu tratamento estatístico. Mas o entendimento de funcionamento judicial tem implicações no entendimento e semânticas organizacionais. Na Polícia, esta separação abriu a possibilidade de sublinhar toda a dinâmica de trabalho criminal e oferecer aos comandos uma leitura seleccionada dos dados matemáticos, de modo mais ou menos desagregado.

iniciativa das populações locais que continuam a procurar, a chamar e a solicitar o apoio dos agentes para toda uma série de situações extracriminais. Os dados indicam que não se pode forçar a realidade a "encaixar" nas categorias do crime, mesmo se estas são mais apelativas aos polícias nos seus desempenhos. O núcleo duro do trabalho policial tradicional mantém-se assim relativamente estável. O policiamento é uma actividade que se desenrola entre o apoio e o controlo.

Como Cumming *et al.* (1973) demonstraram numa série de estudos, no sistema integrado das profissões de primeira assistência (instituições de assistência social, médicas, psiquiátricas, religiosas, de ensino e jurídicas) cada profissão tende a especializar-se numa das tendências. Aos polícias coube a "profissionalização" dos aspectos do controlo. Mas, como demonstram recorrentemente os estudos, a maior parte do tempo dos polícias é passada a exercer actividades "amadoras" de apoio, para as quais não foram preparados ou treinados, embora sejam funções sempre latentes no seu trabalho e, como os dados indicam, maioritárias. São vários os motivos para tal: os polícias estão disponíveis nas 24 horas do dia; lidam com grupos sociais desfavorecidos que recorrem à Polícia quando outros, na mesma situação, recorreriam a médicos; dominam uma informação social que nenhum outro grupo profissional detém. Todavia os restantes profissionais do sistema resistem a ver nos polícias autoridade para o exercício de actividades de apoio social. Os autores concluem: "The problems he [o polícia] faces appear to be a *failure of integration within the integrative system*, so that he cannot mobilize the other agents [profissionais] when he needs them" (1973: 192, sublinhado no original).

É difícil à organização e aos polícias escaparem a essa ambivalência fundadora do seu mandato. Em Portugal, os restantes profissionais do apoio público às pessoas continuam a não substituir muitas das facetas de trabalho dos polícias. Estes continuam a desempenhar tarefas de primeira assistência, consideradas pouco "policiais" mas obrigatórias. Tal como os autores previram nos anos 60, as polícias fardadas foram obrigadas a reconhecer ambas as valências do seu mandato. Tal ocorreu com uma divisão interna do trabalho policial. Mas os efeitos dessa divisão do trabalho, com especial sobrevalorização dos aspectos do controlo social, surtiram efeitos numa certa desvalorização do policiamento de patrulha que não consegue escapar às múltiplas solicitações sociais.

É útil avançar numa leitura mais detalhada dos dados empíricos disponíveis. O número de registos que dão entrada na esquadra indica uma média de 7 a 8 ocorrências por dia (no serviço de exterior: cerca de 5 em cada 24 horas; no serviço de graduado à banca é menor, entre 2 e 3 registos em cada 24 horas).

Mas a distribuição do volume de trabalho registado pelos turnos de funcionamento da esquadra é desigual. A pesquisa permite determinar que o segundo turno diurno (13-19h) é o que envolve mais trabalho de intervenção policial, logo seguido pelo turno do final do dia, quando muitos moradores regressam às residências, como pode ser visto no quadro 1. O turno matinal envolve menos acção policial. É o turno mais calmo, aquele em que muitas vezes se encontra uma esquadra relativamente vazia e sem grande movimentação de agentes e citadinos, num bairro que inicia a actividade comercial por volta das 10 horas. Por fim, o turno da madrugada é aquele onde, nos seis meses, se registaram menos ocorrências.

Os horários onde surgem mais registos evidenciam que é nas horas de maior movimento diurno e nocturno da vida urbana e familiar que ocorrem mais incidentes susceptíveis de constituir informação policial. Quando há mais actividade nas ruas, os polícias adivinham mais chamadas para a resolução de ocorrências.[17] Os dados dos registos coincidem com as percepções dos agentes em relação às horas de maior trabalho na área.

---

[17] Este dado poderia ser comparado com outro, o dos locais de maior concentração de acontecimentos policiais registados, onde ocorrem mais situações, mas a incompletude destes no *corpus* empírico não me permitiu avançar com essa leitura.

QUADRO 1
Distribuição diária do número de registos

Turno	N.º de registos	%
13 – 19h	551	**41,1**
19 – 24h	408	**30,3**
7 – 13h	242	**17,9**
0 – 7h	145	**10,7**
Totais	*1.346*	*100,0*

Fonte: **Registos oficiais da esquadra Amarela (1 de Janeiro a 30 de Junho de 2004)**

A gestão diária do trabalho não contempla este conhecimento. O comandante local não tem autonomia para gerir horários. O esquema rotativo geral das escalas faz com que exista exactamente o mesmo número de agentes em cada turno das 24 horas, ainda que algumas prevejam maior ou menor afluência de acção policial. Tirando os programas da proximidade, que apenas têm turnos diurnos, todos os serviços da patrulha estão mais organizados para "reagir" (e baseiam-se no princípio do imprevisto) do que para "prevenir", com base num conhecimento anterior.

No que diz respeito às pessoas identificadas pelos polícias, ou envolvidas em cada situação, os números apontam um padrão preferencial de relação e interacção personalizado entre polícias e citadinos, como evidencia o quadro 2. Mais de 60% das situações registadas resultam de um encontro entre um polícia e uma pessoa.

QUADRO 2
Número de pessoas envolvidas no registo

N.º de pessoas envolvidas	N.º de registos	%
Uma	816	**60,7**
Duas	408	**30,3**
Três	94	**7,0**
Quatro a Oito	28	**2,0**
Totais	*1.346*	*100,0*

Fonte: Registos oficiais da esquadra Amarela (1 de Janeiro a 30 de Junho de 2004)

Mesmo em situações que envolvem mais do que uma pessoa nos encontros, os polícias de esquadra raramente estão em evidente desvantagem (com mais de três pessoas). O acesso à prática de reforço coloca-os geralmente em vantagem proporcional no exercício da autoridade. As situações de encontros de polícias com duas pessoas (30,3%) resultam geralmente do apelo a mediação de querelas e conflitos, altercações entre familiares e vizinhos, menos entre desconhecidos.

São as secções móveis de piquete nas divisões que estão mais vocacionadas para agir em situações de desordem com grupos. É sobretudo na resolução de problemas pessoais que agentes e subchefes desenvolvem o seu trabalho. Tudo indica que a patrulha tem uma subespecialização no trabalho, pouco assumida em teoria e no treino dos agentes, que reside sobretudo na manutenção de relações interpessoais. Nesta região da cidade, o risco e a perigosidade grave na actividade policial é pouco provável.

Quem produz mais escritas policiais na esquadra? Verifica-se que quase três quartos dos processos são assinados por agentes e agentes principais (78,6%). Tal significa que a esquadra vive do volume de trabalho produzido por estes profissionais. A maior parte do trabalho de redacção deriva do policiamento directo na rua ou por via de chamadas encaminhadas para os agentes. O menor volume de trabalho assinado pelas chefias directas (20,8%) indica que menor parte da informação chega à esquadra com origem na acção e deslocação dos citadinos ao estabelecimento.

Mais em baixo, os valores do quadro 3 e do quadro 4 sublinham que a maioria dos registos da esquadra tem origem nos serviços de primeira assistência da patrulha. Tudo indica ser este o padrão de funcionamento das esquadras no presente. Nos últimos anos tem vindo a ser exigida maior polivalência no trabalho aos agentes. Como se pode ver estes conquistaram uma presença efectiva nesta fase do ciclo de trabalho. O número quase inexpressivo do trabalho de registo por polícias em cargos de comando indica que não faz parte das responsabilidades destes redigir informações primárias, embora as possam corrigir e controlar. Nas rotinas de esquadra só em casos extremos há uma deslocação de um oficial à rua.

QUADRO 3
Número de registos por categoria profissional

Categoria profissional	N.º de registos	%
Agentes	957	**71,0**
Subchefes	280	**20,8**
Agentes principais	103	**7,6**
Chefes	3	**0,3**
Subcomissários	3	**0,3**
Totais	*1.346*	*100,0*

Fonte: **Registos oficiais da esquadra Amarela (1 de Janeiro a 30 de Junho de 2004)**

Quando procuramos saber que serviços produzem mais escritas, verifica-se que grande parte da produção de indicadores policiais depende dos serviços do carro patrulha, accionados por chamadas. Estes concentram 56,8% do subtotal de registos que têm a sua origem em ocorrências que mereceram a intervenção dos agentes patrulheiros, isto é, 69,7% (ver quadro 4). De seguida, mas já numa percentagem muito menor, as denúncias dos citadinos realizadas por iniciativa própria com deslocação e presença na esquadra é de 24,1%, registada nesses serviços por subchefes e, ocasionalmente, por agentes que os substituem. Os agentes em serviços de proximidade produzem uma percentagem menor de registos (6,2%). Mas é de verificar que o trabalho de proximidade baseia-se menos em registos e mais no policiamento directo. A menor concentração estatística nestes serviços não significa menor volume de trabalho policial, mas resulta da orientação e filosofia prática dos agentes (como expliquei e ilustrei nas sequências espaço--tempo no capítulo anterior). O sistema de informação não traduz a expressão de novas formas de trabalho que surgem a complementar os serviços tradicionais de patrulha. Ainda assim os patrulheiros apeados registam uma parcela ligeiramente menor (5,7% do total) do que os agentes a trabalhar no conjunto dos programas de proximidade. Tal indica a fraca expressão da patrulha apeada na produção de indicadores policiais (uma vez que a filosofia de acção não é a mesma dos agentes da proximidade). Nos restantes serviços regulares (visibilidade), ou accionados em determinados períodos (fiscalizações e operações), verifica-se uma percentagem proporcionalmente inferior, em cada um deles. Os dados das fiscalizações são um pouco mais expressivos, porque resultam de acções realizadas para obter resultados.

Os dados voltam a sublinhar que a maior parte da informação registada nas esquadras chega pela mão dos agentes quando circulam pela área de supervisão e resulta do trabalho de patrulha. Este valor demonstra, comparando com outros serviços, a dimensão do trabalho operacional de rua numa esquadra, mesmo ao nível dos registos, uma fatia já de si parcelar do trabalho de acção e interacção dos polícias nas patrulhas e na proximidade nas ruas. Muito do trabalho não chega a registo (como se verá pela descrição de ocorrências no capítulo seguinte).

QUADRO 4
Número de registos por tipo de serviço

Serviços desempenhados	N.º de registos	%
PATRULHA		
Patrulha auto (arvorado)	765	56,8
Patrulha apeada	77	5,7
Fiscalizações*	61	4,5
Operações *stop*	13	0,9
Carro visível	9	0,7
Carro satélite (supervisor)	3	0,2
Serviços remunerados	9	0,7
Subtotais	937	69,7
POLICIAMENTOS PROXIMIDADE		
Escola Segura	63	4,8
Comércio Seguro	11	0,8
Idosos em Segurança	10	0,8
Subtotais	84	6,2
SERVIÇO DE ESQUADRA (banca)		
Por agentes	221	16,4
Por subchefes	104	7,7
Subtotais	325	24,1
Totais	*1.346*	*100,0*

Fonte: **Registos oficiais da esquadra Amarela (1 de Janeiro a 30 de Junho de 2004)**

As escritas policiais da rua incidem principalmente em três tipos de registos (tomando apenas o nome da peça principal): as *participações*, os *autos* (com vários documentos anexos) e as *informações*. As participações e os autos concentram invariavelmente o maior volume

---

* Acções geralmente executadas por agentes à civil nas esquadras, na área da droga.

de escritas das esquadras por todo o país. As informações são essencialmente para utilização interna da PSP.

Um documento administrativo, uma forma de relato, é muito mais do que uma peça socialmente neutra de burocracia (Lipsky, 1980). Embora nenhum agente saiba definir exactamente onde reside a linha distintiva entre uma participação e um auto de notícia, pode dizer-se que, tecnicamente, no primeiro o facto não é presenciado e no segundo é. Ora grande parte do trabalho policial baseia-se em informação transmitida pelas pessoas e não testemunhada directamente pelos agentes.

Os tipos de registos mais usados para relatar informação policial no sistema tradicional de registo revelam que as participações surgem destacadas (como pode ver-se no quadro 5). As participações são a forma narrativa mais usada no meio policial (60,2% dos registos). A percentagem pode ser variável em unidades e divisões urbanas consideradas mais *problemáticas*, mas é do conhecimento geral que quase todas as esquadras "vivem das participações". No *Regulamento para o Serviço de Esquadras,* em vigor desde 1961, no capítulo IV, de "conduta para com o público" surge sublinhado o uso desta forma de relato: "As participações de quaisquer ocorrências devem ser redigidas com toda a verdade e clareza e mencionar sempre o dia, hora e local em que elas tiveram lugar, identidade das testemunhas que houver e de outras pessoas nelas referidas; devem mais ser redigidas de forma concisa, mas sem omissões ou falta de pormenores que interessem à acção da justiça" (cf. art.º 70).

Estas envolvem qualquer relato registado por agentes, mas também ilicitudes que podem configurar crime público. As participações são como que uma ferramenta de denúncia construída para ser activada por iniciativa policial, uma vez que a denúncia formal (o auto de denúncia) depende da vontade expressa do citadino. Os autos são narrativas de factos policiais, tal como as participações. Mas, de acordo com os polícias, devem incluir o maior número de dados possível: dos envolvidos surpreendidos pelos agentes, de quem apresenta a denúncia e contra quem ela é apresentada (que podem ser desconhecidos dos primeiros).[18] Embora se associe a actividade dos polícias

---

[18] As normativas gerais surgem no Código de Processo Penal, Parte II, Livro VI, das fases preliminares (2005).

aos autos, é de verificar que não é com este tipo de relato que os agentes gastam a maior parte do seu tempo de trabalho (37% do total de registos). São as participações simples, muitas vezes sem tratamento judicial, que ocupam os quotidianos da esquadra. As informações, muito pouco expressivas neste universo (1,1% do total), são textos produzidos para relatar problemas que geralmente não originam participações ou autos, ou por falta de dados ou por falta de denúncia formal (por exemplo, a informação de uma autuação por ruído, falso alarme numa agência bancária, etc.).

QUADRO 5
Número de registos por tipo de relato

Tipo de relato	N.º de registos registados	%
PARTICIPAÇÕES	810	**60,2**
AUTOS	498	**37,0**
Denúncia de furto ou roubo	208	**15,5**
Detenção	59	**4,3**
Notícia	46	**3,3**
Identificação	32	**2,3**
Notícia por contra-ordenação	17	**1,2**
Detenção de menor	10	**0,7**
Apreensão de veículo	5	**0,4**
Ocorrência	5	**0,4**
Apreensão	1	**0,1**
INFORMAÇÕES	15	**1,1**
OUTROS	23	**1,7**
Termo de entrega	15	**1,1**
Aditamentos	7	**0,5**
Guias de entrega	1	**0,1**
Totais registos	*1.346*	*100,0*

Fonte: **Registos oficiais da esquadra Amarela (1 de Janeiro a 30 de Junho de 2004)**

Durante a maior parte do tempo que estive na esquadra apercebi-me que o comandante insistia na substituição das participações tradicionais por autos. Na prática isto significa que estava mais interessado em encontrar situações que pudesse corrigir do que situações que pudesse ir registando para acumular informação local e, com o avolumar da informação, pudesse vir a exigir-se uma intervenção. Por vezes um conjunto de autos sobre uma pessoa pode conduzir a tê-la sob vigilância e desencadear uma pró-acção policial ou uma fiscalização inopinada, por exemplo. Um auto remete mais imediatamente para a acção e reacção policiais. A selecção caso a caso, no uso da forma de relato, depende sobretudo de políticas de comando local e da tomada de decisão dos polícias. As participações são particularmente usadas porque os agentes são mediadores de queixas e denúncias mais do que testemunhas directas dos factos a ocorrer. A variação na escolha por um ou outro modo de registo é ampla e levanta frequentemente a questão de saber porque se usa determinada forma e não outra para relatar. Tal remete também para as rotinas burocráticas tradicionais em que os agentes são socializados. E os agentes são quem mais regista sob a forma de participação.

O valor organizacional das participações pode ser reduzido, baseia-se muito na "palavra" do agente, mas a sua presença nas práticas policiais é ampla. Por um lado, as participações simples desafiam o sistema de informação central, mais interessado nos factos criminais, e obrigam a perspectivar uma imensa e plural informação que se prende com os mais variados aspectos da sociedade e da imensa amplitude do mandato policial (por vezes na faceta de apoio). Estas contêm uma tal diversidade e variedade característica do mandato profissional que desafiam a normalização da informação a todo o momento. Por outro lado, se são as participações que melhor permitem conhecer a realidade local nas suas manifestações, estes são os documentos menos lidos e observados na organização. Os poucos agentes e subchefes que se mantêm pessoalmente ao corrente do que se passa na área da esquadra olham fundamentalmente para os aspectos classificados como criminais, para os textos com NUIPC, esquecendo frequentemente a restante informação. Nos restantes canais de informação, geridos a partir da divisão, toda a informação contida em participações tende a perder-se, a esboroar-se... Isto é, as participações são sobretudo informação de esquadra e para a esquadra (mas, no presente, não têm qualquer tratamento formal e utilização para o melhoramento do seu trabalho).

As inovações, muito particularmente as tecnologias de informação, são meios de controlo do ambiente policial em vez de meio de mudança dos ambientes policiais. A tecnologia tende a ser usada para produzir e reproduzir práticas tradicionais, modificando-as muito lentamente (Manning, 2003: 417, 420). As participações irão provavelmente perder-se enquanto forma narrativa preferencial com o novo sistema de produção de informação. Mas é provável que com elas se vão igualmente perdendo dimensões sociais importantes que só nas narrativas policiais têm expressão (sobretudo a cognitiva, como demonstro em baixo), isto é, a expressão primeira da observação dos agentes.

Sobre os ilícitos registados

Os polícias chamam a todas as situações *ocorrências*, mas para distinguir o plano da acção na rua do plano de formalização da informação registada, uso aqui o termo "ilícitos", a partir da explicação de Milburn (2000).[19] Esta noção é usada na medida em que as pessoas implicadas (polícias e citadinos) julgam as situações em causa como merecendo ser tomadas em conta em termos jurídicos (não necessariamente judiciais). O autor circunscreve uma noção foucaultiana mais ampla, mas mantendo o princípio de sentido que a distingue de um outro termo, o de delinquência: "La pénalité serait une manière de gérer les illégalismes, de dessiner des limites de tolérance (...) Elle ne réprimerait pas les illégalismes, elles les différentierait, elle en assurerait l'économie génerale" (1975: 277). Trata-se dos "limites de tolerância" em termos de direito, mas que estão para lá da penalidade imediata e que são sociais. Manifestações muito presentes na acção policial que revelam "intolerâncias sociais", como as denún-

---

[19] O autor fala em *illégalisme*, mas a tradução para português aproxima-nos do termo "ilícito". Ilícito define-se como o que é "contrário à moral ou às leis". A razão para não escolher "ilicitude" – qualidade do que é contrário à lei – prende-se com o interesse em manter a ambiguidade que o primeiro termo traduz na explicação que se segue.

cias por barulho ou queixas relativas a agrupamentos de jovens no espaço público, por exemplo, sobressaem de uma ordem normativa dos actores de um Estado de "paz social", não necessariamente de sentimentos de insegurança.[20]

Em seis meses contabilizei quase sete dezenas de diferentes tipos de ilícitos (de acordo com as descrições policiais). Há uma imensa variação nas situações relatadas na Polícia. A variação deve-se, em grande medida, ao estatuto instável dos polícias e dos seus relatos no sistema jurídico e judicial. Não se espera que os polícias classifiquem a informação, mas que descrevam "simplesmente" situações, o mais próximo do ambiente "natural", da "situação" que encontram. São várias as histórias de agentes que foram repreendidos por ousar classificar. Por exemplo, um agente referiu-me como um juiz o repreendeu por ter escrito no processo "o sujeito fez uso indevido de algo que não lhe pertencia", uma frase avaliativa que apenas compete aos magistrados. A revisão e uma certa adivinhação dos limites deve logo ser feita pelo comandante na esquadra, o grande "revisor" dos textos. Nesta medida, muitos agentes defendem que nas escritas "um agente não pode ser nem demasiado estúpido nem demasiado inteligente"[21] (entrevista, Abril de 2005). E a exacta medida não é fácil de aprender. As normativas "adivinhadas" geram efeitos no trabalho: uma certa incapacidade no discernimento do que é realmente matéria policial nas escritas, sobretudo entre os mais jovens e inexperientes agentes. Um mesmo acontecimento pode ser relatado de forma muito diferente, mesmo se o quadro legal se mantém idêntico. Ainda assim,

---

[20] No texto Milburn faz uma crítica às retóricas científicas e sociais que elegem o trio delinquência-incivilidade-violência nas temáticas da insegurança, baseando-se em estatísticas de grande escala. O autor propõe um ensaio de declinação estatística e conceptual baseando-se nos ilícitos declarados à Polícia e num questionário de vitimização numa cidade média de França. Conclui, por um lado, pela evidência de uma ruptura entre os tópicos da acção científica e a acção pública e, por outro, pela ruptura entre as realidades empíricas em matéria de desordens sociais, ilícitos e insegurança. Isto é, desconstrói os discursos dos pânicos sociais, mas a partir de dados empíricos.

[21] A mesma medida é aplicada à apresentação dos agentes em tribunal: "Devemos ser perspicazes, mas não falar de mais. É suposto não termos acesso à informação do processo que ocorreu há quatro anos atrás, mas a memória falha e vamos consultar. Mas devemos cingir-nos ao que está escrito e, ao mesmo tempo, não dar a entender que sabemos o que foi escrito. Por isso, não devemos falar nem de mais nem de menos" (diários da patrulha, Julho de 2004).

os agentes classificam sempre à medida que agem sobre os mundos sociais e a variação traduz escolhas e decisões pessoais (assunto que retomo de seguida na análise das narrativas). Mas a variação do trabalho policial sempre foi muito difícil de padronizar.

De modo a facilitar a leitura dos dados, organizei a informação em seis grandes grupos de ilícitos registados, cada grupo concentrando ocorrências e soluções policiais variados: a) Furtos diversos (furtos constatados e denunciados de viatura, em lojas, simples e com alguma resistência física, burlas e tentativas, extravio de carteira, falsificação de documentos, etc.); b) Conflitos públicos e familiares (inclui uma série de situações subclassificadas como distúrbios, agressões verbais, desentendimentos de vizinhança e familiares, injúrias, denúncias por excesso de ruído, denúncia de presença suspeita na via pública; c) Assistência e apoio (inclui situações muito variadas: relato de pessoa desaparecida, abandono escolar, condução de pessoas a instituições, situações de incêndios, infiltrações, salvamento em elevadores, verificação de alarmes, etc.); d) Violência contra pessoas (agressões físicas voluntárias); e) Degradações da propriedade privada e pública (de bens, de veículos); e f) Detenções (por tráfico de droga ou condução ilegal de viatura) que dependem da acção e investigação dos agentes, não são geralmente activados por denúncia ou chamada.

QUADRO 6
Número de registos por tipo de ilícito

Tipos de ilícitos registados	N.^{os}	%
Furtos diversos	684	**50,8**
Conflitos públicos e familiares	383	**28,5**
Apoio em caso de urgência	105	**7,8**
Violência contra pessoas	74	**5,5**
Degradações	65	**4,8**
Detenções	35	**2,6**
Totais	*1.346*	*100,0*

Fonte: **Registos oficiais da esquadra Amarela (1 de Janeiro a 30 de Junho de 2004)**

Devo relembrar que o que chega a registo representa apenas uma parte do trabalho policial. E essa informação é filtrada por uma série de exigências legais e "bom senso" policial. Por exemplo, a fraca percentagem de registos em caso de assistência ou apoio requerido da Polícia não significa que esta seja uma faceta menor do trabalho operacional. Esta é, provavelmente, uma das mais presentes nas rotinas de policiamento de esquadra em Portugal e pode encontrar-se diluída nos demais ilícitos registados (cf. Cumming *et al.*, 1973) – onde outros profissionais de um sistema integrado do Estado ocupam também lugar. Por exemplo, uma situação de assistência médica iniciada por chamada de emergência, para a qual são posteriormente convocados paramédicos, pode não originar qualquer registo policial.

Os dois maiores grupos de ilícitos que concentram maior actividade policial registada são os furtos declarados à Polícia e os conflitos que resultam dos ambientes urbanos. O quadro 6 permite distinguir dois tipos maiores de ilícitos: contra a propriedade e contra pessoas. Nos registos os bens surgem mais ameaçados. Os furtos (50,8%) e a degradação de bens (em número reduzido, apenas 4,8%) constituem a principal forma de ilegalismo (55,6% no conjunto). É de notar que algumas situações de violência contra pessoas surgem frequentemente por intermédio de acesso ilícito a bens. A lógica económica das situações ilícitas é predominante nos registos policiais. Embora em menor percentagem, é de notar a presença importante de problemas entre pessoas (34%).

As restantes ilicitudes fiscalizadas (essencialmente nos domínios do tráfico de droga e em casos de condução ilegal de viatura) ou relatos de apoio e co-assistência de urgência, resultam das características territoriais dos bairros policiados. Mas mesmo assim representam a menor parcela de trabalho registado (10,4%). As detenções efectuadas no plano da esquadra não chegam geralmente aos autores de ilícitos contra a propriedade ou pessoas (que porventura originem denúncias formais), mas sim em situações de ilicitude manifesta e publicamente visível como o tráfico de estupefacientes ou no trânsito.

As situações contra pessoas merecem duas considerações. Por um lado, a maioria das situações revela que as pessoas se conheciam anteriormente e mantinham redes de interconhecimento local. Este quadro estende-se mesmo aos casos de violência entre pessoas.

A maior parte das agressões voluntárias registadas são realizadas por pessoas que tinham relações familiares ou de vizinhança anteriores. Por outro lado, as situações de conflituosidade pública e familiar têm um nível fraco de gravidade penal. Isto é, embora relevem do Código Penal, não são tidas em conta pela acção judiciária (se nenhum dos sujeitos formalizar a denúncia). Muitos dos conflitos (28,5%) não chegam a constituir matéria de investigação penal. E se na verdade as violências contra pessoas têm cada vez mais enquadramento e tratamento penal, na prática os polícias tendem a confundi-las com os conflitos e distúrbios entre pessoas, sobretudo quando esta representa uma boa parcela do seu trabalho na interacção quotidiana (ver descrição de um exemplo no capítulo seguinte).

Uma análise mais ampla deste tipo permitiria reequacionar estudos sobre a emergência de desordens urbanas e violência anónima nas cidades em Portugal (como surge, por exemplo, em Ferreira, 1998), sobretudo quando estes se fundamentam em grandes indicadores criminais. Outros estudos têm surgido na mesma linha (ver, por exemplo, Roché, 1998; Lagranje, 1998; Body-Gendrot, 1998). O argumento a favor da insuficiente expressão estatística do crime defende que muitas ofensas podem não chegar a ser relatadas. Mas nas estatísticas oficiais de grande escala a partir de dados que chegam ao conhecimento policial, muitos ilícitos correm igualmente o risco de se ver tratadas como factor de criminalização da vida social, isto mesmo se revelam manifestações sociais bem diferentes na sua natureza. Como determinou Peroni (1996), retomado por Milburn (2000), os ilícitos devem ser considerados na sua pluralidade e especificidade, ligados a processos sociais circunstanciados e inteligíveis na lógica das redes interpessoais, objectos e lugares que estes implicam.

A análise dos dados no seu conjunto permite verificar que as esquadras são irremediavelmente canais de produção de informação profissional bem como social que não se reduz à informação penal. É de voltar a notar que de toda a informação relatada na Polícia, durante o referido período, apenas 33% do total está em condições de ser considerada um processo-crime. Todas as restantes situações têm défice de informação ou não são tratadas como matéria de investigação criminal. A face expressa nos registos do trabalho policial traduz as representações dominantes que os agentes têm das práticas, como um trabalho menos passado nas esferas criminais (onde têm poucas oportunidades de entrar) e mais determinado por uma dinâmica de apoio e "assistência", de resolução de emergências situadas. Embora possam representar de modo pouco positivo tal quadro, por influência da sobrevalorização organizacional, política e social da faceta criminal do seu trabalho, o policiamento de esquadra tende a englobar uma série de situações sociais muito amplas e distintas.

Narrativas policiais

Os textos policiais têm dois tipos de informação essenciais: as *identificações de pessoas* e as *descrições de factos*. Neste ponto, volto a insistir que as narrativas policiais não são neutras e não estão imunes às interpretações subjectivas dos seus produtores. A imensa margem de decisão dos polícias na patrulha também chega aos textos. Estes podem alterar dados importantes e também optar por formas subtis de julgamento, expressas no registo narrativo convocado em cada ocasião. Proponho assim uma primeira abordagem qualitativa, ainda que superficial, destes assuntos.

Numa esquadra a informação e a redacção das escritas formais significam poder, um poder que está longe de ser partilhado por todos da mesma maneira. O saber (territorial, táctico, operacional, legal, etc.) dos patrulheiros é muito desigual, bem como o poder de cada um, que pode expressar-se nas ruas mas também nos textos. É possível analisar os textos policiais como formas narrativas e encontrar os principais padrões diferenciadores (mais ou menos penalizadores) que os agentes e outros polícias lhes imprimem.

Os agentes são formados no sentido de acreditarem que a base de toda a actividade policial são as identificações. De facto, sem identificações um processo policial vale pouco. Objectivamente são a única matéria obrigatória nas narrativas. Os agentes aprendem na Escola Prática de Polícia algumas técnicas mnemónicas para lidar com essa obrigação, que deve estar presente em cada situação e que os obriga a nunca esquecer a vertente administrativa do seu trabalho.[22]

---

[22] Nem todos os agentes cultivam ou usam estas aprendizagens que trazem da escola de polícia. Alguns lamentavam a falta de relação entre as aprendizagens da formação e a prática nas esquadras, mesmo nestes aspectos mais objectivos. A comunicação entre a

Uma frase é tradicionalmente usada: "*Na Ilha Da Madeira Não É Possível Fumar Na Rua*". A inicial de cada palavra corresponde a diferentes campos, o que oferece o seguinte quadro das identificações pessoais que os agentes devem escrever, em qualquer situação a registar, num pequeno bloco de notas que transportam no bolso: N – nome; I – idade; E – estado civil; P – profissão; F – filiação; N – naturalidade; R – residência; BI – BI.

Os factos policiais têm um texto. São narrativas com orientações e codificações administrativas determinadas. Há todo um processo de reconfiguração narrativa dos acontecimentos e de padronização da informação no momento de transformar uma ocorrência em ilícito registado, o que torna este um tipo de saber muito valorizado no plano da esquadra. O saber administrativo dos agentes é cada vez mais valorizado na organização logo no primeiro plano do trabalho policial, a partir do qual se constrói o maior número de informações policiais.

Saber escrever, interpretando os códigos burocráticos e legais em vigor, é um dote muito apreciado na Polícia. A narrativa do crime pode influenciar a decisão dos tribunais – dos *homens da bata preta*, os juízes, e dos *nossos*, os magistrados do Ministério Público, como referem alguns agentes que frequentam os tribunais. Igualmente importante é o facto de uma peça de expediente poder ser motivo de comentários em muitos círculos da esquadra e da divisão. Os textos policiais podem passar por muitos olhos.[23] Alguns podem ser lembrados pela sua qualidade e retirar agentes do anonimato da esquadra; outros podem fazer circular piadas sobre sujeitos que dificilmente se livram do que escreveram ou da forma como escreveram.

A narrativa policial é um saber valorizado na hierarquia. Os subchefes que sabem relatar e que ajudam os agentes a fazê-lo são os mais bem considerados na esquadra. Esta é uma aprendizagem que, como as outras, é socializada. Mas também traduz a hierarquia

---

escola e as unidades de trabalho é praticamente inexistente. Verifiquei que os agentes, uma vez nas esquadras, aprendem sobretudo a desenvolver os seus próprios "métodos" de trabalho individuais.

[23] O novo sistema de registos informático tende a modificar esta situação precisamente porque a informação surge mais segmentada em vários campos e menos na forma de narrativas.

simbólica. Cada um deve aprender por si, com recurso a alguma formação e muita intuição. Deve ir aprendendo por entre os enunciados de frases, nos usos mais correntes de léxico específico, no eixo narrativo orientado que lê nos textos de colegas mais experientes. Uma das primeiras aprendizagens é saber distinguir as subclassificações informais do jargão profissional de outras categorias que podem seguir formalizadas nos textos. Conseguir ser autónomo operacionalmente e na fase de registo escrito é um objectivo de muitos agentes, mas não alcançado por todos.

Neste trabalho estão presentes as normativas intersticiais da administração. Estas não surgem expressas senão na variação dos documentos. E a sua variação de entendimentos é tão ampla que mesmo os dados aparentemente objectivos podem sofrer reconfigurações. São várias as situações de hesitação no que diz respeito aos conteúdos expressos dos textos. Os textos podem: originar factos policiais; desmobilizar factos; responsabilizar ou aliviar responsabilidades de polícias em situações de erro; forçar detenções ou evidenciar equívocos na constituição de prova; etc. Os textos e os relatórios diários são a face visível (para a organização e nos seus canais de informação) do que foram ocorrências passadas onde muitas vezes apenas estiveram os agentes e as pessoas envolvidas. A escrita surge como justificação burocrática de actos plenos de variação, complexidade, nada lineares ou simples de descrever. Por isso se diz que mais do que saberes técnicos alguns textos valem por certas *manhas*[24] policiais. Segue um exemplo das minhas notas:

> Numa conversa, enquanto é produzido um longo e complexo processo de detenção estão dois agentes que comentam comigo os limites dos textos burocráticos. O agente Santos lembra, num tom jocoso, que quando o juiz lê o expediente no tribunal já brinca com os polícias: "Já sei que se passou em '*local referenciado*', já sei que a pessoa que estava a comprar o estupe-

---

[24] As manhas, malandrices, espertice, ratice no trabalho de polícia são tidas como ferramentas essenciais. Como me disse um comandante: "Isto é como o jogo do gato e do rato. Se ele vai num sentido não vamos andar sempre atrás dele, fazemos-lhe uma finta" (diários da patrulha, Dezembro de 2004). Há um trabalho de táctica permanente nas mais variadas dimensões da actividade policial e mesmo na vida de polícia (como se pode ler no capítulo 7). Também existem tácticas que podem ser desenvolvidas relativamente aos códigos legais e às escritas da rua.

faciente *'fugiu para parte incerta'* e que a testemunha não quis ser nomeada por *'medo de represália'*…". Estas são frases recorrentes dos textos policiais que simplificam e neutralizam uma série de peripécias mais ou menos legítimas. A agente Telma relativiza. Muitas vezes as coisas passam-se assim mesmo, mas é verdade que outras vezes não. Entendo que todas as burocracias têm o seu texto e a Polícia tem este… Trata-se de uma narrativa pós-facto onde a dimensão "das ruas" e a dimensão "das escritas" não estão linearmente relacionadas (diários da patrulha, Maio de 2004).

Formas de narrar

Tanto para o policiamento directo como na fase de justificação escrita, é raro encontrar determinado e descrito genericamente um estreito procedimento policial, mesmo se podem surgir directivas genéricas de enquadramento.[25] Embora estejam apontados no Código do Direito Penal os princípios que justificam o relato policial, estes são vistos como pré-factos, isto é, no quadro de situações favoráveis à acção policial.

As técnicas de registo dependem assim em larga medida de considerações subjectivas dos polícias que testemunham as ocorrências isoladamente ou na presença de colegas. Devem aprender a parte narrativa e a reconhecer preferências dos chefes e superiores, nem sempre consonantes com as suas. Os agentes tentam captar o que para superiores representa um *verdadeiro* texto administrativo ou que pelo menos satisfaça as exigências internas que recaem sobre eles. Para tal concorrem vários aspectos: as diferentes "traduções" dos agentes relativamente às políticas organizacionais (dos poderes e disciplinas sociais que podem ou não usar nas escritas, por exemplo), o maior ou menor espaço de manobra que têm para a interpretação pessoal que fazem dos eventos, e as condições da prática profissional em que se encontram, por exemplo, em que fase da vida profissional e da vida pessoal se encontram, etc. Por exemplo, se investem mais

---

[25] A iniciativa de formação à distância e de edição de cadernos de apoio à actividade policial das esquadras da PSP e GNR pelo Ministério da Administração Interna nos primeiros anos de 2000 foi uma política situada, reconhecida como muito importante por vários agentes que nela participam, mas sem continuidade.

ou menos na profissão, ou no tempo livre, e têm uma visão do tempo gasto com as escritas como um tempo extra-turno que obriga a reduzir as horas da folga; se pretendem sedear a residência perto do local de trabalho ou separar ambos e fazer uma gestão controlada do envolvimento com a profissão (aspectos que trato no capítulo 7).

É no entanto possível estreitar a leitura sócio-técnica dos textos policiais de informação primária. Os textos policiais têm tradicionalmente uma margem de manobra na narrativa dos factos. Na análise dos conteúdos, distingo três focagens policiais principais: uma focagem "abreviada/instrumentalista", uma "incriminatória/penalizadora" e uma "cognitiva/explicativa".[26]

Nesta fase do trabalho os polícias continuam a ter uma boa margem de autonomia que, como tenho vindo a evidenciar, está longe de se confundir com arbitrariedade. De certa maneira as formas mais frequentes dos relatos policiais têm imbuídas o peso dos procedimentos na actividade – a obrigação de meios das regras da acção do dispositivo jurídico. Segundo Monjardet estas criam três tendências genéricas: abstenção, dissuasão (*détournement*) e especialização (1996: 84).[27] As tendências apontadas têm uma certa expressão nos textos e na forma como os polícias manipulam a ferramenta institucional com focagens diferenciadas.

Os estilos dos relatos policiais podem coexistir nos mesmos agentes (e ser desenvolvidos em diferentes textos) e até estar presentes num só texto policial, embora um texto tenha geralmente uma focagem que prevalece sobre as demais. Mas é preciso ter em conta que estes aspectos dependem mais do entendimento e uso que cada agente faz da sua autoridade e do poder policial que detém do que

---

[26] Criei esta categorização tendo por base a leitura e conhecimento de diversas peças de expediente durante o ano de trabalho de campo. Todavia a análise pode vir a ser melhorada e aprofundada com um estudo mais amplo destes problemas, podendo mesmo equacionar esta leitura centrada na produção de uma esquadra.

[27] Monjardet fornece imagens dos três casos. Abstenção: se um polícia não sabe que procedimento usar em determinado caso de infracção no trânsito, não dá relevância à infracção manifesta. Desvio: um polícia que na mesma situação sanciona a infracção, pode começar por aplicar uma contra-ordenação, mas a situação e o entendimento do agente pode levá-lo a acabar com um delito de resistência e atentado à autoridade policial. Especialização: para os acidentes no trânsito, que convocam e imobilizam agentes, pode ser útil criar uma unidade especializada que se dedique ao serviço, desqualificando os demais agentes para o efeito.

das situações de maior ou menor conflituosidade em que entra. Irei agora descrever o essencial de cada focagem, fornecendo exemplos de peças de expediente.

Focagem abreviada/instrumentalista

A maioria dos agentes encara as escritas como procedimento obrigatório, uma rotina, uma dimensão meramente "instrumental" (Boutet, 1998: 157) de um trabalho que está sobretudo antes da narrativa, na resolução de problemas no "terreno". Desta perspectiva, a informação pode não ser levada a sério em si mesma e os autores ficam preocupados em "despachar a papelada" rapidamente. Em última instância, esta visão pode gerar nos polícias uma espécie de afastamento e descrença no próprio sistema de gestão global da informação (quer na organização quer no sistema de justiça onde se envolve). Ao perderem a noção geral da cadeia organizacional que as informações seguem perdem o interesse em ser um elo nessa cadeia. Neste caso, mais do que predisposições pessoais, são os lapsos na formação e coordenação no trabalho de esquadra dos polícias que falham. Os registos ora revelam os silêncios da rua, ora revelam erros de interpretação dos dados, nem sempre intencionais ou conscientes.

Mais do que a narrativa em si, são os erros ou desajustamentos da avaliação da patrulha para a escrita que sobressaem em diversos momentos dos textos. O que o Ministério Público, os juízes e os advogados, ou mesmo os colegas polícias (da investigação criminal), irão ler limita-se sempre aos dados apresentados. Existem formas de certificação de dados incompletos – por exemplo, nas secções de "inquéritos" da divisão de investigação criminal – mas não existem formas de repor totalmente dados incorrectos, sobretudo muito tempo depois dos factos terem ocorrido, valendo apenas a palavra do agente redactor. Mas também as ocorrências se desvanecem na memória dos polícias. São sobretudo os mais jovens agentes que revelam mais dificuldades em seleccionar o que relatar. Mas mesmo com a experiência dos anos, os agentes falham e perdem frequentemente a concentração nos eventos. Falhas nas identificações, por exemplo, podem ser cruciais quando se trata de constituir provas criminais. Mas podem surgir a afectar outras dimensões da vida social.

Por exemplo, durante uma semana acompanhei um caso de dois agentes que conseguiram localizar duas menores e recuperar vários telemóveis roubados pelas mesmas a outras estudantes da área. Na altura de escrever o expediente, os agentes redigiram que estas eram *desempregadas*. O ambiente em que escreviam era algo caótico para quem tem de escrever um longo processo, com vários objectos apreendidos. A preocupação expressa era a devolução dos objectos aos seus proprietários (o que os envolveu em variados contactos e diligências). De modo apressado, fatigados depois de longas horas de trabalho extra-turno, os agentes acabaram por negligenciar dados importantes das trajectórias pessoais das menores que traduziam problemas familiares e escolares que deviam ser *referenciados*. As "miúdas" tinham deixado a escola. Uma delas fazia uns "biscates" e a outra ficou retida em casa e não foi inscrita na escola por iniciativa da mãe.[28] Como este existem vários exemplos de falhas de informação central nos textos policiais que podem mesmo fazer com que os registos não sigam os canais administrativos mais indicados.

Focagem incriminatória/penalizadora

Esta focagem sobressai nas escritas quando os agentes encaram com particular interesse o registo da interacção estabelecida entre pessoas e usam o discurso directo para acentuar a discórdia. A esta chamo a tendência incriminatória dos textos. Nem sempre o relato penalizador merece consenso na Polícia. Depende das situações. Pode destacar aspectos valorizados da acção como, por exemplo, em caso de desordens, onde se deseja que os sujeitos que provocam *desacatos* sejam bem *lixados* no expediente, através do que será focado. Muitos agentes não resistem a usar o relato penalizador. A informação tende a ser manipulada ou pelo menos são sublinhados alguns comportamentos que os polícias classificam como desafiadores

---

[28] A encarregada de educação, que esteve na esquadra, não tinha segurança em ver a filha de 15 anos frequentar uma escola a vários quilómetros de casa no horário nocturno, situação para a qual a escola da área a "empurrou", demonstrando a dificuldade ou renitência em "integrar repetentes". Neste caso tratava-se de uma adolescente de origem nigeriana que enfrentava dificuldades na aprendizagem da língua portuguesa.

da sua autoridade nas ruas. Alguns comandantes referem-se ao relato penalizador (quando começa a ser recorrente nos textos) como uma exposição policial insuficiente. Defendem que os agentes apenas se preocupam em reproduzir o que lhes foi dito, que não procuram ir mais fundo no uso de tácticas que tradicionalmente se associam ao seu trabalho na rua: a intuição e *faro*, a memória e a experiência policiais anteriores.

É frequente estas escritas traduzirem mais problemas de interacção que surgem entre citadinos, e mesmo entre citadinos e polícias, do que propriamente a infracção em si. A infracção primeira que convoca a atenção do polícia pode até resultar no pretexto secundário da acção policial. Isto é, o texto acaba por traduzir em si a justificação para a acção policial em determinada direcção e os problemas ulteriores que se colocam. Nesta tendência narrativa os agentes evidenciam frequentemente a dificuldade de desempenho do seu papel de negociação de tensões. Mais do que um quadro criminal evidente, evocam medidas de força legal e penal "legítimas", ou que pelo menos têm ao seu dispor. É o que se traduz no exemplo de narrativa do auto que se segue.

AUTO DE DETENÇÃO

Aos ... dias do mês..., do ano 2004, pelas 15h00, na rua ... em Lisboa, eu, ... do efectivo da ... da ... Divisão PSP de Lisboa detive a N....

MOTIVO DA DETENÇÃO: Por à hora, data e local acima mencionados, quando me encontrava de serviço de patrulha apeada, acompanhado pelas testemunhas abaixo identificadas, a ora detida, encontrava-se sentada no muro ali existente, a fumar algo que suspeitei ser produto estupefaciente, motivo pelo qual a abordei no intuito de a identificar, questionando-a também sobre o que estava a fumar, tendo a mesma respondido num tom de voz alterado e agressivo as seguintes expressões: "É SEMPRE A MESMA MERDA, JÁ NÃO SE PODE FUMAR UM CHARRO DESCANSADA", projectando em simultâneo o que estava a fumar pela ribanceira ali existente, sendo-me impossível verificar a natureza do mesmo. Respondendo ao meu pedido de identificação, a ora detida, tentou abandonar aquele local e proferiu as seguintes frases, "ÉS UM OTÁRIO VAI CHATEAR O CARALHO, SOIS TODOS UNS PANELEIROS, VAI PEDIR O B.I. À CONA DA TUA MÃE, NEM O MEU NOME TE DIGO POIS SOU ANALFABETA, ÉS UM PORCO, TU E TODOS OS BÓFIAS".

Perante tal comportamento, dei-lhe voz de detenção e conduzi-a a este Departamento Policial, tendo tido alguma dificuldade em fazê-lo devido ao grande ajuntamento de populares que por ali se formou.

Já no interior deste Departamento Policial a detida, bastante exaltada, continuou a injuriar todos os elementos que aqui se encontravam, proferindo várias injúrias, tais como: "SEUS CORRUPTOS, DEVEM PENSAR QUE TENHO MEDO DE IR AO JUIZ, POIS VOU LÁ E VENHO EMBORA SEUS CABRÕES", as expressões acima referidas são ofensivas ao meu bom-nome, honra e dignidade profissional, pelo que desejo procedimento criminal.

À N..., foi-lhe efectuada uma revista por um elemento feminino desta polícia, não lhe tendo encontrado nada de ilícito.

Posteriormente, quando a detida se encontrava no interior deste departamento policial, compareceram no mesmo alguns indivíduos seus conhecidos, possivelmente, com o intuito de pedir explicações sobre o ocorrido, tendo um deles chegado a agredir elementos policiais, tendo sido detido, conforme auto detenção com o NUIPC... e registo n.º... e sido elaborada uma participação com o registo n.º..., ambos registados neste departamento policial, cujas cópias se anexam.

A detida foi constituída arguida nos termos do art. 58 do Código Processo Penal, sendo-lhes lidos e explicitados os direitos e deveres processuais consignados no art. 61 do mesmo código, tendo declarado ficar ciente do seu conteúdo.

Foi sujeita a Termo de Identidade e Residência e Auto de Constituição de Arguido que se apensam (tendo-lhe sido entregue cópias dos mesmos).

Foi ainda notificada para comparecer pelas... do dia... 2004, no tribunal de pequena instância criminal, sito Rua Marquês de Fronteira, em Lisboa, conforme cópia de notificação que se junta, em virtude do Auto ter sido terminado após o horário normal de funcionamento do TPIC, tendo-lhe sido entregue o original, ficando a detida ciente que incorre no crime de desobediência, caso não compareça, tendo abandonado esta esquadra pelas 17h30.

Desta detenção foi dado conhecimento à sua mãe, que compareceu nesta esquadra pelas 15h30.

> Da detenção foi dado conhecimento via FAX, ao Exmo. Senhor Procurador Adjunto da República Junto do TPIC, conforme fax e confirmação que se juntam.
>
> Data
> Assinatura do Agente

Focagem cognitiva/explicativa

Nestes textos o trabalho de rua e a operacionalidade surgem aliados à narrativa. Os agentes demonstram interesse pelas capacidades de detecção, interpretação e avaliação de factos no local, que depois são transformados numa narrativa descritiva. Este é um trabalho para uma pequena minoria de agentes nas esquadras e geralmente quando têm uma experiência de anos na unidade e rotina de escrita. Estes traduzem uma certa literacia organizacional que leva anos a desenvolver e que é mais facilmente percepcionada por agentes com mais habilitações escolares.

Nesta focagem as escritas tendem a reflectir a exacta extensão do trabalho dos agentes na rua. Pode dizer-se, inspirando-me em Boutet (1998), que estes textos levam mais longe a "dimensão cognitiva da linguagem" no trabalho, que conseguem tornar inteligíveis os complexos factos sociais que se apresentam aos policias. Aqui privilegia-se o facto de se saber fazer perguntas perante uma situação e aos envolvidos. Os textos revelam muitas vezes a motivação dos agentes em ir para lá das aparências dos acontecimentos, envolvendo iniciativa e intervenção na realidade. O exemplo de narrativa de uma participação que se segue é dos que melhor traduz a tendência cognitiva, porque apresenta não só uma série de factos construídos pela polícia como o uso da iniciativa e polivalência da agente no seu mandato. Textos como o que descrevo podem levar os seus autores a adquirir uma certa notoriedade na esquadra e, do ponto de vista formal, são os mais apreciados entre os superiores.[29]

---

[29] Neste caso a agente chega a receber um louvor, porque o comandante de esquadra considerou que ela revela no seu trabalho e no seu expediente qualidades exemplares que

Ex.ᵐᵒ Senhor

Participo a V. Ex.ª que, ontem, pelas 12h10, quando me encontrava de serviço de Policiamento Proximidade (idosos em segurança – apoio 65), na área desta esquadra, desloquei-me juntamente com o supervisor desta esquadra, à Rua... a fim de contactar locatário.

No qual fui contactada por M... que me comunicou estar bastante preocupada com L..., por a mesma, desde há uma semana a esta parte, se encontrar sem sair de casa, não comparecendo ao emprego, dormindo o dia todo, recusando falar com alguém ou ingerir qualquer tipo de alimento, comportamento esse que segundo a senhora M... não é normal na L..., pois ela tem apoiado a mesma desde os 10 anos de idade, altura em que foi abandonada pelos pais, auxiliando-a em tudo até à data, conhecendo o comportamento dela, pelo que suspeitava que algo de grave se estaria a passar, tendo informado ainda que, numa das vezes em que conseguiu estabelecer contacto com a L..., esta, em pranto, lhe havia comunicado que tinha sido violada, e que desde aí se encontrava em estado de choque.

Face ao exposto dirigi-me ao quarto onde a mesma se encontrava, tendo verificado no local, que a L... se encontrava na cama, escondendo o rosto e o resto do corpo debaixo dos cobertores, denotando-se estar muito nervosa, chorava compulsivamente de tal modo que não permitia qualquer diálogo, dando a nítida ideia de estar traumatizada com algo.

Passado cerca de 2 horas, e após várias tentativas para dialogar com a mesma, já na presença do adjunto esta esquadra que também se deslocou à residência, foi possível estabelecer algum diálogo, embora muito vago com ela, que mais calma, disse que: No dia... do presente mês e ano, juntamente com uma amiga de nome V..., que apenas disse ser moradora em ..., apanharam junto à estação da..., boleia numa viatura, marca Fiat Punto, de cor preta (desconhecendo matrícula), com uns conhecidos da amiga, tendo as duas seguido com os mesmos, que descreveu como sendo 3 (três) indivíduos, todos de raça negra, com idades compreendidas entre os 20/25 anos de idade, para um apartamento no centro de ... (não sabe localizar), e já no interior do referido apartamento disse ter sido violada por um deles, o condutor da viatura, de nome A..., que descreveu

---

não reconhece na maioria dos agentes. O louvor, dir-me-ia o comandante, serviu para premiar a agente pelo seu trabalho, mas tinha outros objectivos. Este serviria para fazer os agentes aceitarem de uma vez por todas que os registos fazem parte do seu trabalho e que vissem nesta profissional o exemplo do que significa ser um bom agente.

tratar-se de um individuo cabo-verdiano, alto mais ou menos 23/25 anos de idade, tendo o mesmo, para consumar a violação, feito uso da força física para a manietar, depois de os dois se encontrarem no interior de um quarto, sem contudo lhe causar qualquer hematoma ou ferimento.

Ao ser-lhe proposto a deslocação a uma unidade hospitalar, a fim de ser observada por um especialista, a mesma começou por recusar dizendo que não queria que ninguém a observasse nem lhe tocasse, sempre em choro convulsivo, sendo que após lhe ser explicada a importância da observação hospitalar como meio de despiste de doenças sexualmente transmissíveis e gravidez. Então já cerca das 14h30, a mesma concordou ser vista por um médico, pelo que foi encaminhada ao Hospital São Francisco Xavier, nesta Urbe onde deu entrada com o episódio n.º..., tendo sido observada por um médico de obstetrícia.

De todo o diálogo conseguido estabelecer com a L..., não foi possível apurar detalhes sobre a forma como a situação efectivamente decorreu, por esta se limitar a chorar sempre que lhe era feita qualquer pergunta em concreto sobre a violação de que afirmava ter sido vítima, cujo acto sexual disse ter sido apenas por coito vaginal, afirmando já ter lavado a roupa que na altura vestia e dando a entender que a amiga que a acompanhara também teria sido violada, mas afirmando desconhecer nome completo, morada ou qualquer contacto da mesma.

Refutou sempre a apresentação de queixa formal, segundo a mesma não por receio de qualquer represália, mas apenas para esquecer o sucedido, embora afirmasse que lhe seria possível identificar pessoalmente o agressor.

Já depois de observada no hospital e enquanto aguardou o resultado de análises efectuadas, conseguiu-se que a mesma ingerisse uma peça de fruta, bem como ficou acordado que hoje se deslocaria a esta esquadra a fim de fornecer mais dados sobre a situação e eventualmente formalizar denúncia dos factos; tendo aqui comparecido pelas 10h30, mas nada mais adiantando sobre os dados aqui expostos e conseguidos ontem, mantendo o desejo de não apresentar qualquer denúncia.

Apurou-se ainda que das análises efectuadas não resultaram indícios de doenças nem de gravidez, no entanto a mesma terá de efectuar novas análises decorridos seis meses, verificando-se ainda que não foram efectuadas quaisquer diligências junto do perito do IML, por indicação do próprio chefe de equipa de obstetrícia, dado já ter decorrido uma semana sobre a possível violação.

> De toda esta situação apenas foi possível apurar que a L... entrou de livre vontade quer no carro, casa e quarto do seu agressor, sendo que, quando este quis consumar o acto sexual ela recusou chorando mas tal não foi pelo mesmo aceite.
>
> A L... foi aconselhada a recorrer à médica de família, bem como lhe foi proposto um contacto com a psicóloga de família do Centro de Saúde, opondo-se a mesma a esta hipótese de acompanhamento, quer por iniciativa própria quer por solicitação desta Polícia pessoalmente junto do Centro de Saúde da área.
>
> Face ao exposto é tudo quanto me cumpre levar ao conhecimento de V.ª Ex.ª, estando salvo melhor opinião esgotadas as alternativas de que esta polícia de momento dispõe para possível ajuda ou acompanhamento desta situação.
>
> Data
Assinatura da Agente

"A caneta é a nova arma dos polícias"

Embora se reconheça que há toda uma parcela do trabalho policial numa esquadra que não chega a registo, a margem de administração do trabalho policial tende a crescer, quer na organização quer no sistema jurídico. Os agentes são cada vez mais obrigados a ter conhecimentos legais e uma certa literacia organizacional para levar a cabo o seu trabalho. A metáfora usada pelos polícias – a caneta como arma – traduz a tendência do presente movimento.

> Num domingo de Primavera participei numa conversa sobre o que estaria a mudar na patrulha, enquanto circulávamos no carro patrulha. O condutor disse: "Em 10 anos a Polícia mudou muito". "Não é que fosse muito má" – ripostou o *arvorado* – "o meu pai tem 20 anos de Polícia e nunca gostou de bater..." O condutor voltou: "Mas a verdade é que a Polícia se servia constantemente da força musculada. Hoje as coisas estão muito diferentes. O polícia pouco pode fazer". O *arvorado* rematou: "Pois é, a esferográfica é a nossa arma. Muitos sujeitos não sabem que o que escrevemos sobre eles é considerado pelos juízes ou vai para investigação. Quando por exemplo não se apresentam à esquadra, como manda o juiz, fica tudo registado" (diários da patrulha, Maio de 2004).

Nos últimos trinta anos foi redireccionado o mandato profissional dos polícias: de repressão directa, no uso de uma força autoritária durante o Estado Novo (1933-1974), para uma "burocracia de rua", refundada em democracia, na constituição e nos direitos humanos. Nos últimos anos foram mesmo recuperadas as disposições tradicionais de finais do século XIX aos anos 1930, isto é, de uma Polícia civilista para as cidades. Os polícias justificam cada vez mais a sua intervenção nas realidades que policiam através de registos escritos. À medida que foi crescendo a responsabilidade legal e administrativa decrescia o uso da força física e letal arbitrária.[30]

Convém fazer um parêntesis para dizer que Portugal teve, a este respeito, um passado pesado. Durante cerca de cinquenta anos foi um Estado ditatorial, tal como as vizinhas Espanha e Itália (Pinto, 1992). Era um país com uma das economias mais débeis da Europa, tinha um meio social empobrecido, ruralizado, e altos níveis de analfabetismo. Até aos anos 80 Portugal esteve de costas voltadas para a Europa e para o mundo. Já anteriormente, o período designado por Primeira República (1910-1926), fora um período conturbado e muito instável. O Estado Novo ficaria conhecido por ter uma censura apertada, que amordaçava o país e a livre expressão e, sobretudo, por uma Polícia política, a PIDE/DGS, com ampla legitimidade de actuação, mas respondendo directamente aos poderes políticos. Sigo aqui o estudo de Irene Pimentel (2007). Esta polícia tinha uma ampla expansão no domínio da vida pública e privada, aterrorizando e desmobilizando levantamentos e oposições aos regimes de Salazar e depois de Caetano. Os inspectores e também uma ampla gama de informadores que trabalhavam para a PIDE e com o apoio em denúncias

---

[30] Nos últimos dez anos têm sido implementadas políticas de restrição de uso da força letal. Este controlo foi de tal modo uma prioridade (na acção da IGAI e do MAI) que em quase todas as unidades que visitei existe um *poster* com o famoso Decreto-Lei n.º 457/99 de 5 de Novembro sobre o "recurso à arma de fogo em acção policial", emoldurado e colocado à vista de todos, polícias e cidadãos. Este é um indicador de tal forma importante que chega a ter representação visual nos cenários das mais recentes séries televisivas portuguesas sobre polícias. Esta evidência simbólica repercute-se na crescente contenção dos agentes em usar e até ostentar a arma indiscriminadamente. Embora muitos tenham sido socializados na perspectiva de, por exemplo, entrarem num bairro de droga com a arma em punho, quase todos os polícias recusam fazê-lo porque conhecem bem as consequências legais dos incidentes com armas.

de anónimos, estavam infiltrados nos mais diversos círculos da vida social de onde se imaginavam poder surgir movimentos sociais como as fábricas, oficinas, meios rurais e outros "antros" intelectuais burgueses, sendo o principal alvo eleito os comunistas e as suas organizações clandestinas. Tinham ampla margem para deter, interrogar e torturar suspeitos.

A relação desta polícia com as restantes polícias portuguesas não era linear. Houve mudanças ao longo da história, mas os dados apontam para uma colaboração na troca de informações, sobretudo orais, em particular entre a PSP e a PIDE/DGS (polícias consideradas cúmplices por uma parte da população e pela oposição ao regime), embora surgissem desacordos e acusações recíprocas, pois a PIDE vigiava a própria actuação das restantes polícias (Pimentel, 2007: 73-101).[31]

Apesar da Revolução de 1974, e a fixação de uma renovada Constituição Portuguesa, foram precisos anos, quase uma década, para restaurar a democracia e, com ela, as instituições e as polícias. A promessa de prosperidade socioeconómica do país surgiria com a adesão à Comunidade Económica Europeia em 1986. Com a reconfiguração do modelo económico e de Estado deu-se uma adesão em massa aos bens de consumo (Barreto, 1996). Era necessária uma Polícia conforme os novos princípios de controlo democrático e de mercado, com novos níveis de exigência e transparência, numa sociedade que nos finais de 1990 viu também crescer os meios de comunicação e o activismo social não-governamental. Surgiram mais determinantes as pressões externas e internacionais sobre as práticas policiais violentas e uma manutenção do controlo político e centralista, de Estado, das polícias. As acções da Amnistia Internacional tiveram influência na criação da Inspecção-Geral da Administração Interna, com o mandato de controlar as polícias tuteladas pelo Ministério da Administração Interna, desde 1996. O paradigma de mudança das polícias ficou associado à mudança pela lei. O exemplo da contenção legal e justificação para o uso da força letal resultou no exemplo de sucesso desta instituição sobre as organizações policiais, embora a

---

[31] Nas entrevistas que fiz a reformados da PSP compreendi que existia uma certa relação quotidiana entre polícias e "pides". Mas mesmo para os mais antigos guardas, talvez sensíveis a uma renovação generalizada da imagem institucional nas duas últimas décadas, os "pides" não são bem representados, mesmo quando a ordem social de então é nostalgicamente evocada.

sua intervenção quotidiana (com visitas inopinadas às esquadras, uma pressão pela vigilância inusitada) tivesse tido vários efeitos sócio--culturais nessas organizações.[32] Um dos ojectivos foi a redução do número de mortes provocadas por polícias nas operações, levando-os a repensar modos de actuação. A PSP foi então sendo progressivamente reorganizada, por intervenção da tutela: desmilitarizada, com melhor formação inicial, contratação e inclusão de mulheres nos seus quadros, etc.

Neste contexto, a afirmação das escritas como "arma" na polícia encontra paralelo, em sentido histórico, numa frase repetida igualmente pelos agentes com uma certa ironia: "Hoje, cada vez mais, a arma é um ornamento". Dizem-no em sentido crítico, mas também conscientes das implicações que o uso mais ostensivo pode ter nas suas trajectórias (com averiguações e pesados processos administrativos).[33] Uma mudança organizacional profunda passou, em grande medida, pela deslocação do controlo directo dos polícias para um controlo mais administrativo das suas práticas. Tal teve o efeito de oferecer aos agentes um quadro diferente de individualização e de responsabilização pessoal pelo seu trabalho.

Tudo indica que durante o período do Estado Novo, e até há três décadas atrás, as escritas policiais eram de facto uma excepção no trabalho dos agentes, sendo mais valorizados os aspectos de vigilância simples nas patrulhas e no trabalho das esquadras. Os polícias faziam sobretudo *corpo presente* e trabalhavam mais nos domínios da regulação do trânsito, como confirmei em entrevistas a reformados. Os chefes de esquadra mantinham um certo *status quo* e controlavam a actividade dos registos policiais. Hoje seria impensável, salvo raras excepções, ser um comandante de esquadra a participar.[34] É de

---

[32] A ilustrar este intervalo politicamente hesitante está o interregno da publicação da extremamente regular revista *Polícia Portuguesa* da PSP, entre 1974 e 1980.

[33] Neste sentido, entre os vários e jovens agentes que conheci, não encontrei uma representação dominante de um passado saudosista, como alguns autores descreveram recentemente no caso da Polícia brasileira, por exemplo (Bretas & Poncioni). Encontrei algo que se generaliza a todos os corpos de polícia, a resistência expressa a serem controlados por entidades externas (cf. Lemgruber *et al.*, 2003; Monjardet, 1996a;).

[34] No século XIX tal actividade estava a cargo do "chefe de esquadra", sendo que os "cabos" controlavam a actividade dos "guardas" nas ruas e os guardas estavam permanentemente na patrulha (Gonçalves, 2005). A "entrada" dos agentes nas esquadras foi um processo moroso na história da Polícia portuguesa.

lembrar que na organização, ainda na década de 1980, acreditava-se que por existirem poucas participações à Polícia e poucos registos nas esquadras não existia quase crime em Portugal. A relação da Polícia com a produção de informação no seu seio, para o Ministério da Administração Interna e ainda para os *media* sofreu mudanças profundas desde então. No presente os subchefes responsabilizam-se sobretudo pelo que lhes é participado directamente nas esquadras pelos citadinos. São os agentes que relatam a maioria das ocorrências. Em poucos anos transformaram-se nos "escribas" da organização. As escritas fazem parte do trabalho de rotina dos agentes (mais de uns do que de outros, mais nos serviços auto), mas são uma ferramenta obrigatória que é aprendida e está à disposição de todos. A dinâmica traduz-se em polivalência de saberes, autonomia, controlo do trabalho, aumento de poder e também de responsabilidade nos níveis mais baixos da hierarquia.

E todavia as narrativas policiais não parecem ter-se transformado profundamente ao longo do último século. Apesar das mudanças organizacionais (algumas transformando profundamente o corpo policial), os relatos, a forma e os conteúdos parecem manter-se no essencial. São as mudanças nas tecnologias de informação (como expliquei) que virão introduzir as principais transformações nas narrativas policiais. Mais do que razões operacionais, são as razões de administração e uniformização da informação que lideram o processo de mudança nas organizações policiais do presente.

*

Todo o processo descrito evidencia a importância dos relatos como forma de "justificação" e legitimação jurídica da acção policial dos agentes e subchefes. Na organização a informação primária das esquadras é cada vez mais e melhor usada para informar as instâncias superiores da Polícia. E é em si mesma um mecanismo de controlo da actividade policial "no terreno". A informação é pouco usada para gerir policiamentos de esquadra, deixados no essencial ao critério dos agentes e dos seus subchefes directos, dependentes do "movimento das ruas".[35]

---

[35] A disposição organizacional não consegue fazer face ao facto do papel dos agentes no seu trabalho e no processo de registo ser amplamente selectivo. Os polícias podem

Vários dos agentes que resistiram mais anos na esquadra falaram-me de um período do passado recente em que, durante sensivelmente um ano, um dos comandantes que passou pela esquadra "experimentou" trabalhar a partir daquilo a que chamavam *mapas de situações*. Isto é, com a ajuda de um ou dois agentes experientes colectava os indicadores dos registos, pegava em mapas *área* da esquadra e compunha-os com as principais incidências dos problemas, em pontos identificados a cores nos mapas. Por fim, promovia reuniões com os grupos para agir em determinado sentido e seguindo determinadas tácticas. A estratégia visava prever e prevenir incidentes, diz-se. Tais práticas deixaram de ser realizadas. Como me referiu um dos agentes envolvidos: "Os comandantes hoje já não têm tempo para isso, estão ocupados a tirar os indicadores criminais para enviar para a divisão, onde fazem os mapas das estatísticas. Hoje trabalha-se para a estatística" (entrevista, Junho de 2004). Para muitos agentes e subchefes, "trabalhar para a estatística" resulta em conseguir realizar o máximo de indicadores criminais possível, não necessariamente agir na prevenção criminal. Os agentes dividem-se. Alguns vêem no processo uma oportunidade para realizar mais trabalho *no crime,* o que em geral significa explorar tácticas proactivas (cf. capítulo 1) e assim antecipam as vantagens em que isso os pode colocar (promoções, louvores, etc.). Muitos não encaram a "pressão dos resultados" como uma pressão legítima no seu trabalho. As resistências traduzem-se em mais problemas entre chefias e agentes, num equacionamento permanente do que é e significa o mandato profissional dos polícias no momento presente.

A esquadra não tem um modelo muito preciso de gestão ou planos concretos do que é o seu trabalho e de como este se vai organizando. Talvez não haja outra actividade do sector público que dispense o conhecimento estreito das funções que realiza como este, a patrulha, um pouco fixa na ideia da sua indispensabilidade social. Webster (1978) encontrou já há vários anos uma tendência semelhante a esta a partir do estudo dos registos numa divisão de patrulha de um departamento norte-americano.

---

decidir relatar ou não uma ocorrência. Podem aconselhar uma pessoa a relatar ou a não relatar um incidente. A relação dos polícias com a lei e os meios de que dispõem é cada vez menos linear e cada vez mais exigente e subtil e afecta a informação e as estatísticas.

Em anos recentes a produção de estatísticas criminais (a partir dos dados primários) teve o efeito de devolver à esquadra mais conhecimento sobre si mesma. Todavia, como o trabalho policial continua a basear-se maioritariamente no apoio, assistência e socorro, num trabalho de "gestão das ruas" e menos no controlo criminal, esta estatística acaba por iludir não só a realidade como os próprios polícias na sua acção. Assim existe uma enorme diferença entre o que os polícias realmente fazem, o que gostariam de fazer e o que acreditam que devem fazer. Não há muita reflexão sobre os efeitos deste intervalo de percepção nos agentes. É então útil captar a forma como estes percepcionam e classificam o seu trabalho na patrulha, as ocorrências e chamadas. Como se verá no próximo capítulo, embora o trabalho criminal seja muito valorizado, o mandato tem múltiplas dimensões que não escapam a ser consideradas.

Apesar do aperfeiçoamento dos quadros constitucionais, legais e administrativos, as políticas de Estado e policiais podem não ser exactamente coincidentes, o que se traduz em sinais de sentido contrário na acção dos agentes e pode avivar o seu sentimento de isolamento no trabalho de patrulha. Os agentes *dão a cara*, como dizem, por um Estado e por uma organização com os quais não existe uma identificação linear. Talvez isto ajude a explicar porque é que a maioria dos agentes prefere encarar o trabalho nas ruas como o seu *verdadeiro* trabalho, sendo que deste apenas uma parcela menor continua a chegar às esquadras e a entrar nos circuitos formais da informação policial.

CAPÍTULO 4
Na Rua com os Agentes

As ruas são o cenário preferencial de trabalho dos agentes. Mas mesmo se todas as ocorrências de polícia merecem atenção, o trabalho policial não tem todo o mesmo valor nem é representado por igual.

Uma primeira distinção geral é fornecida pelo quadro da organização policial. Ao organizar a informação e registo e ao adequar a acção aos códigos legais, a Polícia distingue o trabalho criminal, o contra-ordenacional (entendido como acção na regulação e correcção de problemas do trânsito e variadas ilicitudes), o contravencional (na regulação de normas e regulamentos) e o restante trabalho, não criminal, genericamente considerado de resolução de conflitos e problemas que de uma forma geral têm lugar nas cidades e afectam a vida urbana.[1]

A distinção objectiva e legal em três grandes áreas tem efeitos entre os patrulheiros, sensíveis às ideias que circulam na sociedade e alimentadas pelos superiores na organização. O trabalho criminal é em grande medida considerado o trabalho *mais policial*. Os domínios contra-ordenacional e contravencional[2] consideram-se relativamente

---

[1] De acordo com os conceitos estatísticos da justiça do Ministério da Justiça, "crime" é todo o facto descrito e declarado passível de pena criminal por lei anterior ao momento da sua prática. "Contra-ordenação" é todo o facto ilícito que preencha um tipo legal no qual se prescreva uma coima. Na decisão administrativa cabe recurso para o tribunal. "Contravenção" ou "transgressão" é o facto voluntário punível que, não sendo crime nem contra-ordenação, consiste na violação, ou na falta de observância, de disposições de natureza preventiva, sendo a sua punição independente de toda a intenção maléfica (cf. http://www.gplp.mj.pt/estjustica/metainformação1.htm, consulta de Agosto de 2006).

[2] É preciso notar que grande parte desta vigilância nas cidades começa a estar cada vez mais a cargo das polícias municipais, sendo que os patrulheiros tendem a deslocar o seu interesse destas irregularidades menores. Como, por exemplo, a venda ambulante, a não conformidade de determinados comportamentos com as regulamentações autárquicas, etc.

"ingratos", pois impõem mais problemas do que seria de desejar ao desempenho dos agentes mas, ainda assim, tal é incontornável. E, por fim, o "resto" do trabalho é o que ocupa os turnos dos polícias, mais por demanda social do que por obrigação legal ou por empenho operacional. É esta fatia expressiva, muito difícil de objectivar, contabilizar e frequentemente ausente dos registos, que os agentes vão aprendendo a gerir, melhor ou pior, de acordo com as situações.

A hierarquia de ocorrências policiais não corresponde ao volume do trabalho. As grandes áreas judiciárias têm, sublinho, uma implicação dissemelhante no trabalho dos polícias de esquadra. A maior parte do tempo e energia dos agentes é dispendida a tratar e resolver situacionalmente discórdias entre citadinos, questões relacionadas com a vida em comum nas cidades, e que se mantêm mais no plano de mediação do que implicam penalização. Como sumariou um agente com oito anos de patrulha:

> "O polícia hoje em dia é um gestor de conflitos, porque as pessoas quando chamam a Polícia já o conflito está instalado. E o polícia tem que ir lá, tem que se manter imparcial, não deve dar a sua opinião e procura fazer uma gestão, tenta apaziguar os ânimos. Não é a questão de estar a pregar a moral mas tenta fazer com que as pessoas resolvam ali o conflito. Às vezes nem sempre se consegue e nesse caso é conduzir as pessoas para a esquadra, apresentarem queixa e tentarem resolver aquilo de outra maneira; mas hoje em dia o polícia é essencialmente um gestor de conflitos" (entrevista, Maio de 2004).

Esse "resto", que pode ser mantido à margem no plano dos discursos oficiais e mais ainda nos mitos e ficções policiais, é o centro na ordem prática do trabalho policial. A maioria das acções e interacções que estão na base de encontros entre polícias e citadinos não entra sequer nos registos e informações policiais e reside como informação local, mantida na "posse" de cada agente. Como avaliou um inspector da Polícia Judiciária que foi durante sete anos agente de segurança pública:

> "Eu comparo um polícia com um médico de clínica geral, temos de perceber de tudo; a Polícia é chamada a todo e qualquer problema, desde o gato da vizinha que está a miar muito alto a alguém que ao pendurar a roupa pingou um bocado de lixívia, infiltrações nas casas, etc. Isto acontece em grande medida porque as nossas instituições não resolvem os problemas às pessoas, e as pessoas têm que ter alguém, e quem está mais perto é a

Polícia e então chamam a Polícia para tudo. E lá vai o polícia que anda ali a tentar fazer ver às pessoas que é melhor resolverem a situação; é um relações públicas" (entrevista, Junho de 2004).

Do trabalho que merece registo no policiamento só uma parcela é de ordem criminal.[3] Ficar pela primeira distinção do trabalho policial, oferecida sobretudo pelas chefias e administrativos, seria reduzir as possibilidades de uma análise mais coerente do trabalho policial na ordem e do que esta nos revela dos valores do trabalho em situação, nos encontros e *ocorrências* das rotinas policiais. A teia que tais distinções oferecem aos sentidos do trabalho de patrulha é bem mais fina e envolve os agentes em aprendizagens e socializações singulares. A participação dos agentes na vida das cidades dá-se através de algumas ocorrências e cenas criminais, mas as situações da vida urbana que mais convidam os polícias a agir extravasam e sempre extravasaram o âmbito criminal.

É preciso ter presente que, do prisma de um agente, uma situação, uma ocorrência, uma tarefa, um evento, não significam apenas a "sua resolução do melhor modo e o mais rapidamente possível", embora muitos agentes o façam crer e este objectivo também esteja frequentemente presente na acção. Uma ocorrência significa também oportunidades pessoais e profissionais, mais ou menos problemas, mais ou menos volume de trabalho, reflecte as memórias de outras que correram melhor ou pior, concentra as atenções do colectivo ou divide-as, convoca para a acção pessoal ou dissipa-a. As diferenças entre as ocorrências expressam-se numa hierarquia de valores práticos que procuro esmiuçar neste capítulo.

Verifiquei que no plano das intersubjectividades existem pelo menos cinco categorias internas (*emic*) do trabalho policial entre os agentes: por um lado, existem as *situações obrigatórias*, as *sem grande*

---

[3] No capítulo anterior evidenciei a tendência na análise dos registos oficiais da esquadra. Mas na unidade da divisão esta representa uma tendência mais ampla. Em 2005 a divisão da esquadra Amarela somou 16.930 entradas de ocorrências relatadas nas esquadras e serviços da mesma. Desse total apenas 5.917, um pouco mais de um terço do total, isto é, 35%, era relativo a registos criminais. Mesmo assim os dados manifestavam uma tendência de aumento dos indicadores criminais relativamente aos anos anteriores. Tal ficou a dever-se sobretudo a políticas organizacionais de implementação do combate ao crime do que a um evidente crescimento da perigosidade criminal nesta parte da cidade.

importância e as *assistenciais*; por outro lado, existem algumas situações *verdadeiramente policiais* e outras consideradas os *bons serviços*. As três primeiras categorias de ocorrências dizem respeito a situações relativamente comuns e recorrentes nos universos dos agentes. As últimas são menos comuns e mais ocasionais, mas muito valorizadas no sentido da *operacionalidade*, um valor policial da patrulha.

Embora não se possa prever nenhuma frequência nas ocorrências dos polícias, pois é exactamente a imprevisibilidade que rege o trabalho, existem algumas tendências e cadências do trabalho conhecidas por quem se mantém mais anos numa mesma unidade. A maior parte do tempo os agentes, sobretudo em serviços automobilizados, esperam pelas ocorrências *verdadeiramente policiais* que os convoquem para a *acção* e que resultem eventualmente em *bons serviços*, embora estas teimem em chegar. É de sublinhar que a maior carga valorativa, positiva e negativa, diz respeito às situações menos comuns.

As situações que irão ser apresentadas baseiam-se numa avaliação profunda das notas dos meus "diários da patrulha" (cf. Introdução). A selecção é feita a partir de cenas recorrentes do policiamento que ilustram os quotidianos e rotinas da patrulha, mas não se pretende que correspondam a uma estreita representatividade de tarefas. Além disso, é de ter presente que cada cena pode desencadear uma outra e tudo pode mudar a todo o momento nas tácticas e desempenhos dos polícias, bem como na classificação interna de cada evento. Não sugiro assim um mapa acabado das representações das práticas de policiamento, mas antes um itinerário reflexivo, no sentido em que diversos caminhos cruzados fazem combinar de modo não linear práticas e percepções de um trabalho. Aqui volto a sublinhar que a maioria das ocorrências em que os agentes participam na patrulha surge-lhes por chamada ou ordem superior, raramente por sua iniciativa pessoal. O trabalho levado a cabo pelos agentes dos programas de proximidade rege-se menos por ocorrências e mais por serviços ou acções que eles mesmos planeiam.

A dificuldade dos polícias em delimitar fronteiras – entre as dimensões pessoal/profissional, início/fim das situações, agir/conter a acção, controlar/oferecer ordem, etc. – está sempre presente nas dúvidas, hesitações, ambiguidades e ambivalências que as situações suscitam e que não são totalmente contempladas pelas leis e procedimentos oficiais. Muito do trabalho policial é construído naquilo a que chamo uma "economia de atitudes", que faz oscilar os agentes entre a passividade, a observação e a contenção e a reacção, a agitação e a excitação relativamente reguladas. Não é possível avançar na investigação sobre o trabalho dos polícias sem ter em conta estes aspectos constitutivos da patrulha: a não coincidência entre planos, rotinas e acções em situação; a enorme margem para o improviso; e o frequente encontro de situações inesperadas, muitas nunca antes vividas pelos agentes nas ruas das cidades e para as quais os quadros organizacionais e institucionais oferecem poucas respostas.

Chegados a este ponto, devo defender que à excepção de Van Maanen, em particular em *Observations on the Making of Policemen* (1978c), mais atento às expressões da socialização contextualizada, escapou à maioria dos estudiosos e etnógrafos das polícias um dado fundamental – o valor da pausa na patrulha. As ocorrências têm um peso fundamental na vida policial "de rua", em grande medida orientam-na. Mas a pausa é o que permite esse movimento pendular entre turnos plenos de actividade e turnos muito parados e enfadonhos no trabalho dos vigilantes. Reservo este assunto para o final do capítulo.

Situações obrigatórias

Existem situações de trabalho às quais nenhum patrulheiro se escapa de participar ou é obrigado a resolver em algum momento da sua trajectória. Estas são, por exemplo, ficar a *guardar uma montra partida*, *guardar residências assaltadas*, *verificar alarmes*, *guardar carros que constam para apreender*, *vigilância simples* em *postos* ou *pontos fixos*, o policiamento em *manifestações*, o acompanhamento de *circuitos religiosos* pelas ruas implicando o corte temporário do trânsito; mas também fazer vigilância a um *cadáver*[4], executar

---

[4] A relação dos polícias com cadáveres é antiga. Por exemplo, nos anos 20 existiam numa dúzia de esquadras lisboetas "caixas para fetos" abandonados na via pública ou em qualquer local. Só em 1929 começaram a ser examinadas pelo Delegado de Saúde e os cadáveres encaminhados para o Instituto de Medicina Legal e já não para o Comando de Lisboa (cf. Ribeiro, 1935: 46).

penhoras, despejos, arrestos[5], *aberturas de porta*[6] e tantas outras.[7] Algumas tarefas representam ordens superiores, surgem enquadradas no plano do policiamento de esquadras e estão desde sempre associadas ao trabalho mais simples da patrulha apeada. Outras são acompanhadas de mandado legal e exigem procedimentos técnicos precisos, são uma espécie de diligências ou serviços administrativos onde outros executantes legais tomam parte do processo e se encarregam dos registos formais. Estas são tarefas que foram crescendo à medida que os Estados foram administrando facetas da vida e da morte em sociedade. Embora o segundo rol de ocorrências seja frequentemente accionado para o carro patrulha, os agentes automobilizados são muitas vezes substituídos no decurso por patrulheiros apeados.

No seu conjunto, estas são situações do trabalho de patrulha obrigatórias para os agentes, entendidas como estando entre as menos apelativas no conjunto do trabalho policial de esquadra. Por isso algumas tarefas mais simples são desempenhadas por quem se inicia na patrulha e não tanto por agentes mais rodados. Outros serviços, por mandado legal, podem ficar a cargo de agentes que trabalham mais próximo dos comandantes, os polícias dos programas da proximidade (em particular das áreas do comércio e idosos). Em alguns casos de policiamento colectivo, em particular os que envolvem o risco de colocar em causa a ordem pública, nomeadamente as manifestações colectivas[8] ou outras ocorrências que se complexifiquem, é

---

[5] Na actividade policial, estes aspectos entram na avaliação do trabalho anual efectuado e tendem a aumentar com a crise económica e social. Em 2004, na área da esquadra, foram efectuados 40 penhoras, despejos e arrestos, os quais na área da divisão totalizaram 219.

[6] Este serviço, por exemplo, não tem um entendimento superior uniforme. É certo que os bombeiros operam na presença de um agente da autoridade. Mas alguns comandantes consideram que este serviço deve ser "participado" nos registos da esquadra, outros consideram-no um serviço presencial.

[7] Outras actividades, nem sempre estritamente relacionadas com o trabalho de patrulha, são ordenadas aos agentes: executar diligências e outras actividades internas (ir buscar ou lavar um carro policial, tratar de assuntos profissionais na sede da divisão, fazer favores aos chefes e comandantes, etc.). Estas ocupam muito os agentes quando não estão em situações de trabalho e marcam itinerários nas suas rotinas. Pausas e paragens são parte integrante da vida policial, como se verá no final do capítulo.

[8] Estes e outros acontecimentos de ordem pública estão geralmente a cargo do Corpo de Intervenção. Mas também envolvem a autoridade policial do território, responsabilidade do oficial de dia da divisão, num crescendo que pode ir até ao oficial de dia do comando (ver também Oliveira, 2000). Para aprofundar o assunto ler estudo de caso em França (Fillieule, 1997).

desejável a presença do comandante ou, pelo menos, do supervisor de serviço no local.

Tais serviços, ou ordens, recebidos pelos patrulheiros revelam-se desde logo oportunidades para ver e ouvir a cidade e ir socializando num ambiente profissional marcado por diferentes situações e eventos. As oportunidades de aprender mais sobre o trabalho começam aqui, mas à medida que se vai ganhando experiência elas são percepcionadas como fardo ou apenas como mais um serviço entediante e rotinizado da patrulha. Vejamos alguns exemplos.

Ir a um cadáver

>Vou com um agente apeado, o Pereira, a uma casa verificar um *óbito*, ao qual os agentes chamam simplesmente *ir a um cadáver*. A viúva é conhecida dos agentes. Costuma ir beber os seus copos a uma das tascas onde os agentes comem uma sopa e uma sandes para enganar a fome. Mantenho-me com o agente na varanda da casa. É preciso esperar. Quando alguém morre na *área* a Polícia tem de ser informada. Vai sempre ao local. Espera ter a confirmação médica e só nessa altura o agente é dispensado. Tem de sair com uma certidão de óbito passada pelo médico de família ou particular. Quando se trata de cadáveres na via pública é chamado o delegado de saúde ao local e o corpo tem de seguir sempre para o Instituto de Medicina Legal. Nessa altura a área tem que ser controlada para ser analisada. "Alguns cadáveres demoram dias inteiros", diz o agente, "este processo é burocrático e envolve muito tempo e a vontade dos delegados para trabalhar também não é muita..." O cenário de entrada e saída de parentes e amigos oferece aos agentes um olhar cínico sobre as relações humanas. O Pereira comenta que "quando os velhos morrem aparece toda a gente para ver se lhes calha alguma coisa em testamento ou mesmo para conseguir logo tirar algumas coisas da casa". É preciso ocupar o tempo. Nestes períodos de espera e passividade obrigatória do trabalho, a vigilância simples, neste serviço como noutros (por exemplo, nas longas noites sem ocorrências) existe um subterfúgio: mudar o posto de frequência do rádio para ouvir o que se passa noutras divisões do Comando – em particular na que se considera mais operacional (isto é, com mais chamadas para os polícias), a Amadora – e tentar captar a acção policial. Mas hoje há uma razão de peso para escutar o rádio. Há uma perseguição a uma pessoa que fugiu do Instituto Prisional de Leiria. Ouvimos até o carro ser *interceptado*. Entretanto chega um outro colega, a quem chamam Juca (que vai escrever a

participação), hoje de arvorado no CP. "Ouviste?", pergunta o Pereira. O colega diz que também tem estado a ouvir. Comentam que alguns colegas conhecidos de ambos devem estar envolvidos na ocorrência. É o sentido de comunidade profissional que sobressai. Entretanto chega o agente funerário. Anuncia que já deixou a certidão de óbito assinada pelo médico na esquadra. Saímos. Quando vou a cadáveres com arvorados, no momento em que regresso à esquadra os agentes mais novos perguntam-me expressamente se vi e se toquei no morto. Aliado ao acto técnico de verificação – uma vez que é obrigatório o agente verificar o óbito, ver e sentir o pulso sem vida – há qualquer coisa de provocatório neste olhar de frente para os corpos sem vida. Tratam-se de treinos informais na socialização num trabalho pouco harmonioso. Este aspecto do trabalho introduz os agentes obrigatoriamente numa relação com a morte e, muitas vezes, com mortes dramáticas que impressionam, mas que os agentes vão aprendendo a expiar. Os polícias passam por várias experiências com cadáveres. Muitos agentes levam meses até conseguir lidar com frieza com as situações de cadáveres mais complicadas.

O *cadáver* representa uma etapa nova na vida policial dos novatos recém-chegados. Uma vez, enquanto circulava com dois agentes no carro patrulha, o condutor recebeu uma mensagem de um colega, da mesma escola que ele, recém-chegado há um mês à esquadra. No telemóvel dizia: "Fui ao meu primeiro cadáver!". Esta é das poucas vezes em que a situação é celebrada como uma espécie de iniciação nos serviços da patrulha, o que é confirmado noutros contextos, como a polícia em Paris, quando os novatos são *mis en situation* (Jeanjean, 1990: 197). Com a prática irá tornar-se uma obrigação. Para a maioria dos agentes ir a um cadáver é um trabalho pouco recompensante por várias razões, mas a que mais evocam é que "não se passa nada". Mas existem outras. A situação de guarda a um cadáver pode estender-se no tempo e ultrapassar as seis horas do turno. Este é um aspecto inescapável aos agentes. O prolongamento do horário de trabalho não dá geralmente direito a um *excesso*, a um turno extra de *folga*, ao contrário de um serviço mais operacional como uma detenção, que envolva um trabalho considerado mais "produtivo" pelos superiores. Os cadáveres, mesmo os mais complicados de resolver, os que estão na via pública, são um assunto para agentes. Apenas se houver suspeita de crime estes podem justificar a deslocação de um oficial ao local.

É com ironia que alguns agentes e subchefes, quando estão na banca e orientam os mais novos na patrulha apeada, dizem: "Vais para o giro X, com sorte ainda apanhas um cadaverzinho". São os agentes mais rodados que consideram este um trabalho extra-policial e resistem a incluí-lo no mandato profissional: "Não se justifica a polícia ter de fazer cadáveres.

Muitas vezes é o momento em que vem toda a família tentar ficar com a casa e os bens, é certo, mas perde-se um dia inteiro de trabalho de um patrulheiro. Enquanto está ali não está na rua. Quando não há um agente disponível numa esquadra da divisão tem de vir de outra". Alguns agentes mais expeditos aprendem a aligeirar a burocracia nestes casos e a usar alguns truques pessoais para abreviar o tempo de permanência no local.

Os polícias são sensíveis aos "sinais da cidade", aos visuais mas também aos sonoros. Pode-se ouvir um cadáver na área. Ouvir as sirenes de ambulâncias, em particular se acompanhadas pelo carro de emergência médica, quer dizer que provavelmente "há *presunto*[9] por perto". Normalmente tal origina comentários por parte dos agentes: "Pronto, já me vai cair um cadáver hoje, é certinho"; "Já estou a ouvir muitas sirenes. Isto cheira-me a cadáver cá para os meus lados. Já vou sair mais tarde". É a vez dos colegas apeados troçarem do arvorado, o *chefe* dos agentes: "Olha, lá está o teu cadáver".

Certo dia estava de tripulante no carro patrulha. No momento em que estacionámos passou por nós uma ruidosa e acelerada ambulância. Seguimo-la com o olhar. Quando virou a esquina e nos saiu do alcance o condutor suspirou. E a agente de arvorado não se conteve e com boa disposição desfiou o novelo. Se houvesse cadáver e fosse na área da esquadra esta teria de o guardar, se fosse para a esquadra vizinha ficava para o marido, arvorado do carro patrulha na unidade policial vizinha. Nesse dia tinham programado partir de férias para o Sul do país e não lhes convinha nada assegurar um serviço destes a esta hora, já perto da rendição. Como dizia: "É que se for daqueles já muito presunto ficamos lá toda a tarde". Permanecemos de ouvidos colados ao rádio à espera do desenlace. Da central perguntaram pelo ponto da situação do carro patrulha. O Conceição antecipou-se, suspeitando que nos iriam mandar ao local do cadáver. Mas finalmente nada aconteceu e o turno terminou passados alguns minutos.

(Diários da patrulha, Abril e Maio de 2004.)

---

[9] Presunto é um dos sinónimos de cadáver mais usado pelos polícias, em especial quando estão em estado avançado de decomposição. Existem outros termos mas que são menos evocados como corpo, mortalha, defunto ou, simplesmente, morto.

Penhora negociada

Às 11 horas está marcada uma penhora numa rua pobre da área. Acompanho um agente apeado. Dirigimo-nos ao local onde outros dois polícias da esquadra se encontram de giro. Juntam-se a nós antes da hora marcada. Esperamos pelo *mestre-de-cerimónias*, o oficial de justiça.[10] Este "faz" *penhoras, despejos, arrestos, arrombamentos, embargos de obra nova*, etc. "O objectivo da presença policial extra nesta zona *complicada* é assegurar que tudo decorre dentro da normalidade, garantindo segurança ao oficial de justiça", dizem-me. Nestas zonas este profissional pede para ser escoltado. Noutras penhoras, noutras zonas da área não referenciadas pelo tráfico de drogas, não são envolvidos tantos agentes. Pouco depois chegam à porta da entrada do prédio dois sujeitos de uma empresa de chaves e fechaduras, pagos pela empresa que levou a queixa a tribunal para arrombar a porta. Por fim chegam dois advogados da empresa lesada. A diferença social entre os envolvidos é óbvia. Os advogados tentam fazer conversa sobre a zona. Um diz que passou na rua uma vez à noite por acaso e trancou as portas. Os polícias não alimentam o diálogo. Para eles tudo isto é rotina. O oficial de justiça parte para a negociação. Tece uma argumentação: pelo que conhece da rua não vale a pena avançar com o processo de penhora. Os advogados fazem um telefonema ao cliente e resolve-se recuar. "Ninguém está com muita vontade de levar isto adiante, pois não?", remata o oficial de justiça. Os polícias encolhem os ombros e dizem: "É apenas mais um serviço".

(Diários da patrulha, Abril de 2004.)

Anunciar a morte no bairro da droga

São 11 horas da manhã e os agentes do CP têm como diligência ir anunciar a morte de dois jovens no bairro da droga. Morreram vários jovens num acidente de automóvel durante a madrugada e dois são dali. Nenhum polícia gosta deste serviço. Chegamos ao número da porta indicado e o Madeira, hoje de arvorado, sai do carro. Ninguém atende e volta. O Pacheco, agente condutor, decide estacionar. Saímos todos do carro em direcção a uma Vila pobre da rua. Está um enorme ajuntamento de gente no portão da Vila e outro tanto lá dentro. Dezenas de pessoas. Parece um

---

[10] Recentemente, em alguns casos, foi introduzida uma nova figura legal, o solicitador, em quem os agentes confiam menos e com quem não gostam de trabalhar.

mar de gente num espaço contíguo. Perdemos o Pacheco de vista. Mas pelo comportamento colectivo é certo que já anunciou a morte de um dos jovens. Ouvem-se gritos, mulheres com bebés ao colo, agarram-nos enquanto vão chorando e passando a informação a outras pessoas que vão chegando. Atravesso a rua com o Madeira. Tenta localizar algum familiar do outro morto e alguém lhe indica a casa de uma tia, ou será da mãe? À janela surge uma jovem mulher de pijama. Acompanho o Madeira até lá. Esta diz que está trancada em casa e que não tem chave. Pede ao agente que dê um pontapé na porta. Subimos e ele faz isso mesmo. Com dois pontapés fortes arromba a porta. A confusão acorda um bebé. A casa é minúscula e parece do avesso. O agente diz apenas que o rapaz está em Santa Maria e que ela o vá ver, evitando dizer-lhe toda a verdade. O agente precisa de um contacto telefónico. Ela justifica que ele saiu de noite e deixou-a fechada, mas pergunta "como está ele?". O Madeira evita fornecer a informação, "não sou médico, não sei…". Na esquadra, o agente à banca irá revelar-lhe tudo, mais tarde… Esta é uma responsabilidade que os jovens polícias não gostam de assumir. Reencontramo-nos todos no CP. Os agentes comentam que havia um tipo que queria "armar confusão" com os polícias e que os culpava, mas lá se controlou. Dentro do carro o Pacheco resume a diligência: "Hoje a Polícia não veio para fazer revistas…" (os polícias sabem que podem deter uma pessoa numa situação e, dias depois, já noutra situação, ter de defender a mesma pessoa de uma agressão, por exemplo). Chegamos à esquadra. Os agentes perguntam-se pela alcunha do sujeito. Com tantos envolvimentos e emoções esqueceram-se pelo caminho. Notei que entre os agentes mais novos e sem prática, bem como entre os mais velhos já estafados, há uma certa tendência para o atropelamento de planos: o operacional e o de gestão da informação, como se não fossem compatíveis. Eu lembro-me e digo alto: "Juquinha" (foi a minha memória etnográfica a funcionar). Estão duas mulheres a chorar na banca e o Duarte, hoje de graduado, quer preservar uma certa privacidade, diz apenas – "Pessoal!" – e todos sabemos que é para sair imediatamente dali. Ficamos à porta da esquadra a comentar o sucedido, como costuma acontecer depois de algumas ocorrências. O Madeira refere que a mulher do morto "não parecia carocha [toxicodependente] e era bem bonita". O Cruz observa: "Se calhar é por isso que ele a mantinha trancada em casa… Certo é que hoje houve mais uma quebra no crime, mas antes eles do que eu".

(Diários da patrulha, Maio de 2004.)

Ocorrências *sem grande importância*

As ocorrências mais presentes nos quotidianos da patrulha onde, como refere Banton (1964), estão particularmente presentes os saberes dos agentes na sua faceta do trabalho de "manutenção da paz", ou para as quais, como referem Bittner (1974) e Reiner (1985: 114), estes encontram "soluções provisórias", isto é, "a solution to an unknown problem arrived at by unkown means", são em geral desvalorizadas, na organização e pelos próprios. Para alguns agentes mais rodados estas são tarefas indesejadas e a elas facilmente se sobrepõem outras que consideram mais "nobres". Todos os patrulheiros, sem excepção, passam na vida profissional por este tipo de situações mais vezes do que poderiam ter imaginado quando estavam na escola de polícia (quando muitos sonhavam que viriam a combater o crime). Em muitos relatos os agentes manifestaram, em retrospectiva, que "não se diz toda a verdade aos agentes na escola" e nem sabem que as ocorrências *sem grande importância* serão o grosso do seu trabalho. Concluem, "os agentes não sabem ao que vêm".

As tarefas mais desempenhadas por patrulheiros passam por *regular conflitos* e *distúrbios*, moderar cenas de *conflituosidade* entre vizinhos; cenas de *violências* ou *distúrbios* familiares e domésticos envolvendo adultos ou jovens; responder a denúncias por *ruído*; resolver ou *desmobilizar* a presença de pessoas em locais públicos, em particular bêbedos ou jovens expansivos (nas noites do fim de semana); *fazer circular* os sem-abrigo ou pessoas "indesejadas" na via pública; ir *verificar furtos* ou *roubos* a veículos e residências por chamada; *encaminhar* ou *conduzir* aos serviços de emergência pessoas que, por exemplo, tentaram suicidar-se. Regular a circulação rodoviária ou corrigir situações de irregularidade no trânsito (*acidentes*, *autuações*, *fiscalizações*) entra directamente no coração da actividade da patrulha.

Seleccionei para esta secção uma primeira cena que descrevo minuciosamente. Nela manifesta-se, de forma inequívoca, a extensão do mandato profissional e a criatividade das soluções situadas. Como um agente pode oscilar entre assistir e controlar um homem descontrolado, negociando uma ou outra táctica que salvaguarde uma certa ordem local e que, sobretudo, lhe permita circunscrever a ocorrência a si mesma, reduzindo-a ao essencial e conduzindo o sujeito ao autocontrolo. As descrições seguintes, de cenas de violência entre pessoas, traduzem sobretudo hesitações morais e profissionais da intervenção dos polícias nos domínios privados da vida social. Por fim, um exemplo demonstra que ocorrências relativamente simples conduzem a soluções relativamente fáceis como: conduzir indivíduos à esquadra, manter a não intervenção nas situações, fazer circular pessoas. Isto se durante o seu curso não se complicarem...

Homem com má *trip*

É uma noite de Verão. Estou no carro patrulha com o Pacheco a conduzir e o Ligeirinho de arvorado, no turno das 19-1 horas do grupo Charlie. O subchefe admite que eu circule no carro quando não há tripulante oficial. Este é talvez o turno da noite com mais ocorrências a que fui até agora, pelo menos umas quatro. Antes de dar início ao turno, com aviso para o rádio a anunciar a entrada ao serviço da nova tripulação, já estes agentes estavam de giro numa ocorrência. A vida de uma cidade desafia os limites da formalidade dos turnos e horários na Polícia. Estamos na época do Euro 2004 e o campeonato realiza-se em Portugal. Nestas noites de jogos importantes, e hoje é o Portugal-Holanda, todos os agentes pressentem que vai haver mais trabalho para os polícias, porque há mais confusão na rua.

Surge uma ocorrência. Há uma chamada pelo rádio: "Está um homem a rebolar no chão na rua X", diz o emissor. Apercebi-me cedo que geralmente a classificação reproduz a informação dada pelos citadinos quando chamam a Polícia, outras vezes classificam de imediato a situação (como *distúrbio*, *desordem* ou outra). Chegamos, olhamos para o lado do descampado e lá está um homem, todo ensanguentado, a rebolar e a gritar no chão. É uma estranha visão, parece um animal a lutar contra forças invisíveis. Os polícias param o carro no outro lado da rua. Saímos do carro, como é habitual. Está uma ventania enorme, o que amplia o ar inóspito deste descampado.

O Pacheco "toma conta da ocorrência", como se diz, "chega-se à frente". O Ligeirinho é demasiado novo nestas lides da patrulha, pode facilmente cometer erros notórios, e o Pacheco já cá anda há uns anos. Os condutores geralmente estão entre os mais antigos agentes na esquadra. O Pacheco tem 30 anos de idade e trabalha há cinco na esquadra. Passa relativamente despercebido, mas tem acompanhado *verdadeiros operacionais*, arvorados, o que lhe favoreceu a aprendizagem. Em geral, nestas situações algo incógnitas, o agente detém-se um pouco a observar para depois agir. Embora por vezes "a situação obrigue a agir tão rápido que nem dá para pensar", pois muito do trabalho policial se aprende no *improviso*, assim crêem os agentes. O homem levanta-se do chão e aproxima-se dos agentes num movimento brusco. O Pacheco afasta-se. Há sempre a hipótese do homem poder ser violento. O Ligeirinho está mais atrás, de pé. O homem está visivelmente em transe, mas tem momentos de lucidez. Bate com a cabeça no chão, grita. Os olhos não param de mexer e não consegue ter um discurso racional.

Primeiro o Pacheco procura saber o que se passou. O homem responde: "Posso dizer a verdade, Sr. Guarda? Fumei um charrinho. Há 4 anos que não fumava...". "Sim, sim", retorque o agente. Claro que o homem não diz toda a verdade. Mas os agentes também não a esperam, não é esse o seu papel. (Qual poderá ser o seu papel, pergunto-me? Veremos no decurso da descrição...) O Pacheco prossegue com algumas questões, é óbvio que enquanto mantém a interacção vai dando tempo para ele próprio ir magicando que decisão tomar:

– De onde é?
– Santarém.
– O que está aqui a fazer, não podia fumar lá em Santarém?[11]
– ...
– Como veio?
– De carro.

À medida que o tempo passa, a informação vai-se construindo na situação. De um descampado e por detrás de uns arbustos, de onde aparentemente surgiu este sujeito, aparece uma toxicodependente conhecida da área. É uma pequena traficante, é "amiga" (informadora) de um agente da esquadra. O homem entra de repente em pânico e chora: "Eu tenho um bom emprego, vou-me casar para a semana. Não me façam nada. Não me desgracem a vida".

O papel dos polícias começa então a ganhar forma institucional. Resolvem chamar uma ambulância ao local que passado algum tempo chega. Os enfermeiros saem da carrinha e dirigem-se de imediato ao sujeito.

---

[11] Esta é uma pergunta frequentemente colocada pelos agentes nas ocorrências ou encontros com consumidores de droga, mas que geralmente já se sabe que não tem resposta, senão com provocações. É uma questão traiçoeira que convida o interlocutor a confessar ser este um lugar de venda de drogas. Em alguns casos, esta pergunta leva a saber quem vendeu a droga e a iniciar uma mini-investigação com vista à produção de uma detenção ou, pelo menos, a ir mapeando redes de traficância locais.

Limpam-lhe a face. O enfermeiro líder surge equipado com os seus aparatos, neste caso mais formais do que os aparatos dos polícias. O enfermeiro quer falar com o sujeito e dá ordem para os polícias se afastarem. Assume-se como o especialista da situação e diz: "Ele comigo está mais à vontade do que convosco". Paradoxalmente, quando o homem em transe se aproxima do enfermeiro, este dispara: "Não me toques no braço, se não vais ter problemas". É de notar que se porventura existisse confronto, seria novamente a vez do agente actuar, para restabelecer a calma, forçar a negociação... No enfermeiro há nitidamente uma preocupação sanitária que não tem os mesmos contornos entre os agentes, obrigados nas suas rotinas a enfrentar todo o risco, até o risco sanitário, nas revistas por exemplo, com escassos meios de intermediação.[12] O sujeito resiste, nega-se a ir para o hospital. É evidente que nestas desviâncias testemunhadas pelas autoridades e técnicos de saúde o espaço público não é sempre o mesmo, tem os seus domínios de maior ou menor controlo social: da rua aos hospitais, do céu aberto à esquadra, por exemplo. As pessoas diferenciam que espaço público preferem frequentar, mesmo em momentos de crise.

O Pacheco informa os enfermeiros que falou com o sujeito... Mas as especialidades são diferentes e não há cruzamentos de informação, a responsabilidade não é partilhável, pelo menos nesta situação. Enfermeiros e polícias têm métodos diferentes, diferentes tácticas e aproximações a uma mesma realidade. Quando os enfermeiros se apercebem da real relutância em seguir para o hospital fazem com que o sujeito assine um papel de responsabilização pessoal pela sua decisão. Pedem-lhe as identificações e partem, esgotando o seu papel no local. Mas ameaçam: "Que fique a saber: nós não queremos voltar aqui". Mas o sujeito permanece no espaço público, no território de responsabilidade dos polícias... Os polícias continuam a ter algum papel na situação.

Chega o momento dos agentes entrarem nas questões práticas. Pedem as chaves do carro. O sujeito desce desajeitadamente até ao descampado mas não as encontra. Continua com convulsões. Os agentes dizem-lhe para ter cuidado e não cair encosta abaixo, mas ele sobe para um muro, anda em pé, fala sozinho, gesticula, luta... O Ligeirinho toma a mulher, que ainda ali está, como suspeita, e revista-lhe a mala. Passado um momento já estão as chaves no chão, na estrada. É possível que ela estivesse a tentar ficar-lhe

---

[12] Muitas vezes durante o tempo do meu trabalho de campo apercebi-me que quando era preciso fazer revistas nem sempre havia luvas de latex, descartáveis, um microhábito, como tantos outros difícil de implementar na organização e pelos polícias. A discussão mediática dos meios na organização chega a este nível mínimo que muitas vezes não faz notícia, como a falta de carros ou de armas.

com o carro... Os agentes preferem mandá-la embora. Não é para apurar culpados que ali estão hoje...

Com as chaves em sua posse, os agentes decidem levar o sujeito até ao seu automóvel para o deixar lá. Quando passamos pelo carro apercebo-nos porque pode ter sido cobiçado pela traficante. É uma carrinha de marca, nova e quase de luxo. O Ligeirinho ainda espicaça o homem, com algumas frases de desprezo. Incomodo-me e o Pacheco apercebe-se.[13] Diz ao colega que não vale a pena falar assim...

Uma vez colocado o homem dentro do carro, os polícias dão instruções: "Vais ficar aqui a descansar. Não sais daqui. Não estás em condições para conduzir". Para ter a certeza que cumpre ficam-lhe com as chaves do carro (informalmente, não as *apreendem*). Prometem passar dali a meia hora para saber como está. E assim acontece. Durante o turno passamos duas vezes no local. Da primeira, está ele do lado de fora do carro, pendurado nuns ferros. Acabaram de lhe roubar o telemóvel. Da segunda vez que passamos, mesmo antes da rendição, pelas 00.30h., já ele está aparentemente mais calmo. Os agentes dão-lhe a chave. Consideram que ele já não está em perigo e não colocará outros em risco para conduzir até casa.

Numa das paragens na esquadra durante o turno chega um colega de outra esquadra vizinha que ali parou no carro patrulha. Comento o sucedido. Ele diz que já tem visto muitos assim em vários bairros: "É da droga marada. Uma má *trip*. Quando há uns anos deixaram de vender aqui e passaram a traficar em vários bairros de Lisboa e a droga se espalhou. Nessa altura havia muito disso, vendia-se muita merda". Mas por lei só o produto "droga" é criminalizado. As misturas, *cocktails*, mesmo se por vezes mortais, não são alvo de pena (cf. Decreto-Lei n.º 15/93 de 22 de Janeiro e alterações posteriormente introduzidas com a discriminação do consumo de estupefacientes e substâncias psicotrópicas na Lei n.º 30/2000 de 29 de Novembro). Os formalismos não contemplam os expedientes de um mundo cheio de tácticas subterrâneas, subcutâneas...

Tenho a oportunidade de falar um pouco da ocorrência com o Pacheco já numa fase pós-facto. Confesso que me impressionou a maneira como se envolveu e resolveu a situação, sabendo eu que muitos colegas não o fariam. Este responde-me com uma naturalidade e uma certa ironia

---

[13] É preciso notar que o Pacheco já me conhece bem, depois de alguns meses em que circulo com ele no carro patrulha e que, por acaso, iriam terminar hoje. Também o cheguei a acompanhar nos serviços de remunerado, uma escala diferente e de contratação privada dos serviços policiais. Por outro lado, é natural que a minha presença se tenha traduzido num certo controlo das hostilidades dos polícias em encontros de rua e nas esquadras, embora neste caso eu tenha reconhecido no Pacheco um polícia particularmente pacato e sensato.

que reconheço nestes agentes com alguns anos de experiência: "O quê, ainda estás a falar nisso? Eu já esqueci. É só uma cena *caricata*". Estas são cenas da vida desviante com as quais os polícias se habituaram a lidar. Assim se vão encontrando soluções provisórias, situadas, para problemas que embora aparentemente difíceis surgem com frequência nos quotidianos de trabalho dos polícias, situações com as quais "alguém tem de fazer alguma coisa". Em cena, os agentes decidiram adoptar procedimentos pró--assistenciais. Outros polícias teriam resolvido a situação de forma diferente. Mas, embora existam tácticas básicas de aproximação a um *suspeito*, a forma como cada um decide a situação é um critério pessoal. Não há no quadro organizacional um plano formal ou informal de discussão. É nas noites fora de serviço, nos balcões dos bares, que os agentes partilham as experiências dos serviços. Para os mais jovens, a experimentar há apenas a sorte ou o azar de acompanhar agentes mais ou menos capazes, mais ou menos humanos, os que *batem* ou que *não batem* em *mitras*.

Quando chegámos à esquadra um dos colegas do grupo perguntou se os agentes deram dois pontapés ao sujeito. Um outro perguntou se lhe deram um caldo na cabeça. São as gestualidades do desprezo. Claro que sublinharam "estamos a brincar...". Mas eu já sei que este é um meio onde se dizem coisas sérias a *reinar*. Certo é que a socialização na violência está presente. Ainda que haja sempre a possibilidade de adoptar um método diferente, a violência simbólica e física é uma norma na vida policial, está presente não apenas como recurso latente, ao lado de outros poderes legais, mas como valor de uso potencial em grandes e pequenas ocorrências. Muitas vezes, sobretudo nas fases da aprendizagem, não é a pertinência dos seus usos que sobressai, por exemplo, na resolução de situações exigentes, mas um certo desafio de situações e pessoas.

Esta situação surge sobretudo a lembrar que os polícias têm de facto um papel a desempenhar nas mais diversas cenas que se passam nas cidades, bastando para tal que o seu trabalho seja accionado por chamada. O papel dos polícias constrói-se na ocorrência. Mesmo que não tenham papel óbvio, eles já lá estão e, assim, produzem-no. Esta ocorrência não terá qualquer registo formal, embora faça parte do relatório do CP. Será mais uma entre muitas que ficam no plano interactivo directo do trabalho dos polícias a tentar manter ordens difusas na cidade. (Outras, que veremos mais adiante, como algumas *desordens*, podem sair das fronteiras organizacionais e ser publicadas nos *media*; outras, como a ida aos cadáveres, podem significar um passo atrás nas rotinas de agentes experientes e um passo à frente na dos novatos...)

Algumas ocorrências são tão situadas que não devem mesmo sair da situação em que acontecem. Não têm prolongamentos nem voz. Muito do trabalho policial, embora possa ser complexo, ambíguo, cheio de tensões humanas e sentimentos, passa-se nessa dimensão oculta da não comunicação, da experiência intrinsecamente individual, com um outro companheiro, cúmplice dessa forma de estar e, em algumas circunstâncias-limite da operacionalidade, com o grupo.

Este tipo de ocorrências não é digno de nota ou memorização colectiva entre os pares. É até um pouco embaraçante se alguém se lembra de relatar uma situação destas. Na esquadra, quando procurei evidenciar aquilo que me pareciam ser as virtudes do Pacheco na altura da rendição, ninguém prestou muita atenção. As ocorrências dignas de nota são as mais excepcionais nas rotinas policiais: ou são as mais violentas e que implicam acção e *operacionalidade* ou as que desafiam directamente a autoridade policial, o seu mandato. O Pacheco chamou a esta ocorrência *caricata*, assim a classificou. Não é uma *desordem*, não é um *distúrbio*, não é *crime*... É um episódio *normal*. Não tem categoria policial formal, mas tem existência e presença quotidiana no trabalho. Esta situação revela o papel mais intersticial dos polícias nas ordens públicas e privadas das cidades, em particular na tentativa de contenção de comportamentos de pessoas em desviância.

Esta é uma ponta do *iceberg* do trabalho policial. Muitos domínios de intervenção policial são considerados "terreno de ninguém". O que fazer com os sem-abrigo, prostitutas, bêbedos, malucos e transeuntes "perturbadores" da ordem pública (moral) na *parte de cima da área*, em zonas residenciais da classe média? A história destas organizações lembra que é tarefa tradicional dos polícias fazer circular pessoas na cidade, pelo menos *espantá-las* da sua área de supervisão. Mas neste caso, pelo contrário, era preciso reter e conter na área o sujeito.

(Diários da patrulha, Julho de 2004.)

Violências dentro de casa

Sábado à noite no turno 19-1h. A chamada surge como: "violência doméstica". O Conceição (condutor do CP há cinco anos no grupo Delta) diz imediatamente como quem já conhece: "É a voz do álcool". Estacionamos. O arvorado, o Caetano[14], há mais de quatro anos neste serviço, sai do

---

[14] É de notar que este agente, com 29 anos, sendo dos mais antigos e rodados arvorados, não conquistou a popularidade de outros, em parte por ser relativamente reservado, mas também porque "não corre para as detenções" e afirma não gostar de trabalhar na área da droga (onde estas potencialmente se produzem).

carro e bate à porta da casa. Uma mulher atende, transtornada e com um vestido rasgado. Chora, agitada. Diz que o homem lhe bateu com uma cadeira nas costas. O homem diz que ela também o agrediu e grita: "És uma bêbeda!". O arvorado procura isolá-los, uma táctica comum que os polícias colocam em prática para "acalmar os ânimos". Fala primeiro com ela, porque foi quem efectuou a chamada. Pergunta-lhe se quer uma ambulância para a ver. Esta recusa sair de casa. "Ele fica-me com tudo! Trabalhei toda a minha vida e mereço viver aqui. Estamos casados há 14 anos e os filhos vivem já com os avós para não terem de suportar as agressões... Porque não o levam para a esquadra para ele reflectir sobre o que fez?" Pede uma espécie de justiça sumária. O agente argumenta que não pode tirar ninguém de casa e que não compete aos polícias fazer tal coisa. Mas pode ligar para a APAV (Associação Portuguesa de Apoio à Vítima) e que ela, como agredida, pode seguir com os polícias para a esquadra mas apenas enquanto espera. "É tudo o que podemos fazer pela senhora."

Nos casos considerados graves (o que significa olhar e ver sinais evidentes de violência física) é comum os agentes remeterem a vítima, geralmente mulher, para a APAV. Muitas negam-se a esse recurso porque ao saírem de casa podem não conseguir voltar, se esta estiver em nome do marido, ou nada irá acontecer se estiver em nome dos dois. Como uma vez me advertiu um agente com vários anos destas ocorrências: "As leis da violência (enquadradas pelo Código Penal) e da propriedade (enquadradas pelo Código Civil) não se cruzam, deixando 'buracos' nas soluções e as pessoas ainda mais vulneráveis". É sabido, por exemplo, que uma mulher agredida pelo cônjuge se abandonar o lar tende a ficar em desvantagem quando o caso for a tribunal, em particular se o tiver feito levando consigo filhos menores. Todavia, se a casa for propriedade da pessoa e esta não for casada, terá talvez mais facilidade em "livrar-se" do companheiro (cf. art.º 1911 do Código Civil).

Assim não admira que a mulher recuse seguir com os polícias e sair de casa. De repente começa a sentir falta de ar. Os agentes ajudam-na a sentar-se num bloco de cimento provisório que está na rua. Passa o carro visível e os agentes perguntam se está tudo bem. O arvorado manda seguir. Nestes casos convém que sejam vistos poucos polícias no local, assegurando uma certa discrição a uma pessoa já exposta porque tudo se passa à porta de sua casa, na rua. O *arvorado* preenche uma notificação para a conduzir ao Instituto de Medicina Legal para fazer exames médicos urgentes. Vai comentando: "Vocês são sempre a mesma coisa. Já vos conhecemos bem. Até já foram à esquadra. O seu marido não gosta da Polícia...". O agente diz que isto é crime e que tem de elaborar participação com NUIPC (número único de identificação policial criminal) e explica que os dois vão ser chamados para serem ouvidos pelo Ministério Público.

A queixosa começa a resistir, diz que tem trabalho e não pode ir fazer os exames. "É para seu bem", sublinha o agente, enquanto pede as identificações dela e do marido. Grande parte do tempo dos polícias é ocupado a registar as identificações numa pasta preta, ferramenta de trabalho que anda sempre com o arvorado no CP. "Tem de seguir tudo direitinho no expediente." As perguntas do agente à vítima são incisivas e directas: "Ele chamou-lhe nomes?". Ela diz que ele a agrediu e que o faz há vários meses, que quer o seu dinheiro para consumir droga.

O Caetano fala com o marido, depois, à parte, e ouve a sua versão. O homem admite ter-lhe dado um estalo, mas não admite ter batido com uma cadeira. "Mas ela levantou-me a mão e eu não admito isso! Tenho as minhas mãos, não preciso de cadeiras para uma mulher destas. É todas as noites isto, a hora do espectáculo. Basta perguntar aos vizinhos." O agente não tira notas. "Vai tudo na cabeça", dir-me-á. Certo é que irá escrever o texto com informação sintetizada e muito longe dos detalhes. Preocupa-se com as evidências materiais, pouco com os argumentos de cada um. Está na ocorrência com a cabeça no expediente. Neste caso os agentes não têm acesso directo ao domicílio. Tudo é registado publicamente, através de testemunhos e não de recolha de prova directa. Os agentes não vêem os estragos... Este é um crime onde a elaboração de prova é sobretudo testemunhal e médica.

Quando voltamos ao giro do CP, confirmo, mais uma vez, que os polícias desvalorizam em geral este tipo de ocorrência, em particular quando ocorre entre adultos no meio conjugal. Noto que o condutor toma o partido do homem. O arvorado, ao criticar explicitamente a mulher, faz o mesmo. Dizem: "Um homem faz o que tem de fazer porque é um homem". Concluem: "Ela passa a vida no café a beber. Isto é da bebida, não há nada a fazer. E bebe mais do que ele". Penalizam o comportamento da mulher e desdramatizam o do homem. Este é um sentimento partilhado, com poucas excepções, entre os polícias e mesmo entre mulheres polícias, socializadas nas esquadras em ambientes onde uma larga maioria são homens. Quando chegamos à esquadra, o agente que está de sentinela pergunta-me num tom irónico: "Então, já foste dar apoio à vítima?". Entre os polícias "a vítima", nestas circunstâncias, não passa de um chavão. O Caetano diz que a esquadra não está preparada para as receber, nem ninguém tem efectivamente preparação para auxiliar num caso destes (auxílio aqui entendido como conversa apaziguadora e reconfortante). A vítima é muito mais um conceito do que uma entidade. É impossível não pensar como o lema do COMETLIS – "servir e proteger" – se apresenta demasiado abstracto e pouco concreto nestes casos.

Quando o CP é chamado a estas ocorrências vai sem grande pressa. Os polícias já sabem do que se trata e que limitações vão enfrentar. Em geral também já conhecem as pessoas do bairro e têm ideias sobre os seus comportamentos. Assim a violência conjugal é um campo para o qual não são accionadas grandes respostas policiais, ao contrário da resposta pronta em tantos outros casos. A resposta provisória é talvez aqui mais provisória que nunca. Resta apenas "a letra da lei", que pode demorar e que pode não ir a tempo... No trabalho dos polícias a relação com o problema sugere ambiguidade. Mesmo depois de ter passado a crime público (Lei n.º 7/2000 de 27 de Maio) este tipo de ocorrências não cabe exactamente na definição de crime que os mitos de polícia alimentam. Todos, em geral, consideram pouco importante e pouco estimulante a participação neste tipo de situações. Não são certamente estes os acontecimentos policiais que fazem vibrar.[15] Embora os agentes sejam socializados em enunciados da punição, nestes casos, ao contrário de outros, onde punir surge como solução evidente, a relação entre defender e repreender não é linear. Os agentes não partem imediatamente para a detenção dos agressores, menos ainda se estão nos círculos das classes médias e com pessoas com evidente estatuto social. Todos reconhecem que esses podem representar uma ameaça a qualquer polícia de esquadra se resolverem accionar os contra-ataques formais. A lei nunca é o referencial único da acção dos agentes, mas é-o menos em determinadas ocorrências.[16]

Não é demais considerar que os agentes, até há poucos anos, podiam mais facilmente resolver com o uso da força situações violentas. Como tal, não admira que nestes casos, por vezes apenas no plano discursivo, os agentes considerem a justiça sumária mais eficaz do que a lei. Acreditam pouco na lei que aplicam e no sistema judicial no qual são a linha da

---

[15] Se traçarmos a trajectória política para o tratamento das questões da violência doméstica nas esquadras, encontramos tentativas de difícil implementação. Houve de facto um acordo entre o Ministério da Administração Interna e a APAV em 2000, que se chamava INOVAR, e algumas medidas avulsas como a criação de salas de apoio à vítima nas sedes de divisão de reforço de relação com a APAV. Todavia os polícias continuam a lidar mal com as vítimas e não têm rotinas e entendimentos firmes para as apoiar ou proteger dos agressores.

[16] Mais de 50% das pessoas que apresentam queixa à APAV não apresentaram denúncia policial (http://www.apav.pt/home.html, consulta de Agosto de 2006), o que evidencia ser mais comum o circuito paralelo para o pedido de ajuda. Os agentes são obrigados a reportar e a participar ao Ministério Público, através de registo escrito, isto é, sem esperar que seja o denunciante a fazê-lo. Mas as primeiras acções e interacções dos polícias junto das pessoas violentadas, maioritariamente mulheres, permanecem imbuídas de desconfiança e cepticismo: estas tendem a ser mal vistas por polícias que consideram o assunto privado.

frente. Quando os agentes chegam por chamada a cenas de violência entre casais usam a estratégia genérica da imparcialidade, o que neste caso, para as pessoas que foram alvo de agressão, parece forçado, desconcertante e sublinha a sua impotência. Já fora de cena, não é raro tomarem o partido do agressor, homem, como vimos, em particular quando percepcionam que a mulher consome álcool ou drogas...

Em suma, a violência doméstica ou repetida entre pessoas torna-se talvez dos problemas mais ambíguos para os polícias na rua. Estes defendem não ter as competências sociais ou a formação necessárias, embora legalmente estas estejam definidas. Não conheci um polícia que manifestasse interesse por este tipo de ocorrência. Nestes casos não é pouco comum os polícias e esquadras preferirem mesmo defender-se evitando agir. Reparei que em muitas situações que se apresentam como conflitos de violência doméstica, os agentes tendem a definir como *distúrbios familiares*, retirando-lhes a carga penal. Conheci vários subchefes e comandantes que quando mulheres agredidas se dirigem pela primeira vez à esquadra preferiam "dar-lhes um sermão", do que activar logo um processo-crime, dizendo-lhes: "Se houver uma segunda vez, então volte cá".

Pelo contrário, noutros casos, quando a lei recusa criminalizar, os polícias podem insistir na penalização. Tal acontece em particular nos casos de actuação na droga, nessa linha que separa consumidor e traficante. Em todo o caso, o domínio público é considerado "propriedade" dos polícias, o privado das famílias e indivíduos. Não admira que ainda hoje muitos agentes acreditem no dito português: "Entre marido e mulher não se mete a colher".

(Diários da patrulha, Julho de 2004.)

Menor em fuga

São 11 horas (no turno 7-13h) quando acompanho dois agentes em diligência a casa de uma pessoa onde, presumivelmente, está um menor de 12 anos que terá fugido de casa. A mãe deu o filho como desaparecido à polícia dias antes, mas entretanto soube do paradeiro e informou. É necessário ir buscar as identificações das pessoas que acolheram o jovem para *escrever*. Vamos a um bairro de realojamento social que os agentes evitam geralmente visitar. Subimos por um prédio muito degradado, embora com poucos anos de existência. O andar é alto, mas há um entendimento tácito: os polícias aqui não usam os elevadores para não ficarem presos... Batemos a uma porta e atende um jovem casal (com menos de 18 anos) com o filho de pouco mais de um ano. O jovem está em prisão domiciliária, o agente vê-lhe a pulseira na perna. O Cruz pergunta se acolheram um menor. A jovem diz que a sogra o tem acolhido por ter pena dele e insistem que o rapaz é maltratado pela mãe. O Cruz pede a identificação de cada um. Entretanto os moradores chamam o irmão mais novo, amigo do rapaz que acolheram em casa durante umas noites: "Anda cá que isto é contigo!". O Cruz insiste duas vezes num tom irritado: "Não acham estranho um rapaz de 12 anos dormir assim fora de casa dos pais sem autorização?". Entre os silêncios eles apenas têm um argumento, ter tido pena... O Cruz remata: "Da próxima vez pensem bem no que estão a fazer, o rapaz está à guarda da mãe, se ela quiser levar isto para a frente [a tribunal] ainda podem ter muitos problemas". As palavras surtem efeito. A mulher diz ao menor, seu cunhado: "Não trazes mais o teu amigo para aqui! Não queremos mais problemas com a Polícia!".

À saída, o Caetano, agente com pouco mais de dois anos de Polícia, refere: "Mas ó Cruz, se a mãe bate no miúdo é violência doméstica e isso já é crime público. Dá para fazer um auto de notícia, pelo menos". O Cruz desinteressa-se por aquelas vidas. "Até pode ser tudo mentira, nem quero saber, aqui é só porcaria..." Passamos pelo pequeno quadrado de relva do bairro. Lá estão algumas pessoas deitadas a apanhar sol. "Passam o dia aqui, vão meter metadona, metem droga e vêm para aqui... São gerações a viver da droga", ajuíza o Cruz.

Os agentes mais jovens são assim socializados na desdramatização das leis e na leitura situacional da vida social em crise, caso a caso. São socializados também no olhar que lançam para contextos e pessoas que desprezam, que representam as trajectórias às quais eles próprios procuram escapar quando entram na aparente linha recta da profissão. Muitos polícias têm plena consciência da dificuldade deste processo de distanciação, uma vez que todos os dias são convidados a frequentar realidades que conhecem e facilmente se podem tornar as suas.[17] É de notar que casos semelhantes podem ter um tratamento muito diferente por parte dos agentes dos programas da proximidade, porque têm uma rede de relações com as escolas e outras organizações, podendo chegar a contactar directamente as famílias.

Quando os polícias defendem que para determinados lugares, grupos sociais ou situações "não há nada a fazer" estão a legitimar a não acção e a defender para estes domínios a relativização das leis...

---

[17] É do conhecimento geral casos de relacionamentos mais ou menos ilícitos entre pessoas da comunidade dos polícias e pessoas das comunidades policiadas, em particular dos bairros da droga.

Os agentes, como provavelmente muitos outros profissionais que têm de actuar em situações de emergência, esperam que o controlo social funcione por si. Tal como nos problemas do trânsito, que a serem levados à letra da lei requerem uma presença policial mais efectiva, os polícias repetem uma frase que os ajuda a viver com a inflecção profissional, quando por exemplo defendem: "Não queremos um Estado policial". Como tal, a negociação profissional com a própria lei acaba por ser a tónica dominante da acção em vários domínios. A violência entre pessoas é considerada dos domínios mais ambíguos e de difícil definição para a intervenção policial, não pelas leis em si mesmas, mas pela forma como estas se traduzem nas suas rotinas. A maioria dos jovens agentes cedo começa a aprender com os colegas a ponderar agir sobretudo em situações familiares, mesmo naquelas que se apresentam legalmente inequívocas.

(Diários da patrulha, Maio de 2004.)

Furto sem denúncia formal

Telefonam do supermercado onde mais furtos se dão, na área da esquadra. É já noite (perto das 20 horas, do turno 19-1h). Dizem os polícias que por azar aquele está no eixo dos consumidores de drogas que vêm da zona norte e oriental da cidade. "É para irem lá buscar um gajo", diz o subchefe. Já todos sabem do que se trata. Geralmente não há denúncia formal e os produtos são logo retirados aos sujeitos, pelo segurança privado que o conserva sob vigilância no local até os agentes chegarem. Em geral os agentes não têm pressa neste tipo de serviços, que consideram uma *palhaçada*. Serão obrigados a fazer uma revista e toda uma rotina que pensam só justificar-se quando a denúncia é accionada.

Chegamos ao estabelecimento e as empregadas das caixas fazem notar a demora. O Cruz comenta, irónico: "A polícia chega sempre". O valor do furto foi 12 euros. O que furtou? Um pacote de vinho e um pacote de lâminas de barbear. O talão da caixa é dado aos polícias, para constar do registo... O *larápio* vem no CP para a esquadra. O Cruz faz-lhe algumas perguntas pelo caminho. Como não tem documentação passam antes por um albergue para os sem-abrigo numa zona descampada da parte de baixo da área. O sujeito diz que pernoita ali há 15 dias, que é do Norte e esteve agarrado à heroína. Diz que não é violento e que se considera boa pessoa. Vamos três pessoas no banco de trás: o polícia, a "estagiária" e o *mitra*. No carro vão as costeletas que serão o jantar do subchefe. Os odores misturam-se e fazem sentir a densidade deste trabalho onde tudo tem uma dimensão corpórea. (A Polícia é, aliás, um "Corpo".)

Chegados ao albergue, a assistente social fornece algumas informações, mas os documentos não pode, são confidenciais. São quase 22 horas, o que quer dizer que o limite da hora de entrada vai ser ultrapassado e o sujeito vai acabar por dormir na rua. Ele não se lamenta, diz que as condições de higiene do albergue são muito más. Vamos até à esquadra. O Madeira e o Cruz revistam-no. "Cheira tão mal!" Depois da revista, sem nada de novo, como era já esperado, o sujeito fica na esquadra por uns momentos. Vão deixá-lo "ir à sua vida" depois de consultarem informações sobre ele e se aperceberem que não é a primeira vez que furta no mesmo estabelecimento. À porta, o Cruz faz um aviso: "Uma ou duas vezes ainda vá. À terceira é que já não tens este tratamento. Se fores à tua vida, arranjares um trabalhinho, somos amigos. Se não, somos amigos na mesma, mas de outra maneira...". O sujeito defende-se com um argumento: "Não matei ninguém. Não sou nenhum criminoso". Pouco depois, o Madeira comenta: "O Cruz até parece um padre"; ao que aquele responde, irónico: "Para ser um bom polícia é preciso ser um bocado padre…". Da cena irá resultar uma participação simples, uma entre tantas outras que avolumam os registos das esquadras e que no fundo concentram informação policial útil da área para quem, de entre os agentes, se dignar lê-la...

(Diários da patrulha, Junho de 2004.)

"Se o sujeito não é morador tem de sair..."

Surge uma chamada para a esquadra pelas 2.30 horas da madrugada. "Uma moradora queixa-se que tem um homem a dormir dentro do prédio." No CP vamos ao local. A porta está fechada mas tem uma das portinholas aberta. A Magda, hoje de arvorado, bate à porta e abrem. Não está plenamente segura e não se atreve a entrar. Não se vê nada para lá da entrada. O condutor, o Conceição, começa a falar para dentro do prédio, diz ao sujeito que venha para a rua e pede-lhe explicações. "Não pode ficar dentro do prédio. Há pessoas que não o conhecem e não o querem cá dentro." O sujeito diz que uma amiga mora no prédio e que o vai hospedar: "Ela chega esta noite de Espanha e eu estou só aqui à espera. Está uma noite fria e não me apetece nada ficar na rua". A Magda diz: "Ah, mas vai mesmo ter de ficar na rua. Lá dentro é que não entra". Enquanto o condutor arranja a portinhola para a trancar, a agente sobe até ao 4.º andar de onde surgiu a queixa. Embora a moradora queixosa tivesse aberto a porta do prédio, recusou abrir a porta de casa à agente. Quando a Magda volta lamenta-o. Entretanto o sujeito é mantido na rua com a sua mala de viagem e um aviso: "Se cá voltarmos já o tratamento é outro".

No CP, no giro normal, a conversa prolonga o sucedido. Os agentes saem de cena indignados. O evitamento da interacção dos residentes com os polícias ou o enfrentamento das situações, uma espécie de "cobardia de vizinhança", como lhe chamou a Magda, revela comportamentos muito comuns nas comunidades locais, quer nos bairros de classe média, quer nos bairros mais fustigados pela pobreza. Os polícias não apreciam tais atitudes: "Mas porque é que não dão a cara?! Porque não abrem a porta à polícia? Qual é o problema das pessoas? Se nos chamam porque não levam a coisa até ao fim?". Questões a que ninguém sabe ao certo responder, mas que ajudam a manter fronteiras invisíveis e o não assumir de responsabilidades nos processos que raramente têm testemunhas locais. Os agentes concluem que irão dizer ao colega na banca que "se surgir outro telefonema dos mesmos para a esquadra já não vamos lá. Olha, às tantas devíamos era ter deixado o gajo lá ficar...". Na esquadra, o colega, hoje de graduado de serviço, não faz depender da interacção a solução. "Se o sujeito não é morador tem de sair, mais nada."

(Diários da patrulha, Julho de 2004.)

Situações de apoio e *assistenciais*

O apoio a idosos, o comércio e as escolas são genericamente considerados serviços mais vocacionados para *assistir* e, como tal, desempenham tarefas que sempre figuraram no mandato dos patrulheiros. Os agentes da proximidade não desempenham apenas tarefas de assistência e nem são os únicos a fazê-lo quando é necessário. Todavia tais tarefas estão invariavelmente a eles associadas, nas esquadras, desde que foram accionados os programas, embora nem sempre em situação de emergência sejam para eles orientadas. Os encontros que levam à assistência, como a escuta de lamentações de citadinos isolados, as queixas entre vizinhos, "dar uma palavrinha de apoio" a algum idoso, ter de assegurar os primeiros socorros a alguém, podem envolver qualquer agente numa fase do seu trabalho.

Muitos agentes, e não apenas os da proximidade, mas estes em particular, revelam sentir-se recompensados quando são reconhecidos pelos citadinos nessa faceta do seu mandato. Quem participa mais activamente nestas tarefas tem geralmente uma visão e um entendimento amplo do mandato policial e recusa a visão tradicional do trabalho policial como estando centrado no *combate ao crime*.

Porém, no meio policial tais tarefas tendem a ser consideradas como pertencendo a um domínio diferente do *verdadeiramente policial*. Isto acontece em particular de cada vez que se revelam os limites da acção socialmente concertada dos polícias na comunidade, quando as situações correm menos bem, ou quando os superiores desvalorizam e retiram crédito a este trabalho.

Ainda assim, as demonstrações de polivalência de agentes que conseguem ajudar uma idosa a atravessar a rua, para de seguida correr atrás de um ladrão, continuam a figurar entre os mitos do "bom agente", amplamente apreciados e relembrados entre os superiores. Este parece ser o velho mito do *bobby* que a sociedade inglesa exportou e que, embora claramente em recomposição no próprio Reino Unido (Reiner, 1985), continua a ser a imagem de agente apreciada pelos superiores directos nas esquadras.

Nas primeiras entrevistas e encontros que tive com polícias, os casos de recém-nascidos abandonados, crianças perdidas ou que fogem de casa, idosos votados ao esquecimento nas "caixas de fósforos das metrópoles desumanizadas", como uma vez expressou um adjunto, foram-me anunciados como os "bicos de obra" da profissão. Mal cheguei à esquadra foi-me também referida a dificuldade em lidar com bêbedos, alienados e outras figuras do quotidiano dos polícias, para as quais escasseiam respostas. As ocorrências mais complicadas são acontecimentos da vida urbana que evocam os sentimentos e percepções do mandato presentes em muitas organizações policiais do mundo e que dá conteúdo aos "traços" culturais mais enunciados: o pessimismo, a desconfiança, o cinismo, o conservadorismo (ver Reiner, 1985: 85-110).

Despejos, *retirada de menores* às famílias biológicas, verificação de uma denúncia por *maus tratos*, *abusos* ou *violação*, em particular com crianças e idosos, *condução de alienados* e crianças a instituições estão entre os *serviços de apoio* considerados mais *complicados* e geradores de ambiguidade na patrulha.[18] Para estes serviços os polícias "não correm", sobretudo pelo que implicam no plano

---

[18] Em geral, estes têm lugar depois de várias participações redigidas e de serem casos referenciados por vezes ao longo de vários anos por vários polícias. Mas o momento judicial, com emissão de ordens ou mandados, torna inevitável a acção policial que porventura tivesse sido anteriormente adiada.

social e emocional. As crianças e os idosos são grupos sociais entendidos genericamente como "aqueles que os polícias devem proteger" na imagem predatória das cidades (Fernandes, 2003). Mas é neste plano que acontecem situações para as quais os polícias têm menos soluções óbvias, onde revelam maior impreparação e desconhecimento. Tais situações pressupõem saberes técnicos e de mediação social para os quais os agentes não estão preparados nem foram devidamente formados (pois à partida não são considerados "profissionais" nessas matérias). Nessas ocorrências os agentes desenvolvem, mais do que nunca, dotes de improviso e capacidade de julgamento rápido que podem revelar as suas impotências profissionais e pessoais, mas também as hesitações organizacionais partilhadas pela maioria. O mandato divide-se entre assistir e punir, mas nestes casos a punição acaba por ser percepcionada como o lado menos ambíguo do trabalho...

Embora façam parte do mandato profissional, e muitas vezes sejam accionadas por ordem superior hierárquica ou judicial, a verdade é que existem umas situações "mais complicadas" do que outras. A maioria dos agentes revela uma certa incapacidade pessoal de gestão das emoções pós-facto, o que acaba por ter repercussões directas ou indirectas nos desempenhos e escolhas profissionais. Estes casos revelam sobretudo *chatices*, são considerados os verdadeiros quebra-cabeças do policiamento. Não há nada de reconhecidamente heróico nestas ocorrências (como há no controlo de uma desordem pública ou numa detenção de um traficante), mesmo quando a solução provisória é encontrada. São sobretudo a administração e o Estado que levam os agentes a agir e não o "sentido e a intuição policial".

Num corpo profissional plural, as excepções sobressaem. Alguns agentes, muito poucos, desenvolvem tácticas e tornam-se verdadeiros peritos: negociadores improvisados em situações "humanamente difíceis". Defendem que para isso é preciso envolverem-se intensamente no trabalho da patrulha. Para esses os serviços continuam a ser considerados complicados mas deixam de ser indesejáveis. Alguns agentes consideram que estas situações colocam em cima da mesa práticas sociais condenáveis e, não raras vezes, são obrigados a reviver as suas próprias biografias familiares. Estes polícias consideram "fazer justiça" quando, por exemplo, conseguem retirar um filho a uma família com um pai violador. Na organização, reconhece-se frequentemente às mulheres agentes já com uma certa maturidade, uma maior disponibilidade e saber intuitivo para lidar com tais casos.

Seguem dois exemplos de rotina e um menos frequente, considerado particularmente complicado, uma daquelas ocorrências que surgem aos patrulheiros quando menos esperam e que, como tal, irá merecer uma descrição mais detalhada.

Psicóloga, enfermeira, amiga, conselheira...

São 10 horas quando aparece na esquadra uma septuagenária. Queixa-se ao sentinela de uma vizinha que a agride fisicamente com regularidade. O agente ouve-a, pede-lhe que aguarde por um colega que a virá atender. Mas entretanto aconselha: "O melhor é a senhora apresentar queixa". A visada recusa: "Eu não quero apresentar queixa, ela é uma vítima como eu... Mas olhe, vocês não têm cá uma menina polícia que apoia os velhotes? Essa é que dava, essa é que ajudava". O agente informa que a mesma está de férias. Há que aguardar pelo colega, também do mesmo programa: "Olhe que ele também é polícia, também ajuda". O Octávio (um agente com 32 anos de idade, com oito anos de polícia e há pouco tempo no serviço de apoio aos idosos), é chamado à esquadra. Anda na rua. Num tom sorridente e sem pressas, o Octávio conduz a senhora até lado de dentro da esquadra, um lugar de passagem geralmente usado pelos agentes. É nesse espaço que improvisa alguma privacidade. A senhora senta-se uma cadeira, o agente na mesa. Estou na sala ao lado a fazer uma pesquisa nos registos e à medida que o tempo avança escuto os risos. A idosa permanece umas duas horas na esquadra. Quando esta sai o sentinela comenta comigo: "Parece mais aliviada". Como me dirá mais tarde, em entrevista, a agente que mais inovou no programa: "O apoio ao idoso não tem muito a ver com o serviço policial. Eu acabei por fazer mais de psicóloga, enfermeira, amiga, conselheira, confidente, do que propriamente o serviço policial".

(Diários da patrulha, Julho de 2004.)

Saber comunicar com pessoas

De giro no CP pelas 22.30 horas (turno 19-1h). Surge uma chamada, "problema de desordem entre mãe e filho". Dirigimo-nos para o local sem grande pressa. À nossa chegada já está à porta o carro visível, também atento às chamadas. O serviço é para este carro; os agentes do carro visível mantêm-se na retaguarda. Depois, vendo que a situação está calma, retiram-se. Eu e o jovem agente de 27 anos (mas apenas com um ano de Polícia), que está hoje de tripulante, subimos e ficamos à espera do Cruz, na retaguarda e sem interferir na cena. Reparo que se trata de uma idosa que vai várias vezes à esquadra para falar com a agente da proximidade. Está acompanhada pela filha, mas o filho já saiu. É de notar que ambos os filhos rondam os 40 anos. Queixa-se e chora o filho, com problemas de esquizofrenia. Pede aos polícias que o levem para o hospital. O Cruz diz que sem uma carta do médico a Polícia não pode fazê-lo. Esta insiste que outros polícias já o terão feito. "A Polícia não pode fazer isso. O que os meus colegas fazem é lá com eles. O que eu faço é da minha responsabilidade. Para o internamento compulsivo temos de ter uma carta do médico..." A mulher continua com as queixas, que o filho ficou agressivo, que deixou de tomar medicação e que parecia tão certinho... A irmã diz que se impõe e tenta evitar que ele se vire à mãe, mas que ele é muito alto... O Cruz ouve mais do que fala e sempre que diz alguma coisa é no sentido de assegurar a calma e evidenciar os limites do seu mandato. Chega a ver álbuns com fotografias de família. A conversa acaba com agradecimentos aos polícias: "Vocês hoje realmente têm outra preparação, não há dúvida. Dão-nos um bocadinho de carinho. E nós todos precisamos de carinho. Têm lá na esquadra uma agente de quem eu gosto muito...".

Enquanto observamos a cena, o tripulante, com pouco mais de um ano de experiência, comenta comigo que o Cruz tem muita paciência, que ele próprio não a teria. Ficamos no prédio mais de meia hora. De regresso ao giro, a circular na área com o CP, o Cruz fala do sujeito em causa: é conhecido dos polícias, circula muito de noite e cruza as rotinas dos agentes nas ruas. Sabe-se que chegou a ser modelo profissional. Esta será mais uma ocorrência sem registo formal porque, conclui o Cruz, "nestas situações o que é preciso é saber comunicar com as pessoas e resolver a coisa no local."

(Diários da patrulha, Junho de 2004.)

Despejar a mãe, "institucionalizar" a menor

Este é um dos dias mais quentes do ano, quase 40° C ao sol. Estou no primeiro dia do turno das 7-13h. Quando se vem das noites todos concordam que a primeira manhã é a pior, estão os sonos trocados e o corpo acumula quatro longas madrugadas a pé. São 9h quando surge um "papel" na esquadra, diligência para uma acção de despejo. É trabalho para o CP.

O Conceição (30 anos, quase cinco de esquadra) conduz e a Magda (30 anos e três de esquadra) está hoje como arvorado. É preciso levar um tripulante, para se a coisa se complicar. O subchefe indica o Matias (na mesma situação que a Magda). Será ele a tomar conta da ocorrência e do texto, pois a mulher a despejar é negra e o Matias é de origem cabo-verdiana, fala crioulo. Já terá falado com ela noutras ocasiões. Mas este manifesta descontentamento: "É o meu penúltimo dia de trabalho nesta esquadra e calha-me este bico de obra...". Os colegas riem e asseguram sem grande segurança: "Vai tudo correr bem". (A escolha deste agente é encarada como uma espécie de praxe do comandante à despedida do agente antes dele seguir para outra unidade.)

Dirigimo-nos para uma rua recôndita da área. O carro entra nas estreitas ruas com dificuldade, num local que os agentes só visitam se chamados. Em vários meses de patrulha nunca aqui tinha estado. É possível continuar a descobrir novos cantos da área da esquadra, numa cidade cheia de enclaves, morros, ruas, becos sem saída, vilas e vielas... O despejo está marcado para as 10h, quando chegamos. Enquanto esperamos o oficial de justiça e o advogado das pessoas que accionaram o processo, volteamos pelas redondezas. Numa estreita ruela sobre um morro, estende-se uma correnteza de 10 casas térreas de construção precária, com pouco mais de 20m² cada. É identificada a casa que vai ser mexida... Aparentemente, tudo calmo. Os agentes decidem esperar. São 11h e não está mais ninguém no local. No momento em que os agentes decidem regressar à esquadra para recolher informações, chegam os agentes *oficiosos*, acompanhados por três proprietários.

Os polícias não gostam de advogados. É sabido. Consideram que eles defendem os *mitras* que traficam droga, e que não têm escrúpulos em fazê-lo. Nesta situação é a distância e a aparente arrogância demonstrada por um advogado que irrita um agente: "Já viste o Sr. Dr. Está-se nas tintas, quer é o seu [dinheiro]".

O agente Matias toma a dianteira da situação e bate à porta da casa. Este já aqui esteve, chamado por vizinhos. Uma mulher talvez com menos de 30 anos abre. Dizem que volta e meia percorre as ruas aos gritos. Mais tarde o agente verifica nos papéis que ela nasceu no seu bairro, na margem sul... Quando a porta se abre é impossível não notar o cheiro metálico a lixo. Lá dentro a casa está insalubre, o ar escuro e pesado. Só se vêem garrafões de água vazios e algumas peças de lego no corredor que vai dar à peça única da casa, um quarto interior sem janela. Não há luz, gás ou água canalizada. A mulher, nos seus 30 anos tardios, diz que os pais lhe enviam o dinheiro da renda, que os donos estão a mentir, que a casa é dela... De vez em quando interrompe o discurso racional e parece falar com pessoas e entidades imaginárias num crioulo que envolve palavras em francês...

Um vizinho aproxima-se da porta e diz discretamente que a roubaram. Pela sua conversa tudo indica ter sido um outro vizinho. Diz que ela está ali há 3 anos e que só há pouco, quando a começaram a roubar, "começou a passar-se, mas não é má...". Vê-se aparecer uma criança do interior da casa. Uma criança complica muito as coisas... O agente tenta anotar a identificação. A mulher, na sua revolta, não quer dizer o nome. O agente pergunta em que ano nasceu. Esta insiste que foi em 1771. Vai buscar um papel e diz que os dados da identificação estão todos falsos, risca-os. A preocupação dos agentes é retirar identificações e conseguir papéis de identificação que levarão em fotocópias para a esquadra.

"Esta situação já está *sinalizada*", sibila-me a agente Magda. "Esta mulher é conhecida da polícia, porque provoca distúrbios e desordens, ameaça vizinhos, fala na rua com espíritos, de madrugada. Toda a gente diz que arreia na filha." A Protecção de Menores está a par. Na PSP foram feitas diversas informações e participações sobre o caso. "O que é certo é que tem uma filha de 4 anos com quem não pode ficar numa casa que parece uma lixeira que, ainda por cima, vai deixar de as abrigar." Baseados nesta afirmação os polícias vão actuar. A Magda decide que agirá até ao fim. Até aqui já têm existido contactos com as instituições mas ninguém se atreveu a fazer nada. Considera já ir tarde no caso da filha, completamente insolúvel o caso da mãe. A preocupação é *institucionalizar* ambas: "Depois é lá com eles; não é passar a batata quente, mas o nosso trabalho é retirar as pessoas da casa e dar o encaminhamento", declara a Magda.

Entretanto, ao longe, vê-se fumo na área da divisão. Ouve-se pelo rádio que o CP de uma esquadra vizinha se dirige para o local. Ocorre-me uma sensação de impotência: a catástrofe natural em simultaneidade com a catástrofe social. O mundo dos polícias tem pouco de harmonioso.

De dentro da casa a miúda olha, com olhos vivos e abertos. Pelas suas reacções é impossível não notar como é esperta. Por entre os silêncios, as hesitações e a espera da solução, os agentes comentam o mesmo. A mãe recusa-se a sair da casa. Depois de considerar com os colegas que não vão agir com força – porque há uma criança envolvida – a Magda resolve chamar o supervisor ao local. A situação exige o apoio de uma chefia. Confidenciam-me que um oficial de dia numa situação destas só viria complicar. O oficial de justiça vai escrevendo o expediente e diz que irá informar que a pessoa teve comportamentos violentos, recusando-se sair. O supervisor, quando chega ao local, pergunta imediatamente se ela está *alienada*. Resolvendo a ambiguidade, há mais legitimidade para agir com internamento compulsivo. Mas a situação não é clara (alguma vez o será?). No registo vai ser mais fácil classificar nas rubricas do costume... As pessoas socialmente mais vulneráveis passam por uma espiral de abusos e violências até chegarem ao encontro dos polícias e serem alvo da atenção da administração. Os polícias têm poucos conceitos para elas.

No local, os agentes falam que vai ser preciso tirar a criança à mãe. Fazem perguntas breves a vizinhos que dizem que ela bate na criança e que não aceita que ninguém lhe dê comida... Entretanto o primeiro vizinho recuou. Pergunto-me porque não dá agora a cara? A decisão já está tomada. A mulher grita que não quer a ajuda dos portugueses e que não é amiga dos polícias. A situação arrasta-se num certo impasse. Os polícias ainda procuram negociar com o oficial de justiça, o interlocutor preferencial; dizem que vai ser complicado avançar, que há uma menor envolvida. Os proprietários reafirmam que tanto lhes faz as crianças; querem a casa. Vários sujeitos aproximam-se da casa, tecem comentários sobre a miséria. São afastados pelos agentes. O oficial de justiça consulta o advogado, faz telefonemas e resolve: "É para despejar". Quando a mãe começa aos gritos com as pessoas que a querem expulsar a filha puxa-lhe pela camisola e diz--lhe que vá para dentro, para casa, e empurra-a. Chora e fica agitada. Parece antecipar o momento. O agente Conceição e o Matias agarram a mulher e trazem-na à força para a rua onde é algemada. A criança corre para a mãe, grita e reage: "Larga a minha mãe, não magoa a minha mãe!". O supervisor adverte para que mantenham sempre a filha junto à mãe, até ver o que dá...

Sigo no CP no lugar do arvorado, porque a Magda acompanha atrás a mãe e a filha. Quando chegámos à esquadra, a mulher e a criança são deixadas nos bancos à guarda do sentinela. As algemas são retiradas. Nos primeiros momentos a criança está visivelmente assustada. Tem o lábio ferido de um encontrão acidental que levou quando os polícias seguraram à força a mãe. A mãe permanece com a criança ao colo, enquanto fala sozinha e procura acalmar-se. Durante todo o tempo que ali estamos não há quase contactos entre os polícias e elas. Está um ambiente confuso, com vários agentes; é a hora da rendição.

É preciso escrever. O agente que está de graduado à banca, que ajuda nesse processo, tem a preocupação de saber os nomes próprios para se dirigir às pessoas quando é preciso algum dado. A mãe é a Maria e a filha a Dória.

O comandante surge do seu gabinete, procura "avaliar o estado da mulher" e vai falar-lhe. Diz que ela está consciente e que não sabe se dá para ser internada compulsivamente... A Magda prossegue com os contactos. Recusa aceitar o veredicto do superior e acaba por conseguir em tempo *record* encaminhar os "dois casos". A criança, a Dória, vai para uma instituição de acolhimento temporário. É aceite porque já tinha sido emitido pelo juiz o *mandado de condução* da menor. Irá também accionar a ordem para internamento compulsivo da mãe. Nesta situação estão dois processos cruzados, o que dificulta a acção dos agentes e cria hesitações processuais. A Magda reconhece que "esta não foi a melhor maneira de resolver a situação, mas ela tinha de ser resolvida de qualquer maneira..."

Entretanto muda o turno. O comandante decide que este serviço vai seguir com os agentes do grupo seguinte. Quando se trata de detenções os agentes tendem a prolongar o serviço... Mas daqui em diante este é considerado, do ponto de vista administrativo, um serviço de encaminhamento, mais da ordem da diligência.

Decido continuar na situação. Pergunto ao adjunto se posso ir a casa buscar umas camisolas e um brinquedo da minha filha para a criança, talvez para atenuar os efeitos da separação... Este diz: "Não se me meta nisso! Não vai adiantar nada e assim como ela está, apenas com uns calções e sem camisola, até dá mais impacto na instituição...". Mas com a conivência do subchefe e agentes acabo mesmo por o fazer.

Um dos agentes, que foi recentemente pai, está visivelmente consternado e comenta com os colegas à porta da esquadra: "Isto parte o coração, ver arrancar uma filha a uma mãe...". Vários agentes mais rodados e o supervisor asseguram: "É melhor assim. É pior se ela ficar com a mãe. Vai ter técnicos especializados que fazem o acompanhamento". Ninguém fala do que seria melhor para a Maria, a mãe...

Na esquadra discute-se como será efectuada a diligência. O Cruz diz que não quer problemas e que prefere levar uma de cada vez. Mas lá se acerta que deve ser tudo feito de uma só vez; ele vai levar primeiro a mãe ao hospital psiquiátrico e depois a filha à instituição... "Vai ser dura, a separação...", comenta-se.

A Magda diz-me, antes de ir desfardar: "Tudo o que envolve menores vem ter comigo, já não é a primeira vez...". Recorda em particular os olhos da Dória em lágrimas quando lhe pediu, à porta de casa: "Não leves a minha mãe para o hospital...". O marido da Magda, também agente, vem à esquadra buscá-la, está de saída do turno dele na esquadra vizinha. Ela atrasou-se com o serviço, informam os colegas. Ele adverte alto e em frente a todos: "Vê lá não leves para casa o serviço. Não te envolvas. Já te estou a avisar...". Ela sorri e olha no vazio. Cruzamos o olhar que fala por nós...[19]

Passada uma hora e meia desde que chegámos à esquadra a situação sai novamente para a rua. Sigo no CP, atrás, com a Maria, a Dória e outro

---

[19] Daqui em diante esta situação vai estar sempre presente entre mim e a Magda. Mesmo depois do trabalho de campo irei manter contacto com a agente que me vai relatando as novidades da esquadra, a partida de colegas, a chegada de comandantes. As situações complicadas criam zonas de cumplicidade e identidade entre as pessoas que participam nelas.

agente. Estamos a caminho quando recebemos, via rádio, a informação para regressar à esquadra. Aguardam-nos dois colegas dos serviços de fiscalização da sede da divisão. Têm o mandado de condução para a criança. Seguem num carro policial descaracterizado à nossa frente. Apercebo-me que conhecem a criança pelo nome.

Há uma distribuição destes serviços. A condução de alienados ao hospital psiquiátrico tende a ficar a cargo dos patrulheiros e a condução de menores a cargo dos agentes das fiscalizações. Os patrulheiros costumam dizer que "Ninguém quer ficar com os alienados, mandam para a patrulha". E irónicos defendem: "Na patrulha faz-se tudo. Em qualquer caso, estas situações raramente envolvem assistentes sociais".

No caminho as duas vão abraçadas... A mulher não abre a boca, mas contacta a criança. Noto que aponta para a igreja e sorriem. À passagem por um supermercado do bairro a Dória exclama com entusiasmo: "Mãe, olha o Minipreço". A viagem é amena, com o rádio ligado e o sol intenso do Verão a queimar as nossas peles. Mas as duas não sabem ainda o que lhes vai acontecer... Ninguém lhes disse nada. (Perguntei algumas vezes quando seriam informadas. Os agentes defenderam até ao fim que elas não iriam entender...)

À porta do hospital esperamos dentro do carro enquanto o Cruz e um colega asseguram que há lugar para receber a Maria. Seguimos todos pelos corredores das urgências da psiquiatria. Mãe e filha vão juntas. Espera-se pelo médico nos bancos. Nesta altura um dos agentes das fiscalizações confidencia-me que a separação não vai ser nada fácil, "elas são muito próximas".

O médico manda a mãe entrar para um gabinete. A Dória acompanha a mãe. O médico sai segundos depois e já tem traçado um quadro clínico, oiço-o dizer que envolve psicose: "Ela está para lá de Bagdad, fala com espíritos...". Está decidido que já não sai do hospital. As enfermeiras pedem ajuda aos polícias. O Cruz pede luvas, "Não vá ela ferir-se...". Quando as enfermeiras vêem a criança abanam a cabeça em sinal de desaprovação. De repente, a Maria é puxada para um lado, a Dória para o outro. Ambas gritam. Os polícias fardados agarram a mulher e forçam-na a ficar; os polícias civis agarram na filha e partem. A Dória vem aos gritos a dizer que a mãe está a chamar por ela. Já não oiço a mãe gritar, mas a dor de ambas crava-se no espaço. É um caminho longo e tortuoso até ao carro. Dois polícias carregam uma criança em pânico.

Seguimos agora de carro até à instituição de acolhimento temporário. No carro a situação obriga-me a assumir um papel activo: seguro a Dória, amparo-a, dou-lhe o colo, os braços, as mãos... Vai o caminho todo a pedir ajuda: "Parem o carro, a minha mãe está a chamar"; "Os polícias levaram a mãe?"; "Quero ir para casa... vou mais cedo... tenho de proteger a minha mãe... quero sentir a minha caminha... quero comer com a mãe...". Aconchego-a, simplesmente. É tudo o que posso fazer. Dou-lhe um urso que ela agarra com força e aperta e ponho-lhe a camisola quando ela manifesta sentir muito frio. (Nesta altura apercebo-me que inadvertidamente lhe trouxe uma *t-shirt* do campeonato de futebol Euro 2004, um evento de riqueza.)

Chegados à instituição, os guardas à porta fazem-me sentir que não estou numa escola e que também não é claramente um lar. Fico com a Dória de mão dada à porta e sento-me com ela no banco de napa castanho. Dou-lhe as coisas que tenho para ela. Agarra-as contra si. É levada por uma jovem rapariga sem demoras. Ela é obediente e colabora. De olhos sempre bem abertos e sem uma lágrima. Só dá tempo para informar que deve ter fome. A jovem dirige-se a ela pelo primeiro nome, Lina. Lembro-me subitamente de um agente na esquadra lhe ter perguntado se preferia ser Lina (o primeiro nome) ou Dória (o segundo)... E digo de raspão: "Olhe que ela prefere que lhe chamem Dória...".

A directora do centro recebe o agente (e eu sigo-o) numa sala despida de decoração. Explica: "É provável que a criança resida aqui uma média de 6 meses. Vai ser estudado o seu 'projecto de vida'. Ou volta para a mãe ou vai para uma casa de acolhimento da Misericórdia de Lisboa, talvez para adopção, ou vai para a Casa Pia...".[20]

No caminho de regresso à área da divisão venho a conversar com os agentes das fiscalizações. O condutor diz-me: "Dêem-me criminosos, gajos perigosos. Prefiro transportar esses do que crianças...". O agente que tomou conta do processo fala um pouco do seu jeito e maneirismos: "Gosto de tratar as pessoas por tu. É o meu método de trabalho, para perceberem que os polícias não são uns papões. Somos acessíveis, dialogamos. Mas claro que quando é preciso dar um estalo, também tem de ser dado... Tive aí situações que passei um dia inteiro sem conseguir arranjar solução. Ninguém queria ficar com as crianças. Também ainda tinha pouca experiência, depois comecei a mexer-me melhor. Só me perguntava como é que a Polícia aceita fazer este trabalho se não tem as condições necessárias para o fazer. Mas aqui somos obrigados a fazer tudo. E eu reconheço que me falta preparação para este trabalho, reconheço". Passamos por umas mulheres que descem a rua X em direcção a um lugar que os polícias identificam como sendo de tráfico e consumo de droga. O agente diz: "Lá vai a Lara. Se for preciso fecha o filho em casa para andar aqui. Qualquer dia vou ter de lá ir para uma conversinha com ela".

---

[20] Dias depois consigo o contacto da instituição e telefono. Pergunto se há alguma coisa que possa fazer. A directora diz-me que a Dória está bem, toma banho e come bem, e que não pergunta pela mãe... E como estará a Maria?

Os agentes deixam-me à porta da esquadra. Entro e usufruo da calma do momento antes de regressar a casa. Sento-me ao pé de dois agentes que estão a par do ocorrido. Preciso de conversar. A Telma avança: "Agora é preciso desligar... Para nós, mulheres, o pior é o que envolve crianças e idosos. Mas agora tens de seguir com a tua vida". Recorda outras situações complicadas: "Fico três dias a pensar nas coisas e sofro muito. O Godinho [marido, também polícia] ralha sempre comigo, diz que não pode ser, que tenho de desligar". Lembra-se de uma romena que vivia na rua com um filho. "Liguei para todas as instituições e ninguém quis ficar com o bebé porque estava bem tratado. A mulher vivia na rua e estava muito doente... Estes miúdos são todos assim como essa miúda, são tão espertos... Parece que é Deus que os protege." O colega, à banca, aconselhou: "Toma um banho para tirar o cheiro e vai para os copos. Nós convivemos e bebemos. É o remédio para estes males. Depois, o tempo limpa tudo".

No dia seguinte, quando em colectivo a ocorrência era rememorada, apenas se sublinhava o cheiro e a insalubridade daquelas pobres vidas. Pela minha parte, passei para um outro limiar das experiências na patrulha. Passei pelos mesmos sintomas de muitos agentes, em particular nos primeiros anos de experiência, que socializam com a aspereza de um trabalho onde faltam directivas técnicas, humanas e sociais. Na patrulha sentir é um sinal de fraqueza. Pressupõe-se que cada agente sofra o que tem a sofrer, mas para dentro e só. De todos os meus contactos, apenas um agente recorreu aos serviços de um psicólogo. Foi-me revelado pelos agentes toda a sorte de esquemas alternativos para se lidar (ou não lidar) com a fonte de tensões provocada pelos serviços complicados: beber e conviver com os colegas, especialmente de noite; continuar com a vida como se nada fosse; ir ao ginásio treinar, fazer musculação, fazer máquinas; meter baixa no trabalho; praguejar; rir (rir muito) e... explodir, noutras situações, às vezes sem se saber ao certo porquê.

(Diários da patrulha, Julho de 2004.)

Ocorrências *verdadeiramente policiais*

As *desordens* nos domínios públicos, as *perseguições* de carro, *roubo* com violência pessoal, embora não sejam as situações mais comuns na vida policial, prometem aos agentes regressar à excitação do trabalho, dos discursos e memórias que tradicionalmente enaltecem o seu papel no controlo da ordem pública. Nem sempre tais situações accionam a via legal ou se evidenciam como ocorrências criminais, mas é amplamente consensual que estimulam o que se entende por *acção policial*. Os agentes dizem que estas são as ocorrências mais *envolventes, excitantes*", que provocam *adrenalina*: "são as que nos fazem sentir vivos".

No meio policial, as desordens (com o controlo de pessoas isoladas, grupos ou multidões), traduzem o valor da operacionalidade. Ser um *verdadeiro operacional* é um valor em si mesmo, mais proporcionado a quem gira nos carros. Muitos lamentam o tempo que passam apeados exactamente pela ausência de tal característica nesses serviços. Numa polícia onde os agentes consideram que "a arma é um ornamento", as demonstrações de tenacidade e força física são o que de mais excitante se pode obter. Nas desordens legitima-se a actuação dos polícias em grupo e activa-se o valor do *reforço*, sobretudo quando se trata de apoiar colegas em apuros. Este tipo de ocorrências parece evocar o imaginário bélico.[21] Chama-se, por exemplo, aos polícias que trabalham nos piquetes da divisão os *bate-e-foge*. Essas secções móveis, que circulam em colectivo e em carrinhas, têm mais hipóteses de agir em situações de desordem do que os patrulheiros e, consequentemente, dão mais uso ao bastão. Essas secções reforçam por vezes a actividade dos patrulheiros. Mas o chamamento destas ocorrências envolve questões mais complexas e um certo sentido de jogo impresso nas profissões do corpo e da ordem.

Nas cidades, em particular em áreas frequentadas por colectivos juvenis, a operacionalidade (ou a ficção de operacionalidade, ao estilo militar) é particularmente manifesta no controlo de situações de desordem, por um ou vários agentes. Esta é a característica que alimenta sentimentos e percepções de um trabalho invulgar traduzíveis numa expressão: o *bichinho da patrulha* ou o *bichinho da rua*.

Nos primeiros dias em que acompanhei patrulhas, e me perdia nas horas e extravasava os limites dos turnos, vários agentes me

---

[21] Vários autores têm reflectido e criticado o peso excessivo do modelo de uso da força na vida policial, expresso em metáforas bélicas. Defende-se que esse modelo dificulta a implantação e valorização de outras práticas desejadas para as polícias ocidentais modernas, práticas essas mais assentes na negociação, na resolução mediadora de problemas e no respeito dos direitos e garantias dos cidadãos, bem como dificulta a integração e o desempenho das mulheres nestas corporações. Ver, por exemplo, Young (1993b).

diziam: "Pois é, já estás a ficar com o bichinho da rua". Alguns chegaram mesmo a dizer: "Qualquer dia ainda vens para a Polícia. Já tens o bichinho da patrulha, isso já não se perde". É verdade que com o tempo eu própria notei os efeitos da socialização no meio, em particular quando revelava astúcia policial e fazia perguntas cada vez mais difíceis aos agentes, ou quando revelava concentração e capacidade de reter informação sobre os contextos. O ponto alto foi quando, a dada altura, antecipei aquilo que viria a ser um furto no interior de um veículo e revelei saber ler os sinais da prevenção. Mas o bichinho da patrulha passa por algo mais, pela pertença a uma comunidade profissional, a uma condição (Monjardet, 1996a) onde um dos valores centrais é não negar a experiência em situações onde é preciso demonstrar alguma força, virilidade e tenacidade físicas. Por muito que se argumente a favor dos polícias negociadores e bem falantes, são particularmente valorizados aqueles que não tremem ou vacilam nas situações de perigo. "As ocorrências ensinam sempre qualquer coisa", dizem os agentes, mas há umas situações e ocorrências mais envolventes no colectivo do que outras.

Para as desordens são accionadas respostas policiais consideradas pouco ambíguas: o uso da autoridade, da força, da persuasão. A questão fundamental nas desordens é ainda outra: até onde os polícias estão dispostos a levar o seu mandato e se querem ou não ultrapassar as competências legais e a legitimidade política e social da acção. Tais fronteiras são particularmente ameaçadas se o uso da força para controlar e reter alguém se transformar em violência policial. Parte da socialização policial faz-se na proximidade deste desafio que alimenta representações de bravura sobre a profissão.[22]

As chamadas para *controlar pessoas* com comportamentos considerados ameaçadores, *perseguir* e procurar *intersectar* assaltantes ou o *reforço a colegas* prometem a excitação policial. Mas lembram também o apelo profissional e o sentido de pertença a uma comunidade profissional que nestas situações vincam fronteiras profissionais identitárias relativamente ao mundo exterior. Vejamos três exemplos desses casos.

---

[22] Para uma leitura mais detalhada do ponto de vista da ciência política ler Jobard (2002), para uma leitura mais etnográfica do uso da força "normal" entre os polícias (Hunt, 1985).

Desordem com um "homem em fúria"

Chego à esquadra para o turno das 13-19 horas e está um ambiente particularmente jovial no grupo que vai agora ser rendido. Estão todos ocupados com "a ocorrência da manhã". Houve um detido por agressões a civis e a polícias, dizem. O arvorado irá prolongar a elaboração do complexo expediente até às 17 horas, com a ajuda do subchefe do grupo. O texto levou correcções do subchefe do turno seguinte e ainda foi revisto pelo comandante (que mais uma vez me salientou a morosidade dos agentes nesta faceta do trabalho). Fico a saber que a cena deu origem a uma das maiores peças do género, três páginas com a descrição ao detalhe dos "estragos". O subchefe comenta que a esquadra ficou cheia de sangue e que puseram o pessoal mais novo a limpar. Quando são rememoradas situações, sobretudo as que envolvem detenções, todos se calam para ouvir quem narra. É um movimento típico entre polícias. São os "feitos" que estão ali em jogo.

As cenas que envolvem sangue e violência representam marcos mnemónicos. Um chefe de entre os mais antigos na esquadra fez serviço numa esquadra que entretanto foi desmantelada na década de 90, situada no coração de um bairro pobre e de tráfico de droga. Quando fala dessa antiga esquadra, que precedeu a actual, já inaugurada num bairro de classe média, usa constantemente uma imagem: "Ali as paredes estavam muitas vezes ensanguentadas". O uso da força e da violência policial não ficou no passado, mas já esteve mais presente nos quotidianos policiais. Hoje é celebrado como momento de excepção e nas desordens existem mais possibilidades do que noutras ocorrências para que tais práticas tradicionais do trabalho dos polícias ganhem forma. Os polícias são socializados na eminência de usar a força, e treinam o seu uso, ocasionalmente, sobretudo em situações de desordens e com homens que reagem à autoridade. Em casos como estes, de desordens provocadas por homens considerados violentos, sobretudo se agem isolados, os polícias justificam o uso da coercividade.

Ao longo do turno seguinte vou ouvindo comentários ao que ocorreu de manhã. Refere-se que o homem foi agredido por seguranças de uns bares e depois "foi fazer merda" para uma zona com bombas de gasolina. Fala-se que o sujeito agrediu os agentes que procuraram contê-lo, mesmo depois no hospital onde foi receber tratamento médico e de ser reconduzido à esquadra onde seria efectuada a detenção. "Na esquadra ele foi colocado no seu lugar", dizem os agentes.

Estas ocorrências não só são dignas de nota no seio da comunidade policial como a extravasam e ajudam a criar as imagens da operacionalidade; aludem ao papel dos polícias no restabelecimento da ordem moral da sociedade. Dois dias depois do acontecimento, sai publicada uma notícia num dos jornais diários mais lidos em Portugal sobre o caso, diabolizando o agressor como "homem descontrolado que bate em clientes, funcionários, polícias e paramédicos (...) com uma fúria violenta (...) e desequilíbrio mental". O artigo é fotocopiado e colocado por um agente no *placard* na sala por onde todos os agentes passam. Qual é o efeito esperado? Além da celebração do grupo envolvido e da visibilidade e motivo de conversa que tal evento proporciona na esquadra e na divisão, há algo mais. Espera-se que os jovens agentes, muitos recém-chegados este mês às esquadras de Lisboa, se lembrem desta faceta do seu mandato profissional e não amoleçam cedo demais...

Nos dias seguintes, de cada vez que os agentes do CP vão na direcção do local que originou a ocorrência, é partilhado um mesmo comentário com ironia: "Vá, vamos lá arranjar serviço". Até que tudo volta à normalidade e a esta sucedem-se mil outras ocorrências que a irão remeter ao esquecimento de uns, mas não de todos.

(Diários da patrulha, Junho de 2004.)

Resultados de uma "caça ao homem"

Hoje circulo como tripulante no CP. Da calma do turno da noite (1-7 horas) houve-se da central de rádio uma chamada que retém a atenção. Trata-se de uma perseguição policial a um automóvel que se pôs em fuga após efectuar vários furtos por estição durante o percurso. O problema é que, anunciam, vários polícias estão feridos... No carro os agentes manifestam a sua revolta e já só esperam "que apanhem os *mitras*". Estão envolvidos agentes de duas divisões. Desta já se ofereceram vários CP e *visíveis* para irem ao local prestar auxílio aos colegas. Da central accionaram ambulâncias e bombeiros porque há viaturas policiais a arder. Não há necessidade deste carro no local, mas na área da esquadra não se passa nada e a curiosidade está instalada nos agentes e tripulantes. Aproximamo-nos, sem pressas. Surge a dúvida: "Avisa-se ou não a central que vamos sair da área?". As opiniões dividem-se. "É melhor nem dizer nada, é um pulinho e voltamos ao giro normal", decide o condutor.

Chegamos com discrição ao local. O automóvel, em alta velocidade, não só embateu contra vários carros de civis como foi contra três carros patrulha que faziam uma barreira policial, e que por isso estavam atravessados na estrada. Os quatro agentes que se mantiveram dentro das viaturas ficaram feridos. Ao local acorreram quase todos os carros da divisão e alguns da vizinha, satélites, um oficial de dia, etc.

Os agentes perguntam-me: "Nunca tinhas visto um filme destes, pois não?". De facto parece um cenário dos filmes de acção de Hollywood. Mas não é cenário. Compreendo a directiva do comando no sentido de controlar as perseguições policiais. Uma das prioridades dos comandantes no presente é acalmar as perseguições e o uso explícito das armas por parte dos agentes. Tais controlos tendem a ser percepcionados como inibições pelos agentes. Mas é impossível não imaginar como a situação representa uma amolgadela na imagem de uma polícia. Os agentes lamentam sobretudo os danos causados nos carros novos que chegaram a algumas esquadras com o Euro 2004 neste Verão, as *estrelas da companhia*. Um dos agentes diz: "Deviam era chamar a SIC (canal de televisão) para filmar isto. Isto ninguém vê. É uma sensação de impotência...". Mas os comandantes têm uma visão política mais lata e respondem em várias frentes. Ainda vão ter de ser justificadas as perdas materiais... Tantos estragos para tão poucos resultados.

De regresso à área, no CP, entre os agentes só se tem uma conversa: "Os gajos responsáveis por isto têm de levar bem levadas, merecem levar tanta porrada...", diz um agente; "tem de ir tudo muito bem escrito para os entalar", diz o outro; "o ideal era conseguirem encontrar o que eles roubaram", refere o tripulante; "só espero é que o juiz os ponha de preventiva". Pouco depois ouve-se pelo rádio o pedido aos agentes para tentarem localizar uma mala de senhora que entretanto os sujeitos abandonaram. Diz o condutor: "Se os polícias não encontram a mala, aqueles criminosos não vão dentro". Nestas ocorrências os agentes tendem a representar-se como justiceiros de rua, extravasando por vezes a justiça penal com respostas que accionam leis próprias para lidar com aquilo a que Van Maanen (1978d) se referiu como as "leis das ruas". Poucos dias depois é possível ler uma brevíssima notícia sobre o acontecimento desta madrugada num tablóide (um dos jornais considerados mais sensacionalistas e especializado neste tipo de fontes), mas sem a ênfase merecida há poucos dias pela cena que teve lugar nas bombas...

(Diários da patrulha, Julho de 2004.)

Reforço a colegas em apuros

Estamos na fase de mudança do turno da manhã (próximo das 13h). Como acontece frequentemente nestas alturas, juntam-se à porta da esquadra agentes dos dois grupos que se rendem. Somos surpreendidos por um pedido de auxílio do rádio para uma avenida próxima. É anunciado que um colega se está a sentir mal. "É preciso dar reforço." Surge a chamada, mas não se percebe se é para resolver um problema de ordem ou para auxiliar... É preciso agir. Quatro agentes de grupos diferentes, um deles mulher, saltam a correr para o carro patrulha que parte a acelerar e já com os sinais luminosos (*pirilampos*) ligados. Estou com o sentinela à porta da esquadra e este comenta: "Isto faz-nos bem, sabes? Fazem-nos bem estas ocorrências, sentimo-nos vivos". O apoio a colegas é um elemento estruturante da cultura de trabalho, garantir que todos estão em interdependência, numa relação proporcionada por um sistema de comunicações e de circulação de pessoas por serviços. Esta é uma das poucas regras realmente invioláveis. Um agente que não evidencia esta determinação de reforço e auxílio a colegas tende a ser estigmatizado na patrulha. Estes acontecimentos podem escapar aos patrulheiros que estão apeados se os carros não tiverem a iniciativa de os ir apanhar nos seus giros, o que acontece frequentemente nos casos de maior gravidade.

O lado positivo do reforço, a solidariedade pela vida, surge nas situações de risco.[23] Um lado oculto deste apoio é evidente quando existe uma protecção cega entre polícias com esquemas de corrupção e desvio. Os silêncios atravessam os universos dos agentes, subchefes e comandantes. Todavia não é credível o funcionamento organizacional sem esta linha de interajuda e solidariedade em rede que vários agentes me confiaram ser "o melhor que existe na organização". Trata-se de uma solidariedade horizontal, entre agentes. Os excessos nem sempre são devidamente corrigidos por superiores que preferem não ver ou saber das facetas do "trabalho sujo". É frequente os comandantes apoiarem o discurso da não violência policial. Mas podem ter de dar a mão à palmatória perante os agentes quando, em qualquer momento da sua trajectória, e por vezes por pressão superior, se virem obrigados a accionar competências menos claras e transparentes no trabalho dos agentes para obterem resultados, para produzir os números da organização.

(Diários da patrulha, Abril de 2004.)

---

[23] Um dia um agente recordou-me uma das piores situações por que passou quando um colega foi baleado, o momento de desespero e de ter a vida por um fio, foi salvo por dois colegas fardados: "Eu quando os vi, parece que vi Deus, não é? E esses dois colegas que lá aparecerem, eles para mim, se me disserem que precisam de mim para ir à China eu vou com eles à China!" (entrevista, Março de 2004).

Bons serviços

Por fim, os *bons serviços* são geralmente ocorrências ou processos que originam dados criminais: *viaturas apreendidas*[24], *furtos em flagrante* e outros, muito particularmente as *detenções* de pessoas.[25] Entrar nestas ocorrências obriga a um lastro de responsabilidades, saber e envolvimento profissionais, gasto de energia e tempo extraordinário (extra-turnos), para os quais nem todos os patrulheiros estão preparados. Embora a maior parte do tempo se ofereçam poucas oportunidades de actuação na esfera criminal, os agentes da patrulha devem, idealmente, estar preparados para lidar com as tecnicidades que tais oportunidades exigem. São variadas as tácticas e conhecimentos envolvidos nesta faceta do trabalho: procura de contactos e informadores espontâneos nas ruas (os *amigos* dos polícias), procura de *dicas* sobre os crimes na área da esquadra, mas também saber redigir um processo policial e articular a sua defesa perante o Ministério Público, juiz e advogados em tribunais.

As ocorrências criminais podem surgir por chamada. A testemunha e resolução de furtos, roubos ou tráfico em flagrante é quase uma miragem para os agentes, embora ocasionalmente possa ocorrer. O papel dos patrulheiros "que querem trabalhar no crime" depende muito mais, e quase exclusivamente, da iniciativa pessoal dos agentes e das condições que vão criando. Por exemplo, são os polícias mais argutos que "produzem" mais detenções. É necessário uma certa *investigação de rua* que implica capacidade de observação e, certamente, muitos *esquemas* que só ao fim de alguns anos de profissão e a trabalhar na mesma esquadra se conquistam.

---

[24] Para se ter uma ideia do volume de trabalho, em 2004, na área da divisão registaram-se 218 viaturas recuperadas. Embora não me tenha sido fornecido o número detalhado por esquadra, verifiquei que em anos anteriores rondou as 30 viaturas só na esquadra Amarela. A apreensão é um processo complicado porque envolve a necessidade de amplos espaços de reserva dos veículos, o que rareia e tem elevados custos nos centros urbanos.

[25] As detenções são um indicador privilegiado nas estatísticas da divisão. Em 2004 contavam um total de 1.077 em todos os serviços (esquadras, piquetes, investigação criminal, etc.). Estas somavam mais 470 ao ano anterior. Do total, 435 resultavam de operações de fiscalização no trânsito (condução com elevadas taxas de alcoolémia) e o maior número maioritariamente de rusgas e actuação nos domínios do tráfico de droga.

Neste conjunto a detenção é tradicionalmente o resultado da acção policial mais valorizado, porque se trata de um crime "com castigo". Aí se usam os poderes e a legitimidade dos polícias para agir no meio. O quadro legal, a pressão social e política podem transformar as condições de trabalho dos agentes e oferecer limites aos usos e abusos do seu poder, mas alguns dados culturais do trabalho não são facilmente permeáveis à mudança. Conseguir uma boa detenção é um deles. As detenções conquistam um peso simbólico nestas organizações. O polícia pode ser por momentos o herói entre os pares. Nestas ocorrências está a lidar com a face nobre da sua organização, a área criminal.

Começo por relatar duas situações, um furto presenciado por agentes e uma apreensão de viatura. A detenção, o terceiro exemplo, merece ser descrita e analisada com particular detalhe etnográfico. A detenção é simbolizada como *o* verdadeiro feito e conquista na organização e tem algo de realização profissional para quem a executa; reúne, portanto, todos os ingredientes para ser um *bom serviço*. Mas o percurso que é preciso traçar até conseguir um processo destes no domínio da patrulha é trabalho para muito poucos. A descrição demonstra como é difícil, complexa e astuciosa a produção de uma ocorrência deste tipo. A maior parte das vezes o termo "produção" é usado na esquadra precisamente como sinónimo de realização de indicadores criminais desta natureza.[26]

Furto em flagrante delito

>Quando chego por volta da meia-noite e meia para o turno da madrugada (1-7h) estão a agente Telma e o agente Godinho, seu marido, a acabar de escrever um registo. Somam quase quatro anos de experiência. Ela tem 29 anos de idade e ele 26. Conheceram-se no curso, onde começaram a namorar.
>
>Estava o casal no seu pacato passeio nocturno da folga quando presenciaram um assalto. Um homem corria atrás de um outro para recuperar a

---

[26] Mais genericamente, produzir também pode querer dizer "escrever", isto é, fazer chegar ao texto as ocorrências da rua. A acção dos polícias na rua não tem tradução neste termo, mas apenas nas noções de prevenção ou de visibilidade, sem que sejam destacadas as competências pessoais em situações.

carteira que o primeiro lhe roubara. Tinha sido ameaçado momentos antes com uma faca. A Telma estava preparada para correr atrás do *mitra* quando se lembrou da sua barriga... estava grávida de oito meses. Incitou o marido a correr. Contam, sem problemas, que este ainda resistiu: "Afinal de contas estava a gozar a minha folga...". Mas não foi preciso muito para ela o motivar. Ela diz ainda ter pedido a várias pessoas que estavam a assistir para fazerem o mesmo, mas ninguém se mobilizou. "Também, não é novidade nenhuma que em geral os lisboetas não agem, nestas e noutras cenas bem mais simples. Estamos em Lisboa, todos têm medo, acagaçam-se", remata o agente.

A Telma releu a narrativa do registo com o seu olho experiente e apontou uma contradição de termos que o Godinho corrigiu. O processo originou onze peças de expediente. O comandante de esquadra, na altura presente, acompanhou a redacção. Estava visivelmente satisfeito com o serviço e deu os parabéns ao Godinho. Mas percebeu desde logo o papel central da agente. Estes são os episódios que vivificam o sentido profissional dos adágios policiais como: "Afinal sempre servimos para alguma coisa" e "estes serviços fazem-nos sentir úteis".

(Diários da patrulha, Julho de 2004.)

"O carro é para apreender"

Acompanho dois agentes no serviço de patrulha à civil no turno 19-1h. Saímos da esquadra e ficamos um pouco parados numa rua, resguardados discretamente na galeria de um prédio. O líder da equipa, o Duarte (com 27 anos e há cinco na Polícia) vai tacteando uma *dica* que o leve a um caso, falando com consumidores que aqui chegam para pegar nos carros e partir. Enquanto isso, o Madeira (com 25 anos e apenas um ano de Polícia) atem-se junto a um carro estacionado. Está um pouco danificado, empoeirado e já tem ervas daninhas por baixo, o indicador mais óbvio de que algo está mal. O agente decide verificar a matrícula para a central para saber se consta na lista de viaturas para apreender. Vem a confirmação: "O carro é para apreender". Bingo! O agente que deu pela coisa explica--me. Há um ano, quando chegou, começou por fazer patrulhas apeadas com a agente Telma. Foi ela que lhe deu a *reciclagem* no primeiro mês na esquadra, período em que andam acompanhados por agentes mais antigos. Com ela aprendeu a "ter olho para os carros": "Ela era uma máquina, sabia logo identificá-los! Isto é uma coisa que eu gosto de fazer. Mas nem todos ligam a isto". Embora este seja consensualmente um bom serviço, nem todos os agentes estão sensibilizados para ele. Por exemplo, o experiente colega, de olhos postos nos circuitos da traficância, embora tendo passado várias vezes pelo local onde o carro estava estacionado nunca lhe deu a devida atenção; o seu fim era outro, conseguir identificar traficantes de rua para deter.

O passo seguinte é convocar um agente apeado, o mais jovem do grupo, para ficar junto à viatura, a guardá-la até ordem em contrário. O jovem novato, com alguns meses de prática, vai ali permanecer quase até ao final do turno, quando finalmente chega o reboque da divisão. Os dois agentes à civil fazem o registo na esquadra e irão entrar em contacto com a divisão policial onde a moradora apresentou queixa, na margem sul. Surgem problemas de comunicação e diferentes formas de organização do trabalho e acesso aos registos impedem a colaboração entre as duas unidades policiais. O agente mais experiente irrita-se, diz que vai participar dos colegas, mas acaba por decidir entrar em contacto directo com a proprietária. Passado pouco tempo esta surge na esquadra para recuperar o veículo que pensava não voltar a ver. Há mais de seis meses que lhe perdera o rasto.

A ocasião leva os agentes a rememorar outras situações. Uma vez perseguiram um carro que estava para apreender. Chegaram a apontar uma *shotgun* (arma que anda nos porta-bagagens dos carros patrulha) à cabeça do condutor quando o pararam. Mas... era o proprietário. A GNR já tinha devolvido o carro, mas não efectuou o expediente e não anulou a queixa na base de dados partilhada entre os dois corpos de polícia...

(Diários da patrulha, Maio de 2004.)

"Detenção, é na droga"

Ainda não são 6.30h quando chego à esquadra para mais um turno de seis horas. Tenho acompanhado dois patrulheiros no seu trabalho de rua, o Duarte e o Cruz.[27] Fazem serviço à civil.[28] Na esquadra os agentes lêem os

---

[27] Embora estes agentes não tenham mais de cinco anos de experiência policial, figuram entre os mais experientes em matéria de tácticas policiais na esquadra. O Duarte tem 28 anos e vive num bairro de classe média próximo de Lisboa, o que faz com que seja conhecido como menino da linha. Tentou várias vezes concorrer à Polícia Judiciária, mas apenas conseguiu entrar na PSP. Tendo passado por todos os serviços da esquadra, esteve ainda um ano a substituir um subchefe no serviço à banca onde revelou qualidades. O facto de ser "um dos melhores da esquadra" avivou os dotes de líder do seu grupo, mas também uma certa arrogância de alguém que conquistou uma sabedoria e faro policiais que em nada se comparam aos dos colegas inexperientes ou considerados pouco operacionais. O Cruz complementa o trabalho do Duarte porque é mais popular entre os colegas de esquadra e

registos do dia anterior para se manterem informados. Poucos o fazem. Quando terminam vamos comer uma *bucha* a um café das imediações que abre cedo. Vamos para uma esquina fazer tempo e conversar. Os agentes esperam que a actividade no bairro da droga, que também tem os seus horários, dê início.

O objectivo do turno desta patrulha é conseguir mais informação e, de preferência, fazer uma *"boa detenção* na droga", o domínio onde ambos os agentes admitem gostar mais de trabalhar. Pretendem, em particular, compreender o itinerário de entrada de um sujeito conhecido pelo cognome de *indiano*. Nos dias anteriores procuraram informação na comunidade e conseguiram a marca e matrícula do automóvel onde presumem que o sujeito transporta o *produto*.[29] Vão tentar detê-lo. O *indiano* é considerado pelos polícias um dos principais traficantes de heroína que vem da Amadora para a zona. Um verdadeiro *mitra*. E é sabido que aqui é sempre mais fácil tentar *agarrar* os que vêm de fora do que os traficantes autóctones. Os locais podem ter alguma paz se oferecerem aos polícias informações que os possam levar a boas detenções.

Apenas por volta das 9.45 o Duarte, o líder táctico da equipa, considera ser oportuno ir observar "pontos concretos". A equipa separa-se, cada um se irá colocar num ponto de vigia. Até se voltarem a encontrar, toda a

---

mais ágil em captar a colaboração dos agentes do grupo nestas e noutras ocasiões. Tem a seu favor o facto de ser um dos agentes mais destemidos da esquadra. Embora de fraca compleição física tem a fama de enfrentar com a força qualquer um, é conhecido por "bater nos mitras" se for necessário. Tem 27 anos e é oriundo de uma periferia da margem sul. Embora na esquadra tenha passado pelo serviço do CP, enfrenta dificuldades na fase do registo escrito do trabalho.

[28] Os agentes à civil da esquadra foram os primeiros que acompanhei no trabalho de rua, num estilo particular de serviço. Embora, em parte, os agentes estivessem preocupados em transmitir-me uma imagem de combatentes do crime, o accionamento deste serviço não teve origem na minha presença, embora esta o pudesse estimular. Como dizia um comandante: "Agora com a doutora cá é que eles vão começar a trabalhar...". A táctica prendia-se sobretudo com a necessidade de aumentar a estatística criminal da esquadra todos os meses. Em certa medida, a minha presença podia provocar o anseio de revelação de resultados, mas também inibia alguns truques mais liminares. Em algumas semanas a minha presença seria encarada como "natural" e o desenrolar do trabalho não apresentava variações significativas.

[29] Existem inúmeras expressões para substâncias psicotrópicas e todos os derivados que são partilhadas pelos traficantes, consumidores e conhecidas dos polícias. Algumas entre as mais comuns, nesta parte da cidade, são: para heroína – cavalo, castanha, *brown*, bomba, heroa, pó, rainha; para cocaína – branquinha, neve, júlia, dona branca; para haxixe – chamon, chocolate; no geral – drogarias, *cocktail*, veneno, drogas duras, drogas leves, etc. (Gomes, 1993). Actualmente a "quarta" é a medida de tráfico mais referida para heroína e cocaína (ver explicação mais abaixo).

comunicação se fará por intermédio dos telemóveis pessoais. Acompanho o Duarte. Passam 45 minutos de vigia e nada, não há sinais do *indiano*. O Cruz liga pelo telemóvel; o café referenciado onde o traficante passa a droga está fechado. Soube-o pelos colegas do carro patrulha que entretanto o vão informando durante esta "mini-operação". Pressupõe-se então que o traficante não deva estar hoje "a operar" no lugar. Reencontramo-nos numa rua das imediações. O Cruz diz: "Daqui a nada agarro algum tipo e pergunto quem está hoje a vender". Quer chegar a um fim, revela a impaciência das esperas neste serviço.

Telefonam ao Duarte das *brigadas à civil* (os agentes das equipas de investigação). Hoje estão a filmar o lugar. O Duarte imagina que eles devem estar numa casa. Geralmente são longas horas neste tipo de vigia estratégica. As ordens dadas são para durante este e o próximo turno os agentes fardados e os carros saírem do local "para não atrapalharem". Mas estes agentes estão determinados. Faltam duas horas para terminar o turno e querem fazer uma detenção. É preciso mudar de zona...

O Duarte decide interpelar um sujeito que vê chegar do lugar da droga e entrar no seu velho e degradado carro. Manda-nos entrar para a parte de trás. Identifica-se. O sujeito esconde imediatamente a *quarta* (a dose de droga) na boca.[30] O Duarte acalma-o. Não lhe vai ficar com a droga, mas que a esconda no porta-luvas porque "dá mau aspecto". Vê fotos de família e pergunta: "Tem filhas e anda nesta vida?". O sujeito desculpa-se. O agente consegue saber quem lhe vendeu a droga e fica a saber que "também lá está um indiano"... O Cruz e o Duarte olham-se. Os patrulheiros e os agentes das brigadas concorrem pelo mesmo caso. Mas o alvo mudou. O Duarte dá instruções para que o sujeito nos conduza até outro ponto do comércio de droga. Trata-se de uma zona mais especializada na venda de haxixe, onde as probabilidade de fazer uma *boa detenção* são à partida ainda menores.

É preciso abrir um parêntesis para lembrar que o delito em flagrante nos domínios do tráfico de droga é praticamente uma impossibilidade para

---

[30] É sabido que no tráfico de rua da heroína e cocaína os traficantes têm uma bolsa com 11 quartas, doses individuais de consumo. Estas doses são embrulhadas nos cantos de sacos de plástico, ficando com a aparência de uma pequeníssima bola. O esquema mais comum com que os agentes lidam são os de pequenos traficantes que aceitam vender 10 quartas para um maior vendedor do mercado, que nunca chega a descer às ruas, e ficam com uma para consumo próprio. Os polícias calculam, por experiência, que cada dose tem 0,25 gramas. Por lei os consumidores podem ter em sua posse até 1g de heroína, 2g de cocaína e 5g de haxixe, limite permitido para consumo próprio, o que corresponde sensivelmente a 10 quartas. Assim, é sabido que as "leis da droga" vão-se modificando e fintando as "leis dos polícias".

os polícias fardados e também para os não fardados. Os traficantes são mais vezes apanhados noutras ilicitudes ou em alturas em que não estão a vender e na posse do material ou de quantidades de dinheiro que indiciam a prática. Os traficantes mal avistam os agentes que conhecem, com ou sem farda, param tudo, abandonam o produto e põem-se em fuga.[31] Entram em casas onde os polícias só penetrariam com mandado judicial. Os mandados muito raramente chegam às esquadras porque a investigação é rudimentar, como esta narrativa aponta, e dificilmente sustenta intervenções nos domínios privados, mesmo que muitos agentes conheçam muito bem os autores dos ilícitos. Aos agentes resta-lhes a rua. Assim, mesmo que os agentes tenham testemunhado o crime, dificilmente conseguem provas incriminatórias para a produção do processo judicial. Por isso se diz que por vezes os traficantes negoceiam com algum descaramento em frente a polícias que sabem que nada vão fazer para os deter, sobretudo os recém-chegados da escola, a quem chamam *passarinhos*. Como tal, este trabalho é representado como um *jogo do gato e do rato*. Para conseguir uma boa detenção, tão difícil de obter no jogo do escondido/revelado, os agentes baseiam-se em *dicas*, *manhas*, *truques*, intuições e conhecimento das geografias e do meio social da área.

No outro pólo de tráfico na área passamos de carro duas vezes na mesma rua para que os agentes possam observar o ambiente sem serem reconhecidos. Desta vez circulam numa viatura descaracterizada (os traficantes reconhecem à légua as viaturas pessoais dos polícias quando estes as usam, noutras ocasiões, neste tipo de circuito). O Duarte observa atentamente os pontos do tráfico, pode ser que o olhar lhe ofereça um *caso*. Voltamos para trás, saímos do carro a 200 metros do local e vamos a pé até à rua traseira. "Ficar parado dá sempre bandeira. Ou é polícia ou é *mitra*", diz o agente. O Duarte considera que bom era arranjar uma casa. Nada parece impossível. Está uma senhora à porta do prédio que o agente interpela. Esta deixa-o entrar, enquanto nós esperamos na rua. Quando nos chama já conseguiu contactar com a antiga porteira que tem um andar no 4.º piso. Parece que a janela traseira dá mesmo para a rua da droga. Enquanto subimos o Cruz confidencia-me: "Andamos às esmolas. Vivemos das informações que as pessoas nos dão. Como no dia em que visitámos o recluso na penitenciária para lhe pedir informações sobre o tráfico [já para saber a matrícula do carro do indiano]. Ele vê coisas que os agentes não vêem. Os informantes são os nossos olhos. Mas hoje saiu-nos a sorte grande!". Entro no espírito da coisa e digo: "Será esta casa a caixa de esmolas?". Rimos

---

[31] Sobre a arte de dar à fuga ler especificamente (Chaves, 1999). Sobre estilos de vida e trajectórias nestes contextos ler Fernandes (1998) e Vasconcelos (2003).

discretamente do insólito de toda cena, também não muito comum nas rotinas dos polícias.

Entramos na casa. Sou apresentada como colega. São 11.30h. Na sala, "parece um milagre", dizem, há uma janela grande e com cortinados. O Duarte e o Cruz observam as movimentações do tráfico lá em baixo durante uns bons 30 minutos. Também sou convidada a ver. Defendem: "É completamente diferente ter uma ideia ou poder ver". Apercebo-me que hoje os agentes têm a rara oportunidade de testemunhar. Saciada a curiosidade explicam à senhora: "Nós temos de provar para os prendermos. Difícil é apanhá-los com o material"; e moralizam: "Eles são uns malandros. A senhora trabalha toda a sua vida e não tem e nunca terá os carros que eles têm". Este argumento parece sempre pegar entre os vizinhos dos bairros da droga. Amedrontam: "E se vêm para aqui vender qualquer dia estão a roubar na zona". Sabem que as ameaças com o incremento do crime de dano pessoal têm sempre efeito entre as populações idosas. Aquela comenta num tom muito usual de indignação com a situação e, simultaneamente, de protecção de si: "Têm bons carros e estão ali todo o dia, mais à tarde, entram e saem dos cafés, não fazem nada, não trabalham para ganhar a vida... Mas, por favor, não me metam em sarilhos porque eu vou lá beber a bica e depois chamam-me cusca. Que eu nem vou dizer nada disto ao marido e à filha". Os agentes combinam voltar. Trocam os números de telemóvel. O Duarte deixa o cartão de instrutor da ginástica, para não aparecer como polícia, protegendo a fonte. Diz que voltarão a contactá-la, que nunca a envolverão em nada, que o seu nome não aparecerá em lado nenhum. São as contrapartidas do costume que dificultam a constituição de prova dos processos policiais, em geral apenas testemunhados pelos próprios executores das detenções.

Quando saímos da casa o Duarte e o Cruz expressam a sua satisfação. Depois de conhecer o trabalho de patrulha apeada "sem novidade" compreendo o interesse por este tipo de serviço. O Duarte fala em comemorar com um jantar. Entre os agentes tudo é pretexto para convocar a convivialidade.

À saída, quando a mim me parecia terminado o turno, o Duarte desafia o Cruz a deter o tipo que estava a traficar, porque afinal ambos o viram a vender da janela. Partir para a detenção é uma decisão do momento. Todos sabem que quando é tomada não há retorno. E o que sucede depois já não depende apenas da observação de há uns momentos atrás, da constatação do crime e do conhecimento dos envolvidos no mesmo. Pode resultar numa incógnita. "Há muito de sorte neste trabalho", diz o Cruz. O Duarte comunica pelo telemóvel com o jovem Caetano que está hoje de arvorado no carro patrulha. Diz para deterem o jovem do casaco bege e boné branco, aparentemente com 20 anos; que o levem para a esquadra para ser identificado. Adverte para que verifiquem a brecha de um pequeno muro onde o traficante escondeu a *mercadoria*. O *produto* é importante para o processo. Decidem actuar por intermédio dos colegas fardados para não "queimarem a imagem", reservando-se para futuras situações na zona, mas também para esconder tácticas do trabalho de rua paralelas à patrulha que desafiam a todo o momento limites legais e organizacionais[32]. Aguardamos junto a uma esquina, até vermos o CP passar.

Passado alguns minutos o Duarte recebe um telefonema a confirmar que os colegas já estão com o sujeito na esquadra, mas algo não correu bem. O Duarte está desapontado: "Não deram com o material. Têm o tipo na esquadra mas como não entenderam a dica do muro, não há material." Neste caso, como em tantos outros semelhantes, haverá apenas a palavra dos agentes, a narrativa policial que será necessário articular. O passo de regresso à esquadra é acelerado. Nada se compara ao passo vagaroso das vigias da manhã. Chegamos à esquadra por volta das 12.30h., o que para os restantes elementos do grupo significa a aproximação do final do turno.

Chegados à esquadra, o Cruz e o Duarte "tomam logo conta" do sujeito. A divisão do trabalho dá-se naturalmente. O Duarte encarrega-se dos dados de identificação do detido, o Cruz revista-o no apertado WC. O Cruz geralmente faz jogo duro nessa ocasião e ninguém sabe ao certo o que se passa à porta fechada... Os agentes concluem: o detido tem dinheiro (mais de 100 euros), mas apenas uma pequena quantidade de haxixe. Os agentes perguntam ao Cruz se "dá para a detenção". Este pensa que não. Mas o Duarte decide manter a detenção.

O Cruz não se conforma por não ter sido encontrado mais produto. Ainda volto com ele ao "local do crime" no carro visível. Nada. Já o retiraram do muro. Na sua impaciência arriscou a exposição de si e o desvendamento de um esconderijo. Alguns residentes juntam-se a observá--lo. O Cruz não esconde o despeito, quase raiva.

Quando voltamos à esquadra apercebemo-nos que o pai do detido tenta falar com o Duarte, quer negociar, mas o agente está decidido a avançar com o processo, mesmo se alguns colegas iludem o velhote, dizendo que "é um processo simples". O Duarte não gosta da atitude e queixa-se da "falta de profissionalismo dos colegas", afinal é ele que está a tomar conta da coisa. Algumas jovens mulheres do bairro juntam-se à porta da esquadra;

---

[32] À medida que o tempo foi passando, ainda em 2004, foi havendo cada vez mais pressão para as esquadras da divisão deixarem de activar estes serviços, considerados especializados pelos polícias das brigadas. Com normativas formais e informais, o espaço de manobra dos comandantes e agentes viu-se assim diminuído.

algumas mantêm-se sentadas no passeio em frente. O sentinela dá passagem a uma mãe adolescente que, com o bebé ao colo, vai ao WC pôr água no biberão do leite. Um agente comenta: "Se calhar comem todos da droga". Do ponto de vista dos implicados a detenção é um factor de intimidação institucional. O jovem chora, com a cabeça entre os braços nos bancos do átrio onde está à guarda do sentinela. Deu entrada nas malhas do sistema de justiça. São as famílias da venda a retalho que enchem as prisões portuguesas de que nos fala Cunha (2002).

O trabalho de rua dos agentes prolonga-se dentro da esquadra através do registo escrito da detenção e da elaboração de todo o expediente administrativo. Trata-se de uma nova etapa do trabalho que representa o final do ciclo para os polícias de esquadra e o início para outros agentes, os da justiça. Antes de tudo o carro patrulha segue com um envelope até à sede do Comando de Lisboa, no Chiado, para verificação, análise e peso do *produto*. Supõe-se que tem pouco mais de um gramas de haxixe, o que fica aquém dos limites legais estipulados para dez dias de consumo, as 5 gramas (cf. Lei 30/2000 de 29 de Novembro). É feita uma guia. O Duarte trata disso no computador da *banca* que, por sorte, está temporariamente disponível. O Cruz vai para a sala de aula dar início ao auto de detenção.

A situação coincide com o movimentado período da rendição entre grupos. A ausência de privacidade no trabalho vê-se ainda mais ameaçada pela entrada e saída de pessoas, os constantes cumprimentos e a partilha de piadas. O Cruz não consegue conduzir uma narrativa escrita coerente. Mas o mesmo ambiente pode propiciar, ocasionalmente, ajudas informais. Um dos agentes do comércio em segurança criou há poucos dias, por sua iniciativa, um formulário informático para facilitar os registos, por exemplo.

A informação ainda circula maioritariamente em papel na organização. A uniformidade das tecnologias de informação são um processo recente e de lenta implementação nas esquadras (tal como apresentei no capítulo anterior). O Duarte irá pouco mais tarde encarregar-se da narrativa. A "ginástica" da detenção prolonga-se nesta fase do trabalho.[33] Esta fase do registo irá demorar cerca de 3 horas, ainda assim considerada uma das detenções mais céleres de sempre na esquadra. O texto passa por três versões diferentes, envolvendo uma revisão profunda do comandante.

---

[33] A narrativa deste caso passa muito por encontrar uma justificação para a detenção. O texto deve descrever e simultaneamente traduzir a justificação do acto, escondendo fases do processo (como o facto dos agentes estarem à civil). Em grande parte, os agentes desenvolvem um trabalho de adivinhação das considerações dos "homens da bata preta" (nome dado aos juízes) e do que estes valorizam da lei, embora se considere que cada um tem diferentes medidas para crimes similares. Alguns juízes em diferentes tribunais especializados são conhecidos dos polícias pelas características pessoais e temperamento.

Embora o Cruz trate apenas dos formulários mais simples, vai ser ele a assinar o processo, o que lhe vai garantindo algum prestígio e visibilidade na organização, reconhecimento que o Duarte já conquistou. É mais uma detenção para o *curriculum* do agente e que o vai tornando cada vez mais conhecido e falado na rede da divisão pelas suas aptidões. Dois anos mais tarde fico a saber que recebeu um louvor publicado na ordem de serviço por ser "dedicado".

Nos processos mais complexos do trabalho policial, em particular nas detenções, há sempre informação não revelada em todas as partes do processo. O texto não revela tudo, os agentes não revelam tudo ao comandante, o comandante não faz as perguntas todas sobre o que se passou na rua – e todos sabem que é assim mesmo que se trabalha na produção de indicadores criminais, sobretudo nestes difíceis de obter.

O que fazer com o detido? Quando há um detido na esquadra o registo é imediatamente feito e com relativa celeridade, porque o sujeito não pode ficar retido mais de 6 horas na esquadra, e os agentes devem disponibilizar uma refeição o que, na prática, é raro acontecer. Ler os direitos ao detido também não é uma prática corrente. Este é encaminhado ou para o cárcere temporário do Comando de Lisboa (os chamados *calabouços*) ou é presente a tribunal se tudo se passar até às 16 horas. Surgem dúvidas sobre o tribunal e os horários. Este acabará por seguir na *ramona*, nome dado à carrinha que transporta os detidos até ao comando. O jovem vai passar a tarde e a noite na *choldra*, até ir a julgamento sumário na manhã do dia seguinte. Antes de fechar o caso o Duarte adverte o Cruz que o detido tem atacadores e que é preciso retirá-los, para que não os use para se suicidar, por exemplo. Estes gestos minúsculos, que uma minoria de agentes rotiniza, são essenciais para a prevenção de acidentes sobre os quais é difícil imputar responsabilidades ulteriores.

Já perto das 16 horas, os dois agentes e eu vamos almoçar a uma das tascas da área, na sala dos fundos, onde os agentes recuperam a privacidade dos citadinos comuns. O Duarte partilha os seus planos: quer ir aos cafés do lugar da droga numa operação, só para fazer identificações. Pensa que assim ficará a saber quem são os traficantes. Diz que na semana que vem vão fazer uma vigia na casa que hoje conseguiram. Todavia, a vigia na casa nunca se efectuará. E o trabalho dos agentes no serviço à civil ficará por aqui. O Cruz irá integrar o grupo que faz formação no novo sistema de informação em introdução na Polícia. Ambos estão habituados a estas descontinuidades da patrulha. Passada uma semana, o Duarte é chamado para a Divisão de Investigação Criminal, uma ambição de carreira, mas, contra seu gosto, vai ficar na investigação de gabinete. Problemas com o subchefe levam o Cruz a mudar de grupo na esquadra. Embora seja considerado um dos melhores agentes, espera pela sua vez, pela promoção para a Divisão Criminal, um sonho de muitos que pode nunca chegar (ver capítulo 7). O trabalho à civil na esquadra dissipa-se em grande medida com a dupla que o activou.

O que significa fazer uma detenção? A detenção capitaliza valores apreciados na patrulha em pelo menos três planos: técnico-socializante, profissional e organizacional. Produzir uma detenção revela saber pericial. Os indicadores criminais são "encontrados" mas também se "produzem". Estes domínios são considerados dos mais operacionais, onde os agentes crêem aprender a experiência do trabalho policial, treinando, por um lado, a intervenção em meios sociais que lhes são adversos e, por outro, a narrativa e a elaboração administrativas de um processo policial. Do lado de dentro das esquadras os processos podem envolver dezenas de diferentes peças de expediente. Produzir detenções significa a conquista de alguma autonomia pessoal – e também a evidência de gostos, tendências e carácteres pessoais no trabalho – num universo onde muito depende estreitamente dos desempenhos e habilidades de cada um. A regulação e monitorização dos procedimentos técnicos e práticos dos agentes são insuficientes. As chefias estão mais preocupadas com os aspectos administrativos do trabalho, têm voz na fase dos registos. As competências para o trabalho de rua são delegadas nos agentes. Neste sentido não é de admirar que todos os agentes "se façam polícias" e aprendam a trabalhar com os colegas. A rua torna-se assim o território dos agentes, onde testam e arriscam tácticas. A aprendizagem socializante mantém-se ainda hoje o grande motor do policiamento. Seguir o exemplo de agentes mais antigos ajuda cada um a definir diferentes formas de estar na profissão.

No plano profissional-organizacional, os agentes que por sistema fazem *bons serviços* têm à partida mais oportunidades para sobressair numa categoria com fracas possibilidades de especialização ao nível da esquadra. Como disse Reiner, na patrulha a especialização tende a ser encarada como promoção (1985: 116-123). Desenvolver trabalho no domínio criminal, embora com mais riscos, significa uma porta de saída do anonimato na própria divisão, sobretudo se os patrulheiros forem da confiança dos comandantes. Esta pode ser uma forma dos agentes mais ambiciosos irem definindo lugares em redes de conhecimento formal e informal, oferecidos numa grande organização nacional pública que, como um agente uma vez colocou, "é um mar de oportunidades para quem o souber explorar". Mas logo no plano do trabalho de esquadra podem surgir benefícios profissionais. Quem produz mais detenções está em certa medida mais autorizado (pelos superiores e pelos colegas) a retirar-se de outras tarefas que formalmente qualquer agente numa esquadra é obrigado a desempenhar.

Não admira que os agentes que gostam de *combater o crime* considerem o trabalho no trânsito *uma farsa* e preferissem que este estivesse ausente do seu mandato. Não é raro um agente muito bom no crime ser "um zero à esquerda" em matéria de trânsito, estacionamento, circulação rodoviária, etc. Os comandantes têm consciência que, mesmo jovens e quando deviam ter o "sangue na guelra", poucos são os agentes que conhecem ou resistem aos longos processos da rua e do expediente. Como tal, os que sobressaem tendem a ser recompensados, mas também a lembrar, por contraste, todas as agruras da patrulha apeada.

Do prisma organizacional é sabido que, tradicionalmente, os indicadores criminais satisfazem os comandantes. Elevam o estatuto de esquadras que, com poucas excepções nas cidades, não escapam a ter por perto zonas "problemáticas". A valorização das detenções traduz também modelos de policiamento. Na gíria policial muitos agentes dizem que na divisão se "trabalha para a estatística", isto é, num plano reactivo. Embora muitos comandantes se queixem dos novos agentes, impreparados para o estilo de vida operacional, a realidade é bem mais complexa. A tradicional política das ruas na Polícia tende a ser equacionada por agentes com cada vez mais habilitações escolares e com conhecimentos e interesses que não se resumem à vida policial e aos quais ninguém sabe ao certo o que fazer. Os agentes que produzem indicadores policiais (sobretudo os criminais, que contam para as estatísticas discutidas mensalmente nos comandos) possuem saberes políticos organizacionais: isto é, sabem "traduzir" o que a organização pretende deles. Claro que esta tradução não passa apenas por deter. Uma polícia urbana é por definição polivalente. Mas dos jovens agentes espera-se que pelo menos alguns tragam os indicadores criminais da rua para as esquadras. A Lei Penal enquadra a actividade, mas compete frequentemente com a "lei das ruas", como se diz, que não está escrita em lado nenhum senão nas práticas policiais. E é preciso não esquecer que quando a maioria dos agentes manifesta o sonho de aderir às brigadas à civil demonstra o tipo de saberes mais apreciado não só pelos próprios mas em toda a organização.

Mesmo neste plano não há uma leitura linear dos factos. *Produzir* importa riscos adicionais para uma esquadra, em particular no que diz respeito a alguns atropelamentos legais e de limites da legitimidade política. Nem todos os comandantes estão dispostos a assumir tais responsabilidades com os agentes. Assim os bons serviços são frequentemente mantidos como assunto dos patrulheiros e não assumidos como política operacional na esquadra, ou sequer na divisão. Fazer detenções é "para quem quer trabalhar". Não há uma directiva formal que o implique ou impulsione.

Os comandantes podem sugerir e controlar, mas não conseguem impor formas de trabalho. Alguns comandantes podem ir mais longe e "apoiar" os agentes, alguns acompanhando-os ocasionalmente no trabalho de rua. Outros tendem a recuar o mais que podem, limitando o seu trabalho à revisão simples dos registos escritos. A verdade é que a margem de decisão individual de cada profissional, tanto na patrulha como na esquadra, embora enquadrada, mantém-se sempre relativamente lata.

(Diários da patrulha, Maio de 2004.)

Da operacionalidade e da pausa

Até aqui tenho-me centrado na análise das ocorrências e no valor social da operacionalidade no mandato dos patrulheiros. Este capítulo evidenciou as várias faces dessa operacionalidade, assumida como o aspecto mais determinante do trabalho de patrulha. Demonstrei como serviços e ocorrências são diferenciados e merecem respostas e investimentos particulares por parte dos polícias e da organização. Mas a análise do mandato ficaria incompleta se não tivesse em conta a importância das pausas nos ritmos e contenções da patrulha.

A actividade policial na patrulha tem-se definido tradicionalmente num movimento pendular entre a operacionalidade (largamente valorizada) e a pausa (a esconder, socioprofissionalmente pouco valorizada, mas determinante nas rotinas). Não é fácil determinar uma linha clara entre o que é pausa e o que é acção e operacionalidade na patrulha. Toda a atitude de policiar conserva entendimentos ambíguos que podem ir da vigilância em circulação, vigilância simples parada e pausas extra-serviço durante os turnos. O movimento operacionalidade-pausa é constantemente desafiado e condicionado por representações apoiadas nos interditos simbólicos da imagem pública dos polícias. A organização e as chefias, pressionadas social e politicamente, pressupõem que os polícias não devem ser vistos demasiado tempo parados. Assim estas pausas são remetidas para zonas traseiras e discretas, mas não deixam nunca de existir porque, efectivamente, são tão relevantes nos quotidianos da patrulha como as ocorrências. Como me recordou um agente:

"Durante umas noites andou aqui connosco no carro patrulha uma jornalista de um canal televisivo. A certa altura começou a perguntar: 'Mas afinal, onde está a acção?'. Tivemos que lhe dizer que há turnos muito calmos. É tudo muito imprevisível. Foi-se logo embora. A maior parte das pessoas não conhece e tem uma ideia muito errada do serviço policial" (entrevista, Junho de 2004).

Há toda uma dimensão de sustentação de si, de esforço para manter-se acordado nas longas noites, de abastecimento e reconforto de corpos fatigados dos turnos sucessivos, que está presente nas rotinas dos agentes. O facto do regime de turnos obrigar a uma rotatividade generalizada tende a envelhecer em poucos anos agentes e subchefes. Estes aspectos não têm sido analisados na literatura sociológica e etnográfica. Embora na antropologia tenham surgido excepções (Barker 1999), estes temas tendem a ser remetidos para os estudos de perspectiva psicologista e auto-ajuda (ver, por exemplo, Stone, 1999) e explorados em textos de carácter autobiográfico e por reformados da profissão (Fernandes, 1991) que evidenciam a sua importância e centralidade nas rotinas. A patrulha tem certamente características semelhantes nos vários contextos. Como bem exprimiu Glaeser:

> Patrolling is [...] not only about the search for action; it is also about "fucking off" (sich verpissen), about getting away from the superior in the precinct with whom one might just happen to live in conflict; it is about taking a break, enjoying the sunshine for a while at a nice spot in the forest. "Fucking off" is a way of asserting one's own agency in the face of attemps at control which are experienced as too rigid (2000: 32).

A pausa no serviço é um aspecto pouco claro e sujeito a diferentes interpretações, entre agentes e chefias, no controlo da imagem policial para o exterior e para o interior da organização. As paragens de agentes e subchefes durante os turnos são vistas pelos superiores como *baldas* ao trabalho que devem ser controladas. Os comandantes procuram evitar os efeitos das pressões sociais e os ataques dos *media* que ciclicamente ridicularizam os polícias ("apanhados" a repousar, com as viaturas mal estacionadas na via pública, por exemplo). Para muitos superiores, manter a imagem de prontidão-para-a-operacionalidade é quanto basta para alimentar uma boa imagem policial nos bairros em que está sediada a esquadra.

Para evitar a crítica e o olhar vigilante dos citadinos, os comandantes, por exemplo, preferem desfardar nos seus horários de expediente, de cada vez que se deslocam aos restaurantes para as refeições, deixando a marca da sua identidade profissional no cacifo da esquadra. Como me disse um adjunto: "Desta forma não me podem acusar de estar a baldar-me. Se viesse fardado toda essa gentinha ia ficar a olhar. Iam dizer que eu estou aqui calmamente a almoçar quando devia era estar de serviço. Há quem não se importe com isso, mas eu não gosto" (entrevista, Março de 2004). Os agentes não podem fazer o mesmo no período de trabalho. Em grande medida, o horário de seis horas de turno procura evitar as maiores pausas (das refeições) e implicar maior disponibilidade física dos agentes para o serviço. Porém, as pausas estão integradas nas suas rotinas. Não é possível anular por completo a tendência para pausar. Entre os patrulheiros, tão importante como aprender a refrear-se na acção policial, a controlar alguns circuitos e nomes de ruas, a distinguir a *parte de baixo* e a *parte de cima* da área, é a aprendizagem partilhada sobre os locais e pausas disponíveis bem como o controlo das *baldas* que permitem criar uma imagem mínima de respeitabilidade. Esta passa por escapar às pressões internas ao mesmo tempo que se evitam as pressões externas.

As pausas, paragens, os abrigos, o jogo de controlar, ser controlado e ter arte em escapar ao controlo interno sempre esteve presente nos universos da organização. Os polícias reformados relataram-me vários episódios da sua vida que sublinham estes aspectos. Seleccionei uma situação que remete para o final da década de 50 e que se mantém na patrulha de hoje como imagem estereotipada da patrulha do passado.

(...) Então o chefe de esquadra sai com o Júlio [guarda]. O Júlio andava sempre bêbedo. Quando saía do serviço chegava sempre à esquadra bêbedo. O giro dele era naquelas travessas e ruas com uma série de tabernas... E o chefe um dia quis ver como é que o gajo se embebedava. O chefe resolveu fazer o giro com ele. A determinada altura, passado uma meia hora ou uma hora, diz o guarda:
– Chefe, a minha mulher fez-me favas para o almoço, estou cheio de sede. Se o Chefe me deixasse beber um copo de água.
– Ó pá, bebe.

Entram na primeira taberna:
– Zé Manel dá-me aí um copo de água que estou cheio de sede.
Aqueles copos não eram copos de vidro, eram daquelas canecas de barro. O taberneiro enchia-os sorrateiramente no barril. O chefe não sabia se aquilo era água ou vinho. Foram andando, passado um bocado, mais meia hora ou coisa parecida, volta a dizer:
– Estava porreirinho há bocado, mas estou cheio de sede.
– É pá, bebe – disse-lhe o chefe.
Chegaram a outra taberna:
– Ó Zé Francisco, estou cheio de sede, dá-me aí um copo de água.
É preciso ver que antigamente até os taberneiros tinham muito respeito pelos guardas, aquilo era de graça. E assim continuaram o percurso por mais tabernas. O chefe ia atrás dele. Não se manifestava. Até que a certa altura o Júlio começou a tombar. Volta-se o chefe e diz:
– Ó meu sacana, já me enganaste, seu grande coirão, conseguiste embebedar-te à frente do teu chefe. Vamos embora para a esquadra.
Ele trouxe-o para a esquadra e deixou passar ali as horas de serviço. Não lhe chegou a fazer mal nenhum, isto pela habilidade que o Júlio armou, perante o chefe, em se embebedar sem ele perceber (entrevista, Dezembro de 2004).

A imagem pública dos polícias herdada do passado não os favorece devido àquilo que hoje se entende por uma maior discricionariedade visível dos poderes policiais. Assim, desde os anos 80, tornou--se uma pressão organizacional modificar os comportamentos dos agentes nas rotinas da patrulha. Procurou incentivar-se junto dos polícias uma imagem de polícia *moderna* e *profissional*, na qual se destaca a uniformização (da farda e da apresentação). Mas esta é a todo o momento desafiada por uma prática que não se limita à operacionalidade e que tem como contraponto a pausa.

Há toda uma aprendizagem socializadora das pausas. Os agentes sabem que podem *baldar-se* mas "é preciso saber fazê-lo", admitem. Numa conversa entre dois subchefes sobre os turnos da noite estes reflectiam: "Os meus chefes sempre me ensinaram que o carro nunca deve estar estacionado à porta da esquadra. Se eles [os agentes] querem baldar-se, dormir um bocado, que o façam no carro, que é possível, mas longe da esquadra" (entrevista, Junho de 2004). É na rua e longe do controlo apertado dos superiores que se encontra maior liberdade.

Os agentes com mais anos de trabalho numa esquadra consideram essa liberdade de gestão do seu tempo uma compensação pelo que já deram à Polícia, a compensação da operacionalidade. Os novatos cedo aprendem os *vícios* da patrulha com os mais velhos, como crêem os superiores. A *balda* pode ser usada como desafio a comandantes e políticas de esquadra com as quais discordam. Pode tornar-se numa táctica dos agentes para não produzir serviço. Mas cedo esta se vira contra quem nada "produz". Os indicadores materiais (as escritas da rua) são um dos poucos critérios de avaliação do trabalho dos agentes pelos superiores; um controlo indirecto que muitas vezes esquece que os serviços se regem por orientações que os condicionam (a chamada, a ordem e iniciativa).[34]

Com alguma dificuldade em controlar a patrulha, os superiores consideram que pelo menos as pausas devem *esconder-se* do *grande público*. Assim, com a colaboração de pessoas próximas ou *amigos*, os agentes encontram espaços de sociabilidade que são frequentados por uma pequena parte dos seus públicos. Os patrulheiros fazem assim as suas paragens extra-serviço em espaços relativamente circunscritos de bares, tascas e restaurantes, cujos proprietários geralmente conhecem bem e aos quais são apresentados nos primeiros itinerários que fazem nas ruas (como me aconteceu a mim). Tal como outros aspectos do trabalho, os agentes são socializados nas pausas que a ausência de operacionalidade convoca. Mas procuram espaços discretos, que lhes ofereçam algumas vantagens económicas, uma vez que os pretextos para parar nos mesmos lugares irão frequentemente surgir.[35] Na patrulha, se o turno não dá início logo com uma chamada para uma ocorrência, a resolução de alguma emergência, os agentes aproveitam a calma para ir beber um café...

---

[34] Por exemplo, os comandantes tendem a perspectivar os programas da proximidade como serviços *baldas* ou tachos onde pouco se produz, não tendo em conta todo o trabalho de relacionamento e de solidificação de redes de informação e comunicação que estes criam nas comunidades.

[35] Quando comecei a circular nas patrulhas apercebi-me que alguns dos estabelecimentos mais frequentados (pelo menos os quatro mais visitados na área da esquadra) tinham uma espécie de sala interior, geralmente muito discreta e com uma mesa ao centro. Estas salas pareciam muito convenientes para escapar aos olhares incómodos de quem questiona a não acção na patrulha e convidavam a relaxar da circulação em carros muito quentes no Verão e gélidos no Inverno...

As pausas são importantes marcos espácio-temporais das rotinas (ver mapas das **figuras 14** e **15**, em anexo).

Quando as pausas tomam o tempo-espaço do turno surgem problemas, perde-se a discrição e o entendimento partilhado dos limites autorizados na organização. Os comandantes tomam conhecimento e surgem as medidas penalizadoras com repreensões verbais ou aquilo a que chamam *castigos* (como mudar os agentes de serviço; cortar na autorização de trocas e permutas nos turnos dos agentes; dificultar no que podem as trajectórias, etc.) ou medidas punitivas administrativas, que podem ir da repreensão escrita à demissão (cf. Regulamento Disciplinar da PSP; Lei n.º 7/90 de 20 de Fevereiro). É nos postos fixos que a tentação da pausa-total se enfrenta. Quando desaparece o movimento da patrulha entre a operacionalidade e a pausa, o tempo da vigilância "sem nada para fazer" parece prolongar-se eternamente... É também aí que surgem mais probabilidades dos excessos serem detectados pelos superiores, porque estes conhecem as *tentações* do mandato.

*

A patrulha é uma actividade de esperas, sempre em aberto, muito exposta e determinada por emergências, sobretudo quando a orientação é a chamada. Quando falham as ocorrências são as pausas que ganham preponderância nas rotinas. É previsível que surjam mais conflitos e desentendimentos entre os agentes e as chefias. Há sempre um momento em que a responsabilidade pelas pausas do trabalho é atribuída aos agentes e a pressão pelos resultados parece não resultar. É possível "criar" situações que propiciem ocorrências policiais, mas também são amplos os limites legais e materiais e os riscos. Quando a acção policial abranda, por força das circunstâncias, espera-se dos comandantes a compreensão do "silêncio" dos mundos sociais (e criminais), um silêncio que estes nem sempre querem escutar...

As pausas e as ocorrências fazem parte das rotinas dos agentes, dão razão de ser aos turnos de serviço relativamente imprevisíveis. É na gestão da expectativa entre *ter serviço* e *pausar* que vive, turno a turno, o colectivo de uma esquadra. Por isso se acredita, por um lado, que "onde há mais trabalho há menos conflito e mais união entre o pessoal"; "o tempo passa melhor quando estamos a trabalhar"; "preferimos ir às ocorrências a estar apeados, sem fazer nada".

Mas também se acredita, por outro lado, que "o melhor é não atrair o serviço", pedindo constantemente aos subchefes: "Por favor não me arranje trabalho, hoje não quero problemas".

Tanto o excesso de operacionalidade como o excesso de pausas na patrulha avivam uma das mais fundamentais características tradicionais do trabalho policial: a distância e isolamento face aos mundos sociais envolventes. Como tal, as aprendizagens das rotinas passam por uma aprendizagem dos equilíbrios entre os momentos de operacionalidade e as pausas. Os novos serviços da proximidade surgem a desafiar esta orientação, porque se apoiam nas iniciativas dos agentes e o que orienta o trabalho destes agentes são os contactos constantes junto de públicos e pessoas seleccionados. A previsibilidade de horários das comunidades escolares e do comércio e o horários de actividade dos idosos organizam e facilitam as rotinas dos agentes da proximidade. O facto do policiamento se produzir nos horários diurnos fá-los escapar à ambivalência acção/inacção mais presente nas noites. Todavia a matriz entre operacionalidade e pausa está sempre presente em qualquer serviço de esquadra.

Estes aspectos constitutivos das rotinas da actividade dos patrulheiros – a operacionalidade nas suas múltiplas formas e ocorrências, a pausa e o controlo de ambos – podem estar na origem da ambiguidade de problemas políticos e organizacionais amplamente discutidos, como a transparência e a responsabilização da actividade policial. Mas antes do mais resultam do mandato profissional, o que os torna problemas organizacionais, de organização das rotinas e de apresentação da Polícia perante públicos, comunidades e pessoas.

CAPÍTULO 5
Classificações do Mundo em Volta

A actividade classificatória é basilar no trabalho dos polícias. Estes são, antes de tudo, observadores e classificadores dos mundos sociais (Van Maanen, 1978a, 1978b, 1978d). Onde estão presentes ideias de ordem são concebidas normatividades enquadrantes (o quadro legal, jurídico, judicial e constitucional) e exigidas normatividades internas na acção (os chamados procedimentos). A partir destas surgem sistemas classificatórios formais partilhados pelos agentes.[1] Mas a organização é igualmente atravessada por outro conjunto de classificações mais plásticas e informais dos polícias à medida que desempenham o seu mandato. Tais classificações produzem efeitos no trabalho.[2] Estas encobrem uma hierarquização de sentidos dos momentos do trabalho, encontram particular fixação em léxicos que surgem das ruas e que representam verdadeiros guias para a acção,

---

[1] Estão listadas as classificações formais para a prática e aparelho policial, quer num plano agregado (tipologias como desordens, distúrbios, violência doméstica, detenções, etc.) quer num plano mais desagregado em listas de situações passíveis de controlo e registo (nas esquadras é possível consultar uma listagem com mais de 40 diferentes classificações de delitos comuns; existem formulários para cada tipo de delito, etc.).

[2] Por exemplo, para os agentes o valor de uma detenção não é o mesmo de uma rixa entre vizinhos. O investimento prático, poder de resposta e reacção em cada momento varia de acordo com as classificações associadas a cada tipo de ocorrência. Mesmo entre detenções existem diferenças de valor de acordo com a área de acção: se é mais criminal, na droga, ou se é mais contra-ordenacional, no controlo do trânsito urbano. Desenvolvo algumas questões a partir de uma comunicação onde inicialmente comecei a tratá-las: "A rua dos polícias: aproximações aos mapeamentos sócio-culturais e ordens valorativas de uma profissão", painel Cidade: mudanças, trocas, conflitos sociais e inovação cultural, coordenado por Gilberto Velho, VIII Congresso Luso-Afro-Brasileiro de Ciências Sociais, Centro de Estudos Sociais da Faculdade de Economia da Universidade de Coimbra, 16-18 de Setembro de 2004.

isto é, são reprojectados nas ruas. É deste aspecto que irei tratar no presente capítulo.

Os léxicos servem para agregar sentidos e pessoas. Josiane Boutet chamou a atenção para a dimensão social da linguagem nas organizações, sendo esta "le médium priviligié de la construction des rapports sociaux (...) Les créations lexicales, les argots de métier, les vocabulaires spécialisés, les néologismes, les sigles témoignent d'une intense activité de renomination en milieu de travail (...) les collectifs se construisent autour de façons de parler particulières par lesquelles ils affirment leur spécificité et leur identité" (1998, 157-158). Mas no caso dos polícias e de outras actividades sócio-profissionais os mesmos léxicos são poderosos separadores. Há uma dimensão cognitiva e comunicacional, mas também uma dimensão de poder e de dominação na actividade de nomear e classificar. A este respeito Firmino da Costa defende que os "rótulos classificatórios" são "mutáveis e criativos", evidenciando "não apenas mapas cognitivos" mas também "juízos recíprocos" (positivos e negativos) que desencadeiam efeitos. Retomando o linguista pragmático John L. Austin (1989), "trata-se de fazer coisas com palavras". Na lógica subjacente aos sistemas de classificações, uma lógica cultural e social, o processo resulta de um "saber prático" (cf. Bourdieu, 1979) onde a chave de práticas partilhadas, ajustadas e eficazes encontra "no domínio de códigos partilhados, a incorporação de sistemas geradores comuns, remetendo para o trio fundamental de conceitos – os de comunicação, cultura e sociedade" (Costa, 1998: 67-68). O autor define assim quatro dimensões constitutivas das classificações sociais. Em primeiro lugar, estas revelam-se padrões de cultura socialmente partilhados. Em segundo, são modos de perceber o mundo (na apreensão cognitiva que os sujeitos fazem da vida em sociedade). Mas são também instrumentos por excelência da acção social (na sua variedade multiforme, na sua presença impregnante do quotidiano relacional, na sua eficácia simbólica, na sua capacidade performativa). E, por fim, são objecto de transmissão social, em especial no quadro das instituições de socialização: a escola e o trabalho (*op cit*.: 68-69).

Os nomes dão forma às interacções e são criados verdadeiros vocabulários da prática, estereótipos que alimentam classificações da realidade e dos diferentes citadinos em diversas situações. Como vários autores defenderam: "Policemen need to develop finely-grained cognitive maps of the social world, so that they can readily predict and handle the behaviour of a wide range of others in many different contexts without losing authority in any encounter" (Rubinstein, 1973; Holdaway, 1983, *cit. in* Reiner, 1985: 91). Neste sentido os mapas podem produzir estereótipos policiais e estes têm sido sujeitos à crítica sociológica. Investigadores defendem que as classificações tendem a ser selectivas e muitas delas dirigidas a pessoas com determinadas características ou suspeitas, sendo as mesmas desproporcionalmente questionadas, revistadas, interrogadas e detidas. Os estereótipos podem revelar um círculo vicioso de amplificação da desviância (Young, 1971). Todavia, como defende Reiner (1985: 92), estereotipar é uma ferramenta inevitável da "suspeição", num trabalho onde esta atitude é geralmente encorajada na formação e treino e onde na prática significa perspicácia e saber implícito. Mas não só, ela é socialmente requerida e inscreve-se num mandato que exige aos polícias que resolvam, de preferência longe dos olhares dos citadinos "respeitáveis", a maioria das situações que ofendem, complicam ou atingem a ordem nas cidades e, numa base igualmente muito abstracta, a segurança.

Assim, classificar pode ter vários sentidos nos seus usos policiais: servir para melhor conhecer realidades, desvendar crimes e infracções mais ou menos complexos; simplesmente distinguir, discriminar e criar preconceitos, ou tudo em simultâneo. É de evidenciar que a maioria dos polícias aprende, logo nos primeiros anos de prática, a exigir e a responder de acordo com aquilo que consideram ser níveis apropriados de deferência, de acordo com as pessoas com quem interagem em territórios marcados pela heterogeneidade social. Como me disseram: "Isto aqui é de extremos, lidamos com todo o tipo de gente, do mais pobre ao mais rico, e temos de saber comunicar com todos" (entrevista, Junho de 2004). Mas nem todos são tidos por iguais aos olhos dos polícias. Entre as pessoas dos bairros *problemáticos*, da *parte de baixo* da área, e as elites do topo que vivem em alguns prédios elegantes do bairro, na *parte de cima*, sobressai uma ampla *população comum*, as *pessoas de bem*, como adjectivam os polícias. É neste amplo núcleo que se situam aqueles com quem, na generalidade, os polícias se identificam e procuram interlocução. É uma população não homogénea, que reflecte histórias de maior ou menor mobilidade social e regional, por vezes semelhantes às vividas pelos próprios polícias (que traduzem, por exemplo, deslocações de regiões do país para a cidade, ou histórias de escape à pobreza ou ao desemprego).

Do conjunto de relações e conexões estabelecidas nos encontros, vão sendo clarificadas distinções entre vários núcleos de "públicos" e de "eles". Os polícias crêem, em geral, que uma pessoa aparentemente *normal* se pode transformar num *transgressor* irreconhecível e que, perante a Polícia, a maioria das pessoas revela as maiores incongruências comportamentais. Como tal, mais do que dividir o mundo em *transgressores* e *pessoas de bem* respeitáveis, os agentes desenvolvem classificações mais finas que derivam das práticas em diferentes situações. Algumas classificações atravessam toda a Polícia, de norte a sul do país, e são verdadeiras "palavras-passe" de acesso ao mundo policial; outras são mais pessoalizadas e estão confinadas a usos locais, por grupos concretos dentro das esquadras. Cada agente vai desenvolvendo uma classificação e um entendimento particular do mundo social em que actua. A prática policial gera uma dicotomização frequente entre aqueles que se *devem castigar* e aqueles que se *devem ajudar*, como dizem os polícias. Mas a teia classificatória que resulta dos contextos da prática é mais densa e ambivalente. As classificações nascem de complexas relações sociais e locais. E os lugares determinam práticas e sentidos particulares, pois "dizer as cidades é também fazê-las" (Mondada, 2000).

Ainda assim é possível encontrar uma certa padronização sócio--profissional partilhada nos mapas cognitivos e punitivos do trabalho e na relação dos polícias com as pessoas nas rotinas da patrulha. O objectivo deste capítulo não é encontrar um quadro acabado e tipificado dos diferentes públicos com que lidam os polícias. A ideia é perceber como num dado contexto social policiado, numa parte da cidade, os agentes diferenciam as pessoas dos seus quotidianos em algumas categorias discursivas. Foram sistematizados cinco conjuntos.

No primeiro encontram-se as figuras da droga e da pobreza – *mitras* (pequenos delinquentes, sobretudo pequenos traficantes de droga); *carochos* (toxicodependentes, mas também mendigos e pessoas em situação de marginalidade); *alienados*; *alcoólicos*; e os *pretos*. Trata-se daqueles que competem pelo território com os polícias e desafiam a autoridade e "ordenação" das cidades com os seus modos e arranjos de vida, que podem ser mais ou menos ilícitos, do ponto de vista policial.[3] Esses estão em oposição aos do segundo conjunto, aos que os polícias denominam como *pessoas com poder*, estatuto e/ou dinheiro. São pessoas que os polícias consideram caber nas franjas mais poderosas das classes médias e que muitas vezes designam pela profissão que exercem (doutores, advogados, juízes, políticos, etc.). Entre *aqueles que é preciso apoiar,* o terceiro conjunto, estão sobretudo as crianças e idosos, os grupos sociais considerados mais vulneráveis, mas para quem os polícias nem sempre têm respostas concretas disponíveis. Uma outra categoria, o quarto conjunto, é a dos *amigos* dos polícias (pessoas que se vão tornando familiares nas rotinas da patrulha e da proximidade). Deixo para o final o quinto conjunto, onde estão aqueles que os polícias definem como *infractores* e *infractores-natos* do trânsito, em particular condutores, que ora representam uma ameaça à autoridade policial ora lhe revelam os limites. Sempre que oportuno irei fazendo alguns paralelos com classificações etnográficas definidas por vários autores que estudaram contextos anglo-americanos.

Da droga e da pobreza

Durante o trabalho de campo, ser apresentada a alguém significava ouvir muitas vezes a mesma pergunta: "Então, já sabes o que é um *mitra*?". Os *mitras*, tal como surgem classificados, são os indivíduos "que se portam mal e que dão problemas aos polícias", que percorrem os itinerários do controlo, são mais frequentemente apanhados na rua

---

[3] As evoluções históricas e entendimentos sobre o mandato policial fizeram destacar das figuras da pobreza aquelas que são identificadas como estando de algum modo associadas aos micromercados da droga. Nos últimos anos, num processo associado às derivas da economia nacional, aumento do desemprego e enfraquecimento das linhas sociais do Estado, em ruas de bairros considerados de classe média, durante o dia e à noite, circulam cada vez mais pessoas sem abrigo ou a viver abaixo dos liminares da pobreza. Muitos tornam-se pedintes, outros andam aos restos nos caixotes de lixo residenciais ou nos lixos comerciais. É de destacar que estes não são tanto alvo da atenção de agentes da patrulha, mas sim de seguranças privados. Para eles os agentes têm poucas respostas e por isso produzem uma certa indiferença generalizada quanto à sua presença no espaço público. Tal como para a maioria dos habitantes destes bairros, também para os polícias certas figuras da pobreza tornam-se assim mais invisíveis do que outras, o que não impede ocasionais manifestações de solidariedade.

e levados para a esquadra. São os pequenos *delinquentes* de rua, os *suspeitos* por excelência da actividade policial. Como o contexto que os agentes mais conhecem e testemunham na cidade de Lisboa é o do pequeno crime em domínios públicos, o *mitra* surge como o pequeno criminoso, em geral frequentador dos itinerários dos agentes.[4] O *mitra* é assim um dos mais centrais estereótipos usados na polícia, produto do olhar profissional e, provavelmente, estende-se por toda a comunidade policial em Portugal. As classificações que geram estereótipos de polícia assentam em ideias subjacentes à criação de ordem e distância do mundo social, dos *civis*, mesmo se a prática e modelos emergentes de aproximação das polícias aos citadinos podem por vezes desafiar essas ideias. Por comparação, o *asshole*, uma figura discursiva analisada por Van Maanen (1978d) num estudo sobre classificações informais na polícia urbana norte-americana, é o distinto, mas familiar, o género de pessoa que povoa o ambiente de trabalho. O autor argumenta que as principais tipificações do contexto de policiamento das cidades norte-americanas, os *assholes*, os *know nothings* e os *suspicious* resultam de condições situadas que extravasam o mandato policial. Mas, na medida em que respondem a preocupações ocupacionais e pessoais partilhadas por todos os polícias, tornam-se verdadeiros guias para a acção, influenciando desse modo a execução do seu mandato.

O termo tem uma origem histórica particular na realidade portuguesa. Revela a apropriação informal por parte da comunidade policial de um termo institucional, o antigo Albergue da Mitra[5], criado

---

[4] Talvez seja útil lembrar que nas esquadras os polícias não têm enquadramento institucional para investigar crimes, o que não quer dizer que não se aventurem a fazê-lo em situações determinadas, como já demonstrei no capítulo 4. Estes estão quase sempre restringidos aos domínios públicos e os mandados judiciais, para rusgas a domicílios, só muito raramente são concedidos à unidade de uma esquadra. Presume-se que os agentes informam, registam e escrevem e, no contexto de unidades especializadas de policiamento não-uniformizado, outros polícias prosseguem com a investigação. Ainda assim, mais vezes como observadores do que como actuantes, os agentes vão mapeando e (re)conhecendo as trajectórias dos *mitras* das suas áreas, muitas vezes sem reunir as condições para "lhes deitar as mãos", como dizem.

[5] Logo na segunda metade do século XIX português, a Polícia Civil, à medida que se foi implementando, produziu a sua actividade em torno do controlo das "classes perigosas", desenvolvendo novos padrões do que seria "estável" e "aceitável" na ordem urbana. O Estado Novo endureceu o discurso e a acção sobre a mendicidade, em grande medida por

durante os primeiros anos do Estado Novo para recolher e manter em reclusão os mendigos da rua; mas aponta toda uma recriação contextual e socializante no presente. Dito de outro modo, o conceito policial sobrevive num novo contexto social, político e económico. A Mitra foi encerrada nos anos 80 mas o termo e os sentidos estigmatizantes que traduzia persistiram. Os sentidos em uso revelam, todavia, a mudança de foco da patrulha nas últimas décadas: os patrulheiros começaram a controlar cada vez menos os "sujeitos da mendigagem" e a dar cada vez mais atenção aos complexos universos da droga, da traficância, dos esquemas, dos furtos e de todas as actividades ilícitas de rua. Da perspectiva policial de hoje os verdadeiros *senhores das ruas* são estes novos *mitras* e já não os sem--abrigo, os vadios e as prostitutas. Este tema foi mais desenvolvido em Durão, Gonçalves & Cordeiro (2005). Para uma análise histórica mais global das interacções entre o poder e os excluídos ver também Bastos (1997) e Pinto (1999).

É com estas figuras que os polícias disputam a ocupação dos espaços urbanos e com eles negoceiam as ordens territoriais e morais dos lugares. No essencial a classificação segue a lógica apontada por Van Maanen: "This everyday typifications scheme provides a clue to the expectations, thoughts, feelings, and behaviors of the police" (1978d: 223). O termo abrange um amplo universo de pessoas que se envolve em ilicitudes, num ou noutro momento das trajectórias. Mas algumas ambiguidades podem ser detectadas nos usos sociais do próprio termo. O *mitra* pode ser alguém a *apanhar*, numa dada situação, ou alguém a *apoiar*, numa outra. Um *mitra colaborante* pode tornar-se *informador* e, em casos limite, passar a *amigo* (ver descrição mais abaixo).

Assim o *mitra* é a figura central do universo policial, na exacta medida em que a acção criminal da Polícia é o valor mais celebrado. É geralmente assumido como sendo um homem, jovem, podendo ser *branco* ou *preto*, remetendo igualmente esta categorização para determinadas áreas da cidade. Neste sentido, pessoas, universos sociais e lugares são identificados a partir de microcaracterísticas, indicadores

---

iniciativa da própria PSP que reforçou a sua acção com a criação e gestão do Albergue da Mitra e, posteriormente, da Colónia Agrícola do Pisão. Hoje sabemos que estes funcionavam como centros de reclusão com uma elevada carga punitiva.

visuais. Um *agente principal*, com 28 anos de idade e sete anos de patrulha, disse-me em entrevista:

"Eu consigo fazer um estereótipo do *mitra*. É o tipo do bairro da droga. Se o vir noutra zona da cidade consigo reconhecê-lo pelas atitudes, pelo comportamento, pela maneira como anda na rua, pelos brincos de ouro, pela forma como usa o chapéu de pala, pelas roupas e ténis de marca, pela *t-shirt* do Benfica, pela namorada que traz, pelo cão (se é um *pitbull*), pelo carro que tem e pelo som do *tunning*. São quase todos iguais. Por isso também lhes chamamos 'gémeos'. No bairro pobre do lado os miúdos já não têm nada a ver, são como os de outro bairro qualquer de Lisboa, de Alfama, por exemplo" (entrevista, Julho de 2004).

Mudanças e remapeamentos das áreas urbanas obrigam a readequações na vida policial.[6] Os polícias diferenciam os *mitras* de diferentes épocas. Os delinquentes associados ao pequeno tráfico de estupefacientes são aqueles de quem têm representações mais negativas. A experiência das mudanças chega a criar nos polícias uma certa nostalgia do *mitra à séria*. Este seria o delinquente que aceita as regras do jogo policial e que tem para com a autoridade uma certa deferência mínima. Voltemos à fala de um agente com alguma experiência profissional e conhecimento da área policiada há pelo menos seis anos:

"Quando o tráfico estava no auge no bairro, antes da demolição, aí é que havia *mitras* a sério! Eram gajos espertos, tentavam fazer as coisas sem a Polícia perceber. De aspecto exterior eram completamente normais. Havia um respeito mútuo. Eles percebiam o trabalho da Polícia e nós o deles. Estes miúdos de agora só pensam em mostrar-se e, se um agente se esforçar um bocadinho, são facilmente apanhados. Mas são mais imprevisíveis, podem usar uma arma sem pensar" (entrevista, Julho de 2004).

---

[6] Uma boa parte de um bairro erguida de modo clandestino numa encosta acidentada desta parte da cidade foi demolida à entrada do milénio. O processo foi iniciado anos antes pelas autoridades locais. Aliás, não é pouco comum os polícias e antigos moradores referirem-se à zona descampada usando o velho nome do bairro, como se ele ainda existisse. A subsequente extensão dos focos de venda da droga a retalho pela cidade dissiparam consigo o saber informal conservado pelos agentes da área. Assim, perder um território que convoca acção criminal pode significar perder poder e, em certa medida, o prestígio de uma unidade de polícia local. Em poucos meses áreas centrais do antigo bairro voltaram a reactivar o seu comércio de droga, em especial numa dada rua, e assim essas áreas voltaram a merecer a atenção dos patrulheiros.

Os polícias distinguem os pequenos e empobrecidos traficantes do *verdadeiro mitra*, o líder de uma rede de tráfico, por exemplo, aquele que quando o bairro da droga estava no auge era o seu alvo preferencial, aquele que dava direito a notícia de jornal e a reportagem televisiva. Estes "dão pica", dizem os polícias, e permitem saltar fora das rotinas da vigilância. Reiner define muito bem esta categoria e o estreitamento de relações que podem estabelecer com os patrulheiros nas ruas britânicas:

"'Good class villains' are professional (or at least experienced) criminals. Pursuing them is worthwhile, challenging and rewarding, indeed the *raison d'être* of the policeman's life, however infrequentlly the ordinary officer might encounter such a case. Moreover, the villains are likely to play the game with the same understandings as the police. Whyle obviously wishing to evade arrest, they do not normally challenge the basic legitimacy of the police. Relations with them may well be amicable – indeed, this may be cultivated by both sides for favours – the thin end of the corruption wedge" (1985: 94-95).

Nas esquadras a droga representa um mapa moral e judicial (são as já referidas zonas *referenciadas*). É um dos domínios mais privilegiados na actuação policial. Mesmo se a legislação oferece resistências, se existe toda a reflexão pública sobre os limites da actuação no consumo e pequeno tráfico, alguns polícias encontrarão sempre formas de as contornar.

Nestes contextos, também do outro lado, no universo dos traficantes e consumidores regulares, são produzidos códigos identificadores. É sabido que os polícias novos são os *passarinhos*, como já antes disse. Curioso é perceber que o mesmo termo pode ser usado por polícias para caracterizar os *mitras* inexperientes e novatos. Há todo um cruzamento das teias de sentido de dois mundos próximos. Cada agente tem uma alcunha no bairro (por exemplo, o motociclista é o *moto-rato* e um certo agente mais destemido o *pistolas*). Existem gritos que anunciam a presença policial e o perigo; sinais e comportamentos são reconhecidos e estudados mutuamente (cf. Chaves, 1999).

Muitas expressões do mundo da droga são as que os patrulheiros usam no seu quotidiano. Na sua eficácia simbólica e capacidade performativa, bem como enquanto "objecto de transmissão social" (Costa, 1998: 68-69), muitas destas práticas classificatórias dos mundos em transgressão são tão partilhadas pelos polícias como pelos seus principais *alvos*. Alguns polícias chegam a tecer um estreito paralelo entre as organizações do tráfico e a organização policial, com idêntica representatividade na ocupação das ruas. Apontei um exemplo nas minhas notas de campo.

> No turno das 7-13h, parados dentro do carro patrulha, a observar o movimento num lugar de traficância, a certa altura o agente Conceição diz: "Isto aqui é como na Polícia. Há uma hierarquia bem organizada. Estás a ver ali aquele puto na paragem do autocarro? Esse é um agente, como nós, tem uma bolsa com 11 *quartas* [doses individuais de heroína ou cocaína], vende 10 e fica com uma para ele, para consumir. Uma vez levou uma naifada de um dos traficantes. Vende para um dos grandes. Aquele porco que entrou no café, esse já é subintendente, não toca em nada. Aquela que vai a entrar na Vila, essa é para aí comissária, controla muita coisa. Ali aquela que vai a atravessar a rua, que vem lá de baixo dos bairros novos, essa é tipo o nosso adjunto (do comandante). Quem é que leva com a Polícia? É sempre o mais baixo, é o que está a vender... Nos outros é difícil tocar" (diários da patrulha, Julho de 2004).[7]

Mudando de cenário, o *carteirista* é visto como um dos mais típicos *mitras* lisboetas. Este move-se pela cidade, frequenta os transportes públicos, tem como alvo as velhotas e os turistas, diz-se. E, como tal, também está associado a lugares da cidade. Um agente com cinco anos de patrulha disse-me:

> "Esse *mitra* nota-se bem, é capaz de estar muito calor e andar com um casaquinho por cima do braço, ou com o jornal. Está sempre a olhar para tudo. Associo o carteirista ao tipo da Mouraria ou da Madragoa, já sem dentes e magrinho. Esse para mim é que é o verdadeiro *mitra*, o *mitra* malandro. Tem até um certo charme..." (entrevista, Julho de 2004).

O *burlão* é uma figura menos visível, uma espécie de *mitra* sem rosto. Circula nos faxes e nos relatórios da Polícia. Muitas vezes o que se identifica e narra é o *modus operandi* e não a figura. Este já

---

[7] Convém lembrar que na hierarquia das esquadras apenas existem os agentes, subchefes, adjunto (chefe) e o comandante (subcomissário). Nas divisões podem existir um ou dois oficiais mais altos: comissário e, no máximo, subintendente. As categorias de intendente, superintendente e superintendente-chefe trabalham em unidades de comando e, mais ainda, nos serviços da administração. A metáfora da distância e inacessibilidade entre os diferentes profissionais é usada pelos agentes face às organizações do tráfico de droga.

só tem rosto na imprensa, no final da linha, quando é *caçado*, como dizem os agentes. Sabe-se, de quando em vez, que "anda um burlão na área" e que tem uma certa forma de actuar. Como todos reconhecem que as suas vítimas preferenciais são os idosos, os agentes visitam os centros de dia com informações, para prevenir. Os *media* e a *internet* são meios usados pelos polícias para divulgar estratégias de prevenção contra os burlões de grande escala que as polícias referenciam.

O conhecimento interpessoal nas ruas chega a um nível tal que algumas pessoas mantêm relações de proximidade obrigatória com a comunidade policial da área. Um pequeno *mitra de bairro*, como é o *larápio*, torna-se um sujeito reincidente. As narrativas e biografia contadas do franzino, mas mexido, Luizinho, um dos mais famosos *larápios* na esquadra, revelam as atitudes da Polícia e da comunidade em relação aos pequenos delinquentes do furto, prática algo comum nas ruas da cidade por onde circulei na patrulha.

> Um dia, em vez de deixarem o Luizinho "ir à sua vida" (como se diz no meio), apenas com um sermão ou com dois carolos na cabeça, trouxeram-no de propósito à esquadra para que eu o conhecesse. Dizem os agentes que ele "é como o bolo-rei, vem sempre com brinde, anda sempre a roubar". O número de participações policiais sobre ele chega às centenas, dizem. É também conhecido por "Luís, o chorão", porque quando chega à esquadra põe-se logo a chorar e a dizer que nunca mais roubará. Pode ir "dentro" (ser encarcerado) durante um período, mas é certo que reaparece. Quando é visto na rua, os polícias não resistem nunca a interpelá-lo e alguns a conversar: "Olha quem é ele! Ó Luizinho, já andas a roubar outra vez?" ou "Então?! Já paraste de consumir?". Por vezes fazem uma revista sumária no local ou, se há pouco trabalho, levam-no para a esquadra. Já aconteceu ser conduzido à esquadra duas e três vezes num só dia. Diz-me um agente: "Às vezes, já nem sabemos que castigo lhe dar, pomo-lo a limpar a entrada da esquadra com a esfregona ou a fazer flexões". Os polícias sabem que foi abandonado pela mãe e já lhe disseram que foi a melhor coisa que ela fez... Justificam esta frieza, defendendo que é para ver se ele se toca e pensa melhor na sua vida. Mas neste caso não produz efeito. Dizem que quando passou a maior de idade, o Luís começou a roubar ainda mais. Mas como não é violento, como só rouba e não faz mal a ninguém, não fazem queixa dele e por isso vai andando "cá fora", na rua. Muitas vezes é ajudado pelas pessoas dos bairros da área que lhe dão roupa, comida e dinheiro em troca de pequenos favores. Como ele, é assim que pequenos *mitras* sobrevivem (diários da patrulha, Março de 2004).

Independentemente dos contextos e da afronta directa entre determinados agentes do crime e a Polícia, esta figura estereotipada aparece a legitimar o uso de maior coerção na Polícia. Das observações etnográficas resultou a ideia que o *mitra* é, de facto, o centro da atenção policial, também porque é o objecto fácil das pressões que surgem na organização. Os encontros mais violentos reflectem muitas vezes insatisfações no trabalho e por vezes uma certa humilhação pessoal que os agentes vivem em ambientes socialmente tensos, com peso disciplinar e relações hierárquicas verticalizadas. "Quando a organização e os agentes não estão em harmonia é o público que fica a perder", dizem alguns agentes quando tomam a palavra.[8]

As classificações são enunciados que pretendem mobilizar os agentes para a acção. Muitos agentes, em serviços de carro patrulha e piquete, assumem que a maior parte do seu trabalho é andar "à caça dos *mitras*" e, em determinadas áreas suburbanas, "à caça aos *pretos*". Os *pretos* representam para os polícias um certo tipo de *mitra*, mas amplamente desqualificados enquanto categoria mais genérica (ver abaixo). Em alturas de galvanização das *tropas* – quando, por exemplo, ocorrem situações graves como o assassínio de colegas ou, de modo menos dramático, quando se sabe que um traficante escapa com droga numa revista aos polícias – o reforço do controlo, ou pelo menos a sua intenção, pode surgir. Nestas alturas é frequente ouvir frases como: "Agora é que os *mitras* vão ver!". Mas também em acontecimentos que requerem a concentração de pessoal e meios policiais da esquadra, como quando, por exemplo, é preciso garantir a segurança da visita de um chefe de Estado à área, diz-se: "Os *mitras* hoje é que andam à vontade [a traficar]".

Em áreas onde se torna publicamente visível, o tráfico de droga é considerado um assunto sério e alvo da atenção dos polícias. Quando não conseguem fazer detenções, os polícias tentam, com os meios legais de que dispõem, usar a autoridade para "limpar a área", como

---

[8] Durante o trabalho de campo familiarizei-me com uma retórica de dramatização das relações inter-hierárquicas na organização. "O 25 de Abril ainda não chegou à Polícia" é talvez o adágio mais proferido para revelar essa dramatização, do lado dos agentes. Do lado dos comandantes de esquadra e de divisão é partilhado o sentimento que os agentes não respondem às suas expectativas e exigências na patrulha, o que tende a agravar pressões internas e pode levar a acções de controlo disciplinar.

dizem, para fazer circular as pessoas do mercado da droga que tendem a densificar as ruas e cafés. Na teia das respostas extralegais (baseadas em considerações morais e não apenas no mandato) que implicam castigar, dar uma lição, ignorar ou isolar, o *mitra* é frequentemente alvo da primeira. E é-o tanto mais quanto a sua atitude altiva permanecer em relação aos agentes. Os agentes entendem tais comportamentos como desafios directos à autoridade pessoal e profissional e consideram que isso lhes "dificulta o trabalho".[9] Para os agentes que conheci poucos momentos são identificados como desafiadores directos e inegociáveis da autoridade policial, excepto se os "infractores são extremamente mal-educados e arrogantes" e se são "*mitras* que reagem aos polícias". Outras razões nem sempre enunciadas como o desejo de forçar uma detenção, podem fazer aumentar a probabilidade de uso da coacção. Os polícias são, em geral, mais controlados nas intervenções que envolvem aqueles que consideram ser *pessoas de bem*, com quem pretendem evitar os problemas, como defendeu M. Young (1991) no caso das polícias britânicas. O *mitra* pode então significar um dos poucos momentos que os agentes têm para exercer uma pose autoritária sem os constrangimentos da negociação e sem as ambivalências do seu mandato.[10]

Os *mitras* são o retrato vivo do desajustamento social, da inadaptação, lembrando todos os dias o sabor amargo dos problemas urbanos da "perdição da droga", apontando a parcialidade e a impotência dos agentes para lidar com os problemas sociais que são muito mais do que simplesmente criminais. Mas a visão punitiva permanece. As ideias de escolha pessoal de uma trajectória ("não trabalham porque não querem") ou a estigmatização apressada de toda uma região, bairro, lugar ("Isto aqui é só *mitragem*"; "é só merda"; "não valem nada"; "deviam era ser todos extintos") tendem a alimentar represen-

---

[9] Para uma explicação detalhada das reacções policiais em situação e explicitação dos conceitos em contextos norte-americanos ver J. Van Maanen, 1978d: 221-38.

[10] No trabalho de esquadra, a negociação da autoridade policial é uma constante em quase todos os domínios considerados pelos polícias como não-criminais. Nas infracções no trânsito, venda ambulante, jogo ilegal, por exemplo, os polícias intervêm de modo limitado, partilhando jurisdição legal com os polícias municipais de Lisboa. Tal tem benefícios imediatos para os polícias de rua: não queimar a imagem dos polícias nos bairros de classe média, como dizem.

tações hegemónicas no jogo da luta de classificações e nos sentidos distintivos que produzem (cf. Costa, 1998). Na mesma linha, com Pina Cabral – orientado pela abordagem processualista de V. Turner (1967, 1969) e a análise conceptual à luz do poder simbólico, tal como este é expresso em P. Bourdieu (1989) – pode defender-se assim que a ordem e a centralidade da acção policial estão em constante produção, no sentido de conservarem uma certa independência e hegemonia na sociedade. Assim, "a marginalidade passa a ser vista como condição básica das relações sociais e culturais, enquanto a centralidade é algo construído e delimitado, constantemente em risco de ser destronado" (2000: 865-892).

Nas áreas onde há tráfico de drogas uma outra figura encontra presença, alguém que povoa o universo dos polícias e também o dos *mitras*: é o *carocho*. Trata-se do consumidor de aspecto degradado, por vezes sem-abrigo.[11] Nas trajectórias da incerteza, alguns *carochos* podem passar a *mitras*, e alguns *mitras* são também *carochos*. Mas os agentes identificam uma diferença fundamental: "Os *carochos* furtam mas não matam". O *carocho* é o sujeito que passa pelos agentes no carro a caminho do lugar da droga. Geralmente vai com pressa. Muitos ajudam condutores a estacionar a troco de moedas nos bairros residenciais, na *parte de cima* da área policial. Os agentes falam destes com um misto de ironia, distanciamento e humor. Como certo dia, ao passarmos pelo "rasta" conhecido por Bob Marley no bairro da droga, o agente Conceição comentou: "Este é o *carocho* mais firme da região. Até mata os bichos. Devia era ser detido por homicídio". Estes gozos aos *carochos* são constantes na patrulha.

Lee caracteriza genericamente a categoria onde figuram as pessoas de baixo estatuto social como "police property" (1981: 53-54). São os grupos sem poder económico, aquelas que a maioria dominante vê como problemáticas ou de aspecto desagradável. Quer dizer que os poderes dominantes da sociedade (na economia, política, etc.)

---

[11] Os polícias justificam o termo pelo aspecto curvado e pela pele queimada do sol que muitos consumidores assumem numa fase adiantada da dependência, assemelhando-os ao conhecido insecto cosmopolita, vulgo barata. Em geral os agentes não confiam nas informações dos *carochos*, cheios de esquemas de sobrevivência e pouca simpatia pela autoridade. A distinção entre quem consome e quem trafica é exigida por lei mas, na prática, tem efeitos subsidiários: reduz interacções e, como tal, as revistas corporais a pessoas cujos estilos de vida os agentes repudiam.

têm reservado os problemas do controlo social destas pessoas para os polícias. Reiner considera que a categoria, em sentido ainda mais amplo, abrange pessoas que são identificadas como vadios, alcoólicos, desempregados, jovens que adoptam estilos culturais desviantes, minorias étnicas, homossexuais, prostitutas e travestis e mesmo os apoiantes de organizações políticas radicais. "The majority are prepared to let the police deal with their 'property' and turn a blind eye to the manner in which is done" (1985: 95). Em geral os *carochos* acatam as ordens policiais. Quando não o fazem, os agentes tendem a tomar uma atitude ofensiva. Desta forma não é estranho que possa ser com pessoas sem poder que muitos polícias cometem os maiores abusos e injustificados excessos na acção, a par de alguma curiosidade, humanidade e indiferença.

Um exemplo típico do estilo de vida de um *carocho* é o do Rato[12], figura com que os agentes têm encontro marcado nos seus quotidianos.

> Numa das primeiras operações colectivas nocturnas ao bairro da droga em que participei, fui convidada a ir "espreitar o Rato". Disse-me um jovem agente de origem rural: "Vou apresentar-te o Rato". Descemos da rua para a zona do antigo bairro da droga, agora um descampado a céu aberto. O agente sabe onde o encontrar. Vê a luz de uma fogueira improvisada. Descemos uma parte do morro e chegamos ao pé do sujeito. Ficamos num ponto mais alto a olhar durante uns segundos que parecem uma eternidade, sem dizer nada. Trata-se de um homem que se esconde atrás de uma enorme barba e pele queimada do sol. Deve rondar os 40 anos, mas está muito envelhecido e marreco. Está a preparar um *chuto* (injecção endovenosa de droga). No momento em que vai chutar nas virilhas o agente interrompe-o. Este ainda não tinha dado pela nossa presença. "O que vais fazer, Rato?". Este desvia o chuto: "Estou aqui a fazer uns sacos". "Sacos de quê?" "É aspegic." "Para que é que estás a fazer isso?" "Ora, para me orientar." O agente diz que ele vende aquilo e ainda ganha uns trocos. Aqui consome-se tudo. Está uma noite ventosa e a lareira tem fortes chamas. Passa-nos aos pés uma enorme ratazana. O agente diz ao Rato para colocar o fogo noutra disposição, para não haver problemas. O agente

---

[12] As alcunhas com referência a animais evidenciam que para os polícias muitos carochos ultrapassaram o limiar da humanidade. Dizem que "o Rato não está na civilização dos homens normais". Um cigano é conhecido por Sapo porque, como os polícias dizem, "os ciganos fogem destes animais".

conta-me então, à medida que regressamos para o pé dos outros, que houve um dia em que deram com este sujeito cheio de ratazanas à volta, a passarem-lhe por cima da cabeça, "um espectáculo terrível". Perguntaram-lhe porque deixava aquilo acontecer. Só depois perceberam que ele estava a alimentá-las. Diz que são suas amigas e fala até com elas. Por isso passou a ser assim conhecido. "Ao que eles chegam... Nós se passássemos aqui uma noite ficávamos cheios de doenças. Isto para eles não é nada. O Rato vive aqui há muitos anos." (Diários da patrulha, Abril de 2004.)

O Rato, como outros *carochos*, é alvo dos *apertões* dos polícias que ambicionam ter a *área limpa*, o que implica remover a *sujeira humana*, traficantes e consumidores. "Os polícias tratam pior os *carochos* que sabem demais mas que não colaboram", dizem-me. É o caso deste sem-abrigo que, não tendo para onde ir, continua a pernoitar no bairro demolido, mas nunca se fez *amigo* dos agentes. Certa vez, num turno pela noite dentro, eu e uns agentes mais jovens ficámos a conversar com o Rato e este revelou-nos parte da sua vida. Disse ter estado preso 10 anos no Linhó por um homicídio que não cometeu. Esteve prestes a atravessar com um canivete o seu carrasco, mas no preciso momento paralisou. Desde então, virou-se para a droga e, consciente dos distúrbios que tal causava na família, resolveu deixar a mulher e filho, em Almada, nunca mais voltando ao local onde sempre viveu. Vive das bolsas (com quartas de droga para traficar) que consegue desenterrar. Por isso nem os polícias nem os traficantes gostam muito dele. Encontrei-o muitas vezes durante as patrulhas.

Hoje estou com o Cruz e o Caetano, a pé, na principal rua do tráfico, no turno das 13-19h. Vão ao descampado ver se surpreendem algum traficante. Surpreendem o Rato. O que estava com ele *dá à sola*. O Cruz e o Caetano ficam de volta dele. Obrigam-no a tirar toda a tralha de dentro das mochilas que transporta. O Cruz evita tocar no Rato. Este pronuncia frases de revolta e não levanta o olhar para os polícias. Tira muitos objectos que são de subsistência básica, mas que se assemelham a lixo urbano (tampas de plástico, cantos de sacos para as *quartas*, pedaços de alumínio para o *caldo* [sinónimo de chuto]). Quando vê uma lamela de comprimidos, o Cruz destrói-a com o pé. O gesto de pisar é simbólico. O Caetano, mais novo, diz ao Rato que olhe para si quando fala com ele. Não o querem a consumir na carrinha que está estacionada no descampado e que está para apreender (mas que foi ali ficando e se transformou no *hotel da droga*).

O Rato não levanta o olhar. O Caetano sente-se provocado e troca olhares com o Cruz. O Cruz convida-o a bater-lhe: "Dá-lhe uma palmada, só assim é que ele te ouve". Mas o Caetano não reage. (Quem conhece o Caetano sabe que não é de bater, nunca foi, provavelmente não será.) O Rato afirma que não é capaz de olhar... É a sua réstia de dignidade. O Caetano acaba por aceitar esta resposta. Manda-o arrumar tudo e diz que pode ir à sua vida. O Rato pega nas suas coisas e segue, sem olhar para trás. Hoje escapou a uma *bastonada* (diários da patrulha, Abril de 2004).

Os sujeitos considerados temporariamente *alienados* e os *alcoólicos* estão entre aqueles para quem os agentes têm menos respostas profissionais. Os polícias identificam estas figuras do quotidiano, que consideram destituídas de poder, razão e autocontrolo e para os quais só por vezes podem usar penas provisórias, como as que usam para delinquentes. É frequente detectar entre os agentes um sentimento de impotência face a situações que envolvem estes citadinos: "Nós não podemos fazer nada em relação a estes. Nada", dizem frequentemente.[13]

Encontros por vezes prolongados, acontecem entre os polícias e os alcoólicos. Estes têm os horários dos agentes e são frequentadores das mesmas ruas e tascas. Um polícia alentejano disse-me que o que mais o impressionou nos bairros antigos de Lisboa foi a concentração de bêbedos por metro quadrado. Os agentes dizem que estes não podem ver uma farda: "Vêm sempre direitos a nós. São os piores de aturar porque não se pode fazer nada". Já dos alienados diz-se que "por vezes enganam, têm uma conversa normal, mas são capazes de fazer as coisas mais extravagantes. Há muitos alienados por Lisboa que fogem do hospital psiquiátrico". Todavia, cada vez mais os mendigos, como os consumidores e outros, se situam numa zona cinzenta da actuação policial, onde as situações merecem estreita avaliação e a legitimidade da acção tem de ser bem justificada nos canais administrativos e legais. Alguns polícias desenvolvem dotes de "negociadores de rua" (para lidar com pessoas em fúria ou prestes a cometer

---

[13] Na verdade, os mendigos e os sem-abrigo têm sido historicamente objecto de atenção policial. E hoje, o *carocho*, o consumidor, é uma figura muito presente nos universos do tráfico de rua. Todavia, com a extinção oficial dos albergues e a progressiva retirada da PSP do controlo das "classes marginais" e a entrada do Serviço Social, na figura do assistente social, no contexto português, os polícias de hoje têm uma atitude mais ambivalente face a estes citadinos, essas figuras da exclusão social.

um acto irreversível, suicídio, incêndio, etc.) como os que me foram descritos pelo agente Tadeu, a trabalhar numa outra divisão, com oito anos de patrulha, vários processos disciplinares e uma verdadeira lenda entre os mais antigos da esquadra Amarela:

    A gente tem que entrar na cabeça deles, a gente tem que conseguir. Se aquele gajo tem a mania de se despir, qual é que é a melhor maneira? Digo-lhe: Eu também ando todo nu em casa. A partir daí fica mais calmo.
    Eu tive um indivíduo que se barricou numa casa, ligou o gás e água. Cheguei:
    – Polícia. Abre a porta! Polícia. Abre a porta!
    E ele não abria e então eu lembrei-me de uma coisa disparatada, sem razão de ser, mas que causava curiosidade. Bati à porta e disse-lhe:
    – Ó amigo, você ou abre mais a água ou então não sei, é que os peixes ali em baixo já não sabem para onde é que vão.
    E o senhor: Ah? O quê?
    – É que os peixes andam ali em baixo, aquilo parece quase o rio Tejo...
    E ele abriu a porta. Eu entrei, fui fechar o gás, fui fechar a água e levei o senhor para o hospital. Os vizinhos ficaram todos a olhar para mim. (entrevista, Abril de 2005).

Em situações de patrulha ordinária, a interacção dos agentes com os sem-abrigo, pedintes, mas também com outros sujeitos que ocupam o espaço público, como os vendedores ambulantes isolados, é desencadeada por chamadas e apelos dos citadinos *de bem* e não tanto por sua iniciativa. A justificação das queixas não varia muito: "não gostam de ter um vagabundo sujo à sua porta" ou "consideram que os vendedores lhes fazem concorrência desleal". Os polícias com conhecimento local desenvolvem uma certa noção de ordem social da área, um jogo de equilíbrios de tensões e conflituosidades. Muito do seu trabalho acaba por se centrar nessa gestão dos jogos de poder entre os próprios citadinos, mais do que na implementação de uma ordem política autónoma. É o que se passa no encontro que descrevo:

    No turno das 19-1h vem uma chamada para o CP: "Está uma pessoa caída na via pública". Sigo com os agentes para essa rua de enorme fluxo. Está uma sem-abrigo deitada no chão, com sacos e posses à volta. O agente Conceição e a agente Magda aproximam-se devagar, com calma. O Conceição aborda-a. Esta recusa falar dizendo: "Não falo com a Polícia, só falo com a República", e puxa do cachimbo. Depois vai à mercearia comprar uma lata de feijões. Volta. O Conceição pergunta-lhe o nome: "Chamo-me merda, não tenho nome". O Conceição pergunta-lhe se quer ajuda e esta recusa. Vocifera, zangada. "Se ela não quer ajuda não podemos fazer nada. Se ela quisesse podíamos accionar alguns processos", resume o agente. Ela refere: "Vou ao cemitério". Ele aconselha-a a sair depois de comer porque incomoda a passagem das pessoas no passeio. Ela não o olha. Dirigimo--nos para o carro. O comerciante da loja da frente diz: "Está aí desde as 8h. Dantes, quando havia a Mitra, levavam-nos para lá, davam-lhes um bom banho e lá ficavam algum tempo. Agora ninguém sabe o que fazer aos mendigos". O agente pergunta: "Foi o sr. que chamou a polícia?". "Não. Deve ter sido aí da embaixada." O agente não se controla e comenta: "Eles não são mais do que os outros, lá porque têm imunidade...". A Magda reitera: "Ela pode estar na via pública, não é nenhum crime. Há tanto disto em Lisboa...". Uma mulher desdentada com os seus dois pequenos filhos diz: "Muita gente devia era de ver isto... [a pobreza]". Saímos dali. A Magda e o Conceição comentam a sua não acção. Neste caso é a única acção a ter.

Entretanto, passa pelo carro uma condutora numa viatura e da janela queixa-se que, na tal esquina, se encontra uma sem-abrigo "instalada" desde manhã, referindo-se à mesma. A Magda educadamente informa: "Já foi avisada para sair dali. Não podemos fazer mais nada". Um jovem vai na rua e comenta indignado para a condutora: "Queixinhas...". Mais tarde, quando voltamos a uma rua próxima, nos circuitos do *giro*, a sem-abrigo encontrou um amigo e está deitada com ele. O agente abre a janela e diz: "Aí é que se está bem! Parecem dois namorados" (diários da patrulha, Novembro de 2004).

Reiner defende genericamente que "the prime function of the police has always been to control and segregate such groups, and they are armed with a battery of permissive and discretionary laws for this purpose" (1985: 95). Mas os contextos transformam-se e a pressão social no trabalho dos polícias pode servir para penalizar, mas também para favorecer os desapossados.[14] Um agente *rodado* disse-me certa vez: "As pessoas aqui no bairro [de cima] têm muita pena dos *carochos* e mandam vir com os polícias. No outro dia um

---

[14] Uma análise histórica aos finais do século XIX sobre as relações mantidas entre polícias e prostitutas permitirá certamente evidenciar a maticidade dos poderes dos polícias em cidades como Lisboa. Ver Cordeiro, Durão & Gonçalves (2005).

ameaçou espetar-me uma agulha. Peguei na agulha e espetei-lha eu no rabo e fi-lo vir assim até à esquadra. Na rua, essas velhas todas do bairro, mandaram vir comigo" (entrevista, Julho de 2004). O exemplo mais referido na esquadra sobre a inversão das lógicas de dominação dos espaços e de autoridade e a difícil resistência dos polícias às pressões populares, é o de um agente que foi mesmo picado por um *carocho* quando essa "era a moda dos assaltos". Aquele, ao agarrar o toxicodependente, viu juntar-se à volta uma série de pessoas que o pressionaram para que soltasse o "pobre rapaz". Quando o agente o largou, aquele picou-o e fugiu. Como disse um colega: "Ele fez os testes da SIDA e até virem os resultados andou aí a bater mal" (entrevista, Abril de 2004).

A categoria "police property", tal como é descrita por Lee (1981) e Reiner (1985), evidencia os difíceis limites e equívocos da classificação policial estereotipada dos mundos sociais. "The major problem for the police is not so much maintaining control but not mistaking a member of a higher-status group as police property. This danger is reinforced in policing ethnic minority groups where the police officer is not as attuned to the signals of respectability. It is also a problem which has become accentuated for the police with the growth of respectable middle-class involvement in 'deviant' activities. The pot-smoking hippy may be a university professor" (1985: 95). Uma agente relatou-me uma história que retrata exactamente a questão:

> "Na anterior divisão onde trabalhei contava-se que numa operação *stop* um agente mandou parar um Volkswagen carocha e lá dentro ia um *preto*. O agente começou a falar no gozo: 'O esminino tem a carta di condução?'. 'Tenho', disse o outro, e mostrou a identificação. Era comissário de polícia. Diz-se que o gajo levou um forte processo disciplinar" (entrevista, Julho de 2004).

Não é novidade que os polícias não nutrem especial simpatia pelos citadinos indocumentados. O discurso não varia muito entre os agentes e as chefias. São partilhadas ideias conservadoras acerca dos imigrantes, sobretudo dos ilegais. Um comandante defendeu:

> "Neste país há uma política de permissividade e as polícias pouco ou nada podem fazer. Eles [os imigrantes] estão com vistos e passaportes ilegais, vão para o início da lista para se legalizarem, muitos sem trabalho. Parece que escorregam todos para cá e daqui já não vão para lado nenhum.

Só há mar à frente deles. A sociedade portuguesa está muito mal. Vêem-se os nossos velhos a passar fome, mas realojam-se *pretos*, ciganos e outros imigrantes. O Estado e as misericórdias preocupam-se mais com eles do que com os portugueses" (entrevista, Março de 2004).

Os eventos terroristas dos últimos anos parecem ter ampliado preconceitos policiais associados às minorias étnicas, mais do que produzir efeitos nas práticas de prevenção policial nas esquadras. Como me referiu um agente: "Quando passo no Rossio já olho para todo o lado. Lá é só *pretos* e *monhés*, essa porcaria toda. Fico a pensar se não trazem bombas" (entrevista, Março de 2004). De um modo mais amplo, na esquadra circulam entre os polícias ideias distintivas sobre os encontros com pessoas das minorias étnicas. Por exemplo, diz-se que:

"É fácil lidar com os ciganos. Eles não querem problemas com a Polícia porque querem a venda ambulante calma. Com eles tá-se bem. Sabem que se não fizerem merda, nós também não os chateamos" Ou, noutra ocasião: "O melhor é um bairro onde há duas famílias de ciganos. Porque quando há desordem, a Polícia chega depois, eles que se entendam" (entrevista a um agente, Abril de 2004).

Existem noções estreitas da acção dos polícias relativamente a pessoas que não estão envolvidas em actividades ilícitas e controlo da suspeição. Como me disse um agente experimentado: "Aqui perto sei que existem paquistaneses a viver numas casas manhosas. Sei que estão ilegais. Mas deixo-os ficar. Não lhes faço nada. Não me interessa tramar a vida às pessoas. Sei distinguir o que realmente interessa aqui à polícia – os traficantes" (entrevista, Maio de 2004). Os brasileiros podem oferecer problemas aos polícias, mas tendem a ser vistos como "parecidos connosco", em particular as brasileiras... A heterogénea população oriunda de países do Leste europeu está relativamente fora do alcance dos polícias nesta parte da cidade. Os chineses são considerados "mafiosos", com as suas lojas "ilegais" que não param de crescer nos bairros, mas raramente entram nos encontros de rua. Como vários polícias admitem sem despudor: "Com os *pretos* já é diferente..." (entrevista, Abril de 2004). Com estes a distinção significa mais frequentemente discriminação.

"É *preto* ou é *branco*?", é uma das primeiras informações que se retira de alguém a identificar na polícia. Tal penetra o mapeamento social e traduz uma certa tendência para olhar os mundos como sendo povoados por brancos e pretos. A categoria *pretos* inclui toda a maticidade da cor. Participei em algumas intervenções dos polícias junto de "pretos que alegadamente estariam a traficar", numa área onde a maioria dos traficantes são jovens brancos e residentes. As chamadas são frequentemente efectuadas pelos traficantes brancos do bairro, que não querem ter ali "concorrentes". Em várias situações, quando chega a altura dos polícias perguntarem a detidos de quem é a droga, ou a consumidores quem a terá vendido, estes tendem a assumir genericamente "um preto" (de quem não sabem muitas vezes o nome e mal descrevem). Um agente chegou a confidenciar-me: "Agora eles dizem todos isto para lixar os pretos que vêm da margem sul ou da Amadora para aqui vender". Este processo, que irá sendo reflectido nos registos, pode surtir efeitos na maior vigilância e policiamento de um certo tipo de pessoas tidas por suspeitas, mesmo que no universo local tudo indique que são uma minoria. O estereótipo do marginal como jovem *preto* não tem necessariamente origem na Polícia, mas pode por ela ser reproduzido.

Alguns acontecimentos particulares tendem a estigmatizar toda a comunidade.

Um subchefe relatou-me que, a dada altura, os agentes de uma esquadra onde trabalhou "perseguiam" mais os *pretos*: "Na altura havia no bairro uma preta que matara um colega polícia e os pretos não estavam lá muito bem vistos. O comandante até nos veio ler a Constituição: 'Não se pode descriminar pela raça...'. Mas nós estávamos mesmo furiosos" (diários da patrulha, Julho de 2004). Os *pretos* não são em geral muito bem vistos na cultura policial dominante. Mais do que pessoas de outras minorias étnicas, os polícias elegem-nos como "os que mais nos enganam sobre a verdadeira nacionalidade", trocam piadas como "tanto aperto a mão a um *branco* como o pescoço a um *preto*" e em várias situações assumem preconceitos raciais.

As distinções para fora são reproduzidas internamente na organização. Um dia um agente disse-me: "Na escola de polícias dizem-nos aqui somos todos *azuis*, mas há os azuis claros (*brancos*) e há os azuis escuros (*pretos* e *mulatos*)". Uma vez, ao falarem do único colega *de cor* da esquadra, disseram-me: "Este é *preto*, mas tem cabeça de *branco*". Quando o querem elogiar dizem que "é um preto diferente dos outros pretos". Todavia a ambivalência de sentido está sempre presente. Diz-se que os agentes pedem transferência para uma certa divisão para bater nos "primos dele" e tratam-no a todo o momento por "o preto". O estereótipo racial é verificável num episódio que me foi relatado: "No outro dia o comandante chegou junto de nós [um grupo de cinco agentes] e disse: 'Isto parece a tropa do Savimbi'. Já viste isto?! Até parece que está a falar com os *pretos* da rua!" (entrevista, Setembro de 2005).

Mesmo quando não são evidentes *mitras*, os *pretos* tendem a ser encarados como suspeitos ou, pelo menos, a sua situação é mais vulnerável. Quando os agentes avistam um *preto* numa esquina, comentam imediatamente o facto e tomam a pessoa como suspeita. Se for jovem e estiver num local *referenciado*, este tem mais probabilidades de ser interpelado, revistado e conduzido à esquadra.

Em unidades consideradas mais "operacionais" e de controlo da ordem, nos piquetes de intervenção rápida, não é pouco comum dizer-se: "Vamos à caça dos pretos!". Por exemplo, por altura do Euro 2004 vários agentes nas esquadras adquiriram bastões extensíveis metálicos, à imagem dos agentes do piquete (onde este instrumento estava previsto no plano de fardamento). Tais bastões são mais leves e transportáveis e, no entanto, também são mais fortes e inflexíveis. Um jovem, referindo-se ao seu bastão, disse que ainda não o tinha baptizado, isto é, utilizado. Logo um do piquete lhe disse: "Vamos lá abaixo apanhar um preto qualquer. Vamos-lhes dar uma sova" (entrevista, Junho de 2004).

Em determinadas situações esse torna-se um indicador secundário. Por exemplo, o director de um estabelecimento de ensino da área é negro e tem inúmeros problemas com a população local e com os pais, que já aconteceu invadirem a escola e tentarem bater-lhe. Neste caso os polícias tendem a assumir o estatuto da pessoa e a relevância da defesa da instituição escolar, mesmo se conservam opiniões pessoais.

Estes episódios levantam o véu sobre as advertências teóricas de Reiner ao estudo das manifestações e comportamentos racistas frequentemente detectados entre polícias, remetendo-se a países anglo--saxónicos onde têm sido desenvolvidos estudos minuciosos sobre estes problemas. A este respeito existe uma polémica de argumentos. Uns autores defendem que existe um exercício diferencial dos poderes policiais quando recaem em pessoas em situação de desvantagem social, o que produz preconceitos, estereotipização e amplificação das aparências de desviância. Neste sentido, tem sido estudado que é mais comum fazer parar suspeitos negros, retê-los, identificá-los e proceder a revistas. Outros, não podendo negar que os estudos da cultura policial revelam atitudes hostis face às minorias étnicas, defendem que estas são o produto e não o determinante do trabalho policial (ver resumo em Reiner, 1985 – how fair are the police?: 124-136). Reiner propõe-se encontrar uma ponte entre os argumentos, partindo da redefinição de conceitos: "The attitudinal characteristics of prejudice and bias may, but need not, result in differentiation or discrimination (...) nor does differentiation necessarily indicate discrimination" (Reiner, 1985: 125).[15] Verifiquei que no plano dos preconceitos e dos comportamentos esperados nos encontros e interacções (nos *bias* policiais, como refere Reiner), os *pretos* ocupam um dos lugares mais desvantajosos. Foi pelo menos possível identificar algumas práticas de discriminação transmitidas que circulam socialmente e que encontram terreno fértil entre os polícias.[16] Mas os dados permitem ir ao encontro das conclusões de Reiner: "The pattern of discrimination and the map of the population found in police culture are isomorphic. They are both interdependent and bound within the wider structure of racial and class disadvantage" (1985: 135-136). Como tenho vindo a demonstrar, os polícias tendem a ser socializados numa cultura de suspeição e especial hostilidade face àqueles que genericamente são a sua "clientela" e que fazem parte do principal foco da manutenção da ordem e do policiamento, a população jovem "de rua". Entre estes, os grupos de jovens luso-africanos são especialmente notados. Mas o fundamental deste processo permanece enraizado em processos sociais mais amplos.

---

[15] No plano da discriminação, Reiner distingue entre aquela que é "transmitida" (quando os polícias agem como transmissores da discriminação pública), a "interactiva" (nos encontros), a "institucional" (nas estratégias ofensivas para áreas desfavorecidas), a "estatística" (pressuposição de que determinados grupos são mais suspeitos que outros) e a "categórica" (discriminação prática injustificada nas situações) (Reiner, 1985: 129-135).

[16] Não tenho dados suficientes para sustentar a análise noutros planos discriminatórios, em primeiro lugar pelas características desta parte da cidade. Aqui os jovens luso--africanos surgem de passagem, poucos vêm para consumir, alguns são traficantes, mas não encontram residência fixa nestes bairros.

Pessoas com poder

Nos bairros das classes médias, menos sujeitos a classificações claras porque a Polícia reduz interacções e "procura ter menos problemas", são ainda assim identificadas as *tias*, os *betos* e os DR, categorias partilhadas socialmente, que se referem a pessoas que evidenciam alguns sinais exteriores de riqueza e nos quais os polícias identificam comportamentos, vestimentas, modos de andar particulares... Segundo os polícias tratam-se de pessoas que se apresentam com uma pose altiva e circulam nos seus bons carros, alguns revelando-se os piores *infractores* do trânsito, sempre apostados em fugir à multa (ver abaixo).

As pessoas com estatuto ou algum prestígio social podem não merecer a atenção preferencial dos agentes na acção quotidiana, mas não deixam de ser informalmente classificados. Os DR são os doutores, que podem ser médicos, advogados, juízes, em geral associados a profissões liberais ou altos funcionários do Estado.[17] As pessoas com poder são vistas como desafiadoras dos poderes policiais, são *os grandes*, "pessoas que se julgam acima da Lei e não respeitam nada nem ninguém", como uma vez um agente comentou.[18] Holdaway definiu-os, da perspectiva policial, como *challengers*: "those whose job routinely allows them to penetrate the secrecy of police culture, and gives them the power and information with which they might challenge police control of their 'property'" (1983: 71-72). Alguns

---

[17] Outra qualificação ampla é feita, por exemplo, quando se identificam os *fardas*, como sendo todos os outros polícias, os militares e os bombeiros.

[18] Roberto DaMatta (1997) analisou profundamente aquilo a que chamou um rito de autoridade a partir do uso frequente da expressão "Você sabe com quem está falando?" em várias situações de interacção social no Brasil. No caso que aqui nos ocupa podemos encontrar paralelos nas interacções estabelecidas entre agentes e pessoas com poder nas ruas ou em vários domínios. Não é pouco frequente alguns papéis sociais universais serem desafiados por identidades sociais e pessoais que visam liquidar de pronto o anonimato. Vários poderes em jogo fazem com que baixos funcionários do Estado se vejam eles mesmos submetidos a pessoas (isto é, indivíduos que ascendem ao estatuto de pessoa) que recorrem ao seu poder e prestígio para inviabilizar o poder tido por universalizante da lei. Embora DaMatta revele toda uma série de combinações possíveis e se sirva da expressão para entender fenómenos culturais do Brasil, em algum nível o seu ensaio estende-se a diversos contextos, particularmente quando o sistema burocrático-legal é penetrado por outros entendimentos da vida social.

grupos profissionais têm mais poder para influenciar decisões policiais do que outros: é o caso dos juízes, advogados e, numa certa medida, os trabalhadores sociais.

Os juízes e advogados estão entre os grupos sócio-profissionais considerados mais poderosos: "São uns senhores" (subchefe); "vivemos hoje a ditadura dos advogados" (comissário); "os juízes são reis"; "os juízes neste país é o quero-posso-e-mando" (subintendente) – são considerações frequentemente tecidas por polícias sobre os magistrados e agentes da justiça. Os juízes colocam alguns dilemas à acção policial nas ruas. Muitas vezes obrigam a colocar a questão: serão superiores hierárquicos ou cidadãos como os demais?

Os juízes merecem uma atenção especial no universo dos polícias. São aqueles que observam de longe a sua actividade, quer nos tribunais, quer quando chegam às esquadras pareceres e recomendações sobre a acção em determinado processo (sobre a forma como os autos estão narrados, sobre decisões ou inflexões policiais em determinada situação, etc.). Mais recentemente estes assumiram poder dentro da própria organização. Por exemplo, desde a alteração da Lei orgânica n.º 5/99, dois de entre os directores nacionais mais recentes são da carreira judicial (não são nem polícias, nem militares). Os juízes são referidos na Polícia como os grandes *sentenciadores* de penas, que *dão rabecadas*, lições para a conformidade dos próprios policias.

As classificações interprofissionais adensam-se nas práticas. Com o incremento das Operações *Stop* chegam às esquadras as decisões finais dos juízes (penas, coimas, apreensões de carta, etc.). Os polícias têm a oportunidade de constatar que a decisão difere em situações aparentemente idênticas. Desenvolvem em relação a estes um "jogo de adivinhação" da pessoa e do estatuto, à distância e por intermediação dos processos. Veja-se um exemplo:

> O agente Fonseca está a ver no *placard* da esquadra as coimas passadas aos detidos na Operação *Stop* ao trânsito do mês. Pergunta se me lembro dos valores da juíza da anterior operação. Concluímos que com esta os resultados, no geral, são mais penalizadores. Comenta satisfeito: "Agora só devíamos fazer operações quando esta juíza estiver de serviço" (diários da patrulha, Maio de 2004).

Tem sido um facto relativamente bem documentado nos vários estudos policiais que estes profissionais tendem a considerar as decisões dos juízes brandas (cf. Reiner, 1985: 87-103). Os agentes são frequentemente penalizadores e adeptos da prisão preventiva, mesmo nos casos de pequena criminalidade. Muitos referem-se frustrados na sua acção, frustrações que são alimentadas por pressões sociais mais amplas, quando dizem: "Detemos sujeitos que passado poucas horas estão cá fora novamente; os juízes deixam-nos seguir em liberdade. Isto é o pior do nosso trabalho!". Outros não alimentam interdependências estreitas: "Fazemos o que tem de ser feito. Eu escrevo, participo. Depois a decisão do juiz é lá com ele" (entrevistas, Abril de 2004).

Certo é que os juízes fornecem um mapa de leitura complementar à acção policial, à decisão em cada situação e mesmo à apresentação dos agentes em tribunal. Como me disse um agente: "Quando o tráfico estava no auge [no bairro da droga], se levássemos a tribunal um *carocho* com 10 quartas o juiz era capaz de se chatear. Dizia que era mais trabalho para o tribunal. Mas se fosse um traficante, até meia quarta dava para deter" (entrevista, Maio de 2004). Quando falam dos momentos em tribunal, os agentes lembram como alguns juízes tecem comentários sobre como estes se apresentam: "Alguns não aceitam que os agentes se apresentem de calções no tribunal, por exemplo" (entrevistas, Julho de 2004). Notei diversas vezes que em certas situações, sobretudo nas áreas de actuação criminal, os polícias hesitam menos na consideração dos limites legais do que na leitura que imaginam que os juízes farão perante o caso. Muitos jovens polícias são temerosos relativamente à perspectiva de virem a estar presentes em tribunal.

Com a experiência da relação os agentes acreditam que vão conhecendo as tendências dos juízes, uns mais *colaboradores*, outros menos. Numa altura acompanhei um processo que remontava a 1999 e que ocorreu em várias sessões. Tratava-se de uma acusação levantada pelos polícias por "agressões a guardas", com pedido de indemnização ao Estado. A preocupação dos agentes em cada momento era tentar adivinhar se a juíza estava do lado deles ou dos arguidos: "Esta juíza geralmente gosta dos polícias, parece não querer nada com os *mitras*". Com o decurso do processo começou a compreender-se, nos relatos dos arguidos, dos vários membros de uma mesma família, que os agentes também teriam usado de força porventura injustificada e desproporcional em vários momentos. O agente Conceição, envolvido, confidenciou-me: "Os juízes sabem que os polícias por vezes batem nos *mitras*, e tem mesmo de ser assim; de outra forma como poderíamos trabalhar?" (entrevista, Maio de 2004).

Os casos de "solidariedade pela justiça" oferecem aos polícias percepções de bom funcionamento da sociedade; acreditam que a reposição da ordem social se faz através da penalização. Enquanto esperávamos entrar para a sala de audiências, foi-me relatado por um comandante um caso raro, particularmente valorizado, ilustrado como um caso de sucesso de justiça "vingada":

> "Estávamos no tribunal por causa de um condutor que conduzia sem licença. Vimo-lo passar de moto lá em baixo. Conseguimos falar com a juíza e informámos que ele tinha chegado sem carta. A juíza disse para o tentarmos apanhar. Por telemóvel e rádio avisámos para a esquadra aqui da área. Montaram ali um posto. Mandaram-no parar e sacaram-lhe os documentos. Nem chegámos a sair do tribunal!" (entrevista, Abril de 2004).

A ilibação dos "culpados" pode provocar nos agentes percepções que os afastam dos juízes. Consideram que estes se passam para "o lado de lá", para perto dos *poderosos*, e se revelam como pessoas com um estatuto social a defender. Como me referiu um agente que conduziu a detenção de uma condutora que foi absolvida pelo juiz antes de ouvir testemunhar os dois polícias: "Senti-me um cordeiro na mão dos leões" (entrevista, Abril de 2004).

Acredita-se que, tal como os polícias, os juízes têm o poder de agir de acordo com humores e temperamentos e que têm os seus limites pessoais, as suas expectativas e exigências de deferência. Os polícias têm um conjunto de histórias e mitos a este respeito. Por exemplo, recordam que observaram um juiz a sentenciar quatro meses de suspensão da carta de condução a um detido de uma operação *stop* porque o seu telemóvel tocou durante a audiência e o juiz ficou irritado. Na esquadra corria a história de um juiz que era muito permissivo com um ladrão da área, até ao dia em que aquele lhe roubou o seu carro e o mandou impiedosamente de preventiva (diários da patrulha, Maio de 2004).

Mas os encontros extravasam as varas. Tal como com outros citadinos, é no trânsito que as pessoas com poder revelam o seu melhor e o seu pior. Um agente relatou-me um caso que o confortou. "Numa Operação *Stop* tive de autuar um magistrado. Este virou-se para o condutor do carro do lado e disse: 'Ele está a autuar-me e eu sou magistrado. Ele já o autua de seguida'. E eu disse para mim: 'Sim senhor, aqui está um DR como deve de ser'." (Entrevista, Abril de 2004.) O pior é mais frequentemente lembrado pelos agentes:

> "Aqui a falta de respeito é enorme. Damos um dedo levam-nos o braço todo. Deixam o carro mal estacionado e vão às compras e nós dizemos para serem rápidos. Ficam lá meia hora e ainda dizem que têm todo o direito. A gente vai multá-los mandam-nos logo com a profissão para a frente: Sou advogado; Sou juiz; Sabe quem eu sou? Há pessoas boas, mas a maioria é má. Os 'notáveis' têm um total desrespeito pelo nosso trabalho na regulação do trânsito. Apresentam-se pela profissão que têm quando lhes pedimos a identificação, não dizem apenas o nome como as outras pessoas (...) As pessoas que se colocam à margem por serem DR são as piores" (entrevista, Novembro de 2004).

Os *políticos* podem ser vistos como uma subcategoria específica de pessoas com poder. Numa polícia que responde perante o Governo e, embora com autonomia, muito dependente das políticas e decisões ministeriais, a desconfiança face aos políticos é um dado que atravessa a organização. Existem percepções partilhadas entre os polícias em relação a estes *notáveis* que já foram definidas por outros autores. Os polícias tendem a considerar que os governantes os atrapalham num trabalho que só estes conhecem. "They are remote and unrealistic ivory-tower idealists, corrupt, self-seekers, secret subversives, or simply too weak to resist villainy" (Reiner, 1985: 96). Como um agente defendeu: "O problema é que os políticos pensam que estão a legislar para pessoas educadas e o nosso povo não é educado" (entrevista, Abril de 2004).

Os políticos podem ser vistos como ameaçadores e nesse sentido os polícias apresentam-se em contraponto, como uma "comunidade unida". Os sindicatos dos polícias "jogam" na luta de classificações em relação aos políticos, mas são também alvo delas. A maioria dos agentes considera que os seus sindicatos estão politizados, ora pela esquerda ora pela direita, e por isso relativizam a sua real utilidade e a "arma de poder" que podem ser.

Em grande medida, algumas destas representações tendem a ser dirigidas às elites policiais da Direcção Nacional. A maioria dos operacionais considera que aqueles "vivem num outro mundo onde é só filosofias e planos"[19]. Dizem: "Eles estão lá nos gabinetes com ar condicionado a legislar e a decidir. Nós que andamos na rua é que sabemos como isto funciona". Na percepção da estrutura social os agentes tendem a distinguir "os que têm pouco poder" (os que andam atrás dos *mitras*) e "os grandes" na Polícia (a quem não interessa a patrulha). Algumas frases mais recorrentes dos agentes apontam a distinção e as relações de poder que nesta categoria se evidenciam: "Ser polícia é difícil, somos pequeninos"; "ninguém dá nada ao Zé Polícia", etc. Como sintetizou Reiner: "The police culture both reflects the wider power structure and reproduces it through its operations" (1985: 97).

Aqueles que é preciso apoiar

Na Polícia "apoiar o público" significa apoiar vítimas com denúncia. Na perspectiva dominante, as vítimas sem denúncia acabam por se diluir num mar de complicações e ser coniventes com toda a "porcaria onde estão envolvidas". O apoio formal dos polícias é prestado ao nível administrativo. Porém os agentes consideram muitas vezes que o apoio mais eficaz que podem prestar é nas ruas, informalmente, em cada situação, e sempre de modo diferente. Existem pessoas mais vulneráveis que, em abstracto, preocupam os polícias. Estas são os idosos, as crianças e, numa extensão muito menor, as mulheres.

Tradicionalmente os sujeitos socialmente mais *vulneráveis* têm estado relativamente ausentes do universo policial. Os polícias reconhecem a dificuldade em lidar com pessoas que não são *suspeitos*, *vítimas* ou *testemunhas*. Na formação profissional ou na socialização

---

[19] Quando cheguei à esquadra referi que já conhecia a polícia por ter passado muito tempo na Direcção Nacional. Quando o adjunto do comandante me apresentava geralmente referia este aspecto: "A doutora conheceu as aves raras, agora vem conhecer aqui os macacos. Fartou-se das filosofias lá de cima, com certeza" (Entrevista, Janeiro de 2004).

profissional não existem indicações precisas sobre como lidar com públicos mais vulneráveis.[20]

Durante o Estado Novo a modificação da imagem dominante do patrulheiro, herdada dos finais do século XIX e Primeira República, do barrigudo, beberrão, arrogante e maldisposto (particularmente ridicularizado nas caricaturas de Rafael Bordalo Pinheiro) surgiu aliada à aproximação dos polícias às crianças e idosos. Perto dos anos 50, Figueiredo Gaspar, um major de Cavalaria da elite policial de então, numa obra que enquadro mais à frente, sublinhava algumas indicações para a actuação dos guardas: ter o poder da amabilidade; moderação; conseguir suster o temperamento; ser um guia do público; um pouco de tudo; ser imparcial para ser profissionalmente honesto; ter energia e firmeza de actuação; não discutir nem permitir que discutam (Gaspar, 1949: 83-92). Sempre foi lembrada a moderação na actuação policial, pelo menos para os públicos a apoiar: "Gestos espectaculosos, atitudes irritantes, aspereza de voz, dureza de expressão, tudo é contraproducente na acção policial" (*idem*: 84).[21] Entre estas estão duas indicações especificamente orientadas para inverter a imagem tradicional dos polícias junto destes novos públicos que começavam a emergir nos seus mandatos:

> O saber intervir junto das crianças é uma das maiores dificuldades para o agente de polícia que deseja desempenhar criteriosamente a sua missão. As crianças têm geralmente medo ao polícia... (...) Se o polícia é de facto um guia do público, porque não havemos de incutir no espírito dos nossos filhos essa noção? (...) A solicitude e o carinho são compatíveis com o uniforme: o seu interesse pelo bem estar daqueles que ficam feridos por desastre ou adoeçam de repente, o carinho para com os velhos, crianças, cegos ou inválidos, demonstrará ao público, que não pode deixar de

---

[20] Os agentes destacados para os programas Apoio aos Idosos ou Escola Segura, que lidam fundamentalmente com estes grupos sociais, têm alguns textos soltos que podem consultar. Mas geralmente não têm formação profissional e são obrigados, na generalidade, a recriar as suas rotinas e padrões de trabalho. A situação é muito diferente da patrulha e da relação entre polícias e outros citadinos, onde as rotinas e algumas respostas estão instituídas e são administradas sem variações de fundo há décadas.

[21] É de lembrar que também no *Regulamento para o Serviço de Esquadras...* (1961), ainda hoje em vigor, fala-se que na conduta com o público os polícias devem ter: "Calma, prudência, sangue-frio" e, mantendo o mínimo de diálogo possível, agir com "firmeza e energia" (cf. dos artigos 72.º ao 77.º).

impressionar-se com tais atitudes, que é um elemento útil sempre pronto a servir aqueles que sofrem ou necessitam de auxílio (*idem*: 87-88).

Aqueles que se apoiam são "os públicos a conquistar", aqueles que os polícias querem ter do seu lado. Por vezes, na prática, o reconforto do não conflito basta-lhes. Um episódio da patrulha documenta-o sumariamente:

> É meia-noite quando somos chamados a uma ocorrência pelo rádio. Uma senhora acaba de ser assaltada. Levaram-lhe as chaves de casa. Quando chegamos está à entrada da porta com uma filha de cinco anos, assustada. Saímos do carro patrulha. A criança salta imediatamente para o colo do agente Madeira que a tranquiliza enquanto o arvorado aconselha a mãe. A criança diz que quer ir com os polícias. Os agentes sorriem e explicam-lhe que vai ficar com a mãe. De regresso ao carro, os dois jovens, com pouco mais de 20 anos, comentam que a cena os tocou (diários da patrulha, Junho de 2004).

Uma franja cada vez maior de agentes considera que o trabalho de índole mais social que desempenham os patrulheiros e agentes da proximidade tem ajudado a minimizar riscos, mesmo se não podem oferecer respostas em continuidade.

> Nos primeiros dias em que estive na esquadra, o adjunto do comandante e os agentes transmitiram-me uma ideia muito positiva do trabalho junto dos idosos. Uma subchefe disse-me que: "Os idosos recorrem muito à Polícia. Temos aqui um homem na área que cai constantemente da cama durante a noite. A mulher chamou um dia a Polícia e, a partir daí, ficou 'agarrada' ao nosso serviço. A Polícia está lá, de sorriso na cara e sem exigir nada. É um trabalho gratuito, benemérito e bem intencionado. Está em nós. É um bocado como os bombeiros. Como se trata de um caso isolado, é mantida a ajuda. Mas torna-se mais problemático quando passam a existir 50 casos destes" (diários da patrulha, Janeiro de 2004).

Todavia estes citadinos podem cair na categoria dos *abusadores*, porque ao serem apoiados criam dependências que os agentes não podem e nem querem sustentar. Segue um relato de uma agente que trabalhou no serviço de apoio aos idosos:

> "Lembro-me de uma velhota que quando não a visitava telefonava para aqui para a esquadra. Andei um mês por conta dela. Tinha pena. Depois comecei a perceber que ela me mentia. Dizia-se incapaz de ir levantar a pensão aos correios, mas depois já ia à praça sozinha. Eu fazia o serviço,

até ao dia em que tive de parar. Existem velhos que abusam dos serviços da Polícia e tentam monopolizar as atenções" (entrevista, Abril de 2004).

Com os públicos a apoiar, os agentes têm de saber criar desempenhos para competências indefinidas – nem assistente social nem vigilante, entre uma e outra; jogando entre o controlo de abusos que possam confundir o mandato profissional com o de um assistente social ou enfermeiro. Mas, simultaneamente, os agentes têm de dar lugar à demonstração do envolvimento e apoio menos presentes noutras tarefas de patrulha. Este é um equilíbrio sensível e de difícil gestão, sobretudo porque a atitude de suspeita não deve cair. O adjunto do comandante diz que o abandono dos idosos nas cidades afecta a Polícia:

"Acabamos, por vezes, por fazer um trabalho de apoio extra. Às vezes são os próprios filhos que dizem aos pais para recorrer aos polícias. Mas há velhos que fazem como as crianças, fazem birra e acham que são independentes, não querem a ajuda dos filhos para nada e por dentro estão cheios de rancor. Lá está a Polícia para lidar com ambos os tipos de situações" (entrevista, Fevereiro de 2004).

Nas representações do trabalho estes citadinos podem *desarmar* os polícias porque lhes desviam a atenção do crime. Algumas pessoas podem surpreender agentes, inadvertidos pelos estereótipos que a elas associam. "Disarmers are members of groups who can weaken or neutralise police work", disse Holdaway (1983: 77-81). "Anyone may turn out to be an unexpected 'disarmer' because of the limitless naiveté of the public, so the police officer has to be wary of every encounter" (Reiner, 1985: 96). Os agentes tendem a considerar que os cabelos brancos são sinal de respeitabilidade e podem adoptar uma atitude mais tolerante em relação a certos citadinos. Em muitos casos também adoptam uma atitude mais passiva relativamente às mulheres. O caso que se segue é um exemplo muito frequente da atitude de suspeita policial como estando associada ao género masculino.

Contam-me que há alguns dias conseguiram fazer uma revista ao carro do Óscar (um dos *mitras* mais conhecido da área). Sabia-se que o carro devia estar carregado de droga, mas não encontraram nada. Mais tarde souberam que as *brigadas à civil* o apanharam. Tinha 50 quartas, o que aqui se considera já um *bom serviço*.²² Para surpresa de todos tinha-as a mulher, de quem os patrulheiros não suspeitaram e nem revistaram da primeira vez. Tinha a droga escondida no sexo. Moral da história: ninguém deve escapar à suspeita (diários da patrulha, Maio de 2004).

Amigos dos polícias

Para os polícias existem dois tipos de amigos: os verdadeiros e os falsos. Num sentido cínico e irónico, os *amigos* dos polícias são aqueles que estão constantemente a fazer chamadas para a esquadra e a reclamar por excesso de barulho, por disputas domésticas, ou também infractores lembrados e que se vão tornando conhecidos dos agentes. Estes são os *queixosos*. Num sentido amplo, os agentes consideram que estes significam fazer *serviços da treta* ou *maus serviços*, como dizem. Reiner diz que em contexto britânico estas pessoas são conhecidas dos polícias como "rubbish: people who make calls on the police which are seen as messy, intractable, unworthy of attention, or the complaint's own fault. (...) Rubbish are essencially people from the 'police property' groups presenting themselves as victims or clients for service, as they often do" (1985: 95). Os polícias defendem que são chamadas e serviços como estes que os impedem de levar a cabo o seu trabalho nos domínios do crime. Veja-se, por exemplo, a seguinte situação:

> O agente Coelho teve uma grande discussão com o comandante. O último quer que ele notifique uma moradora que tem um cão que incomoda os vizinhos com o barulho. Este recusa, argumenta que conhece a queixosa, que esta lhe parece paranóica. Diz que já foi várias vezes à casa e o cão

---

²² Existe uma tabela de consulta com os limites legais das substâncias que mais circulam na área da esquadra (Lei n.º 30/2000 de 29 de Novembro). Cada pessoa pode ter na sua posse, como consumidor, até uma determinada quantidade. Pode ter até 1 grama de heroína, 2 gramas de cocaína, 5 gramas de haxixe; 25 gramas de liamba; 1 grama de *ecstasy*, entre outras. Sempre que o peso do produto analisado excede os limites é atribuído NUIPC na esquadra, o que na maior parte das vezes quer dizer que a pessoa é detida. Os agentes estimam que cada grama corresponde a 6 quartas, o que quer dizer que "já dá para detenção", dizem. Mas a pesagem das quartas varia de acordo com traficantes e "fornecedores" e este é um mercado que está sempre em mudança e que desafia a todo o momento o saber de rua dos agentes.

parece calmo. Além disso, argumenta que conhece bem a realidade do bairro... Acaba por desafiar o comandante: "Atreva-se a pisar paralelo e a lidar com problemas entre vizinhos na rua e logo vê". O comandante diz que não lhe compete tal função e que o agente tem de cumprir ordens. Este pode bem ser o princípio de uma relação azeda entre o agente e o seu superior. Entretanto, durante uns dias, a queixosa surge várias vezes na esquadra, envia queixas para a Polícia Municipal que são reencaminhadas para a esquadra. De cada vez que ela entra nas instalações da esquadra os colegas dizem ao agente: "A tua amiga veio à esquadra falar contigo" (diários da patrulha, Julho de 2004).

Os agentes mais desconfiados defendem que "a Polícia não tem amigos". Quem planeia não ficar muito tempo numa mesma esquadra, quem "cai do céu numa cidade onde não quer viver", defende que "as únicas pessoas que falam aos agentes são os que têm familiares na força, aqueles que já tiveram problemas connosco e algumas pessoas como tu, que lidam connosco por motivos profissionais" (entrevista, Setembro de 2004). Como me relatou um agente:

> "Muitas vezes eu sinto que as pessoas se querem aproximar de mim só pelo simples facto de eu ser polícia e não pela pessoa que eu sou! Só os amigos mesmo, de infância, aqueles que ficaram, são as únicas pessoas que continuam a olhar para mim como Dinis e não como polícia. O problema é que esses meus amigos não estão cá, estão todos no Porto. Então o que é que me resta? Pessoas iguais a mim! Os colegas. (...) Todas as pessoas que eu conheci cá em Lisboa e arredores, das duas uma: ou não eram pessoas em que eu podia confiar, porque me apercebia de certo tipo de reacções delas que levantavam suspeitas, ou então eram pessoas que só se aproximavam de mim por terem segundos interesses. Pensavam que por ser polícia lhes dava alguma vantagem" (entrevista, Abril de 2004).

Na maior cidade portuguesa, os polícias que chegam de longe sublinham a frieza e a quebra da comunicação no seu trabalho. Diz--se que os "lisboetas são cínicos e arrogantes". Quem vai permanecendo alguns anos vai criando algumas redes informais de relações. Os colegas agentes acabam por ser os amigos de uma época da vida, da passagem por uma esquadra na capital.

Mas os agentes nos seus quotidianos cruzam-se frequentemente com algumas pessoas que se vão tornando familiares. A proximidade, apesar de não com a generalidade das pessoas, é uma realidade. Tal como apontei nos diários:

Não há dia que não passe na rua o contabilista burlão que acumula problemas com a justiça. O seu infortúnio leva-o a deambular pelas ruas, nas mesmas ruas onde passam os agentes. Aqui está o mote para futuros encontros entre os agentes e estes *flâneurs* da cidade, como diria Simmel (1971). São os frequentadores habituais dos espaços públicos que por vezes se tornam *amigos* dos agentes, como me dizem, por tantas vezes entrarem no seu campo de visão, de percepção e conhecimento (diários da patrulha, Junho de 2004).

Alguns citadinos são mais próximos dos polícias: os comerciantes de tabernas, tascas, *snack-bars*, restaurantes, bares nocturnos, em particular nas lojas onde os polícias param sistematicamente para comer e beber; funcionários de ourivesarias e supermercados onde alguns agentes prestam serviços remunerados; vendedores de balcão em lojas de informática, telemóveis, garagens, oculistas, sapateiros, perfumarias... Os polícias, homens e mulheres, são também consumidores nos bairros que policiam.

Todavia certas pessoas são efectivamente consideradas amigas dos polícias. Aqui cabem aqueles que os polícias contactam por via da profissão e não tanto os que se incluem na rede de amigos da área de residência pessoal, região de origem ou relações familiares. Os públicos amigáveis, que permitem fugir a situações de conflito, são uma lufada de ar fresco para os agentes. Conquistar confianças entre moradores e comerciantes locais pode ser considerado um bom desempenho profissional em si mesmo, como os trechos que seguem ilustram.

Almoço com um agente que foi transferido excepcionalmente para mais perto de casa. O adjunto convidou-o e eu acompanhei. De regresso à esquadra o agente diz que tem de se despedir de muita gente antes de partir. São os colegas e uma série de moradores do bairro, "sobretudo uns velhotes que me ajudaram quando eu perdi o meu pai. Nestes quatro anos fui conhecendo muita gente boa". O adjunto acrescentou: "De cada vez que parte um agente como este é muito conhecimento que se perde. São quatro anos a conhecer a área e muita gente. Isto leva muito tempo a conquistar e quem perde é a esquadra" (diários da patrulha, Março de 2004).

Há um agente na esquadra que muitos colegas consideram trabalhar pouco e mal. É condutor do carro patrulha há anos e é considerado sobretudo um *relações públicas*, menos um *verdadeiro polícia*. Diz-se que se preocupa mais com a imagem e aspecto pessoais, incluindo o aprumo da farda – pelo que já foi oficialmente louvado – do que com a operacionalidade, aquilo que para a maioria é exactamente o prioritário. O que revolta os demais é a forma como é favorecido em diversas ocasiões por um adjunto do comandante que não esconde a sua preferência. Apercebo-me cada vez mais que um dos aspectos que o coloca em boa posição junto do superior é precisamente o tempo de permanência e de fidelização na esquadra. Embora conserve a família longe, foi-se habituando a trabalhar em Lisboa e está na mesma esquadra há cinco anos, o que já é um tempo considerável numa "divisão de passagem" (ver capítulo 7). Mas não é só. Essencial é o facto deste conhecer bem a área e de aí ter já uma série de amigos. Na verdade, este é dos poucos que fez gala em me apresentar uma série de pessoas do bairro que trata por tu: o Ti Augusto da tasca que abre mais cedo no bairro e que vende umas boas sandes; o Zé Cego (que também pára no Ti Augusto); a velhota que se diz bailarina e com quem já perdeu muitas noites a dançar num bar da área; o Becas, um mendigo que dorme nas ruas do bairro, com quem ele sempre mantém dois dedos de conversa amigáveis, entre tantos outros (diários da patrulha, Setembro de 2004).

Os *amigos* que os polícias vão fazendo na área são muito diferenciados, em idade, percursos, ocupações e género. São geralmente pessoas de origem popular. Nas classes médias os polícias penetram com muito mais dificuldade. Ter amigos na área pode assim ser um motivo para permanecer numa esquadra ("Estou farto dos comandantes, mas gosto da área e já conheço muita gente"), mas é certamente uma razão mobilizadora para um trabalho percepcionado como pouco recompensante ("Este é um trabalho difícil, vê-se muita coisa... mas conhece-se gente boa"). As histórias das amizades cruzam a história do trabalho. Surge um exemplo.

É sabido que o agente Matias tem muitas amigas, funcionárias nas escolas e num centro comercial da área. Residem, como ele, na margem sul e, também como ele, vêm para esta zona trabalhar. No almoço de despedida, antes de ser transferido, o Matias convidou algumas dessas jovens amigas. E comentou, sempre em tom de gozo: "Já se sabe que quando estou apeado aquele é o meu giro [próximo do centro comercial] e faço todas as diligências que forem necessárias...". No último turno que fez na esquadra foi para os cafés da zona da droga, locais simbolicamente interditos aos agentes. Ali bebeu finalmente umas cervejas ao lado dos *mitras*. Jurou a si mesmo que o faria. Foi o seu adeus a uma área que calcorreou durante dois anos (diários da patrulha, Julho de 2004).

A proximidade e o jogo de espelhos entre os polícias e os mundos do crime é um tema explorado na cultura literária e cinematográfica. A sua versão mais radical, a corrupção política, económica e social dos polícias, foi um dos aspectos que conduziu ao estudo sistemático destas organizações nos EUA (ver capítulo introdutório). Em Portugal o modelo de recrutamento é hesitante. Divide-se entre fazer deslocar um grande número de polícias de todos os cantos do país para Lisboa e recrutar pessoas integradas no seu meio social, próximo da cidade. Esta parece prender-se com uma crença fundadora destas organizações: os polícias não devem estar nem demasiado próximo nem demasiado longe dos seus públicos. Os riscos que envolve a proximidade e a distância tocam-se pela sua gravidade. Por um lado, a parcialidade, o jogo de influências, a corrupção, a impunidade; por outro, a atitude de desconfiança genérica, a hostilidade e a violência policiais. Quando entrevistei oficiais e dirigentes da Polícia, muitos evocaram este problema e esta hesitação.[23]

Todavia a imagem da conciliação entre os polícias e os citadinos tem sido recorrente nos últimos anos, em especial porque, politicamente, foi preciso apagar vestígios de uma Polícia que serviu um regime ditatorial. Os *media* desempenham aqui um papel fulcral. A apresentação dos polícias ajuda a mistificar a importância e o seu papel em dois sentidos: quer no combate ao crime quer numa imagem de proximidade (para uma ampla leitura teórica sobre este processo ler Reiner 1985, capítulo 5). O trecho seguinte exemplifica a importância do polícia e do *amigo* na boa imagem pública dos polícias.

> Hoje na esquadra comenta-se o episódio de ontem num estádio de futebol que passou nas televisões e ilustrou as primeiras páginas dos jornais. Claro que quando surgem críticas e problemas que envolvem os polícias, estes dão sempre muita atenção. Mas como estamos às portas do campeonato europeu de futebol, as preocupações com a imagem (nacional e

---

[23] O problema da corrupção na Polícia portuguesa não foi muito explícito até anos recentes, até começarem a surgir nos *media* os casos gravosos das actividades do trânsito, má gestão de fundos sociais mutualistas e ainda fugas de informação e corrupção activa nas actividades de investigação criminal. Todavia, ao seu nível, a corrupção de rua na patrulha tem sido sempre vista como menor. As atenções das autoridades que as investigam centram-se nos abusos de violência e falta de cidadania, na redução dos elevados níveis de absentismo e nas falhas processuais óbvias.

internacional) dos polícias portugueses estão no seu auge. O que se passou? Um adepto invadiu o campo e foi contido por um agente que aparentava ter os seus 50 anos. O que se assinala visualmente no episódio é o facto de tudo ser resolvido a bem e de ambos saírem abraçados do campo. O adjunto do comandante comenta: "Aqueles dois saíram amigos do estádio. É curioso ver aquilo". Um agente diz: "Aquele momento faz melhor à imagem da Polícia do que mil palavras..." (diários da patrulha, Maio de 2004).

Do prisma quotidiano muitas vezes é a distância social que parece ser produzida. Algumas *figuras típicas* dos bairros, como dizem, acabam por se tornar elementos históricos de uma esquadra, pessoas que não passam despercebidas a nenhum agente e que acabam por se tornar amigos. É o caso do Luizinho, o *mitra de bairro* (que descrevi atrás), mas também da Alice, entre tantos outros. "Circunstâncias da vida" aproximam estas pessoas dos polícias: problemas, conflitos ou delitos, mas também a solidão, um desejo de protecção, uma curiosidade ou interesse, os encontros pela noite dentro...

A Alice é moradora no bairro desde criança. Nos seus 60 anos, os agentes consideram-na uma excêntrica simpática. Já nada fazem quando ela passa no seu velho carro azul metálico com música estridente e a altas velocidades. Ninguém quer saber ao certo se terá a inspecção da viatura em dia, mesmo se tem partes do carro presas por cordas. A Alice comunica quase diariamente com os polícias. No Verão cruza-se na rua com os agentes do CP e diz: "Vou para casa pôr-me nua". E estaciona o seu já famoso carro de qualquer forma. Há quem diga que é do tempo em que algumas moradoras "prestavam serviços" aos agentes, "davam-lhes reciclagem". Diz-se que há uns anos largos agarrava nos putos do bairro e levava-os de fato de banho a refrescarem-se nas regas dos canteiros próximos da igreja. Nos jogos de Portugal, durante o Euro 2004, aparece frequentemente toda pintada na esquadra e promete casar-se com um dos mais antigos subchefes que trata pelo nome próprio. A sua ironia desarma os polícias. Tudo nela é cómico e alegre (diários da patrulha, Julho de 2004).

Alguns sujeitos são mantidos como *amigos* pelos polícias por outros fins, utilitários e profissionais: idosos que estão sempre à janela e controlam o que se passa nas ruas, comerciantes bem situados, *informantes* e *colaboradores* privilegiados... Não são muitos os agentes que mantêm uma rede de informantes que lhes possibilita aceder a informação primária, sobretudo no tráfico de droga ou sobre delitos cometidos na área para os quais não existem respostas. Dizem: "Os nossos colaboradores são os nossos olhos". São precisos alguns anos na esquadra, determinação e muita experiência operacional para "conseguir fazer de alguns *mitras* nossos amigos". Geralmente são os pequenos traficantes, os consumidores mais moderados ou os ex-toxicodependentes quem se predispõe a ajudar os polícias. A troco da simpatia, do silêncio, de alguma quarta ou do fechar de olhos a actividades ilícitas, os *amigos* ajudam os patrulheiros a chegar mais longe na sua acção. Estes lembram que os limites legais e os encontros devem ser mantidos numa certa discrição. Não sabem muito uns dos outros, porque os contactos são rápidos e irregulares. Diz-se que o agente Cruz é quem tem mais *amigos* na área. Só isso lhe permite fazer os bons serviços que o tornam um dos agentes mais populares na esquadra. De vários encontros, seleccionei o seguinte:

> No turno das 19-1h vou com o Cruz ao encontro de alguém que costuma colaborar. Ficamos numa esquina do bairro da droga. Esperamos. O Cruz mantém-se em contacto telefónico com o sujeito. Lá aparece. Vem a pé. Vem alguém atrás... Podem vê-lo. É melhor sair dali. Vamos para a rua de cima. Aquele informa o Cruz sobre quem é o maior vendedor de droga do momento: tem traficantes à consignação, guarda tudo num carro, às 15h ou 16h pára, guarda tudo numa casa da rua X do bairro. Diz que nos carros guardam a droga no volante e na borracha das mudanças. Mostra o seu rádio. "Sou rádio-amador. Tenho um grande aparelho montado em casa e pertenço à associação." Despede-se... Mas volta atrás: "Tenho mais informação para ti". Não a dá toda, vai dando. Assim se vai mantendo vivo o contacto. O polícia não insiste, mas lembra que vai entrar nos turnos das noites (1-7h) e que não o vai encontrar tão cedo. Ainda falam de uma grande apreensão da PJ na área, 2 quilos de heroína e 6 mil euros. Até veio nos jornais. O agente lembra que levou esse gajo três vezes à esquadra e que nunca apanhou nada. Conclui: "Eles na PJ têm outros meios...". Vimos o amigo partir enquanto o Cruz me explica: "Ele já concorreu à PJ, mas não teve sorte. Foi toxicodependente e curou-se. Agora gosta de ajudar a Polícia" (diários da patrulha, Maio de 2004).

Os *amigos* são mantidos pelos polícias nas suas relações interpessoais. Na esquadra a informação raramente é partilhada. Mas alguns traficantes usam o esquema para baralhar os agentes no seu trabalho. Como me referiu um adjunto: "Havia um *mitra* que dizia que era meu amigo. Deve ter visto o meu nome na placa. E os agentes pensavam que era mesmo. Eu não gostava nada daquilo" (diários da patrulha, Abril de 2004). Os polícias não aceitam que os *mitras* se assumam como seus *amigos*, apenas os polícias o fazem, mesmo que sejam de facto informadores. A colaboração não deve extravasar o encontro entre o agente e o informador.

No plano das ambivalências das rotinas da patrulha todas as categorias se confundem. É possível verificar que certos sujeitos podem caber na categoria de ex-*mitras*, outros podem ser *mitras amigos*, o que geralmente quer dizer que em algum momento foram informadores. O episódio que segue demonstra-o.

Numa tarde, na época do Euro 2004, o condutor do carro-patrulha avista o Zé Miguel. Pela saudação entusiástica penso que é um colega. "É um *mitra*", dizem-me. Param o carro e chamam-no: "Estás com bom aspecto Zé Miguel. Então, já estás limpo [de droga]?". O Zé confirma: "Já há 6 meses que não meto nada [no corpo]". "Nem umas quartazinhas?", volta o agente. "Mesmo nada", diz com visível orgulho. "E agora já nem pode ser mais, já não vai ser. É para bem da família." No passeio estão a mulher e as duas filhas. O polícia pergunta-lhe onde está a trabalhar. "É nas obras, com um vizinho." O condutor diz: "Até estás mais gordo. Pareces bem". De saída ainda o lembram: "Vê lá se agora voltas a meter-te nessa merda outra vez!". O Zé Miguel não hesita: "Não, pode estar descansado sr. agente". E a concluir diz um dos agentes: "Todos fossem como tu!". Viram-se para trás no carro e dizem-me: "Estás a ver, isto dá-nos gozo". De volta até à esquadra vão o caminho a recordar episódios passados com o ex-*mitra* que arrumava os carros, por fora e por dentro... (diários da patrulha, Junho de 2004).

Infractores-natos no trânsito

Os *infractores* são aqueles que cometem delitos no plano da contra-ordenação, formalmente classificado como distinto do plano criminal no mandato policial. No plano informal, o *infractor* distingue-se do delinquente, do *mitra*. Na patrulha, os *infractores-natos* (os *reincidentes*, os que *não aprendem*) são particularmente detectados nesse amplo domínio do trabalho policial que é o trânsito. Já antes expliquei (no capítulo 2) como são identificados dois grandes domínios na área da esquadra: o trânsito e a droga. Ambos têm diferentes sentidos e práticas a eles associadas. Para entender as interacções estabelecidas entre polícias e *infractores* devo, em primeiro lugar, fornecer alguns dados sobre a forma como é representado e produzido o trabalho de patrulha no trânsito, destacando estas infracções dentre as demais.[24] Em segundo lugar, irei discorrer sobre como tradicionalmente, desde os anos 30, os polícias perspectivam os públicos das classes médias, a *população comum* em situação de infracção. Veremos, por fim, como com os infractores o tom dominante dos polícias é a negociação, cortada em determinados momentos por limites que apontam uma acção mais pesada e alteram a dinâmica de *bom senso* nas relações com os citadinos.

No plano da circulação automóvel, muito do trabalho policial passa pela dissuasão de comportamentos ilícitos. "A farda desmobiliza as pessoas", dizem os agentes que: "Na maior parte das vezes nem temos de fazer nada, pois quando os condutores avistam uma farda recuam e corrigem o mal". Muitas vezes o agente não precisa de sair do carro para evidenciar a sua posição, faz um sinal para um condutor que vai a falar ao telemóvel ou que vai sem cinto... Os apeados têm menos tempo para reparar estes e outros comportamentos. Assim é fundamentalmente no estacionamento que as relações dos polícias com os citadinos no trânsito se "complicam". Em bairros históricos e mais antigos da cidade os lugares para as viaturas são raros. Mas os novos moradores, visitantes e trabalhadores chegam com novos carros. Na maior parte das ruas existem irregularidades expressas em permanência (carros estacionados em segunda fila, em lugares proibidos, em cima das passadeiras dos peões, em cima de passeios, etc.).

Mas impõe-se uma questão: porque é o trânsito um domínio de trabalho que desmobiliza constantemente a acção dos patrulheiros? Como se tornou esta uma "área menor" no trabalho das esquadras? Como me disse uma agente: "Sempre pensei que o que vinha fazer

---

[24] O trânsito para os patrulheiros limita-se a uma questão de regulamentação da ordem nas cidades e reduz-se, como nos restantes domínios, à área de supervisão de cada esquadra. Para a região de Lisboa existe uma divisão de trânsito especializada com cerca de 500 efectivos e também a actuação dos polícias municipais (com cerca de 400 efectivos). Este policiamento distingue-se fundamentalmente da regulação do trânsito e controlo da sinistralidade nas grandes vias rápidas, auto-estradas e nas regiões de grande circulação rodoviária, a cargo da GNR. Talvez por isso na PSP se partilhe a ideia que este é um domínio em que a GNR "trabalha melhor", diz-se que: "Eles são mais firmes, nós mais tolerantes" (entrevista, Novembro de 2004).

era mais trânsito. Depois apercebi-me que há muito mais no trabalho de esquadra e que o trânsito é afinal apenas uma pequena parte" (entrevista, Janeiro de 2004). Existem razões de ordem sócio-urbanística para o refreamento da acção policial, mas também podem ser analisadas as lógicas organizacionais.[25]

Desde cedo os agentes são socializados numa cultura profissional que controla os ímpetos penalizadores face ao trânsito. Quando acompanhei a chegada dos *maçaricos*, dos polícias recém-chegados à esquadra, notei que uma das frases que os agentes mais velhos repetiam era: "Não ligues a todas as infracções, se não vais estar sempre a fazer qualquer coisa na rua". Para os agentes o trânsito é um "poço de problemas", sobretudo para os que se consideram operacionais. Por exemplo, o agente Cruz orgulha-se de em quatro anos de experiência de polícia na patrulha nunca ter autuado: "Resolvo sempre a coisa a bem". Este recusa criminalizar comportamentos no trânsito: "Nunca fui e espero nunca ir aos julgamentos do trânsito porque aquilo não é nada, até as salas de audiência são menores" (entrevista, Junho de 2004). O agente Duarte, para concorrer ao curso de subchefe, teve de "pagar lições privadas" a um colega que adquiriu muitos conhecimentos nestes domínios. Embora se orgulhasse de ser muito bom na luta contra a droga e noutros aspectos criminais do trabalho, considerava-se uma nulidade no trânsito.

No plano quotidiano da patrulha existem ainda outras razões que desvalorizam a actuação policial no trânsito. A presença quotidiana numa área obriga os agentes a passar pelas mesmas ruas, encontrar as mesmas pessoas e a probabilidade de enfrentarem os mesmos infractores que corrigem é enorme. Se corrigirem uma vez terão de corrigir sempre e aí podem ganhar *rivais*. É frequente ouvir os

---

[25] Só parcialmente este é um problema de âmbito policial. Nos bairros de Lisboa a falta de parqueamento traduz-se em maior infracção. A este factor juntam-se outros mais globais na cidade: o problema dos automóveis e do trânsito nas políticas de ordenação do espaço, a falta de controlo da entrada de viaturas na cidade, etc. Do prisma organizacional, o facto do trânsito ser regulado por uma série de polícias, entidades públicas e privadas parece impedir estratégias integradas de coordenação do mesmo. Cada corpo de polícia, e outras entidades envolvidas, parecem desenvolver há décadas políticas sectoriais e irregulares de actuação. Os comportamentos infractores dos portugueses no trânsito são conhecidos, comentados, ridicularizados e contestados pelos polícias. Mas na interacção quotidiana a maioria dos agentes admite não os conseguir controlar.

patrulheiros dizerem: "O trânsito só nos traz problemas". Estes consideram que se forem actuantes podem transformar possíveis *informadores* dos bairros em verdadeiros *inimigos* da polícia e prejudicar a sua imagem. Mas é a conflituosidade diária e as tensões que resultam dos encontros que a maior parte dos agentes pretende evitar, como expressa um agente com vários anos de patrulha:

> "As pessoas não aceitam que o polícia lhes vá ao bolso. Disso ninguém gosta. Por isso o nosso trabalho no trânsito é o mais mal visto. Eles dizem 'eu estaciono aqui todos os dias e todos os dias me vêm autuar, mas ali na rua ao lado já não autuam. Como me explicam isto?' Eu respondo 'nós não podemos estar em todo o lado...' Mas já desisti. Eles não entendem e não nos respeitam" (entrevista, Junho de 2004).

Este domínio do trabalho é encarado como um problema isolado da restante actividade policial e tende a alimentar ideais de mudança. O agente Pereira pensa que cada esquadra devia ter uma secção de trânsito própria, "até a nossa relação com os superiores melhorava". Alguns agentes como o Pacheco vão mais longe e alimentam utopias: "Deviam era acabar com a regulação do trânsito nas esquadras, deixar isso para a Divisão do Trânsito e para a Polícia Municipal". O agente Tadeu diz: "Só ajo mesmo em situação limite. Enquanto o trânsito for da Polícia vamos sempre ser mal vistos" (entrevistas, Maio e Junho de 2004).

Cada agente tem liberdade para aplicar uma medida profissional (e em boa medida pessoal) em cada caso. Não existem políticas definidas para a patrulha a este respeito, apenas advertências genéricas. Não admira assim que os agentes que mais autuam corram o risco de ser olhados pelos colegas e superiores como *inflexíveis* e experimentem externamente, e por vezes internamente, mais problemas do que os colegas mais actuantes nos domínios da droga, por exemplo. Aqueles que "gostam do trânsito" são vistos pela maioria como mais temperamentais, penalizadores e com pouco auto-controlo (mesmo se neste caso auto-controlo significa frequentemente não actuar numa situação de ilicitude inequívoca).

Neste quadro relacional, não ter o apoio directo e incondicional dos comandantes na regulação quotidiana do trânsito surge a sublinhar a desmobilização para agir. A narrativa de uma subchefe ilustra bem o problema:

"Quando saímos da Escola eu e uma colega autuávamos muito. Era aquela pica do trabalho. Éramos boas no trânsito. Depois fomos chamadas ao comandante da divisão. Disse-nos que tínhamos de ser mais moderadas e que não podia ser assim... Fiquei tão indignada que deixei de trabalhar [agir] no trânsito" (entrevista, Setembro de 2004).

Os comandantes apresentam-se geralmente mais ambivalentes nesta do que noutras áreas de actuação. São capazes de dizer: "aquele é um bom agente, até gosta de trabalhar no trânsito"; mas também "no trânsito eu recomendo sempre calma e que evitem os excessos".[26] Os problemas de interacção no trânsito são encarados como um problema de cada agente, embora alguns mais graves extravasem em larga medida o encontro da rua. Em algumas situações de crise nas interacções, agentes consideram que os comandantes lhes retiram o apoio pois não querem o seu nome envolto em complicações com moradores: "Os nossos superiores ouvem mais o infractor que vem cá à esquadra para fazer queixa de nós do que nos ouvem a nós. Até parece que desconfiam da nossa razão em autuar" (entrevista a uma agente, Julho de 2004).

Existem razões para o temor dos polícias. Defendem que aqueles a quem chamam *infractores-natos* são capazes de tudo e de complicar muito a vida dos polícias. Estes infractores estão entre os citadinos mais desafiadores da autoridade policial e, mais grave, no prolongamento desta para os departamentos deontológicos da organização.[27] São as pessoas das classes médias que detêm poder e conhecimento para accionar processos aos agentes.

---

[26] Os comandantes mais determinados e "legalistas" a este respeito são rapidamente travados. Um dos comandantes que passou pela esquadra e cujo trabalho conheci melhor tinha uma longa experiência em contra-ordenação noutra região do país. Resolveu propor um relatório com sugestões para a resolução de problemas no trânsito da área que pretendia enviar às Juntas de Freguesia e à Câmara Municipal de Lisboa. O seu relatório parou no comandante da divisão que o aconselhou a ter calma e a procurar resolver outros problemas da área da esquadra.

[27] No livro de memórias *Histórias de um Jovem Polícia*, Fernandes descreve esta situação: "Havia um graduado, que só nos dois anos em que o jovem polícia esteve naquela repartição [Secção de Processos], que veio a ser extinta no fim desse período de tempo, teve dezassete processos, não por motivos graves, mas somente por intervenções que culminavam, quase sempre, com queixas dos autuados" (1991: 217).

Mais do que factores de risco, insegurança profunda ou medo de ficar sem vida, são os aspectos mais ambivalentes do mandato e do exercício da autoridade que os agentes salientam quando defendem ter uma "profissão desgastante". É possível detectar uma representação cínica dos agentes em relação a estes domínios. Referem uma certa inconsequência e impunidade do seu mandato a este respeito, mas também as notícias sobre multas perdoadas a alguns infractores na organização, os telefonemas de oficiais para recuar no avanço de coimas para as esquadras, etc. Como me disse um agente: "Estão sempre a aparecer desculpas para autuações efectuadas". O trânsito é uma das áreas mais sujeita a influências externas e onde as relações entre o domínio público e o privado tomam forma.[28] Uma passagem de olhos pelos *media* evidencia que pessoas "influentes" conseguem demover autos. Aos patrulheiros não escapa um olhar crítico sobre o funcionamento interno da organização e as suas porosidades, mesmo se em algum momento da vida muitos irão ceder à tentação de recorrer ao poder que detêm para favorecer alguém...[29]

O trânsito, mais do que qualquer outro domínio da actividade, coloca aos polícias o dilema moral de hesitarem entre penalizar ou perdoar infractores – mesmo quando a situação de infracção é óbvia e justifica legalmente penalização – já que ambas as práticas são possíveis e praticadas em situações idênticas. Discernir a medida é mais difícil no trânsito do que noutros domínios classificados como criminais. O trânsito tende assim a ser o "espinho" da actividade policial e o controlo da actividade criminal uma espécie de "bálsamo"

---

[28] Nas operações *stop*, os sujeitos detidos por excesso de álcool no sangue são encaminhados no carro patrulha até à sede da divisão, onde se fazem testes comprovativos e são confirmados os valores e accionados os procedimentos administrativos da pena. Acompanhei várias vezes os detidos no seu transporte no carro patrulha. Alguns ameaçavam os agentes dizendo ter conhecimentos na Polícia que os ilibariam. Um deles, profundamente alcoolizado, chegou a telefonar a um amigo que dizia ser oficial, pelo telemóvel pessoal, dentro da viatura policial. Com as provas materiais era difícil voltar atrás no processo, informou-o logo o seu amigo.

[29] Nas vésperas de me lançar no trabalho de campo na esquadra algumas pessoas disseram: "Agora é que é, vais ver-te livre das multas no trânsito". É um dado comum assumir que as pessoas, com algum conhecimento, "mexem os cordelinhos" para que lhes seja retirado um auto. Os próprios agentes alimentam esta ideia. Mas quando se trata de beneficiar os desafiadores, tal flexibilidade do sistema passa a ser representada como impunidade. Muitos consideram que o sistema está instalado de alto a baixo nestas organizações.

da operacionalidade.[30] Confrontados com pessoas das quais se antecipam reacções desagradáveis, muitos agentes, em especial os mais jovens e inexperientes, preferem retirar-se a agir de acordo com as determinações legais que têm ao dispor. Verifiquei nas rotinas o que me disse um dos altos oficiais responsáveis pelo trânsito:

> "Esta é uma das áreas mais complicadas na Polícia e além disso é considerada uma área menor. Muitas pessoas aqui dentro têm a visão que a PSP existe para prevenir a criminalidade, para garantir a segurança dos cidadãos e que portanto o trânsito é uma área que não tem nada a ver connosco. Quando vim dirigir esta especialidade não fiquei muito satisfeito. Como muitos outros, o que eu queria era andar à caça dos *mitras*, de preferência numa divisão bem operacional. Mas depois comecei a gostar disto. Porque para trabalhar no trânsito é preciso gostar-se, mais do que noutras áreas" (entrevista, Março de 2001).

Trata-se de um domínio "complicado" em três planos: no plano legislativo, muito volumoso, detalhado e nem sempre articulado com o penal; no das exigências administrativas em cada auto – reflectido no que referem os agentes quando dizem "não sou um polícia de papéis" –; e, fundamentalmente, no plano interactivo entre polícias e citadinos, onde tudo pode acontecer.

E, todavia, existem "agentes que gostam de trânsito", patrulheiros que se tornaram verdadeiros *especialistas* da matéria. O que é que faz um agente gostar do trânsito neste panorama que o desfavorece? É inegável que alguns agentes têm um olhar plural sobre o seu mandato profissional, onde o trânsito se inclui. Defendem: "Fazemos o que tem de ser feito". Mas não por acaso, a maioria dos polícias que assumem medidas mais penalizadoras relatam experiências marcantes que os leva a transferir para o trabalho a sua visão pessoal. Entre as várias narrativas, uma observação dos diários, aponta-o bem:

> Hoje estive num encontro entre vários comandantes. Recordaram um adjunto [de comando de uma divisão] que, depois de perder um sobrinho

---

[30] Actualmente a Polícia Municipal tem uma ampla margem de actuação em matéria de estacionamento irregular. Durante o Euro 2004 eram frequentes as paragens dos polícias municipais na esquadra. Estes exibiam, perante os patrulheiros, o moderno equipamento tecnológico recém-adquirido que traziam nas carrinhas. Quando partiam eram frequentes os comentários dos patrulheiros: "A central deles está bem equipada, mas em termos de serviço [contra-ordenacional] é uma farsa, não é verdadeiro trabalho policial".

num trágico acidente ficou inflexível em relação a tudo o que dizia respeito a automóveis. Era muito rigoroso nas operações ao trânsito. Mas também detectava todos os excessos de velocidade do carro patrulha, vigiava isso e era completamente rigoroso nessa matéria. Se um carro andava a mais de 60 km/h ele reagia e corrigia os agentes de imediato (diários da patrulha, Março de 2004).

Um dos agentes mais novatos disse-me que estava satisfeito por, nos primeiros meses de trabalho, ter recebido um elogio verbal do subcomissário na esquadra que o referiu como um exemplo a seguir perante os colegas: "Sou implacável no trânsito. Não posso ver pessoas sem cintos, ao telemóvel, a parar nas passadeiras. Tenho uma amiga que ficou paraplégica por ter sido atropelada numa passadeira" (entrevista, Dezembro de 2004).

A argumentação legal ("estamos aqui para fazer cumprir a lei") pode surgir, mas tende a ser remetida para segundo plano. Existem condicionantes pessoais na actuação nestes domínios e, em geral, os argumentos e as histórias pessoais são muito valorizados na Polícia. Todavia o sentido inverso também tem lugar: polícias que temperam o seu mandato depois de confrontados com incidentes pessoais e de uma certa estigmatização do seu papel de controladores sociais. Uma subchefe relatou-me um caso.

> "Um primo meu foi autuado por um agente daqui da esquadra conhecido por ter 'mão pesada no trânsito'. Quando o agente se apercebeu do parentesco 'esqueceu-se' de pedir os dados de identificação. Então, eu mesma fui recolher os dados. Telefonei a um familiar. Não me sirvo da farda em nada que seja para mim. Mais tarde fui sujeita a discussões familiares por causa do sucedido. O meu primo veio a morrer num acidente por excesso de velocidade. Hoje pergunto-me: Valerá a pena uma pessoa chatear-se por causa de uma multa?" (entrevista, Abril de 2004).

As hesitações, dilemas, recuos e avanços policiais no trânsito devem-se em grande medida aos públicos que são ali enfrentados pelos polícias: as pessoas *comuns,* das classes médias, pessoas para as quais polícias têm menos respostas inequívocas. Em grande medida, o trânsito, na sua difícil regularização quotidiana, revela-se uma das áreas de menor uniformidade e de maior sensibilidade nas respostas policiais. A *flexibilidade* não só é exigida como é uma condição no trabalho dos agentes patrulheiros. Mas o que a directiva informal revela é uma real tendência para a manutenção de uma distância prudente e de evitamento dos polícias em relação a estes citadinos.

A variação de comportamentos dos habitantes *normais* e *comuns* das cidades, e saber como lidar com ela, foi sempre uma preocupação para os polícias. Já nos anos 30 o trânsito era considerado um "magno problema" de uma "espinhosa profissão" (Ribeiro, 1935: 44). Durante o período do Estado Novo estas organizações do controlo assumiam, sem problemas, que corrigir comportamentos não significava agir do mesmo modo com todas as pessoas e em todas as situações. *Apontamentos de um agente da Polícia de Viação e Trânsito* (Gaspar, 1949) é uma obra que pretende "contribuir para melhorar a disciplina no trânsito". A maior parte do livro apresenta uma leitura policial do trânsito como problema de engenharia e oferece fórmulas de cálculo para diferentes infracções. A segunda parte, aquela que aqui interessa focar, é um verdadeiro manual de identificação e classificação dos "tipos característicos com que os polícias têm de lidar". O autor oferece princípios para a conduta policial.

> Porque a vontade humana é caprichosa e se exterioriza de maneira diversa, de indivíduo para indivíduo, provocando acções e reacções diferentes, mesmo quando em circunstâncias idênticas, a disciplina da circulação resulta missão ingrata e espinhosa que obriga a grande espírito de observação e maleabilidade na actuação (1949: 70).

A obra faz uma detalhada análise estereotipada de comportamentos e "temperamentos" de citadinos associados a infracções e conselhos comportamentais de reacção aos polícias. O autor define oito tipos de pessoas, transeuntes e condutores dos espaços urbanos, que passo a descrever. Começa pelos transeuntes, os chamados peões.

Os "*distraídos* são os que perigosamente aproveitam a rua para meditar os seus negócios, alheios por completo ao mundo que os rodeia. (...) São os que justificam o apito da Polícia e o alarme dos carros".

> Os *imperturbáveis* são os que não alteram o passo, tenham ou não que fazer esperar os outros. (...) Cuidado com estes senhores; são em geral egoístas mas também podem ser pessoas importantes.
>
> Os *inadaptados* são os menores (...) os que saem pouco (...) a gente do campo (...) pessoas idosas (...). São os que a Polícia deve aconselhar, desviar de perigo e orientar.

Os *imprudentes* são os que conhecendo o perigo fazem gala em enfrentá-los, confiantes no seu desembaraço e na sorte (...) numa atitude de falsos toureiros que devem supor brilhante porque chegam a gritar... "olé!" (...) São os que saltam de carros eléctricos (...). São os que a Polícia deve contrariar para os ajudar a viver mais tempo (Gaspar 1949: 71-74).

Os outros quatro "tipos" característicos com quem o autor defende que "os polícias terão de lidar" são condutores. Veja-se a descrição.

Os *recalcitrantes* normalmente são pessoas bem instaladas na vida e confiantes nas suas relações pessoais (...) Têm sempre muitos casos que contar em que tiveram razão e a Polícia exorbitou das suas funções. Quando lhes é chamada a atenção para qualquer irregularidade, costumam habilidosamente deixar escapar, através dos seus argumentos, que são amigos do Comandante da Polícia. A estes deve o agente atenciosamente comunicar que terão o cuidado de completar a sua identidade e mencionando também a qualidade que invocam.

Os *egoístas* são aqueles para quem nem os regulamentos, nem o interesse colectivo, nem as conivências de ordem geral contam, desde que contrariem a sua comodidade pessoal (...) A estes deve a Polícia caprichar em não deixar passar sem reparo, sempre que presencie as suas imperdoáveis manifestações de egoísmo.

Os *descuidados* (...) são pessoas normais; só se modificam quando sentados ao volante do seu carro (...) São indivíduos que a Polícia deve controlar cuidadosamente, pois são muitas vezes causa de acidentes e far-lhes-á bem um repouso temporário de actividade, quando não mostrem propósito de emenda.

Os *imprevidentes* (...) são os que ignoram ou fazem por esquecer que a velocidade é regulada por leis físicas imutáveis e que estas condicionam o espaço indispensável à travagem do seu automóvel (...) São os que, numa atitude de falsa virtuosidade, conduzem com um só dedo, o cotovelo negligentemente apoiado na janela (...) São elementos perigosos e por isso merecem uma atenção especial por parte das entidades a quem compete reprimir ou suspender, por demasiado repetidas, as suas imprudências (Gaspar, 1949: 70-80).

O texto deixa antever que nos anos 40 muitos problemas de ordem pública nas cidades portuguesas surgiam de tensões e altercações entre condutores e transeuntes. Hoje a atenção policial em bairros antigos da cidade é dirigida fundamentalmente para os condutores e para a infracção de regras aos códigos do trânsito, sobretudo na circulação rodoviária e estacionamento. Os automóveis ganharam enorme centralidade na atenção dos agentes. A tendência dominante da patrulha de hoje é para ver a intervenção policial no trânsito como caso-limite. Alguns polícias têm idade suficiente para ter assistido a uma viragem e a um certo recuo do policiamento ordinário, em especial dos patrulheiros, no trânsito na cidade. Veja-se o relato de um oficial que demonstra os vários aspectos sociais e policiais implicados neste domínio:

> "Nos anos 80 eu era patrulheiro em Lisboa. Até aí não existia praticamente estacionamento abusivo. Tínhamos cada um uma caderneta e era--nos dito para autuar todos os veículos que estivessem mal estacionados. Mas o volume de mau estacionamento começou a crescer tanto que a certa altura já só trabalhávamos no trânsito. Havia uma grande pressão social também e as cidades começaram a ficar atafulhadas de carros. Fomos criando entendimentos. Autuávamos os carros em bom estado porque sabíamos que aqueles iam ser tirados dali. Não íamos autuar carros velhos e abandonados. É preciso saber escolher os alvos. Às tantas fomos perdendo algumas ruas onde o mau estacionamento era tanto e por todo o lado que não conseguíamos controlar. Assim ficámos com duas ou três ruas para onde iam todos os dias agentes que ali estavam a regular o trânsito. Mantínhamos no mínimo algumas artérias controladas. Mas a Polícia começou a recuar. A animosidade e a pressão social tornaram-se insuportáveis. Isto revela a incapacidade das autoridades em se fazerem exercer. A autoridade não foi exercida. Algumas medidas recentes retiram cada vez mais os agentes do trânsito. Os patrulheiros entendem-nas como sinais para se libertarem desse empecilho que é o trânsito" (entrevista, Maio de 2005).

Existem alguns lemas repetidos pelos polícias que continuam a ser aprendidos pelos mais jovens, que se aplicam fundamentalmente ao trabalho no trânsito: "Quem foge não quer guerra" e "há mais marés que marinheiro" ou, noutra versão, "há mais ventos que marés". Os adágios indicam que um infractor, em particular um *infractor--nato*, acabará sempre por repetir a cena e será punido pela extensa rede dos patrulheiros da cidade.

Nos encontros com os condutores a negociação é a estratégia dominante. Como referiu um agente: "Quando temos problemas no trânsito temos de ter mais cuidado, é que não estamos a lidar com *mitras*" (entrevista, Maio de 2004). Aqui, mais do que nos domínios de infracção criminal, acredita-se que é necessário desenvolver uma certa predisposição comunicacional. Negociar implica saber quem detém a autoridade, mas agir com contenção. "É preciso fazer sentir aos cidadãos quem domina a situação" – diz um agente com dois anos de Polícia – "mas se seguíssemos à risca a lei [o Código da Estrada] tínhamos uma guerra civil em Portugal." (Entrevista, Novembro de 2004.)

Nestes domínios, os agentes desenvolvem várias tácticas que tornam justificáveis as correcções, procurando simultaneamente não ferir a imagem dos polícias, em particular nos bairros por onde circulam diariamente.[31] Usam por vezes um vocabulário técnico e o aviso ("se não sai daí vou ter de proceder em conformidade"); usam a moral, o desaprovamento e a pessoalização ("acha bem estar aí estacionado? Se o seu filho quisesse passar na passadeira e não pudesse você também não gostava!"); mas também usam o humor e a indução ("Então amigo? Vá, vamos lá a pôr esse cinto... Pensa que é só para enfeitar?"). Alguns agentes fazem esforços para minimizar a intrusão das pessoas com aparente estatuto social nos seus domínios e desenvolvem competências de apresentação de si na tentativa de uniformizar a acção. Como me disse uma subchefe: "Falar pouco é o melhor método para o trânsito, para não criar grande conflito. As pessoas apenas têm de ser informadas que vão ser autuadas, o porquê da autuação e não há mais conversa, não há mais diálogo" (entrevista, Setembro de 2004). Quando a atitude dos agentes é mais racionalizada e pouco intempestiva, a probabilidade de reacções imprevistas dos citadinos diminui. Mas mesmo com todos os ingredientes da negociação táctica, no trânsito podem sempre surgir problemas. Por isso se diz que é um domínio *sensível*. Se nos domínios da droga se identificam lugares *referenciados*, se considera existirem *bairros problemáticos* e as zonas de criminalidade têm mais *pontos quentes*, no trânsito os agentes falam informalmente em *pontos sensíveis*. As "sen-

---

[31] Na interacção com suspeitos nos domínios e lugares considerados efectivamente criminais, as soluções encontradas não têm de ser tão justificadas, são menos exigentes em termos de negociação e são mais óbvias. Os conflitos e resistências à actuação policial têm um fim mais evidente e inflexível: a detenção ou, pelo menos, o encaminhamento para a esquadra para identificação. Por exemplo, uma vez um agente apeado mandou um suspeito parar para lhe fazer uma revista no local. Este não parou. O agente usou a força física para o imobilizar. Uma recusa de acatamento da autoridade policial no trânsito pode levar ao mesmo fim, mas os meios usados são à partida diferentes.

sibilidades" do trânsito (que afectam e limitam o mandato policial) tendem a ser identificadas nos bairros ou lugares mais frequentados pelas classes médias.

Demonstrei em traços largos como se tem vindo a produzir um domínio do policiamento de rotina. Mas embora pautado pela negociação, são estabelecidos pontos-limite, justificações para a autuação e para a tomada de decisões que os polícias consideram legitimamente penalizadoras. Os agentes estabelecem pelo menos três balizas à negociação, que caracterizo como materiais, relacionais e à autoridade. Os primeiros, os "limites materiais", baseiam-se mais em entendimentos contextualizados e pessoais das leis do que na qualificação e gravidade das infracções. Por exemplo, os agentes da proximidade, no apoio a escolas, crianças e idosos, tendem a considerar que o estacionamento em passadeiras (as chamadas *zebras*), em particular junto às escolas, é inadmissível ("Aí não perdoamos"). Se estão no local não autorizam o estacionamento. O último recurso é o auto, muitas vezes directo (na presença do infractor). Os agentes da patrulha têm um entendimento mais heterogéneo, o padrão de actuação não é tão previsível, e acabam por ser muito flexíveis. Ainda assim, em alguns destes encontros com infractores, os agentes fazem-se valer de recursos pessoais para os deixar seguir apenas com um aviso (por exemplo, "teve sorte que eu hoje estou calmo"). A infracção em si não é necessariamente o que provoca a punição na acção dos polícias, mas um conjunto de interpretações situadas e socialmente relevantes onde a infracção se enquadra.

Em vários encontros sobressaem alguns "limites relacionais". Quando na interacção as pessoas não aceitam com facilidade a decisão policial, um aviso, e recusam acatar pacificamente a ordem dada, tendem a ser autuadas. A medida da penalização é menos a gravidade da infracção (tal como está estabelecida no Código da Estrada) e mais o comportamento dos citadinos na interacção com os agentes. A razão legal pode surgir depois do encontro correr mal. Eis um exemplo de episódios que podem ter lugar na patrulha.

> O agente Pereira mostra-me o expediente, uma participação de um sujeito que autuou. Estava estacionado numa esquina movimentada do bairro e em segunda fila. Disse-me: "Até estava para não o autuar, mas ele foi tão mal educado que acabou por me levar a isto [a escrever uma partici-

pação sobre a conduta do infractor]. Mandei-o circular e ele recusou. Depois começou aos gritos e faltou-me ao respeito". Vai passar um segundo auto, porque além de mal estacionado o sujeito não estava na posse dos documentos (diários da patrulha, Maio de 2004).

Polimento e deferimento são a forma dos tratamentos interpessoais mais apreciados pelos agentes. Como me referiu um subchefe: "Os piores nem são os bêbedos, que estão alterados pelo efeito da substância, os piores são os mentirosos e os malcriados. E há muitos neste bairro. Aqui são uns arrogantes. Temos de manter o profissionalismo, mas muitas vezes falta-nos a paciência" (entrevista, Abril de 2004).[32] Ou como uma vez me referiu um outro: "Quando era agente aprendi muito com um mais velho. Este costumava dizer – 'se me dão um beijo dou um beijo, se me dão uma estalada eu dou outra'" (diários da patrulha, Maio de 2004).

Os polícias consideram os humores dos infractores um impedimento à execução *limpa* de um mandato. Pressões para elevar o número de detenções podem ter efeitos no policiamento e, consequentemente, no azedar dos encontros com os infractores. Relato um episódio.

> Estamos numa operação *stop* nocturna. O agente Pedroso acaba de autuar um sujeito por estar a circular com a viatura em situação irregular. Devia ter feito a inspecção há dois meses. Confidencia-me que se ele tivesse sido mais bem-educado e tivesse falado de outra maneira o teria deixado seguir. Observo que o sujeito se manifesta transtornado com a autuação. Não acusou álcool no sangue, o que ainda o exalta mais. Pois estas operações estão sobretudo associadas ao controlo da circulação com álcool nas estradas. A certa altura diz abertamente, mas num tom provocador: "Não podemos esquecer isto, sr. guarda?". O Cardoso vai falar com o superior. Quando surgem dúvidas em relação ao que fazer nestas situações, alguns agentes optam por falar com os superiores. Nas rotinas de patrulha não é possível fazê-lo. O superior e o agente ponderaram, mas o superior acaba por ser implacável e não conceder o perdão. Considerou-se que "o sujeito não merecia" (diários da patrulha, Abril de 2004).

---

[32] Já nos anos 30 se caracterizavam deste modo os citadinos. Quando Ribeiro descreveu a solução do capitão Ferreira do Amaral para o trânsito, colocando soldados de cavalaria da GNR nas ruas, dizia que tal situação dava "ensejo aos trocistas e teimosos passeantes lisboetas para darem largas à sua costumada verve". E noutra situação falava da: "eterna chacota portuguesa, que tudo implacavelmente achincalha...". Cf. Armando Ribeiro, *Subsídios para a história...* (1935: 33).

Os encontros com os *infractores-natos* são particularmente desafiadores dos limites relacionais. Acredita-se que repetem infracções vezes sem conta e que, desse modo, enfrentam a autoridade e, sobretudo, esticam os limites policiais. Podem ser *poderosos* (como já descrevi), ter dinheiro para pagar as autuações, e podem eventualmente ter conhecimentos ou uma rede de influências que os faz livrarem-se das mesmas. Como expressou uma agente:

> "Estacionam sistematicamente em frente a lugares proibidos, garagens, em segunda fila... E se for preciso deixam ali os carros para irem passear ou almoçar confortavelmente nos restaurantes. Por vezes até deixam as chaves da viatura aos empregados de mesa e não se incomodam com nada. Parece que são os donos do mundo" (entrevista, Setembro de 2004).

Os agentes identificam os pontos sensíveis onde, geralmente, a probabilidade de encontrar de novo os mesmos infractores de sempre é maior. Alguns são temidos pelos polícias porque têm algum poder, que desafia na situação (por vezes administrativamente) o poder e mandato dos agentes. A acção legitimamente autorizada pode levar a uma troca de palavras amargas e a desautorizações que pouco dependem tanto do mandato policial como também, e por vezes sobretudo, da situação que o *infractor* ocupa na estratificação social e no mercado de trabalho.

Uma das zonas onde tais encontros têm mais probabilidade de ocorrer é em frente a um enorme estabelecimento de ensino que os agentes consideram ser para *ricos*. É sempre um problema para os comandantes manter a zona policiada porque os patrulheiros resistem. São os agentes do programa Escola Segura que acabam mais vezes por ser responsáveis pela circulação automóvel que se complica à entrada do estabelecimento. Relato um episódio.

> Estou com os agentes da Escola Segura no turno das 7h-14h em frente à escola.
> Os agentes dizem: "Vir para aqui é preciso coragem. Os patrulheiros não gostam. Só vêm obrigados. Isto aqui é pessoal com dinheiro. E às vezes chega-se aqui ao caos e fica-se a pensar: como pegar nisto? Só com experiência. Os comandantes interessam-se pouco por isto porque daqui só vêm problemas".
> Entretanto, vemos sair de um carro uma mulher e duas filhas. A agente diz: "Aquela que ali vai é uma infractora-nata. Quando a autuei na passadeira junto à escola disse que me ia tirar a farda, que conhecia umas pessoas. Foi à

esquadra dizer que tinha sido multada na passadeira e que tinha todo o direito de ali estar. O comandante tinha a participação na mão e podia tê-la confrontado com o que ela disse. Podia ter-me defendido e não o fez. As ameaças que ela me fez eram muito graves. Naquela altura fiquei muito magoada com ele. Ficava bem à mulher um pedido de desculpas... Chegou a escrever sobre isto na *internet*, num *site* institucional. Um colega deu-me a ler o texto. Expôs o meu nome e o do meu colega. Podia ter-lhe accionado um processo por difamação. Isto é para ver a força que esta gente tem, a indignação que eles têm e que usam para se protegerem e atacarem os polícias. Eu dei-lhe o nome e o número para ela ir falar com o meu comandante, como manda a nossa lei (cf. Regulamento de Esquadra, 1961, art.º 79). Mas não tem o direito de expor assim o nome das pessoas nos meios informáticos" (diários da patrulha, Novembro de 2004).

Retomando a obra de Gaspar (1949), em que descreve os tipos de pessoas com que os polícias lidam no trânsito, são sublinhados os limites relacionais e exigências de deferência que no essencial se mantêm vivos na cultura policial de hoje. Em qualquer dos grupos há ainda os que se revelam "bem-educados" e "mal-educados". Aos primeiros deve o agente tratar com amabilidade e sempre que possível com benevolência. Aos segundos há que lembrar sem demora o respeito devido à autoridade e quando tal não resulte, proceder com dignidade e energia" (Gaspar, 1949: 80).

Dignidade e energia significam para os polícias o uso das ferramentas legais, o que, em casos mais extremados, pode significar dar "voz de detenção" e levar avante um processo judicial. Esta representa a terceira manifestação dos limites à negociação, que pode ser entendida como "limite à autoridade". Grande parte dos encontros que envolvem autos directos resulta de encontros que são tudo menos simpáticos. Uma contra-ordenação pode passar a ser tratada como crime (de desobediência ou afronta ao agente). A acção polariza a situação assimétrica dos poderes. Nesta altura os polícias têm a ideia que estão a corrigir pessoas e já não os seus actos. A penalização passa a objectivo, deixando de se tratar apenas de questões do trânsito. As reacções "enérgicas" dos agentes em casos destes, sobretudo os que originam detenções por "desrespeito à autoridade", representam um elemento agregador na cultura dos polícias e chegam a ser divulgados nos *media*. Estes podem implicar intimidação e mesmo humilhação dos infractores, colocando-os finalmente num plano simbólico mais próximo dos *mitras*.

O caso mais flagrante deste processo na esquadra foi o que originou a *detenção da Doutora* (como a ela se referiam os agentes). Um dia os agentes surpreenderam um automóvel mal estacionado. Enquanto o autuavam chegou a condutora que entrou no carro e se pôs em andamento. Os polícias mandaram-na parar e ela seguiu com a viatura, tendo tocado com o carro no corpo de um deles quando este a tentou obstruir. Os agentes que não estavam presentes ouviram com indignação através da central de rádio que a condutora "se pôs em fuga". Também escutei. Mas logo me lembraram o velho ditado policial – "há mais ventos que marés" – que na altura não entendi exactamente o que poderia querer dizer... Dias depois, vários agentes de giro avistaram-na na viatura, reconheceram a pessoa e dirigiram--se a ela para lhe pedir a identificação e documentos. Perante o medo e resistência da mesma, fechando-se na viatura, os agentes, que já não estavam num espírito negociador, chamaram o comandante ao local e foi-lhe dada voz de detenção. Embora tenha resistido sempre, esta foi conduzida pelo braço para a esquadra (revistada, executado o processo, conduzida a tribunal, etc.). Teve pelo menos dois processos em tribunal, que todos souberam desde o início que iriam ser absolvidos. A justificação que mais se apontava era: "é que ela está inserida na sociedade". Entre polícias, mais do que a pena, era o momento e os seus limites à autoridade que importavam justificar. Desta vez os superiores defenderam e apoiaram os agentes envolvidos até ao fim. Para os polícias a autoridade foi assim vingada com a reposição da ordem de poderes. Estes são casos relativamente raros, sobretudo quando envolvem infractores das classes médias. Mas podem acontecer, em particular quando a pressão interna pelos resultados se evidencia, em épocas do mês em que a estatística criminal das esquadras já se previa mais alta...

*

Este capítulo permitiu traçar o itinerário gradativo da distância/ proximidade, normatividade/negociação e força/neutralidade na relação entre polícias e os diferentes citadins que se constituem em diferentes públicos dos polícias. Os léxicos, classificações informais e figuras discursivas em uso pelos polícias guiaram-nos nesse caminho interpretativo.

Existem muitas outras figuras dos quotidianos policiais que geralmente também não fogem a representações e classificações, mas que não cabem estritamente nos grupos tradicionalmente mais representativos. Lembro, por exemplo, oficiais de justiça, delegados do Ministério Público, delegados de saúde, enfermeiros, agentes funerários, seguranças, vendedores de balcão, empregadas de loja, *almeidas* (os colectores do lixo urbano), mas também... psicólogas.[33]

Durante o Estado Novo os polícias consideravam-se *juízes de rua*: "O polícia mandava mais na rua do que hoje o juiz manda no tribunal, porque aquilo que o polícia dissesse o cidadão cumpria" (entrevista a chefe reformado, Dezembro de 2004). A transição histórica portuguesa fez com que os agentes passassem a ser considerados polícias com *bom senso* e contenção, mesmo se mantendo e até desenvolvendo ideais de operacionalidade. Tal mudança acarretou nos mesmos uma nova visão do seu mandato, das cidades e dos urbanitas. Com uma imagem legalista a defender, numa profissão sujeita a pressões políticas mas também sociais, os agentes são vistos como controladores do crime mas também garantes da segurança, e já não controladores sociais hostis e vigilantes dos bons costumes de um Estado autoritário.

Contudo os públicos estão longe de serem encarados como um todo homogéneo, ou as figuras da cidade como simples "cidadãos", embora os textos normativos e constitucionalistas o ambicionem. Como vimos nos encontros com *mitras, carochos* e *pretos, pessoas com poder, citadinos a apoiar, amigos, infractores*; todos eles merecem diferentes respostas e diferentes níveis de negociação da acção. Deles os polícias esperam comportamentos que ora *facilitam* ora *dificultam* a execução do seu mandato.

Alguns autores têm sublinhado o aspecto crítico do uso frequente de estereótipos que se tornam estigmas sociais e imprimem certas tendências de abusos na relação entre polícias e citadinos, em especial junto dos mais desprovidos de poder. Van Maanen foi um desses autores:

---

[33] Umas vezes em gracejo, outras seriamente, os agentes assumiram também ambivalências no meu papel de investigadora-actora. Tratavam-me como se fosse uma psicóloga em estágio. Alguns, sobretudo os novatos, os chamados "maçaricos", diziam: "Ó Dr.ª, quando é que me recebe no gabinete? Estou mesmo a precisar, estou todo avariado...".

If the police increasingly view their public audience as foes – whose views are incomprehensible if not degenerate or subversive – it is likely that they will also magnify clues which will sustain the stereotype of citizen-as-enemy escalating therefore the percentage of street interactions which result in improper arrest and verbal or phisical attack. Thus, the fantasy may well become the reality as stereotypes are transformed into actualities (1983: 236).

Os léxicos profissionais do quotidiano são ferramentas tão eficazes como a regulamentação organizacional, ou mesmo legal, na acção dos polícias. Nesta medida, tais representações transcendem o mandato e acabam por estar inevitavelmente pouco abrangidas por normativas formais, mas afectam todo o trabalho policial.

Historicamente os modelos tradicionais de patrulha tendem a resistir à mudança. Talvez tenham sido necessários 30 anos de democracia em Portugal para os polícias incorporarem novos princípios. Em particular aquele que diz que "os direitos dos cidadãos não são apenas um limite da actividade de polícia; constituem também um dos próprios fins dessa função" (Canotilho & Moreira, 1993; *cit. in* Marques da Silva, 2001: 61). Cidadão é em si mesmo um conceito recente que povoa os discursos dos polícias e dos políticos do presente. Mas tal não impede que na prática nem todos os citadinos sejam vistos como cidadãos.[34]

Nas esquadras, os poucos subchefes com mais de 50 anos que ali trabalham ainda lembram o tempo em que se davam *sermões*, *moralizavam*, davam *cházadas* ou *lições* aos transgressores e pequenos delinquentes. Na época assumia-se que a interacção dos polícias com os citadinos era mais evitada do que incentivada[35] e que a *justiça sumária* e viril era uma prática corrente do trabalho. A maioria dos patrulheiros de hoje defende que estes aspectos já pouco lhes dizem e dão-lhes pouco uso na actividade quotidiana.[36] Como diria

---

[34] Cidadão é "aquele que está no gozo dos direitos civis e políticos de um Estado" (*Dicionário Cândido de Figueiredo*, 1996).

[35] Como me relatou um chefe reformado que patrulhou durante os anos 50, 60 e 70: "Se havia duas ou três pessoas no passeio, era só verem o polícia à distância, essas pessoas afastavam-se e iam-se imediatamente embora. Não havia praticamente comunicação. Era até evitada. Passavam-se dias e dias que eu não falava com ninguém" (entrevista, Dezembro de 2004).

[36] Um exemplo. Numa altura havia um sujeito na área da esquadra que era considerado doido pelos patrulheiros. Andava a riscar os carros dos moradores. Na esquadra foram

Marques da Silva, "não cabe ao Estado legislar moralidade" (2001: 43). Mas mais do que "o que se faz", os polícias partilham cada vez mais uma consciência "do que não se faz", frequentemente por comparação com "o que antigamente se fazia". Ainda assim, o valor da imparcialidade policial é um processo em curso, amplamente difícil de realizar numa organização de semânticas, gestualidades e interacções sócio-profissionais que oscilam entre controlar e apoiar.

As próprias semânticas sociais, umas fixadas administrativamente outras em circulação nos *media*, geralmente assumidas como realistas, podem impedir um olhar claro dos polícias para as cidades e ordens sociais. Poderia discutir-se toda a construção imaginária e estigmatizante que configuram nos termos "bairro sensível" (Katane, 2002) ou, na versão portuguesa, "bairro problemático". Tais tipificações ajudam a classificar mas também a predeterminar "cenários" e a tornar homogéneo o que é por natureza heterogéneo nos mundos sociais, sendo que se entende que é na heterogeneidade situacional que os polícias devem apoiar a actividade e executar o seu mandato.

Talvez seja oportuno lembrar que a natureza do mandato policial coloca estes profissionais perante os "imperativos externos", factores que determinam o contexto em que interactuam os habitantes das cidades: a densidade da população, a mobilidade, a heterogeneidade, a desproporção geográfica, a diferenciação económica e as limitações políticas e administrativas (Mitchell, 1990: 65-66). É-lhes pedido que mantenham ordens, administrem o policiamento, a justiça e garantam a segurança tendo em conta a todo o momento os contrangimentos situacionais da vida urbana. É perante um quadro complexo de relações e interacções sociais que vão criando mapas cognitivos e tecendo usos sócio-profissionais de poder.

---

seguidas várias tácticas, escreveram-se muitas participações e quem acabou por aparentemente o acalmar com alguns avisos foi a agente do Programa Idosos em Segurança. Entretanto, um polícia reformado que vivia perto da esquadra telefonava várias vezes para o estabelecimento a pedir que "fossem dar uma lição ao sacana do desgraçado". Os agentes insistiam que ele e os visados apresentassem queixa formal. E lembravam que para o levar ao hospital só com mandado do tribunal. O velho polícia não desistia, mas na esquadra ninguém o levava muito a sério. Diziam, "ele é de outro tempo; os polícias trabalhavam de maneira diferente".

Termino com o testemunho de um agente, com 28 anos de idade e três anos de experiência de patrulha, que traduz o peso da visão pessoal e biográfica na acção policial. Os entendimentos variam e podem dar origem a atitudes mais ou menos penalizadoras em relação a diferentes públicos, grupos e pessoas. Vemos assim que nas rotinas policiais não é nada simples tornar prático o valor da isenção profissional (cf. Regulamento Disciplinar da PSP, Lei n.º 7/90 de 20 de Fevereiro, art.º 7).

"O pior para mim é o traficante de droga, a esse não perdoo. Depois, em segundo, são os seguranças das discotecas e dos bares que servem porrada de borla. Quando era novo apanhei de um numa discoteca e vinguei-me. Deixei-lhe a cara em sangue. Em terceiro lugar, não posso com os malcriados. Agora, o homenzinho que anda a trabalhar de manhã à noite, eu deixo-o seguir. Pode não ter o seguro em dia, mas eu vejo os papeis e digo: 'Tudo em ordem'. Sei como é duro trabalhar e ter pouco para comer; fui ajudante de serralheiro quando era miúdo..." (entrevista, Julho de 2004).

CAPÍTULO 6
Carreiras e Estilos Policiais

Até aqui analisei a organização, as culturas de trabalho e as classificações para o meio social envolvente na actividade policial dos agentes de esquadra. Neste capítulo e no próximo irei voltar ao sentido de grupo da comunidade policial. Procuro assim reflectir sobre os quadros de socialização dos agentes na profissão, sublinhando sobretudo os primeiros anos dessa experiência. Como afirma Van Maanen (1978c), a socialização implica a aprendizagem da perspectiva cultural da organização, os modos de entendimento e de classificação do mundo que os agentes vão aprendendo através das práticas profissionais e das movimentações das carreiras. Além da "condição policial", para usar de novo a noção de Monjardet (1996a), as trajectórias individuais e sociais são igualmente determinantes no estudo da cultura e, em particular, das identidades sócio-profissionais entre agentes.[1] As carreiras e modos de vida são centrais na produção da "condição de agente", se quisermos. Não só a "arena" do trabalho, mas também a experiência biográfica da profissão, afasta-os em grande medida de outros polícias, em particular de oficiais.

Neste capítulo detalho os contextos dessa socialização em vários momentos da vida profissional dos agentes na esquadra e na forma como se vão desenhando as lógicas das carreiras, tal como vão sendo

---

[1] Cabe aqui a ideia de identidade tal como foi reflectida por Madureira Pinto (1991). Se as identidades se expressam ao nível individual, a análise sociológica deve, todavia, insistir na dimensão relacional: no eixo das sincronias sociais, as identidades constituem-se enquanto processos de identificação (aproximação, inclusão entre as pessoas e grupos) *versus* identização (distanciamento, exclusão de pessoas e grupos). Nesta dinâmica nenhum processo de identidade exclui a alteridade (conivências e infidelidades). No eixo das diacronias, aquelas formam-se a partir dos trajectos sociais dos seus agentes, da posição que ocupam na estrutura social e dos projectos sociais em que se enquadram.

percepcionadas e classificadas pelos envolvidos. A articulação entre a profissão, as trajectórias e, em parte, outros eixos da vida ficará reservada para o capítulo seguinte. Aqui foco-me na experiência profissional de polícias na categoria de agentes, ficando adiada uma perspectiva mais lata que abranja as chefias intermédias e superiores, bem como de polícias que seguiram para outras unidades e contextos de policiamento.

De modo a centrar os agentes no contexto organizacional convém relembrar, de modo sucinto, a estrutura ampla de carreiras do pessoal com funções policiais na PSP (ver **figura 5**, em anexo). Existem três carreiras diferenciadas: de oficial, chefe e agente. A primeira desenvolve-se nos postos de superintendente-chefe, superintendente, intendente, subintendente, comissário e subcomissário. A segunda nos postos de chefe e subchefe. A terceira em agente principal e agente (Decreto-Lei n.º 155/2001, de 11 de Maio). Até 2004 a progressão e promoção na carreira superior exigia a existência de vaga, mínimo de antiguidade e aprovação em concurso de avaliação curricular ou curso. A progressão de subchefes e agentes ao posto imediatamente superior processava-se por mera progressão nos escalões remuneratórios (cf. Estatuto do Pessoal da PSP, Decreto-Lei n.º 511/99 de 24 de Novembro, capítulo V). Nesse ano começaram a ser implementadas novas formas de avaliação curricular para a promoção nestes postos. Mas a progressão faz-se dentro das carreiras por concurso e curso com vagas restritas (ver capítulo 1).

Voltemos de novo aos agentes. O percurso de todos os agentes da PSP começa na Escola Prática de Polícia (EPP) onde são definidos alguns limites de idade, escolaridade e outros. Estes limites têm vindo a modificar-se nos últimos anos, com tendência para o recrutamento de elementos cada vez mais jovens e com mais escolaridade.[2]

---

[2] As condições de admissão actuais na Escola Prática de Polícia são: a) Ter nacionalidade portuguesa; b) Não ter menos de 20 anos nem ter completado 25 anos de idade até 1 Janeiro do ano em que é lançado o concurso; c) Ter pelo menos 1,60m ou 1,65m de altura, respectivamente para candidatos femininos e para candidatos masculinos; d) Possuir a robustez física e o perfil psicológico indispensáveis ao exercício da função policial e ter cumprido as leis de vacinação obrigatória; e) Ter como habilitações literárias mínimas o 11.º ano de escolaridade ou equivalente; f) Não ter sido condenado por qualquer crime doloso; g) Ter bom comportamento moral e civil; h) Não ter reprovado duas vezes em anterior curso de formação de agentes; i) Não estar abrangido pelo estatuto de objector de consciência; j) Ter cumprido a

A formação inicial e intensiva dos agentes não tem um período fixo e difere de curso para curso, mas, em geral, não é inferior a seis meses nem superior a nove meses de internato. Nem todos os anos existem novos cursos. O número de agentes formados em cada curso pode oscilar entre os 500 e os 1.000 elementos, de acordo com os critérios políticos e organizacionais negociados para cada temporada de formação.

Fica assim definido, em traços largos, o quadro objectivo da estrutura de carreiras. Mas é possível fazer uma análise social dos processos intersubjectivos impressos nas carreiras dos agentes. Hughes (1958), num dos seus principais textos sobre carreiras profissionais, distingue a "carreira objectiva" – o conjunto de estatutos, cargos e papéis profissionais – da "carreira subjectiva" – na qual os sujeitos perspectivam as suas vidas como um todo e interpretam o significado dos vários atributos, acções e situações com que se deparam. Van Maanen, duas décadas depois, vem afirmar que "the study of careers forces the analist to tie together the interrelated and interdependent concepts of role, reference group, expectation, motivation, and identity" (1977: 4). Isto é, a abordagem "objectiva" não permite o detalhe sociológico que esconde verdadeiras estruturas sócio-profissonais.

Por exemplo, na organização é partilhada uma ideia, amplamente consensual, de que são precisos vários anos para os agentes se tornarem *verdadeiros polícias*. Lembremos apenas que se trata de uma actividade sem um corpo de saberes plenamente estável e circunscrito, o mandato é por natureza ambivalente e sujeito a interpretações pessoais e situacionais. Deste modo, acredita-se que a aprendizagem da profissão se faz no essencial pela prática. O tempo de aprendizagem na EPP é considerado uma introdução generalista do que vem a ser a prática profissional. Todos os polícias acreditam que grande parte da aprendizagem se realiza em contexto de trabalho nas esquadras, onde os agentes entram definitivamente numa nova dimensão das

---

lei do Serviço Militar e ter sido considerado apto na respectiva junta de inspecção, no caso de a esta ter sido submetido; l) No caso de ter cumprido ou estar a cumprir o serviço militar, estar classificado na 1.ª ou 2.ª classes de comportamento; m) Não estar inibido do exercício das funções públicas ou interdito para o exercício das funções a que se candidata (consultar http://www.psp.pt, consulta de Agosto de 2006).

suas vidas, onde a relação com a EPP ficou para trás.[3] Mesmo usando saberes formalmente aprendidos numa fase inicial de preparação para a vida activa, os agentes tendem a considerá-los menos fundamentais no seu percurso quando comparados com os que aprenderam nos contextos da patrulha com os colegas.

A experiência profissional adquire um valor indiscutivelmente superior à generalidade das aprendizagens formais nas representações dos agentes. O mesmo não significa dizer que as aprendizagens não desempenham um papel fundamental na vida dos sujeitos. Mas esse papel parece ter mais peso na preparação sobre "o que é a organização" e a hierarquia formal e informal do que de preparação para o que é o trabalho territorial de patrulheiro que irão aprender com a prática. Esta constatação prática de que "a experiência faz o polícia" torna as percepções subjectivas das carreiras factores tão determinantes nas concepções profissionais dos agentes, como outras percepções e classificações que influenciam directamente o mandato. Assim continuo na mesma linha dos anteriores capítulos a demonstrar como os agentes tomam parcialmente em mãos os seus destinos profissionais e têm neles um papel activo. Os agentes partilham uma série de entendimentos e arranjos sobre parte do ciclo social das carreiras – apenas perceptíveis através da diligência etnográfica – que os leva a interpretar as trajectórias, definir limites, fases, estilos que ora os aproxima, ora os diferencia, logo nos primeiros anos da vida profissional. Iremos observar como se produz um grupo plural de agentes.

São quatro as principais fases (subjectivas) da vida profissional dos agentes nas esquadras, tal como me foram reveladas pelos próprios e em parte confirmadas pelos superiores. À chegada, os agentes são considerados *maçaricos* (o que corresponde *grosso modo* ao primeiro ano da actividade profissional). Numa segunda fase passam pela *experiência dos primeiros anos*. Na terceira fase começam a ser considerados *experientes* (o que geralmente tem início no quarto ou quinto ano de actividade). Na última fase os agentes começam a

---

[3] Durante a fase do trabalho de campo não existiam relações formais entre a EPP e as esquadras. Uma vez terminado o curso de formação, os agentes eram distribuídos pelas divisões e unidades de polícia, responsáveis pelo período curto de reciclagem (na altura, um mês) e pela integração, desde o primeiro momento, dos agentes nas patrulhas.

acusar o *cansaço das ruas*. Nesta fase não há uma identificação temporal precisa, mas tende a englobar os agentes com mais de 15 anos na profissão.

É preciso ter em conta que estas fases estão contextualizadas nas esquadras e traduzem a realidade particular de uma *esquadra de passagem*, como dizem, onde o efectivo é muito juvenil e móvel.[4] Estas características podem variar noutras esquadras e em diferentes cidades portuguesas, em particular nos comandos mais pequenos com *esquadras terminais* (isto é, com um efectivo mais envelhecido e estável, sem mobilidade). Nesta esquadra a maioria dos agentes estão nas primeira, segunda e terceira fases. Mesmo na terceira fase, os agentes experientes, com mais de quatro anos de experiência, começam a ser um grupo restrito.[5] Muitos conseguiram transferência para outras unidades ou para longe de Lisboa. Os agentes da *velha escola* que se mantêm na vida operacional são muito raros. Alguns desses agentes, apelidados *velhinhos* pelos colegas, podem desempenhar serviços nos programas da proximidade, mas raramente se mantêm na patrulha onde a juventude e o poder de resposta rápida é o valor privilegiado do mandato. Há que ter presente que os principais serviços de esquadras centram os agentes na patrulha e na proximidade.

As duas fases que mais desenvolvo no capítulo são a primeira e a terceira. Estas são tidas como as mais determinantes nas trajectórias dos agentes por motivos diferentes. A fase inicial, a de *maçarico*, foi também evidenciada por vários estudiosos como central na socialização dos agentes (cf. Harris, 1978; Van Maanen, 1978; Barker, 1999). A terceira, a de afirmação da experiência profissional, é também importante porque é aquela onde estão os agentes que conservam, dito à maneira de Bourdieu (1989), o "monopólio simbólico" da função de patrulheiro numa esquadra com um efectivo juvenil. Em poucos anos, estes agentes podem sobressair como *os mais antigos* operacionais

---

[4] A caracterização do efectivo foi feita no capítulo 2. Retenha-se apenas que a média de idades dos agentes é de 28 anos.

[5] Isto quer dizer que a maioria dos agentes situa-se entre o primeiro e o quinto ano de experiência profissional. Conheci poucos agentes com cerca de oito anos e apenas um com 20 anos de Polícia. Tal não me impediu de contactar e entrevistar polícias em diferentes situações e com diferentes trajectórias na unidade da divisão e noutras esquadras por onde circulei durante o ano do trabalho de campo.

de uma esquadra (não necessariamente pela idade que têm mas pela experiência de rua que adquiriram). Isto é, são os agentes com alguns anos de experiência que lutam pelo capital simbólico da função e determinam toda uma constelação de representações sobre ela ditando, inclusivamente, as características principais e algo estereotipadas dos estilos de patrulheiro, como se verá também neste capítulo. O poder dos agentes considerados mais experientes é determinante nessa definição de estilos de trabalho, na forma como na organização desenvolvem desempenhos e estilos de trabalho.

Ao longo do texto, sempre que oportuno, irei demonstrando como neste contexto a socialização das agentes não se faz exactamente do mesmo modo que a dos homens. Ainda que sem poder explorar todas as dimensões desse processo, irei sublinhar alguns traços. Contrario a fileira mais comum dos estudos sobre polícia. A maioria dos autores ou não deu grande importância a este tópico nas suas análises (ver, por exemplo, Manning & Van Maanen, 1978; Barker, 1999) ou não encontrou diferenças significativas nos estilos de policiamento (Bloch, 1974; Sichel 1978; Reiner, 1985). Todavia, os últimos autores consideram que o aumento da proporção de mulheres nas unidades policiais tende a alterar o *ethos* masculino. Existe uma margem para a mudança, mas as funções desempenhadas, os contextos sociais e políticos das organizações policiais constrangem a mudança, neste caso provocada pelo "elemento feminino".[6] À excepção de Hunt (1984, 1985), escapa aos estudos a dimensão relacional e negocial do trabalho entre homens e mulheres, sabe-se pouco sobre os contextos e interacções mantidas, e falta a análise de aspectos simbólicos associados nas polícias aos diferentes géneros. Escapa, muito em particular, a forma como ambos tendem a traçar as linhas diferentes nas trajectórias profissionais. Comecemos pela inserção dos agentes na patrulha.

---

[6] Algumas autoras, numa perspectiva feminista, sociológica (Horne, 1980; Duhnill, 1989) e histórica, sobre o processos de recrutamento de mulheres nas forças policiais nos países de língua inglesa (Carrier, 1988), defendem que a Polícia ajuda a promover a discriminação social das mulheres nestas forças. A mesma análise foi feita por Young (1993b) no Reino Unido.

Maçaricos

À saída da EPP, no primeiro ano de trabalho, chamam-se aos novos agentes *maçaricos*. Alguns polícias não apreciam um termo que consideram ter ressonâncias militares, mas também de aprendiz no trabalho manual (cf. Durão, 2003), o trolha da construção civil, etc. Mas a verdade é que ele é utilizado por todos. Os novatos mantêm-se *maçaricos* enquanto não surgem outros elementos mais jovens nas esquadras. Este corresponde geralmente ao período do ano probatório, no final do qual, se não surgirem complicações, os agentes são admitidos definitivamente no quadro de pessoal com funções policiais (cf. Estatuto do Pessoal da PSP, Decreto-Lei n.º 511/99 de 24 de Novembro, capítulo III, art.º 5). Quando na época do Euro 2004 saiu uma *fornada* de agentes de uma nova escola, tinha passado cerca de ano e meio sobre a anterior. Como me disse um agente, no dia em que chegaram os novos agentes à esquadra: "Hoje, os antigos maçaricos deixam de o ser". Mas o cognome pode ser sempre usado por qualquer agente com um pouco mais de experiência no sentido de assinalar agentes menos experientes na função ou na unidade policial.

Para os novatos, a experiência da imersão revela-se dura e difícil. Quando chegam às divisões onde irão prestar serviço os agentes recebem o armamento e munições, o bastão, o crachá (do comando), a farda e são imediatamente encaminhados para as esquadras onde são escalados no plano de turnos da patrulha. Passado pouco tempo podem mesmo integrar os serviços *remunerados* (tarefas extra-turno pagas por entidades privadas com controlo da organização). Tudo isto significa mergulhar num quotidiano que os obriga a uma enorme capacidade de organização pessoal das rotinas. Em muitos relatos, os agentes revelam nos primeiros dias "ficar com as pernas a tremer...". Alguns, passada a experiência, confessam ter andado um ano com receio de enfrentar o público. Mas é a difícil conquista da confiança dos colegas e dos superiores o maior desafio que vão enfrentar. Como referiu Van Maanen (1978c), este pode ser um período de alguma inaptidão, insegurança e desconforto, uma vez que o novato se sente uma espécie de estrangeiro entre nativos. Embora a escola possa preparar o recruta para aceitar a definição do trabalho de polícia que na esquadra lhe irão transmitir, e manter o estreito respeito pelos seus superiores, não pode dizer-lhe exactamente que definição será essa.

O estatuto sócio-profissional dos novatos no ano probatório é precário. Embora seja rara a rescisão do contrato – provocada se um agente faltar sistematicamente aos turnos ou se tiver um problema grave como, por exemplo, perder a arma ou usá-la inadequadamente – a verdade é que essa possibilidade pesa sobre os ombros dos *maçaricos*. Este período é reconhecido como penoso no plano das aprendizagens dos comportamentos adequados perante os distantes superiores. Vários novatos me disseram: "Para os comandantes parece que estamos a mais; isto é pior do que a tropa" (entrevista, Junho de 2004). Durante este período os agentes estão sob o olhar atento dos outros. Quando chegam às esquadras, os superiores e colegas "tiram--lhes as medidas". Crê-se que com o tempo se irão revelar. Como me disse um adjunto: "Uns são os melhores maçaricos que aí temos. Outros vão-se fazendo. Uns são bons e com o tempo amolecem. Outros nunca chegam a ser bons..." (entrevista, Março de 2004). Mas se um agente consegue resistir às pressões constantes dos superiores no primeiro ano, geralmente encontra forças para prosseguir na vida de polícia (nesta fase um factor mais determinante no seu destino do que a demonstração de competências ou incompetências para a função). Os comandantes de esquadras com um efectivo muito juvenil olham para os maçaricos como empecilhos: não sabem trabalhar, não conhecem a área de supervisão e têm dificuldade em trazer resultados para a esquadra. Além disso, a sua presença significa que os restantes agentes vão estar mais ocupados com eles. Nos anos em que são concluídos novos cursos de agentes, o mês das transferências e de chegada de novos elementos significa um mês de mudança de ritmos no trabalho da esquadra. Para as chefias os maçaricos representam mais trabalho, complicações e até um risco (para si e para os outros). Muitos, prevendo problemas, manifestam um certo desinteresse em ver aumentar o pessoal da esquadra. Um grupo de patrulha constituído maioritariamente por maçaricos é um grupo enfraquecido. Uma esquadra com um corpo muito juvenil e inexperiente é considerada inoperante e diminuída no seu prestígio.

Na divisão do trabalho da esquadra, aos maçaricos competem as tarefas de vigilância simples e consideradas menos qualificadas: *fazer portas* (serviço de sentinela) e *pisar paralelo* (patrulha apeada).

Ao longo do tempo irão tendo a possibilidade de experimentar várias tarefas mais operacionais, mas a maior parte do tempo têm de ser pacientes. As primeiras aprendizagens jamais são desenvolvidas no seio dos programas da proximidade, serviços que são tradicionalmente relegados para os agentes mais experientes e antigos das esquadras. É frequente ver surgir, nesta fase intensa das primeiras socializações dos agentes, ideias críticas acerca da proximidade, em particular a noção de que esta não representa o verdadeiro trabalho policial.

Na altura em que chegam os mais jovens fala-se muito dos últimos cursos, que se consideram trazer jovens cada vez mais afastados de um modelo ideal de polícia alto, musculado, com atitude profissional mas humildade perante as hierarquias formais e informais de uma esquadra. Os comandantes dizem que nos últimos cursos – determinados por causa de grandes eventos nacionais desde a Expo'98 em Lisboa – os agentes chegam às esquadras mais mal preparados: "Estes foram feitos à pressão, em seis meses, por causa do Europeu de Futebol de 2004". Muitos queixam-se que os seus agentes chegam "já reformados, vestem uma farda com a qual não se identificam" (entrevista, Setembro de 2004). Outros agentes, com mais alguns anos de esquadra, comentam que os novatos "vêm cada vez piores das escolas". Dizem-no sem pudor em frente dos colegas maçaricos. Qualquer confronto ou deslize com um maçarico passa a ser lido a partir desta grelha. Como referiu um chefe: "Sabem que o país precisa deles, vêm de nariz empinado. Mas quando chegam são logo postos no seu lugar" (entrevista, Maio de 2004).[7]

Os primeiros dias de um agente numa esquadra e os primeiros contactos e impressões com as chefias são tendencialmente amargos. Todos os problemas de relação e de comunicação que possam existir na unidade têm um efeito ampliado na experiência dos mais jovens que, ao chegarem a estes ambientes, se sentem como "peixes fora de água". Uma agente relatou-me: "Quando chegou à minha escola um

---

[7] Nas entrevistas a altos oficiais encontrei representações semelhantes relativamente aos recém-formados do ISCPSI. Dito por um oficial num cargo de direcção: "Eles vêm todos cheios de teorias, chegam aqui a querer mudar tudo. Mas cedo se apercebem da realidade. Os que cá estão há mais tempo do que eles colocam-lhes um travão. É preciso mostrar-lhes que já não estão na escola, aqui acabaram-se as teorias!" (entrevista, Março de 2001).

subchefe, disse que os novos maçaricos pareciam todos uns carochos. Aquilo caiu-me mesmo mal. Vi logo o seu estilo" (entrevista, Novembro de 2004). Com o tempo, os agentes ou demonstram capacidade de conquista da confiança dos seus superiores ou ampliam a distância, o que em muitos casos os leva a *meter o papel* e pedir transferência para outras unidades, e noutros a conquistar em poucos anos alguma autonomia no trabalho na esquadra. A recepção dos maçaricos na esquadra revela desde logo o seu estatuto instável e a relativa indiferença com que são encarados pelos superiores. Registei o momento nos meus diários.

Hoje esperam-se os novos maçaricos na esquadra desde as 14h. Por volta das 15.30h o comandante desiste e vai à Direcção Nacional saber da situação da sua transferência.[8] São quase 17h e o adjunto está impaciente porque se aproxima a sua hora de saída e não há novidades. Telefona para a sede da divisão. Informam que os maçaricos estão a levantar a arma. O adjunto desabafa: "Ainda por lá andam perdidos com certeza". A verdade é que não há ninguém para os acompanhar. Irão chegar pelo seu pé à esquadra.

– Desenrasquem-se, dizem os colegas que passaram pelo mesmo.

Passado uns minutos chegam cinco dos sete novatos com a farda de cerimónia. O chefe leva-os ao seu gabinete. Pergunto se posso participar. (Apresenta-me: "Esta aqui é a doutora que está cá a estagiar. Vão vê-la por aqui todos os dias".) Não há uma reunião oficial ou de enquadramento geral. Trata-se de gerir questões práticas, com pouca conversa e algumas advertências: distribuir os cacifos, as camas disponíveis, mostrar as camaratas. O adjunto admite que tem poucos cacifos. Camas ainda há algumas. Alguns dizem que virão fardados de casa. O adjunto diz que isso lhes irá passar depressa:

– Se viverem aqui no bairro ou perto é uma coisa. Agora, se vêm de carro ou de transportes, é outra. Vão ser alvo de todas as atenções. Não é que ter uma farda seja uma vergonha, nada disso... E não é que fujam a actuar se estiverem à civil, mas... Bem, se sujam uma camisa ou se a rasgam numa operação no bairro X [bairro da droga], por exemplo, devem ter aqui uma de substituição no cacifo. Aqui há muita droga. Não vão andar assim vestidos (com a farda de cerimónia). E se entram de camisa e há uma ordem para usar blusão?

---

[8] Todos aqueles que aguardam e anseiam por uma transferência são unânimes em dizer que têm de estar sempre a "lembrar" os serviços da Direcção Nacional, de modo a que não se "esqueçam" do seu caso. Deste modo, deslocam-se pessoalmente e com grande frequência aos serviços centrais para irem "avivando as consciências" de quem decide sobre o seu futuro.

– Isto aqui não é a escola... –, adverte o ciclomotorista, que está presente.
– Já deu para perceber... –, respondem dois jovens.
Depois das advertências, todos querem cacifos. O adjunto tem um livro onde regista tudo. Distribui chaves. Pede que façam cópias. Dá as fichas de pessoal para preencherem.

Nos corredores internos da esquadra, nos primeiros encontros com outros agentes, as informações trocadas são sobre a região de origem de cada um. Desta vez a maioria vem de Vila Real e há dois alentejanos. O agente Madeira diz que um dos alentejanos devia ir para o seu grupo. Também é alentejano. Muitas futuras amizades nascem desta partilha identitária. Outra das primeiras curiosidades é comparar armas. É provável que as dos mais jovens sejam mais recentes... Acabam por concluir que "nesta divisão só há velharias".

Algum tempo depois chegam os restantes dois elementos... desfardados. O adjunto reage imediatamente. Pergunta-lhes num tom acusatório porque estão assim vestidos (ou melhor, "despidos"). Seguiram o conselho de um agente que lhes disse ser melhor seguirem para a esquadra à civil. O adjunto ameaça:
– Cuidado, vejam lá por quem é que são influenciados...
– Pensam que já estão nas brigadas à civil?! –, ridiculariza um agente do piquete vai a passar.

Durante alguns dias este episódio é motivo de conversa entre os superiores e os agentes mais velhos. O adjunto aproveita-o para lamentar o estado actual de desleixo, arrogância e má criação destes novos elementos, concluindo:
– Ai se fosse eu a mandar... (Diários da Patrulha, Maio de 2004.)

Embora neste período a socialização das mulheres na patrulha seja relativamente idêntica à dos homens, estas tendem a sofrer as mesmas pressões e ainda outras que as colocam à prova. Têm de lidar com o facto de serem representadas como estando a mais, como "convidadas" numa profissão que tradicionalmente sempre prescindiu delas. Como me disse uma agente: "São tantos os homens que dizem mal das colegas... Até os que são casados com mulheres polícias. Ainda há muito a mentalidade de acharem que as mulheres estão a mais na PSP" (entrevista, Maio de 2004). As pressões de assédio sexual por parte de colegas ou de subchefes fazem parte do repertório de quase todas as agentes na Polícia, embora sejam assuntos que preferem não tocar. É suposto enfrentá-los com resistência e não dar parte fraca.

Para a maioria dos colegas, as mulheres representam um factor de concorrência extra logo na escola. Uma subchefe relatou-me que no seu ano, quando terminou o curso de agente, as mulheres foram muito mal recebidas pelos colegas: "A primeira classificada era uma mulher. Aquilo criou problemas a todas, pois disputavam-se os melhores lugares nos comandos" (entrevista, Março de 2004). Não admira que estejam sujeitas a olhares muito críticos. Aquilo que se perdoa a um homem pode ser fatal na reputação de uma mulher. As reputações das que se consideram *patinhos feios* e *atrevidas* na escola dificilmente as largam ao longo da vida. É num tom particularmente agressivo que são recordadas (mesmo pelas mulheres). As que se consideram *honestas*, que procuram preservar a sua reputação, têm de lutar por si e procurar desfazer os equívocos de leitura dos comportamentos das *outras*.

Cuidar da aparência física é uma determinação específica das mulheres. Numa operação nocturna reparei como um comandante chamou a atenção de uma agente: "Estou farto de te avisar, estás a deixar-te engordar e isso não pode ser" (entrevista, Março de 2004). Nunca observei uma advertência semelhante em relação aos inúmeros polícias que se desviaram do padrão masculino de aparência viril. São vários os agentes que reconhecem a diferenciação. Um dos mais jovens expressou-o de forma contundente:

> "As mulheres sofrem uma grande pressão na Polícia. Têm que mostrar que são independentes e boas no que fazem. Mas quando agem como os homens dizem que elas parecem um homem. Como é o caso de uma colega que passou pela esquadra que até batia nos mitras se fosse preciso. Quando chega uma mulher [maçarico] ao grupo os colegas dizem logo: Ai... [vira a cabeça em sinal de desaprovação, como que a anunciar problemas]. Um homem só se repara mais tarde se sabe ou não sabe trabalhar. Elas estão logo em análise desde o primeiro dia" (entrevista, Janeiro de 2005).

Alguns agentes mais experientes reconhecem o interesse do recrutamento de mulheres e da ampliação de possibilidades da patrulha, aliando-a a uma nova imagem de modernidade. Mas, de alguma forma, encontram logo um travão no quadro organizacional do presente: "O ideal numa equipa policial é ter um branco, um preto e uma mulher... mas elas têm de ser melhor seleccionadas. São raras as que valem como polícias" (entrevista, Maio de 2004).

Todavia, na Polícia portuguesa, conheci muito poucas agentes retratadas como "mais uma dos homens" (*one of the boys*) como evidenciam Duhnill (1989) e Young (1993b) nas representações masculinas de polícias britânicos. Muitas conhecem desde a EPP o seu destino nas esquadras e cedo são direccionadas pelos superiores para os programas da proximidade. A preferência organizacional dada à presença das mulheres em programas como o Escola Segura e o Idosos em Segurança – numa imagem de nova Polícia que os *media* ajudaram a criar (Durão & Leandro, 2003) – pode ter efeitos ambíguos nas expectativas das agentes. Quando algumas destas se apercebem que irão passar pela mesma socialização que os restantes colegas na patrulha, pelo menos durante a primeira fase de imersão na profissão, podem vacilar. Se não assumem comportamentos idênticos aos colegas, são mais facilmente consideradas fracas e tendem a ser isoladas nos grupos. É de lembrar que um dos piores estigmas de um patrulheiro é perder o sentido de corpo, não se poder contar com ele (não ser *reliable*, como melhor dizem os anglófonos).

Por exemplo, na esquadra muitos me falaram de uma agente que ficou conhecida como a "varizes" pois quando chegou à esquadra disse que por motivos de saúde não podia ir para a patrulha. Ficou imediatamente ridicularizada no grupo. Passado pouco tempo foi-lhe arranjado um lugar nos serviços de secretaria... Outro caso ilustra o processo: "Umas são muito piegas. Lembro-me de uma aqui na esquadra que viu um colega bater num mitra e se pôs logo a chorar. A mãe até veio falar com o comandante. Arranjou logo um *impedimento* [lugar administrativo]. É limpinho" (entrevista a uma subchefe, Junho de 2004).

O potencial afastamento dos colegas do sexo masculino e o fraco reconhecimento que as mulheres transportam à partida na profissão reforça nelas a opção pelas actividades da proximidade (já em si menos valorizadas no meio do que a patrulha). Nos colegas, este processo tem também o efeito de, desde cedo, verem as mulheres na Polícia como um grupo à parte e favorecido. Um jovem agente, quando constatava a presença preferencial de mulheres nos programas da proximidade, dizia: "Parece que há lugares feitos para as mulheres, não é justo" (entrevista, Abril de 2004). Mas também não é fácil a resistência das jovens patrulheiras a convites e pressões para que se juntem às colegas da proximidade, sempre que surge uma vaga nos programas. Uma agente que queira seriamente levar a fundo a sua experiência na patrulha tem de sobressair e conseguir conquistar os agentes mais experientes, conseguir o difícil (quase impossível) feito de vir a ser considerada uma verdadeira operacional.

Nos primeiros tempos, os *maçaricos* experimentam uma certa ambiguidade entre a aprendizagem formal da escola de polícia, que segundo os colegas da patrulha lhes oferece a ilusão de que sabem trabalhar, e a chegada a grupos e esquadras constituídos. São recebidos sem grande enquadramento formal, ao contrário do que acontece noutras polícias (ver Barker, 1999).[9] O período de integração é considerado dos mais complexos e difíceis da vida dos agentes. Por um lado, os agentes chegam às esquadras com uma preparação generalista e centrada na aplicação das leis; por outro, a maior parte dos comandantes (que ficam muito pouco tempo na mesma esquadra e têm uma carreira pessoal a desenvolver na organização) não se envolvem muito na formação prática dos agentes. Entrevistei um oficial de polícia que foi durante três anos comandante da esquadra Amarela. Manifestou uma visão crítica relativamente a este aspecto.

> "O elemento policial fardado é fundamental como elemento de recolha de informação, de prevenção criminal e até na recolha de indícios probatórios que frequentemente se perdem. Mas é preciso dar-lhe formação. Não é em 6 ou 9 meses que se faz uma formação dessas. Devia ser no mínimo 9 meses, virem um ano até à rua e voltarem mais um ano lá para dentro. (...) Os oficiais não estão a dar formação nas esquadras e isso é determinante para conseguir que os agentes fardados tenham bons desempenhos. O poder de direcção não é só dar ordens, é também fazer reuniões com eles e dizer-lhes como é que eles devem actuar, o que devem fazer, o que é que está mal feito, assinalar e corrigir os erros e os abusos. Falta muito engenho e arte à nossa Polícia" (entrevista, Maio de 2005).

Deste modo, na primeira fase da vida profissional, os agentes estão muito dependentes dos colegas que vão encontrar na esquadra,

---

[9] Este estudo desenrola-se especificamente sobre as fases da socialização profissional dos polícias em Los Angeles, EUA. É possível compreender toda uma dinâmica organizacional de integração dos novos agentes. O trabalho de supervisão directa dos mais jovens é um trabalho pago e tem efeitos na carreira de outros agentes seleccionados para essa fase de enquadramento profissional dos recém-formados. A autora revela que pelo menos 45 minutos diários do turno são usados para formação e discussão técnica das ocorrências em que os agentes participam. Os comandantes estão envolvidos nesse processo.

a quem a organização confia informalmente a capacidade de socialização dos mais novos. A sua integração irá depender muito mais da boa vontade desses do que de um plano formal e objectivo de integração. Os agentes mais experientes tendem a acolher os novatos, mas levam tempo a confiar nas suas competências. Olham-nos com uma certa prudência. Mesmo que com poucos anos de diferença, é sempre mantida uma certa deferência profissional dos mais novos em relação aos mais *antigos*, como dizem, que pode ir-se perdendo à medida que vai avançando a experiência dos mais jovens. Mas quando os maçaricos têm dúvidas, é aos agentes que já estavam nos grupos antes deles que recorrem. Numa primeira fase o jovem tem de observar para depois agir. Tal não obsta que a qualquer momento qualquer polícia possa ser chamado a agir rapidamente e sem grande margem para racionalizar as opções a tomar. O maçarico pode ser um desses polícias. Mas se é verdade que "muito se aprende no improviso", também todos sabem que "nos primeiros tempos ninguém está apto para se aventurar demasiado sozinho e o reforço está lá para ajudar" (entrevista, Maio de 2004).

Definiu-se que durante o primeiro mês na esquadra os agentes devem patrulhar acompanhados por um agente mais velho. A esta fase chama-se *reciclagem*. Alguns agentes mais velhos lembram-se de ter dado reciclagem a agentes que são hoje subchefes, por exemplo. Outros recordam com satisfação o que aprenderam nesta fase com os agentes mais experientes. A flexibilidade do trabalho, a falta de pessoal e uma certa descrença generalizada no enquadramento dos maçaricos parece ter amortecido progressivamente o papel de acompanhamento formal dos superiores.[10] Não é pouco comum em uma ou duas semanas os agentes terem de começar a patrulhar sozinhos. Num dos dias em que chegaram os novatos à esquadra, um subchefe (então supervisor) comentou comigo: "Olha para os novos. É triste ver que eles estão cada vez mais deixados de lado. Não são devidamente acompanhados. Isto agora é tudo demasiado desportivo".

Para os maçaricos, o período é de uma certa ambiguidade, entre o desamparo, a reacção às pressões dos mais velhos e a dependência

---

[10] Vários agentes me disseram que no passado recente os novatos tinham algumas sessões de formação na sede de divisão durante o período da reciclagem, mas a prática terá caído em desuso.

deles, não tanto para poderem desempenhar a actividade mas mais para se integrarem no colectivo. As socialidades intersticiais jogam aqui um papel fundamental; as paragens, as conversas, pequenas *dicas* e truques... O caminho dos mais jovens é feito no sentido de ir conquistando a confiança dos mais velhos. Como me disseram alguns comandantes, revelando um sentimento de impotência, "eles aprendem mais depressa os vícios com os mais velhos do que a profissão".

A aprendizagem em contexto, a experiência na primeira esquadra, dos primeiros dias, dos superiores directos e dos colegas de grupo tem crucial importância na visão que irá desenvolver o recém--chegado ao mundo policial. É fundamentalmente nos grupos que se criam laços de solidariedade entre os agentes. Na época do Euro 2004 alguns agentes passaram por várias unidades antes de serem definitivamente *dados* a uma unidade, como no meio se diz. Conheci vários novatos que, podendo e tendo classificação para isso, escolhiam regressar ao grupo onde se sentiam mais integrados, muitas vezes reconsiderando as primeiras opções que os levariam para outras esquadras.

A minha observação mais detalhada em dois grupos evidenciou diferenças importantes. No grupo Charlie (C), um grupo extremamente juvenil, os novatos faziam serviço acompanhados por agentes quase tão jovens como eles. Os poucos mais experientes não tinham disponibilidade para acompanhar os inexperientes. Nos momentos mais colectivos reinava algum silêncio e uma manutenção de rotinas do grupo sem ligar muito a esta nova presença. Já no grupo Delta (D) havia alguns agentes que faziam questão em ajudar os mais jovens, sempre com novas *dicas* muito bem recebidas e apreciadas por quem desconhece tudo deste universo. No grupo D dizia-se: "Aqui gostamos de apoiar os maçaricos" (entrevista, Setembro de 2004).

Os agentes mais experientes, sem obrigação formal ou compensações para apoiar os colegas, não revelam grande interesse em participar nesse processo. Acabam por ser os agentes com pouca experiência (de dois ou três anos), identificados com os problemas sentidos pelos maçaricos à chegada, que demonstram mais predisposição para transmitir os escassos conhecimentos que eles mesmos foram conquistando. Nesta fase os novatos dependem em grande medida dos colegas que acompanham nos grupos onde calham, muitas vezes também eles com pouca experiência. Muito do seu futuro será determinado por essas primeiras relações de trabalho.

Todo este processo aviva no agente a noção de que a sua aprendizagem é individual e que tem pela frente uma pluralidade de soluções e formas de resolver problemas em situações idênticas. A amplitude de escolhas (mesmo de prevaricação) é um dado que cedo conhece. A uniformidade que eventualmente possa ter aprendido na escola é imediatamente relativizada. Ainda assim, numa aprendizagem difusa e sem orientação formalizada, é possível encontrar a lógica das primeiras socializações dos mais jovens agentes nas esquadras. Pode dizer-se que durante os primeiros meses os agentes aprendem pelo menos cinco aspectos essenciais do trabalho: i) A área e a apresentação-de-si; ii) A orientação numa nova rotina; iii) O refrear da acção; iv) A perda da inocência; v) A perspectiva de conquista da autonomia.

A *área* e a apresentação-de-si

As primeiras aprendizagens do trabalho são a reconhecer a área da esquadra: ir-se orientando nas ruas e ir lidando com as comunicações e com o aparelho de rádio. Eis uma advertência de um agente a um novato que registei no diário em Maio de 2004:

> "Quando fizeres o giro, olha sempre para as placas quando entras nas ruas. Ajuda a fixar os nomes e a saberes localizar-te. Se for necessário chamar o carro patrulha, dá o nome de uma rua com outra. Dizes para a central: estou na rua X com a rua Y, por exemplo. Mesmo que não estejas no exacto local vais-te dirigindo para lá. É mais fácil assim do que identificar pelos números, que é uma confusão para a central de rádio e para os colegas conseguirem localizar com rapidez."

A maior parte dos agentes que chegam nunca estiveram antes na área de supervisão da esquadra, ou conhecem-na de modo superficial. Existem muitas histórias que se narram entre colegas sobre novatos que começaram a patrulhar na sua área de supervisão e foram dar a uma outra, de uma esquadra vizinha, totalmente perdidos. Trata-se igualmente de gerir a dependência dos outros colegas, meter-se em rede, usar as tecnologias mínimas para tal. Nas palavras de uma agente: "No meu primeiro dia de patrulha, tremia. Fui conhecer a área. Andei com um agente que foi espectacular comigo, mostrou-me a área, ensinou-me como é que se falava ao rádio; fui ouvindo as comunicações para me ambientar. Nós chegamos aqui e quando ouvimos as comunicações ficamos assim um bocado a leste" (entrevista, Julho de 2004). Também se aprendem algumas rotinas formais (como a escrita de relatórios, por exemplo). Mas o contacto sistemático com o trabalho escrito e a participação em tribunais leva meses ou anos e são geralmente encaradas pelos agentes como as aprendizagens mais difíceis e demoradas.

Durante a reciclagem é suposto que os agentes percam o medo da rua e que se reconheçam como polícias. Com a farda vem a superconsciência de si, "o polícia é um alvo". Mais do que a percepção do risco, os agentes falam no medo de saber pouco, de não dominar a área de supervisão e da estranheza de se percepcionarem nesta nova identidade profissional.

Os sentimentos de temor inicial manifestos parecem ter escassa raiz na perigosidade local. Estão enraizados no assumir do papel profissional. Os agentes sentem intimamente, e para si, o receio de não saberem como se relacionar com um público plural, público esse que também terão de aprender. Mas fundamentalmente falam da percepção de um mergulho identitário, numa nova vida. Um agente expressou-o bem:

> "Nos primeiros tempos é esquecer um bocado a pressão. Conseguir afastar a pressão da farda. Com o tempo encadeamo-nos. Conseguimos estar nós e a farda. Juntamo-nos e encontramo-nos ali num intermédio... praticamente trabalhamos assim todos os dias. Mas é um bocado complicado antes de nos começarmos a encontrar [a pessoa e a farda]. Há pessoas que não sabem muito bem lidar com isso. Eu não tive grandes dificuldades. (...) Mas mudei muito a minha maneira de ser. Mudei! Na maneira de olhar para as coisas. Hoje, quando penso como era, parece-me que antigamente tudo me passava despercebido. Agora não. Sou capaz de estar sentado numa esplanada e estou a perceber o que é que se está a passar ao lado. Porque se olhar para uma coisa agora, eu tenho que compreender o que está ali. Isto sem sequer pensar. Eu estou a reagir. É a minha maneira de ser [polícia]. E a minha mulher repara muito nisso..." (entrevista, Abril de 2004).

No início a atitude corporal tende a ser solta, e em vários agentes mantém-se assim durante muitos anos. Um agente, tido por um dos mais operacionais, chegou a dizer-me: "Nos primeiros tempos esquecia-me que trazia a farda vestida" (entrevista, Junho de 2004). Ou como me disse um outro: "Levei tempo a ver-me com uma farda. Não sei, não me via de farda. Não me dizia nada. Não falava nisso, mas sentia. Foi com o tempo que me fui habituando, quando comecei a fazer mais serviço lá em baixo [no bairro da droga]" (entrevista, Junho de 2004).

Nesta altura os agentes percepcionam o contraste entre o que foi aprendido e uma "realidade" territorial aparentemente complexa e indomável. Nos primeiros tempos os novatos descobrem que o conhecimento "sobre a cidade" (*knowledge about*) e o conhecimento "da cidade" (*knowledge of*) são duas coisas diferentes (cf. Van Maanen 1978c: 271). Geralmente isso faz duvidar das aprendizagens formais anteriores. Como me referiram agentes com um ano de esquadra: "Na escola ensinam-nos muita teoria [legislação] e pouca prática. Temos poucos treinos e quase não participamos em simulações. Quase todos os professores deixaram de estar na rua há vários anos e muitos nem nunca chegaram a estar. Alguns actualizam-se com programas televisivos…" (entrevista, Abril de 2004).

Como têm em geral menos contacto com a faceta de registo de ocorrências, os maçaricos tendem a esquecer ou a adiar as aprendizagens legais e administrativas da patrulha. Muitos agentes dizem que nos primeiros tempos tendem a esquecer as aprendizagens que traziam da EPP a este respeito. Vai ser a experiência operacional em serviços do CP, que irão provando ocasionalmente, que irá reaproximar os agentes do conhecimento da lei.

Orientação numa nova rotina

A percepção inicial dos mais jovens é que o trabalho passa a ser o eixo central das suas vidas. Nos primeiros tempos é essencial ter em conta dois aspectos estruturais da função: organizar-se numa vida de turnos e articular o trabalho e a vida privada que, para muitos, significa uma deslocação da região de residência. Os agentes devem aprender a orientar-se nos turnos; viver de dia e de noite, sem horários, mas com algum equilíbrio. Como sintetizou um agente com um ano de esquadra:

> "Não temos horas para almoçar, jantar... E os mais novos não sabem tratar deles, não se cuidam. Já disse aos que chegaram para comerem sempre pelo menos uma refeição quente por dia, para beberem líquidos, para no Verão andarem sempre a beber água de modo a não desidratarem. Tivemos um colega que até vomitava verde. Outro anda doente há demasiado tempo" (entrevista, Maio de 2004).

À medida que foram sendo fixadas escalas de trabalho com horários rotativos, os agentes passaram a poder prever os seus turnos e a estimar a ocupação que o trabalho lhes faz das vidas. O sistema das escalas fixas significou para os polícias a conquista do seu tempo livre, que até há poucos anos lhes era negado, o que justifica a importância que a ele se atribui.[11]

A microescala de bolso, à qual os agentes chamam "caderneta", é um exemplo cultural deste dado. A caderneta é um documento criado por um agente mas que rapidamente se generalizou a todos e está hoje presente nos quotidianos.[12] Arrisco fazer um paralelo: a caderneta das escalas é tão importante para a orientação dos agentes na rotina como os códigos legais são para a justificação da acção administrativa dos polícias. Esta pequena grelha temporal de bolso, que resume as escalas de um ano inteiro, permite antecipar e articular o tempo de trabalho e o tempo livre. Permite registar as folgas, escrever os dias dos serviços remunerados para quem os faz, registar as trocas e permutas que implicam mudanças nos horários atribuídos pelo escalador, etc. (ver **figura 16**, em anexo).

Os comandantes reclamam que a maior parte da comunicação com os agentes passa por problemas de gestão do tempo livre, trocas

---

[11] Todas as narrativas biográficas dos reformados apontam que até perto dos anos 80 os polícias não podiam desfardar, sob pena de punição. Em qualquer situação social, pública ou privada, eram obrigados a vestir farda. Já nos anos 80 faziam-se as chamadas prevenções. Os agentes eram obrigados a ficar várias horas seguidas, para além dos turnos de serviço, de farda e preparados para agir (ao estilo dos bombeiros). Hoje, quando imaginam esse tempo, através de uma ou outra história que ouvem dos mais velhos, os agentes consideram o anterior regime de uma rigidez insuportável.

[12] Mal comecei as patrulhas, tal como os demais novatos, pedi que me imprimissem uma caderneta e fui-me orientando nos turnos por ela.

e permutas requeridas, logo desde o momento em que chegam às esquadras. Os superiores dizem: "É só no que eles pensam, nas folgas". Mas um comandante foi mais explícito: "Se pudéssemos adivinhar o que vai na cabeça de um patrulheiro enquanto anda na rua veríamos que pensa na namorada que está lá na terra..." (entrevista, Dezembro de 2004). Com os anos, a possibilidade de fazer trabalho mais operacional pode recentrar as atenções dos patrulheiros na profissão.

A gestão trabalho/vida privada passa por aceitar que ao longo da vida profissional vão existir muitos momentos de ambivalência e desejo de tudo abandonar. Certo dia, ouvi um agente com dois anos de Polícia perguntar a um maçarico o que pensava do trabalho. Este disse que não gostava de Lisboa, mas que estava a habituar-se à ideia de ter de cá viver mais anos. Como muitos outros que conheci, a larga maioria, já estava na lista de espera para pedir transferência para um comando mais próximo da sua terra natal. O mais velho, tendo passado pelo mesmo e também há espera, defendia uma teoria: "Isto aqui é por épocas. Há épocas em que isto se faz bem, em que se aguenta bem; há épocas piores em que uma pessoa se vai muito a baixo. Quanto a isso não há volta a dar-lhe" (entrevista, Julho de 2004).

É nesta fase inicial que muitos agentes desistem da carreira na Polícia. Articular uma vida de turnos com a vida privada nem sempre é fácil para os mais novos. Todos os agentes conhecem colegas, sobretudo os de longe, que abandonaram a profissão quando se aperceberam da rotina da patrulha. Como recordou um agente: "Lembro-me de um colega da minha escola que ao fim de cinco dias meteu o papel para se ir embora. Disse: 'Não vou estar cinco anos a aturar isto até conseguir transferência para mais perto de casa'" (entrevista, Março de 2004).

Outras microaprendizagens socializantes têm um enorme valor nas rotinas de trabalho e, mais uma vez, são exclusivamente partilhadas entre agentes. Por exemplo, saber pôr o crachá preso no bolso do lado esquerdo do peito, e comprar um pedaço de couro para prender ao botão, é uma pequena estratégia para economizar estragos em camisas que se devem poupar quando os orçamentos são reduzidos. Conhecer as lavadeiras do bairro para ter a farda em ordem e encontrar tácticas pessoais que facilitem a gestão das rotinas, são aspectos que os agentes devem nesta fase mapear, aspectos tão importantes como os mapeamentos da própria actividade.

Refrear da acção

Nas suas rotinas, os agentes enfrentam um período que pode ser mais ou menos longo de refreamento dos ímpetos com que possam ter chegado dos vários meses de internato na escola. A imagem do polícia-operacional sempre no-combate-ao-crime irá desvanecer-se nos primeiros anos, embora possa vir a ser recuperada pelos mesmos agentes anos mais tarde. Nas patrulhas contactei um bombeiro numa situação de abertura de porta e tentativa de suicídio. Este fez o curso de agente mas desistiu. Quando lhe perguntei a razão este respondeu: "Na escola dão uma ideia e depois na prática a profissão é outra. Na escola é crime. Na prática a Polícia pouco tem de trabalho contra o crime" (entrevista, Junho de 2004).

Há assim toda uma aprendizagem de contenção na acção e de discrição policial. Os mais velhos dizem que os novatos não devem ligar a tudo o que de irregular vêem, se não estariam sempre a fazer qualquer coisa na rua. É a negociação entre a observação de ilicitudes, a resposta a expectativas sociais sobre os seus comportamentos e o controlo interno entre o que é digno de atenção policial na patrulha e o que não é que vai sendo aprendido e interiorizado. Muito dos primeiros tempos de experiência profissional passam por refrear a impaciência de agir. O episódio que relato ilustra-o.

O agente Tadeu pára com o carro para saber se os dois maçaricos que estão de giro precisam de alguma coisa.
– Estamo-nos aqui um bocado a passar – diz um deles – aquilo lá em baixo [no bairro da droga] devia ser tudo varrido. Porque não mandam lá os gajos do Corpo de Intervenção que querem é morder?! Chegavam lá e era tudo corrido dali para fora. Preciso é de fazer duas ou três detenções...
O Tadeu e eu trocamos olhares. Este, com pouco mais de um ano de experiência, diz:
– Isto não funciona assim. Tem calma, pá! Tens tempo. Fazer uma detenção é um processo complicado...
– Não se pode fazer tudo o que vem na lei. É preciso contornar, senão a polícia não faz nada. Isto da visibilidade não é a melhor forma de trabalhar. Devia haver muito mais gente a trabalhar à civil e só uma pequena percentagem fardada. Assim apanhava-se mais gente. O que interessa é combater o crime. E os fardados só afastam as pessoas para cometerem crimes mais adiante –, diz o novato.

O Tadeu decide não insistir mais. Mais tarde comenta comigo: "Temos de lhes dar um desconto. Eles ainda não conhecem nada da prática...".

(Diários da patrulha, Julho de 2004.)

Estes e outros novatos vão ser obrigados a aprender, com o tempo, a acalmar. Vão ter de esperar pela sua vez no carro patrulha e, entretanto, ir aprendendo a fazer um pouco de tudo. Muitos agentes mais impacientes e desmotivados com o serviço podem sentir-se tentados, passado um ano, a pedir transferência de esquadra ou tentar a sorte em unidades consideradas mais operacionais. Provavelmente desconhecem que irão reencontrar travões semelhantes noutras unidades.

No plano da divisão interna do trabalho, pensar que ser polícia é estar sempre na acção e não respeitar uma certa flexibilidade de funções e rotatividade pelos serviços mais passivos é sinal de fraca inteligência. Um agente recém-chegado que desrespeite as "leis internas do grupo" (mesmo que numa situação de transferência e já com vários anos de Polícia) será rapidamente "controlado", de forma mais ou menos agressiva, pelos colegas mais velhos do grupo. Raramente é necessária a arbitragem do subchefe. E, neste sentido, perpetua-se a ideia tradicional de que *a antiguidade é um posto*. Quem chegou antes aos grupos em geral define a dinâmica neles impressa.

Neste contexto rapidamente se classificam os novos a partir do seu aspecto físico ou das atitudes dominantes. Por exemplo, os novatos mais impacientes podem ser considerados *rambos*. Evidenciar-se muito operacional demasiado cedo não é bem visto entre agentes. Mas outros, considerados passivos, podem ser caracterizados como *aéreos*, e estarem assim condenados a ser os piores elementos de um grupo e a ficarem sistematicamente com os piores serviços se não demonstrarem qualquer interesse pelos aspectos mais operacionais.

Perda da inocência

Nas esquadras os novos agentes mantêm-se a maior parte do tempo silenciosos. Quase não se dá por eles. Parecem estar o tempo todo entre a observação e a autodefesa. A confiança e o à-vontade no ambiente organizacional ganha-se com o tempo. É nas primeiras saídas de carro para a rua que encontram as possibilidades de expandir os horizontes. Os agentes mais velhos ajudam os mais novos a perder uma certa *naiveté* característica da maioria dos recém-chegados, sobretudo daqueles que são originários do interior rural do país e que se consideram pouco preparados para trabalhar em Lisboa.

Há pelo menos dois aspectos da área de supervisão nos quais os agentes são introduzidos e que os obriga a perder inocências: os locais de paragem durante o serviço e os lugares da droga. Começo por descrever um episódio sobre o primeiro destes aspectos.

> Hoje, quando paramos a meio do turno na tasca do Ti Manel, os agentes apresentam o maçarico. O dono pergunta pergunta: "Que mal fez para vir parar a esta esquadra?". É a gargalhada geral. Todos comemos e bebemos qualquer coisa. O proprietário faz questão de se despedir do jovem dizendo: "Até à próxima. Há-de cá vir muito". Todos confirmam. A estas e outras coisas os comandantes chamam os *vícios* da patrulha. Os agentes consideram que estas são as paragens obrigatórias da patrulha, por vezes pequenas desviâncias do serviço quotidiano nas horas mortas (diários da patrulha, Maio de 2004).

Antes de agir é preciso saber observar e ir aprendendo alguma coisa, mesmo que relativamente indeterminada, sobre os domínios onde mais cedo ou mais tarde os agentes são convidados a intervir. Os lugares da droga são os que adquirem maior expressão dramática. Durante grande parte da sua experiência inicial, os agentes são observadores relativamente inocentes e desinformados (talvez seja por isso que alguns traficantes lhes chamam *passarinhos*, como referi em capítulos anteriores). Os colegas desempenham um papel determinante nesta socialização dos agentes. O trecho ilustra.

> Estou com o agente Duarte quando nos cruzamos na rua com um maçarico com poucos dias de patrulha e um outro agente com dois anos de Polícia, o Caetano.
> – Já alguém levou o maçarico *lá abaixo*? –, pergunta o Duarte.
> – Não, ainda não.
> – Então é para lá que vamos!
> Quando chegamos ao descampado está um toxicodependente a preparar uma dose. Os agentes mandam arrumar tudo. O sujeito responde:
> – Também não tinha intenção de me injectar em frente da autoridade...

Perguntam ao novato se já tinha visto daquilo, antecipando uma resposta inocente. Este resume que uma vez, no seu antigo trabalho, na construção civil, olhou para dentro de um carro e viu duas pessoas a injectar-se.
– Pois aqui vais ver dezenas de seringas todos os dias –, diz-lhe o Caetano.
O Duarte, mais experiente, dá-lhe ainda algumas coordenadas:
– Deves manter-te à distância de um braço deles. Há muita coisa que se pega só pelo contacto oral. Se eles se aproximarem, afasta-te. Deves falar sempre com educação, se respeitares és respeitado.
– Eu sou educado... –, diz o jovem madeirense.
Mais tarde os agentes confidenciam-me:
– É muito verde, pode dar-se mal com isto. Para aqui só deviam vir pessoas da cidade, que já tivessem uma certa rodagem, que pelo menos saíssem à noite...
Algumas semanas depois ficamos a saber que o jovem maçarico conseguiu transferência para a Divisão de Segurança Pessoal, a sua primeira opção.

(Diários da patrulha, Maio de 2004.)

A perda da inocência passa por ser *praxado* por colegas; ter de fazer alguns favores a chefes ou desempenhar ocasionalmente alguns serviços que ninguém quer (por exemplo, ser destacado mais vezes seguidas para um posto fixo). Trata-se de *baixar a garimpa*, processo no qual a figura do subchefe do grupo também intervém. Num grupo, os agentes, mesmo que com pouco mais de um ano de integração, podem fazer ver aos noviços que estes não são exactamente iguais e que vão ter de conquistar os seus direitos no grupo, com o tempo.

Perspectiva de conquista da autonomia

Embora exista uma certa pressão superior para a uniformidade, a verdade é que a patrulha reflecte muitas diferenças pessoais, manifestações individuais de soluções e negociação em cada momento, sobretudo nesta socialização difusa encerrada entre os agentes. Assim cada agente enfrenta um cardápio de possibilidades quando observa os colegas no trabalho. A maioria dos agentes retratou a sua experiência de aprendizagem do seguinte modo: "Nós aqui vamos vendo os colegas a trabalhar. Cada um tem o seu método e nós vamos tirando um bocadinho de um e um bocadinho de outro e vamos encontrando o nosso próprio método" (entrevista, Setembro de 2004).

Com o *método* – entendido como a forma de trabalhar e de solucionar situações de cada agente, conjugando características pessoais de maior ou menor uso da força e da negociação –, os jovens agentes perspectivam a sua independência e autonomia, um valor fundamental no trabalho de um patrulheiro. A aprendizagem da boa medida em cada situação é pessoal e isolada e frequentemente deixada ao critério de cada um. Espera-se que os maçaricos saibam ler nos colegas mais velhos os exemplos que querem seguir. Em algum momento, os mais jovens acabam por conseguir desenvolver, melhor ou pior, um processo policial do início ao fim.

Os maçaricos têm de esperar meses, ou até anos, para irem conquistando o seu lugar e evidenciando o seu método num grupo. Muitas vezes fui usada por agentes e subchefes precisamente para avivar as diferenças de estatutos entre agentes. O controlo interno dos grupos é mantido pelos mais seniores, geralmente com a conivência do subchefe. O trecho de uma conversa que me envolve dá a entender o tom.

– Qualquer dia ela [a etnógrafa] já sabe mais disto do que vocês – diz o agente Cruz, com quatro anos de patrulha, ao mais jovem, referindo-se na generalidade aos mais maçaricos – Já foi a mais ocorrências do que qualquer um dos mais novos, já fez mais serviços no CP do que qualquer um de vocês.

– Ela até é cumpridora. Só se atrasa às vezes nas rendições... –, diz o Rodrigues, com um ano de Polícia.

– Já viram isto?! Anda sempre connosco no carro, não faz portas [sentinela] nem os *fox trot* [postos fixos]. Eu se fosse a vocês falava, informava [escrevia]... –, insiste o Cruz.

– É verdade... Acho que meteu uma cunha ao chefe. Tem ali um padrinho, assume o Rodrigues.

Risos.

(Diários da patrulha, Junho de 2004.)

A conquista das ruas

Na segunda fase da trajectória que isolei, os agentes vão conquistando progressivamente a confiança, a autonomia no trabalho e o saber das ruas. Diz-se que desde os primeiros momentos na vida dos agentes é necessário *saber desenrascar-se* (sobretudo na articulação da vida privada com os turnos). Mas é preciso saber desenrascar-se na própria actividade policial. Este movimento pode ser analisado em dois sentidos: por um lado, na forma como os agentes vão traçando o seu percurso individual na organização e, por outro, na forma como conquistam habilidades, saberes tácticos e práticas de *bom senso* policial. Mais do que técnica, a profissão é frequentemente encarada como prática. É nesta fase que os agentes dizem com mais frequência: "Nesta profissão aprende-se a fazer de tudo um pouco, estamos sempre a aprender". Quando já conquistaram alguma experiência, os agentes reconhecem que "o mais importante é ter bom senso" (entrevistas, Junho de 2004).

No percurso de um agente, aprender a desenrascar-se pode demorar muito mais tempo para uns agentes do que para outros. Mas pode ser conseguido com relativa agilidade. Considera-se que o processo depende da motivação pessoal. Este é um período em que os agentes se vão afirmando ou, pelo contrário, apagando no colectivo de uma esquadra. Alguns agentes vão conseguindo obter alguma notoriedade junto dos comandantes. Por exemplo, fui reparando num agente que com pouco mais de um ano de experiência já ia fazendo ocasionalmente serviços à banca. Era particularmente empenhado e, por isso, destacava-se dos restantes colegas do seu curso. Certo dia, tinha uma série de participações para escrever por serviços seus. Era raro trabalhar no carro patrulha, o que ainda destacava mais o seu empenho e iniciativa profissional. Disse ironicamente: "Tão cedo não saio do serviço. Vê-se mesmo que estou a trabalhar para o louvor!". Mas conquistar os superiores pode provocar azedume nos colegas. Pode ser a altura de escutar os avisos do subchefe que quer evitar ter problemas no grupo: "Vai com calma, rapaz!". O exemplo de agentes como o referido, que cedo reflectem o apelo do trabalho, leva à constatação: "na polícia somos todos muito diferentes". Mas o que justifica a diferença e o que dirão sempre dele é que "é mais desenrascado do que os outros".

Alguns agentes relatam esta fase da vida profissional como a fase de incorporação da profissão, onde se vai aprendendo a responder às situações para as quais são chamados.

"Vamos aprendendo a resolver as situações um bocado por instinto. Se começamos a pensar: 'E agora, o que é que vou fazer?!', entramos em pânico. Tem que ser com bastante calma e deixar as coisas irem devagar. Se entramos em pânico não conseguimos fazer nada" (entrevista a uma agente com três anos de Polícia, Julho de 2004).

Um agente muito experiente, com mais de cinco anos de patrulha, lembra os primeiros anos como "os anos em que nunca largava a farda (...). Quantas vezes eu ia para casa a pensar nas situações, se as tinha resolvido da melhor maneira, se não haveria uma outra maneira de as resolver. Aprendia imenso. Na vez seguinte já fazia de modo diferente. Claro que com os anos de prática vamos conseguindo encontrar soluções mais estáveis" (entrevista, Maio de 2004). Um outro agente referiu mais detalhadamente o mesmo processo:

"Nos primeiros tempos, eu chegava ao fim do dia e fazia o meu balanço. E muitas vezes comentava com os colegas que tinham mais ou menos a mesma maneira de trabalhar. Pensava nas intervenções que eu tinha tido, se achava que tinha feito bem ou não. E se achava que tinha ajudado a pessoa ou não. Pensava muito nisso. Punha-me a pensar: 'Será que eu fiz bem? Será que eu fiz mal?'. Independentemente daquilo que eu achasse, eu usava aquilo como exemplo no futuro" (entrevista, Março de 2004).

Esta atitude determina que os agentes, mais uns do que outros, vão aprendendo a ler a actividade nos silêncios, pausas, quando aparentemente nada acontece. Esta aprendizagem é um caminho isolado e considerado intransmissível. O processo difere noutros contextos, onde lidar com os perigos sociais, psicológicos e físicos faz parte da socialização dos agentes ao longo da vida profissional (ver, por exemplo, Barker, 1999, para Los Angeles). Os meus dados, recolhidos entre os patrulheiros, não vão no mesmo sentido. Na Polícia portuguesa não parece ser incentivado um estado de alerta policial ou uma atitude de suspeição ou de desconfiança prudente. Espera-se que os agentes tenham capacidade de julgar, por si, o que é digno de atenção policial e como deve ser resolvido. Nesta conjugação de interesses, aspectos considerados mais periféricos da actividade tendem a ficar numa maior margem de ambiguidade.[13] Os processos de trabalho não são claros e para muitos polícias os primeiros anos significam sobretudo um travão na actividade. Como me disse um agente: "Nos primeiros anos é andar a apanhar bonés; como não vamos às ocorrências não aprendemos" (entrevista, Julho de 2004).

Quando perguntava aos agentes em que consistia o seu trabalho frequentemente me diziam que "o fundamental é ser, em cada situação, desembaraçado" (entrevista, Julho de 2004). Os agentes representam a sua tarefa não apontando soluções técnicas mas sim soluções provisórias, no sentido de resolverem e até de se livrarem das dificuldades que enfrentam no quotidiano. Tal característica é frequentemente generalizada à organização: "Isto na Polícia é a filosofia do desenrasca" (entrevista, Dezembro de 2004).

Aprender a *desenrascar-se, abrir a pestana, desembaraçar-se, safar-se, ser expedito, orientar-se* – são sinónimos que traduzem a atitude de aprendizagem numa profissão onde a formação inicial se representa como *pincelada* da actividade e onde o treino técnico ao longo da vida profissional é muito incipiente. Como me disse um agente com três anos de experiência: "Não podemos ser bons. Temos umas luzes. Podemos ter algum desembaraço, mas é muito relativo" (entrevista, Setembro de 2004). Alguns subchefes advertem: "Eu digo-lhes sempre: quando vocês não sabem o que fazer têm que se desenrascar, nem que seja mandar a pessoa à esquadra ou pedir discretamente ajuda pelo rádio para a central. Aqui as pessoas têm de saber comunicar, de outra forma nunca se vão safar" (entrevista, Dezembro de 2004).

A expressão indica que nesta fase os agentes devem estar preparados para intervir em situações e ocorrências para os quais são chamados. Não se espera que tenham iniciativa, que desenvolvam

---

[13] Por exemplo, lembro-me de não ser muito estável o que fazer em relação a toxicodependentes parados pelos agentes e surpreendidos com alguma droga. O adjunto defendia: "Eu penso que o melhor é deixá-los seguir com o produto. Eles já gostam tão pouco da Polícia...". Alguns agentes faziam isso mesmo, outros desfaziam a droga, uns ameaçavam ficar com ela, outros ficavam mesmo... Embora as determinações organizacionais obriguem a um processo administrativo, que conduz os toxicodependentes a uma unidade de saúde para reabilitação, as soluções neste caso, como em muitas outras situações diferentes, são frequentemente deixadas ao critério dos agentes logo desde os primeiros anos de serviço.

grande curiosidade policial ou desenvolvam tácticas pró-activas (no sentido de procurarem estar informados ou fazerem pequenas investigações policiais, como descrevi no capítulo 1). Muitos nunca conquistam esse saber na patrulha. Embora seja um valor importante, a iniciativa dos agentes no trabalho reserva-se para uma elite entre os operacionais mais experientes e para os agentes da proximidade que dela dependem para exercer práticas e rotinas diferentes da patrulha (como expliquei no capítulo 2).

A conquista e estabilização de um método pessoal leva anos. Num trabalho onde é preciso responder rapidamente a situações que deixam pouca margem para reflexão, esta atitude no trabalho não significa "inventar" a profissão. Quando falam em desenrascar-se, os agentes referem-se ao uso dos recursos legais e materiais disponíveis, ao improviso enquadrado, contando com a possibilidade de muitas vezes não ter a garantia de estar a resolver da melhor maneira uma situação. Vão-se usando recursos pessoais e formas de interpretar o mundo no exercício profissional.

Existem dois factores que enquadram a acção de cada agente: primeiro, a socialização entre colegas (em particular os do grupo); segundo, a interpretação dos códigos legais que os subchefes transmitem e as normativas internas que os comandantes encabeçam. Estas têm algum efeito para a conformidade na acção. Todavia a autonomia e o entendimento de cada um são relativamente respeitados em qualquer ocasião. Um exemplo surge a ilustrar os passos hesitantes da aprendizagem prática e individualizante dos agentes nesta fase.

> Acompanhei um agente nos primeiros dias no carro patrulha, o Tadeu, no turno das 13-19h. Tinha pouco mais de ano e meio de Polícia e nesta esquadra. Já lhe tinham dito que ia substituir o arvorado durante as férias daquele e que tinha de se desenrascar. Não havia ninguém mais velho disponível no grupo. Estava visivelmente preocupado. Por vezes pedia-me conselhos e ajuda pois, neste caso, eu já conhecia melhor do que ele a rotina do carro patrulha.
>
> Perto da rendição das 19h surgiu uma ocorrência de distúrbios entre moradores e fiscais da EMEL (entidade que regula o parqueamento em Lisboa). Uma condutora não queria pagar o estacionamento e depois de surpreender o seu carro bloqueado resolveu chamar a Polícia. O carro patrulha dirigiu-se ao local. A situação fez com que uma série de moradores se juntasse à porta de um prédio e trocassem insultos com os fiscais.

O condutor do carro, um maçarico recém-chegado, tentou acalmar o tom da discussão sem sucesso. O arvorado ficou "preso" nos enredos da condutora e de um outro condutor. O tempo foi passando e o espectáculo adensou-se, os insultos avolumaram-se. Não conseguindo conter a situação, o arvorado chamou reforços. Chegou primeiro um carro patrulha de uma esquadra vizinha com três elementos e logo depois a carrinha do piquete a grande velocidade, numa altura em que tudo estava bastante mais calmo. Conscientes da desproporção em que ficaram, os populares começaram a insultar os polícias: "Mas porquê tanta polícia?! Quando é crime não vêm, quando são precisos não aparecem". Os polícias de reforço não chegaram a sair de dentro da carrinha. Os do carro falaram brevemente com o arvorado. Partiram.

Já no carro, de regresso à esquadra, o arvorado falou da sua inexperiência e lamentou a forma como perdeu o controlo da ocorrência: "Só devemos ter muita polícia no local em casos extremos...".

No dia seguinte comentei o sucedido com um agente com muitos anos de arvorado, ao que este respondeu: "O truque é chegar, olhar e dominar logo a situação. É muito fácil perder o controlo e não o recuperar. A avaliação que se faz à chegada é essencial. Se nós não dominamos a situação é ela que nos domina a nós. Mas tudo isso vem com a experiência".

As informações sobre como-fazer raramente são trocadas entre os agentes e menos ainda com comandantes. Cada um aprende a resolver situações à sua maneira (diários da patrulha, Julho de 2004).

Os problemas de agressão de que os agentes possam ser alvo têm geralmente duas leituras: ou são considerados problemas pessoais e silenciados na organização, ou são considerados um desafio à autoridade da força no seu conjunto. Só quando se passam em situação de bravura, as ofensas corporais aos agentes são tidas em conta e notadas pelas chefias. Mas não existem propriamente tácticas ou cuidados especiais para lidar com isso. O risco, na actividade policial, é identificado como problema de algumas divisões *problemáticas*, não é um assunto que faça parte da socialização dos agentes, não se encara seriamente nem é discutido como pode ser noutras organizações (ver novamente Barker, 1999).[14]

---

[14] Na primeira fase da vida, mais ainda nos primeiro anos, os riscos profissionais são sobretudo deontológicos. Reveses na vida profissional significam reveses na vida pessoal. Um grupo afectado por um revés, como, por exemplo, complicações no uso da arma de um dos agentes, pode levar o colectivo a desenvolver um olhar mais cínico em relação àqueles que controlam a acção policial.

Nesta fase as mulheres já devem ter assumido que estão em pé de igualdade com os homens. As que resistem na patrulha estão tão ou mais ansiosas por receber o reconhecimento dos pares e superiores do que os colegas. Muitas são reconhecidas como trabalhadoras dedicadas. Como me disse um adjunto: "Muitas são melhores do que a porcaria de patrulheiros que anda aí. Não fogem tanto ao trabalho e são mais voluntariosas. Eles esquivam-se mais" (entrevista, Maio de 2004).

As mulheres enfrentam pior a pressão da patrulha quando são solteiras ou casadas com *civis*. Muitas encontraram no namoro e no casamento com colegas da escola, a trabalhar na mesma esquadra ou em esquadras vizinhas, uma boa forma de escapar a essa pressão adicional que ser mulher implica na sua socialização.[15] Na opção profissional, na gestão das rotinas e no autocontrolo da feminilidade, ter um namorado ou ser casada com um polícia facilita-lhes a vida. Como disse uma agente: "Eles compreendem melhor os turnos, sabem o que é que se passa, porque aqui sabe-se tudo, sabem os horários e o que andamos a fazer. (...) Os [namorados] civis desconfiam mais da nossa seriedade. Há sempre aquela coisa: 'Ela está a trabalhar no meio de homens, o que poderá estar a fazer?'" (entrevista, Março de 2004). Na socialização e apoio vão sendo descodificados e incorporados os princípios de uma profissão dura para jovens mulheres. Como me disse uma patrulheira:

> "É mais fácil, estamos os dois dentro da mesma instituição e sabemos como é que as coisas funcionam. Apoiamo-nos um ao outro, analisamos as situações e os sentimentos que estão envolvidos (...) Quando tive a primeira situação de retirada de uma menor à mãe sofri muito. Cheguei a casa e falei com o meu namorado [polícia]. Estava um bocado em baixo e ele ajudou-me bastante. Estivemos a dialogar sobre a situação, e ele disse-me: 'Por muito que nos custe, temos de nos abstrair, tentar passar à frente, tem que ser assim'" (entrevista, Julho de 2004).

---

[15] A pressão parece atravessar as diferentes categorias policiais. Nas entrevistas a cadetes e aspirantes do ISCPSI, um jovem oficial relatou: "Elas quando saem do ISCPSI já são muito diferentes do que eram quando entraram. Mudam logo no primeiro ano. Mudam de cabelo, começam a afastar-se e a isolar-se. O escape delas é arranjar um namorado cá dentro. Têm dificuldade em conviver connosco. Pomo-nos na brincadeira, mandamos bocas e elas não conseguem estar ali entre 15 rapazes, não aguentam" (entrevista, Maio de 2001).

Nos agentes, os namoros e casamentos com "civis" enfrentam dificuldades em sobreviver à profissão. Na trajectória das mulheres, tais relações são ainda mais ameaçadas, em particular as anteriores à imersão nesta vida, nesta "condição". Conheci uma agente de uma esquadra vizinha que fez patrulhas durante anos. A Joana era uma pacata patrulheira, na altura condutora do CP, originária de Braga e com pouco mais de três anos de Polícia. Encontrei-a pela primeira vez numa ocorrência complicada que chamou várias viaturas de esquadras vizinhas ao local. Começou imediatamente a partilhar comigo alguns problemas da sua vida pessoal. Conversávamos de cada vez que estávamos juntas. A Joana estava a ter dificuldades em manter uma relação de sete anos com um homem que segundo ela não entendia a vida policial. Chegava a casa cansada, depois de muitos turnos seguidos, de fazer trocas e permutas de horários para conseguir conquistar alguns dias às folgas. Um dia, quando a reencontrei, já estava no Programa Escola Segura. Como tantos outros (e outras), a motivação principal tinha sido o horário que lhe permitia regressar a casa nos fins-de-semana. Mas nem assim conseguiu manter a relação com o seu conterrâneo. Esperava-a provavelmente um futuro com um colega. Pelo menos era o que alguns agentes conspiravam.

Como esta, vim a conhecer outras agentes e subchefes com problemas conjugais. As que tinham filhos narravam situações ainda mais difíceis. Como a que chegou a fazer turnos com o bebé de meses numa alcofa na esquadra por não ter onde o deixar. Quase todas passaram por depressões e algumas levaram anos a conseguir um ritmo saudável entre o trabalho e a família. Geralmente, quando as mulheres têm filhos e alguns anos de operacionalidade, a única solução organizacional evidente é a retirada das patrulhas e dos turnos, trajectória que nem todas conseguem ou querem. É sabido que as que saem da patrulha ou das esquadras dificilmente regressam às ruas. Na organização não existe tradicionalmente flexibilidade para lidar com mulheres que têm filhos dependentes nem condições materiais para apoiar as famílias. A imagem ideal do agente como homem solteiro e totalmente disponível para o serviço, embora amplamente desadequada da realidade, vigora ainda nas representações colectivas.

Na organização, as chefias tendem a ser sensíveis à situação das mulheres casadas com colegas e é facilitado, ou pelo menos não é controlado, o facto de casais poderem patrulhar juntos, por exemplo.

Todavia é vivamente desincentivado que duas mulheres patrulhem em duplas o que, ao longo da vida, as leva a trabalharem sempre e só com equipas de homens.

Agentes experientes

Os agentes mais experientes numa esquadra, que podem ter pouco mais de cinco ou seis anos de prática, são os mais populares e possuem um certo monopólio simbólico dos saberes operacionais da patrulha, como já disse. Estes podem ser conhecidos pelos colegas mais novatos como os *velhinhos* da patrulha, aqui como sinónimo de experientes. Há um entendimento geral na esquadra que só no final de quatro anos de experiência um agente se torna um polícia. Esta consideração baseia-se na orientação formal das carreiras; baseia-se no período mínimo para a promoção do posto de agente a agente--principal (cf. Estatuto do Pessoal da PSP, Decreto-Lei n.º 511/99 de 24 de Novembro). Como me disse um comandante: "Nos primeiros quatro anos os agentes andam a maior parte do tempo sem saber bem o que fazem no trabalho, andam a tactear um bocado às cegas" (entrevista, Abril de 2004). Os agentes não são tão precisos na definição do período, mas não é por acaso que esta linha temporal é identificada para definir uma fase diferente das trajectórias.

Os agentes mais experientes (promovidos a agentes-principais ou não) são, em grande medida, quem garante os resultados operacionais de uma esquadra. Estes representam frequentemente os exemplos de polícias que os mais novos admiram. Quando são demasiado confiantes e tocam a arrogância são alvo de críticas, mas a sua experiência não é colocada em causa. A experiência indica que viveram já muitas situações na rua e que foram encontrando formas práticas de lidar com elas.

Estes agentes têm um papel na socialização de outros um pouco menos experientes do que eles, em particular quando é preciso introduzi-los em novas funções. Por exemplo, os comandantes sabem que a agente que animou durante vários anos um dos programas da proximidade irá ser transferida. Antes, é preciso preparar um ou vários sucessores dos que prometem ir ficando na unidade. Os agentes seleccionados começam, ocasionalmente, a acompanhá-la nas rotinas até estabilizarem no serviço. No decurso da experiência, os superiores dão a um dos agentes a oportunidade de escolher ficar na patrulha ou passar a trabalhar na proximidade. Desse modo, algo informal, vão testando aptidões.

Poucos são os agentes que permanecem toda a vida activa nas esquadras. Muitos superiores acreditam que "quando os agentes começam a ser bons e a sobressair deixam as esquadras" (entrevista a comandante, Março de 2004). A patrulha, sobretudo na sua faceta apeada, é, temos visto, uma fase algo desvalorizada na organização policial. É considerada o nível mínimo e menos prestigiado das demais funções policiais consideradas superiores. É um dado conhecido que os patrulheiros muito raramente recebem louvores na organização e não conhecem incentivos formais ou mesmo informais nos seus desempenhos.[16]

Talvez seja o momento de introduzir um parêntesis a este respeito. A PSP herdou mecanismos de diferenciação militar, mais baseados na "honra e disciplina" do que em valores mais difundidos noutras organizações da administração pública, como os desempenhos profissionais e técnicos. O controlo disciplinar não tem tido correlação directa com o controlo técnico, muito ausente destes universos. Assim, por um lado, as *punições* surgem como a diferenciação negativa, em geral mais distribuída por agentes, por operacionais. Por outro lado, os *louvores* são a versão positiva, que cabe mais frequentemente a chefes e oficiais, recompensas de carreira. Punições e louvores são publicados nas *ordens de serviço*[17] dos comandos. Estas são regularmente distribuídas por todas as unidades policiais.

---

[16] Por exemplo, na época do Euro 2004, vários agentes que conheci na esquadra comentaram indignados como os governantes elogiaram publicamente a prestação dos oficiais na segurança nacional e se "esqueceram" dos agentes. A valorização dos cargos superiores na Polícia e a sua visibilidade recente nos *media* não se fez acompanhar de uma revalorização organizacional e simbólica do trabalho dos patrulheiros em Portugal.

[17] A ordem de serviço não é um meio de informação consensual. Como uma vez um comandante me disse, "é o jornal da caserna". Mas o que suscita interesse de uns é motivo de reserva para outros. Uma subchefe dizia que esta publicação "é o lavar da roupa suja, não posso concordar que se exponham as pessoas dessa forma". Mas, na verdade, para muitos agentes este é um documento consultado para se ficar ao corrente de oportunidades que possam surgir na organização e, talvez, para satisfazer curiosidades.

Um oficial, recordado pelos agentes do seu tempo como o melhor comandante que passou pela esquadra, expressou um sentimento partilhado pela maioria dos patrulheiros em relação ao fraco estatuto da patrulha na organização:

"Criou-se a ideia nacional, no seio da Polícia e não só, na sociedade, que um indivíduo está na patrulha porque não presta, é aquele indivíduo que não interessa, que não sabe fazer mais nada. Devia ser o contrário, devia estar na patrulha aquele que fosse o melhor elemento. Estamos ainda muito longe dessa realidade. (...) Aprendi um pouco com a experiência, e também um pouco com os ingleses, que o patrulheiro é o elemento essencial de recolha de informação, principalmente fardado. E criou-se na Polícia a ideia, errada, de que os agentes só conseguem trabalhar bem à civil. Isto leva a não incentivar nos patrulheiros e numa esquadra o interesse pelo seu trabalho com elementos fardados. Na minha opinião, a patrulha deve ser dignificada. Deve tornar-se o serviço mais nobre e mais importante da Polícia" (entrevista, Julho de 2005).

A organização oferece algumas hipóteses de mobilidade sócio--profissional, e muitos tentam a sua sorte para *fugir da patrulha*, como dizem. Nesta fase, mais do que nas anteriores, a organização pode ser seriamente encarada pelos agentes como campo de oportunidades a explorar. Baseio-me aqui na definição de "campo de possibilidades" de Velho (1994), num sentido evidentemente mais limitado ao quadro de uma organização formal. Em sentido lato, o autor defende que este "trata do que é dado com as alternativas construídas do processo sócio-histórico e com o potencial interpretativo do mundo simbólico da cultura". Isto é, refere-se à "dimensão sócio-cultural, espaço para formulação e implementação de projectos[18] [pessoais]" (Velho 1994: 28, 40). Os agentes encaram a organização, neste sentido, como espaço para a implementação de projectos e carreiras.

Alguns foram fazendo formações por sua iniciativa de modo a melhorarem os seus *curricula*. Muitos agentes estão atentos às ordens de serviço e às informações que circulam na divisão sobre as oportunidades. Por exemplo, na altura do Euro 2004, alguns agentes mais experientes integraram temporariamente outros serviços. Um fez parte de um grupo de gestão de informação, por ter conhecimentos

---

[18] Explicarei no capítulo 7, de modo enquadrado, a noção de projecto em Velho.

informáticos; outro foi destacado para acompanhar uma equipa de futebol internacional, por dominar a língua do respectivo país, etc.

Um agente experiente e bem considerado entre os colegas e os superiores tem várias possibilidades de progressão que o levará a focalizar a experiência adquirida ou a mudar para outros planos do policiamento. As progressões verticais (para a carreira de subchefe e oficial) contemplam um concurso nacional, onde o número de vagas é reduzido.[19] No seio da PSP a possibilidade de integrar outras unidades obriga, geralmente, a provas e a alguma formação. É ainda possível, no seio das instituições do Estado, circular da PSP para outros serviços, oportunidade aproveitada por muitos quando existem concursos na administração pública para as polícias municipais, os serviços prisionais, o Serviço de Estrangeiros e Fronteiras, ou mesmo para a Polícia Judiciária, etc.

Existem algumas oportunidades num plano mais horizontal, já não movidas por concurso, mas por *convite*, como percepcionam os agentes, ou por *gestão de pessoal*, como assumem os superiores responsáveis. Logo no seio de uma divisão surgem oportunidades: nos serviços operacionais destaca-se o piquete e, até 2004, o recrutamento de agentes para as brigadas, serviços que colhem popularidade, e os polícias da fiscalização, menos populares. Nos serviços administrativos existe toda uma gama de lugares onde o aspecto mais valorizado pelos agentes já não é tanto o serviço mas o horário.

Mesmo numa esquadra surgem desde logo alternativas à patrulha. Os lugares nos programas da proximidade reservam-se para agentes que de alguma forma já fizeram todo o percurso numa esquadra e, por vezes, a quem os superiores reconhecem alguma capacidade de autogestão e criatividade no trabalho. Raramente um agente muito experiente, mas com pouca capacidade de trabalho e pouco sentido inovador, se mantém muito tempo nos programas (tenderá a ser convidado para um lugar *impedido*). Com as mulheres, a identificação entre o género e a função é mais imediata, sendo menos desafiada a inadequação pessoal ao serviço. Para os superiores,

---

[19] Por exemplo, o último concurso para subchefes contemplava 500 vagas, num universo de 17.750 agentes no contingente nacional. O concurso para oficiais tem uma margem de 25% de vagas que podem ser ocupadas por agentes e subchefes, num universo de formação de 20 a 30 pessoas em cada curso, por ano.

tirar uma mulher da proximidade para a reconduzir para a patrulha é um movimento quase impensável. Não é difícil para um comandante antecipar a pressão das mulheres na patrulha, sobretudo se têm filhos dependentes.

Um agente que com os anos refreou a operacionalidade, que deixou acalmar o designado *apelo das ruas*, tem mais tendência a permanecer na mesma esquadra ou divisão, oscilando entre a conquista de alguns benefícios informais junto dos superiores (podendo desempenhar serviços internos da esquadra, por exemplo). Mas terá de enfrentar o relativo desprezo de alguns colegas.

Na atitude quotidiana os agentes mais experientes podem apresentar-se com alguma altivez face aos colegas mais novos. Podem tirar proveito dessa situação. Em geral são selectivos nas suas relações de camaradagem e amizade. São mais desconfiados e conhecedores dos *podres da organização*, como dizem, dos chefes e, sobretudo, dos colegas. Como me disse um agente com mais de 11 anos de patrulha: "O pior inimigo do polícia é o polícia. Os agentes competem entre si e lixam-se uns aos outros. Os comandantes alimentam o sistema porque só à distância vão sabendo o que se passa com os agentes. As relações aqui dentro podem ser muito sujas" (entrevista, Abril de 2005). Os mais jovens também observam e comentam o comportamento dos mais experientes. Uma vez um agente considerou: "Alguns fazem muito serviço. Mas eu não gosto da atitude. Olham de lado para o pessoal mais novo. Têm a mania que todos têm de saber tanto de polícia como eles" (entrevista, Junho de 2004).

Ser o *chefe* do CP (*arvorado*), ou mesmo o *condutor,* numa esquadra são conquistas dos agentes mais experientes. Na prática, o acesso ao carro pode dar-se relativamente cedo na trajectória dos agentes. Mas ser sistematicamente arvorado ou condutor, o que realmente representa ter um certo estatuto entre os colegas e os superiores, conquista-se com a experiência de anos e fidelidade à divisão ou esquadra. Os agentes-principais que se mantêm nas mesmas unidades são considerados *uma instituição* ou, como dizem os mais novos, "têm um estatuto à parte". Foram estabelecendo redes de confiança e informalidade, nem sempre com relação directa com a forma como desempenham o trabalho, o que lhes garante um estatuto mais estável, uma via alternativa à que conquistam os agentes com trajectórias de progressão vertical.

Ninguém ignora a importância da experiência e da sua estreita relação com a antiguidade numa unidade policial. São frequentes as tensões e as brincadeiras que lembram e sublinham as diferenças de estatuto local. Numa ocasião, registei um episódio:

> Um agente maçarico queixou-se que um mais antigo ficava com os melhores serviços remunerados (extra-turno), isto é, nessa escala ficava não só com as melhores horas (diurnas) como conseguia os melhores dias e locais de vigilância (mais bem pagos). O agente mais antigo, com relações privilegiadas e oleadas pelos anos na divisão, ironizou: "Então quem é que manda?!". Levantou as suas divisas e disse: "Não vês que são diferentes das tuas?", simulando com dois dedos a imagem das divisas dos agentes- -principais (que são duas listas e não uma para se distinguir dos agentes).[20] O mais jovem não gostou. Chegou um outro que lhe disse: "Mete-te no teu lugar que ainda és um maçarico..." (diários da patrulha, Junho de 2004).

O cansaço das ruas

Neste meio, "acusar o cansaço das ruas" não significa estar próximo da idade da reforma, mas ter alcançado vários anos de Polícia e estar num plano em que o trabalho operacional se tornou um fardo.[21] Nesta altura os agentes já não contemplam progressões verticais na carreira, nem almejam ter alguma representatividade no trabalho ou receber o reconhecimento dos pares numa unidade operacional. Começam aliás a perder algum reconhecimento, caso o tivessem conquistado. No plano do policiamento actual existe pouco lugar para os agentes mais velhos nas esquadras. A patrulha apeada é representada como fase transitória e de aprendizagem dos mínimos da patrulha pelos mais jovens. O carro patrulha, o serviço mais envolvente e exigente, requer agentes no pico da condição física e moral. Os poucos lugares que sobram nos serviços da proximidade

---

[20] Embora o agente tivesse atingido os anos que o fariam passar à categoria formal de agente-principal, ainda não a tinha, por motivos e reconfigurações organizacionais. Mas ainda que sem a admissão formal, todos sabiam que a diferença estava desde logo presente.

[21] O limite de idade para aposentação são 60 anos, para agentes e subchefes. Mas podem contemplar-se situações de pré-aposentação aos 55 anos de idade, ou para polícias com mais de 36 anos de serviço (cf. Estatuto do Pessoal da PSP, Decreto-Lei n.º 511/99 de 24 de Novembro, capítulo IV).

não chegam para ocupar os *mais velhinhos*, como lhes chamam, agentes que, de qualquer maneira, não evidenciam motivações e apetências pessoais para nesta fase da vida inovar nos serviços tradicionais da patrulha.

Os poucos agentes que se vão aproximando da reforma, os raros veteranos que permanecem nas esquadras, tendem a ser considerados ultrapassados nos métodos pelos agentes mais jovens. Preferem manter uma rotina estável que lhes permita a previsibilidade dos acontecimentos e gostam pouco de situações que os desviem dela. Ao contrário dos agentes mais jovens, geralmente críticos em relação aos desempenhos das chefias, os agentes mais antigos acatam bem determinações hierárquicas, mesmo quando são reconhecidas como sendo inadequadas e inapropriadas na sua expressão. Todavia tal processo só é possível porque estes minimizam o mais que podem o contacto com os superiores. Estes conheceram a organização numa fase em que o aprumo e o respeito pela categoria profissional (independente da pessoa) eram valores em si, hoje considerados secundários pela maioria dos agentes. Têm um certo estilo mais formal que se opõe a uma certa informalidade cultivada pelos mais jovens e mantêm um estilo distante face às pessoas, o que muitos caracterizam como "dificuldades de comunicação". Têm tendência para ser mais moralistas no trabalho, não se poupam nas *lições de moral* ou nas *cházadas*, sobretudo junto dos públicos mais juvenis, algo que se tornou amplamente desacreditado entre os mais operacionais. Por vezes, são identificados como agentes que conheceram a patrulha num tempo em que a cidade e o crime eram diferentes.

São raros os agentes que gostam de trabalhar com os agentes que acusam o cansaço das ruas. Em situações de crise, de imprevisto, ou de risco, os agentes mais jovens consideram que os mais velhos não são de confiar porque tendem a fazer tudo *by the book*, simplesmente por quererem evitar problemas com os superiores. Tal fixação nas regras é amplamente desmotivado entre agentes desde os primeiros tempos do trabalho. Por exemplo, no grupo do Programa Escola Segura (onde estava integrado o único veterano da esquadra, com 46 anos) era frequente uma discussão. Os mais jovens defendiam a autonomia de movimentação do carro; o mais velho ripostava com a necessidade de informar a central de rádio das movimentações. Como diziam os mais jovens: "Não podemos estar sempre a pensar nas regras. Como conseguiríamos trabalhar?!". Segundo os mais novos, esta e outras discussões traduzem uma incapacidade de entendimento e de envolvimento inovador do agente mais velho num programa diferente da patrulha tradicional, o que se considera ser um empecilho para a acção.

Assim não é de estranhar que muitos agentes nesta fase recuem para serviços impedidos, para as secretarias das divisões. Podem desempenhar tarefas de maior ou menor responsabilidade, dependendo da capacidade de readaptação a actividades diferentes da patrulha (e que em muitos casos é só o que sabem fazer na vida). Em muitos casos tornam-se motoristas dos oficiais, um trabalho relativamente calmo e pouco exigente.

Quando os agentes estão no pico produtivo, na fase mais operacional da experiência profissional, tendem a ser críticos face a estes agentes: "Há polícias mais velhos que estão cheios de vícios, não valem nada" (...) "Eles tiveram pior formação do que nós. Nós sabemos mais de leis" (entrevistas, Maio de 2004). Quando antecipam o futuro profissional, na amplitude do campo de possibilidades que a organização oferece, na qual se conhecem as trajectórias mais contrastantes, alguns agentes ironizam jogando com imagens estereotipadas dos agentes veteranos. Surge uma ilustração. Quando, durante o Euro 2004, um agente considerado dos mais operacionais da esquadra foi temporariamente prestar serviços informáticos na Direcção Nacional, um colega disse-lhe: "Ainda ficam lá contigo. Ainda vais ser o nosso futuro homem da informática, na PSP! Ou então acabas por ficar a conduzir algum oficial". O operacional respondeu: "Pois, ainda fico um velho gordo, barrigudo, de bigode. É pá, de bigode é que nunca".

Crê-se que o "desgaste das rotinas" provoca uma quebra no envolvimento pessoal com o trabalho operacional. Para os superiores, ou para agentes que resistem a essa quebra ao longo dos anos, o movimento revela a retirada identitária face à profissão. Esta fase da vida pode surgir cedo na vida profissional de alguns agentes. Eis o testemunho de um agente que olha de modo cínico para os desempenhos da maioria dos colegas na patrulha.

"Há muita camaradagem na Polícia, mas só até aí ao segundo ou terceiro ano na carreira. A partir daí começam a pensar que já têm tudo adquirido e acabou a conversa. Enquanto estão no ano probatório, que é o purgatório, eles são voluntários para tudo, mas depois desse período já não. E depois dos cinco anos ainda é pior! A partir dos cinco anos, como já sabem que têm direito à reforma, já se estão pouco lixando. O que eu vejo é os colegas mais velhos do que eu a ensinar aos mais novos a maneira de se baldarem, de não se preocuparem com o serviço e só se preocuparem com a hora de saída. Eu tenho uma mentalidade que é: a gente tem hora de entrar mas infelizmente não tem hora de saída" (entrevista, Abril de 2005).

Na patrulha e noutros serviços operacionais os agentes mais velhos, ou que começam a retrair na operacionalidade, tendem a ser representados como um perigo por nem sempre garantirem a funcionalidade dos serviços. Como me revelou uma agente: "Fazer serviços remunerados [de vigilância] com velhos que já deviam estar a descansar é um perigo. Eles piram-se. Uma vez fiquei sozinha uma hora, nem me disse onde ia. É o maior perigo que há. Quando são os privados a pagar, a responsabilidade é grande. Os seguranças percebem logo e dá mau aspecto" (entrevista, Maio de 2004). Os superiores tendem a ser mais permissivos face às falhas dos veteranos, sobretudo em relação àqueles que se mantiveram fiéis a uma mesma unidade, o que nem sempre é bem visto pelos agentes mais empenhados na ideia de uma Polícia "profissional". Os agentes cansados que permanecem na patrulha têm uma atitude relativamente passiva e frequentemente assumem o "serviço sem novidade". Todavia beneficiam sempre de uma resistência de anos na actividade e na organização, expressa na tradicional e inultrapassável moral do adágio contestado pelos mais novos: "a antiguidade é um posto".

Passemos agora às classificações dos polícias que identificam alteridades internas na profissão.

Estilos de polícias

São os agentes mais experientes, mesmo que minoritários na esquadra, que marcam o compasso e ritmo da unidade. São também, em grande medida, responsáveis pelas classificações e estereótipos que circulam sobre os *estilos de agentes*. Van Maanen (1978c) apontou a importância determinante dos polícias mais seniores nas culturas de trabalho das organizações policiais e na definição dos seus principais eixos culturais e entendimentos. Os agentes observam-se e criticam-se muito. Têm ideias sobre como o trabalho é e deve ser desempenhado. São muito conscientes da forma como neste contexto as características e constrangimentos individuais concorrem para diferentes resultados e relações de maior ou menor identificação com a profissão. Como me disse um polícia que foi muitos anos agente e entrou por concurso na Polícia Judiciária: "O mal da Polícia é que tem muita gente que não devia cá estar. Uns ou são demasiado permissivos e não querem fazer serviço, são 'baldas'. Outros, ou são demasiado violentos ou são uns 'cromos', armam-se em 'duros'. Quem sabe falar e usar a cabeça não precisa de usar a força. Mas, infelizmente, são poucos os que sabem falar e pensar..." (entrevista, Junho de 2004). Mas é possível tentar enquadrar as críticas que circulam num quadro de representações das práticas mais amplo.

Recorrendo a classificações e estereótipos (como fazem em diversos aspectos da profissão), os agentes vão enquadrando cognitivamente a diversidade interna de um colectivo heterogéneo e as diferentes respostas que podem ser dadas num mesmo contexto e em situações idênticas. Quando caracterizam os estilos de trabalho dos colegas, os agentes não procuram tanto caracterizar os estilos de indivíduos concretos, mas a relação das pessoas com as suas práticas. Este retrato permite analisar os efeitos sócio-culturais de tais representações na organização ou, dito de outro modo, os processos de produção de identidades profissionais. As especificidades apontadas derivam da prática profissional e podem ser encontradas neste e naquele agente, num e noutro momento, podendo os mesmos desenvolver, em diferentes momentos da sua trajectória e na mudança de contextos, estilos diferentes. Vários autores (Broderick, 1973; Muir, 1977; Walsh, 1977; Brown, 1981; Shearing, 1981; Reiner, 1978, 1985) determinaram uma tipologia de estilos de polícias, baseados nos entendimentos dos actores. Irei aludindo aos estudos na descrição, tendo sempre presente que remetem para contextos anglo--saxónicos muito diferentes do português.

Durante o trabalho de campo deparei com pelo menos cinco estilos de polícias, isto é, diferentes formas de classificar os colegas nos seus desempenhos profissionais: os *polícias-operacionais*, os *polícias-malucos*, os *polícias-duros*, os *polícias-baldas* e os *polícias-certinhos* (ou *doutores*). O estilo *operacional*, também considerado *profissional*, é particularmente valorizado e diferenciado dos demais, é considerado o *verdadeiro estilo policial*. Os restantes tendem a ser encarados com mais ambivalência ou mesmo a ser desvalorizados.

Mais do que retratos encerrados, estes tocam-se e os polícias podem mudar de estilo ocasionalmente ou ao longo da vida. Não há uma relação directa entre os estilos e as fases da vida profissional, embora tendam a manifestar-se em agentes com alguns anos de experiência na esquadra. Passo a descrever cada um deles.

Os *polícias-operacionais* (ou *verdadeiros operacionais*) conhecem em geral os limites do mandato mas exploram as extensões do seu trabalho. Podem ser mais dados a usar a força ou, pelo contrário, a desenvolver dotes de negociação. Ambas as atitudes podem ser virtuosas e entendidas como complementares. Na fase mais activa da trajectória olham para a patrulha como possibilidade de realização pessoal. Estes agentes valorizam a autonomia e rejeitam e desafiam alguns valores demasiado pacíficos (em alguns casos criticam os limites constitucionais). Geralmente, não apreciam o refreamento tradicional expresso no adágio organizacional "quem foge não quer guerra".[22] Todavia, muitos, com o passar da experiência, reconsideram a verve dos primeiros anos na patrulha e, numa fase mais calma e menos impulsiva, adoptam as expressões que antes rejeitavam. Estes foram classificados por outros autores como "reciprocater" (Muir, 1977), "good officer" (Shearing, 1981) e "professional" (Reiner, 1978).

Sublinhar que "cada situação é uma situação" aviva a dependência da organização face aos saberes de agentes operacionais que, no seu mandato, avaliam e diferenciam soluções. A frase traduz algum conforto perante outras ideias que circulam e que relativizam os melhores desempenhos (tais ideias são expressas nas máximas: "Ninguém é insubstituível na Polícia" e "nós aqui [os agentes] somos um número"). Os bons operacionais tendem a estar associados aos serviços do CP, mas existem excepções lembradas entre os patrulheiros apeados. Como referiu um comandante:

> "Eu tive um elemento que não fazia muito serviço. Não fazia em termos de trabalho, de material.[23] Mas nos giros daquele agente nunca

---

[22] A frase tem o objectivo de desmotivar as perseguições aparatosas e um empenho policial elevado que faça perigar o polícia, os colegas, que ponha em risco o material, vidas humanas e a imagem da própria organização. Mas como já disse, as perseguições conservam um alto valor operacional na actividade.

[23] O oficial refere-se ao "produto" do trabalho tal como ele é entendido na patrulha: com indicadores criminais como detenções, apreensões, etc.

havia um assalto e todos os problemas eram resolvidos em condições. Porque ele e o colega faziam as 6 horas de serviço, corriam aquilo tudo. Ele sabia para onde tinha de ir e corria ali o giro, andava sempre de um lado para o outro. Não fazia o trabalho de uma maneira previsível e estava sempre a alterar os circuitos. Isto é um polícia ideal!" (entrevista, Julho de 2005).

Mas estes patrulheiros apeados *ideais* (ver também Broderick, 1973 e Shearing, 1981) são de tal modo considerados uma minoria que não têm, no presente, uma designação *emic* muito definida entre os agentes. As metodologias de avaliação e controlo do trabalho de prevenção estão pouco desenvolvidas na organização, o que desfavorece as representações da patrulha e, por extensão, desvaloriza o trabalho dos patrulheiros apeados.

Quando o entendimento privilegiado entre os operacionais e as chefias se quebra podem surgir diversos problemas. Estes esperam dos superiores comportamentos pouco ambivalentes, que aqueles, ao gerir um colectivo muito diferenciado, nem sempre conseguem garantir. Conheci um dos poucos comandantes que insistia na importância deste aspecto:

"Eles têm que sentir o nosso apoio. Têm que saber que numa situação de crise, numa situação em que se metam numa enrascada, mais do que uma vez, que nós estamos do lado deles. Na Polícia só nao faz asneiras quem não trabalha. O indivíduo que diz 'eu nunca arranjei problemas', das duas, uma: ou é um génio (o que é impossível porque até os génios fazem asneiras) ou é um calão, sempre se escondeu, sempre fugiu às responsabilidades" (entrevista, Julho de 2005).

Os mais operacionais são geralmente críticos face às chefias e em especial face aos comandantes (que como já demonstrei noutras ocasiões têm carreiras muito móveis e ficam pouco tempo nas esquadras). Muitas vezes caracterizam os superiores como empecilhos no trabalho. Como muitos agentes me disseram: "As chefias na Polícia desautorizam-nos muito, é frustrante". Alguns agentes conquistaram uma independência tal no trabalho que desafiam os poderes dos superiores. Estes, por não poderem atacar o trabalho dos operacionais, podem sentir-se tentados a atacar a pessoa. Os agentes são frequentemente críticos de uma organização que consideram desorganizada, que não reconhece o valor do seu trabalho e que não os deixa trabalhar.

Estes são os agentes que desenvolvem uma relação mais directa com a lei. Geralmente são quem melhor conhece os códigos legais, mas encaram-nos como princípios e ferramentas manipuláveis. Um dos agentes mais operacionais que conheci tinha os seus códigos todos anotados, o que só alguns subchefes mais envolvidos com o seu trabalho têm por hábito fazer. Conheci também uma agente operacional numa esquadra da divisão, "melhor do que muitos homens", dizia-se. Esta foi das poucas que chegou a ser promovida para a divisão de investigação criminal, antes de muitos colegas candidatos para o mesmo lugar. Mas a maioria dos agentes conserva um ideal de operacional, como homem, branco, com um aspecto relativamente musculado ou, pelo menos, de porte altivo, *rijo*, como se diz. São raras, muito raras, as mulheres consideradas operacionais na patrulha.

Os agentes admitem que existem diferenças entre os operacionais, em particular na gestão pessoal do "apelo das ruas". O importante é "não fugir ao serviço", defendem. Como uma vez me disse uma agente com alguns anos de experiência: "Eu atraio o serviço. Vem todo ter comigo". É partilhada entre os agentes a ideia de que há colegas e grupos que, devido a uma constelação de factores, têm sempre mais serviço do que os outros. No período intenso em que acompanhei as patrulhas, antes de mudar de grupo, alguns agentes aconselharam-me a acompanhar o trabalho do grupo D pois era conhecido na esquadra por ter "bons operacionais". Numa organização muito dividida nas suas categorias profissionais (nos *ranks*), onde se considera que "a rua é dos agentes", onde os agentes se apoiam e dependem de reforços directos da esquadra e da organização, conquistar popularidade entre os pares é um dado muito importante no futuro profissional. Como uma vez um agente me disse: "A única mais-valia de quem se aplica é ter o reconhecimento dos colegas" (entrevista, Maio de 2004). Existem ainda os "superoperacionais", os que "é só polícia, polícia, polícia"... Mas estes tendem a figurar na categoria dos *malucos*.

Os *polícias-malucos* são os que agem no calor dos acontecimentos. Não se trata de uma classificação depreciativa, mas sim de uma que sublinha a constante possibilidade de pisar os limites regulamentares da acção – a *thin blue line*, como tão visualmente conceptualizaram os ingleses. Procuram *combater o crime* a todo o custo, mesmo que colocando em risco a sua integridade física, sem medir consequências. São a versão mais destemida dos operacionais. Reiner descreve-os como os "new centurion (...) dedicated to a crusade against crime and disorder, seeing detective work as the central function, and emphasising the street cop as the repository of all truth, wisdom and virtue" (1985: 105). Walsh (1977) retratou-os como "action-seeker". São em geral voluntariosos, mas também dificilmente controláveis e têm um entendimento muito particular da lei. Como tal, são olhados com alguma popularidade entre os colegas, mas com algum temor pelos comandantes. Os agentes valorizam os traços que estes manifestam: a tenacidade, a coragem física e um certo aventureirismo. Mas os polícias malucos representam um risco para uma esquadra.

É conhecido na divisão um agente-principal que tem um livro com centenas de registos de delinquentes e suspeitos da sua área. Sempre que vê um novo, tira-lhe a identificação e guarda-a em disquetes que transporta consigo. São frequentes as escutas deste agente em acção, através do rádio que liga à central. Os super-operacionais tendem a "procurar serviço" o que, segundo a maioria, significa perder as noções dos limites do autocontrolo e ficar na dependência da própria profissão. Por vezes, reconhece-se que o trabalho afasta os agentes das restantes esferas da vida privada, para depois funcionar como compensação. São várias as histórias. Por exemplo, na divisão falava-se de um agente que quando teve problemas familiares se virou para o trabalho. Não saía de serviço, não folgava. Fazia o seu turno e ficava na esquadra a acompanhar os colegas horas seguidas. Chegou a estar quatro dias consecutivos sem dormir. Teve um acidente e ficou vários meses para recuperar. Dizem que nunca mais foi o mesmo. É preciso notar que faz parte da socialização ir medindo e gerindo o apelo da operacionalidade. Como me disse um arvorado do carro patrulha: "Eu vivo da Polícia, não vivo para a Polícia".

Muitos agentes crêem que para se trabalhar em determinados contextos de uma cidade "é preciso ser-se um bocado maluco", isto é, arriscar, explorar a profissão, ameaçar os delinquentes, fazer uso de tácticas de interrogatório, pisar limites legais, enfim, exceder-se. Os *polícias-malucos* podem ser violentos e simultaneamente contidos, se considerarem que a situação o justifica. Neste meio, ser maluco não significa ser descontrolado, mas sim evidenciar-se destemido, em particular nas situações de detenção. Por exemplo, um dos polícias que ficou mais popular na esquadra, mas que abandonou a patrulha, ficou conhecido por *Pistolas*. Diz-se que arriscava a vida, fazia mais detenções do que os polícias à civil, mas nunca conseguiu ser promovido para onde mais queria, para as brigadas à civil da divisão. Estes podem ser acusados pelos superiores de *trabalhar demais* (ao contrário dos *baldas*, como se verá). Mas, na verdade, um deslize seu pode colocar o colectivo em causa. Muitas vezes, tal atitude leva-os a inviabilizar possibilidades de progressão. Geralmente também não conhecem louvores, ao contrário de outros agentes mais consensuais. Mesmo que merecidos, os comandantes reservam um olhar desconfiado face aos desempenhos de agentes demasiado expansivos que lhes trazem demasiados problemas.

Os agentes que mais longe levam esta representação da sua actividade e dos seus desempenhos adquirem, por sua iniciativa, coletes à prova de bala, apetrechos que lhes facilitam a operacionalidade, interessam-se muito por e conhecem bem o armamento – o que na patrulha está longe de ser uma atitude generalizada. As mulheres na Polícia geralmente não entram nesta categoria. E mesmo se improvisam em algumas situações o uso da força, ou outros comportamentos de risco, parecem fazê-lo sobretudo para se sentirem integradas. Geralmente não esquecem que a sua situação física é mais vulnerável.

Na altura em que estive na esquadra não existia um agente verdadeiramente *maluco*, mas tive a oportunidade de contactar várias vezes um assim considerado que tinha sido transferido (segundo ele, *afastado* por um comandante) para uma outra unidade há anos. Víamo-nos com frequência no tribunal, em processos que resultavam da sua passagem anos antes pela esquadra. Para quem o conheceu era um pequeno herói de rua, retratado quase como uma lenda. Em conversa dois agentes lembraram-no:

> "Era um maluco! Devia haver mais como ele, fazem aqui falta uns três ou quatro como ele. Claro que não podiam ser todos assim... Atirava-se aos mitras sempre que podia. Andava sempre todo roto por se meter no meio da confusão lá em baixo [no bairro da droga]. Andava sempre aos tiros. Mas também fazia coisas como aquela de uma vez entregar a arma ao comandante para ir salvar uma mulher que estava dentro de um esgoto. Meteu-se todo lá dentro. Uma vez roubaram um carro e ele furou o carro todo,

disparou até ao fim. Em tribunal o juiz perguntou-lhe porque disparou. Ele respondeu que só não disparou mais porque lhe acabaram as munições. Nem lhe disseram mais nada. Houve um carocho [toxicodependente] que tentou assaltá-lo com uma seringa, estava ele à civil. Puxou da arma e disparou para o chão. Esse carocho apanhou três anos de cadeia. Sempre há justiça" (diários da patrulha, Maio de 2004).

Os *polícias-duros* são, ao contrário dos malucos, figuras algo ridicularizadas nas esquadras. São os *cromos*, as *ovelhas negras*, agentes *queimados*, considerados *inadaptados* à vida de agente. O termo é aqui usado em sentido irónico. Na Polícia considera-se ser necessária alguma dureza, *rigidez*. Mas existem agentes que *armam em duros* e acabam por vacilar em momentos e encontros determinantes por lhes faltar discernimento na diferenciação dos públicos e pessoas. É o caso. Um *duro* fala demais quando não deve (por exemplo, com um infractor no trânsito) e faz o que não é suposto fazer (não tem coragem para punir um delinquente, por exemplo). Estes agentes podem ser demasiado austeros em situações de irregularidade no trânsito e não ter capacidade para levar a cabo uma detenção. E, como já tenho sublinhado noutras ocasiões, os agentes que acumulam histórias mal resolvidas no trânsito tendem a ser mal vistos na esquadra. Assim, estes agentes têm sistematicamente atitudes consideradas desadequadas face às situações e geralmente manifestam uma falha de entendimento básico do *bom senso policial*.

Ao contrário dos operacionais, os agentes a quem os colegas chamam *duros* não têm presentes os limites do mandato profissional, mas num sentido diferente dos *malucos* (que são, como se viu, uma espécie de superoperacional destemido). Existe um episódio que o ilustra e que me foi narrado como característica deste estilo de agentes. Um agente chega junto a uma mulher de mini-saia num banco de jardim e pergunta-lhe se não tem vergonha por estar assim vestida, lembrando-lhe depois que não deve ter os pés em cima do banco... Os polícias que optam por dar *lições de moral*, como se diz, ou mesmo ter uma atitude desproporcionalmente agressiva "em vez de fazer o seu trabalho", enfrentam sérias dificuldades em merecer o respeito dos colegas. Sempre que podem, os agentes evitam patrulhar com os *duros*. Consideram-nos um risco, já não tanto físico (como acontece com os *malucos*), mas no ferir da imagem da autoridade policial. Frequentemente, a solução organizacional para estes agentes, considerados também *problemáticos*, passa por levá-los a pedir transferência para outras unidades. Durante anos estes agentes podem ser *castigados* pelos comandantes, ser afastados das ruas e empurrados para serviços menos valorizados e isolados (*fazer portas* ou *postos fixos*, por exemplo), sem que isso represente uma mudança no estilo do patrulheiro. Dificilmente um agente assim é destacado para serviços de condução, ou outros muito disputados por agentes com vários anos de esquadra.

Os *polícias-baldas* são os que se diz evitarem trabalhar sempre que podem e, como tal, o seu estilo é desvalorizado. Podem também ser denominados *cabides*, portadores de uma farda que não honram. Este é um estilo identificado em várias outras polícias anglo-americanas. São os "uniform carrier" (Reiner, 1978), "avoider" (Muir, 1977), "cynical street cop" (Walsh, 1977) ou o "cautious" (Shearing, 191) ou ainda o "service type 1" (Brown, 1981). Os comandantes criticam: "Muitos deles andam aí a coçar a micose". Alguns admitem: "Faço o meu serviço [de vigilância simples] e a mais não sou obrigado" (entrevista, Maio de 2004).

Pode ser uma tentação *andar na balda* (fazer mais paragens e pausas extra-serviço do que é habitual), mas os agentes não gostam de ser identificados como *baldas*. Estes são identificados como os polícias que estão na Polícia para "fazer as suas seis horinhas sem novidade". Não se preocupam geralmente com a imagem que provocam. A atitude frequentemente identificada como balda é a que leva os agentes a terminarem os turnos sistematicamente sem resultados. Qualquer agente, em qualquer fase da vida profissional, pode ser um balda, pode *encostar-se*, como também se diz.

Não produzir serviço pode ser uma arma que alguns agentes insatisfeitos usam como represália em relação aos superiores. Mas tal atitude tende a conduzi-los a um círculo vicioso de inadaptação profissional. Os agentes mais críticos da organização constatam frequentemente, numa atitude defensiva, que quem não trabalha tem menos problemas com os superiores. Mas a pressão por resultados acaba por, de uma forma ou de outra, afectar os *baldas*. Entre os colegas também não colhem popularidade e acabam por trabalhar de modo mais isolado e sistematicamente em funções que não oferecem grande possibilidade de aprendizagem da operacionalidade. Alguns aforismos na organização condensam filosofias de trabalho que alguns comandantes teimam em contrariar: "O melhor serviço é sempre aquele que fica por fazer", é um deles. No essencial, o aforismo diz respeito à atitude do *balda*, ao que *nada produz*.

Vale a pena introduzir aqui uma nota. Na organização, os mais preocupados em defender a imagem operacional e profissional remetem para um tempo transacto práticas que consideram ferir essa imagem. Defendem que o estilo *balda* era dominante na Polícia "do passado": "Isso era mais dantes, dantes os mais velhinhos é que eram mais baldas" (entrevista, Julho de 2004). Há uma certa tentativa de classificação do passado usando mecanismos de descontemporanização (Fabian, 1983) e de homogeneização das diferenças (Kuper, 1988). Glaeser (2000) analisou estes mecanismos, muito presentes nos discursos sobre as práticas, nos processos de produção identitária recente nas polícias de Berlim, após a queda do muro, que levou a uma reorganização conjunta dos dois corpos de polícias (das anteriores Berlim Este e Oeste). Trata-se de assumir que práticas menos valorizadas se encontram, em relação às mais valorizadas, numa relação de anterioridade. Os contextos de polícias nacionais que transitaram de regimes autoritários para regimes democráticos favorecem este processo identitário que pretende apagar o passado na memória organizacional.

Os *polícias-certinhos* são aqueles que desenvolvem uma visão mais humanitária da sua actividade, mas que também têm mais receio de avançar em situações que requerem o exercício inequívoco da autoridade e da força. O termo pode ser usado num sentido positivo. São também os que seguem mais de perto os limites da lei. Estes podem identificar-se como pessoas que "não gostam de bater" e ser considerados demasiado *pacíficos*. Podem chegar a figurar entre os bons polícias, mesmo se não são considerados tradicionalmente operacionais. Reiner (1978) tipificou-os como "bobby", Broderick (1973) como "optimist" e Shearing (1981) como "wise officer".

Todavia os *certinhos* enfrentam pelo menos dois limites no seio colectivo da cultura policial. Por um lado, não devem criticar e devem compreender os colegas que optam pela representação dominante e fazem uso da sua valentia. Partilham com eles os princípios e os fins, mas não os meios. Por outro lado, encontram algumas dificuldades em ser populares nos serviços tradicionais da patrulha. Em geral, os mais *certinhos* ou legalistas, acabam por encontrar um lugar seguro nos programas de apoio social da polícia, na proximidade. Não por acaso estes programas em Portugal têm enquadrado o trabalho feminino das agentes.

Os *certinhos* podem também ser denominados, pejorativamente, *doutores*. O aumento do número de agentes recrutados com algum nível de ensino superior nos últimos anos trouxe uma nova realidade social para dentro da PSP, com a qual a organização não estava habituada a lidar. A presença de agentes licenciados nas esquadras ganhou expressão com o aumento do desemprego. Estes passaram a ver na Polícia uma hipótese de carreira. Em geral, considera-se que existe uma certa inadequação nas expectativas destes sujeitos na organização: tal como os colegas, são obrigados a enfrentar um trabalho por turnos, de rua, mal pago, menos determinado pela formação de origem do que por uma aquisição progressiva de saberes e o respeito por uma hierarquia ao estilo militar. Uma história caricaturada por um comandante traduz um sentimento partilhado por muitos agentes, mas não necessariamente por todos.

Veio para a Polícia um arquitecto, fez o curso, precisava de emprego. Houve um telefonema de uma casa para a esquadra e o subchefe pediu-lhe:

– Olhe, vá ali a cima à rua tal, porque a ambulância vai lá chegar e é para ajudar a desviar o trânsito.

– Ouça lá! Eu sou licenciado em Arquitectura. Vá lá o senhor que o senhor é que é subchefe.

– O senhor é agente, faça o favor de lá ir. Estou a mandar!

E não foi. Depois a central de rádio mandou lá um carro. Então pedi ao elemento para vir aqui ter comigo. Ele tinha para aí dois dias de Polícia. E eu disse:

– Ó senhor arquitecto, eu compreendo que o senhor quer ser tratado como arquitecto. Mas como na Polícia não há o senhor arquitecto, há o agente, o subchefe e o oficial, tem aqui o papel. Meta o papel para ir embora porque o senhor só vai arranjar problemas. Para já, pode ter a certeza que toda a gente da divisão já sabe que o senhor fez isto, vão gozá-lo e humilhá-lo. Se o senhor não quer passar por uma humilhação destas, o melhor é o senhor arranjar outro caminho, porque o senhor está aqui só...

– Tem razão. Eu vim para aqui só para arranjar emprego...

Foi-se embora (entrevista, Maio de 2005).

Na prática, a diferenciação entre agentes tende a desvanecer-se com o aumento da escolaridade obrigatória na fase do recrutamento (11.º ano) – o que leva os mais antigos a referirem-se aos mais jovens com mais habilitações dizendo, "isto agora é só doutores". Todavia é indiscutível que os jovens mais habilitados desafiam alguns comportamentos e padrões culturais dominantes e tradicionalmente enraizados na organização. O agente Tadeu, com o curso de Relações Públicas, falou-me algumas vezes do impasse identitário que enfrentou na Polícia. Por ser diferente, alguns colegas de grupo chamavam-lhe o *Sr. Sensível,* alcunha à qual se foi habituando.

"Não tenho de andar nas tascas, dizer palavrões ou falar de mulheres para ser polícia. Diz-se que um patrulheiro quando entra ao serviço deve estar dormido, comido, mijado, cagado... É uma visão muito limitada. Um dia notei que estava a ficar como eles, via uma mulher, comentava e virava a cabeça. Decidi que ia resistir a isso. (...) Eu trabalhei na área da cultura. Os meus amigos têm cabelos compridos. Quando lhes digo que sou polícia nem acreditam. Achas que eu estou deslocado? Eu sou um estilo de polícia diferente. Acho que aqui tem de haver de tudo, mais agressivos e mais pacíficos. Alguns são demasiado agressivos... Deus me livre se algum dia eu ia para o piquete" (entrevista, Julho de 2004).

Aqueles que imaginam que a profissão não inclui, em algum momento, a inevitabilidade da coerção são considerados polícias incompletos. Muitas mulheres agentes tendem a ser consideradas demasiado *certinhas.* Diz-se que podem ser das *mais profissionais* e muito boas polícias, mas a tendência para um estilo mais pacífico, menos determinado por aspectos tradicionais como o uso da força, leva-as a encaixar mais facilmente nesta categoria.

Ser *certinho* pode ser encarado como um estágio transitório dos primeiros meses ou anos na profissão, e não se limita a quem tem formação superior. Os agentes *certinhos* podem vir a tornar-se polícias conscientes e responsáveis. Muitos aprendem as tácticas que os aproximam dos melhores. Será o tempo a ditá-lo. Na verdade, os programas da proximidade surgiram a desafiar a imagem tradicional do polícia como *operacional,* mas sem a descentrar do quadro de referências da patrulha. Uma agente que sistematicamente aconselha idosos, que formula relatórios a pedido dos comandantes e que tem um desempenho exemplar nos registos administrativos, por exemplo, é considerada uma *boa polícia,* mas dificilmente será uma *boa operacional*. As vantagens das mulheres são sempre encontradas nos dotes de negociação de desordens e pelo efeito de surpresa que a sua presença provoca. "As mulheres desarmam pessoas em conflito ou infractores como ninguém", disse-me um agente com vários anos de experiência, "às vezes basta a presença delas, é uma presença preventiva" (entrevista, Julho de 2004).

Um dia, à porta da esquadra, desenrolou-se uma curta conversa entre um agente com ano e meio de experiência e uma agente com mais de cinco anos, que permite entender a determinação da diferença nas representações acerca dos desempenhos femininos. Tudo começa com a distinção entre agente e mulher polícia. Vejam-se alguns apontamentos dos diários da patrulha (Junho de 2004):

> Agente Madeira – "Tu és uma boa mulher polícia, não és agente."
> Agente Telma – "Eu não preciso de usar a força para ser uma boa agente. Consigo mais dos *mitras* do que muitos colegas. Há muitos aí que têm músculo, abrem a boca e não valem nada. Até agora, a conversar, tenho conseguido tudo o que quero deles. Claro que uma pessoa tem de avaliar com quem dá para falar e com quem não dá. Não dá para falar e resolver sempre as coisas com falinhas mansas…"
> Agente Madeira – "Ainda o pouco que sei de polícia aprendi contigo. Tu é que me ensinaste muitas coisas. Carros apreendidos era contigo, tinhas um faro para eles…"

Como me disse noutra altura a mesma agente: "Existem aqueles que batem nos mitras e os que têm pena dos mitras. No início, quando chegava a casa chorava muito, até com as situações mais simples. Depois lá me adaptei e criei uma certa frieza. Tem que ser. Só assim aguentamos. Mas acho que somos todos precisos na Polícia: os que lhes batem e os que os defendem" (entrevista, Maio de 2004).

Os polícias não se mantêm necessariamente os mesmos ao longo da sua trajectória profissional, e nem mesmo em períodos ou ciclos relativamente curtos da actividade. Um polícia pode ser *rijo* e *amolecer* ou pode ter tendência para ser *balda* e ganhar gosto pelo serviço quando menos se espera. Mas embora a determinação para tal possa ter motivações organizacionais – maior ou menor pressão por resultados, mudanças nas geografias do policiamento, etc. – tal movimento é atribuído pelos agentes e pelos demais polícias a motivações e escolhas pessoais. Por exemplo, um dos agentes, considerado dos mais *operacionais* da esquadra, disse-me que quando tinha muitos anos de arvorado, a dada altura da vida, forçou-se a parar de fazer detenções. A operacionalidade esgotava-o. Falou com o comandante, que o entendeu e o colocou na patrulha apeada. Quando retomou o seu lugar de arvorado recomeçou a trabalhar de novo de forma mais *operacional* (na parte *de baixo*, na droga), mas com mais calma. Existem outros exemplos contrastantes. Falaram-me várias vezes de um colega, que está hoje numa unidade da polícia de intervenção, que ilustra este aspecto. "Nos primeiros anos de trabalho não parecia feito para esta vida. Não ligava nenhuma ao serviço e andava sempre na balda. Sem que se percebesse exactamente como, nem porquê, começou a produzir. Era só detenções, detenções, detenções. Quando descia lá abaixo [bairro da droga] trazia sempre serviço." (Entrevista, Julho de 2004.)

*

Este capítulo ajuda a recusar a ideia de que na Polícia existe, no decurso dos processos de socialização, uma "personalidade única de polícia" ou como colocaram criticamente Harris (1978) e Van Maanen (1978c), uma *cop personality*. São muitas as manifestações de diferenças entre agentes, em várias fases da vida profissional e na adopção de variados estilos de desempenho. A pluralidade marca o tom e é, em certa medida, mantida estruturalmente na organização. Só deste modo a Polícia pode enfrentar essa ambivalência estruturante do seu mandato (entre apoiar e controlar) que a leva a evitar assumir apenas um modelo de policiamento. Assim como as organizações policiais não são culturas "monolíticas" e cristalizadas, e são permeáveis à mudança e a diferentes políticas, o mesmo acontece nos cursos de vida dos agentes. Aliás, já antes sublinhei como a segmentação de tarefas e arranjos estruturais da actividade, logo no plano da esquadra, levam a diferentes percepções e desempenhos da actividade nos agentes (capítulo 2). São muitas as hipóteses à disposição dos polícias, em particular dos patrulheiros e agentes da proximidade, para que possam oferecer respostas "psicológicas" variadas e idiossincráticas na forma como lidam com a cultura ocupacional. Tal não impede os polícias de partilharem códigos e classificações dos seus mundos sócio-profissionais.

CAPÍTULO 7
Vidas de Polícias em "Esquadras de Passagem"

As esquadras de Lisboa são caracterizadas por um efectivo juvenil e temporário. Já antes disse que são consideradas *esquadras de passagem*, ao contrário das restantes unidades espalhadas pelas pequenas e médias cidades do país, subordinadas a comandos regionais de pequena dimensão. A essas os polícias chamam as *esquadras terminais*, para onde se deslocam os agentes numa fase adiantada da vida profissional e já sem o mesmo poder de resposta operacional que a organização espera deles à chegada e durante os primeiros 10 a 15 anos de actividade. "Terminal" adquire assim dois sentidos, um funcional e outro ontológico. Os agentes partem para os mais pequenos comandos do país para terminar a actividade. Como eles, a vida policial local acalmou. Partem também para findar o ciclo das vidas. Assim as esquadras dos maiores comandos urbanos têm permanentemente um efectivo muito juvenil e amplamente inexperiente ao seu serviço. Tal rotatividade gera efeitos profundos no trabalho dos grupos, permanentemente em recomposição, e nos projectos de esquadra, unidades que vêem partir com frequência os seus mais competentes agentes, bem como os comandantes que não chegam a envolver-se na promoção do trabalho na unidade.

Existem diferentes entendimentos sobre a elevada rotatividade de pessoas na organização. Acredita-se genericamente que a enorme rotatividade dos polícias e a estada pouco prolongada nas unidades os inibe de uma disposição para desenvolver favoritismos e alguma corrupção local. Este argumento não é afirmado abertamente, mas está mais presente nos meios de decisão da Polícia e do ministério do que entre os polícias nas esquadras. Para estes, o anseio é geralmente por uma certa permanência em unidades, embora façam uso das possibilidades de mudança e rotatividade presentes na organização. Mas, na verdade, a centralização do maior corpo de polícias e dos serviços administrativos em Lisboa é um processo tradicional da administração policial portuguesa. Se nos detivermos no processo verificamos que este assume várias consequências organizacionais e afecta muito particularmente as vidas dos agentes.

O modo como se orienta o recrutamento e a constituição do corpo nacional de polícias para as áreas urbanas é um dos aspectos centrais da organização. Embora tendo sido cada vez mais desenvolvidas as técnicas de despistagem dos elementos à entrada da organização, o modelo de recrutamento pouco se modificou em Portugal e continua a ser administrado num concurso nacional de gestão central. A reorganização de 1999, a criação da Direcção Nacional e a figura de um director que, por lei interna, controla toda a força nacional nas mais diversas questões, sublinharam a orientação centralista que remonta a 1935[1], à criação da polícia nacional.

Esta dimensão social da organização escapou em grande medida aos investigadores de língua inglesa que mais estudaram a Polícia. Uma das razões é a merecida atenção que os aspectos culturais e as relações dos polícias com os citadinos tem ocupado no panorama dos estudos policiais. Uma outra razão para o fraco interesse pelo tema prende-se com o facto dos modelos de polícia mais estudados serem tendencialmente descentralizados nos panoramas nacionais, com vários corpos de polícias implementados localmente. Embora com diferentes escalas, esses são modelos característicos dos países anglo-saxónicos.[2]

---

[1] Já sob a vigência do Estado Novo, a Polícia de Segurança Pública adquire um Comando-Geral através do Decreto-Lei 25.338 de 16 de Maio de 1935. O novo comando, de âmbito nacional para todas as cidades do país, respondia directamente perante o Ministério do Interior (deixando de estar subordinado ao Governador-Civil como antes). Até então a "Polícia Cívica" era organizada de modo distrital.

[2] Bayley (2003) fez um estudo comparativo sobre as formas de organização em cinco democracias de língua inglesa. Por exemplo, se no Canadá a contagem das múltiplas forças espalhadas pelo território é complicada, nos Estados Unidos da América é praticamente impossível, onde se estima que existam pelo menos 25 mil agências policiais públicas. No Canadá existem 461 forças policiais. Já na Grã-Bretanha existem pelo menos 43 forças, na Índia 22 e na Austrália 7.

O problema de recrutamento nacional dos polícias é característico de modelos organizacionais europeus, que encontram e mantiveram a sua raiz em Napoleão, que predomina nos países do Sul da Europa, como Portugal, Espanha, França e Itália (Monjardet, 1996a; L'Heuillet, 2004). O modelo português, aliás, tem uma raiz napoleónica não só nesta área como em toda a administração pública (Gomes *et al.*, 2001). Como refere Valente Gomes, embora em alguns países este seja um problema politicamente equacionado e a estrutura da organização policial frequentemente reformada, o modelo manteve-se quase inalterado desde o século XIX. A estrutura policial fardada é dualista. Por um lado, uma polícia com estatuto militar, dependente do ministro da Defesa (ou com dupla tutela), com competência territorial circunscrita às zonas rurais. Por outro, uma polícia civil, dependente do ministro do Interior (Administração Interna) e responsável pelas zonas urbanas. Além disso, é um modelo muito centralizado na capital, ou seja, existe uma responsabilidade das polícias perante o poder central. Este é essencialmente diferente do modelo nacional do Norte da Europa (com uma só Polícia) e do modelo descentralizado característico dos países de língua inglesa. Interessa sobretudo vincar que noutras organizações policiais mais descentralizadas os agentes tendem a ser recrutados em comunidades mais próximas daquelas onde exercem a actividade.

Na polícia urbana portuguesa não foi quebrada a tendência tradicional da organização como centro de emprego no Estado para homens (e algumas mulheres) à saída da escolaridade, em todo o país, numa malha mista de origens sociais, mas que tende a reflectir uma opção para sujeitos oriundos de meios sociais desfavorecidos e de regiões com fracas oportunidades no mercado de trabalho.[3] A maioria dos agentes continua a ser recrutada fora de Lisboa, até aos 25 anos de idade (desde 2000), e passa pelo menos por dois

---

[3] Existe uma anedota que muitos lisboetas conhecem e integram no seu cardápio do humor falado. Foi-me narrada do seguinte modo: "Como se recrutam polícias para a GNR e para a PSP? Põe-se-lhes uma saca de batatas à frente e pergunta-se: 'Sabe o que é isto?'. Se ele diz: 'É uma saca de batatas', vai para a PSP; se ele diz: 'É uma xaca de batatas', vai para a GNR". Na anedota faz-se alusão à origem rural e desqualificada dos guardas da GNR, mas também à desqualificação geral dos recrutas para as polícias nacionais, ao colocar-lhes um desafio simples e algo ridículo.

comandos, provavelmente por diversas esquadras, durante a vida profissional. Nesse périplo poucos agentes escapam a permanecer vários anos num dos comandos que mais recursos humanos absorve, Lisboa. A organização é também composta por agentes oriundos de regiões próximas da grande urbe, mas tal dá-se em particular quando a oferta de trabalho do mercado de emprego aperta, e os sujeitos vêem nesta a possibilidade de uma carreira no Estado, com segurança financeira. A bifurcação de origens e trajectórias está longe de representar a realidade destes colectivos. A maioria dos agentes continua a fixar-se temporariamente nos maiores centros urbanos, ansiando por regressar a um comando mais próximo da região de residência. A distância faz com que os agentes mantenham frequentemente pelo menos duas moradas e regiões de pertença (uma durante a rotina do trabalho e outra nas folgas). A separação geográfica entre o trabalho e a família revela-se assim um problema estruturante e tradicional da comunidade profissional e tem uma expressão determinante nas trajectórias dos indivíduos, suas percepções e expectativas de carreira.

A necessidade de sustentação e o campo de oportunidades que se abre, ou seja, a possibilidade de enveredar por uma carreira no Estado, são aspectos que motivam os agentes a concorrer à Polícia. Embora a estas se possam juntar outras motivações mais idealizadas (apelo profissional, interesse pela farda, etc.), as duas primeiras são claramente dominantes e atravessam de cima a baixo a organização.[4] Não devemos esquecer que para a maior parte das pessoas, um pouco por todo o lado, a importância mais primária do trabalho surge pela sua eficácia como meio de subsistência (cf. Gulick, 1989: 119). A particularidade das organizações burocráticas surge com o facto dos sujeitos terem pela frente um conjunto de oportunidades e opções relativamente previsíveis ou expectáveis que podem ir articulando e gerindo.

Procurar um meio de subsistência na Polícia implica mobilidade regional, a deslocação para centros urbanos de onde geralmente não são originários os recrutados. Além disso, as expectativas de progressão financeira e de estatuto são cada vez mais reduzidas para os

---

[4] Ver Cordeiro, Durão & Leandro (2002). Em particular o capítulo 4 onde se dão os primeiros passos de um estudo de caso sobre os alunos em formação para oficiais de polícia. Tudo indica que a variação nas origens regionais dos cadetes e aspirantes permanece.

agentes, tendo em conta que o oficialato se tornou nos últimos vinte anos uma carreira alternativa, com formação superior autonomizada daquela a que se chama na organização a *carreira de base*, por onde passam todos os polícias que são ou foram agentes (expliquei este aspecto no final do capítulo 1).

Este capítulo divide-se em duas partes. Primeiro, explico os contornos sociais das trajectórias profissionais dos agentes. Isto para me centrar, logo de seguida, no modo como a organização foi encontrando subsistemas para lidar com esse colectivo "instável". Mais uma vez, a organização vai-se assim organizando. Na segunda parte irei detalhar os aspectos das condições de vida de quem tem *vidas divididas*, como referem os agentes, entre o trabalho em Lisboa e a casa e família noutras regiões do país; e de quem não vive assolado por esses constrangimentos. Para tal foco-me em exemplos concretos de trajectórias de alguns agentes que acompanhei e conheci mais de perto. Veremos como as oportunidades e a expectativa das oportunidades na organização se abrem, se fecham, são usadas e combinadas por agentes oriundos *de longe* e *de perto* (tendo estes em conta as suas redes de relações pessoais e profissionais, situações mais ou menos favoráveis, etc.) Embora a profissão de polícia se imponha como centro organizador dos modos e estilos de vida, é cada vez mais equacionada em relação às restantes dimensões da vida pessoal e familiar, consideradas igualmente importantes para a realização pessoal nestas como na generalidade das organizações.

"Lisboa ensina a profissão"

Neste momento importa detalhar o que transforma as esquadras dos grandes comandos de Lisboa, Porto e, em parte, Setúbal, mas sobretudo Lisboa, uma experiência de deslocação para a maioria dos agentes, uma espécie de vida em duas partes. Muitos agentes que dão corpo a esta comunidade (quase 81% do total, contando com o pessoal não policial) vivem divididos entre o tempo que passam deslocados a trabalhar na unidade policial e a *folga*, de regresso a casa. Poucos decidem, pelo menos nos primeiros anos da actividade, instalar-se definitivamente em Lisboa, alimentando a ideia de que com o passar dos anos irão regressar a casa. Lembro que a generalidade dos agentes que conheci e que ocupa as esquadras das divisões da cidade está nos primeiros dez anos de actividade.

Ora estes polícias tendem a avolumar os seus gastos. Têm muitas vezes despesas a duplicar, com as residências que mantêm e as casas ou quartos que alugam mais próximo das unidades onde trabalham. Uma das razões mais apontadas pelos agentes para não se fixarem de "armas e bagagens" em Lisboa, mesmo daqueles que se deslocam de casa dos pais, é o elevado preço das rendas e custos da habitação, um estilo de vida difícil de manter pelos agentes. Neste quadro os vencimentos policiais são manifestamente reduzidos. Irei desenvolver este aspecto na segunda parte do capítulo com casos particulares, mas devo fornecer alguns dados sobre os valores. A remuneração-base em 2004 é de 700 euros. Um agente pode auferir entre 700 no primeiro escalão e 1.036,87 euros no sexto escalão, em progressão crescente. Um agente-principal aufere 1.068,40 euros no primeiro escalão desta categoria e 1.383,65 no sexto escalão. A progressão entre escalões dá-se ao final dos dois primeiros anos de prática e a partir do segundo ao último escalão de três em três anos. Todos os agentes têm direito a um subsídio de alimentação que ronda os 80 euros e um subsídio de fardamento de 5 euros mensais. Quem se insere no sistema de turnos tem direito a um valor acrescido de 100 a 120 euros. O subsídio de patrulha, obtido apenas a partir do limite de 100 horas mensais de trabalho (que não contempla os períodos de férias, situação de licença ou outras) é de 50 a 60 euros por mês.

Um sistema centralizado de transferências sustenta a possibilidade de mobilidade nacional dos polícias de acordo com vagas proporcionais aos quadros existentes nos diversos comandos. Existem duas listas, uma nacional – um dos materiais mais consultados pelos agentes nas esquadras de Lisboa[5] – e uma lista interna de cada comando. As transferências dentro do comando metropolitano não competem com as que se dão para um outro comando do país. Uma pessoa pode mudar de esquadra, desde que seja no mesmo comando. O seu lugar na lista nacional de transferências mantém-se.

---

[5] Sai todos os anos uma listagem, dois meses, ou até um mês, antes da época das transferências, com as vagas que há a preencher para os comandos. Não existem datas fixas para tal, mas em geral é no fim dos cursos da Escola Prática de Polícia. Esta é enviada para as esquadras e ali permanece até chegar a seguinte, junto à banca do graduado, onde é permanentemente consultada por todos os que aguardam a sua vez.

Excepcionalmente, dão-se transferências de polícias para outros comandos fora da lista. Mas estas não são encaradas como definitivas. Se o elemento for considerado "imprescindível ao serviço no comando" de onde partiu poderá ser chamado a reintegrá-lo. Uma outra forma de transferência pode ser equacionada por aquela a que os agentes denominam a *lei do cônjuge* (cf. "Ao abrigo da preferência conjugal" que consta do art.º 22 do Despacho 03/GND/2002 de 28 de Março). Por exemplo, quando um agente vai integrar outro comando, a esposa, também agente, pode segui-lo passado algum tempo (ou vice-versa). Mas cada pedido circula nos complexos trâmites burocráticos, é olhado com alguma reserva, estudado e deferido ou indeferido.[6] O período que o processo demora (meses a anos), a unidade que integrar e os serviços a efectuar são sempre uma incógnita para os agentes. E mesmo assim, aquele que não é transferido "pela sua vez", vê-se obrigado a renovar todos os anos a petição e a sua situação no comando para onde se deslocou é menos estável.

Todos os anos existem épocas de transferências internas a nível nacional. Quando são formados novos agentes, saídos da escola de polícia, a época de entrada de uns coincide com a mobilidade de outros. Cada escola de recrutas que se forma significa para os agentes das esquadras de Lisboa mais oportunidades de mobilidade no panorama nacional. Próximo dos meses de Verão, ocorrem as chamadas "movimentações de pessoal", dos efectivos policiais, que para os agentes não chegam a ser contabilizadas como transferências, mas que de qualquer modo os levam a verificar sempre o seu lugar na lista. Em alguns dias específicos do ano é impacientemente aguardado nas esquadras o *fax* com as transferências das épocas. Todos os agentes que aguardam a sua transferência para comandos mais próximos da região de origem lançam-se em cálculos sobre os anos de espera que têm pela frente... A situação de cada um depende de múltiplos factores, mas cada um faz as suas estimativas.[7]

---

[6] E como já antes disse, isto obriga a "diligências" informais por parte dos profissionais. Devem estar constantemente a lembrar aos decisores, nos serviços centrais, a situação da espera, os problemas que resultam da espera como quando existem menores dependentes, etc.

[7] Por exemplo, o agente Antunes, quando chegou há cinco anos a esta esquadra, pensou que em cinco anos seria colocado no comando desejado, em Leiria. Mas entretanto

Numa profissão que se apoia e alicerça na socialização prática entre pares, acredita-se que a *escola policial*, o trabalho verdadeiramente *operacional*, se aprende nos grandes centros urbanos e não nos mais pequenos comandos. Há um entendimento tácito que todos devem passar pela grande cidade. À imagem da polícia de segurança pública urbana francesa, são as grandes cidades que conservam a maior parte dos recursos humanos juvenis, com a particularidade de em Portugal a grande cidade ser Lisboa. Entende-se assim que "Lisboa ensina a profissão".

A questão merece aqui um parêntesis. A negociação da implementação da polícia na malha urbana do país não é estável e vai-se transformando à medida que o próprio país se modifica. Em anos recentes, o encerramento de esquadras e a reconfiguração organizacional e territorial em negociação com a GNR, recentralizou os recursos humanos nas grandes áreas metropolitanas de Lisboa e do Porto. Tal fez com que fossem criadas mais unidades de patrulhamento em áreas e cidades que circundam os dois concelhos e que se encontram em crescimento demográfico (sendo este resultante sobretudo da imigração). O caminho político da PSP traçado na última década é tornar-se uma polícia preparada para a patrulha de grandes e médias cidades como Braga, Guarda, Leiria, Évora, etc. (ver mapa da **figura 1**). As mais pequenas cidades do país, que ameacem ficar isoladas numa ampla região rural, tendem a ser cada vez mais englobadas no dispositivo territorial e militar da GNR. Por exemplo, algumas esquadras da PSP dos comandos de Bragança, de Portalegre ou Beja podem ser mais facilmente desmanteladas à medida que a estrutura demográfica e as cidades se forem modificando. O Portugal demográfico tem profundas assimetrias regionais, que nos últimos anos acentuaram a oposição litoral/interior (cf. Censos de 2001, XIV Recenseamento Geral da População, INE). Em termos operacionais, tais cidades significam uma redução significativa das ocorrências, menor variação das situações urbanas e, como tal, representam cada vez um menor investimento em efectivos e meios.

---

passaram os anos e não chegou a sua oportunidade. Em 2003 entraram 47 novos agentes no comando de Leiria. Na altura o agente estava em 140.º lugar na lista. Em 2004, ao acompanhar as movimentações de pessoal, apercebeu-se que em pouco tempo passara para o 74.º lugar. Houve desistências, pessoas que baixaram, como dizem. Em 2004 estimava que iria esperar pelo menos mais três anos até ser transferido.

Do ponto de vista dos agentes, o encerramento de esquadras tende a avolumar o colectivo de agentes não transferível, diminui as hipóteses de inclusão dos agentes em comandos mais pequenos do país e aumenta o prazo das transferências individuais em anos. Entenda-se, por isso, que quando os agentes falam em *desmotivação* falam sobretudo da dificuldade de articulação de duas vidas (uma profissional e uma familiar separadas por vários quilómetros de distância) e de toda uma série de problemas que surgem do contexto, não necessariamente relacionadas com o policiamento, mas que acabam inevitavelmente por o afectar. *Desmotivação* é uma palavra que circula há uns anos e que tem vindo a associar-se ao efectivo de agentes da PSP. Em grande medida, ela foi apropriada pelos sindicatos e pelos *media*, nem sempre de forma clara e conotando toda uma série de aspectos que são seguramente separáveis quando começamos a mergulhar nas realidades das esquadras. Assim as hipóteses de entrada na organização são relativamente abertas a pessoas oriundas de todas as regiões do país, mas as "saídas", transferência e mobilidade geográfica (bem como até de progressão vertical), têm tendência a ser cada vez mais reduzidas para os agentes.

O recrutamento de pessoas de todos os cantos do país para a grande cidade origina vidas pessoais que os agentes representam como *partidas* e inevitavelmente mais condicionadas nas carreiras ao longo do tempo. Policiar em cidades e comunidades estranhas afecta profundamente os desempenhos ao longo da vida e parece acelerar o factor *desgaste* impresso à actividade. Em termos locais, muitos agentes afirmam perspectivas tradicionais da Polícia, distância relativamente aos citadinos e um envolvimento muito ténue nos problemas das comunidades que policiam. Não é de espantar que um tal modelo organizacional colida com as filosofias do policiamento de proximidade, constituição de parcerias e de cooperação entre polícias, instituições locais e grupos de pessoas. O modelo de recrutamento desafia um dos objectivos mais expressos nos últimos anos pela organização e pelo poder político: a abertura da Polícia à sociedade. Compreende-se por aqui que, não por acaso, as inovações nesse sentido nasceram em modelos organizacionais descentralizados, certamente com outras estruturas de recrutamento (ver, por exemplo, Skolnick & Bayley, 1988).

A organização vê-se obrigada a gerir as rotinas de agentes oriundos das mais diversas regiões do país. Um dos aspectos mais centrais é a criação de subsistemas práticos e uma certa flexibilização das escalas fixas de trabalho. Por um lado, a organização tem de assegurar um dispositivo que depende em larga medida de recursos humanos territorialmente distribuídos num sistema de turnos rotativo e com horários fixos. Por outro lado, conscientes das dificuldades que derivam do facto de se trabalhar com um colectivo de pessoas que conservam a residência longe, alguns comandantes procuram flexibilizar o sistema e facilitar a vida aos polícias, possibilitando um subsistema de *trocas, destrocas e permutas* do serviço interno.[8]

Um segundo subsistema à disposição dos agentes (subchefes e oficiais) é o que diz respeito aos *serviços remunerados*, isto é, serviços prestados a entidades privadas, geralmente grupos comerciais e desportivos, através da PSP. Já tenho falado nesta componente do trabalho dos agentes, mas chegou o momento de a especificar.

Trocas e permutas

Em poucos anos, o subsistema das trocas, destrocas e permutas instalou-se na patrulha, de acordo com normativas internas gerais, mas com gestão nas esquadras e nas divisões. A intenção dos agentes é fazer concentrar o tempo de trabalho para alargar o período das *folgas*. A lógica resulta no seguinte: nas semanas em que fazem trocas ou permutas os agentes podem intercalar seis dias de serviço e quatro em casa, de folga. O subsistema permite uma certa flexibilização intersticial dos horários e escalas de trabalho, na alteração da distribuição diária de efectivos na maior parte das divisões e esquadras do comando de Lisboa.

---

[8] Segundo o Regulamento para o Serviço das Esquadras, Postos e Subpostos, aprovado por despacho do ministro do Interior, de 7/12/1961, é atribuída ao comandante de esquadra (art.º 17.º, n.º 30) a competência para autorizar trocas de serviço. Todavia algumas normativas gerais mais recentes pretendem administrar de modo mais centralizado esta situação.

Tudo indica que este é um meio tradicional na Polícia, antes desenvolvido nas próprias esquadras por um escalador local, caso a caso. Hoje este processo está a cargo do escalador da divisão que gere e distribui o efectivo de várias esquadras (o que exige maior carga burocrática mas também controlo administrativo e algum princípio de equitatividade). Mas a maior ou menor abertura para conceder trocas depende de cada comandante de esquadra.

A organização viu-se assim obrigada a lidar com o descontentamento generalizado provocado pelas expectativas adiadas de regresso a comandos de polícia mais próximos da região onde mantêm residência fixa (vejam-se exemplos de casos mais abaixo). Uma organização plena de contornos normativos viu-se forçada a "improvisar". Este é um bom exemplo dos improvisos organizacionais de que fala Cunha em "*All that jazz*" (2002), mas sobretudo em "*Management improvisation*" quando diz:

> In bureaucratic organizations, one may hypotheize that people will rely on the hierarchy rather than on improvisation as a guide of action. It is admissible, however, that due precisely to the limitations imposed by organization's structure, employees will act in an improvised fashion in order to counter structural inertia (http://portal.fe.unl.pt/FEUNL/ bibliotecas/ BAN/WPFEUNL/WP2004/ wp460.pdf).

As organizações, mesmo as mais burocráticas, como a Polícia, não são apenas objectos de planeamento e desenho estável. Os colectivos podem apontar "quebras" nos planos e obrigar à flexibilização das estruturas organizacionais, ainda que a flexibilidade e improviso sejam integrados com limites normativos. Nas esquadras, quase todos os polícias que habitam em regiões longínquas aderem ao subsistema das trocas e permutas. Muitos partilham uma mesma ideia, expressa aqui por um agente com dois anos de Polícia: "Tenho duas vidas. Sou um verdadeiro caixeiro-viajante, estou farto das viagens de comboio. As trocas e permutas são o que me mantêm aqui nesta vida, na Polícia. Acho que se não fosse isso já me tinha ido embora" (entrevista, Novembro de 2004).

Fala-se em *troca* quando um agente pede a um colega, de um grupo diferente, que faça o seu turno, no seu grupo, por exemplo. A troca é diferida no tempo. Existe ainda a *destroca*, quando um agente faz um turno por um outro, que lho fica ou ficou a dever, o que implica dobrar os turnos em 24 horas. Fala-se em *permuta* quando dois agentes intercalam os seus turnos, numa transposição recíproca de posição. Esta é a situação mais regular para agentes que em posições similares na carreira e em grupos alternados (A com C e B com D) ajustam as suas necessidades e usam constantemente o subsistema. É a versão ideal para um agente, mas nem sempre possível. A conjugação pessoal de possibilidades é complexa e exige alguma aritmética, contactos cruzados, sobretudo quando se envolvem vários colegas também eles interessados em aumentar o tempo de folga. Por isso se tornou tão popular a caderneta de escalas no controlo pessoal do tempo de trabalho e folga (ver **figura 16**, em anexo).

Estes processos de negociação entre agentes têm exigências administrativas rigorosas. Circulam pedidos escritos pelo agente (no respectivo formulário), que ele dirige ao comandante da esquadra e da divisão. A autorização apenas é formalizada quando passa pelo escalador da divisão. As alterações são fixadas na "escala de serviço" e têm de ser desencadeadas com, pelo menos, cinco dias de antecedência. Em geral, cada polícia pode fazer de três a seis permutas ou trocas por mês. Não é um direito ilimitado. Mas os comandantes, localmente, têm margem para alargar ou diminuir os limites e podem ainda, em situações muito particulares, conceder *excessos* ou folgas *extra turno* (o exemplo prático surge no capítulo 4, na descrição de uma ocorrência em que os agentes fazem uma detenção). Há uma regra intransponível: nunca os agentes ou subchefes podem fazer dois turnos seguidos. É assim mantido um intervalo de descanso de seis horas entre turnos.

Os agentes mais experientes improvisam muito mais e de modo subtil dentro dos subsistemas de gestão do tempo. Por vezes movem-se informalmente na organização e passam por cima de autorizações e pedidos aos comandantes, arriscando negociar directamente com os escaladores e outros intermediários na burocracia. Mas as trocas são um interesse transversal a agentes, subchefes e comandantes. Embora com mais autonomia, todos os oficiais que vivem longe, sobretudo quando estão na escala de oficiais de serviço, trocam dias entre si quando lhes dá jeito.

A dinâmica gera efeitos nas rotinas das esquadras. Por um lado, os comandantes devem gerir, num equilíbrio difícil, um subsistema que corre o risco de se tornar, da perspectiva local, um sistema. Gerir os anseios e mudanças no serviço provocadas por um colectivo deslocado ocupa muito tempo da gestão quotidiana, em pedidos e articulações para fazer com que tudo bata certo. Do ponto de vista organizacional, o mecanismo não é perfeito e cria problemas adicionais aos comandantes. Este interfere nas matérias de gestão e comando do trabalho: "Os comandantes não estão aqui só para facilitar", como dizem. O subsistema acelera a rotatividade de pessoas entre os grupos e até entre serviços, o que acaba por escapar ao controlo dos superiores em geral. Por outro lado, a antecipação e expectativa dos agentes ocupa-os não só em manobras como distorce perspectivas. Por vezes, o tempo da patrulha passa, pelo menos simbolicamente, a ser encarado como tempo de espera pela folga.

Quando aspectos do trabalho correm mal é com a retirada das trocas e permutas que os comandantes penalizam os agentes. Quando um comandante está insatisfeito com os desempenhos de um grupo, ou do colectivo da esquadra, ou quando tem um problema de insubordinação com algum agente, a primeira coisa que faz é suprimir as trocas e permutas. Tal cria geralmente um enorme rebuliço na esquadra, mas obriga a uma revisão forçada de prioridades dos colectivos, a recentragem na profissão e no trabalho. Os comandantes consideram que perdem demasiado do seu tempo a gerir aspectos relacionados com as folgas, trocas e permutas do pessoal, tentando satisfazer ou compensar o mal-estar de agentes que trabalham em comandos onde não querem estar. Usam o subsistema (encarado como regalia) para pressionar os agentes a trabalhar, a trazer indicadores policiais para as esquadras. Muitos problemas ficam pelo caminho, em particular a dificuldade de implementação de aspectos associados à actividade profissional dos agentes e à responsabilização pelo serviço.

A prática de penalização dos agentes pelos superiores directos tem sido, tradicionalmente, menos articulada pela correcção técnica e comunicação interorganizacional. A penalização visa atingir fins disciplinares, ou fins mais informais como a interrupção de garantias, a interrupção da negociação e flexibilidade presentes na gestão do trabalho. Assim os chamados *castigos* geralmente focam aspectos enviesados do trabalho, evitando-se focar exactamente os aspectos correlacionados. Tal provoca geralmente mal-estar nas esquadras e um distanciamento inter-hierárquico difícil de combater. Neste quadro os agentes tendem a solidarizar-se entre si e a funcionar em bloco. Mas é de notar que, neste domínio, os problemas organizacionais afectam sobretudo aqueles que fazem depender o curso das suas vidas pessoais das trocas e permutas que conseguem ir fazendo. A retirada de regalias pode gerar períodos de ausência e absentismo por parte de alguns agentes.

O subsistema vai permitindo gerir e conter as insatisfações do pessoal. Mas as suas limitações lembram a dificuldade de satisfazer todas as necessidades e a inevitabilidade de discussão de um modelo de recrutamento nacional e centralizado, um problema adiado na organização portuguesa (ao qual volto no final).

Serviços remunerados

Os serviços remunerados, tradicionalmente chamados *gratificados* na gíria policial, são serviços extra prestados a terceiros por elementos da PSP e por outras polícias do Estado, requeridos e pagos por entidades privadas.[9] Até há poucos anos a prestação destes serviços por agentes e subchefes, efectuada por intermédio e ao abrigo das unidades locais da organização, esquadras e divisões, era um subsistema algo nebuloso e pouco controlado pela administração central. Todavia este mecanismo de subcontratação de agentes policiais do Estado por privados está instalado na PSP, pelo menos desde os anos 30, e, na prática, fornece aos polícias com menor estatuto profissional a possibilidade de aumentar os seus recursos materiais. Mas permite sobretudo a resposta organizacional a uma demanda de policiamento que apenas parcialmente está nas mãos de seguradoras privadas. Os limites do mandato legal, em particular a negação do

---

[9] Acredita-se que a regulação institucional dos serviços prestados a terceiros desvia os agentes de segundos empregos, paralelos ao que desempenham no Estado, situação que é expressamente interditada pelos estatutos profissionais (cf. Estatuto do Pessoal da PSP, Decreto-Lei n.º 511/99 de 24 de Fevereiro de Novembro, art.º 49). Todavia, como vários agentes me disseram, é a existência destes serviços que faz com que os superiores responsáveis ocasionalmente "fechem os olhos" a essas situações.

poder de revista de pessoas aos seguranças privados e limites ao uso da força, impõem travões à sua maior expansão no mercado e, por consequência, evitam a retirada da polícia de Estado de policiamentos privados e regulação destes nos espaços públicos.[10]

Os agentes que voluntariamente entram neste subsistema são colocados numa nova escala de trabalho, paralela à da patrulha, que os obriga a prestar serviços de frequência variável. Este policiamento articula a demanda privada local (gerida em cada divisão do comando) e o colectivo de voluntários que oferece os serviços (também concentrado em cada divisão). A organização pode assim responder a um conjunto de exigências de empresas desportivas e comerciais que requerem sobretudo para grandes eventos um avultado número de polícias num regime de pagamento à hora.[11]

Os agentes que aderem ao subsistema são obrigados a desempenhar estes serviços durante seis meses e, se desistirem, só no final de seis meses poderão de novo entrar nas escalas. Há um escalador de remunerados que distribui os agentes pelos lugares a policiar. A negociação destes com o escalador responsável tende a fazer-se directamente, à medida que os agentes vão alargando o seu circuito de conhecimentos e interacções na divisão. Não admira assim que existam determinados pontos de serviços mais desejados e diferenciadamente atribuídos de acordo com uma rede de preferências controlada pelo escalador, desde sempre uma pessoa com grande poder nas unidades policiais. A posição do escalador na divisão tende a desfavorecer os patrulheiros que menos rotinas e contactos estabelecem com ele, os patrulheiros das esquadras. Os subsistemas e os processos de funcionamento demonstram que a distribuição e divisão do trabalho estão longe de ser processos impessoais e mecânicos. As burocracias têm as suas subjectividades... Em 2003 determinou-se que o elemento

---

[10] A articulação entre o policiamento público e privado é muito complexa, diferente em vários países e obedece a questões políticas e organizacionais, mas também culturais e sociais. Veja-se, por exemplo, Shearing (2003). Este aspecto foi pouco estudado na realidade portuguesa.

[11] A escala de valores varia de acordo com o estatuto dos profissionais; os serviços mais bem pagos são os de fins-de-semana e feriados, embora os mais prolongados e comuns, em recintos desportivos e estádios de futebol que convocam mais polícias, sejam os pior pagos. Cada serviço tem a duração de quatro a oito horas.

escalado para o serviço deve efectuar a apresentação presencial na esquadra da área, antes e depois da execução do serviço, ao respectivo graduado de serviço. Mas o funcionamento mais ou menos apertado no controlo da prestação destes serviços varia de acordo com orientações da própria divisão e dos comandantes de esquadra.

Do ponto de vista dos agentes, aquilo que começa por ser um imperativo para aumentar recursos de vida ou, mais esporadicamente, para ocupar o tempo livre da patrulha, pode transformar-se num problema pessoal e familiar de difícil gestão. Ou seja, por comparação com o mecanismo de trocas e permutas, aqui é o travão pessoal que se impõe e já não apenas o organizacional. Muitos profissionais têm histórias em que os remunerados significaram a possibilidade de reorganizar financeiramente a sua vida. Mas muitos outros não resistem à "vertigem do dinheiro", como dizem. Por exemplo, na altura do Euro 2004 multiplicaram-se os lugares para os agentes fazerem serviço remunerado. O caso do agente Pacheco, que acompanhei em serviços extra, é representativo da voracidade da ocupação laboral do tempo. Certo dia, o agente trabalhou num turno da 1 hora às 7 horas da manhã, entrou de seguida de gratificado às 8 horas para passar horas debaixo de um calor abrasador até sair às 12 horas. Como tinha uma troca voltava a entrar de turno às 13 horas para acabar às 19 horas, regressando ao seu turno regular pela 1 hora que o levaria a madrugar até às 7 horas... Como era condutor do carro patrulha, o serviço podia complicar-se e ter de avançar nas horas. A pergunta que se fazia era como iria aguentar manter-se acordado ao volante. Foram dois dias sem ir a casa. Por esta razão os agentes chamam aos gratificados os *sacrificados*. Mas estava comprometido nos próximos meses. Algo o impedia de parar. Estava a separar-se da mulher. Queria sair de casa e mudar-se. Iria manter-se *sacrificado* mais uns anos para poder comprar uma casa, com um acréscimo de cerca de 300 euros ao rendimento mensal (líquido) de 900 euros.

Todos os agentes sabem que os gratificados e as trocas não vão bem juntos. Quem entra em ambos os subsistemas desgasta-se de uma forma muitas vezes descontrolada e acaba por não "despir a farda", como dizem. Isto é, nega-se a viver as restantes dimensões da vida pessoal. O agente Pacheco tem plena consciência da ambivalência com que encara os serviços extra. Entrou nos remunerados porque a mulher ficou desempregada e tiveram de manter o nível de vida.

Agora, com o casamento a desfazer-se, decidiu que tem mais tempo e que vai manter-se ocupado continuando nos serviços. Os gratificados passam-se no tempo retirado às famílias, mas ao mesmo tempo é o que permite mantê-las. A longo prazo, estão na origem do findar de casamentos, mas ao mesmo tempo são a solução final para o tempo livre que resulta de separações e divórcios. Todavia ninguém nega que os gratificados agudizam a solidão e alienação de um trabalho, até porque são quase sempre de vigilância fixa e isolada (os chamados *fox trots*).

Da perspectiva dos agentes, aprender a "vestir a farda" é tão importante como "despi-la". A conquista pelo tempo livre e pela articulação entre a profissão e as demais dimensões da vida humana, familiar, privada, doméstica, é um aspecto recente numa organização que historicamente se habituou a encarar o seu dispositivo humano em serviço permanente. Os agentes perpetuam uma vida por detrás da farda que nos primeiros anos tende a sofrer mudanças significativas, mas que não é, em circunstância alguma, suprível.

Quadros e sequências biográficas

A análise merece aqui uma reavaliação mais geral de contexto e de alguns conceitos que a sustentam. Ser polícia é uma profissão que, mais do que outras, interfere em todas as dimensões da vida dos agentes e obriga a uma recomposição pessoal complexa onde a vida familiar passa frequentemente para segundo plano. Como os polícias defendem: "Ser polícia não significa apenas ter uma profissão, é todo um estilo de vida" (entrevista, Julho de 2004). Vários são os factores que concorrem para tal: a socialização dos agentes numa cultura policial, tradicionalmente fechada, solidária e intensa no trabalho de controlo social; a experiência de anos de trabalho por turnos, que a transformam numa profissão de "desgaste rápido" como se diz no meio; o desempenho de funções cada vez mais expostas ao escrutínio social e político[12]; a pressão de lidar com situações de risco,

---

[12] Por estarem em permanente mediação com os indivíduos, os polícias são expostos a uma extrema visibilidade nas rotinas quotidianas, mas também nos *media*. A visibilidade

liminares e com situações que mais do que violentas para com os polícias são violentas em si mesmas.[13] Embora frequentemente num plano secundário nas investigações sociológicas e antropológicas, estes aspectos têm sido discutidos nos estudos anglo-saxónicos de cariz etnográfico que tenho vindo a referir.

A vida organizada por turnos na patrulha produz efeitos profundos e altera os ritmos bio-sociais dos agentes: deixam de existir horas fixas para as refeições; os contactos com os familiares tornam-se mais intermitentes; os agentes estão expostos às mudanças climáticas e horárias que acarretam envelhecimento físico precoce e algumas doenças profissionais mais frequentes (doenças circulatórias e respiratórias). Muitos não resistem aos altos níveis de ansiedade e entram em estados que descrevem como saturantes e de uma enorme impaciência, que afectam tanto os desempenhos profissionais como outros domínios da vida. Estando o trabalho policial, como outros, sujeito a práticas de tentativa e erro, por lidar de perto com situações de tensão, esta é todavia uma das profissões onde o erro se paga mais caro: a acção dos polícias é alvo de contestação e o risco de vida alia-se ao risco de matar.[14] Quando se soma a tudo isto a experiência da deslocação da região de origem, que pode ser temporária ou definitiva, os fracos recursos materiais e ainda a necessidade de fazer

---

social é hoje central na vida dos polícias, no seu trabalho e na própria organização. Mas se a imagem do mandato e da organização pode ser promovida e até mistificada (Reiner, 1985), nem sempre a patrulha e os patrulheiros fazem notícia pelas melhores razões, o que tem efeitos na recepção que os agentes fazem do que sobre eles se divulga.

[13] Quando se mergulha na realidade do policiamento não é difícil concordar com Frederick Wiseman quando diz, a propósito do seu filme documental *Law and Order* (1969): "Vi os polícias fazerem coisas deploráveis e coisas decentes, mas o que mais me impressionou não foi tanto a brutalidade da Polícia, como as brutalidades que as pessoas cometiam umas contra as outras na rua. Os polícias estavam no meio e esperava-se que reagissem. Não condenei necessariamente as suas acções, mas comecei a compreender o seu medo" (Costa e Fina, 1994: 69).

[14] Em alguns contextos, como o norte-americano e o canadiano, onde o factor risco é uma realidade, os polícias têm merecido obras de auto-ajuda especializadas nos problemas concretos de um estilo de vida. Veja-se, por exemplo, Stone (1999). Na Polícia portuguesa, por ser muito centralizada e burocratizada, não é fácil implementar subsistemas de apoio directo aos polícias e só muito recentemente estas questões começam a ser encaradas como sendo derivadas da função policial. Os serviços sociais, os sindicatos e associações da PSP só periféricamente tomam em mãos estes problemas.

mais horas de trabalho em entidades privadas para garantir mais recursos, tudo se complica. Viver perto do comando onde se trabalha ou ser de longe, ser de uma região rural ou de uma região urbana, ter a expectativa de ficar a trabalhar toda a vida num comando metropolitano ou integrar um comando de uma pequena cidade do país, são aspectos que afectam decisivamente o modo como se desenham trajectórias individuais e se combinam possibilidades no interior da organização burocrática.

Os agentes constituem um colectivo profissional de indivíduos com diferentes biografias e variações assinaláveis numa mesma fase da vida profissional – já não apenas nos desempenhos e interpretações do seu papel na actividade (como tenho demonstrado em capítulos anteriores) – mas também noutras dimensões que fazem destes um grupo com trajectórias plurais. Olhar a organização pessoal das vidas no decurso do tempo e mudança implica introduzir a dimensão diacrónica, de mobilidade profissional e espacial das carreiras dos agentes.

Os estudos sobre carreiras não têm estado muito presentes nos trabalhos antropológicos, aspecto já há vários anos criticado por Barth (1972). Tais estudos foram inicialmente lançados pelos sociólogos da denominada Escola de Chicago, por Hughes, numa abordagem ensaística onde comparava várias profissões mais ou menos instituídas (1958). Quando Van Maanen (1977a) procurou resgatar o campo de estudos, cruzando perspectivas disciplinares e apostando no desenvolvimento dos métodos qualitativos, a antropologia não figurava entre as fundadoras teóricas, ao lado da sociologia e psicologia.

Hughes (1954, 1996a) e Van Maanen (1977a,) desenvolvem uma perspectiva dominante nos seus estudos: a percepção de identidades individuais em contextos organizacionais.[15] Howard Becker (1991) veio alargar as considerações teóricas de Hughes à organização social global, em particular no estudo de carreiras de desviância. Apontou, no caso dos músicos de *jazz,* por exemplo, a importância das cliques (subgrupos dentro de grupos) no sucesso e, por oposição,

---

[15] Num dos primeiros ensaios sobre a matéria, Hughes (1996b) propõe articular as carreiras e os ciclos da existência e, num mais tardio, volta a insistir neste aspecto, mas sublinhando a importância da idade social no trabalho (Hughes, 1996c).

o peso dos constrangimentos familiares num trabalho entendido pelos sujeitos como "diferente e libertador".

Ulf Hannerz (1983), por seu turno, oferece uma visão integradora do conceito que permite equacionar a experiência dos indivíduos em contextos sociais mais amplos com os quais se relacionam. Não o delimita aos contextos de trabalho por onde os indivíduos passam ao longo da vida, nos seus caminhos de progressão ou estabilidade profissional, satisfação, envolvimento com o trabalho ou sentidos produzidos nas organizações, como defenderia Van Maanen (1977a), mas certamente por eles influenciados. Hannerz defende que é também possível analisar carreiras individuais a partir dos diferentes papéis sociais, relações pessoais e redes de contactos nos grupos profissionais e nos contextos sociais mais latos. As sociedades urbanas podem, de modo incomparavelmente superior ao de outras sociedades, provocar mudanças pessoais importantes. É aliás esta disponibilidade pessoal para a mudança que nos ocorre quando falamos da fluidez da vida urbana. Assim, para Hannerz, o conceito-chave na abordagem da fluidez da vida social é exactamente o de carreira, não apenas na sua acepção corrente que designa uma mobilidade profissional ascendente mais ou menos rápida e linear (que seria apenas um dos sentidos do conceito), mas também numa definição mais geral. Por isso o autor introduz na discussão toda a organização sequencial das situações vividas. Trata-se de pensar globalmente o agenciamento dos vários domínios entre eles na construção de modos de vida que evoluem e se modificam com o tempo (cf. Hannerz, 1983: 333-334). A fluidez tem as suas formas sociais e culturais específicas e funciona como lubrificante da grande maquinaria das carreiras (*idem*: 340).

O trabalho e as outras esferas da vida familiar e pessoal estão sempre inter-relacionados nas trajectórias individuais, embora as investigações sobre organizações tenham tido tendência para as separar, o que até certo ponto é compreensível, mas reflecte mais uma separação conceptual do que a pluralidade da experiência social. As opções da investigação nos estudos sobre os ambientes e culturas policiais têm mesmo deixado de lado esta dimensão de análise das carreiras a partir do indivíduo e do papel activo que este tem na condução da sua vida. Mesmo que inadvertidamente a maior parte dos estudos sobre polícias e policiamento acabem por apoiar uma visão dos actores sociais como anónimos e conformistas. A visão antropológica surge precisamente a sublinhar que os indivíduos pensam por si mesmos, as suas acções afectam organizações (mesmo as mais regulamentadas, como as burocráticas) e a organização social num plano mais lato. Os indivíduos tiram partido das circunstâncias que enfrentam e dos objectivos que gerem nos seus "projectos" pessoais.

O *projecto* no nível individual lida com a performance, as explorações, o desempenho e as opções, ancoradas a avaliações e definições da realidade. Estas, por sua vez, nos termos de Schutz, são resultado de complexos processos de negociação e construção que se desenvolvem com e constituem toda a vida social, inextrincavelmente vinculados aos códigos culturais e aos processos históricos de *longue durée* (Velho, 1994: 28).

Dito de outro modo, os sujeitos gerem as suas vidas de acordo com conjuntos de situações vividas finalizadas que constituem a trajectória existencial de cada indivíduo (Hannerz, 1983: 332-340). Os sujeitos adaptam-se e sujeitam-se às normas nas organizações e aos papéis profissionais que lhes são atribuídos, mas também estas se readaptam sucessivamente às características sociais de comunidades de pessoas que as constituem, como antes evidenciei.[16] Os polícias encaram a articulação entre a vida profissional e a vida familiar de modo fluido e em mudança e, por determinações e contextos que lhes são em parte exteriores e se prendem com a organização, estão condenados a viver carreiras cruzadas por múltiplas influências que se interpenetram e têm efeitos ora mais positivos ora mais negativos, nas práticas profissionais e no traçado das suas vidas. Os agentes projectam e condicionam as trajectórias profissionais tendo sempre presentes as restantes dimensões. As flutuações na vida organizacional, profissional e familiar adquirem para os agentes grande peso e importância. O que se passa numa dimensão interfere inevitavelmente nas restantes. Aliado ao saber prático e à experiência profissional, é central para um agente que, desde os primeiros momentos, vá apren-

---

[16] É de apontar que a análise de Hannerz permite desafiar uma certa rigidez da noção de papel social e profissional até aqui defendida. Esta é exactamente desafiada porque a diferentes papéis corresponde uma enorme variação de "repertórios" pessoais. A diversidade é geradora de invenções, inovações e mudança. A variação cria novos papéis sociais. Este processo é o que está na base da vida e desenvolvimento nas cidades (Hannerz, 1983: 341-345).

dendo a saber viver, num hábil *ballet* de esferas da existência. Ao longo do tempo os agentes são obrigados a fazer opções e contenções, ora na profissão e no trabalho, ora na vida pessoal e familiar.

Uma viagem aos quadros de vida dos agentes, modos e estilos de vida, permite olhar as versões possíveis e plurais de uma mesma carreira, nas suas dimensões materiais e simbólicas da existência social, na angariação e uso dos recursos. O termo quadro de vida inspira-se na perspectiva de análise de situações da vida urbana enquadradas no seu contexto social (*setting*) em determinados momentos históricos, tal como foi desenhada por Mitchell (1987, 1996). Neste sentido, a proposta não separa modos de subsistência e estilos de vida, mas antes os encara como decorrentes um do outro. Os estilos de vida são aqui encarados "na relação activa dos indivíduos com as condições sociais e culturais em que se inserem" (Costa, 1999: 403). Como bem explicou o autor, os projectos reflexivos, diversificados e opcionais que têm vindo a ganhar presença crescente na vida social contemporânea fazem-se sempre dentro de leques de possibilidades socialmente viáveis (Costa, 1999: 403; Giddens, 1997). Neste sentido, na análise que desenvolvo, a organização e a profissão permanecem o quadro referencial das vidas particulares.[17] É o modo de vida profissional que determina e condiciona, neste caso, os projectos e estilos de vida pessoais. Uma abordagem algo semelhante foi proposta por Althabe (1985). Com a preocupação de permanecer próximo da escala observacional, o autor acrescentou aos elementos definidores de situação (*shared meanings* e *setting*) um terceiro: os contextos profissionais dos diferentes actores em presença, esses outros espaços sociais para os quais convergem trajectos e redes de cada um dos indivíduos (ao estudar complexos habitacionais de cidades francesas).

---

[17] Velho defende que "em princípio existe um [projecto] principal ao qual estão subordinados os outros que o têm como referência" (Velho, 1994: 104). No caso dos polícias é muito difícil que esse não seja o projecto profissional. A organização esforça-se para que seja. É no entanto verdade que diferentes polícias podem investir de modos diferentes na profissão, optar por considerá-la, por exemplo, apenas um emprego regular e não se aventurarem demasiado. Mas esta coloca-se inevitavelmente no centro das suas vidas pela exigência de horários, pela deslocação a que pode obrigar, pelo cumprimento mínimo e inultrapassável de deveres mínimos (como o uso da farda, por exemplo) que a tornam um "corpo".

Até agora tenho falado de colectivos e evidenciado os principais eixos da cultura policial na organização. Aqui pretendo expor alguns dados da "comunidade profissional" que influencia as próprias culturas das cidades. Na base desta, como de tantas outras comunidades deste tipo, encontra-se a deslocação de um grande número de sujeitos de vários regiões do país para as cidades. Tais comunidades suportam sistemas baseados em identidades profissionais de vários agregados de pessoas, mas também apoiam identidades sociais mais amplas, tal como são percepcionadas pelos próprios e por outros que de forma directa ou indirecta estão envolvidos, familiares, amigos, etc. (Gulick, 1989: 135-150). No caso da Polícia portuguesa existe uma comunidade profissional alargada ao tecido urbano nacional, mas com configurações regionais e locais particulares. Como se antevê, um comando, divisão ou esquadras *de passagem* das maiores cidades do país pouco se assemelham a comandos, divisões ou esquadras *terminais*, quer na actividade, quer nos agregados sociais que os compõem. Todos os participantes da comunidade são assim envolvidos de forma diferente.

Sem perder a perspectiva dos agentes, irei definindo as configurações que se desenham em vários sectores da vida associados à profissão e ao modo como se vão organizando vidas pessoais, tendo presentes as dimensões e os lugares de trabalho, a residência e a família. As sequências vividas pelos sujeitos apontam algumas tendências mais marcantes e tradicionais da organização, quem é atraído para ela, quem a compõe socialmente e a mantém em funcionamento. Na próxima secção do texto preocupo-me assim em reflectir sobre como os sujeitos conjugam "repertórios" (Hannerz, 1983) dos seus diferentes papéis sociais e profissionais, gerindo as oportunidades que lhes surgem ao longo da vida. Parto de alguns casos de agentes particulares que ilustram as lógicas dominantes das trajectórias sócio--profissionais neste meio organizacional, inspirando-me na abordagem de Bertaux, quando defende que[1] se deve assumir o valor sociológico da experiência humana (1980: 218).

Ser recrutado numa organização policial significa tradicionalmente ampliar as possibilidades de mobilidade social dos sujeitos e escapar a uma trajectória precária. Uma vez dentro da organização, a conjugação de escolhas e oportunidades gera diferentes sequências nas carreiras dos indivíduos. Estas não são apenas determinadas pelos desempenhos dos agentes e seguem lógicas burocráticas e hierárquicas. Tenho insistido em que a actividade profissional continua a ser mais encarada como prática do que técnica e não existe um critério fechado sobre o que significa a competência policial, mesmo se os agentes mais experientes detêm de certa forma o monopólio simbólico do que é a boa *operacionalidade* (como descrevi no capítulo anterior). Em certa medida, o entendimento do que é a competência entre os operacionais e os administradores da Polícia tende a seguir em vias opostas. Nos comandos, divisões e esquadras os saberes práticos, resultantes da experiência na acção quotidiana, são os mais valorizados. No plano administrativo, o sistema de avaliação passa por saberes formais (habilitações académicas e profissionais), participação em acções de formação, aperfeiçoamento e funções efectuadas. Em qualquer caso a actividade dos agentes é sempre avaliada formal e informalmente pelos seus diferentes superiores. Assim os desempenhos, mas talvez mais ainda as relações interpessoais, as redes de contacto e a informação que geram permitem aos agentes das esquadras movimentarem-se num campo de oportunidades regido por critérios plurais nem sempre consonantes.

Dois exemplos ilustram o processo que articula oportunidades e escolhas, estratégias organizacionais e tácticas dos sujeitos. Concorrer para o Corpo de Intervenção (CI) ou para o Grupo de Operações Especiais (GOE) requer a passagem numa série de difíceis provas físicas e psicológicas. Muitos agentes consideram que vale a pena a preparação e a integração de um corpo ao estilo da "caserna" militar e sem os apelos da operacionalidade da patrulha, piquete de intervenção rápida ou brigadas à civil numa divisão urbana. É sabido que os agentes do CI ficam retidos a maior parte do tempo em treinos e numa unidade demasiado fechada para quem gosta do trabalho na "liberdade das ruas", como se diz. A organização policial precisa de voluntários para esse serviço. O que lhes dão em troca? A possibilidade de avançarem uns anos na lista de transferências e regressar aos comandos próximos da região de residência de um modo um pouco mais veloz do que os colegas da patrulha. As mulheres estão geralmente em desvantagem no que toca ao concurso a unidades especiais pois, nos casos raríssimos em que estão determinadas a concorrer, geralmente não resistem às provas de admissão.

Um outro exemplo. Conheci inúmeros polícias que escolhiam integrar unidades de polícia, como o corpo de segurança pessoal ou mesmo as secções de piquete da divisão, sem ter como motivação o trabalho que iam desempenhar, mas sim um conjunto de benefícios um pouco mais imediatos que no caso anterior. Os horários mais concentrados permitem alargar o período das folgas e, para quem é de longe, este aspecto facilita-lhes muito a vida, sem ter de entrar no complicado subsistema de trocas e permutas.[18]

A negociação de estatutos e mobilidades está presente numa organização com um amplo corpo de pessoas deslocadas a gerir. Do ponto de vista da circulação entre duas rotinas, trabalho e tempo livre, a patrulha é provavelmente o serviço mais desgastante e com menos oportunidades de negociação para os agentes, com horários curtos (de 6 horas), relativamente fixos (numa escala mensal) e de rotatividade obrigatória.

É então no plano individual de vida dos agentes que melhor se podem analisar alguns eixos de formação das carreiras, mesmo que em sentido restrito, cingindo-me aqui a agentes que se mantiveram na patrulha. A ilustração com casos precisos permite observar de perto as opções e flutuações, os avanços e retrocessos que desenham percursos em nada lineares. Como bem sublinhou Hannerz, globalmente as flutuações têm pouca importância, mas para certos indivíduos – neste caso os agentes – elas têm uma presença constante em toda a vida adulta (1983: 333). Seguirei de perto as sugestões analíticas de Hannerz (1983) e de Leeds (1964), quando exemplificam com dados etnográficos de diferentes contextos os aspectos que determinam a variação, fluidez e flutuação das carreiras individuais.[19] Estes são pelo menos três, situados na interpenetração das esferas profissionais, familiares e pessoais: os vários papéis desempenhados, as relações

---

[18] No mesmo sentido, conheci uma agente da esquadra no momento em que visitava uma colega da sua escola. Sempre trabalhara na segurança de altas entidades do Estado. Esta resumiu-me a sua opção: "Enquanto não for transferida para o meu comando, para perto de casa, não tenho grande vontade de vir para as esquadras. Heróis só nos filmes. Eu faço o meu serviço, as minhas horas, e assim não me arrisco muito" (entrevista, Março de 2004).

[19] Hannerz propõe uma síntese teórica a partir de vários autores que estudaram estes problemas em sociedades urbanas. Leeds descreve a mobilidade social no contexto de uma estrutura urbana em plena expansão no Brasil dos anos 60.

interpessoais e as redes de interconhecimento que vão sendo criadas pelos sujeitos (cf. Hannerz, 1983: 333-341). Tais aspectos cruzam-se nas fases da vida, em sequências variáveis de carreiras que se formam a partir de opções e oportunidades particulares no percurso de cada um.

Descrevo quatro retratos biográficos – Conceição, Alvarez, Magda e Cruz – que apresentam sumariamente as sequências de carreira de agentes em fases relativamente próximas na profissão. Estão todos entre os três e os sete anos de experiência, os anos em que a organização supõe que os agentes estão no seu auge da actividade operacional. Estes anos correspondem *grosso modo* à duração dos agentes nas esquadras de passagem. Diferentes imposições e escolhas oferecem desde logo sequências variáveis ou "diferentes versões de uma carreira" como diria Hannerz (1983: 334) e, particularmente importante, a antecipação por cada um do que a trajectória permite antever na sua situação presente. As organizações burocráticas possuem um conjunto de prescrições e regulamentações que permitem, até certo ponto, que os sujeitos controlem e planifiquem a sua carreira. No caso da Polícia, tal controlo pode ser abruptamente interrompido por acidentes e riscos presentes na natureza do mandato. Ainda assim, existem especificidades na organização policial, por natureza consumidora de recursos humanos, que obrigam a uma gestão de carreiras amplamente complexa por parte dos sujeitos que desejam ampliar o seu leque pessoal de oportunidades e escolhas, que também nestes domínios (e não apenas na actividade) melhor ou pior se *desenrascam*, como dizem.

Insisto na diferenciação entre *quem é de longe* e *quem é de perto*, porque esta foi sempre uma das estruturas de representação das trajectórias que conheci durante o trabalho de campo e que, em certa medida, atravessa todos os estatutos e unidades da organização. Este é, como se observará na descrição, o elemento de significado que distingue os agentes e as diferentes sequências de carreira entre si.

É chegada a altura de introduzir uma leitura mais ampla dos quadros de vida. Para me aproximar um pouco do movimento sociológico das carreiras em 2005 resolvi lançar um questionário à população de polícias da divisão que supervisionava as esquadras onde decorreu o trabalho de campo, então reduzida a cerca de 300 elementos. Para tal contei com o apoio dos serviços administrativos do comando da divisão, quer na fase da distribuição quer na da recolha. Para o que aqui interessa limito-me à leitura dos dados fundamentais. Obtive 100 respostas válidas, isto é, integralmente preenchidos (93 homens e 7 mulheres), praticamente todos agentes, com trabalho nos programas da patrulha e outros serviços operacionais, situados entre os 20 e os 30 anos de idade. Destas 100, 55 pessoas declaravam-se casadas ou a viver em união de facto, entre as quais 28 tinham filhos a cargo. A maioria (67) teve outras ocupações antes de ingressar na PSP, na generalidade ocupações sem exigência de qualificação profissional. Cerca de metade (54), quando foram recrutados, já tinham o ciclo escolar completo (12.º ano de escolaridade), mas as habilitações são muito variadas e prendem-se com as alterações nas regras de recrutamento dos últimos anos.

É de sublinhar a situação residencial. A maioria (86) declarou manter residência permanente longe da cidade onde trabalhava, em locais onde conservavam diversos laços sociais. Mas entre estes indivíduos 76 diziam ter também residência temporária na área metropolitana de Lisboa, em locais relativamente próximos das unidades onde trabalhavam. Os arranjos residenciais eram variáveis, mas o mais frequente era o de viver em casas alugadas com colegas, algumas vezes com parentes ou sós; quartos alugados ou camaratas conjuntas de unidades da Polícia. Assim todos eram unânimes em considerar o valor ganho insuficiente. A média de ganho mensal, 800 euros[20], que se destacou da análise das respostas aos questionários, acabava por ser considerada baixa, não tanto em si mesma, mas pela estimativa que faziam em gastos pessoais com transporte, aluguer, refeições e gastos familiares.[21] Muitos dos polícias (72) declararam preferir ser transferidos para comandos mais próximos de casa: para se "aproximarem da família e amigos" (51); ou para ter uma "melhor qualidade de vida e poupar em despesas" (15). Alguns escreveram nos questionários: "Lisboa não é cidade para se viver em paz". Aqueles que viviam em periferias metropolitanas declararam preferir

---

[20] Este valor equivale a pouco mais de dois salários mínimos legais. Em Portugal o salário mínimo foi de 374,70 euros até 2007.

[21] Assim se compreende que nestes contextos quase todos os polícias tenham arranjos mais ou menos lícitos e pequenos acordos em bares, tascas e restaurantes locais de modo a diminuir as despesas.

trabalhar na grande cidade, em Lisboa, de modo a que o seu trabalho operacional não fosse comprometido (31).

Ainda assim, poucos polícias (10) encaravam os serviços administrativos como apelativos, quer em termos de função quer em termos de recursos materiais (uma vez que os subsídios de patrulha e de turno seriam suprimidos). Poucos declaravam desejar abandonar os serviços operacionais – embora se saiba que a dado momento da vida profissional muitos são tentados a fazê-lo se querem salvar um casamento, como muitas vezes me foi dito.

E apesar desta situação, a maioria (68) escolheria de novo a profissão se voltasse a ser colocado na eminência de concorrer à PSP. As razões apontadas pelas 32 pessoas para não voltar a escolher a profissão prendem-se com: a longa espera por uma transferência para outro comando; a distância da família; e, com menor representatividade, em 15 respostas, os problemas organizacionais e o escasso apoio das chefias.[22]

Prossigamos agora com os casos biográficos seleccionados. Os três primeiros demonstram como ser de longe condiciona as trajectórias, as escolhas e a antecipação das oportunidades de um projecto pessoal. A família surge num plano alternativo à profissão, à excepção do caso da agente mulher, onde a escolha profissional é aliada à trajectória matrimonial. No final, e a contrastar, surge o quarto exemplo de um agente para quem a profissão descola, por assim dizer, de outras dimensões da vida pessoal que não surgem a desafiar objectivos de progressão. Este é um caso menos comum, mas também cada vez mais presente nas esquadras de passagem de Lisboa. Os estratos biográficos apresentam aqui algumas das variações mais determinantes que os sujeitos enfrentam quando enveredam por esta profissão, embora não esgotem toda a complexidade do problema.

---

[22] Um estudo recente levantou questões num outro sentido e procurou traçar um mapa de motivações a partir de um questionário lançado a jovens alistados na PSP e na GNR. Dados apontam como num total de 1.854 pessoas que responderam, 1.066 da GNR e 788 da PSP. É de notar que destes, 44,4% da PSP e 37,7% da GNR eram então oriundos da região Norte do país. Quando analisados os dados desagregados, a percentagem de pessoas oriundas de Lisboa era diminuta, 7,2% na PSP e 10,3% na GNR (cf. Bessa, 2005). É precisamente em Lisboa e nas regiões metropolitanas em volta que a maioria dos recrutados para a PSP irá trabalhar. Tudo leva a crer que a questão da deslocação tende a ser equacionada pelos polícias como problema apenas durante o curso da actividade profissional.

Agente Conceição – À espera da transferência

Conheci o Conceição num dos grupos da patrulha. Tinha-se fixado como condutor do carro patrulha há uns anos. Estava há sete anos a trabalhar na mesma esquadra e passado o primeiro ano e meio, talvez com a promessa de se fidelizar a um lugar e a simpatia de um ou outro superior, deixou a patrulha apeada para se fixar no carro patrulha como motorista do arvorado. O arvorado é um dos lugares de maior prestígio e a *escola* da patrulha. Ser condutor é uma função relativamente cómoda e liberta de uma carga de trabalhos e responsabilidades. Mas neste meio, quem traça uma carreira sem passar por arvorado é sempre considerado um agente incompleto.

Apercebi-me cedo da ambivalência com que era olhado pelos colegas; para uns, modesto e simpático, para outros, alguém apelidado como *escovas*, isto é, alguém que conquistou um bom lugar na patrulha por favorecimento pessoal junto de um comandante. Havia quem defendesse que nunca elaborara um registo de ocorrência, uma participação simples. A preocupação do Conceição era manter tudo certo no carro, na estreita função que exercia, não "comprar" problemas com os superiores, primar pela pontualidade e aparência cuidada. Dir-se-ia, não fosse a extrema preocupação com a condição física, o aspecto viril e musculado, os pêlos do corpo e cabeça impecavelmente rapados, que era um "guarda à antiga". Tinha, aliás, começado como guarda, categoria que veio a ser revista na lei orgânica e revisão de estatutos do pessoal da PSP, para se passar a denominar "agente da autoridade". Mas, como muitos dos agentes mais experientes não se poupavam em fazer notar, manter tudo certinho significa não correr riscos na actividade policial e chegar tão longe na carreira como os outros, os que efectivamente *trabalham*. Para estes, o Conceição era a incorporação do *balda* na patrulha (ver capítulo 6).

Aos 18 anos, e com o 12.º ano incompleto, fez o serviço militar obrigatório para depois enveredar pela carreira provisória do serviço militar profissional no Exército. Como dizia, "nunca larguei a farda". Embora não tivesse passado por outras experiências profissionais precárias, optou pela Polícia porque sabia que no Exército o seu contrato deixaria de ser renovado ao fim de oito anos. Partilhava com vários amigos do bairro onde morou a "motivação da farda". Os pais, esses, eram auxiliares de educação em escolas públicas. Um cunhado, 20 anos mais velho, que tinha evoluído de guarda a oficial na GNR, constituía para ele uma referência de vida importante e um apoio na sua trajectória.

Agora com 30 anos de idade, tem uma mulher e duas filhas, uma de 7 e uma de 3 anos, as quais conserva na "terra", numa região rural do interior a sul do país. A sua opção foi manter a família longe, a mais de 300 km de distância. A carreira da mulher (auxiliar num hospital) não lhe permitia deslocar-se para Lisboa e nem nunca esse foi um objectivo ou projecto do casal. Estimava que os 900 euros de rendimento mensal (líquidos) lhe valeriam 1.500 euros se trabalhasse próximo da residência, uma qualidade de vida que o desviava da hipótese de vir a instalar-se em Lisboa e eventualmente usufruir das possibilidades de progressão que no comando se oferecem aos agentes.

Não tinha assim grandes ambições, embora buscasse tomar partido, em cada momento, das situações favoráveis com que se deparava. Foi-se organizando e encontrou nas oportunidades locais e relações interpessoais um modo de vida relativamente estável e confortável. Falava algumas vezes de uma certa libertação das rotinas monótonas do matrimónio e da família, de estender o tempo da jovialidade e semicelibato durante vários anos, mas o custo era, por exemplo, não ter visto as filhas crescer...

No ano em que conheci o Conceição, vários colegas do grupo e da esquadra tinham concorrido ao curso de subchefes. Este ainda os acompanhou, mas sem empenho ou sucesso. Como me justificou: "Se fosse para subchefe chegava à terra em idade de deixar a Polícia, de me reformar". A espera pela transferência impedia-o de se lançar em ambições de carreira. Não admira que falasse da progressão profissional como "sacrifício". Tinha assim o pedido para um dos mais pequenos comandos do país desde que entrou na Polícia, e onde entram em média cinco novos elementos por ano. Tal como os demais agentes, também o Conceição fazia os seus cálculos da espera. Estimava que a deslocação podia demorar aproximadamente cinco anos, pois estava na altura em 40.º lugar numa longa lista de transferências para o lugar.

Desde o início que tomou a opção de fixar a sua residência temporária nas camaratas da esquadra. Embora estas tivessem sido criadas para agentes numa situação provisória, a situação deste e de muitos outros agentes era provisória há demasiado tempo... Alguns comandantes demonstravam-se particularmente sensíveis a isso. Os jovens recém-chegados, penalizados pela falta de lugar nas camaratas, eram muito críticos face à situação. O agente resistiu sempre a ter duas casas, ao contrário de outros que defendiam que a fronteira saudável entre o serviço e a folga de rotina só era possível pernoitando fora da esquadra. Fugiu ao isolamento e depressão dos patrulheiros que vivem em quartos e às despesas adicionais do aluguer de uma casa no bairro da esquadra, mesmo que em parceria. Nas camaratas, o que perdia em privacidade ganhava em companheirismo e na *movida* com agentes mais jovens, sempre dispostos a participar em convívios e noitadas depois dos turnos para bares e discotecas onde, frequentemente, os polícias da divisão têm encontro marcado. Concentrava os seus recursos materiais na recuperação de uma moradia na terra e na educação das filhas.

O subsistema das trocas e permutas era essencial para lhe ampliar os dias passados em casa com a família. Mas no seu esquema não entravam os serviços remunerados. Não ampliava ganhos, mas também não queimava o tempo livre em horas extra de trabalho. Aprendeu, como a maioria dos agentes, a separar os tempos do trabalho e os tempos livres, onde "passar a ponte para sul significa esquecer o serviço", interromper provisoriamente o curso da vida profissional.

Tinha uma relação preferencial com um adjunto que, como ele, trabalhava na mesma unidade há vários anos. Conservava assim algumas regalias no serviço que outros teriam de conquistar. O seu estilo de aprumo, considerado por alguns superiores um dos aspectos mais importantes num patrulheiro, valeu-lhe um louvor oficial que era alvo de ridicularização por alguns colegas. Na divisão tinha conquistado um certo reconhecimento informal. Orgulhava-se de ter uma extensa rede de conhecimentos na Polícia e noutras forças de norte a sul do país. A certa altura, nas longas esperas para testemunhar em tribunal em que o acompanhei, chegou a mostrar-me os 500 contactos que conservava no seu elegante telemóvel. Embora fosse membro de um dos maiores sindicatos da PSP, tinha o seu plano de carreira traçado e não se envolvia em grandes discussões colectivas.

A sua visão do trabalho era algo tradicional, em parte motivada por não ser obrigado a resolver diariamente ocorrências e a acalmar os citadinos. Defendia o uso da força em situações que a maioria dos colegas consideravam negociáveis e legalmente limitadas, como na obtenção de confissões. Cultivava uma certa suspeição, defendia que o agente devia agir com firmeza, ser perspicaz e quando interpelava desconhecidos procurava "ter um olho no burro e outro no cigano". Não o preocupava que lhe chamassem racista ou conservador, mas tinha as suas ideias bem definidas sobre os imigrantes e os jovens filhos de africanos que considerava constituírem "um poço de problemas para os polícias na rua".

Com o tempo, foi conquistando simpatias na comunidade e à sua passagem pelo bairro de classe média via-se que para muitos era um polícia algo familiar. Nas ocorrências, poder ficar de reforço ao arvorado deixava-lhe alguma margem de manobra para conversar com transeuntes e habitantes. Mas foi nos primeiros tempos da patrulha apeada que mais contactos conquistou. A maior parte das pessoas das suas rotinas como condutor eram proprietários e empregados de restaurantes, *snacks* e bares onde com frequência e fora de horas tomava as refeições.

Os anos acalmaram nele o "apelo das ruas". Mas ainda assim, não deixou de passar por dilemas comuns a muitos agentes que esperam durante anos a sua oportunidade de regresso a meios rurais ou às pequenas cidades de onde são originários. Não deixou de imaginar que com a mudança para um pacato comando perderia o contacto com o "verdadeiro trabalho policial" das grandes cidades, a "segunda família" dos agentes, a liberdade juvenil, errática; para não mencionar o reencontro com uma casa que não é verdadeiramente a sua. Ao fim de tantos anos, a maior parte do seu tempo fora passado num ambiente profissional que se tornou demasiado familiar. Referia o exemplo de agentes que foram antes dele: "Os mais velhos que foram daqui e já lá estão dizem que nos comandos do interior é só pessoal mais velho, de trinta anos para cima; que o ambiente é totalmente diferente, sem esta camaradagem e união; e que em termos de serviço não tem nada a ver. Na terra passam-se muito menos situações, o serviço é mais triste. Alguns dizem que só não voltam por causa da família e por terem lá a vida..." (entrevista, Novembro de 2004). Sabia ainda, pela experiência de muitos outros agentes, que os casamentos que sobreviveram à separação de anos nem sempre resistem ao reencontro... Sem uma mediação dos problemas e uma orientação pessoal firme, profissão e família podem enrolar-se numa série de problemas que o tempo ajudou a formar.

Agente Alvarez – Deslocação provisória

Foi logo nos primeiros dias de trabalho de campo na esquadra que conheci o Alvarez, com 28 anos de idade. Foi dos primeiros agentes que entrevistei, em várias sessões. Em poucos dias ficou a saber que tinha conseguido uma transferência a título excepcional (fora do período e da lista das transferências anuais) para o comando onde vivia com a família já antes de ingressar na Polícia, em 1998, com o ensino secundário incompleto. Desde então sempre trabalhou nesta mesma esquadra, provisoriamente e com a cabeça longe. Uma mulher doente e uma filha dependente foram a razão para na Direcção Nacional considerarem a sua "exposição" escrita e o enviarem, depois de um primeiro pedido recusado, para o seu comando natal. A mulher, a trabalhar como auxiliar de educação com crianças deficientes, chegava aos limites das forças para aguentar sozinha e com escassos apoios familiares a educação da filha. O Alvarez iria dali a dias regressar à sua cidade no Norte do país, mas ainda numa situação precária até, eventualmente, ser transferido para o comando do Porto, para onde tinha "metido o papel" há cinco anos, tantos como os de trabalho, aguardando pela sua vez. Durante um período teria de pedir frequentemente a renovação da autorização, por via administrativa. Mas valia a pena, mesmo se o assombrava a ideia de tudo poder voltar atrás ao fim de uns meses. Dizia-se que devia ter alguém com muita influência a "mexer os cordelinhos", um dos superiores devia tê-lo ajudado a escrever a "bendita petição". Ao contrário de muitos colegas teve a sorte de arrepiar caminho, pois a transferência antecipada é mais frequentemente accionada para agentes de quem os comandantes desejam "livrar-se".

O Alvarez era um agente particular. As opiniões sobre ele dividiam-se. Para alguns colegas, considerados experientes, da sua escola, que começavam a ser os mais antigos na esquadra e nos seus grupos, este tinha um estilo demasiado pacífico. Para a maioria este era uma espécie de pacifista inteligente e activo (que nunca entrou numa situação onde precisasse de usar a força). Falavam dele como um bom colega, prestável e de bom coração e faziam depender o seu "método" de um percurso original. Na sua definição de bom ritmo policial evocava geralmente o bom senso: "Isto é andar na corda bamba. Nem ser muito esperto, nem muito burro... E saber, pelos menos saber, onde é que se está e saber o chão que se pisa. Nós, de uma certa forma, mexemos com a vida de muita gente". Nas qualidades de polícia sublinhava a vivência (experiência no trabalho e de vida), a boa educação e a personalidade.

Antes de entrar na organização o Alvarez já tinha passado por uma trajectória de trabalho. Quando chegou não mergulhou num ambiente totalmente desconhecido. Como vários colegas antes dele passou pelo serviço militar obrigatório, chegando mesmo a trabalhar numa prisão. Esteve um ano desempregado e sem "projecto de vida", como dizia. A namorada engravidou e tornou-se sua companheira. Concorreu então à PSP, mas não ficou. A filha tinha dois meses. Entrou então numa sequência de trabalhos precários, como auxiliar de educação numa escola de ensino especial, repositor de produto numa grande superfície, empregado de balcão... Dos trabalhos por que passou sublinhava sempre aquele que mais o envolveu – ter sido animador de rua durante três anos, na região de origem. Dizia com humor: "Eu estive do lado dos bandidos e agora estou do lado da lei". À segunda tentativa para a PSP foi de vez. Tinha a filha mais de 3 anos. Atribui o sucesso à perspicácia com que se apresentou. Na entrevista deixou de lado as motivações pessoais e afirmou, como muitos outros, "o que eles queriam ouvir", que tinha o "apelo pela farda".

O percurso familiar também era original. Não tinha precedentes policiais na família. Foi a mãe, toda a vida doméstica, que insistiu para que concorresse àquele que parecia um "emprego seguro no Estado", mais ainda para alguém de um bairro social "problemático". Mas a primeira vez que ouviu uma referência a esta carreira foi ainda no liceu, pela boca de uma professora de Educação Física. Na família, o pai, ao contrário da mãe, não gostava de fardas e lembrava-se bem do tempo em que os "pides" (polícia política do Estado Novo) vigiavam os trabalhadores, como ele. Todavia, conformou-se com a opção do filho e, segundo este, foram as suas palavras que o orientaram sempre num certo estilo particular: "O meu pai disse-me muitas vezes – 'dá um certo prestígio se fizeres as coisas como deve ser e se fores uma pessoa correcta e honesta com os cidadãos; as pessoas vão reconhecer-te e dar-te valor por causa disso!'. Muitas vezes é nisso que eu penso" (entrevistas, Março de 2004).

Nos primeiros tempos de esquadra viveu sozinho, numa casa subalugada a familiares em Lisboa. O isolamento fê-lo escolher integrar as camaratas da esquadra, um quarto estreito partilhado com três colegas, aquele que considerava ser "a caixa forte dos agentes" e onde se estreitam as relações interpessoais. Viu partir e chegar outros agentes. O serviço policial invadiu-lhe a vida. "Muitas vezes ficava a trabalhar nas folgas, como estava sempre aqui... Trabalhava 24 horas sobre 24 horas. Fazia o meu serviço, ia almoçar ou ia jantar, chegava e estava aqui a ver como é que se fazia, ajudava." Foi preciso reaprender a conquista da identidade pessoal à profissional e "vestir uma personagem todos os dias", dizia, saber gerir os equilíbrios deste envolvente papel, saber despir a farda...

Como a maioria dos colegas, o Alvarez entrou nos dois subsistemas à disposição dos agentes e subchefes na organização: os serviços remunerados e o esquema de trocas e permutas. O agente aumentou as horas de trabalho ao entrar na escala dos serviços prestados a privados, para se manter ocupado nas horas de folga e, sobretudo, para suprir os gastos mensais. Um rendimento de cerca de 850 euros líquidos (incluindo o subsídio de turno e de patrulha) obrigava a uma gestão doméstica apertada, com gastos calculados em 250 euros mensais nas viagens a casa, a sua manutenção e a da família. Como a generalidade dos agentes de longe, entrou no subsistema dos turnos, o que o levou a aumentar as viagens para folgar perto dos seus parentes, e que por sua vez aumentava os gastos... Como outros agentes casados e com filhos, um dos objectivos foi nunca perder o contacto com a família e manter os laços e relações interpessoais locais na área de residência.

Na esquadra passou em poucos anos pela sequência habitual dos serviços da patrulha apeada ao carro patrulha. A experiência e desembaraço levou-o a substituir o subchefe do grupo no desempenho do serviço de graduado à banca durante uns meses, trabalho para o qual nem todos os agentes demonstram capacidade. O seu estilo era muito apreciado por um adjunto que lhe reconhecia os dotes e mais "cultura" pessoal que os demais. O seu entendimento dos ambientes e a conquista da confiança dos jovens adolescentes fazia com que tivesse um "método" mais comunicante do que a maioria dos agentes mais experientes. Resolvia assim muitos problemas com relativa facilidade e mais maturidade que muitos colegas. Por isso chegou a ser convidado a integrar as equipas da proximidade no

Escola Segura. Mas não era a instituição Escola que o movia e sim os "miúdos". Constatando a dificuldade em inovar, voltou à patrulha. Pediu para mudar de grupo por incompatibilidades pessoais. Como era um elemento algo "especial", passou a condutor do satélite (carro do supervisor)... Estava agora prestes a largar essa função, pois recebeu a notícia da transferência.

O agente parte de um lugar onde fez história, onde o conhecem e respeitam, onde as chefias consideram o seu trabalho ímpar. Criou laços profissionais mas também relações na comunidade envolvente da esquadra. No momento da transferência tinha uma rede de contactos e alguns amigos, quase todos idosos que confiam nos agentes e os encaram como confidentes. Foi nessa rede cruzada de pessoas que se apoiou quando passou por reveses pessoais – no ano em que perdeu o pai e uma sobrinha com poucos meses de vida – e reveses profissionais. Passou por algumas experiências marcantes, mas superou os primeiros anos da provação como profissional na esquadra. Uma ocorrência podia ter significado o fim de uma carreira (com alguns meses de esquadra), quando um colega mais velho o ajudou a travar no momento em que testemunhou a agressão de um homem à mulher. O envolvimento no processo disciplinar a um colega fizeram-no conhecer o lado administrativo da organização e a distância das instâncias decisoras. Tais situações têm o efeito de reaproximar os agentes entre si e de os fazer olhar com cinismo a organização que servem.

Por todos esses motivos dizia, emocionado, "nunca quis pensar no último dia aqui". Ao contrário de agentes que mudam de unidade mas que se mantêm a viver em regiões próximas de Lisboa, o Alvarez não voltará a visitar com frequência os colegas de grupo na esquadra e deixará de participar nos convívios colectivos. O receio de não saber que colectivo irá encontrar e o recomeço num novo território geográfico e, sobretudo social, na organização e numa nova *área* a policiar, fazem parte da ansiedade que irá com ele na bagagem. Regressar a casa substitui-se a uma série de ambições de carreira, em particular na hipótese de vir a concorrer à carreira de subchefe (com um ano obrigatório de internato). Não vai arriscar voltar a começar a vida em Lisboa. Quando soube dele em 2006, soube que tinha pedido transferência para os serviços do piquete da mesma divisão. Estava cansado da rotação de jovens arvorados no CP, um serviço que considerava estar a ficar incaracterístico e a esquadra demasiado juvenil.

Agente Magda – Polícia a dois

A agente Magda tinha 29 anos no momento em que a conheci e somava três anos de experiência de Polícia. Ao contrário de vários colegas, esta sim tinha terminado com bons resultados o ciclo escolar secundário. Era a única mulher na patrulha no ano em que estive na esquadra e fazia parte de um dos grupos que mais tempo acompanhei. Na época existiam apenas mais duas agentes, mas nos programas da proximidade. Com o tempo construiu-se uma aproximação interessante entre nós, mesmo para fora das fronteiras do trabalho, que incluía a partilha de experiências da patrulha. Ao contrário de muitos outros agentes, com ela podia escapar a conversas sobre futebol, ir mais além na troca de informação pessoal, falar sobre os problemas de ser mãe e fazer turnos e até comentar as mais diversas questões que afectam a organização e os agentes.

Tinha a particularidade de ser delegada sindical. Foi através dela que entrei nesse outro mundo, algo paralelo, e nas carreiras de sequência diferentes dos sindicalistas mais activos (quase todos com uma herança de problemas disciplinares ou hierárquicos mal resolvidos e com desempenhos pouco reconhecidos no seio profissional). A Magda tomou contacto com a associação quando se negou cumprir uma ordem superior, entrar na escala dos serviços remunerados para os recintos desportivos. Ao contrário dos colegas masculinos, as agentes da patrulha eram até então obrigadas a prestar esses serviços, fora do horário de trabalho, mesmo se não se voluntariavam. O seu menor número proporcional fazia com que faltassem mulheres para as revistas à entrada dos estádios de futebol cada vez com mais público feminino. No sindicato convidaram-na para delegada e aceitou. Assim se habituou a lutar por alguns direitos e garantias na organização e a enfrentar os comandantes. Mas este enfrentamento trazia-lhe alguns dissabores, pelo menos a antipatia e desconfiança dos oficiais, aos quais não conseguiria resistir sem o apoio do marido, também ele agente. A ligação matrimonial fazia-a lidar melhor com a pressão de ser mulher, melhorava-lhe a reputação e protegia-a do isolamento pessoal. Há um ano que tinha optado por lançar as suas redes e relações interpessoais num plano mais horizontal, com os colegas da esquadra, que ia conhecendo cada vez melhor, e com os dirigentes sindicais. Mas é verdade que a opção não a ajudava a melhorar a reputação junto dos comandantes, o que podia desfavorecê-la na sua própria trajectória.

Determinada em fazer a diferença relativamente a outras mulheres, que considerava terem um problema de imagem dentro da organização, defendia um objectivo: aprender o mais que pudesse sobre a patrulha e vir a ser considerada uma boa operacional pelos colegas e subchefes. O desejo de ganhar o reconhecimento dos colegas podia levá-la a fazer coisas que nunca ponderou, mas valia a pena. Era uma apaixonada pelo seu trabalho. Embora tivesse consciência que os seus três anos de experiência e a condição feminina a colocavam em desvantagem face aos mais experientes, estive com ela em vários serviços fardados (como apeada, condutora e arvorada do carro patrulha) e desempenhava o trabalho tão bem como qualquer um dos agentes mais experientes.

Por ter passado dois anos numa outra divisão com muito movimento nocturno, bairros degradados e tráfico de droga, foi obrigada desde cedo a "segurar" desordens (pelas quais muitos agentes com os mesmos anos de experiência nunca passaram). Embora tivesse sido poupada a confrontos físicos directos, travou vários grupos em desacato e empunhou algumas vezes a arma. A sua compleição física juvenil fazia duvidar qualquer um que não lhe conhecesse o desempenho. Parecia demasiado calma para polícia. A verdade é que todos no grupo reconheciam, discretamente, que era "desenrascada" e que por vezes até "atraía" serviço. Tinha resistido ao convite de um superior para integrar os programas da proximidade que, com o passar do tempo, tendem a ser um dos destinos recorrentes para as agentes que, apenas provisoriamente e nos primeiros anos, passam pela patrulha.

Alguns colegas, ao contrário dos cidadãos, foram-lhe lembrando que a identidade de género é entendida por muitos como desafio à identidade profissional. Pressentiu sempre que na Polícia "elas" raramente chegam a ser mais uma dos rapazes; nunca deixam de ser vistas como mulheres e por isso a responsabilidade caiu-lhes nos ombros a dobrar. Ao contrário dos colegas que, à imagem do que se passa no Exército, são geralmente conhecidos pelos apelidos de família, a Magda e todas as mulheres têm sempre como referência o primeiro nome. "Elas" são, serão sempre, diferentes. Mesmo antes da chegada à Polícia, antecipou que iria aceitar as penas e eventuais benefícios de ser mulher; "discreta e madura, como todas deviam ser", dizia dela um seu colega de grupo. Nos primeiros tempos apoiou-se nos colegas mais velhos e conquistou a simpatia e confiança dos agentes que lhe ofereciam uma confortável sensação de protecção. A "loirinha", como alguns lhe chamavam, passou pela mesma fase de socialização na patrulha que os restantes colegas, o que a investiu de algum poder e sentimento de originalidade.

Como uma vez me disse: "A mulher que se integre bem na esquadra, que entre na maneira de falar dos homens, que não se ofenda com qualquer coisa, acaba por ser bem aceite pelos colegas. Eles vêem ali a figura de uma mulher que dá outro ambiente à esquadra (…). Nunca tive aquele complexo de pensar – 'bolas, tenho que ir trabalhar no meio de homens'. Pensava antes assim – 'Vou trabalhar no meio deles e tenho que levar com eles; vamos trabalhar em termos policiais e se tiver que sair com eles, se tiver de conviver com eles, tudo bem. Tenho é que impor o respeito, eles têm que me respeitar pelo que sou'" (entrevista, Julho de 2004). Nos grupos por que passou conseguiu algo importante: separar papéis sociais. Mesmo sem o saber, a Magda foi para mim uma inspiração na conquista de um lugar neste universo masculino. As suas ideias sobre os desempenhos policiais reflectiam a inovação da trajectória: defendia que, acima de tudo, devia ser estreitada a comunicação entre os polícias e a comunidade; e que os polícias tinham ainda um longo caminho de civismo a percorrer. Não descansar até ter um serviço terminado, arrumado e escrito era o seu lema.

As histórias de desnorte à chegada a uma esquadra, que coincidiam com a imersão na grande capital do país, não diferiam das dos seus colegas que como ela vieram de longe. Tal como o marido, era oriunda de uma pequena cidade do Sul do país. Aí conservava a família, todas as relações pessoais e "uma vida estabilizada". Vivia dividida entre duas casas, uma que alugava com o parceiro e vários colegas nas imediações da esquadra e a do casal, no Sul do país, para onde se dirigia nas folgas e férias. Como tantos colegas, considerava ter quase "duas vidas" (uma profissional e uma pessoal). Cedo se integrou, com o marido, no subsistema das trocas e permutas, o que lhes permitia passar algum tempo na região de origem a 200 km da esquadra. Embora com recursos materiais escassos (no seu caso 750 euros mensais líquidos) para pagar viagens e contribuir para duas rendas, nunca se sentiu tentada a integrar os serviços remunerados. Aliás, teve de lutar para lhes resistir. O tempo livre era-lhe demasiado precioso para se deslocar a casa.

Conheceu o companheiro antes deste concorrer à Escola Prática de Polícia. No ano seguinte seria a sua vez. Como muitos colegas passou por uma fase de empregos precários, neste caso como balconista, mas sempre com ambições maiores. Quando começaram a viver juntos ela soube finalmente o que queria. Não teve qualquer influência familiar ou outros contactos na Polícia. Um dos seus maiores orgulhos era a história de um namoro que sobreviveu às separações da formação, às pressões da patrulha e à sua socialização num meio de homens. Casaram finalmente em 2005.

A Magda passou por esquadras de duas divisões diferentes e veio integrar a presente um ano depois do marido. Mesmo se o coração lhe ficou na anterior divisão, quando faz o balanço considera que a opção valeu a pena. Há um ano que ambos patrulham em esquadras vizinhas, mas em grupos similares, o que lhes facilita a organização da vida nos mesmos turnos e os mantém em estreito contacto. É verdade que alimentava o desejo de chegar a subchefe e, entretanto, tinha começado a contemplar a hipótese de vir a trabalhar na investigação criminal. Mas no seu caso as ambições não se arriscam isoladamente. Ela e o marido estimavam estar a cinco ou seis anos de conseguir a transferência para o comando mais próximo da residência. O objectivo central era conjugar ambas as carreiras, dois agentes apostados em não perder o rasto um do outro, mesmo que para tal tivessem de conter as carreiras pessoais. Ser subchefe podia colocá-los de novo em qualquer cidade de norte a sul do país. E, a arriscar uma tal hipótese, preferiam imaginá-la em dupla. As oportunidades eram olhadas com reflexão e contenção.

Quando conheci a Magda sabia que, de uma maneira ou de outra, a sua trajectória ainda a iria obrigar a outras opções que temia. O destino lógico ou a tendência de uma mulher na Polícia, no momento em que tem filhos, é ir para uma secretaria ou para serviços internos, deixar de ser operacional. A patrulha e a maternidade não são facilmente conjugáveis e exigem toda uma série de dispositivos de ajuda e facilidades que a organização não está apta a fornecer. Poucas resistem (e desejam resistir) a este fim, mas ela quis adiá-lo o mais possível. Da última vez que a vi, no Verão de 2006, estava grávida e nos serviços internos da esquadra. Mesmo assim, ela e o marido tinham concorrido à divisão de investigação criminal. Estavam cansados da vida de esquadra.

Agente Cruz – Ambição: brigadas à civil

O Cruz foi seguramente o agente que acompanhei mais vezes no trabalho em vários serviços, à civil, como arvorado, esporadicamente no carro visível e em patrulhas apeadas. Muito do que fiquei a saber sobre "matérias policiais", como dizia, ficou a dever-se a ele. Não que fosse um grande falador. Não era. Os seus silêncios ensinavam-me mais do que as palavras e explicações, que buscava noutros agentes.

Tinha 29 anos e quatro anos de Polícia, todos decorridos na mesma esquadra, o que fazia dele um dos mais velhos e em alguns anos seria um dos mais antigos na esquadra. Ao contrário da maioria, sem ser caso único, era oriundo de uma cidade da margem sul. Foi no círculo de amigos, e por influência de um primo mais velho com uma trajectória invejável na PSP, que contemplou a ideia de se tornar polícia. Não foi com certeza por causa da mãe, doméstica e preocupada com o risco de perder o seu único filho, ou pelo pai, operário reformado que não nutria grande interesse por polícias. Alistou-se em 1999, já com 24 anos, o ensino secundário incompleto, o serviço militar obrigatório e após uma trajectória de trabalho, primeiro como recepcionista num hotel e durante cinco anos operário numa linha de montagem da indústria automóvel. Vivia a cerca de uma hora da esquadra e fazia 80 km por dia no trajecto casa-trabalho-casa, mas não pretendia vir a trabalhar num comando próximo do lugar de residência, por "incompatibilidades da profissão". Isto é, poder vigiar sem ser tão vigiado, mantendo um relativo anonimato. Passavam-lhe ao lado os problemas dos colegas com "terra", que sonhavam com uma transferência durante anos. Este não precisava de entrar no subsistema de trocas e permutas com colegas, o que em grande medida lhe poupava contactos e problemas com os superiores.

Os 850 euros mensais, já livres dos descontos, ofereciam-lhe uma situação material confortável. Gastava 300 euros mensais em viagens, mas ainda assim permitia-se ora fazer ora não fazer serviços remunerados. Numa altura em que aderiu a esse serviço fê-lo com um objectivo preciso: poder ir de férias ao Brasil. Aliás, quando largou o trabalho "monótono" na fábrica soube que nos primeiros anos iria diminuir nos ganhos. Tinha casa própria, vivia perto da residência dos pais, que o ajudavam, e adiava a perspectiva de casar e constituir família – correspondia ao "modelo de herói solitário que mais convém à organização", como ironicamente diziam alguns dos agentes mais velhos.

Desde que integrou a esquadra foi atraído pelas condições do território, poder trabalhar como gostava, no âmbito mais criminal, em particular na área da droga. Ele e os agentes da sua escola foram os últimos a conhecer o bairro da droga no seu auge de movimento do tráfico, aí fez a sua "reciclagem total", isto é, aí foi socializado na operacionalidade policial. Sentiu-se em casa. Desde então conservava um profundo conhecimento dos meandros, "truques e manhas" neste domínio, em parte porque começou por patrulhar numa altura em que a acção policial não tinha intervalos, se apreendiam grandes quantidades de droga, ouro e dinheiro diariamente e as detenções estavam sempre a chegar à esquadra. Com alguma astúcia e na colaboração com um colega, foi criando uma rede de conhecimentos locais que geria e o conduziam à informação policial. Era uma rede muito pessoal. Nenhum outro colega do seu grupo, e até de outros, conhecia os toxicodependentes sem-abrigo e potenciais informadores na zona como ele. Por vezes era mais difícil apoiar-se no conhecimento dos jovens e inexperientes colegas do que naquele que procurava nas ruas.

Evoluiu em pouco tempo nestes saberes da patrulha, o que o levava a ser o voluntário ideal para os serviços à civil, quando accionados pelos comandantes. Em poucos anos deixara de ser um patrulheiro qualquer e reagia mal quando era colocado nos serviços apeados. Certo dia, ao regressar de férias, foi escalado para o serviço de sentinela à porta da esquadra. Este seria o início do azedar de uma relação conflituosa com o seu subchefe directo. O avolumar de problemas, contextualizados pela recomposição acelerada de um grupo que já tinha sido o "melhor da esquadra", levou-o a pedir aos comandantes para o mudarem para um outro na esquadra. Juntou-se assim a vários operacionais, alguns mais seniores do que ele, ao grupo de "elite", como se dizia.

Foi sempre muito crítico face aos colegas que, com os anos, se deixavam prender entre "quatro paredes", nos cómodos serviços de secretaria. Partilhava com outros agentes mais experientes uma visão conservadora das mulheres na Polícia, considerava-as na generalidade um empecilho na patrulha. Tinha ideias precisas sobre a "atitude policial" a defender: saber distinguir situações e pessoas com quem é preciso "falar mais alto ou mais baixo". Preferia tomar conta das ocorrências sozinho, livre de aparatosos reforços e, sobretudo, sem necessidade de recurso excessivo "à papelada". Defendia saber distinguir os momentos em que é para brincar entre colegas dos que são para trabalhar a sério. Não admira que se conservasse tantas vezes circunspecto, mas que tivesse um humor lacónico. Orgulhava-se de trabalhar com um método muito pouco partilhado pelos agentes mais jovens: adivinhar problemas antes destes acontecerem, seguir as suas suspeições internas, saber fazer uma perspicaz revista. Defendia que um agente só se torna um bom polícia se tiver experiência de vida e conquistar autonomia pessoal na organização e entre os colegas. Não acreditava nos sindicatos. Um dos seus lamentos era a Polícia não ter subsídio de risco.

Nunca escondeu a sua maior ambição de ninguém: integrar os serviços de investigação criminal da divisão, as brigadas à civil. Mas embora com um estilo definido pela operacionalidade e uma pose inconfundível, a sua aparência pacata e a baixa estatura pareciam trair a imagem idealizada do "verdadeiro polícia". Talvez fosse essa a resposta para nunca terem aceite o seu pedido para integrar os serviços do piquete (brigadas de intervenção rápida) da divisão, ao contrário de tantos outros colegas mais jovens da esquadra que foram repescados.

Apesar de ter conquistado popularidade na esquadra e na divisão, a sua reputação de bom operacional era mais perceptível entre os agentes mais jovens do grupo. Embora temeroso e cuidadoso em matéria disciplinar, nas situações que lhe pudessem interromper a carreira, não era difícil aos superiores adivinhar-lhe algumas zonas cinzentas menos fáceis de controlar. Mas nada tão grave que a popularidade entre os pares e o consenso gerado em sua volta não anulasse. Dizia-se que era "dos poucos agentes que gosta de trabalhar". A falta de uma rede de apoio entre os superiores, em parte por ter ainda poucos anos de trabalho, não lhe favorecia a trajectória, adiando os "convites" para outros lugares e unidades. Candidatou-se a um curso de formação em investigação criminal mas não ficou qualificado. Faltou-lhe uma certa determinação de estudo e empenho numa parte do trabalho que sempre desprezou: saber escrever e conhecer a legislação.

Não era a perspectiva pela mobilidade espacial para outras divisões que o movia, embora tivesse equacionado trabalhar numa das divisões mais problemáticas e estimulantes do ponto de vista operacional, mas demasiado longe da sua residência.

Não hesitará em candidatar-se ao curso de subchefes assim que puder, mas não o alicia ficar preso a uma banca dentro da esquadra. São outras as oportunidades que procura. Embora seja um dos mais experientes no grupo, só muito raramente aceita substituir o subchefe à banca. Sempre preferiu a operacionalidade das ruas, embora considere a patrulha demasiado parada para si. Todavia, a sua determinação em juntar-se a colegas da esquadra que foram antes dele para a investigação criminal (em particular um agente com quem trabalhou de perto) é grande e as condições de vida favorecem o percurso. Como agente, eventualmente como subchefe, é provável que consiga chegar mais alto. Em 2006 o Cruz mantinha-se na esquadra. Ele e um outro colega eram a face do serviço à civil da unidade.

A experiência da deslocação

Começo pela análise dos três primeiros casos biografados. A experiência da deslocação altera tudo. Nas trajectórias, as opções entre a progressão profissional e a deslocação geográfica tendem a ser encaradas em alternativa. Fica claro nos diferentes casos que a mobilidade geográfica e espacial interrompe a progressão ascendente em que os agentes possam vir a situar-se. Os percursos da mobilidade (social e geográfica) traçam-se em alternativa. Quem opta por esperar pela transferência, a passagem de uma fase a outra da profissão, como a mudança de estatuto de agente a subchefe, por exemplo, não significa necessariamente caminhar do pior para o melhor, tendo em conta que vai afectar todas as outras dimensões da vida. Mas tal não se faz na vida dos agentes sem a experiência de exigências contraditórias.

Num primeiro momento do ciclo profissional, a profissão implica para os sujeitos rupturas no tempo e no espaço com os restantes domínios, redes familiares e de amizade. Diria que em vários anos da actividade os agentes mantêm "uma vida a dois tempos"; um estilo de vida dividido entre o trabalho e a família, com hiatos temporais e geográficos expressos nas rotinas.

Num segundo momento do ciclo, o da transferência (particularmente expresso no caso do Alvarez), são devolvidas aos sujeitos as mesmas rupturas em sentido contrário. A reconquista das dimensões mais ou menos secundarizadas em anos implicam uma reorganização da existência, onde o plano da actividade profissional fica por vezes a perder, não só pela mudança de quadro sócio-profissional como pelo avanço na idade biológica. Diria que se trata então de "uma vida em duas partes"; um modo de vida segmentado. Uma sequência é passada no grande centro urbano (considerada uma fase transitória pelos sujeitos, mas que se perpetua por vários anos) e outra é reservada para um comando mais próximo da residência (que pode ser ou não a "terminal"). Nesta carreira-tipo, se quisermos, existem outras sequências possíveis: a passagem por outras situações intermédias, por vários comandos ou unidades, até chegar ao da região de origem, ou a fixação mais ou menos prolongada num deles (com consequente saída do sistema de transferências).

Com a experiência da deslocação que é retratada nos vários casos, surge frequentemente a separação das esferas da vida pessoal, em particular a divisão geográfica e temporal entre o trabalho e a família, a vários quilómetros de distância. A família tende a ficar ligada à região de residência e de origem, frequentemente longe daquela onde os agentes mantêm a actividade profissional, nos grandes centros urbanos. Esta divisão alarga-se às rotinas mantidas e aos interesses pessoais cultivados com o tempo, tendo como efeito uma separação em alternativa, onde a estreita manutenção de ambas obriga a ginásticas temporais e enormes habilidades tácticas dos sujeitos. Neste quadro, uma de ambas as dimensões acaba sempre por ser afectada de modo menos positivo.

O processo afecta de forma mais drástica as mulheres agentes. Segal (1988), na sequência de um conceito desenvolvido por Coser (1972), considera as forças armadas, bem como a família, "instituições vorazes" (*greedy institutions*). O que tenho demonstrado evidencia que nesta força fardada, embora com uma organização e mandato diferentes, mas com uma comunidade profissional desigualmente distribuída pelo país, pode fazer-se uma leitura semelhante. Como defende Carreiras "a família é, no entanto, particularmente voraz para as mulheres, já que delas se espera que aí invistam mais tempo e energia emocional do que a solicitada aos homens" (1997: 159).

Apesar de algumas mudanças nos comportamentos dos casais, estudos indicam que as mulheres continuam sujeitas a uma "voracidade selectiva" (*idem*). Tal como nas forças armadas, as exigências da patrulha tendem a colidir com as necessidades e solicitações que a vida familiar e a maternidade impõe às mulheres.

É indiscutível que a dificuldade em articular a vida familiar e profissional se coloca de modo mais denso e complexo às mulheres, influenciando decisivamente as suas estratégias e opções de carreira e até mesmo pessoais, em particular na escolha recorrente de um companheiro no seio da organização. Embora este aspecto tenha sido mais desenvolvido em estudos sobre o recrutamento de mulheres para universos tradicionalmente masculinos, e existam aspectos que se agudizam relativamente às opções da maternidade, tenho demonstrado que eles estão longe de ser exclusivos dessa condição feminina e do papel maternal nestas organizações.

No caso da agente Magda, a dinâmica é em certa medida aliviada ou apoiada por se produzir no quadro de uma "carreira dependente", como designou Hannerz (1983: 337). Esta é resultante de uma situação onde a vida de um sujeito depende constantemente, e por muito tempo, do que se produz na vida de um outro. Ao contrário de polícias que com a experiência da deslocação defendem "casei-me com a Polícia", a opção de grande parte das agentes permite articular ambas as alianças, a marital e a profissional, com alguma ambiguidade de papéis.[23] Embora tal resolva certos constrangimentos de socialização profissional às mulheres agentes, e até certamente aos homens, as carreiras dependentes, neste caso simétricas (mas nem sempre), oferecem mais dificuldade a ambos na procura de oportunidades compatíveis na organização. A agente sabe que o investimento pessoal na família a desvia do investimento na profissão. Por esse motivo, protela a opção de vir a ter filhos.

À medida que se foram fechando algumas relações na organização, em particular com as hierarquias locais, e a projecção se faz na

---

[23] Nos casos em que dois patrulheiros casados trabalham na mesma esquadra e, em particular, no mesmo grupo, podendo até fazer serviços juntos, essa ambiguidade é muito elevada. Durante o trabalho de campo não observei casos concretos das formas mais extremas, mas foram-me descritas várias situações deste tipo que são do conhecimento de todos nas esquadras.

mobilidade para outro comando, a agente Magda foi encontrando novas possibilidades e ocasiões para criar relações, em particular no meio sindical. Tais redes projectam-na em diferentes agregados e colectivos cujos fins não são previsíveis na trajectória profissional. Tendo em conta o quadro da organização policial portuguesa e o movimento recente e pouco consensual dos sindicatos de polícia, há todo um factor de risco nas carreiras profissionais quando os sujeitos aí sustentam fortes ligações. Os sindicatos e associações são organizações relativamente liminares face à grande organização central, oferecendo portanto carreiras relativamente à margem. O interesse desta profissional está em construir uma certa reputação sólida entre alguns colegas, que passa por melhorar a imagem geral das mulheres na organização.

Apenas para o quarto agente, o Cruz, para quem não existem outros constrangimentos senão os limites pessoais e os enfrentados na organização para a sua progressão, a opção de "fazer carreira" é a única a tomar. Pode ir progredindo de modo mais ou menos linear. As oportunidades e situações são-lhe benéficas, mesmo se os seus objectivos dependem de muitos factores que não controla. Este aproxima-se do "carreirista" descrito por Leeds (1964), passa grande parte do tempo em busca de informação e a passá-la, vai desenvolvendo uma rede de contactos entre colegas na organização, embora lhe escapem ainda contactos entre as cliques mais elevadas na hierarquia. Pode dar-se por satisfeito por ter escapado a maus encontros com superiores. Para muitos colegas carreiristas, considerados mais "apressados" na organização, tais encontros podem significar importantes travões ou a indicação da porta de saída da unidade. Goffman (1952) tratou este movimento nas organizações, particularmente presentes nas mudanças de fases e estatutos, como "calmer le jobard" (*cit. in* Hannerz, 1983: 340), que pode traduzir-se por: "sossegar o palerma". Mas o que Hannerz (1983: 338) definiu para contextos sociais mais amplos encontra razão de ser na grande organização policial: todas as redes egocentradas que se inscrevem nas sociedades fluidas tendem a ser cumulativas e ganham em extensão com o tempo. Tal provoca um efeito particularista e de distinção dos sujeitos entre si. Na organização alguns agentes tendem a "ficar mais conhecidos" do que outros, e esses são os que mais tempo permaneceram nas mesmas unidades. Não por acaso se diz que os "agentes-principais são uma *instituição*", mas nem todos, apenas os que fizeram o seu percurso na mesma divisão ou esquadra. Podem não ser grandes profissionais, mas conquistaram alguma estabilidade de estatuto que demora a obter. É provável que o agente Cruz veja aumentar os seus contactos e depare com as mesmas oportunidades de progressão que conhece noutros colegas. Para tal irá manter-se mais algum tempo na mesma unidade, procurar escapar a riscos que o comprometam, vai oferecendo os indicadores criminais que alimentam as estatísticas organizacionais e satisfazem os superiores.

As diferentes versões das carreiras demonstram que redes, relações e laços (no seio da organização e também locais, como fica bem expresso no caso do Conceição e do Alvarez) são apoiados na permanência e tendem a perder-se com a transferência, deslocação e rotatividade dos sujeitos. Embora a organização seja nacional, a actividade de policiamento é muito marcada pelas características locais que, em certa medida, imprimem características de organização diferentes às várias unidades do território. As competências, relações e redes interpessoais são geralmente locais. Dificilmente um agente tem uma posição que o coloca num plano mais lato de relações do que o local, embora tal possa acontecer.[24] Se o destino para um local ou uma região é fixado como objectivo prioritário que aponta o percurso de um agente, outras oportunidades e portas tendem a fechar-se à sua passagem, embora possam existir excepções (como deixa antever o caso do Conceição).

Numa sociedade fluida, as flutuações e variações são múltiplas e podem originar trajectórias profissionais inesperadas e inovadoras. Todavia as tendências do movimento que mais afecta os agentes tendem a reproduzir-se. O Cruz é assim o exemplo do agente a quem, a pouco e pouco, se alargam oportunidades. Os modos da

---

[24] Por exemplo, na esquadra era conhecido o caso de um agente que quando acabou o curso como os outros não chegou a passar pelas fases da patrulha apeada e sentinela e foi imediatamente destacado para os serviços de graduado à banca num grupo. Tudo isto porque o comandante de esquadra fora "pressionado" por um alto oficial, familiar do tal agente. Todavia, com o passar do tempo, e entrada de novo subchefe no grupo, o mesmo agente acabou por ter de passar exactamente pelos mesmos serviços dos restantes colegas. O maior ou menor "apoio" em redes de pessoas não locais nem sempre se traduz em carreiras pessoais mais bem sucedidas. Mas ajuda.

organização tendem a favorecer quem é de perto e quem decide permanecer e "fazer história" numa unidade, divisão ou comando com mais oportunidades.

Alguns problemas de carreira atravessam a organização e todas as fases e categorias profissionais. À medida que se avança na hierarquia as vagas nos quadros dos comandos mais pequenos da Polícia diminuem, o que obriga a uma maior rotatividade imposta, isto é, a organização gere os mais escassos recursos humanos que tem no plano das chefias. Pode acontecer a um subchefe (por ter concluído o curso com as piores notas) ter de passar um ano num comando remoto de polícia para o qual não há candidatos suficientes. O mesmo se passa com oficiais. Mais uma vez, há uma escala oficial a garantir que as vagas devem ser minimamente preenchidas no panorama nacional. O desejo de regresso a um comando mais próximo de casa não é apenas um problema dos agentes, embora atinja uma maior centralidade na vida destes, porque tende a ser um processo mais prolongado no tempo. Um comandante que deseje ingressar no comando da região de origem tende a consegui-lo em muito menos anos do que um agente. Aliás, como já referi, os comandantes permanecem em média um ano numa esquadra e partem de Lisboa para comandos mais próximos de casa. Registei no diário uma conversa, travada num almoço de despedida, entre o subcomissário (comandante da esquadra) e o agente Alvarez que conseguiu antecipar a sua transferência, um desejo acalentado pelo superior.

> O Alvarez e o subcomissário estão frente a frente na mesa. O segundo diz: "Ó Alvarez, diga lá quem é a sua cunha...". O Alvarez finge ficar surpreendido: "O mais estranho é que há quem diga que é o senhor, subcomissário." O subcomissário responde: "Essa é boa! Conseguia para si e não conseguia para mim...". Alvarez: "Não se preocupe, um dia há-de chegar a sua vez, vai ver". Subcomissário: "Deus o oiça. Isso era o que eu mais queria, era ver-me longe daqui" (diários da patrulha, Março de 2004).

Em geral, o processo de carreira de um subchefe ou de um oficial tem variações semelhantes às dos agentes, onde a articulação entre a carreira ascendente e a mobilidade espacial tende a perspectivar-se em alternativa. Mas a diferença é que nestes casos é possível haver uma conjugação ao fim de poucos anos. A certa altura da vida, a mobilidade territorial pode surgir aliada à mobilidade na carreira e progressão de estatuto. Tal significa, para os superiores, uma questão de espera pela sua vez, pela sua vaga. Por exemplo, um oficial pode começar por comandar uma pequena esquadra em Lisboa e ao fim de uns anos conseguir comandar um comando maior ou integrar um serviço especializado na área da sua residência, se conseguir aliar os anos da distância a uma intensa formação profissional, reputação e carisma. Além disso, com o desenvolvimento dos serviços centrais da Direcção Nacional, foram criadas uma série de oportunidades de carreira e novos papéis no plano administrativo e no plano das relações internacionais do país que favoreceram sobretudo os oficiais.

Para os agentes, por oposição, a mobilidade regional continua a implicar uma paragem na progressão. Mas é de notar ainda um outro factor. Para muitos oficiais a mobilidade entre comandos tende a implicar a mobilidade dos familiares, pelo menos até certa altura em que os filhos são dependentes, pois os recursos materiais permitem uma tal opção estratégica, além de toda uma série de benefícios e distinções que surgem com o seu elevado estatuto. Situação idêntica parece inacessível à maioria dos agentes que têm escassos recursos materiais, sobretudo nos primeiros anos da actividade.

Citadinos forçados

Para a maioria dos agentes a experiência urbana na grande cidade é uma experiência obrigatória, forçada, a qual evitariam se pudessem. Dir-se-ia que são citadinos à força. "Não gosto de Lisboa", dizem constantemente os polícias de longe, "estou aqui obrigado". Como colocou um comandante: "Lisboa é um comando de desterrados" (entrevista, Maio e Junho de 2004).

Boa parte da rotina dos agentes é vivida em parte numa cidade onde não escolheram estar, e em parte na região de onde provêm e a onde esperam retornar ao fim de algum tempo, onde realmente se sentem em casa. Enquanto esperam a transferência, os agentes perspectivam as suas vidas em duas partes, duas grandes fases: uma passada na experiência urbana e outra numa experiência que podendo ser urbana não é representada da mesma forma, nem com o mesmo peso. Tratam-se de polícias divididos, com o coração em casa e o corpo na cidade que é suposto patrulharem. Ao contrário de outros indivíduos forçados à deslocação – penso concretamente nos "citadinos sem cidade" descritos nos textos de Agier sobre a vida nos campos de refugiados (2002a, 2002b) – o quadro social analisado oferece uma cidade onde poucos polícias são citadinos.

A experiência urbana é parcelar e segmentada. Estes citadinos forçados são estranhos na cidade que os recebe, conhecem-lhe contornos e movimentos localizados e circunscritos a alguns bairros. Viver entre os dois espaços-tempos da esquadra e da residência, na maioria dos casos a centenas de quilómetros, especialmente para quem se fixa nas camaratas, oferece uma experiência muito limitada mas intensa da cidade. Os agentes são citadinos a meio tempo. As suas rotinas reduzem-se ao tempo de trabalho e à circulação pela área da esquadra e, com a duração da estada, a outros lugares da divisão. Algumas rotinas de socialidade quotidiana tendem a reduzi-los aos perímetros territoriais da divisão, são passadas em lugares que conhecem dos percursos do policiamento ou por intermédio dos colegas com quem trabalham. As rotinas de lazer mais prolongado das folgas e férias implicam geralmente um corte radical com estes lugares.

Um exemplo ilustra bem a experiência fragmentada. Houve um jantar de despedida de um agente do grupo Delta, organizado num restaurante numa parte afastada da cidade de Lisboa. Este contou com dezenas de agentes, todos os que na época eram do grupo da esquadra e outros que tinham passado por ele. Os que estavam agora em várias unidades da PSP viam nestes convívios uma oportunidade para se reverem. O encontro foi marcado à porta da esquadra, onde se foram juntando em roda inúmeros polícias. Eu e a Magda éramos as únicas mulheres entre cerca de 40 agentes. Dirigimo-nos então para o restaurante numa caravana em várias viaturas, sempre em contacto por telemóvel, recebendo e fornecendo indicações sobre o lugar. Ainda assim, acabámos por perder o rasto a algumas viaturas pelo caminho e, quase todos, estacionaram os carros bem longe do local onde iríamos jantar. Embora o restaurante não fosse difícil de encontrar para qualquer lisboeta, a maioria dos agentes não ia lá dar pelo nome das ruas; quase todos estavam a trabalhar na capital, mas consideravam-se de *passagem*. Apenas um ou outro agente a trabalhar em esquadras próximas do restaurante conhecia bem esta parte da cidade.

Os agentes de longe desenvolvem uma representação de Lisboa amplamente negativa. Esta poderia ser caracterizada como uma atitude antimetrópole. A cidade revela-se um território social desconhecido, sobretudo nos primeiros anos da experiência em que os agentes pouca familiaridade têm com a cidade e o que dela conhecem chega-lhes por via da actividade profissional. Os mais jovens têm muitas vezes uma atitude de espanto, profundo desconhecimento e negação dos espaços e pessoas que policiam. Cenários como o que vou descrever são frequentes na patrulha.

No turno da 1-7 horas, de sábado para domingo, já por volta das 5.30h, paramos no local onde habitualmente o carro patrulha ou o carro visível, ou ambos, pausam antes de terminarem o turno. Isto quando as noites são calmas e apenas "se gasta gasóleo", como dizem os agentes. Hoje os carros ficam estacionados lado a lado. Abrem-se as janelas e a conversa flúi. Daqui os agentes conseguem ter uma perspectiva ampla de uma das mais longas ruas do bairro e podem ainda observar o cruzamento com uma outra com bastante tráfego. Avistam-se os primeiros movimentos do dia, carros e pessoas a circular. Deste lugar fica marcada a passagem da noite para o dia, da calma para o movimento matutino. Daqui se comentam os que quase voam com o vento, os bêbedos e outros transeuntes, como um conhecido homossexual das redondezas. O agente Pais (ainda maçarico), com 23 anos, diz: "No Norte não há 'disto' [refere-se ao homossexual]. Nunca tinha visto nada disto até chegar a Lisboa. Metem nojo, merecem porrada". O Cruz abstém-se. O Pais lança-se então numa discussão sobre as diferenças entre o campo e a cidade. Defende o Norte. Diz que só o Alentejo se assemelha em qualidade de vida. Tudo é melhor, a comida e até as mulheres. Um colega de Lisboa provoca-o: "Pois, as do Norte até têm bigode". Mas o Pais responde: "As mulheres em Lisboa são fingidas e estão cheias de base. Aliás, as pessoas de Lisboa só gostam de carros e roupas". Vai lembrando as festas de Verão nas aldeias, evoca o cheiro do forno a lenha. O Cruz finalmente diz apenas que já foi ao Norte, que também já lá esteve. O Pais insiste que um dia o leva consigo e que ele vai gostar tanto que não vai querer regressar...

(Diários da patrulha, Maio de 2004.)

Nesta organização plural, com pessoas originárias de diversas regiões do país, as identidades regionais são valorizadas e motivo ora de aproximação, ora de afastamento, entre os polícias. São as pessoas oriundas dos mais diversos pontos do país que dão corpo e caracterizam as esquadras, divisões, o comando de Lisboa.[25] Para a maioria a experiência passa por "ser de fora cá dentro", como uma vez me disse um agente, por encontrar nos colegas uma experiência semelhante de deslocação forçada para a metrópole. Assim, entre os que são do Norte ou do Sul, há uma identificação manifesta entre quem "tem terra" ou quem pelo menos garante que não é um "produto" desta cidade ou das suas proximidades e periferias. A identidade entre estes passa por saberem o que significa não querer viver na grande cidade, representada como predatória, como a cidade inóspita. O tempo e a fluidez da vida urbana pode mudar os polícias. Mas as condições de exercício do mandato profissional, com tendência para um certo isolamento entre pares e a presença constante de tensões nas suas vidas, tende a agravar o olhar sobre a cidade.

Um agente oriundo da cidade deve respeitar as diferenças representadas por quem vem de longe, pois ele está em situação minoritária nessa comunidade policial. Essa situação pode surgir como desvantagem quando se trata de conquistar a simpatia dos superiores. Alguns laços preferenciais podem surgir entre superiores e agentes oriundos das mesmas regiões ou mesmo de diferentes regiões rurais. Entre eles surge um entendimento que não passa pelos desempenhos profissionais mas por ideias e sentimentos partilhados a partir das trajectórias de vida. No meio policial das esquadras de Lisboa, os agentes oriundos de regiões interiores e remotas tendem a ser considerados os mais *puros, genuínos* e *simples*. O *polícia humilde* e modesto é geralmente representado como alguém que vem de longe, sem grandes recursos sociais e com escassas *manhas* pessoais. Espera-se que seja dada uma oportunidade a pessoas que se deslocam do campo para trabalhar na cidade. Entre os colegas mais expeditos que marcam o compasso da actividade nos grupos da patrulha o *polícia*

---

[25] A experiência entre um colectivo com diversas proveniências e identidades regionais faz com que essa faceta seja muito notada na interacção pessoal, originando uma série de representações. Os agentes lisboetas dizem que os açorianos são falsos, os alentejanos lentos, os portuenses mentirosos. Os polícias de zonas do interior do país dizem que os lisboetas são *snobs* convencidos e emproados. Tais classificações são fixadas sobretudo a partir da experiência do trabalho, mas estendem-se aos restantes citadinos. A vida mais precária de quem vem de longe adensa o olhar sobre os polícias da região urbana, de Lisboa, resultante em particular do olhar sobre a cidade.

do campo que resiste à experiência urbana, e por consequência a uma certa operacionalidade, pode ter dificuldade em conquistar uma boa reputação. Tal não impede que entre alguns superiores, em algumas situações e no desempenho de certos serviços, esse mesmo sujeito não possa ser bem acolhido.

Os agentes considerados *carreiristas*, que querem agradar aos comandantes dando nas vistas através do serviço que apresentam, e que geralmente são de perto de Lisboa ou se estabeleceram na cidade, podem ser olhados de viés no contexto das esquadras e divisões de Lisboa onde procuram as suas oportunidades. Na organização não se espera que os agentes se lancem numa carreira apressada, mas que saibam entender alguns travões da hierarquia e simbólica da subordinação bem como do companheirismo e um certo compromisso de solidariedade entre pares. Desse modo, a extrema competição é algo travada.

Um episódio que se passou comigo revela a visão dominante de polícias que não são originários de Lisboa face aos lisboetas. Caracterizam-nas como pessoas frias, impenetráveis e pouco simpáticas no trato com os polícias. Mas a situação sublinha, sobretudo, a valorização de uma identidade regional e "comunitária" mais "pura", que está espalhada pelas regiões menos urbanizadas de norte a sul do país, de onde é originária a maior parte dos que fazem parte desta comunidade profissional.

> Estou à banca a conversar com uma subchefe e o supervisor do turno. Temos mais ou menos a mesma idade, entre os 30 e os 40 anos. Elogiam-me a disponibilidade para patrulhar com os polícias, de forma "simples e humilde". O supervisor pergunta-me então de onde sou. Quando digo que sou da capital ele tem relutância em acreditar. E troca impressões com a subchefe: "Não tem nada a ver... As pessoas de Lisboa não são humildes. São um bocado arrogantes e mal criadas. A minha mulher é de cá e já tem aquele jeito. Eu diria que você é de Castelo Branco...". A subchefe defende: "... Ou mesmo lá de cima da minha terra [Bragança]. Até parece que não tem aquele sotaque lisboeta". Olham-me e tentam classificar-me, sem saber bem onde me colocar. Eu digo que a disponibilidade se deve à formação humanista. Falo na minha experiência de campo anterior entre os tipógrafos... Mas pelo olhar algo desiludido deles tudo parece indicar que só me faltava mesmo não ser de Lisboa, "ter uma terra" (diários da patrulha, Dezembro de 2004).

(Des)identificações profissionais

O trabalho policial é visto pelos agentes como necessidade económica, sustento, e como meio de gratificação pessoal, embora contenha aspectos alienantes e frustrantes, que os próprios discutem frequentemente. Poder-se-ia dizer que o quadro de vida da maioria gera formas de alienação particulares no decurso da vida profissional. Vários autores demonstraram que a alienação nas grandes organizações é um problema antropológico mais plural do que tendemos a imaginar (ver síntese em Gulick, 1989, capítulo 5) e que deve ser encarado em estreita relação com a produção de identidades sociais e sentidos que os sujeitos imprimem ao trabalho (Wallman, 1979).

As comunidades profissionais não são homogéneas, os factores de isolamento e potencial alienação são vividos de modos muito variados. Os sujeitos encontram várias estratégias pessoais para lidar e sustentar segmentos da sua vida que estão longe do que idealizaram (em termos ocupacionais e noutros domínios da vida). Mas, por vezes, mais do que o trabalho em si, é o modo como os sujeitos o vão gerindo que os identifica com a ocupação.

Em certa medida, há um desajustamento entre as expectativas iniciais e as realidades vividas por agentes, tal como foi evidenciado por Cherniss (1980) para profissionais e paraprofissionais dos serviços de saúde norte-americanos, obrigados a reconfigurar ideais. Este factor surge aliado às representações sobre a actividade profissional e às características amplificadoras do mandato policial (que descrevi no capítulo 4). O maior problema de sentido dessa alienação entre os agentes não surge tanto pela falta de controlo e, menos ainda pela falta de liberdade na condução do trabalho, como evidenciou por exemplo Shepard (1971) no trabalho de operários e executivos. Entre os agentes existe uma ampla margem de manobra reconhecível nos diversos estudos, que tende a crescer com a experiência dos anos. Todavia, esta depende da forma como os sujeitos traduzem e interpretam políticas organizacionais da acção, teia onde podem enredar-se os maiores mal-entendidos. Mas, no caso dos polícias, as expectativas a readequar surgem menos aliadas à actividade em si e às mudanças nela impressas pelas sociedades do presente. Surgem, sobretudo, em relação à situação de vida partida em que a actividade coloca a maioria.

O caso desta Polícia portuguesa não encontra paralelo noutros casos estudados. Por exemplo, Punch (1979a) atribuiu os problemas de alienação, violência e até de corrupção dos polícias da Warmoesstraat (*red light district*) em Amesterdão no final dos anos 70 ao meio policiado. Detectou uma enorme desadequação da cultura policial à cultura local e urbana.[26] Os problemas enfrentados por polícias portugueses não derivam directamente do contexto cultural da realidade e territórios policiados, não se prendem com o aumento das taxas criminais, aumento exponencial da perigosidade ou desadequação evidente do seu papel nas realidades, mesmo se tais ideias tendem a ser ciclicamente apregoadas nos *media*, em especial por representantes sindicais, mas sem apoio em estudos que as comprovem.[27] A perspectiva alienante dos agentes face à profissão não se prende directamente com a prática da actividade, embora a afecte de múltiplas maneiras.

Dir-se-ia que são mais os agentes, na sua experiência de deslocação e também de acumulação de serviços (patrulha e remunerados), que parecem não se adequar aos territórios policiados do que o contrário. A experiência urbana que para a maioria dos polícias surge através da profissão é uma experiência de deslocação, desinvestimento, parcelar, fragmentada e simbolicamente negada. Existe em geral fraca implementação dos profissionais nas regiões de onde são originários assim como nas regiões para onde se deslocam e permanecem a trabalhar durante períodos da vida que descrevem como

---

[26] A sua tese sustenta que os polícias estavam incapazes de lidar com o dilema de se verem obrigados a policiar uma área onde as taxas do crime aumentavam num ambiente de tolerância generalizada e crescente da cultura social em relação a comportamentos desviantes.

[27] Embora os agentes representem a sociedade portuguesa como "ingrata" por não reconhecer a "nobre" missão da ordem e segurança, tal representação tende a ser universal nestas organizações nos mais variados contextos. A monografia de Westley (1970) inaugurou o estudo deste e de outros problemas que resultam do isolamento policial. Isto não quer dizer que a profissão não tenha a sua dose de estigma numa memória colectiva nacional que conheceu polícias políticas; ou que nos meios mais populares urbanos que vivem de economias paralelas e menos lícitas se verifique uma resistência à comunicação e procura de apoio nos agentes a quem tratam genericamente por "bufos". Mas a maior parte dos estudos policiais em contextos norte-americanos tem demonstrado que os ambientes são bem mais hostis à actividade dos polícias do que em Portugal e genericamente na Europa (ver, por exemplo, o caso em polícias de Los Angeles (Barker 1999) ou nas grandes cidades do Brasil (Caldeira, 2000; Lemgruber *et al.* 2003).

sendo imensamente longos. A maior parte encara a sua passagem pelas esquadras de Lisboa como um intervalo biográfico, uma fenda que pretendem reduzir o mais depressa que puderem. Toda a organização anterior e posterior da vida não passa pela cidade para onde são deslocados durante os anos mais operacionais da sua actividade.

Vivem assim em lugares antropológicos que representam como "não lugares", não por características intrínsecas da cidade mas pelo olhar de viés. Como definiu Augé, "se um lugar pode definir-se como identitário, relacional e histórico, um espaço que não possa definir-se como identitário, nem como relacional, nem como histórico, definirá um não-lugar" (Augé, 1994: 83). Os dilemas biográficos influenciam e determinam dinâmicas de policiamento. E, em última instância, conduzem inevitavelmente a questionar a forma como a natureza do mandato policial pode ser desafiada pela situação social dos polícias.

Os problemas mais determinantes que permeiam a comunidade profissional encontram raiz profunda no modelo organizacional e na administração centralizada das carreiras profissionais, embora outros problemas pudessem igualmente surgir a par de mudanças e de outras formas porventura mais descentralizadas de organizar as organizações. Neste caso são as experiências de deslocação que estão na base dos sentimentos de alienação no trabalho manifestados pelos agentes. Para os polícias com alguns anos de experiência não é possível olhar a prática sem perspectivar o que esta lhes "roubou", a proximidade da família e da região de origem.

A identificação pessoal com a profissão de polícia é em larga medida construída num processo social e organizacional complexo. Esta é "provocada" e não "natural", porque depende da experiência em contextos locais do policiamento. Não é possível separar a experiência da profissão da vida quotidiana e permanência dos agentes em contextos urbanos onde é suposto agirem. Muitos agentes tendem a reflectir, de modo não linear, a não-identificação com as cidades e as representações negativas dos ambientes onde patrulham nos seus desempenhos profissionais. Tendem a projectar numa actividade de regulação urbana identidades anticitadinas. Estes são problemas que podem alargar, de modo negativo e desadequado, a permanente discricionariedade policial, quer no uso excessivo da força, quer no excesso de refreamento e contenção profissional.

Muitos dos agentes que estão de passagem pelas esquadras da cidade preferem poupar-se aos problemas que derivam por exemplo de um serviço complexo e demorado como uma detenção, adiando arriscar essa aprendizagem operacional. Tal implica reduzir o tempo gasto na escrita e registo de processos, nas idas a tribunais e resposta aos inquéritos internos da organização. Tal configura resultados que se vão traduzindo nas sequências da carreira de cada sujeito, mas também na comunidade como um todo e na forma como ela é percepcionada dentro e fora dos colectivos policiais.

Os agentes mais empenhados e expeditos tendem a ser colocados nos serviços de maior prestígio da patrulha. O lugar mais carismático na patrulha é o de arvorado do carro patrulha. Tenho demonstrado em vários capítulos que trabalhar sistematicamente como arvorado e, em geral, em serviços com mais estatuto operacional, consome muita energia e tempo aos agentes. A experiência oferece uma intensa aprendizagem de aspectos do trabalho que não estão fixados senão na experiência e rotinas de trabalho. E à medida que o tempo avança esses agentes vão criando uma reputação nas esquadras e na divisão. A situação oferece-lhes ainda recompensas diferidas no tempo, em particular oportunidades de *fugir da patrulha* e aspirar a outros papéis profissionais, simbolicamente mais bem representados na organização. O exemplo típico do sonho policial é o trabalho numa área de elevado prestígio organizacional, a investigação criminal. E quem são esses agentes que começam por se destacar dos demais como *arvorados*? São, quase invariavelmente, ou oriundos de regiões próximas da cidade ou agentes que se fixaram nela há vários anos, com ou sem a família (frequentemente depois de experiências de separação e divórcio).

Pelo contrário, os agentes mais divididos entre o trabalho e a folga reservada para a deslocação até à área de residência tendem, em poucos anos de actividade, a refrear na operacionalidade se é que alguma vez se envolveram nos aspectos mais centrais do trabalho. É possível, até certo ponto, manter uma carreira afastada de alguns dos seus eixos de sentido centrais, como a operacionalidade é para a patrulha.[28] Mas uma vez afastados desse centro, o sentido da progressão individual tende a sofrer limitações importantes.

---

[28] Esta análise centra-se nos "anos da operacionalidade", na fase da aquisição de experiência profissional, nos "anos de ouro" dos agentes. Quando se entra num ciclo da

Tais comportamentos profissionais, que estão longe de ser minoritários, têm tradução no adágio profissional que diz: "o melhor serviço é o que fica por fazer". A sentença é apoiada por quem quer levar a sua vida sem muitos riscos e sem investimento na actividade, mas muito contestada por quem prima no trabalho de operacional e vai desenhando uma carreira aparentemente promissora, criando uma reputação. Como moralizava o agente Duarte: "A esses que me dizem que não são de Lisboa e que não têm nada a ver com o que cá se passa eu digo – 'Olha que a tua namorada pode estar a ser violada neste momento em qualquer lugar. Pensa nisso'" (diários da patrulha, Junho de 2004).

Em muitas fases da sua vida, os agentes fazem a si próprios uma mesma pergunta: "Terá valido a pena?". Como me disse o agente Conceição, no balanço de sete anos de trabalho e de espera pela transferência: "Às vezes penso nisto tudo e nesta opção de vida. Às vezes já apetece é estar em casa, sente-se vontade de ir trabalhar para a terra. São tantos anos de espera que isto aqui chega a um ponto que já não diz nada" (entrevista, Novembro de 2004). Dito de outro modo, terá valido a pena procurar a segurança de emprego numa carreira que afinal se traça em *zig-zag* – para usar a expressão de Hannerz (1980: 343) – e é menos controlável do que no momento de entrada deixa transparecer?

*

A hipótese que tenho vindo a avançar, mas que merece certamente outras investigações mais aprofundadas, é a de influência indirecta entre o processo organizacional de recrutamento, a gestão de pessoal, os desempenhos e o mandato profissional dos agentes. Muitos polícias de longe não escondem que trabalhariam melhor e com mais empenho se patrulhassem a sua cidade natal. Ouvi-os muitas vezes repetirem, em situações que podiam levá-los a agir policialmente mas que de alguma forma os constrangia: "Mas será que vale a pena estar a chatear-me?" – sobretudo quando se avizinhavam dias de folga

---

vida de retrocesso operacional, os problemas que se levantam aos agentes, na organização e na procura de oportunidades para fora da patrulha, tendem a ser relativamente idênticos nas diversas unidades de polícia do país. Embora seja um amplo problema organizacional saber o que fazer aos polícias mais envelhecidos que vão perdendo competências para patrulhar nas ruas.

que podiam ser interrompidos pelos efeitos da acção. Tal demonstra que esta é uma profissão onde em cada momento da actividade estão impressas as restantes dimensões mais ou menos (des)organizadas da vida pessoal. Quando ainda hoje encontro alguns agentes de longe que conheci na patrulha, no universo de uma esquadra que em dois anos se modificou muito, à pergunta "Como vais?" respondem invariavelmente "Cá estou, à espera da minha transferência...".

Embora a passagem destes agentes pela cidade possa estender-se ao longo de vários anos, encaram-na inevitavelmente como palco de vida provisório, estranho e, em grande medida, responsável por um quadro de vida dividido entre o trabalho e a família. O processo culmina, para muitos, com uma transferência ao fim de vários anos de espera. Mas quando regressam às cidades ou localidades de origem, onde têm as famílias, estas tornaram-se estranhas, e os polícias são já outros em relação a ambientes e pessoas antes familiares.

Mas se são urbanitas a meio tempo, divididos entre o trabalho e a casa, com os anos, os agentes não anseiam simplesmente pelo fim da experiência. A passagem pela cidade modifica-os e torna-os outras pessoas, já diferentes de quem não entrou na experiência urbana com eles (familiares e amigos). Os polícias de regresso às *esquadras terminais* não serão os mesmos de quando partiram. Antes desse regresso surge nos sujeitos a antecipação de sentimentos de desajustamento, de algum retrocesso no plano profissional e da transformação profunda das socialidades. Estes anseios desafiam e confrontam o longo e acalentado desejo de regressar. Mesmo no regresso a vida dos agentes jamais deixará de ser partida.

Quando se é oriundo da cidade, ou das periferias da metrópole, a esfera profissional não ameaça tanto outros domínios da vida. Para estes, a disposição profissional é, à partida, um dado menos sujeito às construções e desconstruções, avanços e recuos estratégicos e tácticos que vão criando as identidades pessoais. Os agentes de longe estão quase sempre de olhos postos em possibilidades de deslocação.

Por tudo isto se pode sublinhar o interesse em perspectivar a Polícia não só como comunidade de trabalho, tendo sido esta a porta de entrada preferencial dos estudos etnográficos nas organizações, mas também como comunidade profissional, como neste capítulo tenho vindo a ensaiar.

CONCLUSÃO
Fazer-se Polícia
Entre a Unidade e a Pluralidade

> Organization is key, because it sets up relationships among people through allocation and control of resources and rewards. It draws on tactical power to monopolize or parcel out liens and claims, to channel action into certain pathways while interdicting the flow of action into others. Some things become possible and likely; others are rendered unlikely. At the same time, organization is allways at risk (...) Granted the importance of the subject, one might ask why anthropology seems to have relinquished the study of organization, so that today you can find the topic more often discussed in the manuals of business management than in our publications. We structure and are structure, we transact, we play out metaphors, but the whole question of organization has fallen into abeyance (Wolf, 2001: 391).

A tensão latente entre a unidade e a pluralidade social tem sido um aspecto tratado por muitos cientistas sociais (Velho, 1994; Costa, 1999, 2002; Agier, 2001; Lahire, 2003, 2005). Retomando influências múltiplas da tradição sociológica da Escola de Chicago (Chapoulie, 2001) e de antropólogos sociais e culturais, de Evans-Pritchard e Clyde Mitchell a Clifford Geertz, os autores não abdicam de perspectivar o papel dos indivíduos na construção de cidade e de sociedade em tempos de globalização.

Maurice Halbwachs (1976) produziu uma análise penetrante ao evidenciar o que faz competir a unicidade e a pluralidade no seio dos grupos sociais, tomando como exemplo os universos profissionais aparentemente mais coesos e dotados de um "espírito de corpo". Retomo a leitura de Lahire (2003) a respeito do autor. No essencial, os sujeitos que entram numa profissão com condições de socialização relativamente coerentes e homogéneas aprendem a aplicar algumas regras práticas, ao mesmo tempo que se impregnam desse espírito corporativo que é, no fundo, a memória colectiva de um grupo profissional. A explicação pode enraizar-se no longo passado da função. Os sujeitos mantêm relações próximas frequentes e partilham o sentimento de que as suas actividades se combinam com vista a uma obra comum, mas também que a sua função se distingue das outras do corpo social. Importa-lhes, no interesse da sua profissão, não deixar obscurecer, mas sim marcar e sublinhar essas diferenças.

Mas Halbwachs descobre imediatamente a fragilidade de uma tal empresa numa sociedade diferenciada, na qual o "espírito" desses corpos organizados é potencialmente contestável ou concorrencial através de lógicas heterogéneas. Os membros desses grupos não pertencem exclusivamente a estes universos e vivem, mesmo no quadro da sua actividade profissional, em contacto permanente com leigos que não partilham os mesmos valores. Assim, os membros do grupo são forçados a criar separações institucionais se não quiserem ser invadidos por lógicas exógenas. Os leigos são colocados no terreno dos profissionais, mas com eles são estabelecidas trocas num quadro regulamentado, institucionalizado. Não se encontram em igualdade de circunstância e nem todos os pontos de vista são igualmente válidos.

Ainda assim, a persistência dos encontros e os contactos prolongados e renovados fazem com que os profissionais se relacionem com pessoas dominadas por pensamentos e sentimentos diferentes dos deles, o que pode surgir a amortecer ou a diminuir nos primeiros o espírito de corpo. Neste sentido, Halbwachs crê que para resistir a essas pessoas, e à imposição de diferentes crenças e tradições colectivas, os próprios apoiam-se nas crenças e tradições do seu grupo. O autor exemplifica com o caso dos juízes. O corpo judicial está obrigado a interpor uma espécie de barreiras entre os seus membros e os dos grupos aos quais administram a justiça, para resistir às influências do exterior, às paixões e aos preconceitos dos queixosos. "É por isso que, de acordo com o seu costume, o lugar que ocupam no tribunal, e de acordo com o aparelho dos tribunais, torna-se perceptível a distância que separa o grupo dos juízes de todos os outros. É por isso que a comunicação entre o juiz e os queixosos se faz, não sob a forma de uma conversação, como nos outros grupos, mas por via do interrogatório ou por escrito, seguindo certas formas, ou por intermédio de jurados ou advogados" (1976: 242-243, *cit. in* Lahire 2003: 35-36).

A polícia é atravessada por tensões semelhantes a vários níveis e escalas. Qualquer corpo de polícia é obrigado a estar atento à diversidade social e situacional perante a qual é colocado na sua prática. Os polícias são observadores sociais de mundos em mudança, a uma escala local e a uma escala global. Este é um dos dados do mandato que faz diferir o grupo de outros corpos profissionais como os militares – essa presença social polimórfica, os "públicos" e citadinos com quem estão em contacto permanente mesmo dentro do quadro de exercício da actividade. Nas rotinas do patrulhamento, os polícias lidam com os tais leigos com quem não partilham os mesmos valores, mas cujos valores e sentimentos são convidados a, de alguma forma, escutar, mediar, constranger, não apenas a punir. A Polícia está encastrada numa sociedade de forte diferenciação que é suposto policiar. Assim, como a sociedade se vai pluralizando, também a Polícia, enquanto organização, segue o mesmo movimento e ciclicamente é sujeita a reformas e reconfigurações sociais.

A organização, enquanto se vai organizando, por ser um híbrido do modelo militar e do burocrático (como procurei explicar no capítulo 1), lida, desde o primeiro momento, com a incapacidade de estreita definição interna. Pode sempre transformar e reorganizar o seu referencial dominante, sublinhando o lado mais militar ou o mais "civil", de acordo com o momento histórico. Todavia a tendência para sublinhar o referencial civil torna-a um corpo muito mais sujeito à diversidade interna do que antes. Ao organizar-se socialmente, com um passado de elites e chefias militares e uma recomposição social de civis, a organização policial tem igualmente de lidar com a diversidade e pluralidade no seu seio. Mas tal não desmotiva as elites da organização de procurar criar um corpo de polícias coeso, de criar o tal espírito de corpo próprio destas e de outras profissões.

São conhecidas as vantagens da cada vez maior pluralidade social no seu seio. Esta pluralidade representa, em sentido prático, mais conhecimento sobre os diversos mundos sociais em que actuam.

Os polícias não pertencem exclusivamente a estes universos e fazem uso dos seus diferentes saberes e papéis sociais mesmo no contexto da actividade profissional. Aliás, uma das estratégias de recrutamento da modernidade tardia passa por fazer da organização policial um corpo que, não podendo por princípio cultural e identitário prescindir das separações institucionais de que fala Halbwachs, procura pelo menos não excluir alguns grupos que constituem a sociedade e, portanto, os públicos dos polícias. Novas exigências constitucionais e legais obrigam frequentemente a reorganizações da força policial. Foi o que aconteceu em Portugal quando foi necessário rever a memória colectiva profissional herdada do Estado Novo. O processo de integração regular de mulheres desde os anos 80 surge nesse quadro de mudança.[1]

Todavia são também conhecidos os constrangimentos da abertura à diversidade do mundo civil, uma certa tendência para fragilizar crenças e valores de cariz militarista que surgem impressos em regulamentos disciplinares não muito diferentes entre ambos os corpos fardados. É a própria diversidade interna que surge a desafiar o espírito de corpo. Assim, enquanto vai perdendo alguns dos seus tradicionais referenciais militares, a organização vê reafirmar a imagem de si como organização estatal, burocraticamente organizada, credível, associada aos novos valores da lei.

Tal como Manning se esforçou por demonstrar, as organizações policiais "defendem-se" perante as suas diferentes "audiências", criando uma ideia de si e um aparato de uniformidade legal. Este aparato permite-lhe ir simultaneamente lidando com a imensa pluralidade social e organizacional. Na organização é criada uma retórica de polícia burocraticamente organizada, que lida com "acções situacionalmente justificadas" (1978b), acções que são racionalizadas depois dos factos terem ocorrido. Assim, a Polícia recorre permanentemente e cada vez mais à "manipulação das aparências" de controlo de um mandato profissional que a prediz como organização eficiente de controlo do crime (Manning, 1978a). Mas como a generalidade dos investigadores que penetraram os domínios mais "opacos" da Polícia

---

[1] Talvez um dos maiores temores simbólicos da organização seja como fazer frente a um outro passo possível: a contratação de pessoas etnicamente diferenciadas que desafiam a todo o momento ideais profissionais e concepções de Estado.

demonstrou, há um certo desajustamento entre a (aparente) unidade do aparelho burocrático e legal montado e as respostas práticas, dependentes de poucos operacionais. Uma organização policial pode transformar-se ao longo dos anos, mas o seu *ethos* continua a apoiar--se no facto de cada operação, cada encontro, situação ou ocorrência depender das soluções apontadas por cada agente. "The policeman, and the policeman alone, is equipped, entitled and required to deal with every exigency in which force may be used" (Bittner, 1974: 35).

Neste sentido, a dinâmica e a tensão da unicidade *vs.* pluralidade surgem desde logo nesse amplo e indefinível mandato policial. "Ordem e segurança" é o binómio agregador de todos os sentidos na polícia fardada. Aliás, em Portugal, o corpo tanto pode ser designado como "força da ordem" como "força de segurança pública". Mas vários autores, Manning (1978) em particular, demonstraram que o mandato policial é impossível de definir, de gerir e, até certo ponto, de controlar. Nesse vasto e ilimitado campo de actuação da ordem e segurança nas cidades, tudo é potencialmente assunto de polícia. A organização portuguesa vai-se definindo através de missões, competências e objectivos, actividades, projectos, operações de carácter preventivo, policiamento de comunidade e de proximidade (cf. Relatório de Actividades da PSP, 2004). Todavia é muito difícil e praticamente impossível criar uma classificação técnica do trabalho policial, por tarefas desempenhadas, capaz de elencar a variação das situações que se apresentam quotidianamente aos polícias. Por trás do binómio ordem e segurança esconde-se a ambivalência estruturante de um mandato que oscila a todo o momento entre actividades de apoio e de controlo. Até certo ponto, a ambivalência foi contida nas unidades e corpos mais especializados da PSP que têm sofrido forte impulso nos últimos anos. Mas a indefinição manteve-se presente na organização, em particular nas funções do patrulhamento urbano. Embora historicamente a "profissão" de polícia seja reconhecida pela faceta de controlo expressa no mandato policial, o apoio (em particular na resposta a chamadas de urgência) nunca deixou de existir e, até certo ponto, de dominar as rotinas da patrulha. Neste quadro, surgiram em anos recentes as políticas e programas do policiamento de proximidade nas esquadras de bairro. Estas vieram testar uma visão complementar, mas não alternativa, ao patrulhamento tradicional;

e, como tal, é com mais dificuldade que são incorporadas nas memórias colectivas profissionais.

Voltemos por um momento à afinação teórica para tentar identificar o que unifica as práticas policiais, territoriais e locais da patrulha que continuam a ser dominantes nas organizações policiais em qualquer parte do mundo. Reiner defende que existem dois mitos acerca das polícias que é necessário desfazer: o mito da lei e ordem, que retrata a Polícia como força efectiva de prevenção e detecção do crime; e o mito do aparato estatal repressivo que vê a Polícia como força política opressiva. O trabalho policial (sobretudo nas determinações da acção) é muito mais complexo, contraditório e, por vezes, confuso do que os modelos deixam antever (Reiner, 1985: 111). Dir-se-ia, nesta perspectiva, que um dos problemas das organizações policiais passa desde sempre pela dificuldade de as colocar em "ordem", num contexto frequentemente indefinido de princípios da acção.

Desde finais dos anos 60 que a discussão sobre o papel das polícias na sociedade oscilou entre considerá-las uma "força" (com o objectivo de aplicar a lei criminal) ou um "serviço" (uma espécie de consolação para complicados problemas sociais). Banton (1964) foi o primeiro a definir o patrulheiro como "agente da paz". Depois dele muitos investigadores, baseados em estudos empíricos, confirmaram a tendência. Cumming *et al.* (1973) definiram as tarefas de "filósofo, guia e amigo" que envolvem os polícias a maior parte do tempo. Mesmo quando não são reconhecidos como tal, os polícias parecem ser uma espécie de "serviço social secreto" (Punch, 1979c). O benefício destas abordagens foi levar as elites das organizações (dirigentes, oficiais superiores e chefias) a reconsiderar uma preparação mais "humanista" para os polícias. Os estudos estiveram na origem de um certo consenso que levou a repensar modelos de policiamento que aproximassem os profissionais das comunidades policiadas.

Todavia os estudos sobre a cultura policial "de rua" vieram demonstrar que os polícias continuaram a sustentar a acção, e a sua orientação capital do trabalho, na "luta contra o crime". Estudos sobre a patrulha sublinharam como, até certo ponto, o trabalho "social" dos polícias, mesmo na resposta a chamadas, foi sempre entendido como uma faceta que os afasta do seu "verdadeiro" trabalho (Skolnick, 1966; Cain, 1973; Holdaway, 1977; Reiner, 1978).

A dualidade não esgota a complexidade do problema. Reiner defende que, num plano mais lato, o debate sustenta uma falsa dicotomia (1985: 113). Os referidos papéis (agente da paz *vs.* agente da lei), embora distintos, mantêm-se presentes, interdependentes e encontram-se na centralidade das funções de manutenção de ordens em situações de primeira assistência policiais. Assim o autor propõe uma leitura assaz pertinente do trabalho dos patrulheiros, ao defender que existem três possibilidades tipificadas de intervenção policial: o serviço, a manutenção da ordem e a aplicação da lei. Estas correlacionam-se com a existência de consenso ou de conflito nas interacções onde os polícias são chamados a intervir. A lei é mais frequentemente aplicada quando há conflito entre polícias e citadinos e o "serviço" ou apoio quando é óbvia a anuência. Mas, segundo o autor, a maior parte do trabalho policial passa-se em tarefas de "manutenção da ordem" nas cidades, onde os agentes têm de gerir de forma alternativa os conflitos na situação de interacção. Os patrulheiros propõem-se resolver a maior parte dos conflitos entre pessoas com um mínimo de recurso à aplicação da lei. Esta revela-se como a particularidade de um trabalho: a capacidade para uma acção decisiva, "a solution to an unknown problem arrived by unkown means" (Bitnner, 1974: 35). Os polícias são os únicos profissionais que têm a possibilidade de usar a força (legal e coerciva) mas – e aqui reside o predicado – somente se necessário. É na negociação de autoridades policiais, mantidas por cada polícia, que reside a qualidade difusa e pouco reconhecida de um saber policial verdadeiramente particular.

Os discursos da contemporaneidade encarregam-se muitas vezes de ampliar e tornar ainda mais complexa a definição do mandato policial. Como uma vez me fez notar um oficial da Direcção Nacional da PSP: "A segurança está na moda, transmite a ideia de defesa da liberdade. Hoje já ninguém fala em ordem, pois parece atacar as liberdades e garantias das pessoas. Em Portugal, a ordem é imediatamente associada ao passado salazarista" (entrevista, Novembro de 2004). A linguagem surge com o anseio de ver emergir políticas públicas de segurança que pretendem substituir o referencial repressivo (ou a profissionalização penal) pelo referencial de prevenção ou de segurança (cf. Roché, 1998; cit. *in* Oliveira, 2001: 15-25). A origem etimológica da palavra no latim parece confirmá-lo: *sine* [sem] *cura* [cuidado]. Como afirmou Spitzer: "[S]ecurity is said to exist when something *does not* occur rather then when it does" (1987: 47, sublinhado do autor). Pretende-se assim evidenciar o papel dos polícias no momento antes do acontecimento, da chamada, do facto e da ocorrência (em particular da ocorrência criminal). As organizações policiais conhecem os seus limites tradicionais e a dificuldade de isoladamente gerir uma tal "empresa". É nesta medida que se anunciam contratualizações e parcerias entre vários serviços públicos e privados para a "co-produção da segurança" (Oliveira, 2001: 15-25). O policiamento, tomado como sinónimo de segurança, reside na eliminação do medo social. A história obrigou a modificar predicados da actuação policial, que vão no sentido de garantir ou pelo menos transmitir segurança aos citadinos. Todavia continua a ser inegável que grande parte do trabalho que ocupa os agentes, a patrulha e as esquadras, se mantém no assegurar de ordens locais, morais e socialmente difusas das cidades. O trabalho baseia-se numa gestão quotidiana de ocorrências e chamadas, mais do que na eliminação de fontes reais de risco. "Segurança" significa "acto ou efeito de segurar, afastamento de todo o perigo, condição do que está seguro, caução, garantia, confiança", etc. "Ordem" significa "disposição regular e metódica; regularidade; maneira, modo; lei; disciplina; classe; categoria", etc." (http://www.priberam.pt, consulta de Agosto de 2006). A terminologia faz crer que segurança é o fim e ordem o meio na actividade policial.

Os polícias conhecem e desenvolveram ao longo de décadas crenças e tradições que sustentam uma memória colectiva de actuação estratégica e táctica pós-facto. Mesmo no plano de uma esquadra, é inegável o contraste entre o elevado valor simbólico da detenção (um "produto") e o escasso valor simbólico do patrulhamento apeado simples (um "processo"), definido como preventivo. Apenas muito timidamente foram desenvolvidas estratégias de antecipação de acontecimentos que, isoladamente, os polícias nas suas unidades de esquadra não controlam e talvez nem possam vir a controlar.

Assim um dos aspectos que afecta o mandato policial é a tensão entre a imensa pluralidade de situações, encontros e contextos e as exigências de uniformidade que as sociedades e os poderes governamentais dirigem à organização. As exigências face à Polícia podem ceder às ambivalências do seu mandato ou podem sublinhar, em determinados momentos históricos, um ou outro caminho. Os mais recorrentes oscilam entre a afirmação de políticas de "manutenção da paz" e de políticas de "controlo (e prevenção) do crime". Em anos recentes, as últimas têm ganho maior popularidade. Mas se é possível alargar o mandato policial e exigir que este obedeça aos predicados da segurança, não é possível prescindir dos da ordem.

Todavia, se o corpo policial pode afirmar princípios de acção, a dúvida quer sobre os processos quer sobre os resultados do policiamento é constante. Mais uma vez, a raiz da questão prende-se com o mandato profissional. Este é pouco definido por um corpo de técnicas, mas está muito dependente de um conjunto variado de práticas. Por sua vez, estas dependem dos executantes, muito particularmente dos agentes. Tal como os juízes, os polícias decidem e actuam com base na forma como traduzem os seus mandatos. O que surge a diferenciar a autoridade dos polícias, por comparação com a dos juízes, é a negociação face a face, sem outros intermediários. Os polícias são *os* intermediários da ordem nas ruas. A farda surge como a barreira diferenciadora, a identificar quem na situação de encontro é o polícia. Quem no encontro tem a "licença" que autoriza a uns e interdita a outros o exercício da actividade (Hughes, 1958). Se o encontro correr mal surge a lei, medidas punitivas, a arma... Mas a maior parte do tempo, a farda e quem a veste são os separadores institucionais que se interpõem entre a Polícia e os cidadinos. Mas se a ordem imposta pelos elementos policiais pode vingar em determinadas situações, a verdade é que esta é a todo o momento desafiada por ordens sociais plurais. A ordem não é um assunto estável e consensual. Além disso – e aqui reside particular tensão – as ordens policiais dependem de polícias que estão longe de serem eles mesmos consensuais na forma como trabalham.

Neste sentido, a tensão entre a pluralidade e a unidade policial expressa-se muito particularmente nas condições, contextos e situações de execução do mandato policial. Mais do que uma cultura policial ou de organização, à medida que nos aproximamos das realidades concretas vamos identificando as pluralidades culturais das organizações policiais. Olhar a organização como cultura implicou perspectivá-la no modo como se tem organizado nas diferentes esferas do mandato e da vida social interna.

O caso das esquadras portuguesas começa por merecer reflexão pelo modo como reflecte as mudanças organizacionais, em particular a recomposição da estrutura de carreiras. Esta dissertação aponta logo nos primeiros capítulos como em poucos anos a mudança aumentou a margem de autonomia e responsabilidade dos agentes e tornou mais polivalentes as suas funções na patrulha. Foram mesmo criados novos papéis policiais, com os programas da proximidade, que parecem apoiar-se mais fundamentalmente em iniciativas individuais dos agentes do que num plano mais lato para o policiamento.

Tenho vindo a demonstrar que os agentes são responsáveis pela maioria do trabalho efectuado numa esquadra. Para tal contribui o facto dos chefes e subchefes terem visto reduzido o seu papel operacional e, em certa medida, todo o seu mandato. Os comandantes de esquadra tornaram-se oficiais com formação superior. Mas, na prática, a extrema mobilidade das trajectórias e a passagem rápida pelas unidades operacionais torna-os alvo de uma certa inquietação por parte dos subordinados. Para se ter uma ideia, nos últimos seis anos, a esquadra Amarela, que figura como o caso de estudo desta dissertação, teve sete comandantes, uma tendência conhecida em várias esquadras de Lisboa. Os agentes defendem que quando os comandantes se começam a integrar, a conhecer bem a área de uma esquadra, a familiarizar-se com as características do seu pessoal, a ter um plano para a esquadra, a produzir realmente serviço, estão de partida... Torna-se assim muito difícil a uma unidade de esquadra trabalhar nestas condições. Valores tradicionais de ordem e respeito inter-hierárquico são a todo o momento desafiados quando internamente os contextos não combinam com as retóricas de coesão do corpo policial.

O **capítulo 2** demonstrou que o trabalho da patrulha e a resposta às chamadas de primeira assistência não pode parar durante as 24 horas do dia. Neste sentido, é a acção dos agentes nas ruas que vai mantendo as esquadras em funcionamento. Todavia o quadro demonstra como, na prática, o ideal de unidade entre os vários polícias que em diferentes categorias compõem o corpo é difícil de conseguir e de manter na organização. Há sempre uma espécie de "luta de categorias" cujos poderes estatutários vão sendo negociados. Os oficiais, na figura de comandantes, conquistam a esquadra e passam a marcar institucionalmente os seus espaços. Os subchefes são mantidos do lado de dentro das esquadras, mas não chegam a comandar. Parece indiscutível que os agentes têm vindo a conquistar na patrulha as ruas como o *seu* território de actuação e de afirmação de saberes. Mas vão também alargando competências no ciclo legal-burocrático, o que os leva a conquistar um lugar cada vez mais efectivo nas esquadras.

Mantendo ainda a atenção centrada no mandato, os agentes são hoje o grupo maioritário, mais "instável" e heterogéneo na organização. Na "unidade" de uma esquadra, onde o trabalho se diz "generalista" e "não especializado", as tarefas são todavia amplamente segmentadas e têm exigências muito diferenciadas. Os agentes, de acordo com as experiências socializadoras nos serviços da patrulha, vão-se fazendo diferentes uns dos outros e manifestando saberes diversificados. Um patrulheiro que se mantém anos a fio apeado dificilmente conquista uma amplitude de saberes comparável à de um *arvorado* no carro patrulha. Por sua vez, um agente da proximidade conquista um saber baseado em informação interpessoal e mantém uma rede de relações informais que à partida não tem comparação com qualquer colega da patrulha. Mas a patrulha lembra o mandato tradicional da Polícia e a proximidade surge de certa forma a desafiá-lo. Os agentes dos programas de proximidade podem colocar em causa a pertinência do trabalho dos mais jovens patrulheiros. Mais do que uma táctica policial, a patrulha apeada parece ser hoje um ponto de passagem obrigatório, onde muitos agentes se colocam numa situação de espera até alcançar algum estatuto mais estável no carro visível e, em particular, no carro patrulha. A patrulha apeada, todos o sabem, precisa rapidamente de ser reinventada na organização policial. A cada vez maior valorização da circulação, do transporte, dos contactos e pertinência legal da actividade dos patrulheiros, tem reduzido o estatuto e o papel da patrulha tradicional. Estes tendem a ser "limitados" à função de produzir visibilidade, uma vigilância simples e distante do trabalho policial mais activo e interventivo, com poucas situações de encontro com os citadinos. A patrulha torna-se uma função onde poucos sobressaem, aprendem e evoluem no seu trabalho.

O trabalho de esquadra e dos patrulheiros vai ganhando definição nas rotinas e ritmos, no tempo e no espaço, em mapas e itinerários do policiamento. Mapas cognitivos e de poder vão-se fixando em percursos e sequências da patrulha. Não é possível imaginar esta função do policiamento sem contemplar a sua implementação histórica nos lugares e na cidade. Os territórios policiais dividem os espaços e originam geografias de sentido partilhadas entre os agentes. As geografias de sentido reflectem separações sociais, diferenciação entre os diferentes bairros e populações policiados na área supervisionada. Para diferentes lugares, públicos e pessoas são criadas várias estratégias, tácticas, classificações e respostas policiais.

Os dois maiores domínios de actuação da esquadra, considerados problemas em permanência, são o controlo de actividades da traficância de rua e a regulação do trânsito. Mas se o trabalho operacional é visto do lado da luta contra a droga (domínio de todos os improvisos e excessos), só muito dificilmente os agentes se envolvem activamente no controlo do trânsito e irregularidades no estacionamento, aquele que se transformou no domínio "pobre" da patrulha. Mais do que nas rotinas, é em operações organizadas de fiscalização de condutores que os agentes colocam em cena a sua autoridade policial.

Nas suas rotinas, os agentes têm um enorme peso nos resultados e no modo de funcionar de uma esquadra, aspectos muito difíceis de controlar pelos comandantes e chefes no quadro e dinâmica actual da actividade. Pode perfeitamente acontecer que os resultados estatísticos de uma esquadra se baseiem na actividade do carro patrulha e nos agentes que com frequência, em cada grupo e em cada turno, o conduzem. O *arvorado* é a figura profissional simbolicamente mantida como *o* verdadeiro operacional. Este lembra a todo o momento a dissemelhança de trajectos e de estatutos dos patrulheiros.

Todavia, os resultados escritos e justificados da patrulha não traduzem toda a variação de respostas na "manutenção da ordem" que os agentes são convidados a desenvolver e a "improvisar" na sua acção. Por nem sempre se traduzir em respostas legais e burocraticamente definidas, muito do trabalho policial não chega ao conhecimento dos seus superiores. O **capítulo 3** evidenciou os hiatos de comunicação e de troca de informação na esquadra. A informação revela-se assim um "produto" do trabalho e menos um "meio" de trabalho. Cada agente tende a conservar para si, ou no seu núcleo mais chegado (com um parceiro ou alguns colegas do grupo), informação importante sobre os contextos da patrulha.

Uma análise dos registos da esquadra demonstra que apenas um terço da informação segue os canais judiciais e tem carácter assumidamente criminal. A lógica económica das situações ilícitas é predominante nos registos policiais. Embora em menor percentagem, é de notar a presença importante de problemas entre pessoas, muitas conhecendo-se ou mantendo relações próximas antes do ocorrido. Os polícias representam-se como mediadores de conflitos entre casais, amigos e vizinhos; são a autoridade na rua em querelas próprias dos estilos de vida urbanos. Todavia os superiores continuam a sublinhar as facetas mais legalistas e de intervenção criminal do mandato. Certo é que o novo quadro de regulamentação da acção policial os leva a assumirem a burocracia "como arma" ("a caneta é a arma do polícia") e menos a força física e coerciva da acção, pelo menos como se traduz na memória colectiva de um passado de décadas de ditadura.

No **capítulo 4** pôde ter-se acesso a uma leitura mais próxima dos desempenhos desse amplo mandato tão difícil de definir. Se as tarefas das rotinas policiais são difíceis de planear à medida que se afastam dos territórios e das realidades policiadas, os agentes partilham sentidos sobre o seu mandato local que oferecem alguma unidade à dispersão. Na perspectiva da maioria dos patrulheiros, o trabalho mais valorizado é aquele que se passa em domínios considerados criminais (*bons serviços*) e operacionais (domínios *verdadeiramente* policiais). Assim, no policiamento, são mais valorizadas certas facetas e expressões do trabalho do que outras. Estas favorecem o trabalho de uns e a manutenção na sombra de muitos. A popularidade de um agente que faz muitas detenções numa unidade é o exemplo mais notório. Mas embora as tarefas em domínios considerados criminais sejam considerados menos ambivalentes, não são as que consomem a maior atenção policial nas rotinas de uma esquadra. Os polícias podem ser numas situações agentes da paz, noutras agentes da ordem e ainda noutras agentes que aplicam as leis que têm ao seu dispor. Se umas vezes são as chamadas e as situações que determinam as respostas, noutras podem procurar forçar a realidade a caber nos seus entendimentos. Certo é que a organização e a sociedade exige aos agentes que desempenhem de modo muito plural e flexível o seu papel profissional.

Os acontecimentos em que os polícias são convidados a participar e o entendimento do trabalho de rua permitem apontar esse "resto" do trabalho policial (ocorrências *obrigatórias, sem grande importância, de apoio*) que muitas vezes não tem representação nas retóricas institucionais, mas que ocupa os quotidianos policiais. O capítulo forneceu um olhar sobre o mandato dos polícias em prática: como entram, ficam, negoceiam, resolvem e saem de cenas onde é suposto terem presença e decisão, todas traduzindo a presença da complexa ordem social das cidades no trabalho da patrulha. As interpretações práticas dos agentes não têm vida autónoma relativamente às prescrições legais e administrativas. Mas tais interpretações oferecem as lógicas orientadoras de quem está mais perto dos citadinos, de quem chega em primeiro lugar aos eventos, de quem produz o primeiro nível de informação que entra na rede de informação policial e, apenas parcialmente, na rede judicial.

Um quadro amplo e descritivo de ocorrências e sequências de situações demonstra que a manutenção da ordem é uma tarefa tão problemática como o controlo criminal e exige porventura tanta ou mais reflexão social, organizacional e política do que aquela a que tem estado sujeita. A manutenção da ordem é o núcleo duro do trabalho policial. A maior parte das ocorrências envolve alguma tensão e certos níveis de conflituosidade entre polícias e citadinos. O trabalho policial não é certamente um trabalho harmonioso, como os defensores da polícia como serviço parecem ter imaginado. O capítulo 4 documentou ainda como os polícias são peritos em encontrar soluções provisórias para problemas sociais perenes. As organizações policiais não têm tido, até aqui, um papel na definição das precondições de tais problemas sociais e, provavelmente, não o podem ter. A cooperação policial e as parcerias com outras instituições sociais podem assentar num imaginário comunitarista porventura impraticável, talvez um novo mito policial numa ordem sócio-política e económica incerta. Mas a verdade é que a faceta de manutenção de ordens, dominante no trabalho policial, sugere importantes questões de definição, equidade e responsabilidade policial. Os dados empíricos demonstram que é o próprio papel do crime, como elemento agregador das retóricas policiais, que merece ser equacionado. Como diria Reiner: "To regard the primary task of the police as crime control is dangerous for the police themselves, for there is an impressive body of evidence which suggests not only that this is not being accomplished effectively, but that it could not be" (1985: 116).²

Em última instância, o alimentar do mito do polícia contra o crime ajuda a sublinhar o isolamento social dos polícias nas comunidades policiadas, a sustentar comportamentos mais reactivos e até violentos dos agentes, tão difíceis de alterar nas organizações. Não admira que os equívocos sobre o trabalho policial se convertam numa das respostas estereotipadas mais frequentemente usadas por citadinos quando se sentem incomodados pela presença policial na regulação dos seus comportamentos, em particular em situação de infracção rodoviária: "Porque não estão os polícias onde são precisos, a combater o crime?".

Os usos sociais da cultura policial, em particular quando classificam informalmente os seus públicos nas suas práticas discursivas, evidenciam léxicos que são simultaneamente guias da acção policial e separadores sociais. Foi o que procurei analisar no **capítulo 5.** As trocas simbólicas entre os diferentes actores dão-se num quadro regulamentado onde não há igualdade de circunstâncias. Mas nas ruas, antes dessas trocas se tornarem um assunto legal, o mandato policial pode ser desafiado ou, pelo menos, colocado à prova. A margem entre a manutenção da ordem e a aplicação da lei pode ser mais ou menos ampliada pelos polícias (como demonstrei nos capítulos 3 e 5). Assim os polícias vão mapeando territórios e diferenciando os seus públicos. Ensaiam respostas e exigem níveis de deferência variável de acordo com situações e pessoas.

É útil fornecer aqui um parêntesis sobre a margem de acção prática dos polícias. A crença generalizada em polícias que apoiam toda a actividade nos códigos legais, de que basta seguir a letra da lei na acção, há vários anos que foi colocada em crise pelos estudos de

---

[2] A este respeito Reiner veio recentemente insistirem que os principais responsáveis pelo incremento do crime, da explosão da média e pequena delinquência, sobretudo a partir de 90, foram as políticas neoliberais triunfantes, amplamente difundidas na União Europeia, mais nuns países do que noutros. Tal levou a Polícia a viver o seu mito de produção de controlo do crime, que desde o pós-guerra esteve dependente de uma coesão social que tem vindo a ser esgarçada (*in The Guardian*, 24-12-2005: 24). Neste sentido, num movimento global, dir-se-ia que parece haver uma tendência de aproximação entre as retóricas das polícias europeias e as norte-americanas, as que mais desenvolveram esta faceta do mandato policial (cf. Manning, 1978).

polícia. Num dos primeiros textos sobre as competências das polícias escritos em Portugal nos anos 30, Marcelo Caetano reconheceu a margem de liberdade dos polícias na identificação, avaliação e resolução de situações, de um ponto de vista que pode ser designado como "discricionariedade positiva". Dizia então:

> Nunca foi possível (...) cingir completamente a Polícia na legalidade, reduzi-la a mera actividade executora das leis nos precisos termos por estas regulados. Embora no Direito moderno os poderes de polícia, como todas as formas de competência, tenham de ser conferidos por lei, o facto de as autoridades que os exercem estarem permanentemente em face das manifestações multimodas das condutas individuais e da vida social, em tantos casos imprevisíveis, senão na forma, pelo menos quanto ao lugar, tempo e modo de produção, força a deixar-lhes sempre certa margem de liberdade e actuação. Sem essa discricionariedade perder-se-ia muitas vezes a oportunidade de intervir e não se alcançaria a utilidade da intervenção. A Polícia ficou, pois, sendo sempre um sector só parcialmente controlado pela lei (Caetano, 1994: 667).

Recentemente, somadas quatro décadas de estudos de tradição sociológica, têm sido muito mais evidenciados os factores da "discricionariedade negativa". Como sumariaram os criminologistas portugueses Dias e Andrade,

> (...) hoje aceita-se pacificamente que a aplicação da lei criminal e o processamento formal da delinquência não são mais do que uma das múltiplas alternativas reais ao dispor da Polícia, na sua resposta ao crime (...). Na verdade, a Polícia dispõe de um largo leque de alternativas à estrita e efectiva aplicação da lei: umas legais, outras ilegais, outras ainda situadas numa zona cinzenta não expressamente coberta pela lei ou pelos manuais (1997: 445-446).

Mais do que procurar uma estreita padronização de comportamentos dos polícias, procurei seguir os léxicos da acção policial na sua teia classificatória, para lá da estreita relação legal. Central é compreender como os agentes negoceiam essa ampla margem de autonomia na prática e para agir, mas também para ir criando ideias sobre territórios, domínios de actuação (tráfico de droga e trânsito automóvel), grupos sócio-profissionais e pessoas. Tal via permitiu compreender como os polícias integram e ajudam a produzir nas suas rotinas ideias dominantes sobre grupos desviantes, de bairros *problemáticos*, como defendem. Permitiu detalhar como os actores da pequena traficância de rua se transformaram no seu alvo e simultaneamente no centro de interesse de patrulheiros mais experientes. Mas também permitiu olhar a forma como os agentes, nos seus circuitos, encontram figuras desafiadoras do seu mandato, e como vão ensaiando respostas. As classes médias e, em particular, as pessoas em situação de infracção no trânsito, revelam-se dos públicos mais difíceis de gerir, são considerados os públicos *sensíveis*. Os **capítulos 4 e 5** permitiram mergulhar mais fundo nas ambivalências do mandato policial, que se define nas ruas, situação a situação, por agentes com percursos e interesses diferenciados. O texto do capítulo 5 deixa antever como as categorias criadas pelos polícias se cruzam e têm suficiente plasticidade para se irem transformando historicamente.

Muito do trabalho dos patrulheiros passa assim pela tentativa de redução de incertezas, mais do que pela redução de riscos e perigos (como parece acontecer em contextos urbanos norte-americanos). E isso passa pela tentativa de redução quotidiana da ambiguidade característica do mandato policial na relação com os públicos – expressa nessa tensão tradicional entre *proteger* e *castigar*. Algumas ideias podem ser assumidas: os idosos são para apoiar, as crianças para proteger, os delinquentes para vigiar. Mas a matiz social é ampla e, mesmo no plano dos estereótipos, nem sempre o "conservadorismo típico" (Reiner, 1985: 97) representa a atitude dominante dos agentes. A pluralidade social impõe-se a todo o momento aos polícias e ao mesmo tempo que lhes amplia incertezas, acaba por ter algum efeito na ampliação de horizontes e no olhar para um mundo em mudança (nos estilos de vida, apresentações de si, formas de consumo, etc.). Os polícias conhecem outras pessoas dos seus universos com quem contactam em permanência e criam alguns laços de relações locais. No que diz respeito a crenças e classificações partilhadas, o padrão de entendimento não é estável. Por exemplo, polícias em serviços como os da proximidade não subscrevem exactamente os mesmos princípios de outros agentes da patrulha. Além disso, as motivações para a redução de incertezas são variáveis: podem passar por evitar situações que se antecipam irresolúveis ou complicadas, podem passar por desinteresse profissional em determinados domínios policiais, podem passar pelo desgaste e fadiga profissional, etc.

As separações institucionais erguidas entre polícias e citadinos são facilmente invadidas por lógicas exógenas. Em situação, a autoridade pode ser desafiada por aspectos que transcendem a organização e a institucionalização do quadro regulamentado. Um habitante com poder e estatuto pode facilmente desafiar um polícia de esquadra, oportunidade que não terá perante um juiz no contexto do tribunal. Na base das relações estão diferenciações sociais, que também incluem formação, estatuto, isto é, esses "campos" sociais e profissionais que Bourdieu (1979) definiu, nas suas forças e lutas numa estrutura desigual de distribuição de capitais (materiais e simbólicos).

O polícia não se pode apresentar como um juiz, com um discurso muitas vezes impenetrável aos leigos e a ausência de diálogo directo que o mantém numa posição incontestavelmente cimeira. Aos agentes é inevitável a inter-relação directa com os habitantes das cidades, por serem eles mesmos a intermediação activa em todo o processo, mesmo que muitas vezes o desejassem evitar. São todavia criadas algumas barreiras face à permanente invasão de influências externas. As "modalidades de comunicação", como diria Althabe (1985), são elas mesmas definidas em cada situação e encontro – geram-se num misto de assertividade, passividade, silêncio, diálogo ou retirada; são por vezes pontuadas pela agressividade ou mesmo pelo agonismo quando a tensão e o conflito penetram os encontros. Assim os agentes vão produzindo ideias sobre como os diferentes grupos de citadinos agem e o que vão dizer. É nessa experiência que vão antecipando quem lhes vai sorrir, os vai tentar enganar, acatar a decisão ou ordem, enfurecer-se ou fugir. Daí a deferência na comunicação e os seus desvios, por parte dos citadinos, ser apontado como um nível mínimo importante pelos polícias na condução do seu mandato. A deferência nos encontros é o limite imposto à validade dos vários pontos de vista. Por isso, a quebra da consideração por parte dos citadinos na interacção com os polícias revela-se uma fonte de perplexidade constante para estes profissionais. Os agentes crêem que o seu papel não está a ser compreendido. Mas todo o processo demonstra como as ameaças quotidianas ao mandato revelam-se muito mais simbólicas do que físicas.

As barreiras mais formais, éticas e deontológicas, entre os polícias e as pessoas que policiam, ou a quem administram o policiamento, representam a estabilização moral, traduzem a moldura dos limites constitucionais de um dado momento histórico, mas também uma certa eficácia para o funcionamento regular do mandato. Estas traduzem, agora em sentido recíproco, barreiras à intervenção policial sobre as lógicas exógenas, sobre quem policiam. Estas barreiras são muito mais exigentes para agentes do que para qualquer outro profissional, mesmo no corpo policial. Pela sua natureza e contexto, elas estão sempre a ser colocadas à prova. Aspectos mais sigilosos da acção podem fazer com que a dado momento se flexibilizem limites que noutras alturas se defendem. E, por isso mesmo, tais limites não são discutidos enquanto conceitos ou fazem parte dos universos práticos; circulam antes em cada um e cada polícia os entende à sua maneira. Alguns agentes estão mais dispostos do que outros a erguer fronteiras éticas sem invadir as fronteiras sociais, isto é, conseguem manter a comunicação sem colocar em causa a autoridade policial; outros confundem-nas e para manter autoridades evitam a comunicação; outros deixam cair ambas as fronteiras. As variações são múltiplas.

Vimos assim que, do ponto de vista dos agentes, o mandato policial é não só plural como os obriga a negociações históricas, contextuais, situacionais e pessoais.

A negociação de papéis prolonga-se no interior da organização, nas carreiras e quadros de vida dos agentes, como analisei nos capítulos finais.

À medida que classificam os grupos sociais com quem lidam, os polícias vão-se classificando a eles mesmos na sua actividade profissional. Demonstrei-o no **capítulo 6**. Em esquadras com um efectivo de agentes predominantemente jovem e em fase inicial da carreira, a experiência adquirida nos primeiros anos da patrulha surge como o valor mais determinante da socialização profissional. As esquadras são representadas como as *escolas* da profissão. Entre um recém-recrutado e um agente com quatro ou cinco anos de experiência prática existe uma enorme diferença e diferenciação interna. Nestas esquadras consideradas *de passagem* – onde o efectivo é juvenil e móvel – agentes com escassos anos de prática definem os princípios de acção e socializam os mais jovens nas tácticas do policiamento. No plano das transmissões culturais da função, as aprendizagens policiais mantêm-se num circuito relativamente fechado. Os agentes recorrem preferencialmente a colegas um pouco mais velhos e experientes do que eles para resolver dúvidas no trabalho. Em certa medida, a organização conta mesmo com essa socialização para que "a máquina continue a funcionar", como me referiu um comandante. São os agentes com pouco mais de quatro anos de polícia que detêm o monopólio simbólico da função, da operacionalidade. É esta dinâmica que está na base do sentimento partilhado de união e reforço entre agentes nestas esquadras, por contraste com esquadras onde o efectivo é mais velho, estabilizado e reconhecido como menos operacional.

Um recém-chegado a uma esquadra tem um longo caminho a percorrer até mapear cognitivamente os aspectos essenciais da execução do mandato – na aprendizagem dos territórios; na apresentação de si; nos domínios preferenciais da acção; na orientação das rotinas num trabalho por turnos; na manutenção de um certo *status quo* do grupo; na perda de inocências e na importante conquista da autonomia profissional. O *maçarico*, enquanto vai aplicando algumas regras práticas, vai-se impregnando do espírito de corpo, mas vai igualmente sendo mais ou menos reconhecido pelos pares e superiores nos seus desempenhos. Mesmo num grupo onde as condições de socialização são aparentemente coerentes e homogéneas, os resultados práticos e as selectividades individuais fazem diferir os agentes entre si. Os primeiros anos de aquisição da experiência determinam quais serão os agentes considerados mais *desembaraçados* e vão dando a conhecer tendências pessoais, que podem levar alguns profissionais a trabalhar mais tempo nuns do que noutros serviços da esquadra. Tais tendências revelam diferentes *métodos* de trabalho ("cada polícia tem o seu método"; "todos trabalham de modo diferente"; "não há dois polícias iguais"). Tais métodos podem vir a materializar-se em carreiras mais ou menos bem sucedidas no campo de oportunidades da organização. Neste sentido os agentes identificam diferentes *estilos de polícias*. Mas se o ideal de polícia operacional é o mais celebrado e representa o modelo de patrulheiro, tais estilos não deixam de lado opções que resultam da conjugação entre um quadro amplo de práticas e de manifestações pessoais. Os agentes vão-se fazendo, diferenciando-se, não só entre si, como em si, ao longo de uma trajectória profissional que convida a todo o momento à variação situacional. Mas ao fim de vários anos, a patrulha e os turnos começam a sublinhar sobretudo o cansaço das ruas e da operacionalidade, numa profissão que se considera de *desgaste rápido*.

Por fim, o **capítulo 7** discutiu a tensão entre a unidade e pluralidade impressa pelos agentes na própria organização e a dificuldade de gestão que este grupo levanta. Se a organização policial se pluralizou, manteve igualmente algumas tendências tradicionais. As esquadras de passagem são compostas por uma maioria de agentes deslocados da região de origem, que trabalham durante um período indeterminado em Lisboa. Estes agentes representam a memória social de uma organização que manteve o seu modelo de recrutamento e gestão centralista.

Nos últimos anos, com a progressiva desmilitarização da Polícia, os agentes conquistaram o tempo livre e um certo planeamento da vida profissional e pessoal. A organização e os superiores foram obrigados a encontrar formas de flexibilizar algumas exigências, de modo a lidar com um colectivo heterogéneo e "instável", muito dividido entre a profissão e outras esferas da vida pessoal. As trocas e permutas e os serviços remunerados extra-turno surgem como formas de compensação de horários exigentes e vencimentos insuficientes. Mas lembram a todo o momento que os agentes não pertencem exclusivamente aos universos profissionais. Todavia, se não são apenas polícias, a profissão ocupa-lhes uma centralidade indiscutível na organização das vidas pessoais. A experiência da "condição policial", como diria Monjardet, reconfigura a experiência das demais dimensões da vida e demonstra como pode originar, na óptica da maioria dos agentes, *vidas divididas* – entre a região de origem e o lugar de trabalho, entre a família e a profissão. Os polícias estão entre os grupos profissionais que mais vive a tensão permanente entre o estar "dentro" e "fora" da profissão. Os agentes vão transformando trajectórias, organizando (ou desorganizando) vidas profissionais e pessoais, criando os seus próprios projectos de vida, que se desenha na organização com base em interesses, saberes e relações interpessoais.

Mas tal não apaga problemas sociais estruturantes e tradicionais do modelo centralista, sobretudo quando toca a fixar os agentes às esquadras e a implementar as inovações dos modelos de policiamento de proximidade. Numa entrevista, Monjardet (2004), um dos sociólogos que mais estudou a Polícia em França, com um modelo muito semelhante ao português, considerou a centralização nacional do recrutamento um "traço estrutural catastrófico" daquela organização.

Defendeu que tal modelo tende a desviar os agentes da sua missão e é impeditivo de tornar o projecto de policiamento de proximidade local uma realidade concreta, onde os agentes têm um papel determinante a desempenhar.[3] A apreciação do autor lembra que os polícias são também eles citadinos dos mundos que são chamados a policiar. A intensa rotatividade dos agentes pelas esquadras, mas também a dos seus superiores e comandantes, desvincula-os dos lugares. Os territórios policiais tornam-se áreas do esquecimento. Tanto mais que as unidades das esquadras dependem dos saberes e desempenhos profissionais de agentes com alguns anos de experiência. Mudar de esquadra significa aprender, reaprender, familiarizar-se com novos territórios, grupos e pessoas. Não significa apenas mudar de cidade mas também de estilo de vida. Para alguns agentes isso pode ser estimulante, para muitos, em particular quando têm família constituída, é vivido como uma experiência de deslocação forçada.

Os agentes que estão de passagem pelas esquadras da maior cidade do país são, durante parte importante da vida, da sua carreira, citadinos com um conhecimento e perspectiva toldada da urbe. Vivem duas vidas e a maior parte do tempo negam uma experiência urbana que em grande medida lhes é imposta por intermédio de uma profissão de controlo e tensão. Não criam laços de identificação com os lugares, embora possam criar laços de solidariedade e socialidade e identificações no seio da comunidade profissional. Uma boa parte da identidade profissional fica assim alienada. Quando os comandantes dizem de modo crítico mas resignado "não se podem fazer omeletas sem ovos", referindo-se ao policiamento e aos maus desempenhos dos agentes, poderiam com mais substância questionar, será que se pode fazer cidade sem citadinos?

No presente, os agentes são um dos grupos profissionais mais situados na interface complexa de exigências entre a organização policial, o Estado, as cidades, as comunidades locais e os variados grupos sociais. Trata-se do grupo que melhor reflecte as *"shifts and*

---

[3] "Les candidats, qui viennent de la France entière, sont nommés massivement en région parisienne. De ce fait, ils n'ont qu'une idée en tête, être mutés le plus rapidement possible dans leur région d'origine. Ils restent déconnectés de la vie locale qui est pourtant la base de la police de proximité (...). Il faut mêtre en place un recrutement régional, suivi de carriéres régionales" (Monjardet, 200: 16).

strains" numa ordem sócio-política em mudança, como nos ensinou Manning (1978). Cada vez mais, os agentes são obrigados a traduzir as diferentes sensibilidades políticas do seu mandato. Uma longa tradição de quatro décadas marcou o *modus operandi* da Polícia portuguesa como Polícia de uma ordem totalitária, uma Polícia que deixou de servir na sociedade actual. Mas hoje, apesar do aperfeiçoamento dos quadros constitucionais, legais e administrativos, as políticas de Estado e policiais podem não ser exactamente coincidentes, o que se traduz em sinais de sentido contrário na acção destes profissionais e pode surgir a avivar o seu sentimento de isolamento no trabalho de patrulha. Os agentes "dão a cara" por um Estado e por uma organização com os quais não existe uma identificação linear. E, sobretudo nos primeiros anos da vida profissional, actuam numa cidade onde a sua presença não é estável, com a qual a maioria não se identifica a na qual preferia não estar.

ANEXO
Figuras

Anexos

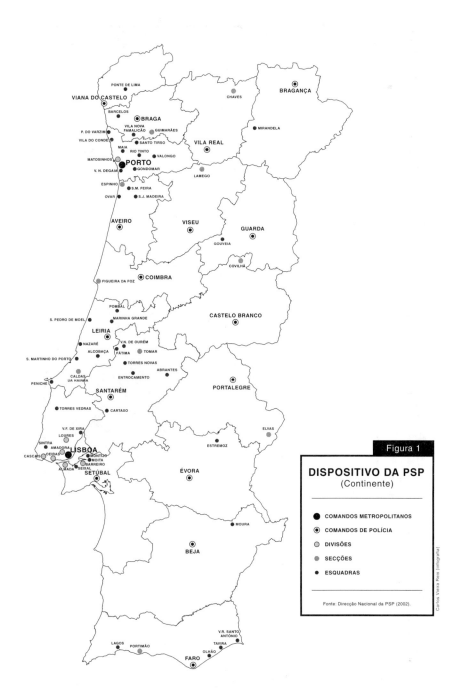

Figura 1

DISPOSITIVO DA PSP
(Continente)

- ● COMANDOS METROPOLITANOS
- ◉ COMANDOS DE POLÍCIA
- ○ DIVISÕES
- ● SECÇÕES
- • ESQUADRAS

Fonte: Direcção Nacional da PSP (2002).

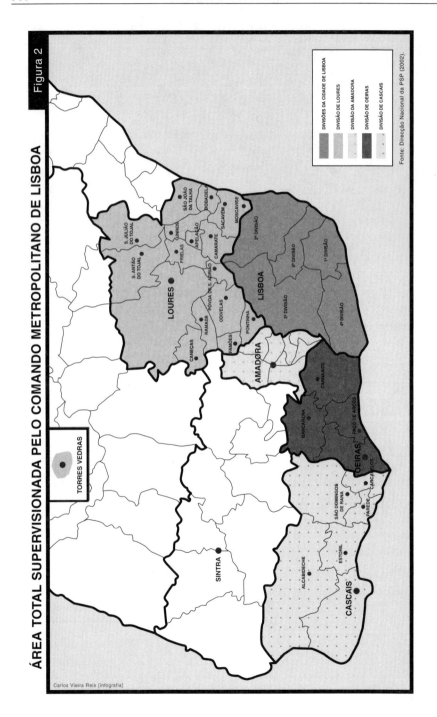

Anexos

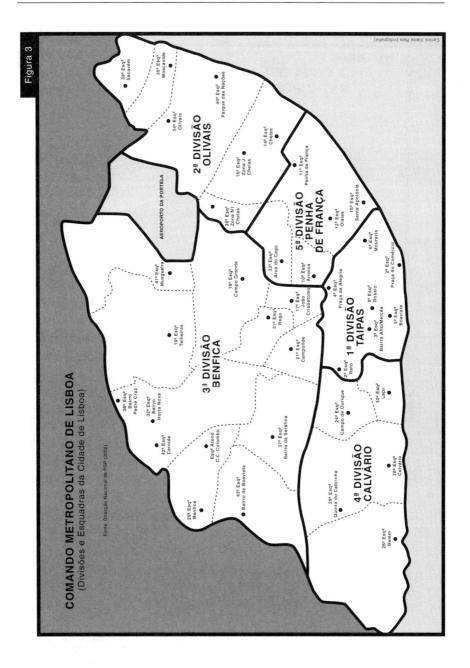

Figura 3 — COMANDO METROPOLITANO DE LISBOA (Divisões e Esquadras da Cidade de Lisboa)

Fonte: Direção Nacional da PSP (2002).

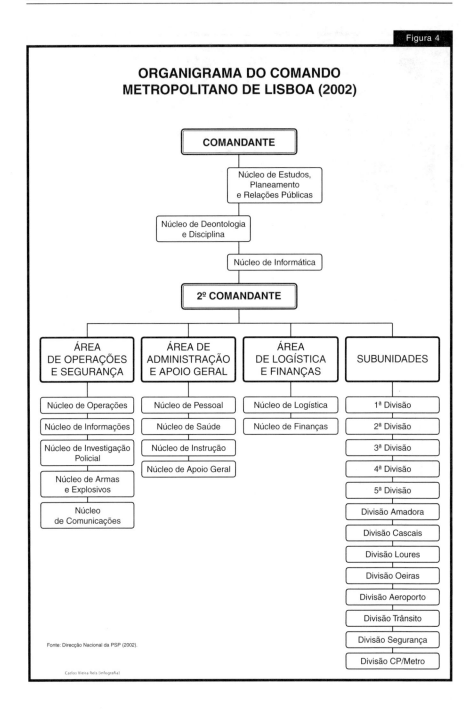

Figura 5

RECOMPOSIÇÃO DA "CARREIRA TÉCNICO-POLICIAL" NA PSP

ANTES DE 1999	DEPOIS DE 1999
OFICIAIS Superintendente-Chefe Superintendente Intendente Subintendente Comissário Subcomissário Aspirante a oficial	**OFICIAIS** Superintendente-Chefe Superintendente Intendente Subintendente Comissário Subcomissário Aspirante a oficial
CHEFES Subchefe Principal Subchefe Ajudante 1º Subchefe 2º Subchefe	**CHEFES** Chefe Subchefe
GUARDAS Guarda Principal Guarda de 1ª Guarda de 2ª	**AGENTES DE AUTORIDADE** Agente Principal Agente

Carlos Vieira Reis (infografia)

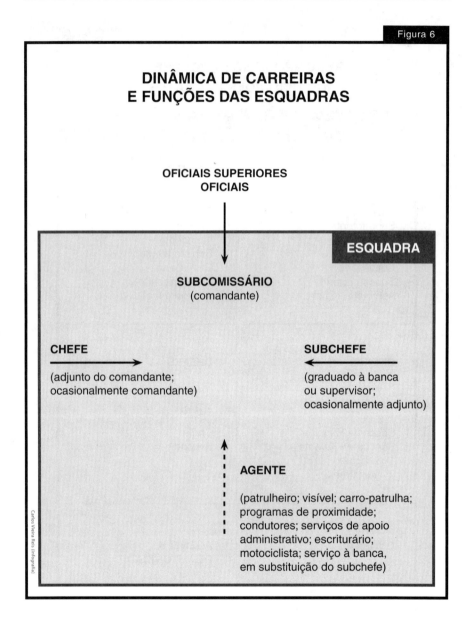

Anexos 505

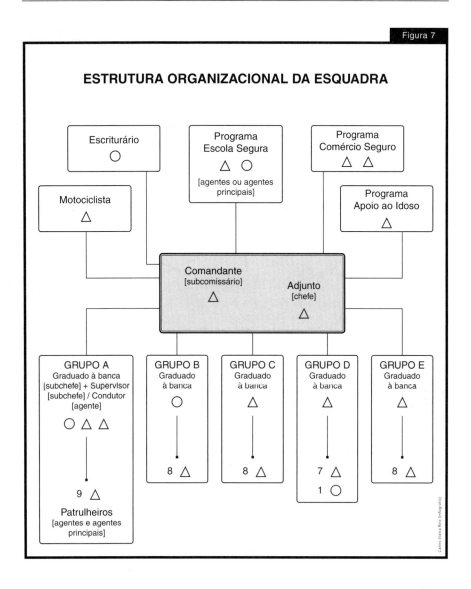

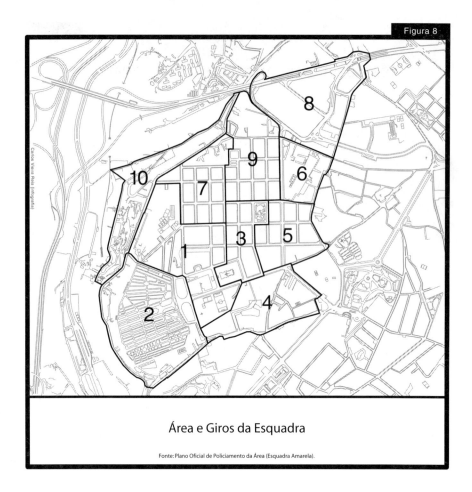

Área e Giros da Esquadra

Fonte: Plano Oficial de Policiamento da Área (Esquadra Amarela).

Anexos

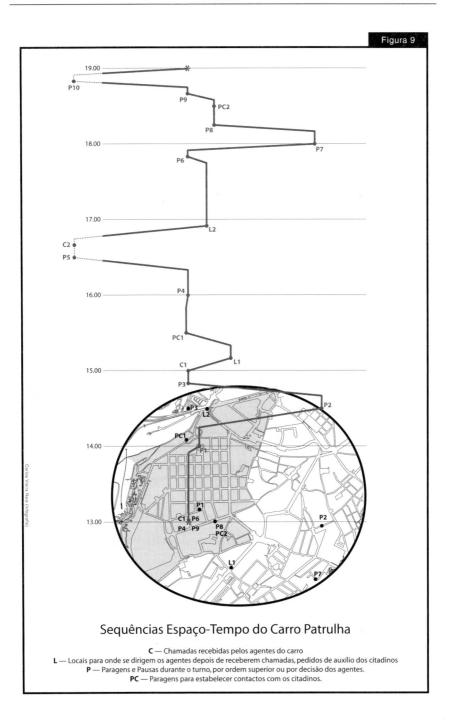

Sequências Espaço-Tempo do Carro Patrulha

C — Chamadas recebidas pelos agentes do carro
L — Locais para onde se dirigem os agentes depois de receberem chamadas, pedidos de auxílio dos citadinos
P — Paragens e Pausas durante o turno, por ordem superior ou por decisão dos agentes.
PC — Paragens para estabelecer contactos com os citadinos.

Legenda da Figura 9
SEQUÊNCIAS ESPAÇO-TEMPO DO CARRO PATRULHA

* – Os agentes do carro patrulha dão entrada no serviço na esquadra. Esperam ser rendidos pelos colegas do grupo anterior que estão a resolver uma ocorrência na área de uma esquadra vizinha.

P1 – Paragem num bar, aproveitando o tempo de espera.

P2 – Chegam os colegas no carro à esquadra. O arvorado do grupo anterior pede para ser conduzido de novo ao local da ocorrência onde esteve a tirar mais dados para escrever o registo. Trata-se de um prédio devoluto onde numa das casas foram encontradas urnas. Contactam o Instituto de Medicina Legal e esperam que uma brigada da Polícia Judiciária vá ao local.

P3 – Paragem num dos bares mais frequentados pelos polícias (uma paragem de rotina no início dos turnos).

C1 – Chamada para ir à esquadra para condução de um colega doente do grupo até à paragem do autocarro.

L1 – Condução do colega à paragem do autocarro.

PC1 – Paragem para estabelecer contactos com dois negros que estão sentados no passeio e que são considerados suspeitos. Os agentes fazem perguntas sobre o tráfico de drogas. Um dos agentes vai a uma zona descampada "espantar" alguns consumidores.

P4 – Paragem na esquadra para um dos agentes se inecrever no concurso de subchefes.

P5 – Na sede de divisão. Levantamento de objectos pessoais a pedido do comandante que vive temporariamente num quarto da esquadra.

C2 – Chamada do rádio: furto de viatura e acidente com feridos. Os agentes ligam as sirenes, vamos a alta velocidade até ao local da ocorrência.

L2 – Chegada ao local e contacto com pessoas envolvidas. Chega a brigada de trânsito da divisão ao local e trata do acidente. Os patrulheiros ficam a regular o trânsito interrompido. Sabe-se pelo rádio que o assaltante foi interceptado por um carro patrulha.

P6 – Chamada com paragem na esquadra para levantar registo da ocorrência do "caso das urnas".

P7 – Paragem na esquadra vizinha para entregar o mesmo registo, uma vez que a cororrência se deu nessa área de supervisão.

P8 – Paragem num bar.

PC2 – O condutor do carro patrulha interpela uma condutora que leva uma criança sem o cinto de segurança posto.

P9 – Chamada e paragem na esquadra para levantar registo variado.

P10 – Paragem na sede de divisão para entregar o mesmo registo variado.

* – Regresso à esquadra para a rendição.

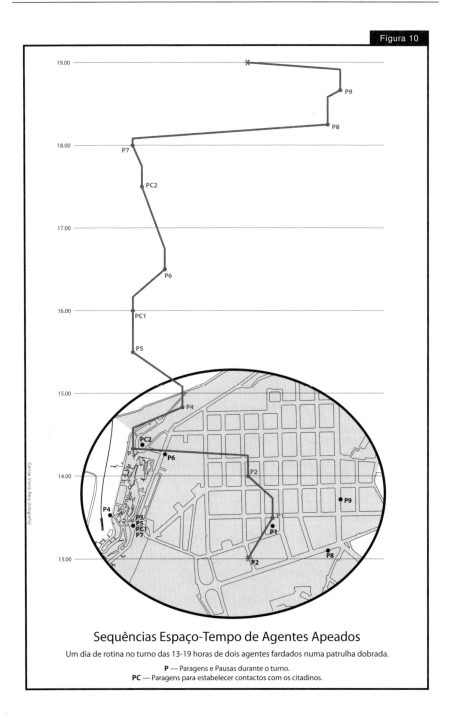

Sequências Espaço-Tempo de Agentes Apeados

Um dia de rotina no turno das 13-19 horas de dois agentes fardados numa patrulha dobrada.

P — Paragens e Pausas durante o turno.
PC — Paragens para estabelecer contactos com os citadinos.

Legenda da Figura 10
SEQUÊNCIAS ESPAÇO-TEMPO DE AGENTES APEADOS

* – Início do turno na esquadra. O carro visível está avariado. Os agentes fazem o serviço de visibilidade apeados.

P1 – Paragem num bar.

P2 – Paragem na esquadra.

P3 – Paragem numa zona considerada de intenso tráfico de droga. Surge a informação, pela rede, de que um toxicodependente se precipitou de um penhasco. É possível que tenha morrido.

P4 – Paragem para ir observar o acidente. No local está o INEM e os colegas do carro patrulha da esquadra. Os patrulheiros apeados regulam o trânsito.

P5 – Paragem na zona de tráfico e observação à distância.

PC1 – Um agente interpela um sujeito. Pede informações sobre movimento do tráfico.

P6 – Paragem numa rua considerada de tráfico.

PC2 – Os dois agentes interpelam um toxicodependente, revistam-no no local e aconselham-no a abandonar o local.

P7 – Paragem e observação numa zona de tráfico.

P8 – Paragem num bar.

P9 – Paragem numa loja.

* – Regresso à esquadra para a rendição.

Anexos

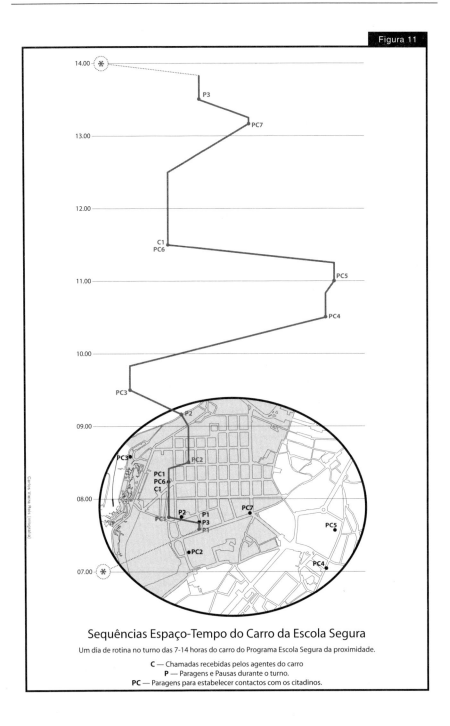

Sequências Espaço-Tempo do Carro da Escola Segura

Um dia de rotina no turno das 7-14 horas do carro do Programa Escola Segura da proximidade.

C — Chamadas recebidas pelos agentes do carro
P — Paragens e Pausas durante o turno.
PC — Paragens para estabelecer contactos com os citadinos.

Legenda da Figura 11
SEQUÊNCIAS ESPAÇO-TEMPO DO CARRO DA ESCOLA SEGURA

* – Início do turno na sede da divisão.

P1 – Paragem na esquadra.

PC1 – Paragem à entrada de uma escola secundária pública no início da actividade escolar. À conversa com pais, alunos e funcionários.

PC2 – Paragem à entrada de um colégio privado. Aqui há menos oportunidade para estabelecer contactos com pessoas e mais determinação na regulação do trânsito. À porta da escola uma mulher dirige-se aos agentes e pede auxílio pois diz ter sido furtada. O carro circula com a mesma pela área e junto a escolas tentando interceptar o jovem; informa características do sujeito para a rede.

P2 – Paragem para deixar a mulher no café onde trabalha.

PC3 – Visita a uma escola primária de um bairro pobre. Entrada dentro da escola e visita às turmas infantis.

PC4 – Visita a uma escola secundária pública, entrada e conversa com funcionários e alunos. Paragem no bar da escola.

PC5 – Paragem num jardim onde brincam grupos de crianças de escolas infantis. Conversa com educadores.

PC6 – Paragem numa escola secundária pública para dar uma sessão a uma turma "complicada" na cadeira de "educação cívica".

C1 – Chamada para uma ocorrência: desordem com duas alunas. Os agentes declinam, têm sobreposição de serviço. A ocorrência vai seguir para o carro patrulha.

PC7 – Paragem junto a um grupo de jovens e interpelação dos mesmos. Parecem ser novos na área…

P3 – Paragem na esquadra.

* – Regresso à sede da divisão para a rendição.

Anexos

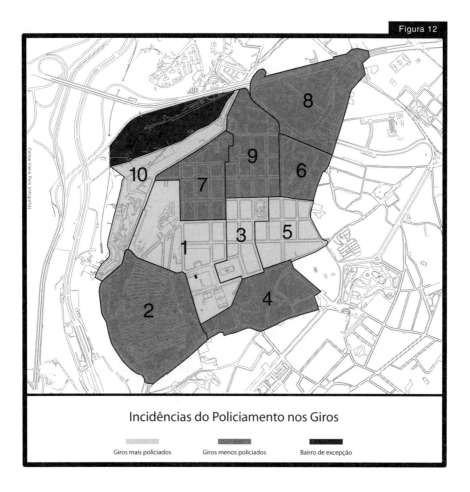

Incidências do Policiamento nos Giros

Giros mais policiados   Giros menos policiados   Bairro de excepção

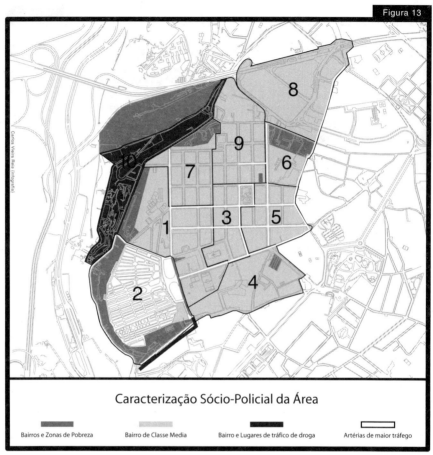

Anexos 515

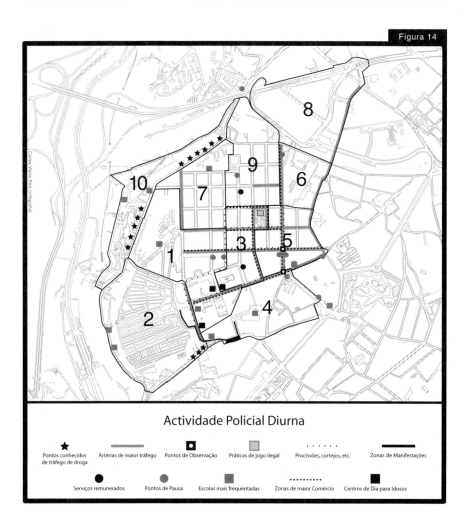

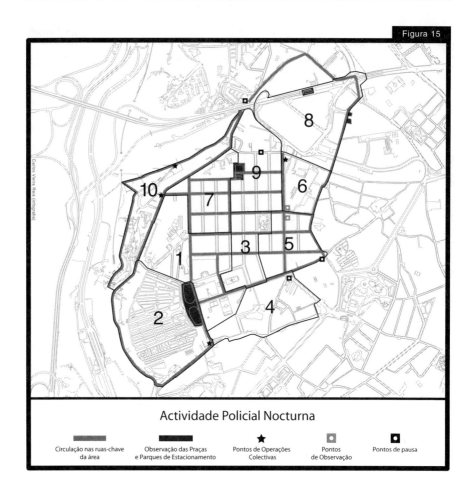

Anexos

Figura 16

CADERNETA DOS TURNOS "ESCALA 2004"

Gentilmente cedida pelo Agente Tadeu (2004).

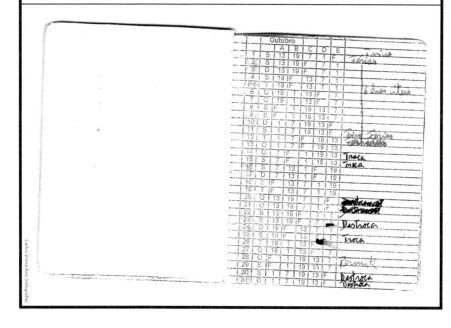

ANEXO

Galeria de Fotografias

Foto 1
Nas ruas do "bairro de classe média" com os polícias
(Junho de 2004)

Foto 2
Nas ruas do "bairro da droga" com os polícias
(Junho de 2004)

Foto 3
Com um "agente à civil" da PSP nas "ruas da droga". Este mostra as armas e apetrechos que transporta, disfarçados, por baixo da camisola
(Maio de 2004)

Foto 4
No carro patrulha, preparativos para entrar em mais um turno de serviço
(Maio de 2004)

Foto 5
No carro patrulha, observando ao longe os chamados "bairros problemáticos"
(Junho de 2004)

Foto 6
Com os polícias numa ocorrência: um acidente de viação
(Setembro de 2004)

Foto 7
Manifestações de rua. Entre os polícias, os cidadãos e os repórteres
(Junho de 2004)

Foto 8
Com um polícia em "serviço remunerado"
(Setembro de 2004)

Foto 9
O serviço "de banca" de uma esquadra, o atendimento ao público
(Abril de 2004)

Foto 10
Sala de aulas e reuniões de esquadra
(Abril de 2004)

Foto 11
Lugar para efectuação de registos da patrulha
(Abril de 2004)

Foto 12

Festejos no Dia Nacional da PSP: em formatura
(2 de Julho de 2004)

Foto 13
Festejos no Dia Nacional da PSP: *à vontade*
(2 de Julho de 2004)

Foto 14
Num jantar de grupo com agentes da esquadra
(Junho de 2004)

POSFÁCIO

Aquilo que cada um de nós tem de mais precioso é o tempo. Por mais longa que seja a nossa esperança de vida, cada dia, cada hora, cada minuto é precioso. O tempo não pode ser comprado nem recuperado, independentemente do que as páginas da *Cosmopolitan* prometem. A Susana Durão soube gerar uma enorme generosidade nos polícias que lhe deram tanto do seu tempo.

Em contrapartida assumiu, mesmo sem querer, uma missão onerosa. A Susana tem em sua posse o único registo histórico das pessoas cujas pequenas vitórias, derrotas, alegrias e tragédias são descritas nestas páginas.

Tempo com tempo se paga.

E agora é a vez da Susana dar o seu tempo àqueles que lhe deram tanto do deles. A Susana é a voz dos seus polícias e é responsável por usar o tempo que estes lhe deram de forma a que o seu contributo para o conhecimento seja maximizado.

Este livro mostra que a Susana leva esta missão a sério. Nas suas páginas encontram-se vários contributos para a sociologia ocupacional, para o estudo da identidade e para o estudo das organizações, em geral, e das burocracias, em particular.

Acima de tudo, a Susana consegue usar cada uma destas contribuições científicas para humanizar os polícias. Para as pessoas que doaram tanto do seu tempo para este estudo esse é o resultado mais importante. Quando acabei de ler a tese da Susana, em que se baseia este livro, deixei de ser capaz de pensar no agente Rocha que encontro todos os dias a caminho da Universidade Nova como o agente da Polícia, enquanto membro de uma categoria. Agora é o Rocha, uma pessoa com dilemas, desafios únicos e pessoais. Um improvisador que consegue ver coisas na António Augusto de Aguiar que nem eu nem os seus colegas da Polícia são capazes de ver. Agora sei que sem as adaptações que o Rocha faz das regras e procedimentos que a lei prescreve, a rotina da António Augusto de Aguiar, que tanto abomino e de que tanto preciso, seria substituída por uma série de pequenas perturbações que se multiplicariam numa variabilidade ainda menos suportável.

Mesmo neste primeiro esforço, a Susana já pode dizer "missão cumprida".

O estudo da Susana tem um contributo que vai para além das lições para o estudo da identidade e para a antropologia das profissões. Este livro também é importante para os que estudam e praticam a gestão porque mostra que mesmo as burocracias tão pesadas como as da PSP têm um grau elevado de flexibilidade. Para quem, como eu, lê o trabalho da Susana do ponto de vista do estudo das organizações, este é um fascinante estudo sobre a "burocracia de rua". A investigação já existente sobre este tópico mostra que aqueles que asseguram o contacto entre as burocracias e os seus clientes adaptam com frequência as regras e os procedimentos formais aos casos específicos com que se deparam. A mensagem deste tipo de trabalhos é clara: mesmo as organizações aparentemente mais rígidas têm alguma capacidade de adaptação. O estudo da Susana revela algumas das alavancas que os gestores podem utilizar para tornar as suas organizações mais adaptáveis.

A PSP possui um elevado grau de flexibilidade apesar da forma como as chefias lideram e da forma como a organização está estruturada. Esta flexibilidade vem da necessidade que os agentes têm de manter uma identidade positiva que é muito construída na rua, na interacção com aqueles que servem. No entanto, a mensagem do estudo da Susana é apenas parcialmente optimista e por isso deve não só servir de guia como também servir de aviso aos gestores. A PSP, enquanto organização, parece aprender muito pouco com as improvisações dos seus agentes. É provável que o mesmo aconteça em muitas outras organizações em que é difícil gerar a aprendizagem necessária para a sistematização destas microadaptações.

O estudo da Susana aponta na direcção certa. É fundamental conhecer de perto as multiplas tácticas que os membros das organizações utilizam para ultrapassar os pequenos grandes desafios do seu dia-a-dia. Neles podemos ler as oportunidades e ameaças que cada organização vai enfrentar no futuro e descobrir pistas para os caminhos que a podem levar ao sucesso.

João Vieira da Cunha
Gestor
Faculdade de Economia / UNL

RESUMO

Esta etnografia pretende colmatar a falta de conhecimento sobre os universos policiais e sobre o policiamento nas ciências sociais portuguesas. Insere-se no quadro reflexivo da antropologia das organizações, dos processos culturais e urbanos e na tradição dos estudos policiais. Recorrendo a técnicas de observação prolongada e métodos qualitativos (entrevistas e pesquisa documental) é proposta uma descida às ruas de uma esquadra em Lisboa. São percorridos itinerários, rotinas e tácticas de agentes da patrulha e da proximidade que mostram como no seio da organização policial as ruas se tornaram o "seu" território. Enquanto isso, a organização da Polícia de Segurança Pública, responsável pelo policiamento urbano em Portugal, é perspectivada nos eixos de uma reconfiguração recente, "organizando-se", volvidos que estão 30 anos de democracia. Embora muito indefinido e amplo, conclui-se que o trabalho dos agentes e das esquadras passa sobretudo pela "manutenção de ordens", isto é, pelo encontro de soluções provisórias para problemas humanos e sociais perenes nas cidades. Práticas de trabalho e práticas discursivas da acção vão definindo e classificando os sentidos da operacionalidade, da cultura e mandato policiais, mas também da diferenciação social e uso de poderes perante situações, públicos e figuras do quotidiano. Numa "esquadra de passagem", nos primeiros anos de experiência, os jovens agentes são socializados para aí se tornarem polícias e conquistarem a difícil, mas essencial, autonomia da autoridade profissional. Contemplam oportunidades, experimentam estilos de polícia e configuram trajectórias. A experiência da deslocação, esperar pela transferência ou "fazer carreira" dita diferentes tendências num modo e quadro de vida exigentes. Por fim, é sublinhado como o balanço entre a unidade e a pluralidade é uma tensão inerente à organização policial e que se manifesta, entre outros aspectos, na gestão variável de uma série de dualidades, tais como autonomia/dependência, prevenção/repressão, apoio/controlo, serviço/segurança e ordem, policiamento de proximidade/controlo do crime.

Palavras-chave:

Antropologia / Polícias / Organizações / Cultura Policial

RESUMO BIOGRÁFICO

Susana Soares Branco Durão nasceu em 1969 em Lisboa. É Mestre e Doutorada em Antropologia Social e Cultural. Actualmente é investigadora auxiliar do Instituto de Ciências Sociais da Universidade de Lisboa. Desde 2005 tem sido convidada para leccionar disciplinas relacionadas com a antropologia em instituições universitárias de Lisboa, entre as quais o ISCTE. Foi bolseira de pós-doutoramento pela Fundação para a Ciência e a Tecnologia na EHESS (Paris) e no Museu Nacional, UFRJ (Rio de Janeiro).

Especializou-se nos temas da segurança e ordem pública, estudo das instituições policiais em Portugal, culturas policiais, policiamento, patrulha e proximidade. Tem participado em vários projectos de investigação sobre temas correlacionados: mulheres nas polícias; mudança das organizações policiais; policiamento nas cidades e nas ruas; burocracias de rua; religião e Estado. Já anteriormente se dedicou a temas que implicaram o estudo de memórias e de identidades profissionais: o operariado gráfico; o meio industrial do têxtil; identidades femininas em meios profissionais masculinizados. Organizou vários eventos e tem publicado diversos artigos e capítulos de livros. O seu mérito foi reconhecido com a publicação da tese de mestrado *Oficinas e Tipógrafos. Cultura e Quotidianos de Trabalho* (Publicações Dom Quixote, 2003).

Contacto: ssbdurao@gmail.com

BIBLIOGRAFIA

AAVV, 2005, *Política y Sociedad – Policía y Ciencias Sociales*, 42, 3.
AAVV, 2004, *Les Cahiers de la Sécurité Intérieure – Reconstruire la Sécurité après le 11 Septembre. La Lutte Anti-Terroriste entre Affichage Politique et Mobilisation Policière*, 55.
AAVV, 2002, "La Police", *Pouvoirs. Revue Française d'Études Constitutionnelles et Politiques*, 102.
AAVV, 1998, *Estudos Históricos – Polícia*, 22: 217-404.
Abélés, Marc, 1997, "L'Anthropologie Politique: Nouveau Objects, Nouveau Enjeux", *Revue Internationale des Sciences Sociales*, 153: 356-367.
Agier, Michel, 2004, *La Sagesse de l'Ethnologue*, Paris, L'Oeil Neuf Éditions.
Agier, Michel, 2002a, *Aux Bords du Monde, Les Réfugiés*, Paris, Flammarion.
Agier, Michel, 2002b, "Between War and City. Towards an Urban Anthropology of Refugee Camps", *Ethnography*, 3, 3: 317-341.
Agier, Michel, 2001, "Distúrbios Identitários em Tempos de Globalização", *Mana*, 7, 2: 7-33.
Agier, Michel, 1999, *L'Invention de la Ville. Banlieues, Townships, Invasions et Favelas*, Amsterdam, Éditions des Archives Contemporaines.
Agier, Michel, 1996, "Les Savoirs Urbains de l'Anthropologie", *Enquête*, 4: 35-58.
Ahmed, Akbar S. & Shore, Cris N., 1995, *The Future of Anthropology. Its Relevance to the Contemporary World*, London & Atlantic Highlands, Athlone.
Alex, Nicholas, 1976, *New York Cops Talk Back*, New York, Wiley.
Almeida, Miguel Vale de, 1999, "Poderes, Produtos, Paixões: o Movimento *Afro-Cultural* numa Cidade Baiana", *Etnográfica*, 3 (1): 131-156.
Almeida, Miguel Vale de, 1995, *Senhores de Si. Uma Interpretação Antropológica da Masculinidade*, Lisboa, Fim de Século.
Almeida, Miguel Vale de, 1991, "Da Taberna ao Café: A Casa dos Homens", *in Portugal Moderno – Tradições*, Lisboa, Pomo: 176-181.
Althabe, Gérard, 1985, "La Résidence comme Enjeu", *in* Althabe, Gérard; Marcadet, Christian; Pradelle, Michèle de la; Sélim, Monique (eds.), *Urbanisation et Enjeux Quotidiens. Terrains Ethnologiques de la France Actuelle*, Paris, Anthropos: 11-69.
Andrews, John A. Y & Hirsh, Paul. M., 1983, "Ambushes, Shootouts and Knights of the Roundtable: The language of corporate takeovers", *in* Pondy, Louis R.; Frost, Peter J.; Morgan, Gareth & Dandridge, Thomas C. (eds.), *Organizational Symbolism*, Greenwich, CT, JAI Press.
Asad, Talal, 1979, "Anthropology and the Analysis of Ideology", *Man*, 14: 607-27.
Augé, Marc, 1994 (1992), *Não-Lugares. Introdução a uma Antropologia da Sobremodernidade*, Venda Nova, Bertrand Editora.

Austin, John L., 1989 (1962), *How to do Things with Words*, Oxford, Oxford University Press.
Baba, Marietta L., 1989, "Organizational Culture: Revisiting the Small-Society Metaphor", *in* Sachs, Patricia (ed.), *The Anthropology of Work Review – Anthropological Approaches to Organizational Culture*, Washington, DC, Society for the Anthropology of Work.
Ballbé, Manuel & Giró, M., 1978, *Las Fuerzas del Orden Público*, Barcelona, Dopesa.
Ballbé, Manuel, 1984, *Orden Público y Militarismo en la España Constitucional (1812--1983)*, Madrid, Alianza Universidad.
Banton, Michael, 1964, *The Policeman in the Community*, London, Tavistock.
Barker, Joan C., 1999, *Danger, Duty and Disillusion*, Illinois, Waveland Press.
Barreto, António (org.), 1996, *A Situação Social em Portugal, 1960-1995*, Lisboa, Instituto de Ciências Sociais, Universidade de Lisboa.
Barth, Fredrik, 1972, "Analytical Dimensions in the Comparison of Social Organizations", *American Anthropologist*, 74: 207-220.
Bastos, Susana Pereira, 1999, "Em Torno de uma Coreografia Metodológica *Out of Print*. Homenagem a Kalela Dance", *Ethnologia – Antropologia Urbana*, 9-11: 225-243.
Bastos, Susana Pereira, 1997, *O Estado Novo e os Seus Vadios*, Lisboa, Publicações Dom Quixote.
Bauer, Alain & Ventre, André M., 2001, *Les Polices en France. Le Débat, les Chiffres*, Paris, Presses Universitaires de France.
Bauman, Zygmunt, 2000, "Social Uses of Law and Order", in Garland, David & Sparks, Richard (eds), *Criminology and Social Theory*, Oxford, Oxford University Press: 23-46.
Bauman, Zygmunt, 1988, "Sociology and Postmodernity", *Sociological Review*, 36: 790--813.
Bayley, David, 2003 (1992), "Comparando a Organização das Polícias em Países de Língua Inglesa" *in* Tonry, Michael & Morris, Norval (eds.), *Policiamento Moderno*, São Paulo, Editora da Universidade de São Paulo: 539-576.
Bayley, David, 1979, "Police Function, Structure and Control in Western Europe and North America: Comparative and Historical Studies", *in* Morris, Norval & Tonry, Michael (eds.), *Crime and Justice*, Chicago, University of Chicago Press: 109-144.
Bayley, David (ed.), 1977, *Police and Society*, Beverly Hills, California, Sage Publications.
Bayley, David, 1976, *Forces of Order: Police Behaviour in Japan and the United States*, Los Angeles and Berkeley, University of California Press.
Bayley, David, 1975, "The Police and Political Development in Europe", *in* Tilly, Charles (ed.), *The Formation of National States in Western Europe*, Princeton, New Jersey, Princeton University Press: 328-379.
Bayley, David, 1969, *The Police and Political Development in India*, Princeton, New Jersey, Princeton University Press.
Beaud, Stéphane & Weber, Florence, 2003, *Guide de l'Enquête de Terrain*, Paris, La Découverte.
Becker, Howard S., 1991 (1963), *Outsiders. Studies in the Sociology of Deviance*, New York, The Free Press.
Becker, Howard S., 1967, "Whose Side Are We On?", *Social Problems*, 14, 3: 239-245.
Becker, Howard S.; Geer, Blanche; Hughes, Everett C. & Strauss, Anselm, 1961, *Boys in Whyte*, Chicago, University of Chicago Press.

Beehr, Terry A.; Johnson, Leanor B. & Nieva, Ronie, 1995, "Occupational Stress: Coping of Police and their Spouses", *Journal of Organizational Behaviour*, 16, 1: 3-25.
Begonha, Mário B. 1992, *Papel da Motricidade Humana na Definição do Perfil Sociológico do Oficial de Polícia*, Lisboa, Edição da Escola Superior de Polícia.
Bertaux, Daniel, 1980, "L'Approche Biographique. Sa Validé Méthodologique, ses Potencialités", *Cahiers Internationaux de Sociologie – Histoires de Vie et Vie Sociale*, LXIX: 197-226.
Bessa, Fernando José, 2005, "Os Jovens e as Forças de Segurança Portuguesas. Estudo Comparativo", tese de mestrado em Sociologia do Trabalho, das Organizações e do Emprego, Lisboa, ISCTE.
Bittner, Egon, 2003 (1990), *Aspectos do Trabalho Policial*, São Paulo, Editora da Universidade de São Paulo.
Bittner, Egon, 1978, "The Functions of The Police in Modern Society", in Manning, Peter K. & Van Maanen, John (eds), *Policing. A View from the Street*, New York, Random House: 32-50.
Bittner, Egon, 1974, "Florence Notingale in Porsuit of Willie Sutton: A Theory of the Police", in Jacob, H. (ed), *The Potencial for Reform of Criminal Justice*, Beverly Hills, California, Sage Publications.
Bittner, Egon, 1970, *The Functions of the Police in Modern Society*, Washington DC, National Institute of Menthal Health.
Bittner, Egon, 1967a, "The Police on Skid Row: A Study in Peace-Keeping", *American Sociological Review*, 32, 5: 699-715.
Bittner, Egon, 1967b, "Police Discretion in Emergency Apprehension of Mentally Ill Persons", *Social Problems*, 14, 3: 278-292.
Bittner, Egon, 1965, "The Concept of Organization", *Social Research*, 32: 239-255.
Black, Donald, 1980, *The Manners and Customs of the Police*, New York, Academic Press Inc.
Black, Donald, 1978, "The Mobilization of Law", *in* Manning, Peter K. & Van Maanen, John (eds.), *Policing. A View from the Street*, New York, Random House: 167-186.
Black, Donald, 1971, "The Social Organisation of Arrest", *Stanford Law Review*, 23: 1087-1111.
Black, Donald, 1970, "Production of Crime Rates", *American Sociological Review*, 35: 733-748.
Black, Donald & Reiss, Albert 1967, "Patterns of Police Behaviour in Police and Citizen Transactions", *Studies in Crime and Law Enforcement in Major Metropolitan Areas*, Field Surveys III: 2, US President's Comissions of Law Enforcment in the Administration of Justice, Washington DC, US Government Printing Office.
Bloch, Peter, 1974, *Policewomen on Patrol*, Washington DC, Police Foundation.
Body-Gendrot, Sophie, 1998, *Les Villes Face à l'Insécurité. Des Ghettos Américains aux Banlieues Françaises*, Paris, Bayard.
Boje, D. M., Fedor D. B., & Roland, K. M., 1982, "Myth Making: A Qualitative Step in Interventions", *Journal of Applied Behavioural Science*, 18: 17-28.
Bolle, Pierre-Henri, 1998, "A Polícia de Proximidade: Noção, Instituição, Acção", *Revista Portuguesa de Ciência Criminal*, 8, 3: 409-430.
Bordua, David J., 1967, *The Police: Six Sociological Essays*, New York, London, Toronto, John Wiley & Sons.

Borges, Antonádia, 2003, *Tempo de Brasília. Etnografando Lugares-Eventos da Política*, Rio de Janeiro, Relume Dumará.
Bourdieu, Pierre, 1989, *O Poder Simbólico*, Lisboa, Difel.
Bourdieu, Pierre, 1979, *La Distinction. Critique Sociale du Jugement*, Paris, Les Éditions de Minuit.
Bourdieu, Pierre, 1977, *Outline of a Theory of Practice*, Cambridge, UK, Cambridge University Press.
Boutet, Josiane, 1998, "Quand le Travail Rationalise le Langage", *in* Kergoat, Jacques; Boutet, Josiane; Jacot, Henri & Linhart, Danièle (eds.), *Le Monde du Travail*, Paris, Éditions la Découverte & Syros: 153-164.
Bretas, Marcos Luiz & Poncioni, Paula, 1999, "A Cultura Policial e o Policial Civil Carioca", *in* Pandolfi, Dulce C.; Carvalho, José M.; Carneiro, Leandro P. & Grynszpan, Mario, *Cidadania, Justiça e Violência*, Rio de Janeiro, Fundação Getúlio Vargas.
Britain, Gerald M. & Cohen, Ronald (eds.), 1980, *Hierarchy & Society. Anthropological Perspectives on Bureaucracy*, Philadelphia, Institute for the Study of Human Issues.
Brito, Joaquim Pais de, 1991, "A Taberna: Lugar e Revelador da Aldeia", *in* O'Neill, Brian e Brito, Joaquim Pais de (eds.), *Lugares de Aqui*, Lisboa, Publicações Dom Quixote: 167-200.
Broderick, John 1973, *Police in Time of Change*, Morristown, NJ, General Learning.
Brodeur, Jean-Paul, 2002, (ed.), *Como Reconhecer um Bom Policiamento. Problemas e Temas*, São Paulo, Editora da Universidade de São Paulo.
Brodeur, Jean-Paul, 1984a, "La Police, Mythes et Réalités", *Criminology*, XVII, 1: 9-41.
Brodeur, Jean-Paul, 1984b, "Police et Coersion", *Revue Française de Sociologie*, XXXV, 3: 457-485.
Brodeur, Jean-Paul, & Monjardet, Dominique, 2003, "Connaître la Police", *Les Cahiers de la Sécurité Intérieure – Connaître la Police. Grands Textes de la Recherche Anglo-Saxonne*, 55: 61-90.
Brown, Michael K., 1981, *Working the Street. Police Discretion and The Dilemas of Reform*, New York, Russel Sage.
Buckner, Hubbard Taylor, 1967, "The Police: The Culture of a Social Control Agency", tese de doutoramento, University of California, Berkeley.
Burawoy, Michael & Verdery, Katherine (eds.), 1999, *Uncertain Transition: Ethnography of Change in the Postsocialist World*, New York, Rowman & Littlefield.
Caetano, Marcello, 1994 (1937), *Manual de Direito Administrativo*, II.
Cain, Mauren, E., 1973, *Society and the Policeman's Role*, London, Routledge & Kegan Paul.
Caldeira, Teresa, 2000, *City of Walls. Crime Segregation, and Citizenship in São Paulo*, Berkeley, Los Angeles, London, University of California Press.
Canotilho, J. J. Gomes & Moreira, Vital, 1993 (3.ª edição), *Constituição da República Portuguesa Anotada*, Coimbra, Coimbra Editora.
Carreiras, Helena, 1997, *Mulheres nas Forças Armadas*, Lisboa, Edição Cosmos.
Carrier, John, 1988, *The Campaign for the Employment of Women as Police Officers*, Sydney, Athenaeum Press Limited.
Certeau, Michel de, 2000 (1990), *La Invencion de lo Cotidiano. 1. Artes de Hacer*, Mexico, Universidad Iberoamericana.

Chalom, Maurice & Léonard, Luce, 2001, *Insécurité, Police de Proximité et Gouvernance Locale*, Paris, L'Harmattan.
Chapoulie, Jean-Michel, 2001, *La Tradition Sociologique de Chicago (1892-1961)*, Paris, Éditions du Seuil.
Chaves, Miguel, 1999, *Casal Ventoso. Da Gandaia ao Narcotráfico. Marginalidade Económica e Dominação Simbólica em Lisboa*, Lisboa, Imprensa de Ciências Sociais.
Cherniss, Cary, 1980, *Staff Burnout. Job Stress in the Human Services*, Beverly Hills, California, Sage Publications.
Chevigny, Paul, 1969, *Police Power. Police Abuses in New York City*, New York, Pantheon Books.
Chibnall, Steve, 1979, "The Metropolitan Police and the News Media", *in* Holdaway, Simon, *The British Police*, London, Sage Publications: 135-149.
Choongh, Satnam, 1997, *Policing as Social Discipline*, Oxford, Clarendon Press.
Clemente, Pedro J. L., 2000, "A Polícia em Portugal. Da Dimensão Política Contemporânea da Seguridade Pública", tese de doutoramento, Lisboa, Universidade Técnica de Lisboa – Instituto Superior de Ciências Sociais e Políticas.
Clemente, Pedro J. L., 1998, "Da Polícia de Ordem Pública", tese de mestrado em Estratégia, Universidade Técnica de Lisboa – Instituto Superior de Ciências Sociais e Políticas, Edição do Governo Civil do Distrito de Lisboa.
Clifford, James, 1988, *The Predicament of Culture. Twentieth-Century Ethnography*, Cambridge, Harvard University Press.
Clifford, James & Marcus, George E., 1986, *Writing Culture. The Poetics and Politics of Ethnography*, Berkeley, University of California Press.
Código de Processo Civil e Legislação Complementar, 2005 (13.ª edição), Lisboa, Quid Juris, Sociedade Editora.
Código de Processo Penal e Legislação Complementar, 2004 (12.ª edição), Lisboa, Quid Juris, Sociedade Editora.
Cohen, Phil, 1979, "Policing the Working Class City", *in* Fine, Bob; Kinsey, R; Lea, J.; Picciotto, S. & Young, J. (eds.), *Capitalism and the Rule of Law,* London, Hutchinson.
Cohen, Stanley, 1985, *Visions of Social Control. Crime, Punishment and Classification*, Cambridge, Polity Press.
Colaço, António B. & Gomes, António C., 2001, *Sindicalismo na PSP. Medos e Fantasmas em Regime* Democrático, Lisboa, Edições Cosmos.
Conlon, Edward, 2004, *Blue Blood*, New York, Riverhead Books.
Cordeiro, Graça Índias, 2001, "Territórios e Identidade. Sobre as Escalas de Organização Sócio-Espacial num Bairro de Lisboa", *Estudos Históricos – Sociabilidades*, 28: 125-142.
Cordeiro, Graça Índias, 1997, *Um Lugar na Cidade. Quotidiano, Memória e Representação no Bairro da Bica*, Lisboa, Publicações Dom Quixote.
Cordeiro, Graça Índias, 1991, "Bases Éticas Para Práticas Lúdicas. Associativismo e Sociabilidade numa Colectividade de Lisboa", *in* O'Neill, Brian & Brito, Joaquim Pais de (eds.), *Lugares de Aqui*, Lisboa, Publicações Dom Quixote: 201-221.
Cordeiro, Graça Índias e Costa, António Firmino da, 1999, "Bairros: Contexto e Intersecção", *in* Velho, Gilberto (ed.) *Antropologia Urbana. Cultura e Sociedade no Brasil e em Portugal*, Rio de Janeiro, Jorge Zahar Editor.

Cordeiro, Graça Índias; Durão, Susana & Leandro, Alexandra, 2003, *"Por uma Etnografia da Polícia. Mulheres numa Organização em Mudança"*, relatório final, CEAS/ISCTE, FCT/ FEDER/ POCTI/36003/ANT/2000 (não publicado).
Cordeiro, Graça I.; Durão, Susana & Gonçalves, Gonçalo, 2005, *"Polícias, Organizações e Mudança: Uma Etnografia sobre Identidades Sócio-Profissionais"* relatório final, CEAS/ISCTE, FCT/ POCTI/ ANT/ 47227/ 2002 (não publicado).
Coser, Lewis A., 1972, *Les Institutiones Voraces*, Cidade do México, Fondo de Cultura Economica.
Costa, Alberto, 2002, *Esta (Não) é a Minha Polícia*, Lisboa, Editorial Notícias.
Costa, Alberto, 1996, "Para a Modernização da Polícia em Portugal", Lisboa, Edição do Ministério da Administração Interna.
Costa, António Firmino da, 2002, "Identidades Culturais em Época de Globalização", *Revista Brasileira de Ciências Sociais*, 17, 48: 15-30.
Costa, António Firmino da, 1999, *Sociedade de Bairro. Dinâmicas Sociais da Identidade Cultural*, Lisboa, Celta Editora.
Costa, António Firmino da, 1998, "Classificações Sociais", *Leituras*, 2: 65-75.
Costa, Arthur, 2004, *Entre a Lei e a Ordem. Violência e Reforma nas Polícias do Rio de Janeiro e Nova Iorque*, Rio de Janeiro, Fundação Getúlio Vargas.
Costa, José Manuel & Fina, Luciana (eds.), 1994, *Frederic Wiseman – Um Olhar sobre as Instituições Americanas. Catálogo do Ciclo de Cinema*, Lisboa, Edições da Cinemateca Portuguesa.
Cox, Steven M., 1996, *Police. Practices, Perspectives, Problems*, Boston, Allyn and Bacon.
Crozier, Michel, 1972, "The Relationship between Micro and Macrosociology: A Study of Organizational Systems", *Human Relations*, 25: 239-251.
Crozier, Michel, 1964, *Le Phénomène Bureaucratique*, Paris, Le Seuil.
Cumming, Elaine; Cumming, Ian & Edell, Laura, 1973 (1965), "The Policeman as Philosopher, Guide and Friend", *in* Niederhoffer, Arthur & Blumberg, Abraham, *The Ambivalent Force*, San Francisco, Rinehart Press.
Cunha, Manuela Ivone, 2008, "Droga, transformaciones de la represión y ambiguidades de la seguridad: la construcción de objetivos en el control de la criminalidad", *in* Maria E. Suarez de Garay e J. C. Aguiar (orgs.), *La Seguridad Entre lo Global Y lo Local, los Entornos Latinoamericanos*. (Universidade de Guadalajara/Universidade de Amesterdão).
Cunha, Manuela Ivone, 2002, *Entre o Bairro e a Prisão. Tráfico e Trajectos*, Lisboa, Fim de Século.
Cunha, Manuela Ivone & Durand, Jean-Yves, 1999, "Odeurs, odorat, olfaction: une ethnographie osmologique", *in* Danielle Musset et Claudine Fabre-Vassas, *Odeurs et Parfums*, Paris, Editions du Comité des Travaux Historiques et Scientifiques.
Damasceno de Sá, Leonardo, 2002, *Os Filhos do Estado. Auto-Imagem e Disciplina na Formação dos Oficiais da Polícia Militar do Ceará*, Rio de Janeiro, Relume Dumará.
DaMatta, Roberto, 1997, "Sabe com Quem está Falando? Um Ensaio sobre a Distinção entre Individuo e Pessoa no Brasil", *in* Roberto DaMatta, *Carnavais, Malandros e Heróis. Para uma Sociologia do Dilema Brasileiro*, Rio de Janeiro, Rocco: 187-239.
DaMatta, Roberto, 1991, *A Casa e a Rua: Espaço, Cidadania, Mulher e Morte no Brasil*, Rio de Janeiro, Guanabara Koogan.

Das, Veena & Deborah Poole, 2004, "State and Its Margins: Comparative Ethnographies", *in* Veena Das & Deborah Poole (ed.), *Anthropology in the Margins of the State*, Oxford, New York, Oxford University Press: 3-34.
Davies, Charlotte A., 1999, *Reflexive Ethnography. A Guide to Researching Selves and Others*, London & New York, Routledge.
Davis, Diane & Pereira, Anthony, 2003, *Irregular Armed Forces and Their Role in Politics and State Formation*, Cambridge, Cambridge University Press.
Davis, Kenneth C., 1976, *Discretionary Justice in Europe and America*, Illinois, Ed. Urbana.
Davis, Kenneth C., 1975, *Police Discretion*, St. Paul, Minnesota, West Publishing.
Deal, Terrence, E. & Kennedy, Allan A., 1982, *Corporate Cultures. The Rites & Rituals of Corporate Life*, Reading, MA, Addison-Wesley Publishing Company.
Demonque, Pierre, 1983, *Les Policers*, Paris, Éditions La Découverte/Maspero.
Dias, Jorge de Figueiredo & Andrade, Manuel da Costa, 1997 (2.ª reimpressão), *Criminologia. O Homem Delinquente e a Sociedade Criminógena*, Coimbra, Coimbra Editora.
Dobry, Michel, 2003, "Valeurs, Croyances et Transactions Collusives", *in* Janvier Santiso (ed.), *A La Recherche de la Démocratie. Mélanges offerts à Guy Hermet*, Paris, Karthala.
Dobry, Michel, 2002, *Sociología de las Crises Políticas*, Madrid, Ed. Centro de Investigaciones Sociológicas, Siglo XXI de España Editores.
Douglas, Mary, 1987, *How Institutions Think*, London, Routledge & Kegan Paul.
Driver, Felix, 1994, "Bodies in Space: Foucault's Account of Disciplinary Power", *in* C. Jones & R. Porter (eds.), *Reassessing Foucault: Power, Medicine and the Body*, London & New York, Routledge.
Duarte, Vera Mónica da Silva, 2005, "Traços e Perfis de Cultura. Estudo da Cultura Organizacional da Polícia de Segurança Pública", mestrado em Sociologia, Braga, Instituto Ciências Sociais Universidade do Minho.
Duhnill, Christina (ed.), 1989, *The Boys in Blue. Women's Challenge to the Police*, London, Virago Press.
Durão, Susana, 2008a, "A Rua dos Polícias. Visão itinerante", em Graça Índias Cordeiro e Frédéric Vidal (eds.), *A Rua. Espaço, Tempo, Sociabilidade*, Lisboa, Livros Horizonte.
Durão, Susana, 2008b, "Vigilância e controlo policiais. Precisões etnográficas", *in* Catarina Frois (ed.), *A Sociedade Vigilante: Ensaios sobre vigilância, privacidade e anonimato*, Lisboa, Imprensa de Ciências Sociais.
Durão, Susana, 2005, "Etnografia em Meio Policial. Organização, Trabalho e Cidade", *in* Cordeiro, Graça; Durão, Susana; Gonçalves, Gonçalo, *"Polícias, Organizações e Mudança. Uma Etnografia sobre Identidades Sócio-Profissionais"*, relatório final, CEAS/ISCTE, FCT/ POCTI/ ANT/ 47227/ 2002 (não publicado).
Durão, Susana, 2004a, "A Rua dos Polícias: Gestão de Rotinas, Categorias Sociais e Ocorrências", Coimbra, *Actas do VIII Congresso Luso-Afro-Brasileiro — A Questão Social no Novo Milénio* (no prelo).
Durão, Susana, 2004b, "Quando as Mulheres Concorrem e Entram na Polícia: a Óptica Etnográfica", *Etnográfica — Antropologia e Organizações*, VIII, 1: 57-78.
Durão, Susana, 2003a, "A Cidade Mental, Social e Cultural dos Polícias", Actas do *IX Congreso de Antropología de la FAAEE*, Barcelona, Institut Català d'Antropologia (em suporte Cd Rom).

Durão, Susana, 2003b, "'Muchas se Quedan por el Camino'. Hombres y Mujeres a la Entrada de la Policía", *Zainak – Las Culturas de la Ciudad*, 2: 977-995.

Durão, Susana, 2003c, *Oficinas e Tipógrafos. Cultura e Quotidianos de Trabalho*, Lisboa, Publicações Dom Quixote.

Durão, Susana & Cordeiro, Graça Índias (org.), 2004, *Etnográfica — Antropologia e Organizações*, VIII, 1.

Durão, Susana; Gonçalves Gonçalo & Cordeiro, Graça Índias, 2005, "Vadios, Mendigos, Mitras: Prácticas Classificatorias de la Policía en Lisboa", *Política y Sociedad*, 42, 3: 121-138.

Durão, Susana & Leandro, Alexandra, 2003, "Mulheres na Polícia: Visibilidades Sociais e Simbólicas", *in* Cordeiro, Graça I.; Baptista, Luís V. & Costa, António F. (eds.), *Etnografias Urbanas*, Oeiras, Celta Editora: 77-91.

Durão, Susana & Leandro, Alexandra, 1997, "Itinerários Sensíveis do Campo. Duas Experiências Pessoais na Construção de Etnografias", *Ethnologia – Trabalho de Campo*, nova série, 6-8: 175-192.

Emsley, Clive, 1996 (1992), *The English Police. A Political and Social History*, London, Schoken Books.

Emsley, Clive & Weinberger, Barbara (eds.), 1991, *Policing Western Europe. Politics, Profissionalism, and Public Order, 1850-1940. Contributions in Criminology and Penology*, New York, Connecticut, London, Greenwood Press.

Ericson, Richard V. & Haggerty, Kevin D., 1997, *Policing the Risk Society*, Toronto, University of Toronto Press.

Fabian, Johannes, 1983, *Time and The Other. How Anthropology Makes it Object*, New York, Columbia University Press.

Fairclough, Norman, 1985, "Critical and Descriptive Goals in Discourse Analysis", *Journal of Pragmatics*, 9: 739-763.

Falk Moore, S., 1973, "Law and Social Change: The Semi-Autonomous Social Field as an Appropriate Subject of Study", *Law and Society Review*, 7: 719.

Fatela, João, 2000, "Para se lhes dar Destino", *in* Vaz, Maria João; Relvas, Eunice & Pinheiro, Nuno (eds.), *Exclusão Na História. Actas do Colóquio Internacional Sobre Exclusão Social*, Oeiras, Celta Editora.

Fatela, João, 1989, *O Sangue e a Rua. Elementos Para Uma Antropologia da Violencia em Portugal (1926-1946)*, Lisboa, Publicações Dom Quixote.

Fernandes, Celestino, 1991, *Histórias de um Jovem Polícia*, Porto (edição de autor).

Fernandes, Luís, 2003, "A Imagem Predatória das Cidades", *in* Cordeiro, Graça I.; Baptista, Luís V. & Costa, António F. (eds.), *Etnografias Urbanas*, Oeiras, Celta Editora: 53-62.

Fernandes, Luís, 2002 (1998), *O Sítio das Drogas*, Lisboa, Editorial Notícias.

Ferreira, Eduardo Viegas, 1998, *Crime e Insegurança em Portugal. Padrões e Tendências, 1985-1996*, Oeiras, Celta Editora.

Fillieule, Olivier, 1997, *Stratégies de la Rue. Les Manifestations en France*, Paris, Presses de Sciences Po.

Foster, Janet, 1989, "Two Stations: An Ethnographic Study in the Inner City", *in* Downes, David (ed.), *Crime and the City*, London, Macmillan: 128-153.

Foucault, Michel, 1980, *Power/Knowledge*, New York, Pantheon.

Foucault, Michel, 1975, *Surveiller et Punir. Naissance de la Prison*, Paris, Galimard.

Fox, Richard G., 1991, *Recapturing Anthropology. Working in the Present*, Santa Fe, New Mexico, School of American Research Press.
Freire, João; Rodrigues, Maria de Lurdes; Ferreira, Vítor M. P., 1995, *A Função de Chefia Directa na Indústria*, Lisboa, Instituto de Emprego e Formação Profissional.
Fyfe, Nick R., 1992, "Space, Time and Policing: Towards a Contextual Understanding of Police Work", *Environment and Planning: Society and Space*, 10: 469-481.
Gardiner, John A., 1969, *Traffic and the Police*, Cambridge, Massachusetts, Harvard University Press.
Garland, David, 1990, *Punishment and Modern Society: A Study in Social Theory*, Chicago, Chicago University Press.
Geertz, Clifford, 1989 (1973), *A Interpretação das Culturas*, Rio de Janeiro, Livros Técnicos e Científicos Editora.
Gellner, David N. & Hirsch, Eric, 2001, *Inside Organizations. Anthropologists at Work*, Oxford, New York, Berg.
Giddens, Anthony, 1997 (1990), *Modernidade e Identidade Pessoal*, Oeiras, Celta Editora.
Giddens, Anthony, 1987, *The Nation-State and Violence*, Berkeley & Los Angeles, University of California Press.
Giddens, Anthony, 1984, *The Constitution of Society*, Berkeley, University of California Press.
Gill, Owen, 1977, *Luke Street. Housing Policy, Conflict and the Creation of the Delinquent Area*, London, Macmillan.
Glaeser, Andreas, 2000, *Divided in Unity. Identity, Germany, and the Berlin Police*, Chicago, The University of Chicago Press.
Gleizal, J Jean-Jacques; Gatti-Domenach, Jacqueline & Journès, C Claude, 1993, *La Police, le Cas des Démocraties Occidentales*, Paris, Presses Universitaires de France.
Goffman, Erving, 1992 (1961), *Manicômios, Prisões e Conventos*, São Paulo, Editora Perspectiva.
Goffman, Erving, 1972, *Relations in Public*, Harmondsworth, Penguin Books.
Goffman, Erving, 1969, *The Presentation of Self in Everyday Life*, London, Penguin Books.
Goffman, Erving, 1952, "On Cooling the Mark Out: Some Aspects of Adaptation to Failure", *Psychiatry*, 15: 451-463.
Goldman, Márcio, 2006, *Como Funciona a Democracia. Uma Etnografia da Política*, Rio de Janeiro, 7Letras.
Goldstein, Joseph, 1964, "Police Discretion. The Ideal vs. The Real", *Public Administration Review*, 23: 140-148.
Goldstein, Joseph, 1960, "Police Discretion do Not Invoke the Criminal Process: Low Visibility Decisions in the Administration of Justice", *Yale Law Journal*, 69: 543-594.
Goldstein, Herman, 1990, *Problem-Oriented Policing*, New York, McGraw-Hill.
Goldstein, Herman, 1977, *Policing a Free Society*, Cambridge, Massachussets, Bollinger.
Goldsmith, Andrew, 1990, "Taking Police Culture Seriously. Police Discretion and the Limits of the Law", *Policing and Society*, 1, 2: 91-114.
Gomes, Paulo V.; Dias, Manuel D., Leitão, José C.; Mendes, Manuel F. & Oliveira, José F., 2001, "Modelos de Policiamento", separata em *Polícia Portuguesa*, ano LXIV, II série, 128.

Gomes, Paulo Valente, 2001, "Modelos de Policiamento – Introdução", Separata em *Polícia Portuguesa*, ano LXIV, II série, 128: 1-4.
Gomes, Paulo Valente (org.), 1993, *Dicionário de Calão do Mundo do Crime*, Lisboa, Edição da Escola Superior de Polícia.
Gonçalves, Cândido Gonçalo, 2007, "A Construção de uma Polícia Urbana, Lisboa 1890--1940", tese de mestrado em Sociologia, Lisboa, ISCTE.
Gonçalves, Cândido Gonçalo, 2005, "A Emergência da Polícia Moderna em Portugal (1867-1935), *in* Cordeiro, Graça; Durão, Susana & Gonçalves, Gonçalo, 2005, "*Polícias, Organizações e Mudança. Uma Etnografia sobre Identidades Sócio-Profissionais*" relatório final, CEAS/ISCTE, FCT/ POCTI/ ANT/ 47227/ 2002 (não publicado).
Goode, Erich & Ben-Yehuda, Nachman, 1994, *Moral Panics. The Social Construction of Deviance*, Oxford, UK, Cambridge, USA, Blackwell.
Gorer, Geoffrey, 1955, *Exploring English Character*, London, Cresset.
Gorgeon, Catherine & Monjardet, Dominique, 1993a, "La Socialisation Professionnelle des Policiers. Deuxième Étude Longitudinale de la 121ère Promotion des Élèves Gardiens de la Paix", Paris, IHESI, Études de Recherches.
Gorgeon, Catherine & Monjardet, Dominique, 1993b, "Description de la 121ère Promotion des Élèves Gardiens de la Paix de la Police Nationale", *Les Cahiers de la Sécurité Intérieure*, 12: 115-122.
Gregory, Derek, 1985, "Suspended Animation: The Stasis of Diffusion Theory", *in* Derek, Gregory & Urry, John (eds.), *Social Relations and Spacial Structures*, London, Macmillan: 296-336.
Gregory, Kathleen, 1983, "Native-View Paradigms: Multiple Cultures and Culture Conflicts in Organizations", *Administrative Quarterly*, 28: 359-376.
Grimshaw, Roger & Jefferson, Tony, 1987, *Interpreting Policework. Policy and Practice in Forms of Beat Policing*, London, Allen and Unwin.
Gulick, John, 1989, *The Humanity of Cities. An Introduction to Urban Societies*, Massachusetts, Bergin & Harvey Publishers.
Hägerstrand, Torsten, 1970, "What about people in regional science?", *Papers on the Regional Science Association*, 24: 7-21.
Hahn, Paul, 1998, *Emerging Criminal Justice. Three Pillars for a Proactive Justice System*, Thousand Oaks, Sage Publications.
Halbwachs, Maurice, 1976, *Les Cadres Sociaux de la Mémoire*, Paris, La Haye, Mouton.
Hall, Stuart; Critcher, Charles; Jefferson, Tony & Clarke, John, 1978, *Policing the Crisis. Mugging the State and Law and Order,* London, Macmillan.
Hamada, Tomoko & Sibley, Willis E., 1994, *Anthropological Perspectives on Organizational Culture*, New York, University Press of America.
Hannerz, Ulf, 1983 (1980), *Explorer la Ville*, Paris, Les Éditions de Minuit.
Harris, Olivia (ed.), 1996, *Inside and Outside the Law*, London, Routledge.
Harris, Richard N., 1978, "The Police Academy and the Professional Self-Image", *in* Manning, Peter K. & J. Van Maanen (eds.), 1978, *Policing. A View from the Street*, New York, Random House: 292-308.
Hastrup, Kirsten & Hervik, Peter (eds.), 1994, *Social Experience and Anthropological Knowledge*, London & New York, Routledge.
Herbert, Steve, 1997, *Policing Space. Territoriality and Los Angeles Police Department*, London, Minneapolis, University of Minnesota Press.

Herbert, Steve, 1996, "The Geopolitics of the Police: Foucault, Disciplinary Power, and the Tactics of the Los Angeles Police Department", *Political Geography*, 16: 47-57.
Herzfeld, Michael, 1992, *The Social Production of Indifference. Exploring the Symbolic Roots of Western Bureaucracy*, New York, Oxford, Berg Publishers.
Hespanha, António Manuel, 1985, *Poder e Instituições na Europa do Antigo Regime*, Lisboa, Fundação Calouste Gulbenkian.
Hinshaw, Robert E., 1980, "Anthropology, Administration and Public Polity", *Annual Review of Anthropology*, 9: 497-522.
Hirsh, Eric & Gellner, David, 2001, "Introduction: Ethnography of Organizations and Organizations of Ethnography", *in* Gellner, David N. & Hirsch, Eric, 2001, *Inside Organizations. Anthropologists at Work*, Oxford, New York, Berg: 1-15.
Hirst, Paul, 2000, "Statism, Pluralism and Social Control", *in* Garland, David & Sparks, Richard (eds.), *Criminology and Social Theory*, Oxford, Oxford University Press: 127-148.
Holdaway, Simon (ed.), 1983, *Inside The British Police. A Force at Work*, Oxford, Blackwell.
Holdaway, Simon (ed.), 1979, *The British Police*, London, Sage Publications.
Holdaway, Simon (ed.), 1977, "Changes in Urban Policing", *British Journal of Sociology*, 28, 2: 119-37.
Horne, Peter, 1980 (1975), *Women in Law Enforcement*, Springfield, Illinois, Charles C. Thomas Publisher.
Hughes, Everett C., 1996a (1971), *Le Regard Sociologique*. (textes rassemblés et presentés par Jean-Michel Chapoulie), Paris, Éditions de l'École des Hautes Études en Sciences Sociales.
Hughes, Everett C., 1996b, "Carrières, Cycles et Tournants de l'Existence", *in* Hughes, Everett C., *Le Regard Sociologique* (textes rassemblés et presentés par Jean-Michel Chapoulie), Paris, Éditions de l'École des Hautes Études en Sciences Sociales.
Hughes, Everett C., 1996c, "Carrières", *in* Hughes, Everett C., *Le Regard Sociologique* (textes rassemblés et presentés par Jean-Michel Chapoulie), Paris, Éditions de l'École des Hautes Études en Sciences Sociales.
Hughes, Everett C., 1960, "The Place of Fieldwork in Social Science", *in* Junker, B. H. (ed.), *Field Work*, Chicago, University of Chicago Press.
Hughes, Everett C., 1958, *Men and their Work*, Westport and Conneticut, Greenwood Press Publishers.
Hunt, Jennifer, 1985, "Police Accounts of Normal Force", *Urban Life*, 13, 4: 315-341.
Hunt, Jennifer, 1984, "The Development of Rapport Through the Negotiation of Gender in Fieldwork Among Police", *Human Organization*, 43: 283-296.
Hurd, Geoffrey, 1979, "The Television Presentation of the Police", *in* Holdaway, Simon, *The British Police*, London, Sage Publications: 118-134.
Hymes, Dell (ed.), 2002 (1969), *Reinventing Anthropology*, Michigan, Ann Arbor, The University of Michigan Press.
Jacobs, J., 1969, "Symbolic Bureaucracy: A Case Study of a Social Welfare Agency", *Social Forces*, 47: 413-422.
Jeanjean, Marc, 1991, "La 'Culture' Policière? Et l'Affaire'. Une Approche Ethnographique de la Police", *Ethnologie Française: Anthropologues Américains. Regards sur la France*, XXI, 1: 79-89.
Jeanjean, Marc, 1990, *Un Ethnologue Chez les Policiers*, Paris, Métailié.

Jelinck, Marianne; Smircich, Linda & Hirsch, Paul, 1983, "Introduction: A Code of Many Colors", *Administrative Science Quarterly*, 28: 331-333.
Jobard, Fabien, 2002, *Bavures Policières? La Force Publique et ses Usages*, Paris, La Découverte.
Johnston, Les, 1999, "Private Policing: Uniformity and Diversity", *in* Mawby, R. I. (ed.), *Policing Across the World. Issues for the Twenty-First Century*, London, UCL Press, New York, Garland Publishing: 226-338.
Katane, David, 2002, "Police, Population et Quartiers Sensibles. Une Sémantique à Questioner", *Les Cahiers de la Sécurité Intérieure – Quartiers Sensibles Ici et Ailleurs*, 49: 57-78.
Kirkham, George L., 1976, *Signal Zero*, Philadelphia, Lippincott.
Kirkham, George L., 1974, "From Professor to Patrolman", *Journal of Police Science and Administration*, II, 2: 127-137.
Kunda, Gideon, 1992, *Engineering Culture. Control and Commitment in a High-Tech Corporation*, Philadelphia, Temple University Press.
Kuper, Adam, 1999, *Culture. The Anthropologists Account*, Cambridge, Massachusetts, Harvard University Press.
Kuper, Adam, 1988, *The Invention of Primitive Society. Transformations of an Illusion*, London, Routledge.
L'Heuillet, Hélène, 2004 (2001), *Baixa Política, Alta Polícia. Uma Abordagem Histórica da Polícia*, Lisboa, Editorial Notícias.
La Fave, Wayne, 1965, *Arrest. The Decision to Take a Suspect into Custody*, Boston, Massachusetts, Little, Brown.
La Fave, Wayne, 1962, "The Police and Non-Enforcement of the Criminal Law", *Wisconsin Law Review*: 104-137, 179-239.
Lagranje, Hugues, 1998, "Pacification des Moeurs et ses Limites. Violence, Chômage et Crise de la Masculinité", *Esprit*, 248: 36-47.
Lahire, Bernard, 2005, *L'Esprit Sociologique*, Paris, Éditions La Découverte.
Lahire, Bernard, 2003 (2001), *O Homem Plural. As Molas da Acção*, Lisboa, Instituto Piaget.
Latour, Bruno, 2002, *La Fabrique du Droit. Une Ethnographie du Conseil d'État*, Paris, Éditions la Découverte.
Latour, Bruno, 1993, *We Have Never Been Modern*, Cambridge, Massachusetts, Harvard University Press.
Latour, Bruno & Woolgar, Steve, 1986 (1979), *Laboratorie Life. The Construction of Scientific Facts*, Princeton, Princeton University Press.
Leandro, Alexandra, 2006, "A Primeira Escola de Alistados Femininos da PSP. Género, Poder e Identidade", tese de mestrado em Antropologia, Lisboa, Instituto Superior de Ciências do Trabalho e da Empresa.
Lee, John Alan, 1981, "Some Structural Aspects of Police Deviance in Relations with Minorirty Groups", *in* Shearing, Clifford (ed.), *Organisational Police Deviance*, Toronto, Butterworth.
Leeds, Anthony, 1964, "Brazilian Careers and Social Structure. A Case History and a Model", *American Anthropologist*, 66: 1321-1347.
Leitão, José Carlos, 2001, "Tácticas de Patrulha", separata em *Polícia Portuguesa*, ano LXIV, II série, 128: 6-9.

Lemgruber, Julita; Musumeci, Leonarda & Cano, Ignacio, 2003, *Quem Vigia os Vigias? Um Estudo sobre Controlo Externo da Polícia no Brasil*, Rio de Janeiro, São Paulo, Editora Record.
Lévy, René, 1987, *Du Suspect au Coupable. Le Travail de Police Judiciaire*, Paris, Méridiens Klincksieck.
Lianos, Michalis, & Douglas, Mary, 2000, "Dangerization and the End of Deviance: The Institutional Environment", in Garland, David & Sparks, Richard (eds.), *Criminology and Social Theory*, Oxford, Oxford University Press: 103-126.
Lima, Roberto Kant, 1995, *A Polícia da Cidade do Rio de Janeiro. Seus Dilemas e Paradoxos*, Rio de Janeiro, Ed. Forense.
Linz, Juan J., 1987, *La Quiebra de las Democracias*, Madrid, Alianza.
Lipsky, Michael, 1980, *Street-Level Bureaucracy. Dilemas of the Individual in Public Services*, New York, Russel Sage Foundation.
Los Angeles Durán, Maria, 1987, *La Jornada Interminable*, Barcelona, Icaria.
Loubet del Bayle, Jean-Louis, 1992, *La Police. Approche Socio-Politique*, Paris, Montchrestien.
Loubet del Bayle, Jean-Louis (ed.), 1988, *Police et Société*, Toulouse, Presses de l'Institut d'Études Politiques de Toulouse.
Lowman, John, 1986, "Conceptual Issues in the Geography of Crime: Toward a Geography of Social Control", *Annals,* Association of American Geographers, 76: 81-94.
Lourenço, Nelson & Lisboa, Manuel, 1998, "Dez Anos de Crime em Portugal. Análise Longitudinal da Criminalidade Participada às Polícias (1984-1993)", Lisboa, Colecção Cadernos do Centro de Estudos Judiciários.
Lousada, Maria Alexandra, 2003, "The Police and the Uses of Urban Space, 1980-1830", *Apontamentos de Geografia*, Centro de Estudos Geográficos, 16: 1-7 (texto policopiado).
Lousada, Maria Alexandre, 1998, "A Cidade Vigiada. A Polícia e a Cidade Vigiada no Início do Século XIX", *Cadernos de Geografia*, 17: 227 – 232.
Machado Pais, José, 2001, *Ganchos, Tachos e Biscates. Jovens, Trabalho e Futuro*, Porto, Ambar.
Machado, Carla, 2004, *Crime e Insegurança. Discursos do Medo, Imagens do Outro*, Lisboa, Editorial Notícias.
MacNeal, Edward, 1994, *Mathsemantics. Making Numbers, Talk Sense*, New York, Viking.
Madureira, Nuno Luís, 2005, "Policía sin Ciencia. La Investigation Criminal en Portugal: 1880-1936", *Política y Sociedad – Policía y Ciencias Sociales*, 42, 3: 45-62.
Madureira, Nuno Luís, 2003, "A Estatística do Corpo. A Antropologia Física e a Antropometria na Alvorada do Século XX", *Etnográfica*, VII, 2: 283-304.
Magnanni, José Guilherme, 2003, "De Dentro e de Perto. Notas para uma Etnografia Urbana", *Núcleo de Antropologia Urbana*, São Paulo, Universidade de São Paulo (http://www.n-a-u.org, consulta de Agosto de 2006).
Malheiros, Jorge M., 2000, "Segregação sócio-étnica na região metropolitana de Lisboa", *Sociedade e Território*, 30: 27-37.
Manning, Peter K., 2004, "La 'Sécurité Intérieure' aux États-Unis au Lendemain du 11 Septembre", *in Les Cahiers de la Sécurité Intérieure — Reconstruire la Sécurité après*

le 11 Septembre. La Lutte Anti-Terroriste entre Affichage Politique et Mobilisation Policière, 55: 9-36.

Manning, Peter K., 2003 (1992), "As Tecnologias de Informação e a Polícia", *in* Tonry, Michael & Morris, Norval (eds.), *Policiamento Moderno*, São Paulo, Editora da Universidade de São Paulo: 375-426.

Manning, Peter K., 1987, *Semiotics and Fieldwork*, Newbury Park, CA, Sage Publications.

Manning, Peter K., 1985, "Limits of the Semiotic Structuralist Perspective Upon Organizational Analysis", *in* Denzin, Norman (ed.), *Studies in Symbolic Interaction*, Vol. VI, Greenwich, CT, JAI Press.

Manning, Peter K., 1984, "Making Sense of Field Data", *in* Thomas J. Cottle & Weiss, Robert (eds.), *The Narrative Voice*, New York, Basic Books.

Manning, Peter K., 1983a (1979), "Metaphors of the Field: Varieties of Organizational Discourse", *in* Van Maanen, John (ed.), *Qualitative Methodology*, Beverly Hills, CA, Sage Publications: 225-246.

Manning, Peter K., 1983b, "Organizational Constraints and Semiotics", *in* Punch, Maurice (ed.), *Control in the Police Organization*, Cambridge, MIT Press: 169-193.

Manning, Peter K., 1982, "Analytic Induction", *in* Smith, Robert B. & Manning, Peter K. (eds.), *Social Science Methods*, vol. I, New York, Irvington Press.

Manning, Peter K., 1980a, *The Narc's Game. Informational and Organizational Constraints on Drug Law Enforcement*, Cambridge, Massachusetts, MIT Press.

Manning, Peter K., 1980b, "Crime and Technology", *Five Year Outlook for Science and Technology in the United States*, vol. II, Washington, DC, Nacional Science Foundation: 607-623.

Manning, Peter K., 1980c, "Violence and the Police Role", *The Annals of the American Academy of Political and Social Science*, 452: 135-144.

Manning, Peter K., 1980d, "Organizational Work: Structuration of the Environment", *British Journal of Sociology*, 33: 118-139.

Manning, Peter K., 1979a, "The Reflexivity and Facticity of Knowledge: Criminal Justice Research in the Seventies", *American Behavioural Scientist*, 22: 697-732.

Manning, Peter K., 1979b, "The Social Control of Police Work", *in* Holdaway, Simon, *The British Police*, London, Sage Publications: 41-65.

Manning, Peter K., 1978a, "The Police. Mandate, Strategies, and Appearances", *in* Peter K. Manning & Van Maanen, John (eds.), *Policing: A View From the Street*, New York, Random House: 7-31.

Manning, Peter K., 1978b, "Rules, Colleagues, and Situationally Justified Actions", *in* P. K. Manning & Van Maanen, John (eds.), *Policing: A View From the Street*, New York, Random House: 71-90.

Manning, Peter K., 1978c, "Lying, Secrecy, and Social Control", *in* P. K. Manning & Van Maanen, John (eds.), *Policing: A View From the Street*, New York, Random House: 238-255.

Manning, Peter K., 1977, *"Police Work. The Social Organization of Policing*, Massachusetts, Cambridge, The MIT Press.

Manning, Peter K., 1974, "Dramatic Aspects of Policing: Selected Propositions", *Sociology and Social Research*, LIX, 1: 21-29.

Manning, Peter K. & Redlinger, Lawrence, 1978, "Invitational Edges and Corruption: Some Consequences of Narcotic Law Enforcement", *in* Manning, Peter K. & Van Maanen, John (eds.), *Policing. A View from the Street*, New York, Random House: 147-166.

Manning, Peter K. & Van Maanen, John (eds.), 1978, *Policing. A View from the Street*, New York, Random House.
Marques da Silva, Germano, 2001, *Ética Policial e Sociedade Democrática*, Lisboa, Publicação do Instituto Superior de Ciências Policiais e Segurança Interna.
Marques, Tiago Pires, 2005, *Crime e Castigo no Liberalismo em Portugal*, Lisboa, Livros Horizonte.
Martín Fernández, Manuel, 1994, *Mujeres Policía*, Madrid, Centro de Investigaciones Sociológicas, Siglo XXI de España Editores.
Martín Fernández, Manuel, 1990, *La Professión de Polícia*, Madrid, Centro de Investigaciones Sociológicas, Siglo XXI de España Editores.
Martin, Joanne; Feldman, Martha S.; Hatch, Mary Jo & Sitkin, Sim B., 1983, "The Uniqueness Paradox in Organizational Stories", *Administrative Sciences Quarterly*, 28, 32: 438-453.
Mastrofski, Stephen D., 1994, "Measuring Police Performance in Public Encounters", in Hoover, Larry (ed), *Quantifying Qualitaty in Policing*, Washington, Police Executive Research Forum.
MacCormack, Carol & Marilyn Strathern (orgs), 1981, *Nature, Culture and Gender*, Cambridge, Cambridge University Press.
McDermott, Ray P. & Roth, David R., 1978, "The Social Organization of Behaviour. International Approaches", *Annual Review of Anthropology*, 7: 321-345.
McLaughlin, Eugene & Muncie, John, 1996, *Controlling Crime*, London, Sage Publications.
Merton, Robert K., 1965 (1949), *Éléments de Théorie et de Méthode Sociologiques*, Paris, Plon.
Milburnm Philip, 2000, « Violence et Incivilités : de la retorique experte à la réalité ordinaire des illégalismes », *Deviance et Société – Les Désordres Urbains : Regards Sociologiques*, 24 : 331-350.
Miranda, Jorge (org), 2003a, *Estudos de Direito de Polícia, Seminário de Direito Administrativo de 2001/2002*, Vol. I, Lisboa, Associação Académica da Faculdade de Direito de Lisboa.
Miranda, Jorge (org), 2003b, *Estudos de Direito de Polícia, Seminário de Direito Administrativo de 2001/2002*, Vol. II, Lisboa, Associação Académica da Faculdade de Direito de Lisboa.
Mitchell, J. Clyde, 1996 (1956), "La Danse du Kalela. Aspects des Relations Sociales chez les Citadins Africains en Rhodésie du Nord", *Enquête*, 4: 213-43.
Mitchell, J. Clyde, 1990 (1966), "Orientaciones Teoricas de los Estudios Urbanos en Africa", in Wolf, Eric; Benedict, Burton; Mitchell, Clyve; Loudon, Joe; Mayer, Adrian & Frankenberg, Ronald (comp. de Michael Banton), *Antropología de las Sociedades Complejas*, Madrid, Alianza Cultural: 53-81.
Mitchell, J. Clyde, 1987, "The Situational Perspective", in *Cities, Society and Social Perception. A Central African Perspective*, Oxford, Clarendon Press: 1-33.
Mondada, Lorenza, 2000, *Décrire la Ville. La Construction des Savoirs Urbains dans l'Interaction et dans le Texte*, Paris, Anthropos.
Monet, Jean Claude, 1991, *Police en Europe*, Institut des Haute Études de lá Sécurité Intérieure.
Monjardet, Dominique, 2004, entretien avec, "Retisser des Liens Quotidiens", *Sciences Humaines*, 146: 16.

Monjardet, Dominique, 1996a, *Ce Que Fait la Police. Sociologie de la Force Publique*. Paris, Éditions La Découverte.

Monjardet, Dominique, 1996b, "Règles, Procédures et Transgressions dans le Travail Policier", *in* Girin, Jacques & Grosjean, Michèle (eds.), *La Transgression des Règles au Travail*, Paris, L'Harmattan: 83-94.

Monjardet, Dominique, 1993, "Le Modèle Français de Police", *Les Cahiers de la Sécurité Intérieure*, 13: 61-82.

Monjardet, Dominique, 1992, "Une Réalité Silencieuse, Risque et Peur, Composantes du Métier Policier", *Informations Sociales*, 24: 36-43.

Monjardet, Dominique, 1990, "La Manifestation du Côté du Maintien de l'Ordre", *in* Favre, P. (ed.), *La Manifestation*, Paris, Presses de Sciences Po.

Monjardet, Dominique, 1988a, "Le Maintient de l'Ordre. Technique et Idéologies Professionnelles des CRS", *Déviance et Société*, 12, 2: 101-126.

Monjardet, Dominique, 1988b, "Moderniser, Pour Quoi Faire?", *Esprit*, 2: 5-18.

Monjardet, Dominique, 1985, "Police et Sociologie. Questions Croisées", *Deviance et Société*, 8, 4: 297-311.

Monjardet, Dominique; Chauvenet, A.; Chave, D.; Orlic, F., 1984, *La Police Quotidienne. Éléments de Sociologie du Travail Policier*, Paris, Groupe de Sociologie du Travail, CNRS-Paris VII.

Monkkonen, Eric H., 2003 (1992), "História da Polícia Urbana", *in* Tonry, Michael & Morris, Norval (eds.), *Policiamento Moderno*, São Paulo, Editora da Universidade de São Paulo: 577-612.

Moore, Henrietta L. (ed.), 1999, *Anthropological Theory Today*, Cambridge, Polity Press.

Morgan, Gareth, 1986, *Images of Organization,* London, Sage Publications.

Muir, William Ker Jr., 1977, *Police. Street Corner Politicians*, Chicago, Chicago University Press.

Muniz, Jaqueline de Oliveira, 1999, "Ser Policial é, Sobretudo, uma Razão de Ser. Cultura e Quotidiano da Polícia Militar do Estado do Rio de Janeiro", tese de doutoramento em Ciência Política, Instituto Universitário de Pesquisas do Rio de Janeiro.

Nader, L., 1969, "Up the Anthropologist. Perspectives gained from sutying up", *Reinventing Anthropology*, Hymes, D. (ed.), NY, Random House.

Nash, J., 1993, *Crafts in the World Market*, Albany, State University of New York Press.

Niederhoffer, Arthur, 1967, *Behind the Shield*, New York, Doubleday.

Niederhoffer, Arthur & Blumberg, Abraham (eds.), 1973, (1970), "The Ambivalent Force" New York, Holt, Rinehart & Winston.

Neves, Tiago, 2003, "Controlo Social Formal e Definições de Normalidade em Territórios Psicotrópicos", *in* Cordeiro Graça I.; Baptista, Luís V. & Costa, António F. da (eds.) *Etnografias Urbanas*, Oeiras, Celta Editora: 77-91.

Nicholson, Trish, 1994, "Institution Building: Examining the Fit Between Bureaucracies and Indigenous Systems", *in* Wright, Susan (ed.), *Anthropology of Organizations*, London, New York, Routledge: 68-86.

O'Neill, Brian, 1991, "Espaços Sociais e Grupos Sociais no Nordeste Transmontano", in O'Neill, Brian e Brito, Joaquim Pais de (eds.), *Lugares de Aqui,* Lisboa, Dom Quixote: 141-166.

Ocqueteau, Frédéric, 2004, *Police entre État et Marché*, Paris, Presses de Sciences Po.

Oliveira, José Ferreira de, 2005, "O Processo de Modernização da Polícia de Segurança Pública – Instituto Superior de Ciências Policiais e Segurança Interna", Actas do III Colóquio Internacional do Mestrado em Administração e Políticas Públicas, Lisboa, Instituto Superior de Ciências do Trabalho e da Empresa (em suporte CD-ROM).
Oliveira, José Ferreira de, 2003, "Os Modelos de Policiamento e as Políticas de Segurança. A Emergência do Policiamento de Proximidade", in Mozzicafreddo, Juan; Gomes, João S. & Batista, João (eds.), Ética e Administração. Como Modernizar os Serviços Públicos?, Oeiras, Celta Editora.
Oliveira, José Ferreira de, 2001, "Os Modelos de Polícia, face à Emergência das Políticas Públicas de Segurança", separata em Polícia Portuguesa, ano LXIV, II série, 128: 15-25.
Oliveira, José Ferreira de, 2000, "A Manutenção da Ordem Pública em Portugal", tese de licenciatura do Curso Superior de Polícia, Lisboa, Instituto Superior de Ciências Policiais e Segurança Interna.
Ortner, Sherry, 1984, "Theory in Anthropology since the Sixties", Comparative Studies in Society and History, 26: 126-166.
Ouchi, William G., 1981, Theory Z. Reading, MA, Addison-Wesley.
Pacanowsky, Michael E. & O'Donnell-Trujillo, Nick, 1982, "Communication and Organizational Culture", Western Journal of Speech Comunication, 46: 115-130.
Palacios Cerezales, Diego, 2005, "Presentatión: Policía, Opacidad y Ciencias Sociales", Política y Sociedad – Policía y Ciencias Sociales, 42, 3: 7-13.
Palacios Cerezales, Diego, 2003, O Poder Caiu na Rua. Crise de Estado e Acções Colectivas na Revolução Portuguesa, 1974-1975, Lisboa, Imprensa de Ciências Sociais.
Pariente, Patricia, 1994, "Les Valeurs des Policiers", Les Cahiers de la Sécurité Intérieure, 16: 137-149.
Perlmutter, David D., 2000, Police the Media. Street Cops and Public Perceptions of Law Enforcement, California, Sage Publications.
Peroni, Michel, 1996, "Témoignages d'Insécurité, Espace Public et Identité Personnelle", L'Homme et la Société, 119, 1: 59-70.
Pimentel, Irene Flunser, 2007, A História da PIDE, Lisboa, Círculo de Leitores.
Pina Cabral, João de, 2000, "A Difusão do Limiar: Margens, Hegemonias e Contradições", Análise Social, XXXIV, 153: 865-892.
Pinto, António Costa, 1992, O Salazarismo e o Fascismo Europeu. Problemas de Interpretação nas Ciências Sociais, Lisboa, Editorial Estampa.
Pinto, José Madureira, 1991, "Considerações Sobre a Produção Social de Identidade", Revista Crítica de Ciências Sociais, 32: 217-231.
Pinto, Maria de Fátima, 1999, Os Indigentes. Entre a Assistência e a Repressão. A Outra Lisboa no 1.º Terço do Século, Lisboa, Livros Horizonte.
Poiares, Nuno Caetano L. B., "A Profissão de Polícia. Uma Nova Lógica-Profissional e Organizacional. O Caso da PSP do Distrito de Beja", tese de mestrado em Sociologia, Évora, Universidade de Évora.
Poncioni, Paula Mota, 2003, "Tornar-se Policial: A Construção da Identidade Profissional do Polícia no Estado do Rio de Janeiro", tese de doutoramento em Sociologia, Faculdade de Filosofia, Letras e Ciências Humanas da Universidade de São Paulo.
Poncioni, Paula Mota, 1995, "A Polícia e os Pobres. Representações Sociais e Práticas em Delegacia de Polícia do Rio de Janeiro", tese de mestrado em Serviço Social, Escola de Serviço Social da Universidade Federal do Rio de Janeiro.

Pred, Allan, 1977, "The Choreography of Existence. Some Coments on Hagerstrand's Time Geography and its Effectiveness", *Economic Geography*, 53: 207-221.
"Projecto NUIPC: Proposta para Implantação do NUIPC/1.ª etapa. Comarca de Lisboa", 1991, Gabinete Director da Informatização Judiciária, Lisboa, GDIJ, Ministério da Justiça.
Punch, Maurice, 1999, recensão de "Policing the Risk Society (Toronto, University of Toronto Press), *Administrative Science Quarterly*, 44, 1 (Mar.): 199-201.
Punch, Maurice (ed.), 1983a, *Control in the Police Organization*, Cambridge, MIT Press.
Punch, Maurice, 1983b, "Officers and Men. Occupational Culture, Inter-Rank Antagonism, and the Investigation of Corruption", *in* Punch, Maurice (ed.), "*Control in the Police Organization*, Cambridge, MIT Press: 227-250.
Punch, Maurice, 1983c, "Preface", Punch, M. (ed.), *Control in the Police Organization*, Cambridge, MIT Press: xi-xvi.
Punch, Maurice, 1982, "Developing Scandal: Police Deviance in Amsterdam", *Urban Life*, 11, 2: 209-230.
Punch, Maurice, 1979a, *Policing the Inner City: A Study of Amsterdam's Warmoesstraat*, Hamden, Conn. Archor.
Punch, Maurice, 1979b, "A Mild Case of Corruption", *British Journal of Law and Society*, 6, 2: 243-253.
Punch, Maurice, 1979c, "The Secret Social Service", *in* Holdaway, Simon, *The British Police*, London, Sage Publications: 102-117.
Punch, Maurice & T. Naylor, 1973, "The Police. A Social Service", New Society, 24: 358-361.
Ramos, Silvia & Musumeci, Leonarda, 2005, *Elemento Suspeito. Abordagem Policial e Discriminação na Cidade do Rio de Janeiro*, Rio de Janeiro, Civilização Brasileira.
Regulamento para o Serviço das Esquadras, Postos e Subpostos, aprovado por despacho do ministro do Interior, de 7/12/1961.
Reiner, Robert, 2005, *The Guardian*, Nov, 24: 24.
Reiner, Robert, 2002, "Processo ou Produto? Problemas na Avaliação do Desempenho Policial Individual", *in* Brodeur, Jean-Paul (ed.), *Como Reconhecer um Bom Policiamento. Problemas e Temas*, São Paulo, Editora da Universidade de São Paulo: 83-102.
Reiner, Robert, 1998, "Copping a Plea", *in* Holdaway, Simon & Rock, Paul, *Thinking About Criminology*, Toronto, UCL Press: 73-97.
Reiner, Robert, 1997, "Policing and the Police. Introduction: Criminology and the Study of the Police", *in* Maguire, Mike; Morgan, Rod & Reiner, Robert (eds.), *The Handbook of Criminology*, 2nd edition, Clarendon Press: 997-1049.
Reiner, Robert, 1996 (1992), "Policing a Postmodern Society", *in* Reiner, Robert (ed.), *Policing. Cops, Crime and Control: Analysing the Police Function*, vol. I, Aldershot, Dartmouth: 501-522.
Reiner, Robert, 1991, *Chief Constables. Bobbies, Bosses or Bureaucrats?*, Oxford, Oxford University Press.
Reiner, Robert, 1985, *The Politics of the Police*, Sussex, Wheatsheaf Books & Harvest Press.
Reiner, Robert, 1979, "Police Unionism", *in* Holdaway, Simon, *The British Police*, London, Sage Publications: 150-167.
Reiner, Robert, 1978, *The Blue-Coated Worker*, Cambridge, Cambridge University Press.
Reiss, Albert J. Jr., 1971, *The Police and the Public*, Yale University Press, New Haven.

Reuss-Ianni, Elizabeth & Francis A. J. Ianni, 1983, "Street Cops and Mangement Cops. The Two Cultures of Policing", *in* Punch, Maurice (ed.), *Control in the Police Organization*, Cambridge, MIT Press: 251-274.
Ribeiro, Armando Vitorino, 1935, *Subsídios para a História da Localização das Esquadras da Polícia de Lisboa (Pequena Monografia da Mesma Polícia)*, Lisboa, PSP.
Roberts, K. H., 1970, "On Looking to an Elephant. An Evaluation of Cross-Cultural Research Related to Organizations", *in* Weinshall, Theodore D. (ed.), *Culture and Management*, Harmondsworth, UK, Penguin Books: 56-104.
Roché, Sébastian, 1998, *Sociologie Politique de l'Insécurité. Violences Urbaines, Inégalités et Globalisation*, Paris, Presses Universitaires de France.
Rodrigues, José Narciso Cunha, 1998, "Para um Novo Conceito de Polícia", *Revista Portuguesa de Ciência Criminal*, 8, 3: 389-408.
Rodrigues, Maria de Lurdes, 1997, *Sociologia das Profissões*, Oeiras, Celta Editora.
Roethlisberger, Fritz J. & Dickson, William, 1939, *Management and the Worker*, Cambridge, MA, Harvard University Press.
Rogers, Alisdair & Vertovec, Steven, 1995, "Introduction", *Ethnicity, Social Networks and Situational Analysis*, Oxford, Berg Publishers Limited: 1-33.
Rosaldo, Renato, 1980, *Ilongot Headhunting (1883-1974)*, Stanford, Stanford University Press.
Rubinstein, Jonathan, 1973, *City Police*, New York, Farrar, Strauss & Giroux.
Sabaté, Juli, 1987, "La Professión Policial en España. Un Análisis Sociológico", *Papers*, 21.
Sachs, Patricia (ed.), 1989, "Anthropological Approaches to Organizational Culture", *Anthropology of Work Review*, Washington, DC, Society for the Anthropology of Work.
Sanday, Peggy Reeves, 1983 [1979], "The Ethnographic Paradigm(s)", *in* Van Maanen, John (ed.), *Qualitative Methodology*, Beverly Hills, CA, Sage Publications: 19-36.
Santos, Boaventura de Sousa, 1990, *O Estado e a Sociedade em Portugal (1974-1988)*, Porto, Edições Afrontamento.
Santos, Maria José Moutinho, 1998, *A Sombra e a Luz. As Prisões do Liberalismo*, Porto, Afrontamento.
Schiera, Pierangelo, 1968, *Dall'Arte di Goberno Alle Scienze dello Stato. Il Cameralismo e l'Assolutismo Tedesco*, Milán, Antonio Giuffrè.
Schwartzman, Helen B., 1993, *Ethnography in Organizations*, Newbury Park, CA, Sage Publications.
Schwartzman, Helen B., 1989a, *Ethnography in Organizations*, New Park, London, New Delhi, Sage Publications.
Schwartzman, Helen B., 1989b, *The Meeting. Gatherings in Organization and Communities*, New York, Plenum.
Schwartzman, Helen B., 1984, "Stories at Work. Play in an Organizational Context", *in* Bruner, Edward M. (ed.), *Text, Play, and Story: The Construction and the Reconstruction of the Self and Society*, Washington, DC, American Ethnological Society: 80-93.
Scraton, Phil, 1985, *The State of the Police*, London, Pluto.
Segal, Mady W., 1988, "The Military and the Family as Greedy Institutions", *in* Moskos, Charles & Wood, Frank R. (eds.), *The Military. More Than Just a Job?*, Washington, Pergamon-Brassey's.

Shearing, Clifford D., 2003 (1992), "A Relação entre Policiamento Público e Policiamento Privado", *in* Michael Tonry & Norval Morris (eds.), *Policiamento Moderno*, São Paulo, Editora da Universidade de São Paulo: 427-462.
Shearing, Clifford D., 1981, *Organisational Police Deviance*, Toronto, Butterworths.
Shepard, Jon M., 1971, *Automation and Alienation. A Study of Office and Factory Workers*, Cambridge, Massachusetts, MIT Press.
Short Junior, J. F. & Wolfgang, M. E., 1972, *Collective Violence*, Chicago, Aldine, New York, Atherton.
Sichel, Joyce L., 1978, *Women on Patrol*, Washington, DC, USA, Dept. of Justice.
Simmel, Georg, 1971, *On Individuality and Social Forms (Selected Writings)*, Chicago, The University of Chicago Press.
Simmel, Georg, 1950, *The Sociology of Georg Simmel*, Glencoe, Illinois, The Free Press.
Skolnick, Jerome, 1966, *Justice Without Trial*, New York, John Wiley.
Skolnick, Jerome H. & Bayley, David H., 2002 (1988), *Policiamento Comunitário*, São Paulo, Editora da Universidade de São Paulo.
Skolnick, Jerome & Fyfe, James J., 1993, *Above the Law: Police and the Excessive Use of Force*, New York, Free Press.
Smircich, Linda, 1983, "Concepts of Culture and Organizational Analysis", *Administrative Science Quarterly*, 28: 339-358.
Smith, D. J. & Gray, J., 1983, *People and Police in London, IV: The Police in Action*, London, Policy Studies Institute.
Soares, Barbara M. & Musumeci, Leonarda, 2005, *Mulheres Policiais. Presença Feminina na Polícia Militar do Rio de Janeiro*, Rio de Janeiro, Civilização Brasileira.
Soares, Luíz Eduardo, 2000, *Meu Casaco de General. Quinhentos Dias no Front da Segurança Pública do Rio de Janeiro*, Rio de Janeiro, Companhia das Letras.
Soullez, Christophe & Rudolph, Luc, 2000, *La Police en France*, Paris, Éditions Milan.
South, Nigel, 1988, *Policing for Profit. The Private Security Sector*, London, Sage Publications.
Spitzer, Steven, 1987, "Security and Control in Capitalist Societies. The Fetishism of Security and the Secret Thereof", *in* Lowman, John; Menzies, Robert J. & Palys, T. S. (eds.), *Transcarceration. Essays in the Sociology of Social Control*, Aldershot, Gower: 43-58.
Stone, Christopher D., 1975, *When the Law Ends. The Social Control of Corporate Behaviour*, New York, Harper and Row.
Stone, Vali, 1999, *Cops Don't Cry. A Book of Hell and Hope for Police Families*, Ontario, Creative Bound.
Storch, Robert, 1976, "The Police as Domestic Missionary", *Journal of Social History*, 9, 4: 481-509.
Strathern, Marilyn, 1999, "Entrevista: No Limite de uma Certa Linguagem", *Mana*, 5 (2): 157-175.
Strathern, Marilyn, 1996, "Cutting the Network", *Journal of the Royal Anthropological Institute*, 2: 517-535.
Strathern Marilyn (orgs.), 1992, *After Nature, English Kinship in the Late Twentieth Century*, New York, The University of Rochester (Lewis Henry Morgan Lectures).
Strauss, Alfred, 1992, *La Trame de la Négociation. Sociologie Qualitative et Interaccionisme*, Paris, L'Harmattan.

Suárez de Garay, María Eugenia, 2005, "Armados, Enrejados, Desconfiados... Tres Breves Lecturas sobre la Cultura Policial Mexicana", *Política y Sociedad – Policía y Ciencias Sociales*, 42, 3 : 87-102.
Suárez de Garay, María Eugenia, 2002a, "De Estómago, de Cabeza y de Corazón. Un Acercamiento Antropológico a los Mundos de Vida de los Policías en Guadalajara, México", tese de doutoramento em Antropologia, Barcelona, Universidad Autónoma de Barcelona.
Suárez de Garay, María Eugenia, 2002b, "Claves para Desentrañar el Mondo Policial", *Renglones, Aprendizajes para la Gestión del Riesgo – Seguridad. La Asignatura Pendiente*, 51: 85-97.
Subtil, José, 1989, "Criminalidade e Estado Nação", *Ler História*, 16: 63-82.
Sykes, R. and J. Clark, 1975, "A Theory of Deference Exchange in Police-Citizen. Encounters", *American Journal of Sociology*, 81: 587-600.
Synnott, Anthony, 1993, *The Body Social. Symbolism, Self and Society*, London & New York, Routledge.
Tardif, Guy, 1974, *Police et Politique au Québec*, Aurore, Montréal.
Teles, Cristina Branca, 1995, "O Trabalho de Polícia e o Processo de Profissionalização. Estudo de Duas Brigadas da Polícia Judiciária Portuguesa", tese de mestrado em Sociologia, Lisboa, Instituto Superior de Ciências do Trabalho e da Empresa.
Tommerup, Peter, 1988, "From Trickster to Father Figure: Learning from Mythologization of Top Management", *in* Jones, Michael O.; Moore, Michael D. & Snyder, Richard C., (eds.) *Inside Organizations. Understanding the Human Dimension*, Newbury Park, CA, Sage Publications: 319-331.
Tonry, Michael & Morris, Norval (eds.), 1992, *Modern Policing*, Chicago, The University of Chicago Press.
Turner, Barry A., 1971, *The Industrial Subculture*, London, Macmillan.
Turner, Victor, 1969, *The Ritual Process. Structure and Anti-Structure*, Harmondsworth, Penguin Books.
Turner, Victor, 1967 (1964), "Betwix and Between. The Liminal Periods in Rites of Passage", *in* Turner, Victor, *The Forest of Symbols: Aspects of Ndembu Ritual*, Ithaca, Cornell University Press.
Valente, Manuel Monteiro Guedes, 2005, *Teoria Geral do Direito Policial*, Coimbra, Almedina.
Valverde, Paulo, 2000, *Máscara, Mato e Morte em São Tomé*, Oeiras, Celta Editora.
Van Maanen, John, 2001, "Afterword: Natives 'R'Us: Some Notes on the Ethnography of Organizations", *in* Gellner, David N. & Hirsch, Eric, 2001, *Inside Organizations. Anthropologists at Work*, Oxford, New York, Berg: 231-261.
Van Maanen, John, (ed.), 1998a, *Qualitative Studies of Organizations. The Administrative Science Quarterly Series in Organization Theory and Behaviour*, Thousand Oaks, London, New Delhi, Sage Publications.
Van Maanen, J., 1998b, "Editor's Introduction. Different Strokes. Qualitative Research *in* Administrative Science Quarterly from 1956 to 1996", *in* Van Maanen, John (ed.), *Qualitative Studies of Organizations. The Administrative Science Quarterly Series in Organization Theory and Behaviour*, Thousand Oaks, London, New Delhi, Sage Publications: ix-xxxii.

Van Maanen, John, (ed.) 1995a, *Representation in Ethnography*, Thousand Oaks, London, New Delhi, Sage Publications.
Van Maanen, John, 1995b, "An End to Innocence: The Ethnography of Ethnography", *in* Van Maanen, John (ed.) *Representation in Ethnography*, Thousand Oaks, London, New Delhi, Sage Publications: 1-35.
Van Maanen, John, 1995c, "Style as Theory", *Organization Science*, 6, 1: 133-143.
Van Maanen, John, 1988, *Tales of the Field. On Writing Ethnography*, Chicago, The University of Chicago Press.
Van Maanen, John, 1984, "Making Rank", *Urban Life*, 13: 155-76.
Van Maanen, John, 1983a, "The Boss: First-Line Supervision *in* an American Police Agency", *in* Punch, Maurice (ed.), *Control in the Police Organization*, Cambridge, MIT Press: 275-317.
Van Maanen, John, 1983b (1979), "Reclaiming Qualitative Methods for Organizational Theory. A Preface", *in* Van Maanen, John (ed.), *Qualitative Methodology*, Beverly Hills, CA, Sage Publications: 9-18.
Van Maanen, John, 1983c (1979), "The Fact of Fiction in Organizational Ethnography", *in* Van Maanen, John (ed.), *Qualitative Methodology*, Beverly Hills, CA, Sage Publications: 37-55.
Van Maanen, John, 1983d (1979), "Epilogue. Qualitative Methods Reclaimed", *in* Van Maanen, John (ed.), *Qualitative Methodology*, Beverly Hills, CA, Sage Publications: 247-268.
Van Maanen, John, 1982, "Fieldwork on the Beat", *in* Van Maanen, John; Dabbs, James M. & Faulkner, Robert R. (eds.), *Varieties of Qualitative Research*, Beverly Hills, CA, Sage Publications: 103-151.
Van Maanen, John, 1981, "Notes on the Production of Ethnographic Data *in* an American Police Agency", *in* Luckham, R. (ed.), *Law and Social Enquiry*, Uppsala, Scandinavian Institute for African Studies.
Van Maanen, John, 1978a, "People Processing", *Organizational Dynamics*, 7: 18-36.
Van Maanen, John, 1978b, "On Watching the Watchers", *in* Manning, Peter K. & Van Maanen, John (eds.), *Policing. A View from the Street*, New York, Random House: 309-349.
Van Maanen, John, 1978c (1973), "Observations on the Making of Policemen", *in* Manning, Peter K. & Van Maanen, John (eds.), *Policing. A View from the Street*, New York, Random House: 292-308.
Van Maanen, John, 1978d, "The Asshole", *in* Manning, Peter K. & Van Maanen, John (eds.), *Policing. A View from the Street*, New York, Random House: 221-38.
Van Maanen, John, 1978e, "Notes on the Production of Ethnographic Data", *in* Luckham, R. (ed.), *Anthropological Methods in the Study of Legal Systems*, Stockholm, Scandinavian Institute for African Studies: 112-157.
Van Maanen, John, 1977a, (ed.), *Organizational Careers. Some New Perspectives*, New York, Wiley.
Van Maanen, John, 1977b, "Preface", *in* J. Van Maanen, John (ed.), *Organizational Careers. Some New Perspectives*, New York, Wiley: vii-viii.
Van Maanen, John, 1977c, "Introduction. The Promise of Career Studies", *in* Van Maanen, John (ed.), *Organizational Careers. Some New Perspectives*, New York, Wiley: 1-14.

Van Maanen, John, 1977d, "Experiencing Organization", *in* Van Maanen, John (ed.), *Organizational Careers. Some New Perspectives*, New York, Wiley: 15-45.
Van Maanen, John, 1977e, "Summary. Toward a Theory of the Career", *in* Van Maanen, John (ed.), *Organizational Careers. Some New Perspectives*, New York, Wiley: 161-179.
Van Maanen, John, 1976, "Breaking-In: Socialization at Work", *in* Dubin, Robert (ed.), *Handbook of Work, Organization and Society*, Chicago, Rand McNalley: 67-130.
Van Maanen, John, 1975, "Police Socialization. Longitudinal Examination of Job Attitudes in an Urban Police Department", *Administrative Science Quarterly*, 20: 207-228.
Van Maanen, John, 1974, "Working the Street. A Developmental View of Police Behaviour", *in* Jacob, H. (ed.), *The Potencial for Reform of Criminal Justice*, Beverly Hills, CA, Sage Publications, 3: 53-130.
Van Maanen, John, 1973, "Observations on the Making of Policemen", *Human Organization*, 32: 407-18.
Van Maanen, John; Dabbs, James & Faulkner, Robert (eds.), 1982, *Varieties of Qualitative Research*, Beverly Hills, CA, Sage Publications.
Van Maanen, John & Schein, Edgar, 1979, "Toward a Theory of Organizational Socialization", *in* Barry, Staw (ed.), *Research in Organizational Behavior*, Greenwich, Coon., JAL.
Van Maanen, John & Kolb, Deborah M., 1985, "The Professional Apprentice", *in* Bacharach, S. B. (ed.), *Perspectives in Organizational Sociology*, Grenwich, CT, JAI Press: 1-33.
Vaquinhas, Maria Irene, 1996, *Violência, Justiça e Sociedade Rural. Os Campos de Coimbra, Montemor-o-Velho e Penacova (1858-1918)*, Porto, Afrontamento.
Vasconcelos, Luís A., 2003, *Heroína. Lisboa como Território Psicotrópico nos Anos Noventa*, Lisboa, Imprensa de Ciências Sociais.
Vaz, Maria João, 2004, "Atitudes Populares e Repressão Policial da Criminalidade em Lisboa (1880-1910)", *Direito e Justiça*: 47-67.
Vaz, Maria João, 2000, "Crimes e Cidades. Lisboa nos finais do Século XIX", *in* Vaz, Maria João; Relvas, Eunice & Pinheiro, Nuno (eds.), *Exclusão Na História. Actas do Colóquio Internacional Sobre Exclusão Social*, Oeiras, Celta Editora: 139-147.
Vaz, Maria João, 1998, *Crime e Sociedade. Portugal na Segunda Metade do Século XIX*, Oeiras, Celta Editora.
Velho, Gilberto, 1994, *Projecto e Metamorfose. Antropologia das Sociedades Complexas*. Rio de Janeiro, Jorge Zahar Editor.
Vick, C. J., 1981, "Police Pessimism", *in* Pope, David & Weiner, Norman (eds.), *Modern Policing*, London, Croom Helm.
Waddington, P. A. J., 1999, *Policing Citizens. Authority and Rights*, London, UCL Press.
Wallman, Sandra, (ed.), 1979, *Social Anthropology of Work*, ASA Monograph 19, London, New York, Academic Press.
Walsh, James Leo, 1977, "Career Styles and Police Behaviour", *in* Bayley, David H. (ed.), *Police and Society*, Beverly Hills, Sage Publications.
Weber, Max, 1971 (1922), *Économie et Société*, Paris, Plon.
Weber, Max, 1964, *The Theory of Social and Economic Organization*, New York, Pantheon.
Weber, Max, 1959, *Le Savant et le Politique*, Paris, Plon.
Webster, John A., 1978, "Police Task and Time Study", *in* Manning, Peter K. & Van Maanen, John (eds.), *Policing. A View from the Street*, New York, Random House: 105-114.

Weick, Karl E., 1979, *The Social Psychology of Organizing*, MA, Addison-Wesley.
Weinshall, Theodore D., (ed.), 1977, *Culture and Management*, Harmondsworth, UK, Penguin Books.
Weiss, Robert P., 1999, *Social History of Crime. Policing and Punishment*, Aldershot, Ashgate.
Westley, William, 1970, *Violence and the Police*, Cambridge, MIT Press.
Whyte, Otis Jeffrey, 1998, "Ethnography of Police Work in an Affluent Community", *in* Kutsche, Paul, *Field Ethnography. A Manual for Doing Cultural Anthropology*, New Jersey, Prentice Hall: 103-115.
White, William Foote, 1978, "Revue of the Elusive Phenomena", *Human Organization*, 37: 412-420.
Whyte, William Foote, 1969, *Organizational Behaviour. Theory and Application*, Homewood, Illinois, Irwin-Dorsey.
Williams, Raymond, 1988 (1976), *Keywords. A Vocabulary of Culture and Society*, London, Fontana Press.
Wilson, James Q., 1978, "The Police and Crime", *in* Manning, Peter K. & Van Maanen, John (eds.), *Policing. A View from the Street*, New York, Random House: 202-214.
Wilson, James Q., 1968, *Varieties of Police Beahviour. The Management of Law and Order in Eight Communities*, Cambridge, Massachusetts, Harvard University Press.
Wolf, Eric R., 2001, "Facing Power – Old Insights, New Questions", *in* Wolf, E., *Pathways of Power. Building an Anthropology of the Modern World*, Berkeley, Los Angeles, London, University of California Press: 383-397.
Wolf, Eric R., 1990 (1966), "Relaciones de Parentesco, de Amistad y de Patronazgo en las Sociedades Complejas", *in* Wolf, Eric; Benedict, Burton; Mitchell, Clyve; Loudon, Joe; Mayer, Adrian & Frankenberg, Ronald (comp. de Michael Banton), *Antropología de las Sociedades Complejas*, Madrid, Alianza Cultural: 19-39.
Wright, Susan, 1998, "The Politicization of 'Culture'", *Anthropology Today*, 14, 1: 7-15.
Wright, Susan, (ed.), 1994a, *Anthropology of Organizations*, London, New York, Routledge.
Wright, Susan, (ed.), 1994b, "Culture in Anthropology and Organizational Studies", *Anthropology of Organizations*, London, New York, Routledge: 1-31.
Wright, Susan, & Shore, Cris, 1997, *Anthropology of Policy. Critical Perspectives on Governance and Power*, London, Routledge.
Young, Ed, 1989, "On the Naming of the Rose. Interests and Multiple Meanings as Elements of Organizational Culture", *Organization Studies*, 10, 2: 187-206.
Young, Jock, 1971, "The Role of the Police as Amplifiers of Deviancy", *in* Cohen, Stanley (ed.), *Images of Deviance*, London, Penguin Books.
Young, Malcolm, 1993a, *In the Sticks. Cultural Identity in a Rural Police Force*, Oxford, Oxford University Press, Clarendon Press.
Young, Malcolm, 1993b, "Dress and Modes of Adress: Structural Forms for Policewomen", *in* Barnes, Ruth & Eicher, Joanne B. (eds.), *Dress and Gender. Making and Meaning*, Oxford, New York, Berg: 266-285.
Young, Malcolm, 1991, *An Inside Job. Policing Police Culture in Britain (Participant Observation)*, Oxford, Oxford University Press, Clarendon Press.
Zaluar, Alba, 1985, *A Máquina e a Revolta. As Organizações Populares e o Significado da Pobreza*, São Paulo, Editora Brasiliense.
Zaverucha, Jorge, 2003, *O Polícia Civil de Pernambuco. O Desafio da Reforma*, Recife, UFPE.

ÍNDICE GERAL

APRESENTAÇÃO E AGRADECIMENTOS	5
PREFÁCIO	11
INTRODUÇÃO **Polícias na Cidade**	15
CAPÍTULO 1 **Etnografia, Cultura, Polícia**	61
CAPÍTULO 2 **A Organização *Organizando-se***	107
CAPÍTULO 3 **Escritas da Rua**	181
CAPÍTULO 4 **Na Rua com os Agentes**	233
CAPÍTULO 5 **Classificações do Mundo em Volta**	297
CAPÍTULO 6 **Carreiras e Estilos Policiais**	359
CAPÍTULO 7 **Vidas de Polícias em "Esquadras de Passagem"**	415
CONCLUSÃO **Fazer-se Polícia. Entre a Unidade e a Pluralidade**	473
ANEXO **Figuras**	497
ANEXO **Galeria de Fotografias**	519

Posfácio	535
Resumo	537
Bibliografia	539

ÍNDICE DE QUADROS

(Cap. 1) Quadro 1: Distribuição dos recursos humanos da PSP em Portugal	94
(Cap. 3) Quadro 1: Distribuição diária do número de registos	201
(Cap. 3) Quadro 2: Número de pessoas envolvidas no registo	202
(Cap. 3) Quadro 3: Número de registos por categoria profissional	203
(Cap. 3) Quadro 4: Número de registos por tipo de serviço	205
(Cap. 3) Quadro 5: Número de registos por tipo de relato	207
(Cap. 3) Quadro 6: Número de registos por tipo de ilícito	211

ÍNDICE DE FIGURAS

Figura 1: Dispositivo da PSP (Continente)	499
Figura 2: Área Total Supervisionada pelo Comando Metropolitano de Lisboa	500
Figura 3: Comando Metropolitano de Lisboa (Divisões e Esquadras da Cidade de Lisboa)	501
Figura 4: Organigrama do Comando Metropolitano de Lisboa (2002)	502
Figura 5: Recomposição da "Carreira Técnico-Policial" na PSP	503
Figura 6: Dinâmica de Carreiras e Funções das Esquadras	504
Figura 7: Estrutura Organizacional da Esquadra	505
Figura 8: Área e Giros da Esquadra	506
Figura 9: Sequências Espaço-Tempo do Carro Patrulha	507
Figura 10: Sequências Espaço-Tempo de Agentes Apeados	509
Figura 11: Sequências Espaço-Tempo do Carro da Escola Segura	511
Figura 12: Incidências do Policiamento nos Giros	513
Figura 13: Caracterização Sócio-Policial da Área	514
Figura 14: Actividade Policial Diurna	515
Figura 15: Actividade Policial Nocturna	516
Figura 16: Caderneta dos Turnos "Escala 2004"	517

ÍNDICE DE FOTOGRAFIAS

Fotografia 1: Nas ruas do "bairro de classe média" com os polícias 521
Fotografia 2: Nas ruas do "bairro da droga" com os polícias 522
Fotografia 3: Com um "agente à civil" da PSP nas "ruas da droga" 523
Fotografia 4: No carro patrulha, preparativos para entrar em mais um turno de serviço 524
Fotografia 5: No carro patrulha, observando ao longe os chamados "bairros problemáticos" 525
Fotografia 6: Com os polícias numa ocorrência: um acidente de viação 526
Fotografia 7: Manifestações de rua. Entre os polícias, os cidadãos e os repórteres ... 527
Fotografia 8: Com um polícia em "serviço remunerado" 528
Fotografia 9: O serviço "de banca" de uma esquadra, o atendimento ao público 529
Fotografia 10: Sala de aulas e reuniões de esquadra 530
Fotografia 11: Lugar para efectuação de registos da patrulha 531
Fotografia 12: Festejos no Dia Nacional da PSP: em formatura 532
Fotografia 13: Festejos no Dia Nacional da PSP: à vontade 533
Fotografia 14: Num jantar de grupo com agentes da esquadra 534